田林年鉴

TIANLIN NIANJIAN

2018

田 林 县 人 民 政 府 主办
田林县地方志编纂委员会 编

方志出版社
Publishing House of Local Records

图书在版编目（CIP）数据

田林年鉴．2018 / 田林县地方志编纂委员会编．-- 北京 ：方志出版社，2018.12

ISBN 978-7-5144-3747-8

Ⅰ．①田⋯ Ⅱ．①田⋯ Ⅲ．①田林县—2018—年鉴 Ⅳ．① Z526.74

中国版本图书馆 CIP 数据核字(2019)第 091772 号

田林年鉴（2018）

编　　者： 田林县地方志编纂委员会

责任编辑： 高孟君

出 版 者： 方志出版社

地址　北京市朝阳区潘家园东里 9 号（国家方志馆 4 层）

邮编　100021

网址　http://www.fzph.org

发　　行： 方志出版社图书经销中心

电话（010）67110500

经　　销： 各地新华书店

装帧设计： 南宁市佳彩广告设计有限公司

印　　刷： 深圳市精一瑞兰印刷有限公司

开　　本： 889 ×1194　1/16

印　　张： 27

字　　数： 717 千字

版　　次： 2018 年 12 月第 1 版　2018 年 12 月第 1 次印刷

印　　数： 001 ～ 600 册

ISBN 978-7-5144-3747-8　**定价：** 160.00 元

编辑说明

一、《田林年鉴》的编纂坚持马克思列宁主义、毛泽东思想、邓小平理论、“三个代表”重要思想、科学发展观、习近平新时代中国特色社会主义思想为指导，坚持辩证唯物主义和历史唯物主义的立场、观点和方法。贯彻中国共产党的各项方针政策，按照“实事求是、严谨办鉴”的要求，力求全面客观反映田林县各族人民在中国共产党的领导下建设中国特色社会主义和谐社会的伟大实践，反映田林县情资料。

二、《田林年鉴》根据国务院《地方志工作条例》《广西壮族自治区实施〈地方志工作条例〉办法》有关规定进行编写。是在田林县委、县政府领导下，由县人民政府主办、县地方志编纂委员会办公室承编，逐年编纂、连续出版的综合年鉴，该书全面、准确、科学、系统地记载料本行政区域自然、政治、经济、文化、社会等各项事业的基本情况和重大事情，是具有政府公报性质的综合性大型信息资料工具书和权威性的年度资料性文献，是了解田林县、研究田林县的重要窗口，旨在为各级领导提供决策参考依据，为社会各界和多层面提供资讯。

三、《田林年鉴·2018》系统记载2017年度田林县经济和社会发展的基本情况。

四、本卷分为特载、大事记、概况、中共田林县委员会、田林县人民代表大会、田林县人民政府、中国人民政治协商会议田林县委员会、社会团体、法治·军事、农林·水利、工业、交通·通信、住房和城乡建设·环境保护、商务、金融、经济监督与管理、财政·税务、文体·体育、科技·教育、卫生、乡镇、附录、图片专辑等23个类目。

五、本年鉴采用分类编辑法，承担记述概况及百科任务。记述范围为：县直各部、办、局及企事业单位；各乡镇；驻田林境内的中央、自治区、市各单位。全书条目统一用黑体字加【 】表示。

六、本年鉴使用规范的语体文和记述体，直陈其事，寓论断于叙事之中，文字力求言简意赅。同时，在正文中间和各类目之间收入图片，力求做到图文并茂。

七、本年鉴记述的内容（含文字、图片）均由县直各部门、各人民团体、各乡（镇）以及各企业提供，并经严格的审核。涉及田林县社会经济统计数据，由田林县统计局提供，其他数据为撰稿部门提供。资料具有可靠性、科学性和权威性。

《田林年鉴·2018》编纂委员会

主　　任：黄　慧

副 主 任：蒋桂红（女）　兰丽色（女）　韦日娇（女）

委　　员：罗旭平　黄家勤　黄晋强　罗凤英（女）

黄启发　周国标　黄国性　杨圣富

文　宝　黄荣登　陈　彬　林正丰

陈文开　彭祖明　姚茂贤　杨秀碧

赵　礼　饶珍珠（女）

《田林年鉴·2018》编辑部

主　　编：黄晋强

副 主 编：饶珍珠（女）

编　　辑：黄晋强　饶珍珠（女）　罗炳生　周留玉（女）

陈　娟（女）　周　夏（女）　罗东萍（女）

黄冬梅（女）

领导关怀与调研

LINGDAO GUANHUAI YU DIAOYAN

2017 年 7 月 8 日，中国扶贫基金会和中央电视台一行到田林县六隆移民开发区现场摄录开发区产业发展影像，重点报道中国扶贫基金会副会长、广东省老区建设促进会会长、广州市政协原主席陈开枝在百色的扶贫事迹。图为陈开枝站在刚建设六隆移民开发区时当年亲手种下的竹子前留影

2017 年 9 月 24 日，自治区党委常委、纪委书记房灵敏到田林县调研

2017年11月29日，自治区副主席张秀隆（右二）率区直有关部门主要领导到田林县开展扶贫调研工作。百色副市长古俊彦，田林县委书记彭斌、县长黄慧等陪同调研。图为调研组在潞城瑶族乡各烟村调研村部建设

2017年11月3日，中共十九大代表、市委书记、市人大常委会主任彭晓春到田林县开展中共十九大精神宣讲报告会。图为宣讲报告会会场

2017 年 10 月 10 日，中国电信集团公司党组书记、董事长杨杰（左二）一行 10 人到田林县开展定点帮扶调研。县委书记彭斌，县委副书记、县长黄慧等陪同调研。图为调研组在那光村了解帮扶规划及项目进展情况

2017 年 2 月 20 日—21 日，深圳市委副书记、政法委书记、光明新区党工委书记李华楠（右）率队赴田林县考察对口帮扶工作。图为回馈锦旗现场

2017 年 4 月 27 日，百色市委副书记、统战部部长杨春庭一行到田林县开展村集体经济发展情况调研，县领导彭斌、黄慧、张国革陪同调研。图为调研现场

2017 年 7 月 4 日，百色市委常委、纪委书记覃荣化（右三）一行到田林县旧州镇徕周村、示甫村开展专项扶贫帮困慰问活动，看望慰问建档立卡贫困户党员

2017 年 7 月 19 日，百色市委常委、宣传部部长、副市长黄建宁到田林县就县域义务教育均衡发展工作进行调研，县领导蒋桂红陪同调研

2017 年 3 月 27 日，广东省第二扶贫协作工作组组长、百色市委常委、副市长杨胜军（左二）等一行 3 人到田林县开展对口扶贫协作调研工作。图为调研组到深圳市帮扶田林县 2016 年油茶示范项目点（田林县潞城瑶族乡油茶示范基地）调研

2017 年 9 月 28 日，市政协副主席蔡文姬率调研组到田林县六隆镇六隆村调研整村“十一有一低于”各项标准情况及走访贫困户

重要会议

ZHONGYAO HUIYI

2017 年 1 月 5 日，田林县在县政府二楼会议室召开中国共产党田林县第十四届委员会第二次全体会议

中共田林县委书记彭斌作讲话

田林县县长黄慧作讲话

2017 年 1 月 16 日，中国共产党田林县第十四届代表大会第二次会议在县政府小礼堂召开

2017 年 1 月 18 日，田林县第十六届人民代表大会第二次会议召开

2017 年 4 月 18 日，滇黔桂三省（区）“两江一河”二十一县（市）政协联席会第二十九次会议在田林召开

2017 年 4 月 21 日，田林县在县政府小礼堂召开贯彻落实中央“八项规定”精神“回头看”工作动员会

2017 年 6 月 29 日，自治区党委第二巡视组在田林县政府小礼堂向田林县反馈巡视情况

2017 年 7 月 13 日，田林县召开自治区党委第二巡视组对田林县巡视情况反馈意见整改动员部署大会

2017 年 8 月 1 日，田林县在县政府小礼堂召开全面从严治党和反腐败工作集体约谈工作。图为约谈县直部门现场

2017 年 8 月 3 日，田林县在县政府小礼堂召开扶贫领域监督执纪问责工作推进会

2017 年 8 月 3 日，田林县在县政府小礼堂召开严格落实自治区党委第二巡视组巡视情况反馈意见整改集体约谈暨有关条例培训会。图为市组织部领导开展专题培训现场

2017 年 8 月 11 日，广西田林、云南富宁综治信访维稳反邪工作协作座谈会在田林县县委三楼会议室召开。图为签署云南富宁县与广西田林县接边地区综治信访维稳反邪协作协议书现场

2017 年 10 月 9 日，田林县在政府小礼堂召开 2017 年脱贫攻坚暨年底工作冲刺会

2017 年 12 月 21 日，田林县举行田林至西林（滇桂界）高速公路开工仪式。市委书记彭晓春，市委常委、市委秘书长黄彩华，市人大常委会副主任杨明刚等市领导，田林县四家班子领导，西林县四家班子领导等出席仪式。图为市委书记彭晓春宣布项目开工

2017 年 12 月 21 日，百色市委、市政府在田林县旧州镇板坚村举行桂黔（田林）经济合作产业园百色百矿集团煤电铝一体项目竣工仪式。图为市委书记彭晓春与百矿集团董事长宣布竣工

2017 年 9 月 12 日，第 14 届中国－东盟博览会和中国－东盟商务与投资峰会在南宁隆重开幕。当天，在南宁举行的百色市重点产业投资推介会暨项目签约仪式上，田林县共成功签约 2 个项目，总投资额达 11 亿元。图为签约仪式

2017 年 7 月 23 日，百色（田林）芒果专场推介会在郑州举行，市政协主席梁建强宣布活动启动，副市长古俊彦出席推介会并致辞。图为推介活动启动仪式现场

2017 年 10 月 31 日，中共田林县委书记彭斌（右二）到那比乡六音村走访结对帮扶贫困户，调研扶贫工作。图为走访结对帮扶贫困户

2017 年 12 月 11 日，县长黄慧（左一）率领有关部门负责人开展现场巡河活动

2017年7月12日，田林县人大常委会主任覃纪腾率百色市第四届人大代表田林团一行20人到旧州镇实地调研南盘江水电站进展情况

2017年3月16日，田林县政协主席黄欢与干部群众在田间地头一起共话脱贫良策

2017年7月10日，中国音乐学院前院长赵塔里木等一行10人到田林县考察调研民族音乐，县政协主席黄欢陪同。图为专家与乐手、歌手合影

2017年1月16日，百色市西北五县以“一衣带水，共唱和谐”为主题的2017年春节联欢晚会在田林县文化广场举行

2017年2月25日，百年古镇定安镇开展壮族“销正月”活动。图为百家宴

2017年3月26日，台湾花莲县丰滨乡少数民族代表团到田林县潞城瑶族乡三瑶村瑶怒屯开展欢度“三月三”民俗文化交流联谊活动

2017 年 4 月 17 日，田林县举行 2017 年“壮族三月三 · 吼敢”活动专题歌会——《我们的家园》

2017 年 4 月 17 日，田林县举行 2017 年“壮族三月三 · 吼敢”活动之“千人百家宴”活动

2017 年 4 月 27 日，深圳市光明新区对口帮扶田林县劳务协作精准专场招聘会在田林县文化广场举办

2017 年 12 月 14 日，受深圳市光明新区纪检监察局委托，光明新区派驻干部——田林县委常委、副县长麦国坚代表该局到百乐乡龙车中心校举行捐资助学活动。图为捐资活动现场

2017 年 5 月 5 日，深圳市光明新区城市管理局团支部到田林县开展“五四”青年节爱心捐赠活动

2017 年 5 月 31 日，田林县举行 2017 年第二季度重大项目开竣工仪式。图为县体育中心项目开工仪式现场

2017 年 5 月 31 日，田林县脱贫攻坚 2017 年第一批通屯道路硬化项目开工仪式在乐里镇那色村六衣路口举行

2017 年 6 月 7 日，田林县纪委派驻纪检组揭牌仪式在田林县乐里镇富源小区原扶贫办大院内举行，百色市纪委副书记赵歧阳，县领导彭斌、黄慧、黄欢、张国革等出席仪式。图为揭牌仪式现场

2017 年 8 月 25 日，田林县高铁无轨站开通试运营仪式在田林县驰骋田林汽车客运服务站候车大厅举行。图为田林县领导查看高铁无轨站大厅

2017 年 12 月 27 日，田林县举办“不忘初心，牢记使命”主题演讲比赛

2017 年 11 月 29 日，田林县举行壮语、壮戏“板凳圈”首场系列宣讲中共十九大精神活动。图为壮语宣讲员在广西田林和平糖厂为职工进行壮语“板凳圈”宣讲

目　录

特　　载

大事记

概　　况

中共田林县委员会

田林县人民代表大会

田林县人民政府

中国人民政治协商会议田林县委员会

社会团体

法治·军事

农林·水利

工　业

交通·通信

住房和城乡建设·环境保护

商　务

金　融

经济监督与管理

财政·税务

文化·体育

科技·教育

卫　生

乡　镇

附　录

索　引

特　载

全面从严治党　全力推动发展
在落实“三大生态”中夺取脱贫奔康新胜利

——在中共田林县第十四届代表大会第二次会议上的工作报告

彭　斌

（2017 年 1 月 16 日）

各位代表、同志们：

现在，我代表中国共产党田林县第十四届委员会向大会作工作报告，请予审议。

中国共产党田林县第十四届代表大会第二次全体会议，是在全县“十三五”开局良好、脱贫攻坚进入冲刺阶段召开的一次重要会议。大会的主题是：深入学习贯彻党的十八大以及历次全会、自治区第十一次党代会和市第四次党代会精神，总结 2016 年工作，研判新形势新任务，部署 2017 年工作，团结和带领全县各族人民，全面从严治党，全力推动发展，在落实“三大生态”中夺取脱贫奔康新胜利，迎接党的十九大胜利召开。

一、团结奋进的 2016 年

过去一年来，面对复杂严峻的形势，在市委、市政府的正确领导下，我们团结带领全县各族干部群众，紧扣脱贫奔康主线，深入实施三大战略，着力打好四大攻坚战，全面推进五区建设，圆满完成各项目标任务，实现了“十三五”良好开局。

（一）脱贫攻坚起步良好

实施脱贫摘帽攻坚行动计划，争取到位政策性融资 3.09 亿元，全面推进贫困村基础设施建设、扶贫产业增收、易地扶贫搬迁、社保兜底等工作，完成 39 个贫困村 6879 户 27989 人的“双承诺、双认定、双确认”工作，按照上级下达指标，预计脱贫 10 个贫困村 2585 户 10422 名贫困人口。

（二）经济发展稳中有进

主要经济指标均实现两位数增长，预计 GDP 增长 11.5%，财政收入增长 12.1%，连续三年两位数增长；结构优化升级，三次产业结构由上年 32 : 31 : 37 调整为 31 : 35 : 34，二产比重历史上第一次排在首位；工业化进程加快，百矿铝水项目落户桂黔（田林）工业园区，瓦村水电站大江截流，工业“双十工程”初显成效，木材加工业成为第一个产值突破十亿元的主导产业，新培育规上企业 7 家，规上工业总产值增长 44.7%；特色农业发展壮大，油茶等 7 个 20 万亩基地加快建设，“一乡一品”有新突破，乐里镇万亩芒果示范区被评为 2016 年广西县级特色农业示范区，农林牧渔总产值增长 6.2%；第三产业稳步发展，新培育限上企业 20 家，利周瑶族乡被评为“广西三星级乡村旅游区”，社会消费品零售总额增长 12.8%，农发行田林支行筹备处挂牌成立，金融机构存贷款余额分别增长 15.7% 和 17.2%。

（三）城乡建设开创新局面

田林新区建设拉开帷幕，大力实施“一山二水三中心、四校五路六节点”21个重点城建项目，乐里大桥重建等12个项目竣工使用，全面开展市容市貌和交通秩序综合整治工作，城镇化率提高0.9个百分点；“生态乡村”建设扎实推进，旧州镇平满村荣获“2016年度全区美丽广西·乡村建设示范村”称号；全面完成中央环保督查组交办信访案件整改。基础设施建设实现突破，102条913千米通村水泥路全面竣工，历史上第一次实现村村通水泥路；旧州至那腊二级路、八桂至那比三级路开工建设，“三纵三横”路网建设全面加快；实施第三批小农水等项目，保障3.78万人饮水安全，固定资产投资增长20.1%。

（四）民生保障持续改善

实施教育提升攻坚战，开工建设第三幼儿园等36个教育基础设施项目，教学环境逐步改善；高考成绩取得新突破，教育质量不断提高。加快文化事业发展，成功举办“吼敢”壮剧节，壮剧《瑶娘》获国家艺术基金项目，“田林定安调”等入选自治区非物质文化遗产名录。推进公立医院改革，县中医院二期等9个卫生项目开工建设，医疗环境进一步提升；落实“全面二孩”政策。社会保障全面推进，城镇低保和农村低保标准分别提高7%和12%；实施10件54项为民办实事工程，民生支出占财政总支出的92.3%，城镇居民和农村居民可支配收入分别增长10.2%和13.5%，群众获得感进一步提升。

（五）民主法制建设不断强化

完成县乡人大、政协换届选举工作。支持人大及其常委会依法履行职权，人大宣传、代表活动、代表建议办理、人大监督和法治建设等5项工作荣获全市先进。推动政协常委视察协商会议向基层一线现场协商议事，有效转化议政建言成果。完成县工商联换届，建立县乡村三级宗教工作网络，爱国统一战线不断巩固。落实党管武装制度，县人武部被评为广州军区先进人武部。工青妇等群团组织取得较好成绩。“法治田林”建设深入开展，安全生产工作有效推进，全年没有发生重大自然灾害、重大的安全生产事故和重大群体性事件，群众安全感满意度在全区排位由第73位上升到第6位。

（六）党建科学化水平稳步提升

深入开展“两学一做”学习教育，顺利完成县乡换届选举，开展换届后“走访交心·关爱履职”活动，营造干事创业良好氛围；全面完成基层党建“七项重点工作”，248个基层党组织按期换届，3196名党员补交党费91.92万元；排查失联党员98名，重新纳入组织管理57名；依规处理违纪违法党员52名；“两新”党组织覆盖率均达80%以上，新打造10个机关党建“131”规范化示范点，全县165个村党支部均达到三星级以上标准；开展“脱贫攻坚先锋行”活动，基层党组织脱贫带富能力进一步提高。落实全面从严治党，开展查处发生在群众身边的“四风”和腐败问题、扶贫领域监督执纪问责专项工作，立案110件，给予党纪政纪处分99人，移送司法2人，专项工作获全区全市先进。牢牢把握党对意识形态的领导，弘扬社会主义核心价值观，加强精神文明建设，汇聚发展正能量。

这些成绩的取得，是上级党委、政府正确领导、鼎力支持的结果，是全县上下尤其是广大党员克难攻坚、艰苦奋斗的结果。在此，我代表县委，向各位代表并通过你们向全县广大党员干部群众表示衷心的感谢和崇高的敬意！

在肯定成绩的同时，我们也要清醒地看到存在的困难和问题：经济总量小，经济发展动力不足；城乡建设滞后，脱贫攻坚任务繁重；基层党组织建设和干部作风有待加强；等等。对于这些问题，我们一定要高度重视，采取有效措施，认真加以解决。

二、2017年的形势与任务

2017年，是我县县乡换届后的第一年，是全面从严治党的开局之年，是脱贫攻坚的冲刺之年。

这一年，困难不少，挑战不小。一是全国经济发展进入新常态，经济已经处在L型走势的横线上，下行压力持续加大，“三期叠加”特征更加明显。与全国全区全市一样，我县虽然二产比重首次排在第一位，但是工业基础不稳、无重大项目支撑的县情没有改变，经济发展面临新的困难和挑战。二是全县尚有58个贫困村10927户贫困户45537名贫困人口，贫困村基础设施相对滞后，贫困群众增收难度大，脱贫攻坚面临不少的困难和挑战。三是党建基础不牢固，廉政建设、意识形态等工作亮点不多，党员的带头作用和基层党组织的示范作用不明显，党的建设也面临诸多困难和挑战。

这一年，希望很大，机遇增多。一是国家大力发展实体经济，自治区、市出台系列稳增长政策，给我县乘势而上带来新机遇。同时，在前期工作的基础上，百矿铝水项目、瓦村水电站、田林至西林高速公路、八渡口水电站等项目有望在今年取得突破，这必将给田林经济发展带来强大支持。二是随着脱贫攻坚的持续深入，扶贫政策的全面释放，我们将迎来全面改善贫困村基础设施建设和贫困群众生活水平的历史机遇。三是中央持续推进全面从严治党，自治区提出营造“三大生态”的重大决策，将带动我县从严治党的全面开展，由此带来全县政治生态的不断优化和干部作风的不断加强，给全县经济社会发展带来新的动力。

总而言之，机遇大于挑战，希望多于困难。我们必须科学研判形势，保持清醒头脑，牢牢把握新机遇，积极应对新挑战，顺势而为，奋发有为，努力开创田林经济社会发展新局面。

2017 年工作的总体要求是：深入贯彻党的十八大及历次全会、自治区第十一次党代会和市第四次党代会精神，深入实施“三大战略”，全面开展“四大攻坚战”，扎实推进“五区建设”，以全面从严治党为统揽，以确保完成年度脱贫任务为主线，以力争主要经济指标保持两位数增长为主导，以改善民生为根本，以依法治县为保障，大力推进百矿铝水项目和瓦村水电站“两大实体经济”，大力推进桂黔工业园区和田林新区“两区建设”，大力推进供给侧和需求侧“两侧改革”，奋力争创基层党建、廉政建设、意识形态三大工作亮点，着力落实政治生态、社会生态、自然生态“三大生态”建设，全力推进“打造滇黔桂接边区域中心县，全面脱贫摘帽建成小康社会”的宏伟目标。

2017 年的目标要求，既贯彻了县第十四次党代会提出的“十三五”工作总体思路，又体现了 2017 年的年度特点，全县各级党组织和全体党员必须坚定信心、团结一致，开拓创新、艰苦奋斗，坚决夺取脱贫奔康征程上的新胜利。

三、全力推进脱贫攻坚工作

（一）扎实推进基础设施建设

紧紧围绕贫困村、贫困户脱贫摘帽指标，实施通屯道路提升、饮水条件改善、危房改造等基础设施建设，确保所有贫困村、贫困户基础设施建设全面达标完成。加快推进 15 个易地扶贫搬迁项目建设，确保全面完成。

（二）全力推进贫困村贫困户产业发展

种养工搭配，长中短结合，落实以奖代补、贴息小额信贷等政策，采取“扶贫企业 + 合作社 + 贫困户”等多种模式，引导贫困群众发展产业，确保小额信贷落实、贫困户产业发展、贫困村集体经济建设全面完成。

（三）加强对脱贫工作的督查考核

健全脱贫攻坚督查工作机制，完善考评奖惩办法，全面实施“红黑榜”通报制度，以奖惩问责倒逼责任落实，确保脱贫攻坚工作取得实效。

（四）加强对口帮扶工作协调

加强与中国电信集团、深圳市光明新区及自治区纪委、市纪委等帮扶单位的对接，制定年度帮扶工作方案，完善帮扶工作机制，充分利用帮扶单位优势，结合田林自身条件，推动互融互通，引进企业和项目，打造扶贫产业，实现对口帮扶取得新突破。

四、大力打造滇黔桂接边区域中心县

（一）加快推进新型经济发展先行区建设

扎实推进新型工业化，以桂黔（田林）工业园区建设为引擎，以百矿 30 万吨铝水项目和瓦村水电站建设为重点；继续开展服务企业年活动，加大培规入统力度。扎实推进农业现代化，稳定粮食生产；加快甘蔗等 7 个 20 万亩基地建设，力争规模养殖实现新突破，每个乡镇必须建成一个 300~500 亩连片示范基地；积极引进加工企业，提高农业产业化水平。扎实推进服务业提质增量，继续实施服务业企业上限入统工程，争取将万吉山森林公园打造成 AAA 级景区，加速将我县建设成为辐射滇黔桂的商贸物流集散地，大力发展“互联网 +”新业态。扎实推进项目建设，着力抓好旧州至那腊二级路等 98 个续建或新开工项目，加大推进八渡口水电站、田林至西林高速公路等项目的前期工作；加大招商引资力度，不断增强经济发展后劲。

（二）加快推进特色城镇发展突破区建设

以田林新区建设为重点，全面推进“一山二水三中心、四校五路六节点”21 个城建项目建设，完善县城功能。巩固“三违”整治成果，大力开展县城市容市貌和交通秩序综合整治专项工作，着力提升县城管理水平；稳步推进浪平、百乐撤乡设镇工作，以旧州、利周、定安为重点加快推进沿路、沿山、沿江发展带特色小镇建设；加快“三横三纵”路网建设，打造“两小时交通圈”。

（三）加快推进生态建设引领区建设

深入开展“美丽田林 · 宜居乡村”活动，着力推进“产业富民、服务惠民、基础便民”三大行动，提高农村人居环境水平。加大环保问题整改力度，打击各类环境违法行为，严格环保审批，积极发展生态产业；全面推进生态工程建设，巩固退耕还林成果，遏制乱

砍滥伐,提高森林覆盖率,落实山青水秀的自然生态。

(四)加快推进民生共享示范区建设

深入实施教育提升攻坚战,加快推进县城学校扩容建设,实施名师、名校长培育工程,合理整合教育资源,提高教学质量。统筹城乡医疗卫生基础设施建设,力争乡村卫生服务一体化覆盖面达95%以上,加强食品药品安全监管,加快城乡居民基本公共卫生服务均等化进程。着力提升文体建设水平,开展节庆民俗文化活动,丰富群众的文化体育生活。推进大众创业、万众创新,千方百计扩大就业。落实社会保障政策,完善城乡社会救助体系,加大对低收入群体帮扶力度,推进特殊群体救助制度化、常态化。

(五)加快推进民族团结和谐模范区建设

开展民族团结进步创建活动,落实各项民族政策。加强法治田林建设,深入开展“七五”普法活动,营造遵纪守法的良好社会风气。加强社会综合治理,创新立体化社会治安防控体系,全面落实安全生产责任制,提高危机管理和抗风险能力。深化“律师代理信访”等工作,全面提高矛盾纠纷多元化解工作水平;深入开展“大排查、大接访、大调解、大防控”活动,切实解决群众关心的热点难点问题,维护群众合法利益,落实团结和谐的社会生态。

(六)加快推进改革开放激发县域发展活力

有序推进行政体制改革,规范行政管理,提高行政效率,推进乡镇农村土地经营权登记颁证,盘活农村土地资源;加快农村金融改革,推进农村金融服务室建设,完善金融支农奖励、风险补偿和担保机制;扎实推进国有林场改革,深化集体林权制度改革;主动与接边县(区)加强合作,全面提升开放水平,实现互惠共赢。

五、大力发展社会主义民主政治

(一)切实加强民主政治建设

坚持和完善人民代表大会制度,支持人大及其常委会依法履行法律监督和工作监督职能。全面推进依法行政,加强政务工作落实。坚持和完善中国共产党领导的多党合作和政治协商制度,支持人民政协履行政治协商、民主监督和参政议政职能。加强党管武装工作,维护和发展军政军民团结。不断巩固和壮大最广泛的爱国统一战线,加强对工会、共青团、妇联等人民团体的领导,充分调动工商联、无党派人士、宗教界人士的积极性,不断巩固发展民主团结的政治局面。

(二)切实加强意识形态工作

牢牢把握党对意识形态工作的领导权和主导权,深入宣传习近平总书记系列重要讲话精神,不断增强干部群众凝聚力和向心力;正确把握舆论导向,全方位宣传报道田林新成就、新变化和先进人物事迹;进一步抓好文化阵地建设,实施“村村小广播工程”,扩大意识形态影响力。践行社会主义核心价值观,深化“道德讲堂”“身边好人”等精神文明创建活动,提升公民文明素质,凝聚推动发展的强大合力。

六、切实提高全面从严治党科学化水平

(一)认真履行全面从严治党主体责任

坚决落实主体责任,不断强化各级各部门党组织管党治党政治意识、责任意识,层层传导压力、级级履行责任,形成强大的抓党建的整体合力。坚持思想教育从严、干部管理从严、作风要求从严、组织建设从严、制度执行从严,真正把全面从严治党抓紧抓好。

(二)加强思想政治建设

深化“两学一做”学习教育,完善党委(党组)中心组学习制度,加强和规范党内政治生活,推进党员思想政治教育常态化,增强党员的政治意识、大局意识、核心意识和看齐意识,坚定理想信念,筑牢精神支柱。

(三)加强基层组织建设

大力推进基层党建科学化、规范化、制度化建设,把脱贫奔康、服务群众、凝聚人心、维护稳定贯穿基层党组织活动始终。拓展机关党建“131”机制,实施村级组织公共服务场所建设,继续开展“脱贫攻坚先锋行”活动,抓好村“两委”换届选举,切实发挥基层党组织的战斗堡垒作用。

(四)加强干部队伍和人才队伍建设

加强对关键岗位干部的选拔任用管理,拓宽后备干部培养渠道,注重从基层一线选拔干部,加大培养选拔优秀年轻干部、妇女干部、少数民族干部和党外干部力度。逐级建立工作任务清单,推行“一报告两评议”制度,提高选人用人工作的公信度和满意度。做好离退休干部服务工作。进一步优化人才政策,加强人才工作。

(五)加强廉政和反腐败建设

切实履行党风廉政建设“两个责任”,认真贯彻《中国共产党廉洁自律准则》、《中国共产党纪律处分条例》、《中国共产党问责条例》、《中国共产党党内监督条例》。按照“四种形态”的要求,加强党员廉洁从

政教育，强化党员廉洁自律意识，筑牢党员拒腐防变底线；严明政治纪律，严守政治规矩，确保上级决策部署在田林坚决贯彻落实；大力开展查处发生在群众身边的“四风”和腐败问题与扶贫领域监督执纪问责专项工作；加强巡察工作，强化权力监督，落实风清气正的政治生态。

（六）加强党风建设

落实中央八项规定，反对“四风”，大兴艰苦奋斗之风，大兴求真务实之风。坚持和完善领导干部服务基层、密切联系群众的工作制度。切实整治懒政怠政，强化纪律抓落实、强化责任抓落实、强化督查抓落实。

各位代表、同志们，让我们紧密团结在以习近平同志为核心的党中央周围，同心同德、群策群力，主动担当、奋发有为，努力争当落实“三大生态”建设的排头兵，坚决夺取脱贫奔康征程上的新胜利，以优异的成绩迎接党的十九大胜利召开。

田林县人民代表大会常务委员会工作报告

——在田林县第十六届人民代表大会第二次会议上

田林县人大常委会主任　覃纪腾

（2017 年 1 月 18 日）

各位代表：

我受田林县第十六届人民代表大会常务委员会的委托，向大会报告工作，请予审议，并请各位政协委员和列席会议的同志提出意见。

2016 年主要工作

过去的一年，县人大常委会在市人大常委会的指导和中共田林县委的领导下，坚持以马列主义、毛泽东思想、邓小平理论、“三个代表”重要思想和科学发展观为指导，全面贯彻落实党的十八大、十八届历次全会和习近平总书记系列重要讲话精神，深入开展“两学一做”学习教育，认真履行宪法和法律赋予的职责，切实加强自身建设，努力提高履职能力，促进了各项工作的顺利开展，为推动田林经济社会快速健康发展，较好地发挥了地方国家权力机关的作用，各项工作取得新成效。一是在县委领导下，顺利完成了县乡两级人大换届选举任务，为全县开创各项工作新局面提供了坚强的组织保障。二是围绕县委工作重点和全县工作大局，作出重大事项决议决定 6 项，把党的主张通过法定程序变为全县人民的意愿，促进了全县经济社会的平稳发展和“十三五”良好开局。三是围绕中心，服务大局，监督工作取得了新进展。四是依法行使任免权，全年任免国家机关工作人员 78 人次，实现了党委意图与严格依法办事的统一。五是代表工作迈上新台阶，人大代表的作用得到了进一步发挥。六是自身建设得到了进一步加强，特别是通过换届，常委会组成人员的结构进一步优化，人大干部队伍整体素质进一步提升。一年来，获得了全区人大宣传工作先进单位二等奖、全市人大宣传工作先进单位一等奖、全市人大代表活动工作先进单位二等奖、全市人大代表建议办理工作先进单位二等奖、全市人大监督工作先进单位、全市人大法治建设工作先进单位等荣誉。

一次会议以来工作回顾

自去年 8 月底换届以来，在县委的正确领导下，县十六届人大常委会认真贯彻执行县第十四次党代会精神和县十六届人大一次会议的决议，理清工作思路，突出工作重点，切实履行职责，确保了换届以后各项工作高效有序开展。

一、坚持方向把握定力，在推进改革上彰显新作为

——坚持党的领导原则，把握正确政治方向。常委会坚持党总揽全局、协调各方的领导核心作用，把推进党委决策部署的贯彻落实作为履职重点，使人大重点工作与党委中心任务合拍，做到“同心同力同向”，通过依法有效履职，推动党委重大决策部署的贯彻落实。坚持重大事项、重要工作向党委请示报告制度，在召开常委会会议、重点视察调研、创新性工作、重大事项决定、年度议题安排等工作上，事前都主动向县委请示汇报，听取县委的意见，并定期将常委会重要工作报告县委，征得县委的支持。同时，县委对县人大常委会规范化建设提升、人大代表之家建设、代表培训等方面给予了大力支持，为县人大及其常委会履职行权提供了强有力的保障。

——坚持人民主体地位原则，依法决定重大事项。县人大常委会根据《田林县人民代表大会常务委员会讨论决定重大事项试行办法》，着力改进重大事项决定的审议机制。对县人民政府提请依法作出决议决定的事项，在审议表决前，县人大常委会事先都组织常委会组成人员对提请的事项进行认真调查研究，反复讨论，广泛听取意见，并提出审议意见，最后才依法作出决议决定。一次会议以来，作出了关于批准2015年田林县财政决算的决议、关于批准田林县2016年财政预算调整方案的决议等决议决定。督促政府运用积极的财政政策，切实解决民计民生问题，加大财政专项投入，确保重点发展项目的资金需求。督促审计部门加强对预算执行单位财政资金运行情况的审计监督，强化专项转移支付以及重大投资项目资金的审计，对审计报告中提出的问题和建议认真研究，积极督促落实整改。

——坚持民主集中制原则，依法行使任免权。县人大常委会始终坚持把党管干部和人大依法任免国家机关工作人员有机统一起来，以对人民高度负责的态度，依法行使人事任免权。严格规范任免程序，严肃人大法律授权制度，继续坚持颁发任命书、向宪法宣誓等形式，进一步规范任免程序，依法做好人事任免工作，切实加强任后监督。一次会议以来共任免国家机关工作人员33人（次），其中任27人（次），免6人（次），从组织上保证了国家机关的正常运行。

二、突出重点精准发力，在依法监督上谋求新突破

——加强教育质量监督，促进教育事业发展。为了解我县中小学教育教学质量情况，县人大常委会调研组走访了浪平、利周、平塘、潞城、旧州、八渡、定安、六隆等8个乡（镇），实地察看了部分乡（镇）中小学校，先后在乡（镇）和县直召开座谈会9次，充分听取了县教育局、县乡（镇）中小学校负责人、学科教师代表、部分市县人大代表等各方面的意见建议，形成了《田林县中小学教育教学质量的调研报告》。针对师资力量依然不足、无法满足教学需要；学校基础设施投入不足、教学环境不尽人意；非教学任务过多过重、教师教学精力不足等问题，提出了配齐配足教师编制、不断充实师资队伍力量，加大基础设施建设、不断改善学校教学环境，配齐学校非教学管理人员、不断缓解学校管理压力等建议，为县委、县政府做决策提供参考。

——加强计划预算执行情况监督，促进经济平稳较快增长。常委会专题听取和审议了《田林县2016年上半年国民经济和社会发展计划执行情况报告》、《田林县2015年财政决算草案和2016年上半年财政预算执行情况报告》、《田林县2015年度县本级财政预算执行和其他财政收支的审计报告》，认真审查有关民生问题的预算支出，针对问题，建议政府进一步深化改革、增强发展活力；进一步强化税收征管、加强财源建设；进一步优化支出结构，保障重点支出，保证民生投入，促进全县经济继续保持平稳较快发展。

——加强城镇规划建设管理监督，城镇化建设有序推进。县十六届人大常委会第二次会议听取了县人民政府的《关于田林县城镇化建设情况工作报告》。审议专项工作报告时，围绕拆迁安置房建设管理矛盾突出，补偿资金缺口大；各归口部门联运工作不强，协调工作不到位等问题，提出寻求有效化解安置房建设管理矛盾的途径，实实在在地推进安置房建设力度，多渠道筹措资金，尽可能的筹集补偿资金；各相关部门要统一思想，按照"一轴、两心、三组团"的带状组团式结构发展规划，进一步加快我县的城镇化建设步伐等审议意见，为县委县政府推动城镇化建设作出正确决策提供依据。

——加强监督工作的刚性，促进热点难点问题的解决。针对广大群众强烈反映我县县城城区市容市貌和交通秩序脏乱差问题，为了及时回应人民群众的诉求，县人大常委会结合我县开展县城城区市容市貌和交通秩序整治活动，对我县县城城区市容市貌和交通秩序活动开展情况召开专题询问会。会前，县人大常委会组织代表深入城区各个"敏感区"进行实地调研，并组织相关部门负责人、人大代表和退休干部代表、群众代表召开征求意见座谈会，听取不同方面的意见和建议。会上，县人大常委会组成人员，市、县人大代表、退休老干部职工就公交车及营运三轮摩托车乱停乱放，街道、门店占道经营，建筑垃圾乱倒、部分城区路口未安装红绿灯等方面进行询问,县人民政府分管领导和市政局、住建局、水利局、公安交警大队、市场服务中心、运管所等6个部门负责人到会应询。通过专题询问,群众普遍叫好,部门负责人进一步增强了责任意识和人大意识,助推了我县县城城区市容市貌和交通秩序朝着良好的方向发展。

——加强执法工作监督,促进依法行政。常委会坚持突出重点、注重实效的原则,重点检查《中华人民共和国道路交通安全法》的贯彻实施情况。《道路交通安全法》执法检查时,针对道路交通安全法律法规宣传教育不够广泛深入、道路交通安全设施不够完善、道路交通安全管理工作薄弱等问题,提出了进一步加大交通安全法律法规宣传教育力度,营造全民学法、懂法、守法的社会氛围;进一步排查道路交通安全隐患,加大经费投入完善交通安全基础设施;进一步完善和规范交通联席会议制度,形成齐抓共管的工作局面等建议,促进了县人民政府及道路交通安全管理部门的工作。此外,配合市人大常委会在我县开展《中华人民共和国预算法》执法检查,促进执法部门依法行政,较好地保证了宪法和法律法规在我县的正确贯彻实施。

——加强信访问题监督,维护社会和谐稳定。县人大常委会时刻把做好人大信访工作作为贯彻落实党和国家方针政策、密切联系群众、维护我县社会和政治稳定的重要工作来抓,根据分级负责、归口办理的原则,坚持按照《田林县人大常委会处理群众来信来访办法》规定,对受理的信访件进行登记、分类和转办、交办、督办,耐心地向上访群众宣传党的方针政策和国家的法律法规。一次会议以来,共处理来信26件,接待来访8批12人次。其中涉法案件8件,市人大重点督办案件3件。做到了件件有着落,事事有回音,维护了公民的合法权益,促进了"一府两院"工作作风的转变,为维护社会稳定作出了努力。

三、提档升级激发活力,在代表作用上展现新风貌

——强化代表培训,提升代表履职能力。县人大常委会坚持为代表订阅《广西人大》、《百色人大》等报刊,通过各种方式组织代表学习宪法、选举法、代表法等法律法规和人大业务知识。县十六届人大代表选举产生后,及时组织举办代表培训会,对新当选的172名县人大代表进行培训,邀请自治区和市人大有关专家到我县授课,讲解宪法、代表法、选举法、地方组织法等法律法规知识,使代表们进一步明确了代表的责任、权利和义务,为正确执行代表职务和带领群众精准脱贫打下基础。

——创新谋划思路,提高代表建议质量。在人代会召开之前,县人大常委会委托乡镇人大组织开展代表小组活动,深入选区与选民面对面沟通,了解社情民意,征求选民对全县重点工作的意见建议;县人大常委会组织发改、财政、扶贫、教育、林业、农业等部门负责人与代表召开座谈会,听取有关部门的工作建议,为代表撰写建议提供参考;协调县委、县政府领导与代表见面沟通,共商如何将我县急需解决的问题以代表建议的形式向大会提出。经多方共同努力,县十六届人大一次会议的代表建议质量都明显提高,特别是市四届人大一次会议上,驻我县的市四届人大代表提出的《关于在田林县桂黔经济合作产业园区建设30万吨铝水项目的建议》得到市领导和有关部门的重视,市人大常委会组织专题调研组到我县开展专题调研,有力地促进了项目落地。

——注重代表建议办理,发挥代表主体作用。一是及时召开人大代表建议交办会。县十六届人大一次会议结束后,及时召开人大代表建议交办会,把96件建议交承办单位办理。二是及时跟踪督办。常委会根据县直相关部门对办理建议答复的具体情况,及时召集承办单位领导进行协调督办,把代表建议的办理落到实处。三是及时回访代表,征求代表们对承办建议情况的意见。

——精心组织代表开展活动,助推政府工作迈上新台阶。县人大常委会积极探索闭会期间代表活动的新途径、新形式,坚持每次常委会会议都邀请代表列席,鼓励代表积极参与审议发言,对"一府两院"及人大常委会工作提出意见。坚持组织代表开展专题调研、集中视察和执法检查,参加各种听证会、座谈会,为代表审议人代会有关报告、提出高质量议案和建议创造条件。12月,组织市县人大代表对工业园区建设、扶贫攻坚工作、教育惠民和产业惠民工程进行视察,了解项目进展情况,督促政府有关部门加快项目建设,让惠民工程早日惠及民生。

四、主动服务工作大局,在经济发展上做出新贡献

一是全力抓好脱贫摘帽工作。常委会领导班子成员分别深入到所联系乡(镇)、村指导精准扶贫工作,多次走访贫困对象,了解贫困户家庭生产生活情况,帮助贫困户做好脱贫规划,因地制宜发展特色产业,实时跟踪脱贫计划实施情况,及时给予帮助实际困难。多方筹措物资和资金,给予联系村和贫困户水泥35吨、资金10余万元,切实帮助挂点联系村办实事、做好事,为全县脱贫摘帽、共同奔小康贡献应有的力量。二是根据县委的安排,县人大常委会正副主任分别担任县八大工作组正副组长和多个重大项目的常任指挥长,项目涉及城镇提升、电站建设、农业产业、企业服务、交通会战、精准扶贫、旅游开发、教育卫生、乡村建设、社会维稳等领域。常委会领导负责的"三路三桥"等城建项目,扎实有序推进;六隆易地扶贫搬迁安置历史遗留问题走上依法维权道路,实现大局稳定;教育文化卫生、农业产业化有序推进;文化旅游产业有所突破;瓦村水电站移民搬迁工作进展顺利;乐里河防洪工程建设基本完成;生态乡村建设亮点纷呈。三是常委会领导班子成员和机关委室领导深入各自联系的乡村和部门开展文化卫生教育、农业生产、护林防火、甘蔗砍运扩种、生态乡村等工作。经常委会主要领导牵线搭桥,江苏省无锡市爱心企业为利周乡中心校捐资50万元,为改善学校基础设施提供了坚实保障。

五、根植人民凝心聚力,在自身建设上塑造新形象

——强化学习培训,提高综合素质。一是组织学习政治理论和人大业务知识。坚持每月集中学习一次,以自学为主,集体学习为辅的学习制度,结合"两学一做"学习教育,深入学习习近平总书记系列重要讲话精神及《党章》、《宪法》、《代表法》、《选举法》、《组织法》、《监督法》和人民代表大会制度理论、人大业务知识。9月,组织常委会组成人员和乡镇人大主席分两批到区外人大培训基地培训学习;10月,常委会班子领导及各委室负责人参加了全市人大及"一府两院"履职培训班,进一步提高人大干部理论和业务水平。二是组织领导干部参加集中轮训。常委会主任副主任先后参加了市人大常委会、市委组织部、市委统战部举办的人大换届选举培训班以及领导干部执政能力提升班。机关各委室党员参加了县委组织部、县直属工委举办的党员干部轮训,到县委党校参加学习习近平总书记系列重要讲话精神讲坛。按照"两学一做"的要求,做好学习计划,参加每一个学习专题。在学习中坚持理论与实际相结合、学习与工作实际相结合,干部的自身素质不断得到提高。

——加强工作指导,发挥职能作用。指导乡镇人大建立健全各种制度,巩固乡镇人大规范化建设成果,利用"人大代表活动中心"和"人大代表之家"平台,开展人大代表小组活动,激发代表的主动性和创造性,确保活动取得实效。指导乡镇人大围绕中心,抓大事、议大事,做好党委的参谋助手。坚持邀请乡镇人大主席列席县人大常委会会议,召开乡镇人大主席联席会,交流基层人大工作的新经验、新方法,不断提升基层人大工作水平,促进乡镇民主法治建设持续规范,有序推进。

——采取有效措施,提高宣传水平。一是加强宣传队伍建设。县人大常委会机关人人是宣传员,乡镇人大工作者个个是信息员,形成积极撰稿投稿的浓厚氛围。二是鼓励人大通讯员积极向各级媒体投稿。一次会议以来,全县人大系统先后在《中国人大年鉴》、《广西人大》等国家和省级刊物和主流媒体发表理论文章和新闻稿件10篇。换届以来,共发表稿件226篇,编发3期人大常委会公报,进一步宣传了人民代表大会制度。

各位代表,常委会工作取得的成绩,是县委坚强领导的结果,是县人大代表、常委会组成人员、各专工委室工作人员辛勤工作的结果,是县人民政府、县人民法院、县人民检察院、各部门各乡镇协同工作的结果,也是广大人民群众大力支持的结果。在此,我代表县人大常委会表示衷心的感谢!

换届以来,县人大常委会的工作虽然取得了较好的成绩,但与常委会的法定职责、与党和人民的期盼相比,我们的工作还存在着许多不足:监督工作力度不够,监督方式还需改进;代表工作的质量和水平需要进一步提高;常委会自身建设需要进一步加强。这些问题,我们将在今后工作中切实加以改进。

2017年主要任务

各位代表,2017年是实施"十三五"规划打基础之年,是全面建成小康社会的关键之年。县人大常委会新一年工作的指导思想是:坚持以马列主义、毛泽东思想、邓小平理论、"三个代表"重要思想和科学发展观为指导,全面贯彻落实党的十八大和十八届三中、四中、五中、六中全会以及习近平总书记系列重要讲话精神,按照"四个全面"的战略布局,围绕田林县第十四次党代会提出的“两跨越、三突破、四提升”要求，紧扣脱贫奔康主线，以经济建设为中心，以改善民生为根本，以改革开放为动力，以依法治县为保障，履行好县人大常委会各项职责，围绕中心，服务大局，突出重点，增强实效，充分发挥全县人大代表和人民群众的积极性和创造性，为营造“三大生态”、实现“两个建成”、保障和促进全县经济社会发展、构建和谐社会做出新的贡献。

一、以促进科学发展为主题，进一步增强监督实效

（一）围绕中心开展监督

适应新形势新常态，综合运用听取审议专项工作报告、执法检查、视察调研、专题询问等多种监督方式，紧紧围绕扶贫攻坚、“两区”建设、重大项目建设等中心工作、重点工作开展监督，推动县委重大工作部署的贯彻落实，促进“一府两院”工作，加快经济社会发展，促进民生改善。年内将对易地扶贫搬迁安置工作推进情况、全县乡镇政府所在地集镇基础设施建设情况和田林县医疗体制改革工作开展专题调研。

（二）加强计划和预决算的审查监督

听取审议县人民政府关于2016年决算的报告、关于2016年预算执行和其他财政收支的审计工作报告，审查和批准2016年决算；听取审议县人民政府关于2017年上半年国民经济和社会发展计划执行情况的报告、关于2017年上半年预算执行情况的报告、关于2017年预算调整方案的报告。建立预算审查前听取人大代表和社会各界意见建议机制，进一步加强对重大财政专项资金、国有资产、重大投资项目和地方政府性债务的审查监督，进一步强化审计结果的运用和审计整改的监督。

（三）突出监督重点，强化跟踪监督

听取和审议县人民政府关于全县脱贫摘帽工作情况的报告、关于为民办实事落实情况的报告、“两区”建设推进情况的报告、关于全县重大项目建设情况的报告，加大督促落实和跟踪问效力度。

（四）加强对法律法规实施情况和司法工作的监督

听取和审议县人民政府关于“七五”普法规划意见的报告；对全县贯彻实施《中华人民共和国食品安全法》和《中华人民共和国村民委员会组织法》的情况进行检查；听取和审议县人民法院关于刑事审判工作情况的报告和县人民检察院关于民事行政检察工作情况的报告并进行满意度测评。

二、以发挥代表作用为根本，进一步改进代表工作

进一步密切常委会与代表的联系，坚持和完善常委会组成人员走访代表、联系代表的制度，建立完善代表联系群众制度。坚持邀请代表参加调研、检查、视察、列席常委会会议等制度，不断扩大代表对常委会工作的参与，畅通社情民意反映和表达渠道，广泛听取基层代表和群众对监督工作、代表工作等方面的意见建议。切实做好代表学习培训工作，特别是组织好县第十六届人大代表的履职培训，使代表更好地发挥作用。加强代表议案建议办理和督办工作，推进代表建议办理满意率与解决率同步提高。继续加强对代表提出议案建议的培训和指导，强化代表对议案建议提出的针对性和可操作性，不断提高议案建议的质量。继续实施重点代表建议项目建设，加大代表建议办理和督办力度。探索代表建议办理工作满意度测评。继续推进优秀代表建议和代表建议办理工作先进单位评选表彰活动。

三、以提高履职能力为基础，进一步加强自身建设

继续巩固、拓展党的群众路线教育实践活动、“三严三实”专题教育和“两学一做”学习教育成果，落实整改长效机制，认真落实党风廉政建设“两个责任”和《关于新形势下党内政治生活的若干准则》、《中国共产党纪律处分条例》、《中国共产党党内监督条例》，加强党的政治纪律和政治规矩教育，形成作风建设的长效化、常态化。加大学习培训力度，抓好人民代表大会制度和法律法规学习，进一步提高常委会及机关工作人员的理论水平和依法履职能力，提高践行法治、依法履职的能力，提高服务代表、服务群众的能力，更好地履行地方国家权力机关的职责使命。充分发挥县人大各专门委员会和常委会工作机构、办事机构在开展监督、决定、任免和代表工作中的作用，不断健全完善内部协调工作机制，推进各项工作的制度化、规范化，强化制度执行力，切实提高机关集体参谋和服务班子的工作能力和水平。

各位代表，新的目标开启新的希望，新的征程承载新的使命。让我们紧密团结在以习近平同志为核心的党中央周围，在县委的坚强领导下，以更加饱满的热情，更加昂扬的斗志，更加扎实的作风，不忘初心，奋勇前进，为营造“三大生态”、实现“两个建成”，打赢脱贫攻坚战而努力奋斗！

政府工作报告

——在田林县第十六届人民代表大会第二次会议上

田林县县长　黄　慧

(2017年1月18日)

各位代表：

现在，我代表县人民政府，向大会作工作报告，请予审议，并请各位政协委员和列席同志提出意见。

一、2016年工作回顾

2016年，是本届政府的开局之年。一年来，在市委、市政府和县委的正确领导下，在县人大、县政协的监督支持下，我们主动适应经济发展新常态，齐心协力，乘势而上，全县经济社会发展逆势竞进、整体提升，实现了“十三五”良好开局。

(一)经济实力迈上新台阶

初步统计，全县生产总值48.72亿元，增长11.5%，连续三年实现两位数增长；固定资产投资31.36亿元，增长20.1%；规上工业总产值41.45亿元，增长44.7%；财政收入3.18亿元，增长12.1%，非税占比下降0.5个百分点；城镇居民人均可支配收入25406元，增长10.2%；农村居民人均可支配收入9562元，增长13.5%；辖区金融机构存贷款余额分别为60亿元和37亿元，增长15.7%和17.2%。

(二)产业培育实现新突破

三次产业结构更加优化，由2015年的32∶31∶37调整为31∶35∶34，二产比重首次排在第一位。特色农业稳步增长。投入2568万元发展特色农业。芒果、油茶等七个20万亩高产示范基地进展明显，乐里万亩芒果示范区被评为2016年广西县级特色农业示范区；新型合作组织发展状大，新增农民合作社124个、家庭农场19家。现代畜牧业健康发展，新增肉牛肉羊规模养殖场39个，养殖公司8家，肉类总产量增长17.6%；水产品产量增长9.2%。农林牧渔总产值24.3亿元，增长6.2%。新型工业加快推进。新增规上工业企业7家，规上工业增加值增长19.7%；工业拉动经济能力显著增强，对GDP贡献率提高到38.8%；切实推进林业资源产业集群，木材加工产业产值首次突破十亿元；园区建设取得新突破，百矿铝水项目落户桂黔(田林)经济合作产业园区并动工；瓦村水电站实现大江截流，光伏、风能等项目加快推进。第三产业活力增强。培育规上服务和限上批零住餐企业20家。“马神甫事件”展示厅正式开馆，岑王老山生态园登顶步道建设完成，利周瑶族乡被评为“广西三星级乡村旅游区”，全年旅游综合收入7.08亿元，增长27.2%。商贸物流金融等服务业稳步发展，社会消费品零售总额10.72亿元，增长12.8%；全年政府投资融资累计授信19.97亿元，融资到位4.97亿元，农发行田林支行筹备处挂牌成立。第三产业增加值增长11.5%。

(三)项目建设取得新成效

重大项目有力推进。完成重大项目投资31.36亿元，增长20.1%。新开工凌云至田林二级路(田林段)等52个项目，续建瓦村水电站等17个项目，竣工乐里大桥等22个项目，南盘江八渡水电站等37个项目前期工作全面开展。基础设施逐步完善。完成交通投资3.2亿元，开工建设旧州至那腊二级路等一批交通项目，102条913千米通村水泥路全面竣工。投入1.7亿元实施农村饮水、第六批小农水项目等工程，开工建设启文水库等一批水利项目，保障3.78万人饮水安全。招商引资成效良好。新引进养牛示范基地等投资过千万元项目2个，引进理昂新能源等投资超亿元项目3个，开展前期工作3个，完成招商引资区外到位资金9.67亿元，增长51.9%。

(四)脱贫攻坚开启新篇章

实施脱贫摘帽攻坚行动计划，结对帮扶覆盖全县13512户54595贫困人口；农村低保制度与扶贫开发政策有效衔接，低保对脱贫贡献率达92%。发放贫困户“以奖代补”补助6879户2407.7万元，落实贫困户政府贴息小额信贷资金2.01亿元。投入2.32亿元，在贫困村实施饮水安全项目129个，建成20户以上通屯硬化路18条108千米、砂石路198条896千米，39个贫困村实现宽带网络及电视信号全覆盖并建有文体设施。预计完成上级下达10个贫困村2585户10422人的脱贫任务。

（五）城乡面貌展现新形象

投入4200万元实施南环路、三宝桥等城建项目，完成人行道改造3万平方米，升级改造县城区路面6.4万平方米，完成乐里河改造、清淤、蓄水工程，新的双虹桥、乐里大桥建成使用；加快田林新区建设，实施“123456”重点城建工程，新增建成区面积0.25平方千米，城镇化率达31.78%。大力开展市容市貌和交通秩序综合整治活动，取得初步成效；加大“三违五乱”治理力度，依法依规处置违法建房户25户，完成棚户区改造500户，农村危房改造1810户，城乡面貌不断改善。

（六）生态环境呈现新变化

深入开展“美丽田林·生态乡村”建设，投入1007.1万元，补助110座中小型垃圾焚烧炉和1459名保洁员运转经费，建成2个饮水净化示范点和40个村屯绿化示范点，完成600个一般村屯绿化，旧州镇平满村荣获“2016年度全区‘美丽广西’乡村建设示范村”称号。投入1350万元继续实施退耕还林等造林工程，完成绿化造林9.2万亩，森林覆盖率达77.12%；兑现公益林补偿1975.07万元，石漠化治理恢复植被4488亩，生态环境持续改善。做好防灾减灾工作，未发生重大森林火灾、汛灾及地质灾害。全面完成中央环保督察组交办信访案件整改。

（七）社会事业取得新进展

全年民生投入20.3亿元，增长15%，占全县总支出92.3%。其中，落实11.23亿元全面完成社保惠民、教育惠民等10件54项为民办实事工程，群众获得感进一步提升。教育事业稳步发展。投入4067万元，实施36个教育基础设施项目，县第三、第四幼儿园、新高中等项目稳步推进；投入1.13亿元，实施“两免一补”及营养餐计划，受益学生6.68万人次；控辍保学力度加大，九年义务教育巩固率85.2%；高考本科上线人数和上重点线人数创新高，教育质量不断提升。文化事业加快发展。新建10个村级服务中心，10个屯级戏台和10个屯级篮球场；举办“吼敢”壮剧节，文艺展演107场；壮剧《瑶娘》获国家艺术基金项目，“田林定安调”、“田林壮族吼敢”入选自治区非物质文化遗产名录，荣获“广西特色文艺之乡（壮剧）”称号。卫生计生事业不断提升。投入1.05亿元，补助参合农民23万人，大病补助892人，农民受益率达100%；县级公立医院改革稳步推进，“新国优”创建、“六大工程”建设等活动有序开展，人口自然增长率控制在7.1‰以内。社会保障全面推进。投入9216万元，补助养老保险2.8万人，为5.2万名低保对象、4239位高龄老人、1149位孤老孤儿、2845位重度残疾人发放补贴。就业政策全面落实，新增城镇就业人员1042人，城镇登记失业率控制在3.8%以内。

（八）社会发展打开新局面

全面开展“平安田林”“法治田林”建设，破获刑事案件317起，查处治安案件822起，反恐应急处突能力不断提高，消防和交通管理逐步加强；深入开展矛盾纠纷化解活动，化解信访案件325起，“三大纠纷”案件75件。强化安全生产工作，全力推进“六打六治”，安全生产形势持续好转，各项指标控制达标；深入开展食品药品安全整治，无重大群体性事件和安全事故发生，群众安全感满意度在全区排位由73位上升到第6位。

（九）政府效能得到新提升

严格执行中央“八项规定”，“三公经费”下降5.9%；深入开展“两学一做”学习教育，风清气正、干事创业氛围更加浓厚；认真落实《中国共产党廉洁自律准则》《中国共产党纪律处分条例》《关于新形势下党内政治生活的若干准则》《中国共产党党内监督条例》和党风廉政建设“一岗双责”，立案审查各类违纪案件110件；开展37个部门职权清理，保留权力事项3078项，精简率36.4%；人大代表建议和政协提案办复率100%；政务服务更加规范，审计监察更加强化，绩效管理更加提升。

一年来，全县民族团结进步创建活动不断深入，国防动员和双拥共建工作取得新成绩。科技、外事、侨务、宗教、物价、工商、税务、质监、供销、邮政、通信、气象、地震、机要、档案、地方志、老龄、残疾人等工作取得新进展。

各位代表，这些成绩的取得，是市委、市政府和县委正确领导的结果，是县人大、县政协监督支持的结果，是各乡镇各部门和全县各族人民共同努力，奋力拼搏的结果。在此，我代表县人民政府，向全县各族人民，向工商联、无党派人士和各人民团体，向驻县军警和关心支持田林建设的各界朋友，表示崇高的敬意和衷心的感谢！

在肯定成绩的同时，我们也要看到面临的困难和问题：经济总量小，经济发展动力不足，欠发达的基本县情还没有根本改变；基础设施有待完善，城市承载功能有待提升；等等。对此，我们必须高度重视，切实强化措施，认真加以解决。

二、2017 年工作安排

2017 年是我县脱贫攻坚冲刺年，是实现“两跨越，三突破，四提升”的关键之年。做好今年各项工作，对我县“打造滇黔桂接边区域中心县，全面脱贫摘帽建成小康社会”的宏伟目标至关重要。

今年政府工作的总体思路是：全面贯彻落实党的十八大及十八届三中、四中、五中、六中全会精神，按照上级党委政府决策部署，坚持稳中求进工作总基调，牢固树立和贯彻落实五大发展理念，适应和把握经济发展新常态，深化供给侧结构性改革，以脱贫奔康统揽经济社会发展全局，深入实施“三大战略”“四大攻坚战”和“五区建设”，大力推进桂黔工业园区和田林新区建设，努力打造滇黔桂接边区域中心县，在落实“三大生态”中夺取脱贫奔康新胜利。

全县经济社会发展的主要预期目标为：地区生产总值增长 8%；固定资产投资增长 11%；财政收入增长 5%；规模以上工业总产值增长 20%；社会消费品零售总额增长 10%；城镇居民人均可支配收入增长 8%；农村居民人均可支配收入增长 10%；完成上级下达的脱贫攻坚任务；万元 GDP 能耗、排污量、城市登记失业率、人口自然增长率以及居民消费价格指数控制在区、市下达指标范围内。

为实现以上目标，重点抓好六个方面工作：

（一）更加注重精准脱贫，举全县之力坚决打赢脱贫攻坚战

完善扶贫基础设施。对照贫困村脱贫出列“十一有一低于”的标准，实施基础设施建设大会战，整合各方资源，建设农村饮水安全工程项目 125 个，实施农村危房改造 2078 户，完成村级公共服务中心项目建设 5 个，网络宽带工程 20 个，全面解决贫困地区发展“最后一公里”问题。

提高产业扶贫成效。继续按照“宜林则林、宜牧则牧、宜种则种、宜养则养”的原则，规划实施好油茶、甘蔗、芒果、八渡笋、核桃、柑橘以及生猪肉牛肉羊养殖、网箱养鱼、林下养鸡等扶贫重点产业，建成 5 个以上产业脱贫示范村；落实贫困村、贫困户小额信用贷款，保障群众产业发展资金；继续采取“龙头企业 + 村集体 + 贫困户”的模式，增加贫困村、贫困户资产性收入。

加快易地扶贫搬迁。大力推进易地扶贫搬迁工程，积极争取更多的国家政策性金融扶贫资金，继续对符合条件的对象进行分类搬迁，完善搬迁点基础设施，投资 4.42 亿元，完成易地扶贫搬迁 1770 户 7365 人。加大易地扶贫搬迁后续扶持和管理，确保搬迁贫困群众搬得出、住得下、可发展、能致富。

聚焦对口帮扶。以中国电信集团和深圳光明新区结对帮扶为重大机遇，用好扶贫协作和对口支援各类资源，建立健全对口帮扶工作机制，重点从招商引资、人才支援、基础设施、劳务输出、企业帮扶等方面瞄准贫困村、贫困户脱贫摘帽精准发力，探索开展百企扶百村等工程，走一条“造血式”扶贫新路子。

（二）更加注重创新发展，加快推进新型经济发展先行区建设

大力推进农业现代化。一是提升特色优势农业。稳定粮食生产，确保粮食种植面积 31.1 万亩，产量达 9.5 万吨以上。优化农林畜产业结构，扩种油茶 2.2 万亩，新种、翻种甘蔗 4 万亩，新种芒果 2 万亩、核桃 0.6 万亩、柑橘 0.5 万亩，中草药 0.5 万亩；加大科技兴农投入力度，实施八渡笋、油茶低产改造等科技富民强县项目。抓好生猪、牛、羊、鸡、鸭等规模化养殖，引进龙头企业大力发展循环型产业。二是打造农林特色示范区。重点推进旧州南盘江流域扶贫生态产业示范区、乐里新宁村万亩芒果示范基地和潞城现代特色农业核心示范区建设，注重品牌打造，努力创建八渡笋、油茶全国有机农业示范基地，力争年内打造 1 个自治区级和 1 个市级核心示范区。加快“一乡一业、一村一品”建设，在每个乡镇打造 1 个 300 亩以上连片农林特色产业示范区。三是探索新型农业经营模式。重点抓好农村土地承包经营权确权登记颁证工作，力争年底完成 14 个乡镇的土地确权工作。深化林权制度改革，建立完善商品交易平台，推进林权交易中心和木材交易中心建设，促进林业经济健康持续发展。大力扶持农林畜龙头企业和农民合作组织，力争培育 1 至 2 家农林产业化龙头企业。

加快新型工业化进程。一是强化园区平台建设。大力推进桂黔（田林）经济合作产业园区和潞城旺吉工业园区建设，重点以百矿30万吨铝水项目为突破口，加快桂黔（田林）经济合作产业园区3000亩场平等基础设施建设，完善园区通路、通水、给排水等配套功能，以铝水项目为带动，引进一批有实力的铝水下游加工企业入园，力争百矿生态铝工业基地年内实现投产，新增园区产值超亿元。二是发展新型能源产业。继续推进瓦村水电站建设，确保2018年建成投产；加快南盘江八渡口水电站前期工作，力争年内动工建设；积极引进一批有实力的新能源企业，大力发展光电、风能、生物质发电等清洁能源产业，为新型工业化提供能源保障。三是推进产业集群发展。深入实施"双十工程"，不断延伸木材精深加工、蔗糖、能源等产业链条，提高附加值，促进主导产业集群发展，力争全县规上工业总产值增长20%以上。四是扶持企业做大做强。继续开展"服务企业年活动"，落实工业企业扶持办法，帮助企业降成本，做大做强；大力推进企业上规入统工作，重点从食品加工、清洁能源等行业挖存量、提质量，力争培育8家以上规上工业企业。

推动服务业提档升级。一是培育壮大限上企业。落实第三产业发展扶持办法，力争培育限上服务和批零住餐企业20家以上；鼓励外贸出口企业开拓国际市场，力争培育1家以上外贸企业，外贸出口额增长9%以上。二是发展民族特色文化。巩固提升文化百个戏台、百支队伍、百场演出工程建设成果，筹备和举办好2017年"吼敢"壮剧节，继续将壮剧《瑶娘》申报入围国家级非物质文化遗产名录，打造具有本县民族特色的文艺精品；将"马神甫事件遗址"、岑氏宗祠申报第八批国家级文物保护单位，打造田林文化旅游品牌。三是提升生态旅游产业。按照"一区三线"的旅游发展总体布局，重点抓好岑王老山、万吉山、利周河谷、定安小镇、三穿洞等旅游景区建设，将万吉山森林公园按照国家AAA级旅游景区进行提升改造，规划建设平宜水库湿地公园，打造田林生态旅游新名片。四是推进电子商务发展。围绕"互联网+"，引导和鼓励3家以上优势企业、6个以上优势工业产品和特色农产品进驻阿里巴巴·百色产业带等电商平台开展电子商务销售业务，推进我县特色产品销售线上、线下双线并进。

（三）更加注重协调发展，加快推进特色城镇发展突破区建设

推进田林新区建设。围绕"生态绿色山城"定位，实施"123456"工程，加快推进万吉山森林公园、乐里河河道改造、体育中心、壮剧中心、绕城路和城东路提升改造等"一山二水三中心，四校五路六节点"重点城建项目建设，扩大县城区域，力争城镇化率提高1个百分点以上。

提升城乡服务功能。推进三宝桥、中燃气管道等项目，规划建设县级建筑垃圾消纳场，完成旧州、六隆、定安等镇级污水处理设施建设；完成县城污水处理厂二期工程和县城污水处理厂提标工程前期工作；继续抓好县城绿化、亮化、美化建设和市政管理，市容市貌和交通秩序综合整治，实施东丈路、河南路等道路改造工程，推进河南路路灯改造项目，优化城居环境。

加快特色乡镇建设。完成14个乡镇详规修编，结合易地扶贫搬迁，引导乡镇加快基础设施建设，重点抓好定安历史文化旅游特色小镇和潞城、利周、八渡等3个少数民族乡项目建设，推进浪平、百乐撤乡建镇。加快乡镇府所在地人饮工程建设，特别是浪平、平塘、高龙等乡镇所在地人饮项目建设步伐，提高特色乡镇的宜居指数。

完善综合交通体系。实施"三横三纵"路网建设，加快推进旧州至那腊二级路、八桂至那比三级路、凡昌至浪平道路改扩建工程，力争潞城至百乐三级路、河口经八桂至福达二级路、启文至香维公路动工建设，打造县域两小时交通圈；继续推进旧州八渡大桥及其连接线项目，做好田林至西林高速公路前期工作，构建内通外畅交通大网络。

（四）更加注重绿色发展，加快推进生态建设引领区建设

推进"美丽田林·宜居乡村"建设。启动宜居乡村建设，同步实施产业富民、服务惠民、基础便民三个专项活动；巩固提升清洁乡村、生态乡村建设成果，投入5486万元，强化乡村垃圾处理设施建设，完成8个乡镇片区垃圾处理中心和10个村级垃圾处理设施项目，健全长效管理机制，稳步改善乡村人居环境。

提升"绿色田林"工程。打击乱砍滥伐行为，切实保护森林资源；实施新一轮退耕还林、石漠化综合治理等林业工程，造林8万亩，巩固提高森林覆盖率。分步落实"七个20万亩"，着力建设芒果、油茶、甘蔗、八渡笋、中草药、用材林、珍贵树种等7大示范基地，提升资源培育水平。

提高环境治理水平。完善和强化环境保护责任体系，全面完成上级下达的节能减排任务；加强防火、防汛、防疫、地质灾害治理等工作，落实好河流生态管护责任，实施好 6 条中小河流治理和 1 个水土保持综合治理工程，治理水土流失面积 24 平方千米，受益人群 3.5 万人以上；继续推进启文水库扩容、万吉水库建设，维护好田林“天蓝、山绿、水净”的良好生态环境。

（五）更加注重开放融合，加快推进民族团结和谐模范区建设

全面深化改革开放。健全完善乡镇“四所合一”改革后的运行管理，提高乡镇综合执法能力。推动创新驱动发展，健全科技创新支撑体系，提供经济社会发展新动力。加大招商引资力度，密切跟踪国家产业政策方向，力争年内引进 5 家规模以上企业落地开工，培育新的经济增长点；做大现有投融资平台，多渠道解决政府投资项目资金难题。

促进社会事业更加进步。积极践行社会主义核心价值观，广泛开展社会主义核心价值观宣传教育，提高全县精神文明建设水平；充分发挥民族团结进步创建活动的引领作用，深入开展创建活动进农村、社区、学校、机关、企业、宗教场所“六进”活动。完善公共文化服务体系建设，加快文化人才培养，提升文化整体实力和竞争力。着力改善民族乡和民族村屯基础设施、基本公共服务，培育壮大富民产业，促进少数民族和民族乡经济不断提升。

维护社会和谐稳定。完善“天网”工程，推进“地网工程”，建立健全立体化社会治安防控体系，严厉打击各类违法犯罪活动。强化“农情乡解”，推行“网上信访”、“诉非衔接”等工作方法，推进“一村一法律顾问”，依法解决信访突出问题。大力开展道路交通、食品药品、建筑施工、消防安全专项整治，落实“五安工程”，强化非煤矿山、危爆物品等方面安全工作。完善防灾减灾和应急体系，提高预防和处置突发事件能力。

（六）更加注重共享发展，加快推进民生共享示范区建设

实施教育提升攻坚战。制定好“十三五”教育发展规划，落实“双线”控辍保学责任制和教育惠民政策，优化调整中小学校（幼儿园）布局，确保年内通过义务教育均衡发展自治区级评估验收；稳步推进高中普及教育和第三期学前教育发展，重点加快田林新高中、县第二初中和第三小学项目建设，逐步缓解学校“大班额”突出问题；加强教师队伍特别是乡村教师队伍建设，落实乡村教师支持计划，改善乡村教学环境，提高教育教学质量；加强校园周边环境整治力度，提高“平安校园”建设水平。

提高人民健康水平。稳步推进县城 3 家公立医院综合改革，加快县妇幼保健院公共卫生服务业务用房、县疾控中心实验综合楼、县中医医院新址建设项目二期工程建设，推进村卫生室一体化建设，力争一体化覆盖面达 95% 以上；巩固“国优”成果，争创“新国优”，稳步实施全面二孩政策，打击“两非”，加强流动人口服务管理，创建“幸福家庭”，提升计生工作水平。

完善社会保障体系。实施积极的就业创业政策，城镇失业登记率控制在 3.8% 以内；加强新农合筹资及监管，确保参合率达到 97% 以上；完善城乡低保标准动态调整机制，积极推进“双线合一”，为重点优抚对象排忧解难；健全老年人、残疾人、孤儿补助等机制；深化开展双拥共建工作，融洽军政军民关系，做好夏秋征兵和复转军人安置工作。

全力办好十件实事。社保惠民工程，筹措 335 万元，补贴 4414 位高龄老人；筹措 9877 万元，补助 5.1 万低保户、920 名农村五保户和 5514 名残疾人。健康惠民工程，筹措 1466.58 万元，实施基本公共卫生服务项目，为独生子女户和双女户缴纳新农合，并购买爱心保险。教育惠民工程，建设新高中、县第三小学和第三、第四幼儿园，完成义务教育均衡发展评估项目建设。文化惠民工程，新建 10 个屯戏台及篮球场，解决民间业余剧团音响设备。强基惠民工程，筹措 2.86 亿元，实施体育中心、壮剧中心、政务服务中心、市民小公园、“一事一议”、农村饮水、潞城工业园区供水等项目。安居惠民工程，实施 2078 户危房改造和乐里、高龙、潞城、浪平等乡镇棚户区改造项目，推进农村住房政策性保险。通畅惠民工程，硬化 50 户以上屯级道路 600 千米，建设 5 座桥梁、130 米过水路面。文明乡村工程，筹措 1219 万元，实施宜居乡村和农村环境综合整治项目。生态惠民工程，筹措 2096 万元，补偿生态公益林 143.67 万亩。产业惠民工程，筹措 3730 万元，实施油茶低产改造 3.5 万亩、八渡笋低产改造 1000 亩，补贴甘蔗种植 4 万亩、芒果种植 2 万亩、柑橘种植 2300 亩、核桃 6000 亩。

三、加强政府自身建设

适应新常态、决战同步全面小康，对政府工作提出了新的更高要求。我们必须坚持在县委的领导下，切实加强政府自身建设，全面提升依法履职能力，努力建设人民满意政府。

推进法治政府建设。贯彻落实《法制政府建设实施纲要(2015—2020)》，坚持依法行政，严格落实重大行政决策程序、重大事项社会公示和听证制度。规范行政执法行为，开展城市管理综合执法。严格执行县人大及其常委会决议，更加自觉接受县人大及其常委会监督，主动接受县政协民主监督，认真办理人大议案、建议和政协提案，确保事事有着落、件件有回音。

推进创新政府建设。推行“互联网 + 政务服务”，建立办事程序简化调整动态机制，进一步研究简化办事规程，探索完善一站式办事流程，提高政府办事效率；创新民主决策机制，重大决策积极征询县四家班子意见建议，提高政府决策水平；积极推动大众创业、万众创新，释放民智民力，激发社会活力；创新接边合作机制，探索建立区域联席会议制度，实现互利共赢。

推进高效政府建设。优化政务服务环境，推进政务服务中心标准化建设，加大政务公开和政府信息公开力度。加强重要决策、重点项目、重大事项落实情况的督查督办，增强政府执行力。严格政府工作目标考核，发挥绩效考核导向激励作用。加强干部效能建设，深化对经济发展新常态的认识，努力解决新常态下干部不想干、不会干的问题，提高新常态下推动发展的能力和水平。

推进廉洁政府建设。深化“两学一做”学习教育，严格执行中央“八项规定”，反对“四风”，全面落实党风廉政建设“一岗双责”，认真贯彻《中国共产党廉洁自律准则》《中国共产党纪律处分条例》和党的十八届六中全会精神，加强对财政预算执行、行政审批、项目招投标、土地出让、政府采购等重点领域、关键环节的行政监管和审计监督，严肃查办违纪违法案件，切实做到干部清正、政府清廉、政治清明。

各位代表，引领新常态，要求我们履职尽责、积极有为；实现新发展，召唤我们砥砺前行、奋力争先。让我们在县委的坚强领导下，在县人大、县政协的监督支持下，团结全县各族人民，坚定信心，凝聚共识，开拓创新，敢于担当，为田林打赢脱贫攻坚战而努力奋斗，以优异成绩迎接党的十九大胜利召开。

中国人民政治协商会议田林县第九届委员会常务委员会工作报告

——在政协田林县第九届委员会第二次会议上

田林县政协主席　黄　欢

（2017 年 1 月 17 日）

各位委员、同志们：

我受政协田林县第九届委员会常务委员会的委托，向大会作工作报告，请予以审议，并请列席会议的同志提出意见。

2016 年工作回顾

2016 年，是我县各级领导班子换届之年，是我县实施“十三五”规划开局之年，也是县政协工作继往开来、创新发展的一年。一年来，在县委的正确领导下，在县人民政府、县人大的大力支持下，县政协常委会认真贯彻党的十八大、十八届五中、六中全会和习近平总书记系列重要讲话精神，团结引领广大政协委员紧紧围绕全县经济社会发展这一中心，准确把握民主和团结两大主题，全面履行政治协商、民主监督、参政议政三项职能，圆满完成年内的各项工作任务，为促进全县经济社会加快发展贡献智慧和力量。

一、紧扣发展要务，唱响政协好声音，在围绕中心、服务大局上有新作为

识大势谋大事，观全局谋一域。县政协常委会紧扣发展第一要务，议大事，谋要事，督难事，办实事，不断提高履职实效和水平。

（一）议政协商实效增强

开展广泛多层制度化协商议政活动，取得丰硕的建言成果。坚持突出政协会议议政平台作用，精心筹办县政协八届六次会议和九届一次会议，组织委员围

绕“一府两院”工作报告、“十三五”规划及全县重大问题建言议政,提出具有前瞻性、针对性的意见和建议,为党政科学决策提供参考;政协八届六次全会安排4名委员大会发言,建言到位,献策可行,受到与会领导的高度评价。着眼宏观问题,采取“小切口”入手,创新协商形式,增强协商实效。与县党政领导就工业、农业、教育、扶贫等重点议题,开展协商探讨。先后开展工业园区建设、易地扶贫搬迁等协商座谈,促进有关工作推进和问题解决。一年来,召开常委会议6次、主席会议12次,围绕重大事项、重大问题,建言献策,出谋献计,不少意见和建议得到重视和采纳。县政协班子成员参加全县各类重大活动和重要会议,积极提出建议和意见,充分发挥协商建言作用。

(二)民主监督扎实有力

延伸触角,有效开展行风监督。委派政协委员担任政府部门和司法机关的特约监督员、行风监督员。一年来,先后选派100多人(次)参与公务员、事业单位工作人员招录面试监督,饮用水价格听证和处级干部换届评议等。参与监督的委员认真履行监督职责,增强了民主监督的效力和影响,对促进部门转变作风、提高效率发挥重要作用。注重实效,扎实开展民主评议。组织委员采取走访座谈、实地调查、综合评议等形式对县发改局、县教育局年度重点工作进行民主评议,促进易地扶贫搬迁、教育质量、教育项目等重点工作加快推进,民主评议起到肯定成绩,查处不足,督促整改,推动落实的作用。

(三)参政议政重点突出

紧扣中心竭诚献策,专题调研视察切合实际。按照“选题精、调研实、分析透、建议准”的原则,选择群众关注、党委重视、政协能做的课题,通过采取现场查看、听取汇报、座谈交流等形式进行视察调研,为全县发展建科学之言,献务实之策。创新推动政协常委视察协商会议向基层一线下移,现场协商议事更切合实际,更接地气,更富有成效。一年来,组织开展桂黔经济合作产业园视察、南盘江流域生态合作产业示范园视察、平塘乡沙塘桔产业发展视察、岑王老山旅游项目建设视察等;组织开展易地扶贫搬迁、基层政法队伍建设、非物质文化遗产传承和保护等专题调研,形成了10余份具有科学性、实效性的调研报告,为县委、县政府科学决策提供参考。部分建议和意见得到县委、县政府主要领导批示。如《桂黔(田林)经济合作产业园和南盘江流域扶贫生态产业示范区视察报告》报送后,黄慧县长批示要求相关部门抓好落实,议政建言成果有效转化。

二、坚持履职为民,传递社会正能量,在促进和谐、改善民生上有新贡献

民生紧连民心,民心凝聚民力。县政协常委会高度关注民生呼声,重视民心导向,努力推动人民群众幸福指数不断提升。

(一)促进民生持续改善

围绕群众关注的教育、医疗、住房、出行、社会保障等热点问题,进行协商交流,开展调研视察,为民生改善代言给力,推动相关民生政策落实,提高群众获得感和幸福指数。发挥政协组织联系广泛的优势,组织委员、专家和社会各界人士深入基层一线,通过结对帮扶、捐资物资、开展文化下乡等形式,为群众办实事、解难事、做好事,彰显人民政协不忘初心履职为民的真挚情怀。一年来,通过牵线搭桥,总计获社会捐赠物资100多万元,推进由市政协香港委员资助实施的定安中心小学宿舍楼建设等一批群众期盼解决的好事实事。

(二)社情民意渠道畅通

拓宽社情民意反映渠道,传达民声民愿。设立委员信箱建立了反映社情民意的新载体。深入了解民情,广泛反映民意。先后组织委员深入一线对农村五保村建设和管理、乐里一小校园周边环境整治、双虹桥配套基础设施建设等进行社情民意调查。共出刊《田林政协社情反映》5期,反映社情民意18件,为党委和政府准确及时研判社会舆情提供信息服务和决策参考。如《田林县农村五保村建设和管理民情调查报告》报送后,县政府主要领导作出批示并转有关部门要求整改落实,促进五保村建设和管理规范化。

(三)提案办理惠利民生

政协提案关系民生、体现民意。引导委员从大局着眼,从解决问题入手,形成一批立意高、选题准、分析透、建议实的提案。年内共收到委员提案100件,符合并立案91件,不符合立案9件,提案委将内容相近似的11件提案并案后提案总数为80件,其中八届六次会议提案39件,答复39件,委员满意率96%;九届一次会议提案立案41件,已答复41件,委员满意率97%。召开提案交办会进行提案工作安排部署,明确和落实提案办理责任和要求,并精心摘选重点提案,由政协班子成员每人负责督办一件重点提案，通过视察、协商、跟踪等形式加大对重点提案的督办力度，一批涉及民生利益的提案得到推动落实。一年来，落实80万元重点提案经费，解决平塘乡沙塘桔苗木补贴、双虹桥配套基础设施建设和市政配套项目等一批重点提案办理，完成年内政协委员重点提案办理任务。

三、发挥政协优势，增强发展凝聚力，在发扬民主、增进团结上有新进步

团结凝聚力量，民主集中智慧。县政协常委会充分发挥代表性强、联系面广的优势，扩大团结面，增进最大共识，为田林改革、发展与稳定凝聚智慧、汇集力量。

（一）团结合作格局广泛

进一步加强与无党派人士、工商联、各人民团体、各界人士，各类社会组织、经济组织的团结合作。充分利用例会、调研视察、组织重大活动等机会，就共同关注的问题进行联合调研视察和协商议政，营造广开言路、畅所欲言、体谅包容的民主氛围，形成发展共识，汇聚发展力量。组织委员5批100余人次走进基层开展政策宣传、法律咨询服务活动。主动协助党委、政府做协调关系、理顺情绪、化解矛盾、凝聚人心的工作，为促进和谐稳定减少阻力、增添合力。

（二）政协换届圆满完成

在市委、县委的正确领导下，在市政协的具体指导下，根据《中国人民政治协商会议章程》，精心组织，规范操作，圆满完成政协换届各项工作任务。顺利选举产生政治素质好、文化水平高、工作活力足、参政议政能力强的政协九届田林县委员会新领导班子，实现党委意图，巩固和推动多党合作事业的可持续发展。经过充分酝酿，民主协商，党委审定，严格把好政治关、素质关、程序关，组建新一届委员队伍136名。整个委员队伍界别、年龄、知识、性别结构合理，具有广泛性、代表性和先进性，为九届政协更好履职奠定基础。

（三）联谊交流广泛开展

加强与自治区、市政协的沟通联络，积极参加自治区、市政协组织的各类活动，上下联动推进政协工作开展。共接待自治区、重庆市等15个区内外政协调研组到田林考察，展示我县经济社会发展成果，提高对外影响力。结合工作需要，主动到外县（市）进行考察学习，取长补短推进政协工作开展。组织课题调研组到区内外的贵州、河池、柳州等考察学习，增长了见识，开阔了视野。开展文化联谊交流，横向联动推进政协工作开展。组织委员赴10个乡镇开展送文化下乡活动，丰富群众文化生活，深受群众好评，提高政协影响力；组织委员到隆林、田阳等县进行文化联谊交流活动，展示田林文化魅力，提升田林文化知名度。

（四）文史宣传成效显著

组织开展《田林“吼敢”节庆文化》（2016年）编纂工作，收集和整理2016年度“吼敢”歌圩壮剧节详实记录实况文字资料近70万字、图片500余张，目前已评审定稿并出版，政协文史资料存史资政、团结育人的社会功能进一步彰显。加强政协宣传工作，创新宣传形式，多渠道、全方位宣传人民政协事业在田林的生动实践，县政协工作在百色市、自治区影响力明显提升。一年来，在各级各类新闻媒体刊发稿件500余篇，完成和提交政协理论研究文章3篇，获全区政协报刊宣传工作二等奖，获全市政协第五次人民政协理论与实践研讨会组织奖。

四、参与中心工作，协调促成办实事，在合力攻坚、助推发展上有新成效

拓展履职领域，彰显责任担当。县政协常委会自觉把政协工作融入县委、县政府的总体工作部署中，为促进全县经济社会快速发展鼓实劲、出实力、干实事。

（一）参与全县中心工作

按照县委安排，政协班子成员分别担任社会事业、工业、城镇建设、农业农村等工作组组长或副组长，担任着多个项目建设的常任指挥长。班子成员经常深入联系乡（镇）、园区企业、项目现场、贫困村屯、维稳一线等，协调解决困难和问题，促进各项工作有效落实。助推沙糖桔产业发展，组织委员开展提案协商议政活动，协助平塘乡落实以奖代补，对发展沙糖桔农户给予苗木补助，助推平塘沙糖桔产业规模化发展。助推重点项目建设，政协领导负责协调推进田林至凌云二级公路建设、乐里至八桂三级路改造、八桂至那比三级路改造建设，妥善解决征地拆迁等系列问题，促进项目顺利实施。助推教育卫生改革发展，积极建言献策，促进相关提高教育质量政策出台；协助推动第三小学、第三幼儿园、中医院等重点项目建设，加快完善全县教育、卫生基础设施。积极配合党委、政府处置六隆扶贫移民异地安置基地矛盾纠纷处置等复杂尖锐问题，促进社会和谐稳定。

（二）结对帮扶有效开展

县政协班子经常深入联系乡镇村屯开展实地走

访,摸清情况,召开群众大会,按照贫困户“八有一超”和贫困村“十一有一低于”目标,协助整村推进村和建档立卡户制定脱贫计划,落实脱贫措施。协调完成八渡瑶族乡东朋村、六章村通村道路硬化工程,协助定安镇八新村部建设和那雄至新寨通屯道路维修。扎实开展“一帮一联”工作,班子成员、机关干部与贫困户进行结对帮扶,从项目、政策、资金、信息等方面为贫困户提供帮助;具体指导联系村、联系户脱贫验收工作,落实帮扶责任。安排1名机关干部担任贫困村第一书记,脱产指导扶贫攻坚工作。

(三)助推文化田林建设

充分发挥政协人才荟萃、智力密集优势,助推文化大发展大繁荣,协助组织和策划好2016年田林“吼敢”壮剧节各项活动,壮剧片区汇演、社区百家宴会、专题歌会、原生态歌会、壮剧展演、颁奖晚会等活动圆满落幕,整个活动过程隆重热烈、欢乐喜庆、节约务实、富有特色,有力促进田林文化、旅游快速发展。壮剧节期间上演壮族风情歌舞剧《欧贝》和专题歌会《我们的价值观》,深受群众喜爱,获得各界好评,成为田林传统文化品牌,推动田林文化建设再上新台阶。

五、强化自身建设,展现整体好形象,在强基固本、创新机制上有新突破

源静则流清,本固则丰茂。县政协常委会主动适应新形势新任务的要求,内外兼修,不断提升政协工作科学化水平。

(一)政治思想根基夯实

强化政治理论学习,结合“两学一做教育”活动,通过理论学习会、培训会、座谈会等形式,组织委员和机关干部系统全面学习党的十八大、十八届五中、六中全会精神及习近平总书记系列重要讲话精神,自治区、市、县党代会精神,切实增强政治意识、大局意识、核心意识、看齐意识,不断凝聚思想共识。强化业务理论学习,结合换届调整实际,组织委员和机关干部学习政协业务知识和履职方法;邀请学者、专家到田林授课培训1期,实现委员培训全覆盖;选派政协委员参加区、市、县举办的各类培训班学习,广大委员更加懂政协、会协商、善议政。

(二)委员主体作用发挥

创新履职形式,拓宽履职平台,在委员中开展“参加一次政协会议、撰写一篇发言材料、提交一件政协提案、反映一条社情民意、上送一篇宣传稿件、为民办一件好事”的“六个一”活动,组织委员参加视察、调研、协商活动,增加大会发言人数,为委员履职创造条件。开展优秀提案、优秀调研报告等评选表彰活动,激发委员履职积极性和主动性。出台《县政协委员履行职责考评办法》,建立委员联系制度、谈话制度,加强委员管理和履职情况考核,委员的主体作用得到较好发挥。

(三)机关服务水平提高

建立健全各项制度,机关公务接待、财务管理、考勤、考核等各项内部工作制度,推动机关各项工作规范化、制度化。加强机关队伍和组织建设,配备联络办工作人员,保证各项工作的正常开展。加强机关作风建设,全面落实党风廉政责任制,深入开展“两学一做”学习教育活动,按照县委总体安排,组织完成4个专题学习,学习教育取得了预期成效,机关服务水平明显提高。

各位委员,过去的一年,县政协常委会较好完成全年各项工作任务。所取得的成绩,得益于县委的正确领导和县人民政府、县人大的大力支持。县委把政协工作纳入全局工作谋划,做到思想上重视、政治上关心、组织上保证、工作上支持。年初召开全县政协工作会议,对政协工作提出了具体要求。县委出台《关于进一步加强政协工作意见》,对政协协商的内容、程序、形式等作出明确规定,使政协履职更加有据可依、有章可循。这些举措为我们履行职责创造了良好条件、指明了努力方向、增添了新的动力。全县各级各部门、社会各界积极主动配合政协委员开展调研、视察等活动,为委员履职创造良好环境。在此,我代表县政协常委会,向所有关心、支持政协工作的领导和同志们表示衷心的感谢!

回顾一年来的工作,我们也清醒地看到,我们工作中还存在一些不足之处,主要是履行职能的途径和效果还有待进一步探索,议政成果的转化落实还有待进一步加强,民主监督的力度还有待进一步加大,提案办理的实效还有待进一步提高,政协界别优势和委员主体作用还有待进一步发挥等。这些都需要我们认真研究,并在今后的工作中切实加以改进,不断推动政协工作取得新进展。

2017年主要工作任务

2017年,是党的十九大召开的喜庆之年,是我县加快实现脱贫奔康的重要关键一年。新时期新任务对政协工作提出新的更高要求，也为政协事业提供新的广阔舞台。

县政协常委会工作的指导思想是：以邓小平理论、“三个代表”重要思想和科学发展观为指导，深入学习贯彻党的十八大，十八届六中全会及习近平总书记系列重要讲话精神，紧紧围绕县委提出的奋斗目标和战略部署，紧扣脱贫奔康主线，认真履行政治协商、民主监督、参政议政职能，更好地协调关系、汇聚力量、建言献策、服务大局，谋求新作为，展示新风采，为加快全县经济社会发展，如期实现脱贫摘帽奔小康目标贡献智慧和力量，以良好的履职成效向党的十九大胜利召开献礼。

一、适应新常态，牢牢把握政治方向

着眼新常态，强化思想武装。运用培训辅导、专题研讨、座谈交流等多种形式，深入学习贯彻党的十八大，十八届六中全会及习近平总书记系列重要讲话精神；认真贯彻落实自治区第十一次党代会、市第四次党代会、县第十四次党代会精神；认真学习领会各级党委对政协工作的一系列新要求，把握正确的政治方向，保持坚定政治定力，凝聚政治思想共识，不断增强履行职能的责任感和使命感，切实把思想和行动统一到县委、县政府的决策部署上来，把智慧和力量凝聚到决战贫困、决胜小康社会这一最大任务上来，做到与党委、政府思想上同心同德、目标上同心同向、行动上同心同步。

二、聚焦新部署，奋力助推改革发展

（一）广泛开展协商建言

聚焦实现田林全面脱贫奔康历史新跨越的新决策、新部署，找准切入点和着力点，多建真言、多献良策、多出实力。推进协商议政广泛多层制度化，紧扣党政中心工作，充分运用全委会、常委会、主席会和委员界别协商会等形式，重点就县委全会重大决策、政府工作报告、重点项目建设及民生工程等议题开展课题协商，发挥政协的人才智力优势，广泛协商议政，参与调研论证，增加协商密度、加大协商力度、拓展协商深度，为县委、县政府科学决策提供有价值、有参考的意见和建议。年内组织开展屯级公共文化建设、已撤并乡镇街道亮化工程建设、乐里河道环境卫生综合治理、芒果种植管理等四个协商议政活动。

（二）创新推进民主监督

积极探索有效方法和途径，增强监督实效。进一步畅通监督渠道，通过委派委员担任各行各业特邀监督员，参加各类重大项目、重要事项咨询论证等活动，拓宽知情渠道，发挥监督作用，努力促进党风政风行风的转变。进一步完善监督方式，紧扣党政中心任务，坚持问题导向，选好角度、把好尺度，协同抓好评议督办落实，推动监督成果的转化，努力促进县委、县政府决策部署的贯彻落实。年内重点对扶贫办、民政局、平塘乡三个单位2017年度重点工作落实开展民主评议。

（三）发挥参政议政作用

强化专题调研。围绕工业产业、农业产业、现代服务业等事关全县发展大局的重大问题，精心选择课题，深入调查研究，努力建言献策，助推新型经济发展先行区建设加快形成。年内组织开展对通乡道路“老龄化”建设、油茶产业发展、县城污水管网建设、教育系统空编缺员问题等4个专题进行调研。强化视察活动。围绕生态产业建设、生态环境保护等，选准课题，开展专题视察，提出协商意见，助推生态建设引领区建设加快形成。年内组织对利周乡生态旅游扶贫项目建设、全县中小型水电站建设、甘蔗产业种植、服务企业发展等4个专题进行视察。

（四）强化提案办理工作

提高提案质量，通过方向引导、培训辅导、审查把关等程序，组织委员立足界别特点，深入基层，广集民智，充分论证，形成更多紧扣围绕中心、贴近民生、对策有效的提案。推动提案办理，召开提案交办会，积极做好承办单位和政协委员之间的沟通联络工作，落实提案办理责任。建立重点提案督办机制，摘选重点提案，细化重点提案督办责任，每位政协班子成员年内通过协商、视察、调研、评议等形式负责一件重点提案的督办工作，解决重点提案办理经费，完成年内重点提案办理落实，以提案办理成果促进城镇建设、交通路网建设、水利基础设施建设等，助推特色城镇发展突破区建设加快形成。

（五）积极筹备办节办会

协助筹办2017年“吼敢”歌圩壮剧节庆文化各项活动，创新节庆活动方式，丰富节庆活动内容，推动文化大发展大繁荣，进一步提升田林文化软实力。认真承办好滇黔桂三省（区）“两江一河”二十一县市政协联席会议。联席会议于今年4月份在田林召开，来自滇黔桂三省（区）“两江一河”（南盘江、北盘江、红水河）21个县（市）政协出席会议。县政协将在县委的领导下，精心筹办，周密安排，立足本县实际，当好东道主，引导各个参会县（市）政协围绕区域民俗节庆文化旅游合作与开发进行座谈交流、建言献策、沟通协商，推动区域性经济、文化、旅游合作与发展，为全县经济社会加快发展注入新活力。

（六）参与中心助推发展

坚持把参与党政中心工作作为政协履职的重要内容。按照县委、县政府的安排部署，积极参与经济社会建设，敢于担当，主动作为，发挥作用。认真做好联系乡镇工作，班子成员要深入基层一线，协助解决各种困难和问题，完成联系乡镇各项工作任务。全面落实县委安排政协班子担任各个工作组长、副组长领导责任，协助推动服务企业、产业发展、城镇建设、社会管理等中心工作，履行项目常任指挥长职责，加快实施"两区"建设，协助推进三小建设、三幼建设、中医院建设、河堤建设等项目。全力投入扶贫攻坚战，认真开展"一帮一联"，落实工作责任制，完成年内帮扶户脱贫出列、整村脱贫出列，实现贫困户"八有一超"、贫困村"十一有一低于"的目标；组织委员带动各界人士，发挥自身优势，汇集社会力量，为脱贫攻坚多献良策、多做实事，齐心协力打赢脱贫攻坚战。

三、顺应新期待，倾力服务民生改善

牢固树立履职为民理念，努力促进民生改善，助推民生共享示范区建设加快实现。积极回应人民群众对美好幸福生活的向往，组织委员进社区、进乡村，多办顺民意、暖民心、惠民生的好事实事，最大限度激发社会活力。围绕惠民利民政策落实、重大民生工程建设等问题，深入开展专题视察、专项民主监督、督促提案办理等活动，助推民生问题解决。积极推动政协工作向基层延伸，组织委员下基层、进社区，认真收集和反映社情民意，着力推动解决涉及群众切身利益的就学难、就业难、出行难、住房难等重要问题，努力提高群众的获得感。年内组织开展完善村屯道路联网建设、城东路灯亮化、医养结合养老服务中心建设等3个民生民情调查活动。

四、开拓新境界，全面凝聚各方力量

坚持把协调关系、增进团结、彰显民主、凝聚正能量作为政协工作的重要内容，努力为全县发展汇集强大合力，助推民族团结和谐模范区建设加快实现。更加注重活跃民主氛围、丰富民主形式，加大与无党派、工商联、各人民团体的联谊和交往，从各层次、各领域扩大有序参与政治。鼓励和引导新的社会阶层人士积极建言献策，全心参与经济建设。开展多形式、宽领域的对外交往和联络活动，努力为招商引资、招才引智铺路搭桥。坚持把促进社会和谐稳定作为应尽之责，协助党委政府多做释疑解惑、协调关系、化解矛盾的工作，最大限度地增添动力、汇聚合力、促进和谐。重视文史工作，编纂"2017年吼敢歌圩壮剧节"图书并出版。加大政协工作宣传力度，突出政协工作亮点、履职成效和委员风采，不断扩大政协影响力。引导委员牢记履职为民意识，深入开展送科技、送文化、送医药等各类社会公益活动，自觉履行社会责任，切实帮助群众办实事、解民忧。

五、树立新形象，大力提升履职水平

按照"懂政协、会协商、善议政"要求，强化自身建设，着力提升履职水平。进一步加强常委会自身建设，健全常委会学习制度认真组织好县政协党组、主席会、常委会、政协机关和界别委员小组的学习，每季度开展至少一次集中学习活动，健全常委会工作制度，不断拓展履行职能的新载体、新渠道，增强常委会的凝聚力、号召力、影响力。加强专委会建设，创新履职方式，增强工作活力和成效，每个专委年内组织开展一次以上对口协商和界别协商活动，提高建言献策质量和水平。加强委员队伍建设，狠抓培训教育，强化履职管理，丰富活动方式，实施"五个一工程"（至少提交一份提案、反映一条社情民意、提供一条有价值的建议、参加一次调研或视察活动、为社会办一件好事实事），切实发挥委员在本职工作中的带头作用、界别群众中的代表作用、政协工作中的主体作用。积极推进政协机关建设，大力推进政协工作的制度化、规范化和程序化，努力提高机关运行效能；加强机关作风建设，全面落实党风廉政建设责任制，继续把"两学一做"学习教育引向深入，强化党性锤炼，树立为民、务实、清廉、忠诚、担当、作为的新形象，不断提升政协机关服务中心、服务委员、服务基层的工作水平。

各位委员，新起点开启新征程，新目标赋予新使命。让我们在中共田林县委的坚强领导下，以更加开阔的视野、更加昂扬的斗志、更加扎实的工作，在新的历史起点上不忘初心，紧扣大局，同心同德，团结鼓劲，扎实履职，不断开创人民政协事业新局面，为实现田林全面脱贫奔康历史新跨越作出新的更大贡献！

大事记

1月

3日 田林县人民检察院在院内举行宣誓仪式，13名首批入额检察官参加宣誓，标志着田林县检察机关司法体制改革迈上了一个新台阶。

同日 田林县在县委三楼会议室召开瓦村水电站项目建设推进会，研究解决瓦村水电站项目建设中存在的问题和困难，推动项目建设进程。

4—5日 中国电信集团公司党组副书记、总经理杨小伟一行到田林县开展定点扶贫工作调研。

5日 中国共产党田林县第十四届委员会第二次全体会议在县政府二楼会议室召开。

同日 贵州省黔西南州人民政府秘书长刘兴吉一行12人到田林县开展南盘江八渡口水电站筹建相关事宜对接协商工作，并在县政府二楼会议室召开座谈会。

同日 广西首家益农信息社在田林县潞城瑶族乡开通。

12日 田林县在县政府小礼堂召开"美丽田林·宜居乡村"活动动员大会。

同日 田林县2017年全县经济工作会议在县政府小礼堂召开。

16日 百色市西北五县2017年春节联欢晚会首场演出在田林县文化广场精彩上演，来自田林、乐业、凌云、西林、隆林五县的演员们为田林县的百姓献上了一场视觉与听觉的双重盛宴，让广大群众提前感受喜庆、祥和的浓郁"年味"。

同日 中国共产党田林县第十四届代表大会第二次会议在县政府小礼堂隆重开幕。县委书记彭斌代表中国共产党田林县第十四届委员会向大会作题为《全面从严治党 全力推动发展在落实"三大生态"中夺取脱贫奔康新胜利》的报告。大会由县长黄慧主持。

17日 中国人民政治协商会议田林县第九届委员会第二次会议在县政府小礼堂召开。

18日 田林县第十六届人民代表大会第二次会议在县政府小礼堂召开。

22日 田林县县委书记彭斌、县长黄慧、县人大常委会主任覃纪腾率县直有关部门主要领导先后到瓦村水电站工作指挥部、百色瓦村水电发展有限公司、八桂瑶族乡八囊屯移民安置点、者达屯移民安置点进行慰问，向工作指挥部工作人员、公司领导及员工和移民群众致以诚挚问候和新春祝福，并为他们带来了慰问品。

31日 国家卫计委公布了全国首批100户"幸福家庭"入选名单，田林县乐里镇的韦远胜家庭顺利入选，成为广西壮族自治区三个入选家庭之一，也是百色市唯一一户获得此项荣誉的家庭。

2月

4日 春节期间，田林县潞瑶族乡风防村渭谷屯举行"瑶族抛绣包"民俗活动。

同日 自治区文化厅党组成员、副厅长、一级作曲家朱创伟率领采风团一行16人到田林县开展采风活动，并观看北路壮剧演出。

16日 自治区乡村办督查组一行3人到田林县开展"美丽广西·生态乡村"活动专项资金使用情况督查工作。

同日 田林县妇联到八渡瑶族乡那拉村举办传统手工业"巾帼刺绣"技能大赛。

20—21日 深圳市委副书记、政法委书记、光明新区党工委书记李华楠率队到田林县开展对口扶贫调研工作，并代表光明新区向田林县捐赠帮扶资金650万元。

23日 田林县在县委三楼会议室召开瓦村水电站项目建设推进会。

25日 田林县定安镇壮族群众举行"销正月"活动。活动有民俗游戏、打陀螺、丢沙包、抛毽子、送毽子、山歌擂台赛、千人百家宴、联欢晚会等，整个活动体现了壮族群众团结协作、互敬互爱、尊老爱幼。

28 日 县长黄慧、县委常委、常务副县长何建华、副县长黄金贵率县直相关部门，到旧州镇召开桂黔田林经济合作产业园区现场推进会，观摩产业园区项目现场，研究部署下一阶段工作。

3 月

3 日 田林县组织开展“学习雷锋传承美德”统一行动日活动。

24 日 广西林农发展有限公司、美国 MTK 国际有限公司一行 15 人到田林县进行考察。

27 日 广东省第二扶贫协作工作组组长、百色市委常委、副市长杨胜军一行到田林县开展对口扶贫协作专项调研活动，县长黄慧、县政协主席黄欢等县领导陪同调研。

4 月

10 日 田林县在县城举行为期 10 天的壮剧展演活动。

10—14 日 自治区党委第二巡视组进驻田林县开展巡视工作。

11 日 中国流动科技馆广西巡展田林站启动仪式在田林县初级中学举行。

13 日 自治区地方志办公室党组书记、主任李秋洪率地方志调研组一行 6 人，到田林县开展地方志工作调研。

15 日 由县团委主办、华图教育共同承办的国家公务员考前免费公益培训在田林高中多媒体教室举行。

17 日 田林县召开桂黔（田林）经济合作产业园区百矿工业基地工作推进会。市人大常委会副主任黄运志到会指导，县委书记彭斌、县长黄慧、县人大常委会主任覃纪腾参加会议。

17—19 日 滇黔桂三省（区）“两江一河”二十一县（市）政协联席会第二十九次会议在田林县召开。

17—24 日 田林“壮族三月三 · 吼敢”活动在县城举行。主要设开幕式晚会壮族专题歌会《我们的家园》、壮剧《瑶娘》公演、原生态民歌歌会、壮剧展演、特色美食展销会、闭幕式及颁奖晚会。表演和展出活动 37 场（次），参加活动的演职人员 1100 多人，观众约 8 万人次。

21 日 田林县 2017 年脱贫攻坚推进大会暨业务培训会在县政府小礼堂召开。县委书记彭斌在会上作讲话，县长黄慧主持会议，县人大常委会主任覃纪腾、县政协主席黄欢出席会议。

23—25 日 中央电视台 CCTV-7 频道《农广天地》栏目组到田林县对农业产业、特色农业和历史文化等进行调查了解，为 2017 年 6 月在中央电视台 CCTV-7 频道推出系列报道《农田餐桌——走进田林》节目做前期准备。

24 日 田林县十六届人民政府第一次廉政工作会议在县政府小礼堂召开，黄慧、何建华、蒋桂红、黄友政等县政府领导参加会议。

27 日 田林县召开全县干部大会，传达学习贯彻落实习近平总书记视察广西重要讲话精神。

28 日 田林县召开易地扶贫搬迁工作推进会。县委书记彭斌、县长黄慧、县人大常委会主任覃纪腾、县政协主席黄欢等县四家班子领导出席会议。

同日 田林开展“全民参保登记计划”宣传。

同日 田林县县委书记彭斌主持召开中共田林县委中心组专题学习会议。黄慧、覃纪腾、黄欢等县四家班子在家领导参加会议。会议传达学习习近平总书记在广西考察工作的重要讲话精神及彭清华在全区意识形态和宣传思想文化建设、高校思想政治工作会议上的讲话精神。

是月 田林县落实首批专项脱贫攻坚资金 3221 万元，用于基础设施项目、各乡（镇）、村、屯道路硬化。

5 月

3—5 日 田林县第二幼儿园在园区操场上举行了为期 3 天的“关爱留守儿童”义卖活动，掀起奉献爱心、传递爱心的高潮。

9 日 广西长江天成农业投资有限公司总经理罗长兰一行 3 人，到田林县开展高端营养山茶油项目调研工作。

11 日 田林县组织退休老干部开展“我看田林变化，助推田林发展”老干部乡村行专题调研视察活动。

12—13 日 田林凌云两县分别在凌云县大礼堂、凌云下甲镇共同举办以“我们的家园”为主题的文化联谊晚会。

15 日 田林县印发 2017 年脱贫攻坚工作实施方案，继续把脱贫攻坚作为全县面临的重大政治任务摆在统揽全局的地位，以“钉钉子”的精神推进，2017年要实现减贫10468名贫困人口，13个贫困村出列。

25—26日 田林县在县委党校学术报告厅举办2017年第一期全县宣传工作业务培训班。

31日 田林县隆重举行2017年第二季度重大项目开竣工仪式。开竣工的共有18个项目，总投资16.39亿元。

同日 田林县举行三宝桥项目竣工仪式，县领导黄友政、唐才荣、黄金贵、罗胜益、黄朝忠出席竣工仪式。

6月

2日 田林县召开脱贫攻坚工作专题会议。

5日 田林县在县政府小礼堂召开县委中心组专题学习(扩大)会议。

6日 百色市督查组到田林县开展“两年一争当”活动督查工作。

7日 田林县在原扶贫大院内举行县纪委派驻纪检组揭牌仪式，标志着田林县纪委11个派驻纪检组正式成立，通过实施派驻，实现对授权监督单位党委的近距离监督，推动授权监督单位党委落实全面从严治党主体责任，促进党员干部廉洁从政。

10日 中国首个“文化和自然遗产日”宣传活动工作，腾讯广西采访组到利周瑶族乡进行《壮剧》非物质文化遗产项目采访取材。

同日 田林县在文化馆门前开展以“档案——我们共同的记忆”为主题的2017年“国际档案日”宣传活动。

12日 田林县在县政府小礼堂召开全县易地扶贫工作推进会。

13日 隆林县登高工业园区管理委员会考察团一行人55人，到田林县旧州镇(桂黔)经济产业园区学习考察。

14日 田林县在县政府小礼堂举办推进“两学一做”常态化制度化·助推脱贫攻坚专题讲座，自治区党校教授农华西到场授课。

15日 全市召开2017年村(社区)“两委”换届选举工作视频会。

20日 田林县召开新闻发布会，公布2017年全县重大项目、防汛、小农水项目、人畜饮水工程项目、招商引资、项目落地等相关工作情况。

21日 田林县委书记彭斌到乐里镇那光村调研督导脱贫攻坚工作，他强调，精准扶贫工作要主动担当、主动作为，抓小抓细，抓紧抓实，统筹协调做好扶贫攻坚、美丽乡村建设、党风廉政建设等各方面工作。

24—26日 田林县举行2017年百色市老年人太极拳(剑)比赛，来自全市各县(市区)11支代表队伍的百余名老年人太极拳(剑)爱好者参加比赛。

26日 田林县召开综治维稳禁毒工作推进会。

27日 在百色市重点产业投资推介会暨项目签约仪式上，田林县与深圳市彤鑫贸易有限公司成功签约了总投资1亿元的田林县农产品综合冷链物流项目。

29日 自治区党委第二巡视组在田林县政府小礼堂向田林县反馈巡视情况。自治区党委巡视组副组长郭绪全代表自治区党委第二巡视组进行反馈，市委常委、宣传部部长、市人民政府副市长黄建宁对巡视整改工作提出要求，县委书记彭斌主持会议并作表态发言。

30日 一辆载满煤炭的车辆行驶在田林县324米大道田林县潞城瑶族乡至隆林方向时，轮胎突起大火，情况紧急。百色市消防支队指挥中心接到报警后，出动2辆消防车10名官兵赶赴事故现场扑救。经过消防官兵40多分钟的奋力扑救，大火被彻底扑灭。

7月

2—3日 自治区县域经济发展分类考核工作组到田林县开展县域经济发展考核工作。

6日 田林县召开落实自治区党委第二巡视组巡视反馈意见整改工作动员部署会。

10日 中国音乐学院院长、博士生导师赵塔里木教授一行6人到田林县进行民族文化调研。

11日 田林县年产20万立方米生态板项目开工仪式在田林县潞城瑶族乡旺吉工业园区内举行，总投资5亿元。

12日 驻田林县百色市第四届人大代表对田林县重大项目建设实施情况进行调研。

同日 2017年百名法学家百场报告会田林现场会在县政府小礼堂举行。会议邀请了广西政法干部管理学院副院长杨怀甫到场宣讲。

13日 右江日报社党委书记、社长莫维铭到田林县开展“千堂党课进基层”活动，为田林县各乡(镇)党委宣传统战委员、县直各单位办公室主任讲授专题党课。

17日 国家重点实验室常务副主任、教授、博士生导师陈振锋,带领广西师范大学国家重点实验室民族药专家考察团一行14人到田林县进行考察调研。

18日 田林县举办第四届农民工技能大赛,近500名选手在6个职业工种上展开职业技能、技术大比拼。

19日 广西医科大学第二附属医院组织医疗专家和相关技术人员到田林县人民医院共同签约医疗技术协作协议。

19—20日 世界银行贷款广西贫困片区农村扶贫试点示范项目技术考察团到田林县对项目实施情况进行考察。

21日 自治区社科联与田林县共建社会科学普及基地签约揭牌仪式在县图书馆举行。

24日 田林县召开2017年度绩效考评工作推进会、精神文明建设工作推进会、党风廉政建设和反腐败年中工作推进会。

27日 田林县委、县政府召开2017年全县年中工作会议。县委书记彭斌,县委副书记、县长黄慧,县人大常委会主任覃纪腾、县政协主席黄欢等县四家班子领导率队分成4个考察组分片考察。

28日 田林县在工商局举办第六期"道德讲堂"活动,市场服务中心、各企业及个体工商户等150人参加活动。

是月 田林县首批10辆新能源汽车正式投入城区公交运营。

是月 中国扶贫基金会和中央电视台一行到田林县六隆移民开发区拍摄陈开枝百色扶贫事迹影像。中国扶贫基金会副会长、百色市教育基金会名誉会长陈开枝,县长黄慧,副县长王自顺陪同拍摄。

是月 广西壮族自治区人民政府批复同意田林县浪平乡由乡建制改为镇建制,明确撤乡改镇后其所辖行政区域、隶属关系、政府驻地均保持不变;要求要妥善处理好田林县浪平乡改为镇建制后涉及的职能调整、机构设置、人员调配等问题,确保不增加机构和人员编制,不新建党政机关楼堂馆所。

8月

1日 田林县在县政府小礼堂召开全面从严治党和反腐败工作集体约谈会。

同日 国家林业局驻广州专员办处长王琴芳率队到田林县八桂瑶族乡检查林地管理和2016年保护发展森林资源目标责任制落实情况。

2日 田林县召开全县2017年年中工作会议,会上通报经济社会发展情况,全县地区生产总值21.2亿元,增长11.0%;财政收入1.99亿元,增长13.5%;固定资产投资20.71亿元,增长27.1%;规上工业总产值26.41亿元,增长26.9%,社会消费品零售总额5.44亿元,同比增长11.6%。

8日 第九届广西体育节开幕式田林县分会场暨田林县健身气功·八段锦、太极拳展示活动在田林县灯光球场举行,县领导周光林出席活动。

15日 自治区文化厅党组成员、副厅长朱创伟一行5人到田林县开展中央预算内投资项目专项督查工作,县领导黄金贵陪同督查。

17日 市农业局调研组到田林县开展农村土地承包经营权确权登记颁证和现代特色农业示范区创建调研工作。

同日 自治区统计局农村处处长董春生率调研组到田林县开展农业生产形势调研工作。

22日 中央电视台CCTV-7《农广天地》栏目摄制组完成了连续7天的《农田餐桌——走进田林》专题片拍摄返回北京。

23日 广西田林农村商业银行股份有限公司开业。

24日 市委常委、政法委书记、市法学会会长周武红一行到田林县调研指导中共十九大召开期间信访维稳工作。

25日 田林县在驰程汽车田林汽车客运站举行高铁无轨站开通运营仪式,仪式的举行,标志着田林县成为融入高铁路网的城市,旅客可实现就近购票、取票、候车、乘车的高铁"一票出行"服务。

28日 田林县信用社举行田林首届"农商行杯"气排球比赛。

是月 自治区高级人民法院党组书记、院长黄克率调研组一行到田林县调研指导工作。

是月 田林县成立验收工作组,分别对全县14个乡镇1810户危房改造进行竣工验收。验收结果表明,2016年,上级下达该县农村危房改造工程共1810户(其中建档立卡贫困户683户)全部开工建设并竣工,开工率100%,竣工率100%。

9月

3日 受副热带高压缘偏南气流的影响,田林县北部旧州镇一带发生降雨量超过200毫米的特大暴雨,灾害涉及该镇14个行政村,各村道多处塌方,农作物不同程度受灾。灾情发生后,田林县各部门迅速行动,加强天气监测预报预警和服务,紧急转移群众到安全地带,全力做好防灾减灾工作。

6日 田林县在县政府小礼堂召开脱贫攻坚整改工作推进会。

8日 田林县县长黄慧一行来到田林名师罗邦结和最美基层教师覃黎的家中,给他们送上慰问金以及慰问品,为他们送去县委县政府的关怀以及节日的问候。

11日 第十四届中国—东盟博览会百色市重点产业投资推介会暨签约仪式在广西南宁市金紫荆国际大酒店举行。

同日 田林县瓦村水电站项目协调推进会在广西南宁市金紫荆国际大酒店举行,市委副书记、统战部部长杨春庭出席会议并讲话。

12日 市政协副主席黄宗道率调研组一行到田林县开展"推进农业品牌建设、做大做强优势特色产业"专题调研。

15日 "广西阳光爱心助学志愿者协会第49所图书室——彼岸·阳光爱心图书室捐赠挂牌仪式"在田林县定安镇那雄小学举行。

18日 田林县在县政府小礼堂举行脱贫攻坚应知应会知识考试。

同日 田林县举行2017年第三季度重大项目集中开竣工仪式,项目共有22项,总投资人19.6亿元。

19日 国家艺术基金资助项目壮剧《瑶娘》新闻发布会在田林县委党校举行。中共田林县委宣传部、田林电视台及属地新媒体田林微在线、商域微田林等参加了新闻发布会。

22日 国家艺术基金资助项目田林大型壮剧《瑶娘》在首府南宁邕州剧场举行首场公演。

25日 田林县组织收看全区推进国有林场改革暨集体林地林权证发放查缺补漏纠错工作电视会。

27日 田林县浪平乡举行撤乡设镇仪式,发放行政公章和为机关揭牌。

29日 田林县在工商局门前举行消费者权益保护委员会揭牌仪式。

10月

10日 田林县13个乡镇人大代表补选工作全面完成,共补选乡镇级人大代表32名。

16—19日 自治区扶贫办培训中心副主任黎俊带领自治区脱贫攻坚督查组到田林县开展脱贫攻坚大督查。

17日 广西扶贫基金会理事长、区扶贫办原副巡视员黄国良率检查组一行到田林县开展溪桥工程项目检查工作。

18日 田林县县直各单位、各乡镇、村(社区)等广大党员干部群众分别通过网络、电视、大型电子屏等认真收听收看中共十九大开幕式直播。

22日 广西农村经济经营管理总站站长江丽海率考评组一行到田林县开展2017广西县级现代特色农业(核心)示范区考评工作。

24日 田林县在县政府小礼堂组织召开新任职科级领导干部任前集体约谈会,县委书记彭斌出席会议并讲话。

同日 自治区纪委常委、秘书长奉明芳率队到田林县潞城瑶族乡各烟村扶贫联系点,就扶贫领域开展工作调研。市委常委、纪委书记覃荣化,县委书记彭斌,县长黄慧等县领导陪同调研。

26日 广西电子政务外网管理中心副主任彭新永率检查组一行到田林县开展电子政务外网建设应用检查工作。

30—31日 田林县召开2017年脱贫攻坚业务培训会。

30—31日 广西农村商业银行自治区信用联社党委副书记范树育率调研组一行到田林县浪平乡扶贫挂点开展扶贫工作调研。

31日 田林县委书记彭斌深入那比乡六音村开展扶贫工作调研。先后走访骆毛、刘金华、廖凤林等9户贫困户家庭,为他们送去了猪苗、鸡苗及饲料,并详细了解他们的生产生活现状以及对扶贫工作的期盼等情况,鼓励他们树立信心、克服困难,依靠自己的双手致富脱贫。

同日 县人大常委会召开第十六届人大常委会第九次会议。

是月 由田林县城区开往乐里镇红旗村的第一辆新能源汽车缓缓驶出田林客运站,标志着田林县首批10辆新能源汽车正式投入城区公交运营。

11月

3日 中共十九大代表、市委书记、市人大常委会主任彭晓春到田林县宣讲中共十九大精神,并检查指导田林县学习宣传贯彻中共十九大精神工作。

同日 田林县在县政府二楼会议室召开落实自治区脱贫攻坚大督查发现问题整改工作推进会。

13日 由广西壮族自治区社科联、田林县委宣传部主办,县社科联、图书馆联合承办主题为“普及科学知识,倡导健康生活”科普活动在田林县风雨桥举行。

15日 广西海吉星农产品国际物流有限公司考察组一行到田林县考察农业对口帮扶工作。

16日 自治区水利厅督查组到田林县开展深化小型水利工程管理体制改革和农业水价综合改革联合督导工作并召开座谈会。

17日 深圳市光明新区规划土地监察局局长王卫东一行到田林县乐里镇新昌戏台开展对口帮扶暨市政设备捐赠活动。

同日 深圳市光明新区规划土地监察局局长王卫东一行到田林县潞城中心校开展对口帮扶暨捐资助学活动。

同日 市委常委、副市长容贤标率队到田林县开展扶贫和工业产业调研。

19日 由田林县文化和体育广电局举办的“庆祝中国共产党第十九次全国代表大会胜利召开”气排球比赛正式闭幕。

21日 田林县召开易地扶贫搬迁工作推进会。

25日 深圳市共帮扶田林县5个项目,总投资5299.78万元。项目的实施使全县3450户贫困户上万人受益。

29日 自治区副主席张秀隆到田林县调研脱贫攻坚工作。

同日 田林县村“两委”干部壮语宣讲队员、利周瑶族乡和平村村民委副主任李爱莲用自编自演的壮话快板拉开了乐里镇风洞村学习宣传中共十九大精神“讲习夜话”篝火“板凳圈”壮语宣讲活动的序幕。

12月

1日 市长周异决在田林县主持召开田林县、西林县、隆林各族自治县经济运行分析座谈会,会上听取3个县2017年的经济发展情况汇报,并就进一步做好全年经济发展各项工作及明年工作提出要求。

6—7日 广西检验检疫局食安处副调研员刘开胜率验收考核组一行到田林县开展创建自治区级八渡笋质量安全示范区建设验收工作。

11—12日 农民日报社社务委员、通联中心主任袁旭一行到田林县调研采访田林文化扶贫开展情况。

13日 田林县迎接自治区2017年市县扶贫成效考核“四合一”实地核查工作动员部署会在县政府小礼堂召开。

19日 国家林业局驻广州专员办督查组到田林县督查森林资源管理检查存在问题整改工作情况。

20日 田林县在文化广场举行政法部门2017年第四季度退赃大会,向群众退回被盗摩托车、电动自行车、现金等物品。

21日 自治区“铝二次创业”重点项目——桂黔(田林)经济合作产业园百色百矿集团煤电铝一体化项目竣工仪式在田林县举行,项目包括总投资21.73亿元的30万吨铝水和投资约18亿元的40万吨预焙阳极项目。市委书记、市人大常委会主任彭晓春,市委常委、市委秘书长黄彩毕出席开竣工仪式。县委书记彭斌、县人大常委会主任覃纪腾、县政协主席黄欢等县四家班子领导参加仪式。

同日 田林至西林(滇桂界)高速公路正式开工。该公路起于田林县潞城乡,接隆林至百色高速公路,终点在西林县马蚌乡附近南盘江的滇桂两省(区)交界处,项目主线全长198.6千米。项目投资估算260.6亿元,由中国葛洲坝集团有限公司投资建设。

是年 田林县投入脱贫攻坚资金4.8亿元,完成13个村2501户1.05万人的年度脱贫任务,贫困发生率由20.5%下降至15.5%。所有贫困村均成立村民合作社,贫困村集体经济空壳率由97.1%下降至63.3%。易地扶贫搬迁集中安置首次实现832户3746名贫困群众喜迁新居。脱贫质量不断提高,农村人均纯收入首次突破1万元。

是年 产业结构调整取得新进展,三次产业结构为26∶41∶33。农林牧渔业总产值23.9亿元,比2016年增长5.9%。获广西现代特色农业县级示范区称号1个,广西现代特色农业乡级示范园称号3个,百色市现代特色农业示范区称号1个。新增畜禽规模养殖场243个,实施动物检疫申报点规范化建设项目乡镇14个。组建村民合作社168家,新增专业合作社52家、家庭农场21家。新增规模以上工业企业8家,规模以上工业总产值首次突破50亿元。新增规模以上服务和限上批发零售住宿餐饮企业21家。旅游综合收入8.56亿元,比2016年增长20%。

概况

田林概貌

【建置沿革】 田林县历史悠久。春秋时期，田林县地属百越地。战国时期，县地属骆越地。秦朝，县地中部至东南部，属象郡(治今崇左市)；县地西北部属夜郎部落；县地西南部属句町部落。汉时，田林的东南部属郁林郡广郁县，西南部属牂牁郡句町王国，西北部属夜郎王国。三国时期，东南部属交州郁林郡，西南、西北部属益州兴古郡。唐时，东南部属岭南西道邕管田州如赖县，西北部属黔中道双城州、盘州。宋时，属广南西路邕州右江道统管，分属泗城州(羁縻州)、利州、路程州、上林峒。元时，属广西行中书省两江道，分属田州路的利州、泗城州及来安路的路城(今潞城)州、上林峒、安隆峒。明时，属广西布政使司右江道，分属泗城州、上林长官司和安隆长官司。清时，属广西省右江道泗城府，分属西林县、凌云县和西隆州。中华民国1—23年(1911—1934)隶属广西省，分属西林、西隆、凌云3县。民国24年冬，从西林县划出潞城、八桂、供央3个乡及者苗乡央边村，西隆县划出旧州、南角2个乡，凌云县划出乐里、浪平、百平3个乡共8个乡置田西县(因地处旧田南道以西而得名)，县治在潞城圩，隶属广西省第五(百色)行政区。1951年1月，凌云县利周乡划入；8月，西林县裁撤，将定安、八渡、者苗、高阁(今高龙乡)四个乡划入，从田西、西林两县名中各取一个字，改称田林县，全县划为10个区93个乡。1953年12月，县城从潞城圩迁到乐里圩至今。1958年8月，人民公社建立，实行政社合一，撤区、乡建制，设社、队建制，区改为公社，98个乡调整为148个生产大队。1984年10月，撤社设乡(镇)，并将全县14个公社(镇)调整为17个乡(其中6个瑶族乡)、3个镇，下设156个村民委员会(其中居委会1个)。1999年3月，能良乡改称六隆镇，同时把那色村划入乐里镇；把弄瓦乡周马村和洞弄乡下为村划人六隆镇，增设粉屯、平细、门屯、六隆、板图、六功、中屯、太阳8个村。全县共为16个乡、4个镇(其中6个瑶族乡)，下设166个村民委员会(其中居委会1个)。2002年9月，将乐里居民委员会改称新市社区，增设河南、新昌两个社区。2005年6月，将全县20个乡(镇)撤并为14个乡(镇)，板桃乡并入潞城瑶族乡，龙车乡并入百乐乡，平山乡并入浪平乡，洞弄乡并入六隆镇，弄瓦瑶族乡并入八桂瑶族乡，福达瑶族乡并入八渡瑶族乡。2017年6月14日，浪平乡撤乡设镇。至年末，全县有5个镇、9个乡(其中4个瑶族乡)，165个村民委3个社区。

【地理位置】 县境位于广西壮族自治区西北部，地处北纬23° 57′ 45″ ~24° 47′ 16″，东经105° 31′ 44″ ~106° 25′ 59″。东与百色、凌云、乐业3个县(市)接壤，南与云南省富宁县交界，西与西林、隆林县毗邻，北与贵州省册亨县隔南盘江相望。周边行政区域界线518.32千米。东西横纵距约80千米，南北纵距70千米。总面积5523.78平方千米(含雅长、老山林场)，居广西各县(市)第一位。县城乐里镇，直线距离广西壮族自治区首府南宁市265千米。

地貌 县境以山地为主，由土山(砂岩与页岩)和石山两类组成。石山分布在浪平、平山、龙车、平塘、高龙乡一带，弄瓦瑶族乡周马村有零星分布，面积28873.33公顷，占全县土地总面积5.2%。除周马外，海拔多在800米以上，最高1900米，相对高度500~900米。此山地岩峰丛立，溶洞遍布，无明显地表河溪，弄坝零星狭窄，属峰丛洼地地貌。土山遍布全县各乡、镇,面积58826.67公顷,占全县土地总面积94.8%,多是三迭系砂岩、泥岩组成的剥蚀中低山地貌,河沟切割强烈,地表水发育,山高谷深,地势崎岖,相对高度200~1000米。在低山和1000米以下的中山地区,河谷比较开展,有较广的河漫滩和近代形成的阶地。据海拔高度不同,全县可分为中山、低山、高丘中丘三种地貌类型。

山脉 县境的山脉属都阳山系,分青龙山、金钟山、六韶山三大支脉。各山脉蜿蜒曲折,峰峦起伏,海拔1000米以上的山峰200多座。青龙山以及其诸峰一位于县境与乐业、凌云县交界的边缘,东北东南走向。成土母质多为砂岩、页岩和石灰岩。山脉分别向东南和西北方向伸展。境内属西北支,绵亘于浪平乡、利周瑶族乡、乐里镇北半部、龙车乡、潞城瑶族乡北半部、百乐乡西南部,至板桃乡、旧洲镇境内与金钟山脉相接。1000米以上的山峰有100多座,多个山峰高达1700米以上,主峰岑王老山为广西第四高峰,素有"桂西屋脊"之称。

金钟山余脉及其诸峰一金钟山余脉从隆林各族自治县东南面贯人县境西北部,分东、南方向伸延,东支自旧州镇西部的梅花山向东南延伸,经旧州、平塘东部、者苗、板桃、福达、潞城南半部、八渡东半部、八桂、乐里南半部、能良、洞弄等乡(镇)境,向百色市境内伸延,主峰为梅花山。南支自平塘乡西北部南下,向定安、者苗乡境伸延,匍匐于驮娘江边,主峰为营盘山。西北段地质为石灰岩,约77平方千米;东南段为砂质页岩,其边缘有寒武系岩及其变质的砂页岩。海拔1000米以上的山峰有78座。

六韶山余脉及其诸峰一六韶山支脉从西林县东南部和云南省东部入境,由西向东伸延,至驮娘江西岸边。山高壑深,峰峦连绵,1000米以上山峰有45座。成土母质为三迭纪砂页岩和间有小面积石灰岩。蕴藏锑、铜、金、铁、煤、冰洲石、水晶等矿物。

水系 全县河流总长866.3千米,河面宽30~100米,河床高2~6米,总流域面积5577平方千米,水面面积12388.48公顷,多年平均流量57.14立方米每秒。分为地表水和地下水。

地表水一右江水系,主要有驮娘江、乐里河、八桂河,总流域面积4506.5平方千米,占全县土地总面积80.81%。

南盘江水系,主要有板坚河、旧州河、百乐河,总流域面积882.8平方千米,占全县土地总面积15.83%。

其他小河,共长184千米,流域面积为187.7平方千米,占土地总面积3.30%,多年平均流量0.20立方米每秒,平均径流量1.971亿立方米,可利用落差为950米。

池塘,有犀牛塘。在浪平镇人民政府驻地东北面,呈葫芦形,面积400平方米,常年有水,深约50米。

地下水一境内地下水埋藏深浅不一,西北及东北部较深,一般深100米左右;南部较浅,乐里等河谷地带,地下水位较高,一般在地表以下5~10米左右。径流大小不一,多分布在浪平、平塘、高龙等乡岩溶地带内,基流较大的有龙潭、狮子口、三川洞、巴央、肖厂、香维等伏流。地下水大部是沿构造破碎带或岩组变化的接触面从山麓边缘露出。主要地下河有5条:

田坝至狮子口。在浪平镇平山村境内,流程36.2千米,补给面积133.98平方千米,枯水期出口流量348.3公升每秒,动蓄量1379.99公升每秒,在出口处建有狮子口电站。

田垌至香维。在浪平镇平山村境内,流程9.6千米,补给面积53.2平方千米,枯水期出口流量61公升每秒,流人百乐河。

浪平至肖厂。在浪平镇平山境内,流程11.6千米,补给面积29.2平方千米,枯水期出口流量97.4公升每秒,动蓄量69.03公升每秒,流人百乐河。

龙油至巴央。在百乐乡龙车、浪平镇平山境内,流程6千米,补给面积17平方千米,枯水期出口流量101.2公升每秒,动蓄量50.15公升每秒,流人百乐河。

龙车至三川洞。在龙车、平山境内,流程6.8千米,补给面积27平方千米,枯水期出口流量25.5公升每秒,动蓄量179公升每秒,流人百乐河。

【土地资源】 田林县县境范围近似正方形,以山地为主,最高山峰海拔2026.5米,最低谷地海拔200米。行政区域面积5523.78平方千米,是广西面积最大的县份。县境内山多、地少,林地多、耕地少,耕地主要分布在乐里河及其支流的河谷沿岸、山间底部。其中耕地面积20946.21公顷,农田有效灌溉面积1万公顷,粮食播种面积30.58万亩,经济作物种植面积

0.91万公顷。林地面积50.14万公顷，森林面积41.52万公顷，商品林面积37.56万公顷，森林覆盖率77.12%。境内土壤类型多样，有红壤、黄壤、黄红壤、棕色石灰土、沼泽土、冲击土、洪积土、砂页岩红壤、砂页岩黄红壤、砂页岩黄壤、灌丛草甸土、棕色石灰土，砂页岩红壤是田林县有地带性特征的代表性土壤，占土地面积的61.00%，分布在山地和丘陵上，大多适宜于林木生长，是发展林业、水果业、畜牧业的良好地带；水稻土是田林县最重要的粮食生产用地，面积占各土类总面积1.8%，主要分布在沿324线乡（镇）、丘陵以及地势较高的梯田，"望天田"或旱地改成的田。田林县沿岸河狭窄，山多平地少，土层深厚，自然肥力高，宜于农业。在土地利用结构中，农用地面积526513.68公顷，未利用土地面积1407.93公顷，建设用地6460.69公顷，水域面积5498.29公顷。

【矿产资源】 县境内资源丰富，主要矿产有煤、金、银、铜、铅、锌、锑、铁、锰、铝土矿、磷、硫铁矿、石膏、重晶石、石灰岩、冶金用石英岩、石料用砂泥（页）岩、建筑用砂、砖瓦用页岩、砖瓦用泥岩（粘土）、辉绿岩、砷（雄黄）等20余种。共有矿床、矿点和矿化点109处，其中中型矿床2处，小型矿床7处，矿点、矿化点100处。主要矿产为金、锑、石灰岩、石料用砂泥岩、砖瓦用页岩、饰面材料用辉绿岩，次为煤、铜、铅、锌、锰、铝土矿、冶金用石英岩、建筑用砂。县境内矿产资源总体上呈现规模小，分布零星的特点。优势矿种金矿分布于高龙、那比、八渡、平塘、浪平、百乐、利周、乐里等乡（镇），有中型矿床2处，小型矿床5处，矿点、矿化点10处。其中高龙金矿田是田林县最重要的金矿成矿区带，由2个中型矿床和3个小型矿床组成，探明的资源总量黄金达24742千克，平均品位1.68克/吨，属大型金矿床。但田林县具有工业价值的矿种仅有金、石灰岩、石英岩、辉绿岩和砂石粘土等几种，资源量不明。

【水资源】 境内属低纬度而海拔又较高的中亚热带气候区，雨量适中，河流纵横，水资源丰富。年均降雨量1156毫米，降雨时空分布极不均匀，降雨多集中在5—9月，占全年总降雨量的80%，形成春秋易旱、夏涝冬干的特点。全县境内大小河流214条，其中水量较大，不易干枯的有20条，其余为季节性河流。全县境内多年平均来水总量25.48亿立方米，其中地表水量18.01亿立方米，地下水储量7.47亿立方米。水能资源理论蕴藏量为51.5万千瓦，水能资源可开发利用量为33.14万千瓦。

【旅游资源】 境内有丰富的自然景观和人文景观，旅游资源非常丰富。自然景观有桂西第一高峰、广西第四高峰、被称为"桂西屋脊"的岑王老山生态康体养生旅游，岑王老山漂流景区，平宜水库生态旅游，三川洞漂流探险游、六隆竹海生态旅游观光；人文景观有"西林教案"遗址；民族风情景点有利周瑶族乡凡昌村伟好屯，潞城瑶族乡三瑶村等民族风情游；民族节庆有壮剧文化艺术节。

【植被资源】 山地植被以亚热带旱生性和中生性植被为主，已知的有187科1600多种。稀有珍贵树种有掌叶木、福建柏、香果树、蒜头果、红椿、毛红椿、马尾树、短叶黄杉等。国家一、二级保护树种有掌叶木、苏铁、兰花、梭萝木、香果树、马尾树等。常见的天然乔木有栓皮栎、白栎、麻栎、栲树、楠木、檫树、酸枣、泡桐、枫香、桦木、荷木、榇木、香椿、木棉、山槐、楹树、麻扎木、粗糠柴、拟赤杨、重阳木、鸭脚木、格榔央、木姜子、海南蒲桃等。人工植被主要有杉、松、桉、油桐、油茶、八角、板栗、核桃、李子、桃子、柑橙、芒果、麻竹等。灌木、草本植物植被主要有桃金娘、野牡丹、盐肤木、山杨梅、余甘子、番石榴、乌饭树、火炭木、圆叶乌桕、铁芒箕、五节芒、黄茅草、纤毛鸭嘴草、龙须草、蔓生绣竹、东方乌毛蕨、凤尾蕨、金毛狗脊等。2017年，全县林地面积50.14万公顷，有林面积38.47万公顷。森林覆盖率77.12%。

【野生动物资源】 野生动物资源比较丰富，属国家一、二级保护动物有白鹗、云豹、黑颈长尾雉、蟒蛇、猕猴、短尾猴、穿山甲、大灵猫、小灵猫、林麝、苏门羚、白鹇、原鸡、白腹锦鸡、虎纹蛙等。其他动物有果子狸、黄猄、野猪、嚎猪、赤鹿、竹鼠、野猫、水獭、号獾、斑鸠、竹鸡、环颈雉等。对农林有利的鸟类有小鸦鹃、褐翅鸦鹃、四声杜鹃、赤红山椒鸟、红耳鹎、白头鹎、棕背伯劳、黑枕黄鹏、红咀兰鹊、喜鹊等。

【气候】 2017年年平均气温为21.5℃，与历年同期平均值偏高0.7℃，年极端最高气温为41.6℃，出现在4月10日，年极端最低气温为1.8℃，出现在12月20日；年总降水量为1726.4毫米，比历年同期平均值偏多533.1毫米；年日照总时数为1312.9小时，比历年同期平均值偏少225.3小时。

2017年田林县境内重大气象灾害情况：

受高空槽、切变线和冷空气共同影响，6月17日田林县有旧州镇、六隆镇、潞城乡、利周乡、八渡乡、八桂乡6个乡(镇)受灾，受灾人口463人；农作物受灾面积51公顷，成灾面积51公顷，绝收面积34公顷；房屋损坏3户9间；直接经济损失55万元，其中农业损失39万元，家庭财产损失1万元。

6月19日田林县有旧州镇、六隆镇、潞城瑶族乡、利周瑶族乡、浪平镇、八渡乡、百乐乡、八桂瑶族乡8个乡(镇)受灾，受灾人口1337人;农作物受灾面积55公顷，成灾面积55公顷，绝收面积37公顷；房屋损坏2户2间；直接经济损失109万元，其中农业损失44万元，家庭财产损失25万元。

6月26日，受强降水影响，田林县有六隆镇、潞城瑶族乡、利周瑶族乡3个乡(镇)受灾，受灾人口4331人，紧急转移安置16人；农作物受灾面积75公顷，成灾面积75公顷，绝收面积38公顷；房屋倒塌1户3间，严重损坏3户5间，一般损坏4户4间；直接经济损失67万元，其中农业损失60万元，家庭财产损失7万元。

7月1日，受强降雨影响，田林县利周瑶族乡、定安镇、八渡瑶族乡、八桂瑶族乡、六隆镇、5个乡(镇)受到洪涝灾害，据统计，灾害造成342户1685人口受灾，其中利周瑶族乡7人，定安镇152人，八渡瑶族乡1402人，八桂瑶族乡27人，六隆镇97人；紧急转移人口27人，无人员伤亡；倒塌农房2户3间；农作物受灾33公顷，成灾33公顷，绝收25公顷；灾害造成经济损失57万元，其中农作物经济损失53万元，家庭财产损失4万元。

9月5日，田林县因受强降雨影响，导致浪平镇、旧州镇、者苗乡、平塘乡、高龙乡、那比乡6个乡(镇)受到不同程度的洪涝灾害，据统计，受灾人口4877人，其中浪平镇6人，旧州镇4300人，者苗乡40人，平塘乡44人，高龙乡423人，那比乡64人；紧急转移人口6人，无人员伤亡；倒塌房屋1户2间，严重损坏农房12户13间，一般损坏农房8户8间，其中浪平镇倒塌房屋1户2间，严重损坏房屋1户2间，旧州镇严重损坏房子6户6间，一般损坏农房3户3间，那比乡严重损坏房屋5户5间，一般损坏房5户5间；农作物受灾246公顷，成灾208公顷，绝收137公顷，其中旧州镇农作物受灾206公顷，成灾168公顷，绝收115公顷；者苗乡农作物受灾1公顷，成灾1公顷，绝收1公顷，平塘乡农作物受灾1公顷，成灾1公顷，绝收1公顷，高龙乡农作物受灾面积38公顷，成灾38公顷，绝收20公顷；灾害造成经济损失252万元，其中农作物经济损失214万元，家庭财产损失38万元。

10月13日至20日连续8日出现小于22℃的寒露风天气现象。

本年年平均气温偏高，年总降水量偏多，年日照总时数偏少。年内降水量空间分布不均匀，年内出现的暴雨、冰雹等自然灾害比较严重，给当地工农业生产和人民生命财产造成一定的损失。同时给本县造成了较严重的经济损失。综上所述，本年度气候属于偏差年度。

【水文】 全县河流175条，分为右江水系和红水河水系，主要河流有南盘江、驮娘江、西洋江、乐里河、利周河等。主要河流12条，集雨面积在100平方千米以上；100平方千米以下的河流163条。有134条大小河流汇入驮娘江，有41条大小河流汇入南盘江。河流全长866.3千米，河面宽30~100米，河床高2~6米，总流域面积5523.78平方千米，水面面积12388.48多公顷，多年平均流量57.14立方米每秒。河流多属季节性溪河，水量的补给主要来自降水，年际变动大，丰水期流量与枯水期流量相差大。丰水年(涝年)常造成涝灾，枯水年(旱年)往往出现旱灾。土山区地表径流多，岩溶地区地表径流少。

2017年2月，月总降水0.0毫米，偏少程度居量是有气象资料以来同期第一位。降雨均主要集中在5—9月，乐里河汛期洪水次数比往年多。

【行政区划】 2017年末全县乡(镇)区划设置保持相对稳定，辖乐里镇、旧州镇、定安镇、浪平镇、六隆镇5个镇和利周瑶族乡、潞城瑶族乡、八桂瑶族乡、八渡瑶族乡、百乐乡、平塘乡、高龙乡、者苗乡、那比乡9个乡。全县168个村民委(含社区)，其中165个村民委，3个社区。乐里镇辖乐里、新建、新昌、百花寨、新宁、风洞、文化、田平、弄平、启文、那光、那色、新市社区、新昌社区、河南社区 15 个村(社区);浪平镇辖浪平、弄阳、央村、塘合、西华、江洞、弄陀、小坳、委贵、平山、岩龙、坳停、香维、大保、红星、八号、达妹、弄鞋、弄坝、甲朗 20 个村;旧州镇辖旧州、板坚、那度、平满、者务、平林、广龙、央白、平保、南合、板仰、者念、示甫、徕周 14 个村;定安镇辖定安、渭密、八新、那雄、那门、央荣、八来、常井 8 个村;六隆镇辖粉屯、平细、能良、供央、门屯、小榄、百怀、六隆、下维、板图、六功、中屯、央光、太阳、周马、洞弄、列屯、上仁 18 个村;利周瑶族乡辖百达、和平、平布、亮福、爱善、福祥、囊老、老山、凡昌 9 个村;潞城瑶族乡辖潞城、旺吉、营盘、丰厚、八洞、各烟、丰防、弄读、平板、渭祥、三瑶、平合、那帮、红旗、马逻、央郎、那马、东力、弄光 19 个村;百乐乡辖百乐、板干、八洞、根标、龙车、百华、三帮 7 个村;平塘乡辖平塘、龙果怀、兴六、同祥、茅草坪、龙歪、茅坡田、渭各、平吉、六池 10 个村;高龙乡辖高阁、者车、弄南、渭山、新寨、渭荣、达尧 7 个村;者苗乡辖者苗、者化、八中、百隆、渭龙、八亨、六恒 7 个村;八渡瑶族乡辖八渡、那囊、六章、那利、东朋、博峨、合塘、六林、那骂、顶孟、者塘、福达、那拉、百六、平封、八桃、弄当 17 个村;八桂瑶族乡辖八桂、八修、渭标、六丹、平六、八高、八江、弄瓦、岩林、果卜、者达、谭合 12 个村;那比乡辖那比、六音、六帮、普农、那腊 5 个村。

表 1　　　　田林县行政区划表(2017 年 12 月)

总　计		5 镇 5 乡 4 民族乡 3 社区 165 村	
行政区划代码	行政区划名称	数量	标准地名
451029100	乐里镇	15	3 社区:河南、新市、新昌 12 村:田平、新宁、新建、风洞、启文、文化、弄平、那光、新昌、乐里、百花寨、那色
451029101	旧州镇	14	旧州、者念、徕周、平保、者务、板仰、示甫、平满、平林、广龙、央白、板坚、南合、那度
451029102	定安镇	8	定安、常井、八新、那雄、那门、央荣、八来、渭密
451029103	六隆镇	18	六隆、能良、小榄、百怀、供央、央光、粉屯、平细、门屯、下维、板图、六功、中屯、太阳、周马、洞弄、列屯、上仁
451029204	浪平镇	20	浪平、江垌、西华、小坳、弄陀、委贵、塘合、央村、弄阳、平山、甲朗、达妹、红星、弄鞋、岩龙、坳停、八号、大保、弄坝、香维
451029200	潞城瑶族乡	19	潞城、三瑶、渭祥、平合、丰防、旺吉、营盘、丰厚、各烟、八洞、弄读、平板、那帮、红旗、马逻、央郎、东力、弄光、那马
451029202	利周瑶族乡	9	百达、平布、亮福、爱善、囊老、老山、福祥、凡昌、和平
451029203	平塘乡	10	平塘、茅草坪、毛坡田、龙果怀、龙歪、渭各、同祥、六池、平吉、兴六
451029206	八桂瑶族乡	12	八桂、八高、八修、八江、平六、六丹、渭标、弄瓦、者达、岩林、果卜、谭合
451029208	八渡瑶族乡	17	八渡、合塘、那利、六章、博峨、六林、者塘、那囊、东朋、那骂、顶孟、福达、百六、八桃、弄当、平封、那拉
451029210	那比乡	5	那比、那腊、普农、六帮、六音
451029211	高龙乡	7	高郭、达尧、渭荣、者车、弄南、渭山、新寨
451029213	百乐乡	7	百乐、八洞、板干、根标、龙车、三帮、百华
451029215	者苗乡	7	者苗、八中、者化、渭龙、八亨、六恒、百隆

【人口】 2017年末全县26.55万人,其中:男136585人,女128938人,农村人口20.62万人,人口自然增长率7.51‰。

【民族】 田林县是一个以壮族为主的多民族聚居地区,居住着壮、汉、瑶、苗等多个民族。2017年末,总人口26.55万人,少数民族19.63万人,占总人口的74.04%。其中壮族16.35万人,瑶族3.11万人,苗族等其他少数民族0.17万人。

【语言文字】 田林县日常使用的语言为壮语、汉语、粤语、瑶语(含盘古、兰靛、木柄、背篓等)语言。平时交往以壮语、汉语为主。文字以汉字为通用,是境内的壮族和瑶族以及其他民族通用的文字。壮族有壮文,瑶族也有瑶文(盘古),在社会应用中,全县法定机关单位公章和大门牌匾采用壮语和汉语两种文字书写较为常见。

壮语 田林县壮语口音比较复杂。如利周的壮族口音与其他壮族口音异同点较明显。乐里、潞城、旧州等乡(镇)大致相同。定安、高龙、那比等地壮族也大致相同。语壮语音腔各有些差异,但平时交往没有妨碍到会话。

汉语 县内主要有西南官话(也称桂柳话)、高山汉话(平山、浪平、平塘等地口音)、普通话、白话(粤方言)、客家话(高龙当地汉族方言,近似于白话,也称埃话)。除白话和客家话外,各乡(镇)汉话均能相互会话通用。

瑶语 盘古有瑶文,木柄、背篓、兰靛无瑶文。四种瑶族语言互不相通,差异很大,不能会话,若有交际,只能采用壮语或者汉语进行沟通。木柄、背篓二瑶语言相同点较多些,兰靛、盘古语言相同点约占15%左右。但盘古、兰靛与木柄、背篓之间的语言就完全不通了。

粤语 主要流行于县城,偶尔也有在潞城、旧州当地的少数人流通。县城粤语主要来自于百色城内语言影响,相传县城内粤语的使用是民国初年(1912年)始流人田林县境内。

【宗教】 田林县境内有天主教和基督教2种宗教。

天主教 田林县信仰天主教的公民有1030余人,其中男493人,女537人,分布在定安、者苗、平塘三个乡(镇)4个行政村,16个自然屯。经批准设立两个天主教聚会点,即定安常井天主教聚会点和平塘渭各天主教聚会点。有教堂两座,即常井天主教堂和渭各天主教堂,两座教堂均属县级重点文物保护单位。广西天主教南宁教区在定安镇府所在地附近建立了常井天主教聚会点自养基地——教会招待所。总面积为1138.08平方米,建筑面积为604.17平方米,有1名神父、2名修女常住此地(房屋)具体负责组织两个天主教聚会点开展宗教活动。

基督教 田林县信仰基督教的公民约有130人,其中有45人受过洗礼,其余均是慕道友,分布在旧州镇旧州村街上70人,周边村30人,六隆镇下维村下维屯13人,洞弄村洞坚屯17人。

经济和社会发展

【经济结构】 2017年,实现地区生产总值56.52亿元,其中第一产业增加值14.47亿元,第二产业增加值23.13亿元,第三产业增加值18.93亿元,人均地区生产总值24275元。财政收入3.71亿元,其中公共财政预算收入2.25亿元;公共财政预算支出236740万元。

【农业经济】 2017年田林县全县农林牧渔业总产值23.9亿元,同比增长5.86%。其中农业产值9.8亿元,同比增长6.34%;林业产值7.2亿元,同比增长8.6%;牧业产值5.96亿元,同比增长2.12%;渔业产值0.49亿元,同比增长13.21%;农林牧渔业服务业产值0.45亿元,同比增长4.88%。粮食总产量为9.28万吨;烤烟产量0.06万吨;甘蔗产量35.54万吨;蔬菜产量12.1万吨;水果产量4.99万吨;食用菌产量0.52万吨。重大动物疫病防控工作得到加强,水产业、养殖业产量稳中有升,全县家禽出栏236.08万羽;牛出栏2.99万头;羊出栏6.41万只;生猪存栏13.22头、出栏19.28万头;肉类总产量2.23万吨;水产品产量4634吨。山弘(田林)农产品有限公司、广西田林红枫淀粉厂等龙头企业的发展,带动粮食、蔬菜等生产基地建设及“公司+农户”种植小区、种植标准化、无公害生产的建设和发展。强力打造田林八渡笋、灵芝、芒果、茶油、山楂等一批名优农产品品牌,增强农产品竞争力。

【工业经济】 2017年末,田林县规模以上工业企业39家,以造纸、水电、矿产、林业、农副产品加工等为重点。全县规模以上工业总产值完成54.99亿元,同比增长31.07%;规模以上工业增加值完成19.09亿元，同比增长23.50%；主营业务收入完成42.59亿元，同比增长51.70%；工业项目投资完成19.14亿元，同比增加9.40%；更新改造投资完成0.88亿元，同比减少64.50%；全县规模以上工业能源消费量12.03吨标准煤，同比增加1.26%。

【消费经济】 2017年田林县消费品市场供应旺盛，食品、服装产品、交通工具等保持热销势头，社会消费品零售总额12.14亿元。

【投资经济】 2017年，全社会固定资产投资完成额36.17亿元。全县进出口贸易总额完成4872万元。其中进口0万元，出口4872万元。

【社会发展】 2017年全县人口保持低速增长态势，全县人口出生率由高值期的16.67‰上升到12.83‰，人口自然增长率由7.15‰上升到7.51‰（二孩政策）。学校基础设施得到加强，教育事业全面进步，优化配置农村教育资源，加快农村义务教育和扫除青壮年文盲，大力推进职业教育改革与发展。教育事业全面进步，中等职业教育在校生为668人；高中阶段教育毛入学率为82.10%；小学适龄儿童入学率为99.71%；初中毛入学率为97.81%。科技事业蓬勃发展，全面实施“科技兴县”“科技兴农”战略。做好“种子工程”“畜禽水产良种工程”，完善县、乡、村三级农村科技推广网络建设。卫生事业较快发展，针对疫情开展对甲肝、禽流感等重大传染病的预防控制工作，重大疾病防治成效显著。农村医疗卫生状况有所改善，疾病预防控制、妇幼保健工作进一步加强。加大卫生执法力度，食品卫生质量和公共卫生水平得到改善。2017年，全县有公办医疗卫生机构183个，其中县直医疗卫生单位5个，分别为县人民医院、县妇幼保健院、县中医院、县疾病预防控制中心和县卫生监督所，中心卫生院4个，普通乡镇卫生院20个，村卫生室158个。民营医疗机构27个。县乡两级有病床编制1038张，实际开放病床1025张。其中县级医院病床实际330张，乡镇卫生院实际病床534张。年内全县共有217108人参加基本医疗保险（含城乡居民统筹），参保率98.10%。文化事业稳步发展，文化基础设施投入增多，全县农村业余壮剧团104个，乡村戏台增至90个。就业和社会保障方面，新增城镇就业人数1156人，完成全年任务930人的124.30%；城镇登记失业率为2.50%；新增农村劳动力转移就业5146人。参加企业职工养老保险6060人，参加城乡居民养老保险11.79万人。扶贫工作落实精准要求，打好脱贫摘帽攻坚仗。年内投入财政资金4.80亿元，完成13个村2499户10470人的年度脱贫任务，贫困发生率由23.60%下降到16.50%。

【人民生活】 2017年田林县城乡居民生活水平持续提高。城镇居民人均可支配收入27241元，人均消费性支出17052.7元。农村居民人均可支配纯收入10286元，人均生活消费支出8078.1元。辖区金融机构各项存款余额为65.28亿元，各项贷款余额为44.82亿元。

中共田林县委员会

【中共田林县第十四届委员会领导】

书　记：彭　斌

副书记：黄　慧（壮族）

　　　　张国革（壮族）

常　委：蓝　峰

　　　　何建华（壮族）

　　　　蒋桂红（女，壮族）

　　　　何琪洸（壮族）

　　　　黄友政（壮族）

　　　　汤自忠（壮族）

　　　　韦　星（壮族）

　　　　梁秀荷（女，壮族）

　　　　麦国坚（2017年1月挂任职）

在职县处级干部：覃　平（女，壮族）

县委常委会议

【十四届第七次会议】 2017年1月5日，县委书记彭斌在县委三楼常委会议室主持召开县委常委会十四届第七次会议，传达学习和审议相关材料，达成了一致意见。一、传达学习《广西壮族自治区委员会关于进一步贯彻落实中央八项规定精神的实施办法》。会议要求，一是县委常委要带头执行，从严从实贯彻落实中央八项规定。二是在重要会议上传达学习。三是由县纪委根据自治区、市关于进一步贯彻落实中央八项规定精神的实施办法，尽快拟田林县实施办法报县委审批后印发执行；四是由县纪委牵头对乡镇、部门落实中央八项规定情况进行常态化督查，切实抓好全面从严治党责任。二、传达学习《市委彭晓春书记对县委彭斌书记落实主体责任述职报告的点评材料》。会议明确，由县委常委、组织部部长韦星，县委常委、纪委书记黄友政，县委常委、宣传部部长、副县长蒋桂红牵头，分别就市委彭晓春书记对田林县党建工作、党风廉政建设、意识形态工作指出的问题，提出整改措施和制定整改方案，报县委常委会讨论后执行。三、审议《田林县推荐提名广西出席党的十九大代表候选人建议名单》。会议原则同意建议名单提交中共田林县第十四届委员会第二次全体会议审议。四、审议中共田林县第十四届委员会第二次全体会议及中共田林县第十四届代表大会第二次会议相关材料。会议原则同意通过县委组织部提交的《中共田林县第十四届委员会第二次全体会议议程（草案）》《中共田林县第十四届委员会第二次全体会议日程安排》《中国共产党田林县第十四届代表大会第二次会议建议议程》《中国共产党田林县第十四届代表大会第二次会议列席人员建议名单（共64名）》《关于党费收缴、使用和管理情况的审查报告（草案）》《代表资格审查报告（草案）》《县委工作报告（讨论稿）》《县纪委工作报告（讨论稿）》。会议决定，2017年1月5日召开中国共产党田林县第十四届委员会第二次全体会议，2017年1月16日召开中国共产党田林县第十四届代表大会第二次会议。会议要求，由县委组织部根据会议精神修改完善《中国共产党田林县第十四届代表大会第二次会议日程安排（草案）》《中国共产党田林县第十四届代表大会第二次会议邀请嘉宾建议名单》。

【十四届第八次会议】 2017年1月13日，县委书记彭斌在县委三楼常委会议室主持召开县委常委会十四届第八次会议，审议相关会议和文件材料，达成了一致意见。一、审议田林县第十六届人民代表大会第二次会议相关材料。会议原则同意通过县人大常委会党组提交的《田林县人民代表大会常务委员会工作报告》《田林县第十六届人民代表大会第二次会议日程》《田林县第十六届人民代表大会第二次会议邀请列席人员名单》，县人民政府党组提交的《政府工作报告（送审稿）》《关于田林县2016年国民经济和社会发展计划执行情况与2017年国民经济和社会发展计划(草案)的报告》《关于田林县2016年度财政预算执行情况和2017年度预算(草案)的报告》,县人民法院提交的《田林县人民法院工作报告》和县人民检察院提交的《田林县人民检察院工作报告》。会议要求,一是县委办、人大办、政府办、政协办要统筹协调好县“三会”安排,确保会议顺利召开;二是县政府办根据会议精神修改完善《政府工作报告(送审稿)》;三是县人大办根据会议精神修改完善《田林县第十六届人民代表大会第二次会议邀请列席人员名单》。二、审议《田林县2016年度机关事业单位绩效奖励预发工作方案》。会议原则同意通过县人民政府党组提交的《田林县2016年度机关事业单位绩效奖励预发工作方案》。会议明确,待市级预发通知下发后参照实行。

【十四届第九次会议】 2017年2月22日,县委书记彭斌在县委三楼常委会议室主持召开县委常委会十四届第九次会议,传达学习和审议、研究讨论相关材料及议题,达成了一致意见。一、传达学习贯彻中央、自治区、市纪委全会精神。会议要求,各级党组织和领导干部要认真学习领会中央、自治区、市纪委全会精神,迅速把思想和行动统一到中央决策部署上来,牢固树立“四个意识”,进一步严明政治纪律和政治规矩,严肃党内政治生活,持续保持惩治腐败高压态势,深入开展扶贫领域监督执纪问责,扎扎实实把全面从严治党各项要求落到实处。二、传达学习贯彻中央、自治区、市组织部部长会议精神和相关文件精神。会议要求,一是各级党委(党组)要高度重视组织工作,加强组织建设,进一步完善和落实党内民主、民主生活会、“三会一课”等制度,认真抓好村“两委”换届工作。二是县组织部门要紧紧围绕“争当营造政治生态排头兵、领导班子能力建设、基层组织建设、全面从严治党”四项重点任务,推动组织工作取得新实效、再上新台阶。三是县党员领导干部要带头遵守党的组织纪律和政治纪律,严格执行个人有关事项报告制度,争当营造“政治生态”排头兵,全面提高党组织凝聚力和战斗力。三、传达学习贯彻中央、自治区政法工作会议精神。会议要求,一是围绕全国“两会”、中共十九大召开为主线,贯彻落实好上级政法工作会议精神,谋划部署好全县政法维稳、安全生产工作,扎实推进司法体制改革,着力抓好群众安全感和满意度提升,推进政法工作见成效出亮点,确保社会安全稳定。二是抓好矛盾纠纷排查化解工作,以化解六隆矛盾纠纷为重点,以试点推进为抓手,明确步骤,强化措施,推进六隆矛盾纠纷化解实现根本上突破。三是抓好从严治警工作,严格按照习近平对政法队伍提出的“五个过硬”总要求,加强政法队伍建设。四、传达学习贯彻中央、自治区农村工作会议精神。会议要求,一是要始终重视“三农”工作,扎实推进农业供给侧结构性改革,提高农业综合效益和竞争力。二是注重结合脱贫攻坚、“美丽广西”乡村建设,补齐农业农村发展短板。三是要注重科学种养,示范带动,积极创建现代特色农业示范区,推动优势特色产业提档升级。四是要注重培育新型农业经营主体,着力培育一批具有适度经营规模、较好物质装备条件和经营管理能力的农业合作经营组织。五是要注重农业产业布局规划,逐步形成各具特色的农业主产区。六是注重打造现代化农业产业链,促进农村一二三产业融合发展。五、传达学习贯彻全国扶贫开发工作会议精神并审议相关脱贫攻坚工作文件。会议明确,由县脱贫攻坚战指挥部办公室根据会议精神修改完善按程序报审。六、传达学习彭清华在自治区“两会”期间参加百色代表团审议的讲话精神。会议要求,一是县人大、政府、政协班子要传达学习。二是认真学习领会彭清华讲话精神,把握好重大机遇,切实实现“十三五”规划时期科学发展、赶超发展、绿色发展、和谐发展。三是重点抓好脱贫攻坚工作,充分发挥基层党组织和贫困群众的主体作用,提高贫困地区和贫困群体的自我发展能力;着重抓好易地扶贫搬迁工作,确保2017年全面完成易地扶贫搬迁任务;切实抓好“一帮一联”“一户一册一卡”工作,防止数字脱贫;深入开展扶贫领域监督执纪问责活动,防止扶贫领域不正之风。七、传达学习中央第三巡视组对广西壮族自治区巡视“回头看”情况反馈会议上的讲话精神。会议要求,各级党委(党组)和领导干部要高度重视中央第三巡视组对广西巡视“回头看”情况反馈的意见,自觉整改,深刻反思。要结合田林县实际,制定落实整改方案,对照中央巡视组反馈意见指出的具体问题,逐条逐项对照检查、分解任务、明确责任,坚决做到限期整改、立行立改。八、传达贯彻《自治区党委巡察办关于自治区党委巡视组巡视百色及所辖县(市、区)的通知》等文件精神。会议要求，各级党委(党组)和领导干部要认真准备，强化措施，落实责任，全力配合，确保自治区党委第二巡视组到田林县巡视工作顺利开展。要对上一轮自治区党委第三巡视组对田林县巡视情况反馈意见整改情况进行逐条核对，确保反馈问题条条改到位、件件有着落。九、传达学习贯彻全市县域经济发展工作座谈会精神和研究2017年第一季度经济运行情况。会议要求，各相关部门要围绕全年目标任务，进一步细化指标，逐月逐周分解下达，扎实推进各项经济工作。同时要注重经济发展的实效性、均衡性、匹配性和基础性，确保县域经济积极稳妥发展。十、传达学习贯彻深圳市委副书记、政法委书记、光明新区党工委书记到田林县开展对口帮扶考察期间的讲话精神和审议相关扶贫协作文件。会议明确，由县脱贫攻坚战指挥部办公室根据会议精神修改完善报审后，与深圳市光明新区对接联合发文。十一、审议《田林县2017年“吼敢”壮剧节活动总体方案》《田林县2017年“吼敢”壮剧节各项活动经费预算》。会议原则同意通过县人民政府党组提交的《田林县2017年“吼敢”壮剧节活动总体方案》《田林县2017年“吼敢”壮剧节各项活动经费预算》。会议明确，2017年田林县不单独举办“吼敢”壮剧节，将“吼敢”壮剧展演作为田林县贯彻落实全区“壮族三月三·八桂嘉年华”系列活动的重要内容。壮剧展演系列活动安排在4月20日前完成，活动经费由县纪委把关，报县人民政府审批。活动方案由县文广局根据会议精神修改完善后按程序报审。会议要求，一是严守中央八项规定精神，严格按照自治区、市关于举办节庆有关规定举办活动。二是精心策划活动，注重融入社会主义核心价值观、脱贫攻坚工作和城乡建设等宣传教育，为田林县脱贫奔康构建良好环境。三是注重文化搭台经济唱戏，以文化交流促进经济建设合作发展。四是落实安全生产责任，严防重特大安全事故。十二、审议《田林县迎接自治区和国家县域义务教育均衡发展督导评估、认定实施方案》。会议原则同意通过县人民政府党组《田林县迎接自治区和国家县域义务教育均衡发展督导评估、认定实施方案》。十三、审议《田林县2017年油茶产业发展实施方案》。会议明确，由县林业局根据会议精神修改完善报审。十四、审议《关于给予岑世坤开除党籍处分的请示》。会议原则同意通过县纪委提交的《关于给予岑世坤开除党籍处分的请示》，由县纪委按照有关规定办理。十五、讨论县委组织部提交的相关人事议题。一是审议通过县委组织部提交的《人事调整方案》，讨论共涉及干部9人，其中平级交流4人，提拔5人，由县委组织部按相关程序做好任前公示和任前谈话安排；二是审议通过县委组织部提交的《选派干部挂职方案》和《田林县挂职干部导师制培养办法》，本次选派干部挂职共42人，挂任期一年。三是审议通过县委组织部提交的《党群部门一般干部调动、科级干部调出县外、科级干部辞职方案》，会议同意石生府调到县新闻网络信息管理中心工作、黄艳钦调到县委统战部工作、黄小雪调到县妇联工作、梁月苹调到市中级人民法院工作，原则同意王晓晨提出的辞职申请，由县委组织部找其进行谈话后，按有关程序办理。

【十四届第十次会议】 2017年4月25日，县委书记彭斌在县委三楼常委会议室主持召开县委常委会十四届第十次会议，传达学习贯彻有关会议精神，审议和讨论相关文件和方案等10项议题，达成了一致意见。一、传达学习贯彻全区、全市脱贫攻坚推进大会精神。会议要求，一是要全面贯彻落实全区、全市脱贫攻坚推进大会精神，切实将扶贫工作抓紧抓准抓到位，举全县之力，聚多方智慧，下“绣花”功夫，做精准文章，坚决打赢全县脱贫攻坚战。二是要加大政策学习力度，深入调查研究，摸清底数，着力攻克易地扶贫搬迁、村集体经济、基础设施建设、驻贫困村党组织第一书记和村两委干部管理等难点重点问题。三是要继续完善“挂图作战、清单管理、滚动集成、精准摘帽、带奔小康”的精准管理模式，各乡(镇)要扎实做好“一村一策”“一乡一册”工作，联系乡镇的县领导要亲自指导、亲自督促、亲自把关，尤其是2017年计划脱贫摘帽的13个贫困村要在2017年4月30日前完成“一村一策”的研究编制工作。四是由县脱贫攻坚战指挥部收集汇总县四家班子领导和各乡镇各部门关于脱贫攻坚工作的意见和问题，集中研究，统一解答，明确政策。五是由县脱贫攻坚战指挥部根据《广西壮族自治区脱贫攻坚责任制实施细则》等文件精神，参照修订完善县本级相关制度措施和奖励办法，或转发相关政策文件各乡镇各部门学习贯彻。六是坚持严字当头，强化督促检查，实行县四家班子领导每月率队督查、分管县领导每两月分组督查的方式，以督查结果挂钩绩效为导向，以红榜黑榜通报为利剑，运用督查结果倒逼工作落实，确保脱贫摘帽成效让群众满意、经得起历史检验。二、传达学习《自治区党委办公厅印发〈关于进一步加强和改进党政领导班子建设的若干意见〉的通知》。会议要求，一是由县委组织部根据《若干意见》做好田林县贯彻实施工作，严格落实党委全面从严治党的主体责任，认真履行抓班子带队伍职责，把最讲认真贯彻到领导班子和干部队伍建设各方面。二是县人大党组、政府党组、政协党组要传达学习贯彻。三、传达学习贯彻全市“两年一争当”动员大会精神并审议《田林县投资环境综合整治年实施方案》。会议明确，由县委办、县政府办、县委组织部、县招商局根据《中共百色市委员会关于印发〈关于争当全区营造“三大生态”排头兵的决定〉及三个配套方案的通知》精神草拟田林县贯彻落实实施方案。《田林县投资环境综合整治年实施方案》要注重融入服务企业年和市容市貌整治活动等相关内容。会议要求，田林县上下要从战略全局高度出发，提高政治站位，把思想统一到市委的决策部署上来，深刻把握“两年一争当”决策部署的重大意义，结合县情实际，突出田林特色，创新方式方法，扎实开展“两年一争当”工作。四、传达学习贯彻党建工作相关文件和领导讲话精神。会议要求，一是由县委组织部根据上级通知要求，修改完善县委党建工作要点。二是县人大党组、政府党组、政协党组要组织传达学习。五、审议《中共田林县委员会落实中央第三巡视组对广西巡视“回头看”反馈意见（涉及田林部分）整改方案》。会议原则同意通过县纪委提交的《中共田林县委员会落实中央第三巡视组对广西巡视“回头看”反馈意见（涉及田林部分）整改方案》。六、传达学习全市贯彻落实中央八项规定精神“回头看”动员会精神并审议《田林县贯彻落实中央八项规定精神“回头看”工作方案》。会议要求，各级各部门要统一思想，深刻认识开展“回头看”工作的必要性和重要意义，要认真贯彻自治区党委和市委的要求，尽责任、敢担当、善作为，不断推动“回头看”各项任务落实。县纪委要切实负起牵头抓总、统筹协调的职责，确保按照市委确定的时间表和路线图抓好“回头看”各项工作任务的推进。七、传达学习贯彻中央、自治区、百色市相关意识形态工作文件并审议《党委（党组）意识形态工作责任制实施细则》《田林县党委（党组）网络意识形态工作责任制实施细则》。会议审议通过县委宣传部提交的《党委（党组）意识形态工作责任制实施细则》《田林县党委（党组）网络意识形态工作责任制实施细则》。会议明确，各乡（镇）党委和县直各党（组）委意识形态工作和网络意识形态工作纳入年度绩效考核。八、传达学习贯彻《中国共产党党委（党组）理论学习中心组学习规则》《自治区党委宣传部2017年宣传思想工作要点》，并审议《中共田林县委中心组2017年理论学习方案》。会议审议通过县委宣传部提交的《中共田林县委中心组2017年理论学习方案》。九、审议《关于审定田林县和广西福地金融投资集团有限公司成立合作公司的请示》。会议原则同意通过县人民政府党组提交的《关于审定田林县和广西福地金融投资集团有限公司成立合作公司的请示》。十、讨论县委组织部提交的相关人事议题。会议讨论通过县委组织部提交的相关人事议题。会议同意刘耀徽、黄海东等2人调到县委巡察办公室工作；同意甘杰、黄宁、冷崧、李树兴、李泽莹等5人调出田林；同意路军乐、隆东等2人提前退休；同意罗婷婷辞去公职。会议明确，涉及服务期未满调出田林的同志，按照服务合同约定事项执行，明确交补偿未服务年限费用的时限；涉及提前退休和辞去公职的同志，由县委组织部做好谈话工作，按有关程序办理。

【十四届第十一次会议】 2017年4月27日，县委书记彭斌在县委三楼常委会议室主持召开县委常委会十四届第十一次会议，传达学习贯彻和审议相关会议和文件方案等4项议题，达成了一致意见。一、传达学习贯彻习近平总书记在广西视察工作时的重要讲话精神。会议要求，各乡镇各部门要以高度的政治责任感和强烈的使命感抓好学习贯彻工作，切实把思想和行动统一到总书记习近平重要讲话精神上来，坚决维护总书记习近平的核心地位和党中央权威，始终在思想上政治上行动上同以习近平为核心的党中央保持高度一致，以贯彻落实的扎实成效来体现对党的绝对忠诚。要认真组织推动、全面深入宣传，迅速兴起学习宣传贯彻习近平重要讲话精神的热潮。要以习近平重要讲话精神为引领，认真贯彻扎实推动经济持续健康发展、扎实推进现代特色农业建设、扎实推进民生建设和脱贫攻坚、扎实推进生态环境保护建设、扎实建设坚强有力的领导班子的“五个扎实”工作要求，全面推进田林脱贫奔康的伟大事业。二、传达学习贯彻彭清华在全区意识形态和宣传思想文化建设、高校思想政治工作会议上的讲话精神。会议要求，一是县委常委要提高认识，认真学习领会，充分认识宣传工作和意识形态工作的重要性。二是县委宣传部作为县委意识形态工作职能部门要切实抓好全县意识形态工作，注重抓好中小学校的思想政治工作。三是由县委宣传部根据上级相关文件和领导同志讲话精神修订县本级加强意识形态工作的实施意见。三、审议《田林县关于贯彻落实百色市争当全区营造“三大生态”排头兵工作的实施意见》及三个配套方案。会议原则同意通过县委办公室提交的《田林县关于贯彻落实百色市争当全区营造“三大生态”排头兵工作的实施意见》和《田林县贯彻落实百色市争当风清气正政治生态排头兵工作实施方案》《田林县贯彻落实百色市争当营造团结和谐社会生态排头兵工作实施方案》《田林县贯彻落实争当营造山清水秀自然生态排头兵工作实施方案》。会议决定，成立以县委书记，县委副书记、县长，县人大常委会主任，县政协主席为组长，以县委副书记，县委常委、副县长及其他相应县领导为副组长的田林县“两年一争当”工作领导小组。下设“两年一争当”办公室，由县委常委、办公室主任兼任主任，县人大办、政府办、政协办主任等兼任办公室副主任。会议明确，一是由县委办、县政府办、县委组织部、县委政法委、县林业局等部门根据会议精神修改完善按程序报审。二是县“两年一争当”办公室要每月出一期“两年一争当”工作简报，报市委、市人民政府。四、审议《田林县2017年领导班子建设年活动实施方案》。会议原则同意通过县委组织部提交的《田林县2017年领导班子建设年活动实施方案》。会议明确，《实施方案》由县委组织部根据会议精神修改完善后按程序报审。

【**十四届第十二次会议**】 2017年5月5日，县委书记彭斌在县委三楼常委会议室主持召开县委常委会十四届第十二次会议，传达学习贯彻和审议相关会议文件，专题听取研究有关工作，讨论相关文件方案等7项议题，达成了一致意见。一、传达贯彻全国、全区、全市卫生与健康大会精神。会议要求，一是提高认识，加强重视。切实把卫生与健康事业纳入经济社会发展总体规划，健全完善党委统一领导、党政齐抓共管的工作格局。二是强化学习，抓好落实。县卫计部门要认真梳理中央、自治区和百色市有关卫生与健康政策和对县级工作刚性要求，研究制定田林县卫生与健康事业发展实施意见，加快推进健康田林建设。三是统筹兼顾，创优特色。注重卫生与健康和体育、生态、扶贫、旅游、养生等项目有机结合，打造一批卫生与健康亮点工程，建成一批具有田林特色的健康项目。二、传达贯彻全区、全市投资和项目建设工作会议精神。会议要求，各经济部门要理清思路，找准问题，精准施策，加快推动投资和项目建设实现新突破。当前，重点要加大沉淀资金支出，提高财政资金使用效益；加大项目融资工作，加快推进项目建设；加大重大项目服务，确保投资持续拉动；加大工业企业服务，落实项目常任指挥长责任制；加大招商引资工作，形成新的投资增长点；加大投资环境整治力度，营造良好的投资环境。三、审议《关于对2016年度综治平安建设先进单位、先进个人进行表彰和奖励的请示》。会议原则同意通过县委政法委提交的《关于对2016年度综治平安建设先进单位、先进个人进行表彰和奖励的请示》。会议明确，表彰经费由县纪委把关，报县人民政府审批。会议要求，一是严格按照上级相关法律法规文件对全县2016年度综治平安建设先进单位、个人进行表彰奖励，具体方式参照自治区和市级做法。二是完善奖惩办法，以表彰先进为契机，进一步激励综治维稳战线干部职工的工作积极性，为田林决战贫困决胜小康营造团结和谐的社会生态。四、听取2017年一季度基层党建工作及研究下步工作计划。会议要求，一是抓好基层党建的硬件和软件建设。扎实开展第三轮村级组织公共服务场所建设，研究提高村级组织运转经费和村“两委”干部待遇标准，强化村（社区）干部管理办法，抓好抓牢村“两委”换届选举工作，选优配强村“两委”班子，村（社区）

干部任免要呈报县委常委会备案。二是做好党建工作的规定动作和创新动作。进一步修订完善基层党建层级责任清单，明确县、乡、村党建工作责任，有效结合当前“两年一争当”活动，实现党旗引领促发展。五、听取2017年一季度全县投资和项目建设与经济工作及研究下步工作计划，并讨论《田林县固定资产投资“红黑榜”通报办法》。会议明确，《田林县固定资产投资“红黑榜”通报办法》以500万元以上的财政性固定资产投资完成情况为通报内容，以县直各项目单位和14个乡（镇）为通报对象，由县人民政府督查室、县发改局、财政局和统计局统筹实施，按月完成率进行每月通报。会议要求，一是提高认识，抓好落实。全区、全市和全县一季度经济总体平稳、稳中有降，形势不容乐观。各经济部门要正确判断当前经济形势，认真总结分析，坚持问题导向，逐月分解，逐月落实，确保各项经济指标任务顺利完成。二是加强业务学习，提升工作能力。各级各部门领导干部要加强业务学习，吃透相关政策，掌握有关流程，清楚工作情况，不断提高工作水平。三是抓好三大产业，推动均衡发展。要努力抓好三农工作，实现促农增收；要狠抓二产，实现工业发展新突破；要搞活三产，力争挖掘经济新增长点，确保全县经济运行稳中有进。六、审议《关于暂停曾露莹田林县中草药（田七）产业办公室常务副主任职务的请示》。会议原则同意通过县纪委提交的《关于暂停曾露莹田林县中草药（田七）产业办公室常务副主任职务的请示》，由县纪委按程序向县人民政府提出建议。七、讨论县委组织部提交的相关人事议题。会议讨论通过了县委组织部提交的相关人事议题，同意旧州镇党委马祥异调到百色市就业服务中心工作。

【十四届第十三次会议】 2017年5月12日，县委书记彭斌在县委三楼常委会议室主持召开县委常委会十四届第十三次会议，传达贯彻全市贯彻落实中央八项规定精神“回头看”工作推进会和相关文件精神，审议2016年县处级干部年度考核等次初评情况，达成了一致意见。一、审议2016年县处级干部年度考核等次初评情况。会议根据市委组织部《关于对处级干部2016年度考核进行等次初评的通知》精神，结合田林县处级干部德、能、勤、绩、廉的综合表现，就县委组织部提交的2016年县处级干部年度考核民主测评结果进行了充分审议。会议明确，根据《国家公务员考核规定》和百色市《处级领导干部年度考核办法》规定，县处级干部年度考核初评优秀率控制在15%以内；根据市委、市人民政府《关于印发〈百色市2012年度机关绩效考评工作方案〉的通知》（百办发〔2012〕120号）规定：年度绩效考评评为优秀等次的县（区），其班子成员按应参加考核人数的20%予以确定“优秀”等次。全市绩效考评结果尚未确定，因此评定优秀等次的人数按参加年度考核的领导干部总数的15%和20%两个比例确定。同时，根据通知要求，县（市、区）党政主要领导考核等次由各县（市、区）初评后报市委组织部部务会研究评定，优秀等次不占所在县（市、区）优秀等次名额，挂职干部不占挂职所在县（市、区）优秀等次名额。按15%的比例初评结果为：彭斌、黄慧、张国革、何建华、何琪洸、黎朝兴、吴友明、黄忠仕（挂职）、周光林（挂职）等9人为优秀等次，覃纪腾、黄欢、蒋桂红、黄友政、汤自忠、韦星、梁秀荷、兰丽色、罗俊书、唐才荣、谢君稳、王自顺、黄金贵、马涛、韦日娇、闭祖进、罗胜益、周祺祥、黄朝忠、黄秀娟、覃平、陆红军、吴正敏、韦景文、黄保德等25人为称职等次。按20%的比例初评结果为：彭斌、黄慧、张国革、何建华、何琪洸、黎朝兴、吴友明、韦星、汤自忠、黄忠仕（挂职）、周光林（挂职）等11人为优秀等次，覃纪腾、黄欢、蒋桂红、黄友政、梁秀荷、兰丽色、罗俊书、唐才荣、谢君稳、王自顺、黄金贵、马涛、韦日娇、闭祖进、罗胜益、周祺祥、黄朝忠、黄秀娟、覃平、陆红军、吴正敏、韦景文、黄保德等23人为称职等次。初评结果由县委组织部按程序报送市委组织部。二、传达贯彻全市贯彻落实中央八项规定精神“回头看”工作推进会和相关文件精神。会议要求，各乡（镇）各部门要高度重视，落实工作责任，严格按工作任务要求，全力以赴做好迎检准备工作。要对照清单，不断完善相关工作台账，加强沟通请示汇报，及时研究解决工作中遇到的实际问题。要加强督促检查，务求工作实效，确保贯彻落实中央八项规定精神“回头看”工作各项任务落到实处。

【十四届第十四次会议】 2017年5月19日，县委书记彭斌在县委三楼常委会议室主持召开县委常委会十四届第十四次会议,讨论县委组织部提交的相关人事议题,达成了一致意见。会议讨论涉及干部1人,会议决定免去苏兵的中共田林县委办公室副主任、主任科员职务,调其到县供销社工作。会议明确由县纪委、县委组织部分别找其进行谈话,并按照程序办理相关手续。

【十四届第十五次会议】 2017年5月26日下午,县委书记彭斌在县委三楼常委会议室主持召开县委常委会十四届第十五次会议,传达学习相关文件精神,审议相关文件以及县人民政府党组、县委组织部、县编委会相关请示,专题听取研究了县人大常委会党组和意识形态2017年一季度工作及下步工作计划,讨论了县委组织部提交的相关人事方案等9项议题,达成了一致意见。一、传达学习《中共中央办公厅关于印发〈政法机关党组织向党委请示报告重大事项规定〉的通知》。会议强调,县政法机关党组(党委)要认真学习贯彻《规定》,扎实推进政法各项工作深入到位,不断深化矛盾纠纷排查化解和社会治安综合治理,加强法制建设和政法队伍建设,全面落实从严治党,努力为中共十九大胜利召开营造和谐稳定的社会生态。二、传达贯彻市委督查室《关于对各县(市、区)各单位贯彻落实中央八项规定精神"回头看"情况的督查通报》。会议要求,各乡(镇)各部门要认真传达学习贯彻,自觉将落实中央八项规定精神工作当成"一把手工程",完善责任体系,压实责任,自觉融入到各项工作中去。县纪委要强化监督,严肃执纪,针对"回头看"自查自纠和专项检查中发现的问题,及时梳理建立问题清单,对存在薄弱环节查漏补缺;及时梳理上级落实中央八项规定精神相关制度和规范性文件,进一步修订完善县级制度规定,编密制度笼子,推进中央八项规定精神落实制度化、常态化。三、审议《中共田林县委员会工作规则》《中共田林县第十四届委员会常委会议事决策规则》。会议原则同意通过县委办公室提交的《中共田林县委员会工作规则》《中共田林县第十四届委员会常委会议事决策规则》。四、审议《田林县纪委派驻机构主要职责、机构设置和人员编制方案》。会议原则同意通过县纪委提交的《田林县纪委派驻机构主要职责、机构设置和人员编制方案》。会议明确,由县纪委根据会议精神修改完善编制方案后按程序报审,并于2017年6月10日前完成田林县纪委派驻机构建设工作。五、审议提高村(社区)干部待遇和管理的问题。会议原则同意通过县人民政府党组提交的《关于审定提高村(社区)干部待遇、养老补助和村级组织办公经费标准的请示》和县委组织部提交的《田林县村(社区)干部管理办法(试行)》。会议明确,将离任村(社区)干部纳入管理,并加强对村(社区)干部直系亲属的管理,由县委组织部根据会议精神修改完善后按程序报审。会议要求,一是村(社区)干部待遇、养老补助和村级组织办公经费标准要严格按照上级相关要求和田林实际进行调整,并抓好抓牢村"两委"换届选举工作,选优配强村"两委"班子。二是要加强对村(社区)干部的监督管理,提高村(社区)干部队伍的责任意识和履职能力,充分发挥基层组织战斗堡垒作用和党员先锋模范作用,扎实抓好各村(社区)建设。三是由县委组织部牵头研究出台村级组织办公经费管理办法,确保村级组织办公经费落实到位,严禁乡(镇)搞变通、打折扣。四是由县委组织部牵头召集离任村(社区)干部召开座谈会,加大对离任村(社区)干部的了解、关心、关爱和帮助。六、审议县编委会提交的相关议题。会议原则同意县编委会提交的《关于中共田林县委督查室机构级别的请示》《关于田林县人民政府督查室机构级别的请示》《关于中共田林县委员会巡察工作领导小组办公室机构级别的请示》《关于田林县人民防空办公室机构级别的请示》。会议明确,同意将中共田林县委督查室、田林县人民政府督查室、中共田林县委员会巡察工作领导小组办公室、田林县人民防空办公室的机构级别定位正科级。由县编委会按程序报市编委会审批。七、听取县人大常委会党组2017年一季度工作及下步工作计划报告。会议要求,县人大常委会党组要深入学习习近平系列重要讲话精神,围绕中心,服务大局,强化监督,认真履行宪法和法律赋予的职责,紧盯重大项目不放,紧盯市容市貌综合整治不松,紧盯脱贫攻坚力度不减,以问题为导向,抓好作风问政和督查式调研,以特色为突破,不断开创人大工作新局面和新贡献。八、听取2017年一季度全县意识形态工作开展情况及下步工作计划报告。会议要求,进一步提高意识形态管理水平,严格按照《党委(党组)落实意识形态工作责任清单》抓牢抓实抓到位。进一步增强党委中心组学习和理论宣讲效果，使党的政策方针真正实现入耳入心入脑。进一步围绕中心树立形象，力争在“两年一争当”、脱贫攻坚等方面树立榜样。进一步加强意识形态阵地建设，由县委宣传部牵头研究出台田林县户外广告牌管理办法。进一步发挥乡（镇）宣统委员作用，使意识形态工作深入到基层。九、讨论县委组织部提交的相关人事议题。会议讨论通过县委组织部提交的相关人事议题。会议同意：一是同意纪委派驻纪检组的人事安排，共涉及18人，其中派驻纪检组组长11人，免原职调到相应派驻纪检组工作6人，在原单位改任非领导职务1人；二是同意黄桂芳、岑峥衡、邓剑波等3人调出田林县。

【十四届第十六次会议】 2017年6月19日，县委书记彭斌在县委三楼常委会议室主持召开中共田林县第十四届委员会第十六次常委会会议，传达学习相关会议精神，审议和讨论了相关文件议题等5项议题，形成了一致意见。一、传达学习百色市各县（市、区）“两年一争当”活动工作座谈会精神。会议要求，一是要强化责任落实，按照市委“两年一争当”工作的具体要求，对应落实相关责任，由县委副书记张国革主抓“政治生态排头兵”和领导班子建设年工作；由县委常委、县人民政府副县长何建华主抓“自然生态排头兵”和投资环境整治年工作；由县委常委、政法委书记何琪洸主抓“社会生态排头兵”工作。二是要进一步传导压力，加大督查。县委、县政府督查室和县“两年一争当”办公室要紧扣“两年一争当”活动主题，于2017年6月21日前草拟督查工作方案报县委审定，及时开展督查，确保各项工作落到实处。三是要加强宣传和信息报送工作。县委组织部、宣传部要加大“两年一争当”活动宣传力度，把“两年一争当”内容融入全县“两学一做”、庆祝“建党96周年”系列活动当中；县“两年一争当”办公室要每半个月出一期工作简报，报市委、市人民政府，转四家班子领导、各乡镇、县直各部门传阅。四是要加强问题查摆和整改。各乡镇、各部门坚持以问题为导向，尤其是县四家班子领导、各常委部门要结合领导班子建设年活动，带头查摆问题，迅速整改问题。五是要加强工作创新，打造特色和亮点。会议强调，全县各级各部门要进一步提高认识，切实把“两年一争当”活动与脱贫攻坚战、“两学一做”、重点项目建设结合起来，突出抓好领导班子建设和投资环境整治，确保各项工作协调推进。二、传达学习百色市铝产业二次创业工作会议精神。会议要求，一是要提高认识，认真学习领会，充分认识“铝二次创业”工作对田林县中长期发展的重要性，请县人民政府召集相关部门传达学习贯彻。二是加快桂黔（田林）经济合作产业园项目的推进力度，请县工管委、发改局、经济局、旧州镇等部门与百矿集团加强对接，做好服务。三是要加强上下游产业链的对接工作，近期要做好向百矿集团、百色电力的汇报准备工作。三、审议《关于给予黄寿锋开除党籍处分的请示》。会议原则同意通过县纪委提交的《关于给予黄寿锋开除党籍处分的请示》，由县纪委按照有关程序办理。四、审议《关于成立中共田林县法学会党组的请示》。会议原则同意通过县委组织部提交的《关于成立中共田林县法学会党组的请示》，由县委组织部按照有关程序办理。五、讨论县委组织部提交的相关人事议题。会议审议通过县委组织部提交的相关人事议题。本次讨论共涉及干部82人，其中平级交流任职18人，提拔任职25人，免去中层岗位职务16人，已退休免去法律职务6人，试用期满正式任用17人，由县委组织部按相关程序做好任前公示和任前谈话安排；会议同意陆妍妮、明光建等2人调出田林，同意甘经灵、韦彩玉等2人提前退休，由县委组织部按有关程序办理。

【十四届第十七次会议】 2017年6月23日，县委书记彭斌在县委三楼常委会议室主持召开县委常委会十四届第十七次会议，审议了《关于开展2017年“七一”走访慰问困难党员、老党员及评选表彰活动的请示》《田林县2017年“七一”拟表彰先进集体和优秀个人名单》，并就当前“两年一争当”、脱贫攻坚、田林新区建设、百矿30万吨铝水项目、融资、防灾减灾等工作进行了研究部署，达成了一致意见。会议原则同意通过县委组织部提交的《关于开展2017年“七一”走访慰问困难党员、老党员及评选表彰活动的请示》和《田林县2017年“七一”拟表彰先进集体和优秀个人名单》。会议要求，一是表彰对象评选要以工作实绩为导向，兼顾平衡乡镇和部门，确保表彰的先进集体和优秀个人符合广大干部群众的意愿。二是由县委组织部根据会议精神对表彰对象进一步审核把关,严格按照相关程序公示,严格依照相关文件核定奖励标准,确保表彰活动符合中央八项规定精神。三是由县委组织部按程序分别向县委、县人民政府申请走访慰问和评选表彰活动经费。四是县四家班子党员领导和全县各级党组织在走访慰问中,要向基层党员、干部传达中共十八大和十八届历次全会精神,把思想统一到中央、自治区党委、市委和县委的精神上来,激发广大党员的工作热情,调动和发挥基层党组织和广大党员推动发展、脱贫奔康、服务群众、凝聚人心、促进和谐的积极作用。要结合"两年一争当"活动,认真做好联系和服务群众工作,保证群众生活安定,保障社会和谐稳定。会议强调,当前,已进入年中冲刺期,各项工作任务重,时间紧。各级各部门要对照年初既定目标,查漏补缺,全力冲刺,答好期中卷。同时,要扎实推进民生建设和脱贫攻坚,加大融资和招商引资力度,加快推进桂黔(田林)经济合作产业园和田林新区建设,扎实开展"两年一争当"活动,做好汛期防灾减灾和安全生产的各项工作。

【十四届第十八次会议】 2017年6月30日,县委书记彭斌在县委三楼常委会议室主持召开县委常委会十四届第十八次会议,传达学习相关会议和文件精神,研究部署相关工作,通报了相关工作等四项议题,达成了一致意见。一、传达学习习近平在深度贫困地区脱贫攻坚座谈会上的讲话精神。会议要求,各级各部门要认真学习贯彻习近平在深度贫困地区脱贫攻坚座谈会上的讲话精神,深刻认识田林县作为固定贫困县如期完成脱贫攻坚任务的艰巨性、重要性、紧迫性,要紧紧围绕习近平提出的8条要求,结合田林县实际,用足用活政策,采取更加有效的举措,开展更加有力的工作,确保如期完成脱贫攻坚任务。二、传达中国共产党广西壮族自治区代表会议精神。会议要求,各级各部门要深入学习贯彻习近平视察广西时重要讲话精神,按照"五个扎实"要求,始终保持政治定力、战略定力、实干定力,全力做好稳增长、促改革、调结构、惠民生、防风险各项工作,全力以赴抓好脱贫攻坚工作,扎实推进生态环境保护建设,扎实建设坚强有力的领导班子,时刻绷紧安全稳定这根弦,不断提高对各种矛盾问题预测预警预防能力,为中共十九大顺利召开营造安全稳定的社会环境。三、研究部署自治区党委第二巡视组对田林巡视情况反馈问题的整改工作。会议要求,各级各部门要深入学习、深刻领会自治区党委第二巡视组对百色、田林巡视情况反馈会议精神,准确把握、全面落实巡视反馈各项要求,增强思想自觉和行动自觉,切实把落实巡视整改作为当前重大政治任务抓紧抓实。一是制定整改方案,逐项明确责任。由县纪委牵头制定整改方案3明确责任领导、责任单位和整改时限。同时,要加强与自治区巡视组和市纪委的汇报与沟通,严格按照巡视整改要求,有计划、有步骤地将整改工作抓细、落实,确保巡视反馈问题整改到位。二是带头整改落实,层层压实责任。县四家班子领导、各乡(镇)各单位主要负责人要带头抓好自身整改,带头抓好分管领域整改,推动各项措施落到实处。三是强化整改措施,建立长效机制。问题整改要采取贴签式认领、记账式管理、销号式推进,实行整改情况10天一报告;整改工作要注重标本兼治,建立健全一批从严治党管党制度措施。四是抓好执纪问责,认真做好自治区、市巡视转办件的办理工作。五是成立以县四家班子主要领导为组长的整改工作领导小组,党政主要领导牵头负责各项整改任务。四、通报《关于2016年度百色市各县(市、区)和市直被考评单位绩效考评结果的通报》。会议指出,2016年,田林县在全市2016年度绩效考评中在同等县中名列第一,成绩值得肯定,形势催人奋进。会议要求,一是县绩效办要于7月7日前修改完善田林县2016年度机关事业单位绩效奖励工作方案报审。二是争取在近期召开田林县绩效工作会议,着重对绩效创新工作加分方面的新规定新要求进行培训。三是将绩效考评与自治区贫困县党政领导班子和领导干部经济社会发展实绩考核相结合起来,不断完善绩效考评办法,促进各项工作高效开展。

【十四届第十九次会议】 2017年7月5日,县委书记彭斌在县委三楼常委会议室主持召开县委常委会十四届第十九次会议,传达学习相关会议精神,审议了相关文件等4项议题,达成了一致意见。一、传达学习广西深度贫困地区脱贫攻坚座谈会会议精神。会议要求,一是各级各部门要深入学习、深刻领会，准确把握、认真贯彻，切实增强政治自觉、思想自觉和行动自觉，全力攻克坚中之坚、贫中之贫、困中之困，全面破解深度贫困地区突出制约问题和发展瓶颈，确保田林县同全国全区全市一道进入全面小康社会。二是县脱贫攻坚战指挥部要扎实做好深度贫困地区的确定及破解工作，及时做好扶贫信息摸底调查调整，争取8月底完成国务院扶贫办信息系统的信息录入工作。三是加强政策研究，不断完善脱贫攻坚工作作风建设、产业扶贫、就业扶贫、社保兜底、村级集体经济、东西部扶贫协作等方面制度措施。四是加强组织领导，强化督查考核，务实农村基层党组织，抓好脱贫攻坚各项工作落实到位。二、传达贯彻中央纪委扶贫领域监督执纪问责工作电视电话会议精神。会议要求，一是强化责任担当，全面落实责任。二是把准目标任务，确保监督执纪到位。三是深化巡视巡察，严肃处理扶贫领域存在的各种问题。四是强化细化措施，落实好中央八项规定“回头看”工作。三、贯彻落实自治区党委第二巡视组对百色市巡视情况反馈意见整改动员部署大会精神。会议要求，各乡（镇）、县直各单位要认真对照巡视反馈意见，结合本单位本系统工作实际，成立整改工作领导小组，认真制定整改方案并报县委巡察办备案。县纪委要尽快草拟田林县的整改工作领导小组通知和整改方案，细化责任清单，提交下次县委常委会议审议。同时，将于近期组织召开自治区党委第二巡视组对田林县巡视情况反馈意见整改动员部署会，进一步营造整改氛围，压实工作责任，确保各项反馈意见在规定时间内整改到位。四、审议《田林县2016年度机关事业单位绩效奖励工作方案》。会议原则同意通过县人民政府党组提交的田林县2016年度机关绩效考评等次和《田林县2016年度机关事业单位绩效奖励工作方案》。会议明确，由县绩效办、财政局、人社局、县纪委严格把关绩效奖励发放工作，并及时发放到位。会议要求，一是要结合2016年度自治区贫困县党政领导班子和领导干部经济社会发展实绩考核情况，相应调整2016年度绩效考评奖励。二是要统筹做好中直、区直、市直单位的绩效考评工作。三是要认真落实好绩效奖励二次分配工作，切实发挥“全员化”绩效考评的指挥棒作用。四是要在2016年的成绩上，继续以绩效管理和考评为重要抓手，有效结合贫困县党政领导班子和领导干部经济社会发展实绩考核，积极应对绩效考评新变化，加强绩效考评创新创优工作，加大对获得自治区级表彰表扬的加分力度，加大对被自治区、市级通报批评的扣分力度，科学提高脱贫攻坚、党建、项目投资建设等重点工作考评分值比重，不断完善差异化绩效考评办法，全力以赴抓好绩效工作，着力推动全县经济社会持续稳中向好发展。

【十四届第二十次会议】 2017年7月13日，县委书记彭斌在县委三楼常委会议室主持召开县委常委会十四届第二十次会议，传达学习相关文件精神和讲话精神，审议相关文件，听取县武装工作开展情况等3项议题，达成了一致意见。一、传达学习《中央宣传部、民政部、中央军委政治工作部关于中国人民解放军建军90周年纪念活动的意见》《中共广西壮族自治区委员会、广西壮族自治区人民政府、中国人民解放军广西军区关于经济建设和国防建设融合发展的实施意见》等文件精神，并听取县人武部工作开展情况报告。会议要求，县人武部要尽快适应军改新形势、新任务、新要求，积极主动作为，坚决贯彻落实上级军事机关和县委、县政府的决策部署，认真履行党委“军事部”的职能要求，进一步加强乡镇武装队伍建设，深入贯彻落实军地融合发展实施意见，高标准完成年度各项工作任务。同时，要做好建军90周年纪念活动相关工作和八一前夕党政军警民座谈会筹备工作，集中研究解决一批武装工作事项。二、传达市委领导在百色市2017年领导班子建设年和争当全区营造风清气正政治生态排头兵活动专题学习培训仪式上开班仪式上讲话精神。会议要求，县委班子要以上率下带头加强自身建设，县委常委要带头讲政治、提能力、快执行、真团结、严廉政。各级各部门领导班子要按照自治区党委、市委、县委的部署要求扎实开展好领导班子建设年活动，要改进工作方式方法，解决思想政治素质、理论和业务能力水平不高，知识恐慌、本领恐慌等问题，打造政治素质好、团结协作好、能力业绩好、作风形象好、廉洁自律好的“五好班子”，破解稳增长保发展难题坚定加快发展的信心和决心。三、审议《中共田林县委员会落实自治区党委第二巡视组对田林县委巡视反馈意见整改方案》。会议原则同意通过现纪委提交的《中共田林县委员会落实自治区党委第二巡视组对田林县委巡视反馈意见整改方案》和《关于成立落实自治区党委第二巡视组反馈意见整改工作领导小组及其办公室组成人员的通知》。会议明确,由县纪委根据会议精神和参照市委整改方案修改完善后报审印发。

【十四届第二十一次会议】 2017年7月24日,县委书记彭斌在县委三楼常委会议室主持召开县委常委会十四届第二十一次会议,传达学习贯彻相关会议精神,听取村(社区)党组织换届选举情况报告,审议相关文件议题等4项议题,达成了一致意见。一、传达学习贯彻全区县域经济发展大会暨年中工作会议精神。会议要求,一是县“四大办”要认真筹备田林县年中工作会议,及时传达自治区、市年中工作会议精神,全面总结上半年工作,谋划部署下半年工作。二是研究政策,统筹好贫困县党政考核、县域经济发展考核、绩效考核三大指标体系,找准县域经济发展的切入点和发力点。三是进一步聚焦脱贫攻坚,突出基础设施建设、易地扶贫搬迁、村集体收入、贫困户收入、深圳对口帮扶五个重点,确保完成年度脱贫任务。四是全力推进百矿30万吨铝水、40万吨阳极碳素项目以及瓦村水电站,力争一期工程年内投产,同时抓好规上限上企业培育,努力实现增量与存量的协调发展;五是全力做大桂黔(田林)工业园区,同时新开辟一个农林产品深加工园区,努力实现重工业与轻工业的协调发展;六是全力做大做强工业,同时着力打造芒果、油茶、八渡笋三个自治区级农业核心示范区,带动每个乡镇创建一个县级以上示范区,努力实现工业与农业的协调发展;七是全力加快田林新区建设,同时打造一批特色小镇,推动三产融合,推动产城融合,努力实现城乡协调发展。力争保持经济两位数增长,不断增强县域经济实力。二、传达学习全区精神文明建设工作推进会会议精神。会议要求,全县上下要围绕迎接、宣传、学习、贯彻中共十九大这条主线,以理想信念教育为核心,以社会主义核心价值观为载体,突出创建“文明城市、文明村镇、文明单位、文明家庭、文明校园、模范”等重点,加强领导,完善机制,坚持物质文明和精神文明建设两手抓、两手硬,为营造“三大生态”、实现“两个建成”,汇聚起精神文明建设、脱贫攻坚和“三年一争当”活动的强大合力,推进田林精神文明建设再上新台阶。三、审议村(社区)党组织支部书记预备人选名单。会议强调,组织部门和各乡(镇)要以建设基层服务型党组织为抓手,着力健全基层组织体系,要立足长远,注重培养,逐步优化村“两委”班子成员的学历结构和年龄结构,强化党建引领,选好、用好、管好基层党组织带头人,增强基层组织凝聚力号召力战斗力。要把握好2017年的村“两委”换届选举工作,要把一批有文化、作风正、能力强、思路新、有奉献精神的年轻人充实到村级班子队伍中,特别是将那些政治觉悟高、在群众中有威信的技术能手、致富带带头人、优秀回乡知识青年、大学生村官等配备到村级正职岗位,发挥他们的示范引领作用。四、讨论县委组织部提交的相关人事议题。会议审议通过了县委组织部提交的相关人事议题。本次讨论共涉及干部7人,会议同意许永华、黄英萍、农凤姣、罗金勇、赵振华、黄卉枝、许红麦等7人调出田林县,由县委组织部按有关程序办理。

【十四届第二十二次会议】 2017年8月15日,县委书记彭斌在县委三楼常委会议室主持召开县委常委会十四届第二十二次会议,传达学习相关会议及文件精神,听取巡视整改工作汇报,审议相关事项等8个议题,形成了一致意见。一、传达学习习近平在省部级主要领导干部“学习习近平总书记重要讲话精神,迎接党的十九大”专题研讨班开班式上的重要讲话精神。会议要求,一是各级党组织和党员领导干部要充分认识习近平在省部级主要领导干部“学习习近平总书记重要讲话精神,迎接党的十九大”专研讨班开班式上重要讲话的重大意义,深入学习研讨,认真贯彻落实。二是加强宣传解读,营造良好氛围。三是统筹安排全力以赴做好当前各项工作,确保各项工作按时间节点如期完成,迎接中共十九大胜利召开。二、传达学习市委全面深化改革领导小组2017年第二次工作会议精神。会议要求,县委全面深化改革各专项小组组长要认真学习业务,把清本行业本领域改革动向,落实好上级部署的改革事项,结合实际创新推进改革。要坚持问题导向,聚焦改革重点,既要完成上级部门的规定动作,也要做好自选动作,稳步推进全面深化改革各项工作。三、传达贯彻全市抓党建促脱贫攻坚座谈会会议精神。会议要求,一要提高政治站位正确处理好加强党的建设与脱贫攻坚的关系。二要突出重点，抓住关键党员，以上率下，切实抓好党建促脱贫工作。三要履行主体责任，加强组织领导，强化统筹协调，从严考核问责，确保抓党建促脱贫的顺利实施。同时，县委组织部要结合脱贫攻坚各项任务，瞄准深度贫困地区结合农业核心示范区的打造，抓好党建亮点，创出脱贫典型。四、传达学习贯彻《关于查处防城区党委巡视整改工作不力问题的通报》《关于对自治区党委第二巡视组反馈意见整改工作落实情况的督查通报》精神。会议强调，当前市委对巡视整改工作提出了新的形势要求，将巡视整改工作最终定位为三种情况：一巡视整改到位，二巡视基本整改，三巡视整改敷衍。各级各部门要提高政治站位，强化责任担当，切实做好自治区党委第二巡视组反馈意见的整改工作，确保达到"巡视整改"要求。五、传达学习贯彻《自治区党委办公厅自治区人民政府办公厅关于切实做好突发事件和紧急敏感情况信息报送工作的通知》文件精神。会议强调，信息是党委、政府及时掌控情况、准确分析研判、科学决策部署的重要依据。及时、准确、全面地向党委、政府报送突发事件和紧急敏感情况信息，是一项重要的政治责任和工作纪律。一要认真学习文件精神，切实做好中共十九大召开前社会面信息收集、分类、掌控工作。二要严格报送程序，做好各类信息的及时准确上报。三要强化工作责任，坚持突发事件和紧急敏感情况信息报送"一把手"负总责。六、审议《中共田林县委员会关于加强农村基层组织建设的实施意见》。会议原则同意通过县委组织部提交的《中共田林县委员会关于加强农村基层组织建设的实施意见》。七、听取田林县落实自治区党委第二巡视组巡视反馈意见整改工作情况汇报及田林县落实自治区党委第二巡视组巡视反馈意见整改情况督查工作汇报。会议要求，要切实提高站位，认真贯彻落实自治区党委第二巡视组反馈意见整改工作，认真整改，把思想和行动统一到县委巡视整改工作要求上来。各乡镇、各部门要根据巡视整改的最新形势最新要求，主动认领问题，按时间规定逐一进行整改落实，确保整改工作落地见效；针对督查工作发现的存在问题较多的乡镇及单位，县委主要领导将下周进行集体约谈、重点约谈。八、审议县纪委提交的相关事项。

【十四届第二十三次会议】 2017年8月25日，县委书记彭斌在县委三楼常委会议室主持召开县委常委会十四届第二十三次会议，传达学习贯彻相关讲话精神，听取村（居）民委员会换届情况报告，审议相关事项等4项议题，达成了一致意见。一、传达学习贯彻市委书记彭晓春8月18日在田林调研重要讲话精神。会议要求，田林上下要把贯彻落实彭晓春书记在田林视察调研的重要讲话精神作为全县当前一项重要政治任务抓实抓好，一是围绕发展第一要务，开展服务企业年工作，千方百计上项目、抓产业、促增长。要紧紧抓住发展这个关键，制定《产业攻坚战实施意见》，围绕一、二、三产，推动县域经济稳步增长。二是树立一号工程理念，坚决打赢脱贫攻坚战。要开展"百日脱贫攻坚行动计划"，制定《增强干部作风建设，提升贫困群众获得感满意度的实施意见》，消除干部松懈、畏难、厌战三种情绪，以绣花的功夫做细活，认真抓好易地搬迁项目，全面完成既定目标任务。三是加大投入和建设力度，努力提高城镇化水平。要进一步完善规划，按照"一山两水三中心，四校五路六节点"的要求，在现有的空间上做文章，着力拓展新的空间，并加大对乡镇所在地的基础设施的民生配套建设，营造宜居环境。四是创新载体和方法，扎实推进"三年一争当"活动。五是明确责任和任务，统筹抓好当前几项重点工作。二、审议县巡视整改办提交相关议题。会上，县委常委、纪委书记黄友政分别就《中共田林县委员会关于落实自治区党委第二巡视组巡视反馈意见整改工作情况的报告》《田林县党委主要负责人组织落实自治区党委第二巡视组反馈意见整改情况的报告》《中共田林县委员会关于落实自治区党委第二巡视组巡视反馈意见整改工作情况的通报》（党内通报稿）和（社会公开稿）《田林县落实自治区党委第二巡视组反馈意见整改落实情况统计表》等5份报告材料进行汇报说明。会议原则同意以上5份报告，并明确由县整改办根据会议精神修改完善后并按程序报审。三、审议《田林县2017年新一届村（居）民委主任候选人选》。会议听取了县委组织部关于全县村（居）民委员会换届选取情况报告，并逐一听取了14个乡（镇）党委关于所辖村（居）民委主任(“一肩挑”的除外)候选人选情况汇报。会议原则同意县委组织部提交的村(居)民委主任人选名单。会议强调,一是组织部门和各乡(镇)要立足长远,注重培养,逐步优化村“两委”班子成员的学历结构和年龄结构,强化党建引领,选好、用好、管好基层党组织带头人,增强基层组织凝聚力号召力战斗力,充分发挥基层党组织的战斗堡垒作用。二是要把握好今年的村“两委”换届选举工作,要把一批有文化、作风正、能力强、思路新、有奉献精神的年轻人充实到村级班子队伍中,特别是将那些政治觉悟高、在群众中有威信的技术能手、致富带带头人、优秀回乡知识青年、大学生村官等配备到村级正职岗位,发挥他们的示范引领作用。三是要严格把好候选人的政治关,把讲政治放在第一位,加强村“两委”后备队伍的培养,人选要既能带头致富,抓好脱贫攻坚,又能带头维稳,促进农村和谐建设。四、审议县委组织部提交的议题。会议审议了县委组织部提交的相关人事议题。本次讨论共涉及干部3人,会议原则同意组织部提交的人事议题:陆永锋提前退休,由县委组织部委托县公安局找其本人进行谈话,并完善相关材料后按有关程序办理。会议明确,关于张高东、黄景祖等2人调出县外的事项,一是由商调单位(岑王老山国家级自然保护区管理局、市卫生计生监督所)补齐商调手续;二是县委组织部收集相关商调材料并书面向市人社局专项报告,得到市人社局明确答复意见后才办理相关手续;三是县委组织部今后对调出县外的干部档案查阅严格把关;四是由县委副书记张国革适时召集各乡镇和县直相关单位主要领导进行内部通报。

【十四届第二十四次会议】 2017年9月1日,县委书记彭斌在县委三楼常委会议室主持召开县委常委会十四届第二十四次会议,传达学习相关文件精神,审议相关事项等2项议题,达成一致意见。一、传达学习贯彻《自治区党委办公厅自治区人民政府办公厅印发〈关于深化统计管理体制改革提高统计数据真实性的实施意见〉的通知》文件精神。会议要求,一是科学规范地组织统计工作,保障统计数据的真实性、完整性、及时性。二是全面贯彻落实好文件精神的要求,建立健全用数据说话、用数据决策、用数据管理、用数据库创新的管理体制,使统计工作更好服务经济社会发展。三是保障好统计调查工作的发展,统筹落实干部管理、结构优化、队伍建设、工作保障等方面的改革事项。二、审议《关于表彰2016—2017学年度“先进教育工作者”“优秀教师”“优秀班主任”“最美基层教师”“教学能手”及“名师”的决定》。会议原则同意县政府党组提交的《关于表彰2016年—2017学年度“先进教育工作者”“优秀教师”“优秀班主任”“最美基层教师”“教学能手”及“名师”的决定》,活动经费由县纪委把关,报县人民政府审批,表彰决定由县教育局根据会议精神修改完善后按程序报审。

【十四届第二十五次会议】 2017年9月18日,县委书记彭斌在县委三楼常委会议室主持召开县委常委会十四届第二十五次会议,审议相关文件及事项等3项议题,达成了一致意见。一、审议《关于印发〈十四届县委第二轮巡察工作方案〉的通知》。会议原则同意县委巡察办提交的《关于印发〈十四届县委第二轮巡察工作方案〉的通知》,按照会议精神,增加一个巡察组并对巡查对象进行微调,由县委巡察办按程序行文上报。二、审议同意县纪委提交的请示。三、讨论县委组织部提交的人事议题。会议审议通过县委组织部提交的相关人事议题。本次讨论共涉及干部48人,其中平级交流33人,提拔7人,免去兼任职务3人,改非1人,免职1人,试用期满正式任用2人,科级领导干部商调出县外1人,由县委组织部按相关程序做好任前公示、任前谈话安排和及时将新任职的领导干部送到位。

【十四届第二十六次会议】 2017年9月27日,县委书记彭斌在县委三楼常委会议室主持召开县委常委会十四届第二十六次会议,传达学习相关指示精神以及上级领导批示精神,审议相关人事议题,达成了一致意见。一、传达学习全区领导干部会议及全市领导干部会议精神。会议要求,一是聚焦全年目标任务,集中力量做好稳增长各项工作。要抓好政策落地,突出抓好重大项目建设力度,千方百计促进工业生产回稳,着力补齐服务业短板。二是坚持问题导向,树立“头号工程”观念坚决完成全年脱贫攻坚任务。要进一步压实脱贫攻坚责任;要围绕“八有一超”标准算好今年的脱贫账；要加大易地扶贫搬迁工作力度；要实行更加严格的脱贫核验和扶贫考核。三是从严从实从细抓好社会维稳和安全生产各项工作，全力为中共十九大胜利召开营造和谐稳定的氛围。二、传达贯彻自治区党委主要领导同志对脱贫攻坚督查反映情况批示的精神。会议要求，一是请各级各部门认真组织传达贯彻自治区党委主要领导同志的批示精神，进一步增强使命感、责任感和紧迫感，坚决打赢脱贫攻坚战的信心和决心。二是要认真对照督查发现存在问题，深查深改。三是要帮扶到位，县四家班子，要对所联系的乡镇脱贫督促检查，乡镇主要领导要走访本乡镇全部年度预脱贫户，帮扶干部要真情帮扶，帮扶到位。三、传达学习自治区党委常委、纪委书记房灵敏9月24日—25日到田林调研时的指示精神。会议强调，要认真贯彻落实中央和自治区的决策部署，全力推进脱贫攻坚，确保按照时间节点完成脱贫任务。要加快易地扶贫搬迁项目建设，确保按质按量完成建设任务，使贫困群众早日搬迁入住。要稳步推进产业扶贫，通过产业带动贫困群众脱贫致富，并发展壮大村级集体经济，增加村级集体经济收入。要加大扶贫领域监督执纪问责，加强扶贫资金使用监管，确保扶贫资金依法依规运行，扶贫项目按时按质量完成。四、传达贯彻《自治区扶贫开发领导小组关于印发〈2016年省级党委和政府扶贫开发工作成效考核反馈意见广西整改任务分解表〉的通知》《自治区扶贫开发领导小组办公室关于做好2017年脱贫攻坚督查自治区发现问题整改工作的通知》。会议要求，一要高度重视，深挖问题根源。二要落实责任，强力推动整改。各级各部门专题研究和分析自治区梳理出的问题清单，逐条研究整改措施，明确整改时限，分类、分线压实领导干部、乡村干部、第一书记、驻村工作组、帮扶单位责任，下足“绣花”功夫，抓好落实整改。三要求真务实，建立整改长效机制。要将整改的各项要求融入日常工作，全面具体落实到田林县脱贫攻坚各领域、各环节，不断吧整改落实引向深入，确保各项整改政策落地发挥实效。四要加强总结提升，及时报告整改落实情况。整改任务分解表中的各牵头单位要强化责任担当，主动作为，牵头组织开展相关工作，督促配合单位落实工作任务。会议明确，请脱贫攻坚战指挥部草拟好田林县核验方案，11月上旬对今年预脱贫村进行全面的核验，县委常委分责任抓好十三个村各项验收工作。五、传达学习《自治区党委办公厅关于学习贯彻〈中国共产党工作机关条例(试行)〉的通知》文件精神。会议强调，一要充分认识学习贯彻《条例》的重要意义；二要认真抓好《条例》的学习宣传；三要从严规范党的工作机关设立和调整；四要健全完善党的工作机关运行机制；五要从严抓好党的工作机关自身建设；六要切实加强学习贯彻《条例》的组织领导。六、传达学习《中共中央办公厅、国务院办公厅印发〈关于进一步加强信访法制化建设的意见〉的通知》并研究推进中共十九大期间综治信访维稳工作。会议明确，一是县信访局要及时将已经化解的信访案件报市信访维稳联席办进行销案。二是各乡镇各部门要强化责任担当意识，细化任务对重点人、事、区域群体专人防盯，做好中共十九大期间的信访维稳工作，确保不出现越级非访事件。三是要按照法定程序进行信访的，要按照有关规定进行培训。四是要加强信访法制化建设，落实“诉讼”与信访分离，做到依法依归分类处理。五是加强法治宣传，严格遵循“谁执法、谁普法”。七、传达自治区、市贯彻落实中央八项规定精神“回头看”工作总结电视电话会议精神。会议要求，要发扬“回头看”工作的好做法、好经验，保持战略定力，坚持问题导向，持之以恒把作风建设引向深入。一要提高政治站位；二要强化日常监督；三要精准亮剑查处；四要持续抓好整改；五要敢于担当担责；六要强化督查，促进工作提升。八、传达学习《中共百色市委员会关于加快铝产业二次创业的决定》。会议要求，一是田林县要抓住全国电解铝布局优化和广西铝产业“二次创业”的重大机遇，加快煤电铝一体化项目建设，要将铝产业“二次创业”纳入田林县“四大攻坚战”，请分管产业的县领导具体抓好产业攻坚战，争取在10月出台实施方案。二是要加快桂黔(田林)产业园区的建设，20万吨铝水项目要加快进度，存在问题困难要及时解决落实，为企业生产发展保驾护航，要力争在今年年底能够投产。九、讨论县委组织部提交的相关议题。会议讨论通过县委组织部提交的相关人事议题。本次讨论共涉及干部42人，其中平级交流20人，提拔22人，由县委组织部按相关程序做好任前公示、任前谈话安排和及时将新任职的领导干部送到位。

【十四届第二十七次会议】 2017年9月27日,县委书记彭斌在县委三楼常委会议室主持召开县委常委会十四届第二十七次会议,专题讨论田林县出席自治区第十三届人民代表大会代表候选人选,达成了一致意见。会议就田林县出席自治区第十三届人民代表大会代表候选人进行了充分的讨论。会议同意,一是推荐党政领导干部代表人选为县委副书记、县长黄慧;二是推荐工人代表人选为黄家弦;三是推荐农民代表后备人选为许继峰。由县委组织部、县人大常委会按照程序办理上报手续。

【十四届第二十八次会议】 2017年10月27日下午,县委书记彭斌在县委三楼常委会议室主持召开县委常委会十四届第二十八次会议,传达学习会议和文件精神,审议相关工作方案等4项议题,达成了一致意见。一、传达学习中国共产党第十九次全国代表大会会议精神。会议要求,一是各级各部门要把学习宣传贯彻中共十九大精神作为当前和今后一个时期首要政治任务。二是县委常委要带头学,要深入所联系的乡(镇)、部门和所在支部开展学习宣讲活动。三是县委宣传部要牵头草拟全县学习宣传贯彻中共十九大精神工作方案,县委组织部要结合培训教育邀请资深专家到田林县授课。四是各级各部门要扎实推动学习宣讲贯彻中共十九大精神落到实处,切实把学习宣传贯彻中共十九大精神的成效体现在推动脱贫攻坚和经济社会发展的实效上来。二、传达学习《彭晓春同志在市委全面深化改革领导小组第七次会议上的讲话》精神。会议强调,各县(市、区)、各专项小组、各有关部门要认清形势,统一思想,狠抓落实,全力以赴做好四个方面工作:一要以坚强定力推动改革落实;二要夯实责任链条推动改革落实;三要强化督察推动改革落实;四要抓好绩效考核推动改革落实。会议要求,一是县委全面深化改革领导小组办公室要及时跟进田林县的改革任务,与市级对接了年初的既定目标,现在改革完成情况及进度。二是针对2017年要完成的改革任务要抓紧对接落实。三是要及时与市委全面深化改革领导小组办公室对接做好明年的改革任务的谋划。三、传达学习贯彻《中共百色市委员会办公室关于进一步明确和强化脱贫攻坚一线工作责任的通知》文件精神。会议要求,一是强化主体责任,形成合力攻坚。明确乡镇党委牵头整合一线攻坚力量;明确定点帮扶单位的联系帮扶责任;明确贫困村党组织第一书记统筹驻村工作的责任;明确驻村工作队员的驻村帮扶责任;明确结对帮干部的进村入户帮扶责任。二是强化工作督导,严格管理考核。实行全程纪实,分级巡回督导,建立督查通报机制,强化实绩考核。三是强化结果运用,突出奖惩激励。四是要及时做好县乡村各级档案信息管理工作。四、审议《田林县落实自治区2017年脱贫攻坚大督查发现问题整改工作方案》。会议明确,针对田林县落实自治区2017年脱贫攻坚大督查反馈问题整改清单的整改措施、整改时限要根据会议精神进行修改完善,并对责任县领导进行相应的调整,由县扶贫开发领导小组修改后按程序报审实施。五、传达《自治区移民搬迁专责小组关于转发〈国家发展改革委办公厅关于反馈易地扶贫搬迁稽察发现问题整改落实情况“回头看”报告的函〉的通知》文件精神。会议要求,针对田林县存在问题整改落实情况要逐条逐项研究解决。一是关于搬迁对象不够精准的问题。县发改局要及时与上级部门对接确定准确的数据。二是关于安置住房面积超标的问题,要严格执行国家政策规定。三是关于建成搬迁入住的问题。对符合搬迁户要有指导性的安排顺序,平衡研究,不能完全抽签。四是关于拆旧与复耕的示范点问题。要加强示范点工作的推进。

【十四届第二十九次会议】 2017年11月7日,中共田林县第十四届委员会第二十九次会议在县委三楼常委会议室召开,会议由县委书记彭斌主持。会议传达学习贯彻党相关会议精神,研究部署相关工作,审议相关文件等4项议题,达成了一致意见。会议主要内容:一、传达学习贯彻中共十九大代表、市委书记、市人大常委会主任彭晓春到田林开展中共十九大精神宣讲报告会精神。会议要求,要以彭晓春书记的宣讲报告为契机,在全县范围内掀起宣讲中共十九大精神的热潮。要以常委会、全县宣讲大会、理论中心组学习、支部会议等形式迅速传达学习中共十九大精神,县四家班子领导带头学要带头深入所联系的乡(镇)、部门和所在支部开展学习宣讲活动。县委宣传部要迅速组织开展学习宣讲活动,营造浓厚学习宣讲氛围,争创宣讲工作亮点,总结经验,推广示范。二、研究田林县如何学习宣传贯彻中共十九大精神工作。会议原则同意宣传部提交的《方案》,并由宣传部根据会议精神修改完善。三、审议《关于印发〈田林县2017年度贫困户脱贫摘帽"双认定"工作的方案〉》。会议原则同意县扶贫开发领导小组提交《方案》,由县扶贫开发领导小组根据会议精神进行修改完善后按程序报审实施。四、传达贯彻全国、全区、全市金融工作会议精神。会议要求,一是要切实贯彻落实全国、全区、全市金融工作会议精神。二是近期要召开一次全县金融工作会议。三是请县委组织部尽快上报县金融办班子充实人选。四是要深入实施"引金入田"工作,加快引进建行和中行。五是加强党对金融工作的领导,加强县四家班子对金融业务知识的学习。

【十四届第三十次会议】 2017年11月27日,中共田林县第十四届委员会第三十次常委会议在县政府二楼会议室召开,会议由县委书记彭斌主持。会议传达学习相关会议和文件精神,审议县纪委提交的相关议题,达成了一致意见。一、传达学习全市贯彻中共十九大精神专题培训班精神。会议要求,县四家班子领导要深入学习贯彻书记晓春在开班式和小结会上的重要讲话精神,紧紧围绕脱贫攻坚和年度各项工作任务,带头学习、带头宣讲、带头落实,以推动发展的实效检验学习成效,确保中共十九大精神在田林落地生根,开花结果。二、传达学习自治区十一届三次全会精神。会议强调,要认真学习贯彻中共十九大精神和自治区十一届三次全会精神,营造良好宣传氛围和稳定和谐的发展环境,要注重过程学习和会后贯彻,以推动发展的佳绩体现学成贯彻成果。三、传达贯彻全区县域经济发展项目建设现场推进会会议精神。会议要求,要认真学习全区县域经济发展项目建设现场推进会会议精神,要结合田林实际,从六个方面抓好壮大田林县域经济工作。一是要高度重视,把加快县域经济发展作为重要工作来抓。二是要强化财政和项目库等保障工作。三是要实施县域经济三年行动计划。四是要实施资金筹措,争取金融支持。五要加强各方面保障。六要强化工作措施推进县域经济项目建设。四、传达《自治区扶贫开发领导小组办公室关于做好2017年度贫困户脱贫摘帽"双认定"工作的通知》及《自治区扶贫开发领导小组办公室关于做好2017年度贫困村脱贫摘帽认定工作的通知》文件精神,汇报田林县脱贫摘帽认定工作推进情况。会议强调,脱贫攻坚是当前最重要的业务、最重要的主线、最重要的战场,要以"三个方面"切实抓好脱贫攻坚工作。一是县四家班子领导要带头到各联系乡镇开展脱贫攻坚县级认定核验工作,要统一思想,上紧发条,强化抓脱贫攻坚的主体责任意识,切实抓好联系乡镇的脱贫攻坚工作。二是要以"六个明确"全力以赴完成脱贫攻坚任务,明确领导责任。对国家、区、市核验发现问题的,要严肃倒查联系乡镇领导的责任。明确帮扶干部的责任对因干部调整后帮扶干部还不到位的,县脱贫攻坚战指挥部要在本周内调整完成,绝不允许结对帮扶出现脱节现象,确保一个帮扶干部不能联系超过5户的硬性规定。明确所有村、户(含2016年退出户和村)按照2017年"认定"标准进行认定,明确2016年摘帽的村要求2017年11月30日前完成核验工作。明确2014年、2015年退出户都要进行入户核验,关于2014年退出户的补助问题,请县脱贫攻坚战指挥部本周内完成提出方案报审。明确核验要求和考核办法,各核验组要参照自治区的做法,每个核验组评出3个好的帮扶队员、3个差的帮扶队员,2个帮扶好的部门、2个帮扶差的部门,1个佐证材料做得好的县直部门单位、1个佐证材料做得差的县直单位,由县脱贫攻坚战指挥部统筹评出3个做的好的乡镇和3个做得差的乡镇、3个做得好的村和3个做得差的村,核验结果将作为年底绩效考评和干部考核的重要标准。三是各位党员领导干部要深入研究脱贫攻坚的政策和业务,聚焦脱贫攻坚,再动员再统一,切实抓好年度任务冲刺工作,要围绕贫困县党政考核做好迎接"四合一"核验检查工作。五、传达学习《中共中央办公厅印发〈关于五年来中央政治局贯彻执行中央八项规定并以此带动全党加强作风建设情况的报告〉的通知》《中共百色市委员会督查室关于对各县(市、区)和市直各单位贯彻执行中央八项规定精神情况的督查通报》文件精神。会议要求,县四家班子领导,特别是县委常委要带头贯彻《通知》精神,并结合全市督查发现的问题抓好整改落实。六、传达学习百色市发展村集体经济工作现场推进会精神，研究推进田林县村集体经济工作。会议要求，一是出台村集体经济资金管理办法。二是抓好“村两委”班子建设试点工作。三是要进一步完善村集体经济账户信息、合作协议等事项，年底全县全部村级都要成立村民专业合作社。四是进一步探索村集体经济发展办法，借鉴兄弟县以入股铺面和发展特色产业等办法壮大村集体经济。七、传达学习《自治区党委组织部关于印发2017年度市县党政领导班子和党政正职政绩考核评分标准及方法的通知》。会议要求，一是以“四合一”核验工作为指挥棒，始终明确目标责任，将考核材料汇编成册，呈送县四家班子及各乡镇三家班子领导学习研究，分管县领导要联系分管职能部门研究业务，要将重点工作抓紧抓牢抓实。二是各部门要对照各项指标进行全面梳理，确保全面完成。三是要做好各项迎检准备工作。四是各部门要加强与上级部门沟通对接，做到工作到位、汇报到位，做好相应佐证材料。八、审议《关于成立田林县监察体制改革试点工作领导小组及办公室的通知》及《田林县监察体制改革试点工作方案》。会议原则同意县纪委提交的《通知》和《方案》，由县纪委按有关程序办理。九、审议县纪委提交的相关议题。

【十四届第三十一次会议】 2017年12月6日上午，中共田林县第十四届委员会第三十一次常委会议在县委三楼常委会议室召开，会议由县委书记彭斌主持。会议传达学习有关文件精神，研究部署2017年全县脱贫摘帽认定工作，审议县纪委、县委组织部、县编委办提交的相关议题，达成了一致意见。一、传达学习《中共中央办公厅国务院办公厅印发〈关于支持深度贫困地区脱贫攻坚的实施意见〉的通知》文件精神。二、传达学习《中共中央办公厅关于印发〈被巡视党组织配合中央巡视工作规定〉的通知》《中共百色市委员会关于印发〈百色市谈话提醒制度（试行）〉等三项制度的通知》文件精神，审议《中共田林县委员会关于印发〈田林县谈话提醒制度（试行）等三项制度〉的通知》。会议原则同意县纪委提交的《中共田林县委员会关于印发〈田林县谈话提醒制度（试行）等三项制度〉的通知》，由县纪委按有关程序办理。三、听取并研讨田林县2017年脱贫摘帽认定（包括贫困村脱贫摘帽认定、贫困户“双认定”）工作情况及2014年、2015年退出户及2016年脱贫户入户工作开展情况。会议要求，一是各乡镇各部门要聚焦脱贫攻坚工作，全力做好区市“四合一”核验的各项迎检工作。二是各乡镇要严格按照时间节点，采取超强规措施，强化领导、细化责任、明确工作重点难点，扎实完成年度易地扶贫搬迁任务，确保脱贫认定各项任务指标顺利通过核验。三是针对区暗访组发现的“雨露计划”问题，各乡镇要立即按要求完成整改。四、审议县编委办提交的相关议题。会议听取并审议县编委办提交的《关于增加田林县扶贫开发办公室领导职数的请示》《关于增加田林县公安局领导职数的请示》《关于增设田林县发展和改革局总经济师职数的请示》《关于增设田林县国土资源局总经济师职数的请示》,《关于确定田林县村集体经济发展工作办公室级别的请示》《关于确定地方公路路政执法大队级别的请示》（以下简称《请示》），会议原则同意县编办提交的以上6份《请示》，请县编办按有关程序推进。五、讨论县委组织部提交的全县2016年度科级领导干部年度考核评优事项。会议就县委组织部提交的关于2016年度科级领导干部年度考核评优事项进行了讨论。由县委组织部根据会议精神，按照有关程序办理。六、审议县纪委提交的相关议题。

【十四届第三十二次会议】 2017年12月12日下午，中共田林县第十四届委员会第三十二次会议在县委三楼常委会议室召开，会议由县委书记彭斌主持。会议传达学习中央办公厅、自治区党委办公厅、自治区人民政府办公厅有关文件和会议精神，审议县教育局提交的相关议题，达成了一致意见。一、传达学习贯彻《中共中央办公厅印发习近平总书记关于进一步纠正“四风”、加强作风建设重要批示的通知》文件精神。会议要求，一是要认真组织党员、干部学习讨论习近平的重要指示，深刻领会指示的内容和精神实质，牢固树立“四个意识”，不断提高政治站位和政治自觉。二是要结合年底召开的民主生活会和组织生活会，把贯彻落实中央八项规定精神、转作风改作风情况作为对照检查的重要内容，认真查找，坚决加以整改，务求取得实效。三是要从全县各级领导干部做起，以上率下、层层带动，继续紧盯元旦、春节等重要节点，从一件件小事抓起，坚决防止不良风气反弹回潮。二、传达贯彻全区现代特色农业示范区建设增点扩面提质升级动员部署会精神，研究部署田林县现代特色农业示范区创建工作。会议要求，要按照自治区的决策部署，把打造示范区升级版作为实施乡村振兴战略的重要抓手，作为发展现代特色农业的着力点，紧紧围绕增点、扩面、提质、升级，采取更加有力的创新举措，推动示范区建设跃上新台阶。一是认清形势，寻找差距。以2017年为节点，盘点2017年以前的示范点，谋划好2017年以后的示范点建设，了解区、市、县认定最多的县和最少的县。二是制定田林县创建示范区“三年行动计划”和2018年创建方案。并对照制定评定办法。三是要明确目标。要与村集体经济建设结合起来，聚焦有优点、有特色的示范点，力争创建3至5个自治区示范点。四是明确由农业部门牵头，整合资源和资金，制定奖励方案，将创建工作作为“三农工作”的主要抓手，认真推进，抓出实效。三、传达贯彻2017年全区易地扶贫搬迁工作现场会精神，加快推进田林县易地扶贫搬迁工作。会议要求，一是县脱贫攻坚易地搬迁专责小组要加强与自治区易地搬迁专责小组的对接汇报，确保数据进度衔接不脱节。二是理清2016年、2017年的任务目标数。三是各联系点的县领导要组织有关乡镇部门采取超常规措施千方百计完成联系易地搬迁点各项工作任务。四、传达贯彻扶贫资金使用管理问题突出县集体约谈会精神，推进田林县扶贫资金使用。会议要求，一是要严格按照自治区财政资金支出的相关要求，认真对照问题抓好整改。二是对涉及资金管理的问题，要及时对接财政厅获取相关支持文件。三是要将扶贫资金使用管理纳入绩效考评，单位班子按资金使用率发放绩效奖励，部门可以申诉，绩效办进行复核。四是及早谋划明年工作。全县上下要拧成一股绳，共同努力、全力以赴完成该项工作。五、传达贯彻2017年全区县域义务教育均衡发展现场推进会精神，推进田林县义务教育均衡发展工作。会议要求，必须下大力气抓好教育工作。一是要成立义务教育均衡发展指挥部，原则在县级部门来抽人，尽快提出意见报审。二是实行指挥部每月召开专题会议听取各小组汇报，并按月安排工作任务。三是《方案》还要再细化，要对照标准，完善任务表和时间点要求。四是要加强教师队伍建设，实行满编招人。五是要加快义务教育均衡发展项目推进。六是要加强与上级部门的沟通汇报，把工作机制建立起来。六、传达贯彻《自治区党委办公厅、自治区人民政府办公厅印发〈关于加强县域经济发展分类考核的意见〉的通知》文件精神。会议要求，要认真贯彻落实《意见》要求。一是全县各部门班子要认真传达学习文件精神，确保不丢分。二是要认真对照要求查缺补漏，一项一项再完善，力争高分。三是要加强对接汇报，完善档案材料。四是明确由何建华常务牵头，具体抓好田林县县域经济发展分类考核的工作，部门由发改局牵头。七、传达贯彻自治区审计组到田林县开展扶贫专项审计反馈会议精神。会议要求，一是要高度重视审计反馈问题，增强做好问题整改的政治敏锐性。二是要认真、迅速整改反馈问题，整改完成的要尽快汇报，能说明的问题尽快核实并向审计组说明清楚。三是要制定整改方案，及时准确一项一项地整改到位。八、传达贯彻建设平安广西活动表彰大会精神。会议要求，全县上下要认真贯彻落实大会精神，认真抓好“平安田林”建设各项工作。要及早谋划，将大会精神贯彻到明年的平安建设各项工作。九、传达贯彻全区扶贫领域监督执纪问责工作推进会议精神。会议要求，要认真贯彻落实全区扶贫领域监督执纪问责工作会议精神，突出田林县工作亮点，加大执纪审查和通报曝光力度，健全工作机制，加强政策学习宣传，为脱贫攻坚提供纪律保障。十、传达市脱贫攻坚核验组12月8日—10日到田林县开展脱贫攻坚“四合一”验收工作核验反馈会精神。会议要求，一是明确责任，提高政治站位，把脱贫攻坚当作当前最大的工作来抓好。二是集中精力，认真学透摸准政策，全力做好迎检工作。三是召开迎检动员部署会议，认真部署脱贫攻坚迎检各项准备工作。四是查缺补漏，及时整改到位。五是制定迎检工作方案。六是加强沟通，及时掌握信息。十一、审议《关于印发〈田林县教育提升攻坚行动计划(2017—2020)〉的通知》(以下简称《通知》)。会议原则通过教育局党组提交的《通知》，由县教育局根据会议精神修改完善后，按照有关程序审签办理。

其他重要会议

【中国共产党田林县第十四届委员会第二次全体会议】 1月5日,田林县在县政府二楼会议室召开中共产党田林县第十四届委员会第二次全体会议。县委书记彭斌主持会议。县委委员27名,候补委员5名出席会议。县纪委委员、有关方面负责人列席会议。全会主要任务是听取和讨论县委常委会工作报告、《县委工作报告(草案)》、《县纪委工作报告(草案)》以及研究其他重要事项,进一步解放思想,坚定信心,迎难而上,加快推动田林经济社会跨越发展。全会强调,一是要把学习宣传贯彻中共十八届六中全会精神、自治区第十一次党代会、市委第四次党代会作为当前和今后一个时期的重大政治任务。二是要坚持五个全面从严(思想政治建设全面从严、人才队伍建设全面从严、基层党建建设全面从严、反腐倡廉建设全面从严、干部作风建设全面从严),认真贯彻《关于新形势下党内政治生活的若干准则》,严格执行《中国共产党党内监督条例》以及中央八项规定要求,牢固树立抓好党建是最大政绩的理念,认真履行全面从严治党主体责任,切实把思想行动高度统一到中央和自治区、市委的部署要求上来。三是要在强化思想建党中坚守理想信念,紧紧围绕县第十四次党代会提出的各项工作目标任务,紧扣脱贫奔康主线,坚持走"三大战略,四大攻坚,五区建设,努力实现打造滇黔桂接边区域中心县,全面脱贫摘帽建成小康社会的宏伟目标"的发展之路,全面推进经济、政治、文化、生态文明和党的建设,确保田林经济社会持续健康发展。

【全县经济工作会议】 1月12日上午,田林县2017年经济工作会议在县政府小礼堂召开,会议以视频形式召开,各乡镇设分会场。会议学习贯彻中央和自治区、市经济工作会议精神,全面落实县十四次党代会的决策部署,总结2016年全县经济工作,研究部署2017年经济工作。县委书记彭斌、县长黄慧、县人大常委会主任覃纪腾、县政协主席黄欢等县四家班子领导出席会议,县直各单位主要领导、各乡镇三家班子领导、县内各金融机构主要负责人、重点企业主要负责人参加会议。会议指出,2017年经济工作的总体目标是:一要确保完成2017年脱贫攻坚的总体任务;二要继续保持经济两位数增长。要实现这一目标,必须科学分析、挖掘新的经济增长点,努力从脱贫摘帽工作、重大项目攻坚、田林新区建设、民生改善及基础设施建设、企业培规入统、加大招商引资力度、加大财政收支和金融融资力度等几个方面入手,在深化县情认识中精准发力,推动各项工作再上新台阶,为田林的长远发展作出新的贡献。三要聚集重点,实现经济发展的目标与任务,突出转型升级抓产业发展,突出比拼精神抓项目建设。会议要求,要把全面从严治党的要求体现在加强党对经济工作的领导上,切实提高领导经济工作的能力和水平,为推动经济平稳健康发展提供坚强的组织保证。会上,县统计局、发改局、经贸局、扶贫办等部门做表态发言。

【中国共产党田林县第十四届代表大会第二次会议】 1月16日,中国共产党田林县第十四届代表大会第二次会议在田林县政府小礼堂会议室召开,来自田林县各条战线的党员代表欢聚一堂,共商发展大计。县委书记彭斌代表中国共产党田林县第十四届委员会向大会作报告,县委常委、纪委书记黄友政代表中国共产党田林县第十四届纪律检查委员会向大会作报告(书面)。大会充分肯定了县委一年来的工作,认为过去的一年,面对复杂严峻的形势,在市委、市政府的正确领导下,县委团结带领全县各族干部群众,紧扣脱贫奔康主线,深入实施三大战略,着力打好四大攻坚战,全面推进五区建设,圆满完成各项目标任务,实现了"十三五"规划良好开局。大会认为,2017年,是田林县县乡换届后的第一年,是全面从严治党的开局之年,是脱贫攻坚的冲刺之年,县各级党组织、广大党员干部和各族人民必须科学研判形势,保持清醒头脑,牢牢把握新机遇,积极应对新挑战。要深入贯彻中共十八大及历次全会、自治区第十一次党代会和市第四次党代会精神,深入实施"三大战略",全面开展"四大攻坚战",扎实推进"五区建设",以全面从严治党为统揽,以确保完成年度脱贫任务为主线,以力争主要经济指标保持两位数增长为主导,以改善民生为根本,以依法治县为保障,大力推进百矿铝水项目和瓦村水电站"两大实体经济",大力推进桂黔工业园区和田林新区"两区建设”，大力推进供给侧和需求侧“两侧改革”，奋力争创基层党建、廉政建设、意识形态三大工作亮点，着力落实政治生态、社会生态、自然生态“三大生态”建设，全力推进“打造滇黔桂接边区域中心县，全面脱贫摘帽建成小康社会”的宏伟目标。

大会指出，实现2017年的目标任务，要全力推进脱贫攻坚工作，要大力打造滇黔桂接边区域中心县，要着力发展社会主义民主政治，要切实提高全面从严治党科学化水平。

大会强调，要夺取脱贫奔康征程上的新胜利，关键在党要管党，从严治党。全县各级党组织必须认真履行全面从严治党主体责任；要加强思想政治建设，增强党员的政治意识、大局意识、核心意识和看齐意识；要加强基层组织建设，大力推进基层党建科学化水平；要加强干部队伍和人才队伍建设，加强廉政和反腐败建设，继续保持和弘扬党的优良作风，落实风清气正的政治生态。大会于当日下午在完成了各项议程后，在庄严的《国际歌》声中闭幕。

【2017年全县年中工作会议】 8月2日，田林县在县政府小礼堂召开2017年全县年中工作会议。彭斌、黄慧、覃纪腾、黄欢等县四家班子在家领导出席会议，各乡(镇)三家班子领导，县直各部门负责人参加会议。会议召开前，7月27日，县四家班子主要领导率队对今年预脱贫13个贫困村工作推进情况进行考察。会议全面总结上半年工作情况，详细部署下半年各项工作，深入分析田林县经济社会的发展形势，指出了田林县经济社会面临的发展机遇和挑战，明确了工作任务目标。会议强调，要始终强化领导抓落实，强化担当抓落实，强化党建抓落实，强化廉政抓落实，强化宣传抓落实，强化督查抓落实。会议要求，各级各部门要统一思想认识，强化责任意识，撸起袖子加油干。一是要脱贫攻坚工作要有新突破，脱贫攻坚工作是各项工作的重中之重，着重抓好产业发展、异地扶贫搬迁、基础设施建设、村集体经济发展等重点工作；二是要在产业发展中实现新突破，持续壮大县域经济总量，稳住农业，做强工业，推动三产融合发展；三是要在“两区”建设中有新突破，着重抓好生态环境建设，要加快通屯道路、水利项目建设，充分利用各方面的利好政策，重点抓好项目建设的准备工作和协调工作；四是要在社会治理中实现新突破，着力树立稳定压倒一切的意识，对辖区范围内的安全工作做到心中有数，加强辖区内道路交通安全、消防安全的隐患排查工作，防止重特大灾害事故；五是要以此次会议为契机，各乡(镇)、县直各单位相互借鉴、交流工作亮点中具体做法，将全县各项工作推向新的台阶。会上，14个乡(镇)、14个县直有关部门作汇报发言。

中共田林县委员会办公室工作

【中共田林县委员会办公室领导情况】

主　任：汤自忠(壮族)

副主任：黄　涵(壮族，2017年9月离任)

许永华(壮族，2017年3月任职，10月离任)

苏　兵(2017年5月离任)

万新星(壮族)

蒙志海(壮族，2017年9月任职)

刘海英(女，壮族)

崔　健(2017年9月任职)

蒋全军(2017年9月任职)

【概况】 2017年田林县委办设有秘书、督查、文电、综合、会务、行政、保密、政研(县委改革办)、党委信息中心(县委办值班室)等10个股室，共有行政编制11名(含一名县委改非领导)，事业编制12名(党委政策研究中心5名，党委信息中心4名，县委办值班室3名)，后勤服务事业编制2名。2017年11月增设中共田林县委办值班室，在中共田林县党委信息中心挂牌，实行一套人马两块牌子管理，增加财政全额拨款事业编制3名。

【综合协调】 充分发挥县委办公室综合协调职能，促进“四办”的协调、沟通、联系，协调和理顺好四家班子领导、常委部门、四大办和各部门之间的工作关系，做到信息互通共享、工作协调配合，积极主动地做好重要活动安排和相关工作的协调，协调各方面力量，统筹推进全县各项工作顺利有序开展。完成了自治区党委常委、纪委书记房灵敏，市委书记彭晓春、市长周异决等各级领导到田林考察调研的接待工作。同时，做好参谋助手，全年共起草全县党代会、年中工作会议等重要会议的领导讲话稿30

余篇，全县性的工作总结、工作汇报、典型材料等综合文稿20余篇，为领导决策提供了有效参考。

【办文办电办会】 2017年处理各级文件和各种来电来函2000余份，加强文件制发的管理，严把公文审批关、格式关、文字关，全面提高办文质量，维护公文的权威性、严肃性。同时，简化办文程序，加快办文时效，及时传达县委的决策部署和工作安排，推动各项工作的组织实施。全年共制发各类文件600余件，其中田发19件，田办发68件，田办通141件，田委131件，田办会通67件，田办电222件。2017年承办和协办各类会议150多个，其中顺利完成全县党代会、人代会、政协会、"吼敢"壮剧节等重要会议活动的组织筹备工作，协助承办了滇黔桂三省区21县市区政协联谊活动、全市领导班子建设年现场会、全市重大项目开竣工现场会等一系列大型活动。

【信息报送】 抓住领导关注的重点和社会发展中的难点、热点问题，充分发挥信息工作的服务作用，及时反映社会发展动态、总结经验教训，为上级党委和本级领导提供内容多、质量高的信息服务，帮助领导科学决策。2017年共编发《田林信息》12期、《信息快报》26期，信息报送在全区得分444分，占任务分值280分的158%；在全市得分1539分，占任务分值1200分的128%，排名全市第6位。

【督查工作】 2017年着重对扶贫攻坚、项目建设、绩效考评、安全生产等多方面、多领域进行督查，并将督查情况通报全县。在督查的方式上，采取跟踪督查、部门联合督查、专项督查等多种灵活方式，促进了各项决策部署和工作事项的落实到位。加大对领导批示件的督查力度，领导批示件做到件件有着落、事事有结果。2017年共完成上级重大决策督查20余次，上级领导批示交办事项10余件，开展决策督查80余次，督办县委领导批示交办事项100余件，有力推动了各级党委、政府重大决策部署和领导批示交办事项的贯彻落实。

【机要保密】 加大保密培训和宣传，提高办公室人员保密意识，做好防范工作。加强对涉密文件、涉密电脑和机要保密人员的管理，定期开展保密工作检查，加大对办公室电脑办公、网络办公的监控，不断更新机要保密设备，提高保密工作的"人防、物防、技防"水平。2017年共处理上级各种密级文件248份，未发生一起失泄密事故，既保证工作顺畅高效运转，又确保国家秘密安全。

组织工作

【中共田林县委组织部领导】
部　长：韦　星（壮族）
副部长：王耀飞（壮族）
　　　　黄内排（壮族）

【概况】 中共田林县委组织部（以下简称县委组织部）是中共田林县委员会主管党的组织工作和干部工作的工作部门。总编制数13名，其中行政编制11名，后勤服务事业编制2名。2017年，在职14人，其中部长1人，副部长2人。县委组织部下设办公室、组织股、干部股、综合股。田林县党员干部现代远程教育管理办公室（以下简称县远程办）为县委组织部管理的财政全额拨款相当于正科级参照公务员法管理的事业单位，核定编制7名，2017年，县远程办在职7人，其中主任1人，副主任1人。县远程办下设综合指导股、网络管理股和教学资源股。2017年，县党建办在职1人，副主任1人。

2017年，田林县基层党组织共有455个，其中基层委员会16个，党总支部20个，党支部416个。另有工委3个（即县直属机关工作委员会、县教育工作委员会、县卫计工作委员会），机关党组织234个（其中县直机关党组织197个，乡镇机关党组织37个）。党员总数10946人，其中少数民族党员8452人，占77.2%，女党员2300人，占21.0%，35岁以下党员2022人，占18.5%，农民党员6173人，占56.4%，退（离）休党员1149人，占10.5%。

【推进"两学一做"学习教育常态化制度化】 2017年，田林县通过科学部署，持续推进"两学一做"学习教育常态化制度化。根据学习教育面广线长、层级多、情况复杂的县情实际，通过召开专题会议，制定实施方案，在田林电视台开设专栏，利用"田林微远"微信公众号、田林政府网等媒体平台进行宣传，推动全县学习教育再度升温。通过领导表率学、班子带领干、党员带头做等，落实县四家班子领导以普通党员身份参加双重组织生活制度,突出"关键少数"抓带动,营造全县上下浓郁的学习氛围。通过采取领导传声学、专题辅导学、创新方法学、跟进思想学、先进典型学等多种形式,真正做到入脑入心。开设"田林讲坛"9期,举办"学习井冈山精神"专题党课等,在"学"上深化拓展。通过以做践学,掀起了比学赶帮超的热潮,举办演讲比赛、板报比赛、排球比赛和知识竞赛,丰富党组织生活;开展"三日"活动、机关在职党员到社区"双报到"活动,县直机关1637名在职党员到社区报到,为社区群众办好事实事1207件,达到以学促做的目的。以推进"两学一做"学习教育常态化制度化为契机,推进党内政治生活进一步规范,压实党建主体责任,规范党组织生活形式,健全考核督导制度,创新开展"小课堂""小讨论""小活动""一争五联四量化"活动,开展"五争五创"主题实践。同时,结合"领导班子建设年",开展"六查六看"工作,认真查摆问题,抓好整改落实,收到了以学促知、知行合一的效果。

【村(社区)"两委"换届工作】2017年是村(社区)"两委"换届年,田林县坚持从宣传入手,先后9次召开换届选举业务工作培训会,共计培训一线骨干2300余人;多渠道多形式宣传,共张挂横幅、宣传标语1200张,营造良好的舆论氛围。坚持从严从实抓基层打基础,制作并印发"田林县村(社区)'两委'换届选举摸底排查表",调查了解村(社区)"两委"干部现状和后备干部情况。同时,在全县范围内开展不稳定因素大排查活动,密切关注各类人员动向,营造村"两委"换届选举良好的环境氛围。坚持党的领导,把严肃换届纪律挺在前面,严格执行法定程序,严把七关,做到"八公开",保证村民六项民主权利落到实处。全县共有村(社区)选民184492人,参加投票选民数170695人,占选民总数的92.5%。选举产生村(社区)"两委"干部1192人,其中支书、主任"一肩挑"63名。全县共投入换届选举工作经费270多万元。截至9月4日,全县165个村、3个社区已全面完成"两委"换届选举工作。坚持注重能力提升,提高履职能力,9月底和10月初专门举办培训班或以会代训的形式对村(社区)干部进行一次岗前培训,为村"两委"干部更好地为基层农民服务打牢思想、理论和业务基础,以便在工作岗位中更好地履行自己的职责。

【领导干部队伍建设】2017年,坚持有目标、有计划、有重点、有措施地对基层后备干部进行培养和选拔,持续加大选调生、公务员招录工作力度,完善后备干部管理"信息库",及时储备优秀后备干部力量,着力做好年轻干部、女干部、少数民族干部、党外干部培养选拔工作。2017年3月从各乡镇和部分县直单位共选派42名优秀年轻干部到乡镇或县直相关单位挂任乡镇书记助理、乡镇长助理或县直单位局长(主任)助理,同时出台《田林县挂职干部导师制培养办法》。组织开展科级领导班子成员选任回访工作,对14个乡镇和79个县直单位,采取"一对一、面对面"个别谈话的方式,深入细致地开展选任回访活动。为进一步规范全县机关事业单位借调人员行为,制定并印发《田林县机关事业单位借调人员管理办法》。

牵头草拟田林县2017年领导班子建设年活动实施方案,形成《田林县2017年领导班子建设年活动实施方案》。以"五好领导班子"为目标,创新实施"榜样行动计划",不断强化"四级联建",全面践行六个一线工作(即领导班子带头在一线指挥,工作在一线推进,

2017年6月30日,县委常委、组织部长韦星(左)看望退休老干部梁明珍(右)

问题在一线解决，部门在一线联动，作风在一线加强，能力在一线提升），推进全县开展领导班子建设年活动。以实施“榜样行动计划”为抓手，组织开展“五学、五改、五争”活动，全县领导班子建设年活动取得了良好成效。

【干部队伍监督和管理】 2017年，田林县着眼于“全程化”监督，不断完善监督措施，拓宽监督渠道，形成多层次、全方位的干部监督工作体系，取得较好效果。严格任前“公示”、任期“约束”和离任“审计”工作，实行领导干部个人有关重大事项报告制度。不断完善干部监督工作联席会议，与纪检监察、审计、计生、信访等相关职能部门及时沟通干部监督信息，综合运用日常考察、经济责任审计、信访举报等结果，做好对干部的谈心谈话和提醒函询诫勉，有效规范领导干部从政行为。

做好2017年领导干部个人有关事项报告工作，按期将田林县32位处级领导的个人有关事项报告表转交至市委组织部，并认真组织科级领导干部填报2017年领导干部个人有关事项报告，进一步严明党的政治纪律和组织纪律，从严管理监督领导干部，推动全县全面从严治党向纵深发展。做好群众来访来信接访工作，全年共接收和办结信访件9件，为匡正选人用人风气营造良好氛围。

【农村基层党组织建设】 2017年，田林县围绕中央、自治区党委和市委关于进一步推动全面从严治党向基层延伸，促进基层建设全面进步、全面过硬的基层党建工作部署要求，深入推行基层党组织书记抓党建联述联评联考制度，建立党建工作责任清单，着力从组织建设、党员队伍管理、党内民主、联系服务群众等方面明晰党委的主体责任、书记的第一责任、分管领导的直接责任和班子成员的“一岗双责”，构建了齐抓共管的责任体系，切实增强县乡村党组织书记抓基层党建工作的思想自觉和行动自觉。率先推行基层党组织档案管理“四化工程”，扎实开展基层党组织档案管理规范化建设，为各级党组织统一配置档案柜、档案盒、装订设备，制作统一档案标签和档案目录，实现档案管理硬件标准化、内容精细化、管理规范化、制度长效化的“四化”目标。重点抓好2017年村“两委”换届，全县共有村（社区）选民184492人，参加投票选民数170695人，占选民总数的92.5%。全县共有正式党员10946名，其中农村正式党员6372名。全县外出务工人数45799人，外出务工（流出）党员1165人。选举产生村（社区）“两委”干部1192人，其中支书、主任“一肩挑”63名，调整充实村党组织书记17名。全县共投入换届选举工作经费270多万元。开展村级党组织“星级化”管理工作，县财政安排资金960万元，整合其他资金195万元，新建村级组织公共服务场所10个，改扩建村级组织公共服务场所5个，维修村级组织公共服务场所5个，新建公厕1个；新建项目建筑面积达4300平方米，维修改扩建项目建筑面积达2000平方米。全面完成17个软弱涣散党组织整顿工作（其中贫困村7个），全县14个乡镇实现了“一有五小”目标，促进了软弱涣散基层党组织的转化升级和晋星提档。大力实施党员“提升素质”工程，全县共投入培训经费100多万元，举办各类培训班125期次，累计培训8573人次。县级举办新任村“两委”干部培训3期，培训453人次；县委党校、县农业、林业、畜牧、扶贫、妇联等部门共举办培训班36期，累计培训4089人次；乡镇举办新任村“两委”干部培训14期，各

田林县基层组织建设得到进一步加强。图为2017年新建成的那比乡六音村党支部、村民委办公楼

级培训1400余人次；其他培训31期次，培训367人次。

【社区党建】 2017年，田林县加强社区党建工作，推进“两学一做”学习教育常态化制度化，落实“三会一课”制度、组织生活会制度、民主评议党员等党内政治生活制度，打造四个学习平台，创建“四个一”学习模式，将理论学习同贯彻落实各级党委的决策部署有机结合。通过开展学习教育，社区党员干部宗旨意识明显增强，思想政治素质进一步提高。与3个党支部签订基层组织建设工作目标管理责任状，建立领导干部包社区抓党建工作制度，形成党委书记亲自抓、支部书记具体抓、党员领导共同抓的工作格局，进一步明确党建任务、传导党建压力，压实党建责任。加强党建服务，全年共受理居民申办事项2000余件。深入开展田林县“双报到”活动结对共建活动，涉及单位130余个，党员2000多名，累计开展服务活动210场(次)，办好事实事350余件。

【非公有制经济组织和社会组织党建】 2017年，田林县以“爱在两新·扶贫同心”行动为抓手，依托两新组织的人才、资源、渠道等优势，深入推进“两学一做”学习教育制度化常态化，落实好“党旗领航·助力脱贫”主题活动，搭建两新党组织服务脱贫攻坚新平台，引导两新组织助力精准脱贫，推动两新党建务实化、惠民化。2017年，田林县继续按照“建立一个、巩固一个”的要求抓好两个覆盖，组建利周瑶族乡盘王部落生态旅游联合党支部、田林县“小个专”党总支2个党支部；打造广西环球商业运营股份有限公司田林分公司党支部、田林县银川水电有限责任公司党支部等一批“两新”组织党建规范化示范点。2017年，全县共有非公企业91家，有党员的非公企业共73家，其中有党员234名；社会组织31家，有党员的社会组织31家，其中党员181名。经过百日攻坚大行动，全县已建有非公企业党支部12个，其中单独建立支部9个，联合组建3个，党组织覆盖率为82.4%，比2016年提高了2.4%；已组建社会组织党支部25个，其中单独建立党支部23个，联合建立党支部2个，党组织覆盖率为100%，与2016年持平。积极开展培训，采取相关主管部门集中培训和两新组织自主培训相结合的方式，加强对两新党务工作者和党员的培训力度。年内已开展培训3期，参训人员达210多人次。

【机关事业单位党建】 2017年，田林县以服务“三大战略”“四大攻坚战”“五区建设”为发展思路，按照全面从严治党要求，扎实推进“两学一做”学习教育常态化制度化，深化拓展机关党建“131”机制，结合县委县政府开展“三年一争当”活动，抓好机关党建。已建立规范化党组织113个，打造“131”党建机制党组织45个，晋位“星级”党组织36个，实现机关党组织工作全面覆盖。深入开展机关在职党员到社区“双报到”；规范化党组织建设12个，投入资金8.6万；开展春节、“七一”、生活困难党员走访慰问党员141人，发放慰问金和慰问品43100元；严格党员发展程序，新发展党员38名，按期转正党员42名；严格执行党费收缴制度，督促机关党组织按季足额收缴党费。推进机关党组织和在职党员积极投入乡村建设和扶贫工作，发挥机关组织战斗堡垒和党员先锋模范作用。

【发展党员工作】 2017年，田林县按照“控制总量、优化结构、提高质量、发挥作用”的总体要求，紧紧围绕县委的中心工作和党员队伍建设需要，坚持高标准、高质量、严程序，扎实做好党员发展工作，全县党员队伍保持总量适度增长、结构持续优化、素质不断提升，生机活力进一步增强。截至2017年年底田林县共有党员10946名，其中女党员2300名，占21%；35岁及以下党员2022名，占18.4%；大专及以上学历党员3432名，占31.3%。2017年全县全年发展党员235名，完成市委组织部下达发展党员指导性计划任务。

【干部教育培训】 2017年，田林县按照“大规模培训干部、大幅度提高素质”的要求，动态把握培训需求，结合全县经济社会发展和干部队伍建设需要，制定全县干部培训计划，把理论教育和培养实际工作能力有机结合起来，把培训的“兴趣”焦点转化为培训的“亮点”，着力在“精要、管用”上下功夫，使广大干部既掌握党的最新理论成果，又完成从“学历教育”向“能力培训”的转变。全年举办“科级领导干部党性专题培训班”“科级妇女领导干部能力提升培训班”“精准脱贫业务专题培训班”“绩效管理专题培训班”“党外干部和非公经济代表人士培训班”“少数民族干部培训班”“意识形态工作业务培训班”等主体培训班12个班次16期培训;配合上级做好调训工作,年内共选派104人次领导干部参加81个专题培训班,做好田林县32名广西干部网络学院学员的网络学习管理和服务工作,学员全部完成50个学时的学习任务。

【人才工作】 2017年,田林县围绕“抓重点、强队伍”的工作思路,认真研究如何引进人才、培养人才、留住人才等有关问题,结合县域经济发展需求,以各类人才培养工程为载体,大力推进党政、企业经营管理、专业技术、高技能、农村实用和社会工作人才等人才队伍建设,适时、适当引进人才,为全县人才队伍建设指明了方向。2017年,共报送西南大学挂职研究生需求5名,报送2017年引进高层次人才需求16名,配合上级完成了“2017年‘西部之光’访问学者人选推荐工作”“自治区优秀专家选聘工作”“自治区关于做好国家中长期人才发展规划人才政策与体制机制创新中期评估问卷调查工作”“有关柔性引才用才经验材料报送工作”配合上级做好自治区2017年人才工作调研组赴百色市调研完成18名干部参加广西民族大学的函授本科报考推荐等各项人才工作。同时,做好人才的培养、引进和关爱工作,通过大胆创新理念,深化校地、企地合作,拓展人才双向挂职交流机制,拓宽了招才引智途径。

【远程教育】 2017年,发挥远程教育“大学校”的作用,督促各站点结合党支部“三会一课”“党员固定活动日”“两学一做”学习教育等活动载体组织开展学习,并组织开展远程教育“十个助力”“远教党课”、电商扶贫、学习十九大精神和以村(社区)“两委”换届为主题等远程教育学用活动。注重开发制作田林县的“乡土教材”,结合“八桂先锋”智慧党建手机APP、“八桂先锋网”微信订阅号和“百色微远”“田林微远”微信公众号进行典型培树宣传,摄制的人物专题片《杨姐》获得2017年自治区“百部”系列电视专题片典型人物类二等奖,完成了《131公里的扶贫路》等12篇党建新闻报送并在百色电视台《百色党建》栏目播出。同时,组织广电、县摄影协会会员对全县贫困村脱贫前后影像资料进行收集整理,真实记录贫困村的原貌、现状和发展全过程,助力脱贫攻坚工作深入开展。

【脱贫攻坚(乡村振兴)工作队管理】 2017年,完善各项管理制度,加强日常管理和督导检查,加大关心关爱力度,落实激励保障机制,不断提高第一书记和工作队员的驻村工作成效。制定印发《田林县第一书记入户走访工作方案》《关于进一步加强对全县“美丽广西”乡村建设(扶贫)工作队员管理的通知》《田林县贫困村党组织第一书记管理工作职责(试行)》等5项管理制度,实地走访督查118人次、电话在岗督查、微信定位700余人次,落实驻村专项工作经费和帮扶经费404.5万元,解决第一书记驻村工作补助64.16万元,全县第一书记和工作队员共为民办实事好事2340件,争取项目360个,涉及资金18498.66万元。

【发展壮大村级集体经济】 全年全县累计投入发展壮大村级集体经济资金2199万元,成立168个村(居)民合作社,发展了一批村集体经济项目,2017年,48个行政村村级集体经济收入共计158.49万元,其中23个村级集体经济收入达4万元以上,最高的达到7.9万元,为脱贫攻坚工作补齐了一块短板。建立健全第一书记和美丽工作队员奖惩机制,激发他们的工作热情。2017年,全县工作队员共为民办实事好事1340件,争取项目260个,涉及资金12498.66万元,有力促推了脱贫攻坚工作。

【流动党员管理】 2017年,田林县共有外出务工流动党员233名。通过“行前教育”“邮寄教育”“网络教育”等举措,抓流动党员学习教育工作。借助网络、电话、短信、邮政等传媒中介,组织流动党员过党的组织生活,参加学习教育活动,为流动党员发挥先锋模范作用搭建平台。全年共组织197名流动党员参加“行前教育”,邮寄学习资料220多份,利用农村党员远程教育站点培训225人,覆盖面96.6%。

宣传工作

【中共田林县委宣传部领导】

部　长:蒋桂红(女,壮族)

副部长:谭正银

　　　　黄艳琼(女,壮族)

【概况】 中共田林县委宣传部(以下简称县委宣传部)是中共田林县委员会主管意识形态工作的综合职能机构,编制11名(含1名后勤事业编制),在职12人,其中部长1人(县委常委、宣传部部长、副县长),副部长2人。下设7个股室,即办公室、理论股、社会宣传股、新闻通讯股、信息调研股、精神文明建设股、未成年人思想道德建设股。县委宣传部下设二层机构县新闻网络信息管理中心,县新闻网络信息管理中心为县委宣传部管理的财政全额拨款事业单位,不定机构级别,核定事业编制4名。

2017年分别荣获广西人民广播电台表彰为"广西人民广播电台2017年度通讯报道先进县(市、区)"、田林县2016年新闻宣传工作先进单位、2016年度田林县人大宣传工作先进集体、田林县2016年度机关绩效管理先进单位、2016年建设"平安田林"活动先进单位、田林县2016年度人口和计划生育工作先进单位等荣誉。

【理论工作】 组织县宣讲团和邀请市宣讲团成员深入各乡(镇)、县直各单位开展习近平视察广西重要讲话精神、"砥砺奋进的五年"和中共十九大精神宣讲活动共60余场。县委理论中心组开展集中学习6次,主要学习中共十九大精神、学习"四个全面"战略布局,学习习近平视察广西、"7·26"等系列重要讲话精神,学习《关于新形势下党内政治生活的若干准则》《中国共产党党内监督条例》《关于县以上党和国家机关党员领导干部民主生活会的若干规定》和《中国共产党党委(党组)理论学习中心组学习规则》等党内法规,学习自治区第十一次党代会营造"三大生态"理念、全区意识形态和宣传思想文化建设、高校思想政治建设工作会议讲话精神、"三年一争当"工作内涵和要求等内容,并结合推进"两学一做"学习教育常态化制度化,结合"三年一争当"活动开展理论武装,采取集中学习与个人学习相结合,理论学习与实践调研相结合的方式规范中心组学习。组织征订《党建》《党委中心组》《时事报告》183套,《全面从严治党面对面》1000册、《胡锦涛文选》167册,《领导月读》217套。组织开展学习习近平系列重要讲话精神讲习所创建活动,全县三级讲习所开展了讲习活动1000余期。深入实施"讲习小广播"工程,播放讲习小广播42期。

【新闻宣传】 围绕全县贯彻落实习近平系列重要讲话精神和中共十九大精神,县委、县政府重大决策部署,宣传田林县推进脱贫攻坚、农业产业、城市建设、基础设施建设等各项工作的新思路、新举措、新成效。注重加强与新闻媒体之间的通联工作,通过多种途径,向中央、市有关部门和新闻单位推介全县重要工作、重大活动和各行各业取得的喜人成绩,提升了田林的知名度和影响力。

2017年1月—12月,全县在市级以上新闻媒体共刊播新闻稿3124篇,其中新华网每日电讯3篇、《中国纪检监察报》1篇,《科技日报》3篇、《农民日报》5篇、人民网427篇、新华网126篇、《广西日报》38篇、《当代广西》12篇、广西电视台31条、广西电台329条、广西新闻网104篇、《右江日报》822篇、百色新闻网845篇、百色早报69篇、百色电视台108条、百色电台201条。充分发挥"第四媒体"作用,加强网络宣传,进一步扩大对外宣传力度。在县级媒体共刊播新闻稿件5708篇,其中田林县人民政府网4175篇,田林县电视

2017年5月23日,百色市学习习近平视察广西重要讲话精神宣讲报告会(田林专场)在田林县举行,市委宣讲团成员、市委政策研究室副主任农思雨作宣讲报告

台1533篇。在《右江日报》刊发反映全县经济社会发展的“田林县专版”10版。做好田林县手机报建设，截至12月底，已经刊发田林县手机报75期。同时，还发挥新媒体作用，加强网络宣传，这些媒体的播发，为大力宣传田林、提高田林知名度。年内在主流媒体刊发脱贫攻坚稿件166篇，其中在《人民日报》《新华每日电讯》《光明日报》《农民日报》《科技日报》《中国组织人事报》《中国纪检监察报》《瞭望》新闻周刊等中央主流报刊和人民网总网A区刊发脱贫攻坚稿件15篇，全方位、多角度报道田林脱贫攻坚新风貌、新变化，为田林打赢脱贫攻坚战鼓劲加油。新华社客户端发布的田林壮剧《瑶娘》首演活动报道，浏览点击量达107.08万人次。

建立健全网络评论员队伍，加强舆情监测与研判，与公安网监部门密切联系，对网上出现关于全县的各项舆情信息做到及时发现、及时报告、及时回复。2017年，县委宣传部在百色论坛、红豆社区、天涯等网站发现网上舆情信息并处理共计18件，此外，在人民网广西地方领导回复网友留言板上，田林县以100%回复率对网友提出的问题进行回复，有效维护舆论安全和秩序稳定。

【社会宣传】

社会宣传活动 开展社会主义核心价值观结合田林县壮族“三月三”节庆宣传文化工作专场文艺晚会；开展“5·12”防震减灾和“6·26”国际禁毒日的社会宣传工作；开展县、乡人大换届选举工作系列宣传教育活动。

户外广告管理 制定《田林县城区户外广告设施设置管理办法》，明确户外广告设置管理和广告内容审核的主管部门，规定城区户外广告用于公益宣传不得少于总版面的30%、重点展示区每年连续发布公益宣传时间不得少于60天，强化和规范户外广告管理。2017年，围绕全县经济社会发展、“三年一争当”、砥砺奋进五年、喜迎十九大、学习宣传贯彻十九大精神等主题，在重要时间节点重点宣传、集体发声累计8次、播放大型宣传牌20余幅、制作路旗宣传牌100余幅，悬挂横幅标语近2000条。

【文化事业建设】

群众性文化活动 一是开展田林县2017年“壮族三月三·吼敢”系列活动，展演活动37场（次），观众累计约8万人次；二是开展文艺下乡活动。组织利周、乐里、八桂等农村业余壮剧团在春节期间开展壮剧巡演活动，共演出50余场。组织县文明办、教育局等14个部门联合印发《关于2017年深入开展文化科技卫生“三下乡”活动的通知》，到利周乡、潞城乡、旧州镇、八渡乡、八桂乡等乡镇开展送知识下乡，免费发放科技资料1万份、农业种养科技书籍300册；三是打造文化艺术精品。将壮剧《瑶娘》打造成自治区2016年文艺精品项目，并于2017年9月22日在南宁邕州剧场举行首场汇报演出，顺利通过国家艺术基金验收。

基层公共文化设施建设 一是村级公共服务中心建设项目。2017年，自治区下达田林县村级公共服务中心建设项目为7个点（八渡乡那利村、潞城瑶族乡各烟村、潞城瑶族乡那马村、旧州镇徕周村、利周乡囊老村、百乐乡百华村、者苗乡六恒村），项目总投资175万元（自治区资金）。年内，旧州镇徕周村、者苗乡六恒村等2个点已完成项目建设，其他5个点已完成篮球场、宣传栏建设，其余项目正在建设中；二是脱贫攻坚文体设施项目建设。2017年，42个贫困村中实施71个文体设施项目（其中篮球场28个，宣传栏43个，戏台3个），年内建设完成18个篮球场、43个宣传栏、3个戏台。

2017年4月17日，田林县“壮族三月三·吼敢”壮剧节活动

2017 年 7 月 24 日，田林县在县政府小礼堂召开 2017 年全县精神文明建设工作推进会。图为“身边好人”颁发证书现场

广播电视工作　一是开展电影下乡活动。共组织 7 个电影放映队电影放映队下到全县 165 个行政村放映 1980 场，100% 完成全年放映任务，丰富农村的文化和精神生活；二是完成广播电视乡镇无线覆盖发射台站建设。2017 年，共投资 270 万元全面完成自治区下达田林县广播电视节目乡镇无线覆盖工程建设发射台站 3 个的任务（六隆镇、八桂乡、那比乡），有效解决群众看电视难问题，扩展市县级广播电视节目覆盖范围，提高广播电视人口综合覆盖率。

【精神文明建设】

阵地宣传教育工作　一是在单位院内、校园内、乡（镇）辖区内主要路段设置醒目的 24 字社会主义核心价值观固定标语板报。在县政府门户网站、县电视台等新闻媒体长期发布、播放 24 字。二是开展核心价值观公益广告宣传。在田林县电视台、县政府网站、县城传媒广告显示屏刊播“可可小爱”社会主义核心价值观系列公益广告专题视频和相关核心价值观文字等。三是继续做好社会主义核心价值观进校园活动，要求各学校以传唱核心价值观歌谣、制作标语、征文等形式教育引导广大学生了解和掌握社会主义核心价值观的基本内容。

“道德讲堂”活动　结合田林县讲习所把“道德讲堂”作为加强道德建设的常态化载体，通过身边人讲身边事、身边人讲自己事、身边事教身边人，营造学习道德模范、崇敬道德模范、争当道德模范的浓厚氛围。2017 年，全县完成“道德讲堂”总堂建设，组织开展县、乡活动 24 期，受教育人数近 4000 人次。

精神文明创建活动　一是抓好区级道德模范推荐工作，组织推荐赵龙京参加自治区第四届道德模范；二是开展区级文明村镇、单位创建工作。组织推荐 11 个单位申报第八批市级文明村镇、单位，对田林县 27 个市级文明单位、文明乡（镇）、文明村（屯）开展年度复核工作。2017 年，田林县潞城瑶族乡丰防村、县民政局等 8 个村（镇）、单位获得第八批市级文明村镇、单位。二是推进“讲文明树新风”行动。组建文明传播志愿者，组织文明短信传递，开展践行文明礼仪活动。三是开展系列评选活动。组织开展“美德少年”“最美基层医生”“十星级文明户”等系列评比活动，2017 年评选“身边好人”10

2017 年 2 月 24 日，田林县 2017 年第一期“道德讲堂”总堂（卫计、食药监局专场）在县政府小礼堂召开。图为县委常委、宣传部部长蒋桂红在开课上作讲话

2017 年 5 月 25 日，戏曲进校园活动

名、“美德少年”100 名、“最美基层教师”10 名、“最美基层医生”9 名、“最美乡村干部”9 名、“星级文明户”100 户、“文明家庭”9 户。同时，指导各乡镇做好“星级文明户”的评选及示范点建设工作，全县 14 个乡镇分别建有一个示范点。四是抓好典型示范引领社会新风尚，利周瑶族乡中心小学荣获首届“自治区文明校园”；乐里镇新宁村鄂应春荣获“百色市首届文明家庭”称号。

未成年人思想道德建设 一是开展学习雷锋志愿服务系列活动。联合团县委、妇联和教育局开展学雷锋活动日、活动周和活动月，常态化开展学雷锋活动。在活动月中开展的活动系列有：街道小广告清理、敬老院慰问、文明交通、义务理发、义务修理小电器、关爱学校留守儿童、清洁乡村等活动，推动了全县学雷锋志愿服务的氛围，引领和谐田林社会生活。二是组织全县未成年人开展“清明祭英烈”活动，清明期间分别组织全县各乡（镇）、各部门、各学校的干部职工、学生到革命烈士纪念碑前缅怀革命先烈。三是开展以主题班队会，制作“清明”节日小版报等。组织各中小学校开展开展以歌颂、描绘和放飞“中国梦”为主题班队会、团日活动；制作“清明”节日小版报等。四是做好“做一个有道德的人”示范点工作。在未成年人中广泛开展“中国梦”的宣传，深入开展“做一个有道德的人”主题教育实践活动，引导未成年人“爱学习、爱劳动、爱祖国”的目标，培育德智体美劳全面发展的社会主义建设者和接班人。

【网络舆情宣传管理】 按照上级部门统一部署和要求，服务大局、积极作为，密切配合县委、县政府中心工作，做好网络舆情信息监控、研判及网络舆情事件的处置工作，对网上舆情及时进行跟进、分类整理，并报送相关领导参阅，及时锁定舆情反映的问题，充分挖掘事实明显、情节清晰、细节详尽、可查性强舆情信息，对网络舆情“发现一贴、督办一贴、回复一贴”，对热点、焦点事件进行跟踪评论引导，善用正面信息快速上网评论，以诚恳务实的态度和网民互动，以精通的业务知识赢得公众理解，主动与网民沟通，增强舆论引导的亲和力、吸引力和感染力，杜绝网上负面舆情的形成。

2017 年共接收到 72 条关于田林县的投诉、建议或咨询帖，回复率和办结率均达到 100%，及时组织舆情涉及的相关单位召开专题会议，研判舆情的可能走向，制定相应的处置办法，透过跟帖引导舆论、在主流媒体发布新闻通稿、冷处理、删帖等处置措施，使网络舆情事件逐渐平

2017 年 11 月 29 日，板凳圈讲习夜话活动

息，消除不良影响，搞好处置后的监控汇报工作，确保网络问政工作有效落实。

【重点党报党刊发行】 田林县高度重视重点党报党刊的发行工作，强部署、严落实、明纪律，建立订阅范围、要求、模式等工作机制，提高扩大覆盖面，确保2017年度重点党报党刊发行工作有序开展。2017年，重点党报党刊征订数为：《人民日报》313份、《求是》158份、《光明日报》46份、《经济日报》67份、《新华每日电讯》310份、《广西日报》555份、《当代广西》1648份、《右江日报》3613份、《百色早报》609、《农民日报》126份，合计7445份，发行数量稳定提升，社会影响力不断扩大，进一步巩固重点党报党刊在意识形态领域的主导地位，壮大主流思想舆论。

（撰稿　杨进宏）

纪检监察

【中共田林县纪律检查委员会领导】
纪委书记：黄友政（壮族）
副书记：罗绍壮（壮族，2017年9月离任）
　　　　黄圣刚（壮族，2017年10月任职）
常　委：杨秀珍
　　　　岑志雄（壮族）
　　　　姚茂权
　　　　黄润春（壮族）

【田林县监察局领导】
局　长：罗绍壮（壮族，2017年9月离任）
　　　　黄圣刚（壮族，2017年年10月任职）
副局长：杨秀珍
　　　　岑志雄（壮族）
　　　　黄英萍（女，壮族，2017年8月离任）

【概况】 田林县纪检监察机关设有纪委16个［其中县纪委1个，乡（镇）纪委14个，部门纪委1个］，派驻纪检组11个，共有纪检监察干部74人，其中县纪委监察局26人，乡（镇）纪委书记14人、副书记14人，派驻纪检组17人。共有村级（社区）纪检委员168名。县纪委监察局内设6个室，即办公室、党风政风监督室（县人民政府纠正行业不正之风办公室）、信访室、第一纪检监察室、第二纪检监察室、案件审理室（案件申诉复查工作办公室），另设反腐倡廉信息教育管理中心，共有编制27名，其中行政编制23名，事业编制2名，机关后勤服务事业编制2名。

【落实党风廉政建设“两个责任”】 坚持把加强领导、管理、教育、检查、示范纳入党委（党组）主体责任范畴，明确班子成员“一岗双责”责任分工，切实做到将党风廉政建设工作与分管工作同部署、同检查、同考核。印发了《田林县贯彻落实党风廉政建设党委主体责任和纪委监督责任清单》，明确党委（党组）领导班子21项责任、党委（党组）主要负责人10项责任、党委（党组）班子其他成员9项责任，纪委（纪检组）领导班子14项责任、纪委书记（纪检组长）5项责任。同时，还通过签订党风廉政建设主体责任状、监督责任状和田林县领导干部营造风清气正政治生态承诺书来督促责任落实。

【信访举报】 做好县级信访室标准化建设“九有”，推进全县14个乡镇信访举报工作场所“六化”建设。组织全县纪检监察干部开展巡访百村千户活动，对全县14个乡（镇）168个行政村（社区）开展巡访1373人次，接到群众反映问题937件，其中交办督办542件，现场解答395件，2017年共收到信访举报268件，其中检举控告类247件，先后2次组织开展信访集中清理全面核查工作，实现全年信

2017年6月7日，田林县举行纪委派驻纪检组揭牌仪式

访暂存件清零目标。

【执纪审查】 整合办案力量,将全县14个乡(镇)和89个县直单位划分为4个片区,组建4个片区联合执纪工作组。全年立案审查各类问题118起,每个乡(镇)均立案2件以上,全县立案数同比增长7.27%,收缴涉案金额60.75万元,挽回经济损失1432.78万元。年内审结117件,给予党纪政纪处分115人,其中科级干部25人,一般干部37人,村干部24人,其他29人,免于处分1人,作出书面结论1人。

【扶贫领域监督执纪问责】 按照县级"六有"、县直单位"五有"、乡(镇)"八有"标准开展扶贫领域监督执纪问责宣传工作,使之做到家喻户晓,人人皆知。组织县人大代表、政协委员、民主党派和无党派人士深入乡(镇)开展扶贫领域监督执纪问责工作巡查调研活动,走访农户100多户,收到建议意见16条。抽调20名改非的老领导专职每月进行扶贫工作督查,建立健全考核激励和问责办法,采取"六挂钩"工作机制,强化监督检查实效。全县共排查扶贫领域问题线索147条,立案审查61件,挽回经济损失994.75万元,审结50件,给予党纪政纪处分50人,诫勉谈话7人,通报批评16人,通报曝光扶贫领域典型案例12期15起。

【作风建设】 全年召开会议3次,研究部署和推进田林县贯彻落实中央八项规定精神"回头看"工作,自查自纠抓细抓实,列明问题整改清单219条,组建12个交叉检查组开展督查,总结出9个共性问题细查根源,对突出的违规发放个人电话费、加班费等7问题开展专项治理,清退各种违规发放、报销款项505.91万元。2017年立案审查违反中央八项规定精神问题14起,给予以党纪政纪处分11人,诫勉谈话2人,通报典型案例2期3起,完善制度3项。发挥聘请的100名作风监督员和168名村级纪检委员,紧盯元旦、春节、清明等关键时间节点,持续对公车私用、公款送礼、值班纪律等进行明察暗访16次,通报2期。

【党风廉政建设宣传教育】 充分利用本土廉政文化进行教育,组织党员干部1500人次到田林县廉政教育展厅接受警示教育;在电视台、人流集中地播放自制微电影、廉政广告、廉政漫画等廉政文化作品3000余次;编排12个廉政剧目,在壮剧文化艺术节、社区、村屯展演60余场次。坚持以案代训,全年通报典型案例14次18起;组织全县科级领导、村"两委"干部300余人到法院听取公开审判。共有288篇在市级以上媒体刊登,其中中国纪检监察报1篇,广西纪检监察网22篇,广西纪检监察信息3篇,廉政教材6篇,百色纪检监察网92篇,百色纪检监察信息2篇,其他媒体报刊162篇。信息报道量在全市居首位。

2017年8月3日,田林县召开扶贫领域监督执纪问责工作推进会,对全县扶贫领域监督执纪问责工作进行再动员再部署 (农绍福 摄)

【政治巡察】 针对自治区党委第二巡视组对田林县巡视的反馈问题,先后召开17次工作会推进整改,年内完成巡视反馈问题整改52个,正在整改问题1个,建立健全全县性规章制度48项。建立县委巡察制度,完善县委巡察组组长、巡察人员人才库,开展巡察业务培训3期,推进巡察工作步入正轨。注重以问题导向开展巡察工作,2017年完成县委两轮巡察,共巡察36个单位,累计巡察覆盖率36.27%,发现问题309个,移交问题线索42条,立案18件。

【自身建设】 持续深化纪检监察"三转",继续推进议事协调机构清理工作,参与议事协调机构压缩至13项。在全市率先完成派驻机构改革,共设置11个派驻纪检监察组,实现派驻监督全覆盖。稳步推进监察体制改革,依法选举产生监

2017 年 5 月 11 日，县纪委工作人员深入基层站所检查财务台账

（农绍福　摄）

察委员会组成人员，按时完成县监察委员会挂牌组建并已全面开展工作。开展纪检干部集中培训 3 次，推荐到区、市培训或跟班学习 28 人，分 3 批次轮流安排 14 个乡（镇）的纪检干部到县纪委跟班学习，抽调部门和乡（镇）纪检干部参与各类执纪督查 100 余人次，有效提高纪检干部的综合业务水平和履职能力。

【中国共产党田林县第十四届纪律检查委员会第二次全体会议】 2017 年 2 月 23 日，中国共产党田林县第十四届纪律检查委员会第二次全体会议在田林举行。出席会议的县纪委委员 17 人。县委书记彭斌出席全会并作重要讲话。县四家班子党员领导，以及有关方面负责人参加了会议。全会深入贯彻落实中共十八届六中全会精神，认真学习贯彻十八届中央纪委七次全会、自治区纪委十一届二次全会和市纪委四届二次全会精神，总结 2016 年全县纪律检查工作，分析当前形势，部署 2017 年工作任务。全会审议通过黄友政同志代表县纪委常委会所作的《强化监督执纪问责　为夺取全县脱贫奔康新胜利提供坚强纪律保障》工作报告。　（撰稿　陆焕朝）

统战工作

【中共田林县委统战部领导】

部　长：梁秀荷（女，壮族）

副部长：鄂桂青（女，壮族）

　　　　李祖元（壮族）

【概况】 中国共产党田林县委员会统一战线工作部（以下简称县委统战部），是中共田林县委主管全县统一战线工作的职能部门，内设办公室，2017 年核定行政编制 4 名，后勤服务事业编制 1 名，其中部长 1 人（县委常委、县委统战部长），副部长 2 人（1 人兼县人民政府宗教事务局局长，1 人兼任县工商联合会党组书记），办公室 1 人、司机（机关后勤人员）1 人。县非公有制经济办公室（以下简称县非公办）为县委统战部管理的财政全额拨款事业单位，不定机构级别，核定编制 1 名，无在编人员。全县 14 个乡（镇）党委均配备宣传、统战委员。

【基层统战】 2017 年，县委统战部针对全县基层统战重视不足、无人管、无事做的现实问题，提出统战工作力量前移，将统战工作向乡镇一级延伸的新思路和新做法。以田林县利周瑶族乡统战工作室建设为试点，打造基层统战工作“六有一提升”（即有组织机构、有办公设施、有配套制度、有基础台账、有活动开展、有经费保障，提升基层党委对统战工作的认识）试点工作。通过改善办公硬件、软件设施，建立健全工作制度，完善活动台账，加强督促指导等措施，强化基层党委书记为统一战线工作第一责任人的责任，强化宣统委员负责统战工作的职责。此外，为进一步确保工作成效，经县绩效考评领导小组同意，将统一战线工作纳入各乡（镇）2017 年度绩效考评，明确各乡（镇）统战工作职能，层层传导压力，将统战工作力量向基层前移，扩大统战工作覆盖面。通过试点带动，逐步完善各乡（镇）统战工作机构和工作职能，提升基层统战综合服务能力，推动基层统战工作新局面。

【统战理论调研】 2017 年，县委统战部着力推进理论调研工作，将撰写任务下达到各乡（镇）和本部各股室，并与县政协、县委党校等部门协调合作，组成理论工作组开展理论调研、撰写理论调研文章，共完成3篇理论文章和1篇创新实践成果上报市委统战部。年内，荣获全市统战工作实践创新成果奖1项，荣获全市统战理论政策研究创新成果二等奖1篇，上报的统战信息被《百色统战信息》采用得分排名全市12个县（区）第2位。

【服务非公经济发展】 县委统战部以推动广西非公经济服务平台的注册认证工作为抓手，搭建党委、政府和非公企业、非公经济人士沟通协商的桥梁，推进非公经济健康发展和非公经济人士健康成长。一是按照自治区党委统战部、市委统战部关于做好广西非公经济服务平台建设相关工作的要求，开展广西非公经济服务平台注册认证宣传动员工作。截至2017年年底，全县完成平台注册认证348人，其中非公企业、个体工商户注册认证256人，政务人员48人，督办人员44人，通过平台答复问题5条。二是线上线下协同，探索服务非公经济发展新路径。将协调解决非公企业困难和问题为工作抓手，借助广西非公经济服务平台实现了政商互动，打通政企沟通渠道。自2017年10月服务非公经济平台运行以来，平台共受理企业来信反映问题5件，受理单位政府办、组织部、工商局、国土局、住建局等单位都能及时答复并督办解决。同时，县委统战部通过走访非公企业、打造“非公人士之家”、举办1次非公企业气排球比赛、组织县十九大精神宣讲队深入企业进厂房开展宣讲活动等多种方式，加强与非公经济人士的服务与交流，做到线上线下协同服务，以此促进田林县非公经济“两个健康”发展。三是加强思想教育，抓好非公经济人士培训工作。2017年7月在上海复旦大学举办一期非公经济人士参加的专题培训班，进一步提升田林县非公经济人士队伍综合素质。四是“千企扶千村”活动取得一定成效。广泛宣传动员非公企业参与到脱贫攻坚活动，引导有条件的非公企业通过以“公司＋农户＋基地＋合作社”的产业经营发展模式，带动产业发展，促进贫困户增收。康益公司发动那拉等贫困村建立油茶种植合作社，鑫福源山茶油开发公司在启文村建立油茶基地1000多亩，吸收贫困户加入合作社，并为他们提供技术支撑。田林县银川水电公司向百色市教育基金会捐款10万元，潞城商会会长通过百色扶贫教育基金会扶持贫困大学生5人共1万元。各商会会员企业主动为贫困户安排就业岗位，并向贫困户捐赠物资、开展慰问活动。五是配合市工商联完成换届工作和指导全县乐里、潞城、旧州、定安、六隆、利周、浪平、高龙等8个乡（镇）商会顺利完成换届选举工作。

2017年11月28日，由田林县总商会主办的田林县2018年非公企业气排球比赛在县灯光球场举行

【党外代表人士队伍建设】 县委统战部高度重视党外代表人士队伍建设工作，将党外干部队伍建设作为一项重要工作，认真研究部署。一是做好田林县“无党派人士”政治面貌确认工作，更新全县已经确认的无党派人士信息26人。二是做好年度党外干部培训工作。2017年7月下旬在上海复旦大学举办田林县2017年党外干部培训班，全县29名党外科级领导干部参加培训，进一步提高全县党外领导干部政治理论素养、执政能力、参政议政、组织领导和合作共事能力，提高党外干部队伍的能力素养。三是做好优秀党外干部的摸排调研工作，通过电话询问和实地调研的方式相结合，在全县范围内开展优秀党外干部摸排工作，对素质好、能力强、有发展潜力的党外干部进行登记造册。

【宗教事务】 2017年，田林县有

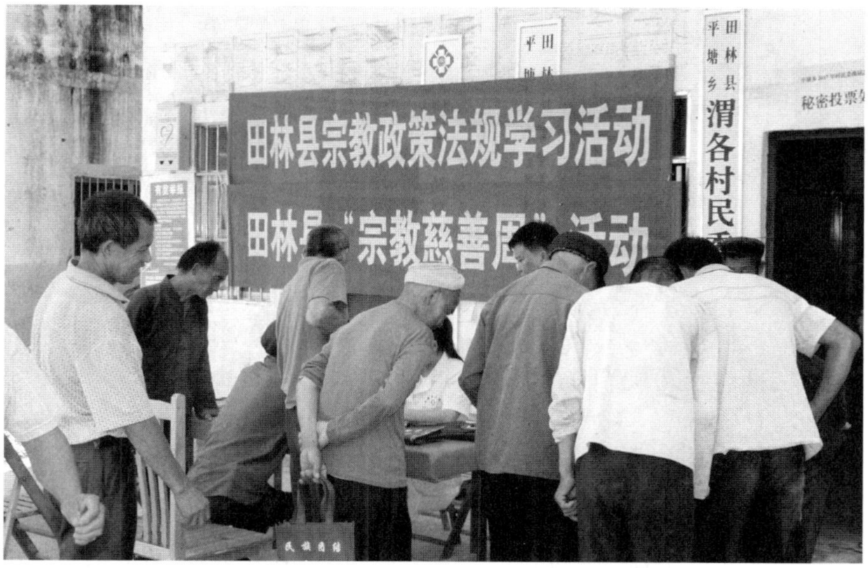

2017年9月27日，县委统战部到平塘乡渭各村开展宗教政策法规学习宣传和宗教慈善周活动

信教群众854人，有宗教活动场所2处，县委统战部、县宗教事务局坚持全面贯彻党的宗教信仰自由政策，依法管理宗教事务，健全制度、落实责任。一是深入定安常井天主教堂所在地和平塘乡渭各村经堂所在地开展宗教政策法规宣传教育和宗教"慈善周"活动，加强天主教教职人员的管理，引导群众在合理合法的范围内信教传教，引导信教群众参与社会公益事业。二是在重大节假日和重要活动日期间，开展涉及民族宗教领域风险排查，及时掌握信教群众动态，维护民族团结和社会稳定。三是开展民间信仰调研工作、全县宗教团体及宗教活动场所基本信息核查和信教群众调查摸底等工作。四是开展慰问困难信教群众工作，共发放慰问金3000元。

【港澳台海外统一战线事务】 2017年，田林县有侨属、侨眷63人，台属、台眷300多人。县委统战部、县侨办、台办共同协助做好香港慈教社教育基金到田林县开展捐资助学工作。配合县委、县政府做好台湾花莲县丰滨乡少数民族代表团一行61人到田林县开展交流活动。同时，深入了解辖区内侨属、侨眷和台属、台眷的生产生活困难问题，开展对困难侨属、侨眷的关心和慰问工作，年内共慰问侨属、侨眷20人，发放慰问金1万元，慰问台属、台眷共17人，发放慰问金8500元。

直属机关党建

【田林县直属机关工委领导】

书　记：姚敦座

副书记：杨秀昆

【概况】 1971年11月17日经县委批准成立县直机关党委，1997年3月25日由县直机关党委改为中共田林县直属机关工作委员会（简称直属机关工委），由原来在县委组织部挂牌改为县委工作机构。1993年前县直机关党委与各乡镇党委同样每三年举行一次换届选举，1993年以后县直党委由县委直接任命，不再举行换届选举。2007—2011年在职人员6人。内设办公室、综合股、人民武装部。2016年县直机关工委核定行政编制3名，后勤事业编1名。在职人员5人，其中书记1人，副书记1人，主任科员1人，副主任科员2人。

【党支部建设】 2017年县直机关工委辖的基层组织115个，其中，党总支部6个，党支部109个，党员2020名。县直属工委紧紧围绕推进"四个田林"和"五区建设"发展思路，实施党建带动、绿色崛起、两区三带"三大战略"，全面贯彻从严治党，深化拓展机关党建"131"机制，结合县委、县政府开展"三年一争当"活动，着力提升机关党组织执行力，扎实推动机关党建工作责任的有效落实。

【发展党员】 做好发展党员工作，严把新党员的"入口关"，2017年，县直属机关共发展新党员38人，预备党员转正40名。2017年培养积极分子培训班一期56名，发展对象42名。

【党员组织生活】 开展"两学一做"学习教育。把开展"两学一做"学习教育作为2017年党建工作的龙头任务，组织全体干部学习"学党章党规、学系列讲话，做合格党员"学习教育。开展"党内关爱"活动。在"七一"和春节期间慰问县直属各党组织的困难党员、大病党员共 141 人，新中国成立前入党的老党员 4 人次，共发放慰问金 43100 元。举行“我运动、我健康、我快乐”为主题的离退休党员游园活动。活动的开展，丰富了田林县离退休老党员文化娱乐生活，增强了党组织的凝聚力。开展“两学一做”主题党日活动，组织 45 名新党员到田林县革命烈士碑举行入党宣誓和重温入党誓词活动，让新党员牢记入党誓词，做合格党员。举行田林县纪念建党96周年“争当脱贫先锋、争做合格党员”双争杯气排球赛共有 36 个代表队 380 多名运动员参加。开展党组织书记讲党课活动。组织县直机关党组织和党员参加“两学一做”学习教育板报比赛和知识竞赛活动。在“七一”期间表彰一批先进党组织、优秀党务工作者和优秀共产党员。在各机关党组织中认真落实“三会一课”制度，坚持每月召开 1 次支委会、每季度召开党员大会和上党课1次，统一印制了“三会一课”记录簿；严格落实每月 1 次党员活动日制度，坚持落实民主评议党员制度，建立党员承诺公开栏，接受党员群众评议。开展创“五星级”党组织活动。

【党内民主活动】 按照党章规定，109 个党组织集中党员学习、谈心谈话、征求意见的基础上，通过党员评议和党支部评定，对每名党员在政治、纪律、品德和作用发挥等方面作出客观评价。根据县委组织部的要求，县直各机关党员领导干部共有 109 个党组织开展批评与自我批评的组织活动。

（撰稿　甘淑兰）

机构编制

【田林县机构编制委员会办公室领导】

主　任：黄瑞芳（女，壮族）

副主任：邓忠善（瑶族）

　　　　曾秋方（女，壮族）

【概况】 田林县机构编制委员会办公室既是县委的工作部门又是县政府的工作部门，划归县委序列，正科级行政部门。2017 年核定行政编制 5 名，内设综合股、机关机构编制管理股、事业机构编制管理股，在职人数 6 名。设有田林县事业单位管理局和田林县行政审批制度改革管理办公室两个二层机构。其中田林县事业单位管理局为财政全额拨款事业单位（参公），领导职数设局长 1 名，核定事业编制 3 名，实有在职人数 3 名。田林县行政审批制度改革管理办公室为财政全额拨款事业单位，领导职数设主任 1 名，核定事业编制 4 名，实有在职人数 4 名。2017 年，围绕年初制定的各项工作目标，推进政府职能转变和机构改革，不断深化行政审批制度改革，优化资源配置，强化机构编制日常管理，推进事业单位分类改革，抓好事业单位登记管理和行政审批制度改革管理工作，为田林县经济社会发展提供机制体制保障。

【行政机关和事业单位机关设置】

全县行政机构设置情况（不含下设机构） 2017 年，田林县行政机构个数为 86 个，其中县直党委机关 14 个、人大 6 个、政府机关 35 个、政协 4 个、群团机关 9 个，政法机关 4 个，乡镇 14 个。

全县事业单位设置情况 2017 年，全县各类事业单位机构 417 个，其中全额拨款事业单位 383 个（含参公单位 87 个），差额拨款事业单位 23 个，自收自支事业单位 11 个。

【行政管理体制改革】

纪委派驻机构改革 配合协助县纪委对县直部门从事纪检监察工作的人员编制、机构设置等情况进行摸底调查，对纪委派驻机构的分组定编、人员编制划转等焦点难点问题多次专题协商探讨，经县编委会和县委常委会审议通过后，由县委办印发《田林县纪委派驻机构主要职责、机构设置和人员编制方案》，通过连人带编划转行政编制、明确政法专项编制供派驻机构使用等方式，核定和明确了 44 个编制，设置 11 个派驻纪检组，综合派驻 89 个单位，实现县一级党和国家机关派驻纪检机构全覆盖。6 月 7 日，田林县举行了纪委派驻纪检组揭牌仪式，标志着 11 个派驻纪检组正式成立并运行，在全市率先完成纪委派驻机构改革。

国有乐里林场改革后续工作 2017 年上半年，根据《田林县人民政府关于印发田林县国有乐里林场人事改革实施方案的通知》（田政发〔2016〕47 号）精神，配合做好国有乐里林场的人事改革工作，35 名入编人员已办理入编手续；82 名参照事业单位管理人员列入编外人员；17 名离岗退养人员已办理出编手续。2017 年 6 月已印发该单位的机构编制证。

司法公证体制改革工作 按照中央关于分类推进事业单位改革指导意见的精神和要求，田林县深化公证机构体制改革，抓紧将行政体制公证机构转为事业体制，科学合理划分事业体制公证机构的机构类别，建立健全符合公证事业发展需求的编制管理制度。11月17日田林县正式下文设立田林县公证处，为田林县司法局管理的财政全额拨款事业单位，不定机构级别，核定事业编制3名。

群团改革 学习领会《中共中央关于加强和改进党的群团工作的意见》和习近平关于群团改革的重要讲话精神，配合协助县总工会、科协、团委、妇联等群众团体统筹推进改革任务，改革优化群团组织格局和运行方式，完善各项工作机制，共青团完成14个乡镇村（社区）团组织的换届，全县共有167个村（社区）完成了“会改联”工作（除旧州镇旧州村村“两委”未确定，没能召开村妇女代表大会选举外），各村选举产生新一届妇联执委委员11名、主席1名和副主席5名，全县共产生村级妇联主席167人、副主席835人、执委委员1837人，群团改革取得了阶段性成效。

卫生领域改革 撤销田林县计划生育服务站，将其职能和人员整体并入田林县妇幼保健院，同时，将14个乡（镇）人口和计划生育服务所的技术服务职能划入各相应乡（镇）卫生院，由乡（镇）政府所在地卫生院履行辖区妇幼保健和计划生育技术服务职能，在各乡（镇）卫生院正式加挂“乡（镇）妇幼保健计划生育服务站”牌子，实行“一套人马两块牌子”的管理体制。重新核定田林县妇幼保健院（妇幼保健计划生育服务中心）和田林县卫生计生监督所的“三定”方案。深入开展公立医院体制机制改革。在重新核定县级公立医院聘用人员控制数和后勤服务人员控制数的基础上，会同人社部门开展公立医院专业技术人员的招聘，2017年，拿出聘用人员控制数220个岗位开展招聘，第一批招聘的人员132人。构建县城医疗共同体体系。在坚持“机构设置和隶属关系不变、机构职能和任务不变、财政投入和保障不变”三个不变的原则下，实行县域医共体内人员统一调配使用、业务统一管理、财务资源统一配置、信息互联互通、设备等资源共享，构建县乡村三级医疗卫生机构分工协作、互相联动的一体化管理机制，建立紧密型医共体和松散型医共体。

乡镇行政体制改革 完善和深化乡镇“四所合一”改革，深入乡镇了解国土规建环保安监站的运行情况，向县人民政府统一申请20万元经费，专门用于解决各乡镇国土规建环保安监站办公设备缺乏问题；与组织部门对接，抓好站所负责人配备工作；加强执法考试的宣传工作，广泛发动各乡镇国土规建环保安监站的在编人员参加行政执法考试。完成了14个乡（镇）国土规建环保安监站的机构编制证印发工作。

【行政审批制度改革】

行政审批事项清理 贯彻落实国务院清理中央指定地方实施行政审批事项和自治区关于取消和调整一批行政许可事项的有关精神，结合2017年开展的投资环境整治年活动，围绕降本增效，开展对涉及投资、税收、就业创业降门槛等方面的行政审批事项进行清理规范，分3批共取消和调整258项行政审批事项，其中取消45项，调整213项。继续清理规范行政审批中介服务，全县共清理消毒产品生产企业生产人员健康证明、采矿许可证遗失声明等中介服务5项。

政府部门权责清单清理 制定《田林县人民政府关于印发推行

2017年5月22日，田林县召开推行政府部门权力清单和权责清单“两单融合”工作培训会

县人民政府部门权力清单和责任清单“两单融合”工作实施方案》，组织法制办、水利、国土等相关部门的精干力量，组成权责清单集中审核工作组，经部门自查、工作组集中审核、“三报三回”反复对接协商、编办审核、法制办合法性审查，并经县政府常务会审议通过，全县政府部门权力清单和责任清单于9月底通过自治区人民政府统一公开平台、县政府门户网、各部门门户网站和县机构编制网向社会公布，县人民政府部门共保留的权力事项3332项、共性权力事项10项，与权力事项对应的责任事项17125项。实现权力清单和责任清单“两单融合”。

公布本级行政许可事项目录 为进一步深化行政审批制度改革，不断提高行政审批事项目录管理科学化、规范化、标准化，按照自治区关于规范行政许可事项目录的有关文件要求，结合田林县实际，对全县有行政许可事项的目录进行梳理和审核，共梳理出田林县保留的行政许可事项目录共275项，其中县直部门保留269项，中直驻田林单位行政许可事项目录共7项，并向社会公布。所有行政许可事项目录在区政府信息公开统一平台、田林县政府网、田林编办网及部门网站向社会公开，接受社会监督。

行政审批制度改革工作督查检查 县委把行政审批制度改革纳入全县绩效专项考评范围，围绕行政审批制度改革的各项工作要点，精心设计了考核指标，采取平时考核与年终考核相结合的方式强化对政府各部门推进行政审批制度改革工作的统筹管理，提高了政府工作部门的行政效能和服务水平。部署开展行政审批制度改革专项督查，重点督查自治区、市以及县本级取消下放行政审批事项是否落实到位，行政审批事项是否按规定进行动态调整，乡镇对县直部门委托行政权力的是否落实到位等情况，以及各部门对取消和下放的审批事项制定事中事后监管方案和措施情况，从督查中发现问题，对存在问题的要求立即整改，使行政审批改革各项工作落地有声。

县级行政审批事项下放乡镇 2017年，会同民政部门调查研究，将最低生活保障审批权限由县民政局下放给乡（镇）人民政府，制定了《田林县开展最低生活保障审批权限下放乡（镇）试点工作实施方案》，组织民政部门与各乡镇签订了委托事项协议，制定了事中事后监管措施，行政审批事项下发4个月以来，共办理最低生活保障审批事项848件，减少了审批环节，办结时限从原来的25个工作日缩短到了15个工作日，方便了乡镇群众办事，惠民利民效果明显。行政事项办结高效便民作用明显提高。

【机构编制管理】

控编减编 坚决落实中央关于本届政府任期内财政供养人员只减不增的目标，全县行政编制和事业编制总数控制在中央和自治区下达的限额内。

机构编制事项答复 受理各乡（镇）、各部门报县编委以及县委办、县政府办转来的涉及机构编制和领导职数等材料，根据有关政策管理规定，认真做好调查研究，对每件材料认真提出可行性的意见和建议。并且，按时完成人大、党代、政协提案有关机构编制事项答复工作。

用编审批 坚持空编进人原则，严格用编审批，配合组织、人事部门做好2017年度公务员、事业单位工作人员公开招录工作；严格审核在编人员调动、特岗教师转正和县城教育系统空编竞岗等用编计划，把好编制“入口”关。

编制动态调整和管理 全县机构编制实行动态管理，合理调整机构设置和人员编制。在自治区核定田林县编制总量内，按照“有增有减、动态调整”的原则，管好用活本县人员编制。原则上，新设立的行政机构人员编制在部门原有的编制总数中调剂解决；新设立事业机构，按照“撤一建一”原则，所需人员编制由被撤销人员连人带编划入，以防事业编制超出上级下达的编数控制数。同时，规范机构编制实名制管理制度，指定专人负责抓好机构编制实名制管理和电子政务建设，完善实名制信息数据库，进一步建立与相关部门的信息共享机制。

【专题研究】 2017年，围绕事业单位机构编制管理、事业单位法人登记管理、乡镇“四所合一”改革、行政审批事中、事后监管等方面共撰写了《创新事业单位机构编制管理的思考》《对事业单位法人登记管理工作的调研思考》《乡镇“四所合一”改革后规范综合行政执法问题研究》《关于探索行政审批事中、事后监管对策研究》等4篇调研文章。

【事业单位登记管理】

2016年度事业单位年度报告公示 下发了《关于开展事业单

位法人2016年度报告公示工作的通知》，对符合提交年度报告的事业单位在提交材料、提交时间等做了精心部署，严格执行年度报告制度，按时按量完成了全县265个事业单位法人年检工作，并对提交的年度报告材料由市事业单位登记管理局统一在百色事业单位在线网站进行了公示。

全县事业单位登记管理实地核查 2017年在全县首次开展事业单位登记管理实地核查工作，按照事业单位法人总数5%的比例，确定15家事业单位为实地核查的对象，涉及教育、卫生、司法及农林牧水等行业，共对11个事业单位提出了22条整改意见。此次实地核查，零距离地全面了解事业单位依法履职情况，改变过去由各个事业单位自查后将自查情况挂网完事的监管方式，由“你自查”变为“我要查”，由“纸上谈兵”变为“实地作战”，推动了依法行政深入开展。

事业单位登记日常管理 年内新设立登记3个，对涉及25个单位的有关法人登记事项进行了变更；按照“三证合一”的要求，完成赋码颁证共17个，其中机关特殊情形单位14个，垂管机关2个，群团组织1个。办理机关统一社会信用代码变更登记3个。开展事业单位法人和机关群团信息排查纠错工作。全县事业单位法人单位总数无出入，已登记事业单位“正常、已注销、已废止、已冻结”状态正确。完成权力运行流程清单编制工作并报市登记局审核。如期完成事业单位法人公示信息“双随机”抽查工作。

（撰稿　罗　骞）

老干部工作

【田林县委老干部局领导】
局　长：岑彩林（壮族）
副局长：韦秋妹（女，壮族）

【概况】 中国共产党田林县委员会老干部局（以下简称为县委老干部局）是党委系列，2017年核定编制为6名，其中行政编制2名，事业编制2名，后勤服务事业编制2名，主任科员2人，在职8人。县委老干部局的职责是宣传贯彻党的老干部政策，落实老干部的政治待遇和生活待遇。田林县共有离退休干部2029人，其中退休干部2019人，离休干部10人。副处以上离退休干部56人。在10名离休干部中，正处1人，副处6人，科级以下3人。抗日战争时期入伍的有1人，解放战争时期入伍的有9人。80岁及以上10人。企业2人，事业1人，行政6人；在田林县居住4人，在百色居住2人，在田阳居住1人，在巴马居住1人，在南宁居住1人，在深圳居住1人。

【老干部政治待遇】 2017年，充分发挥离退休老干部“余热”，全面落实老干部政治待遇，激发老干部建言献策积极性。

开展政治学习 集中老干部深入学习上级文件，对照文件要求，对新形式下如何进一步加强离退休干部工作进行调研，不断探索新情况、新问题，总结成功经验，并且与“两学一做”学习教育、“三年一争当”、中共十九大报告、习近平新时代中国特色社会主义思想、习近平视察广西重要讲话精神结合起来，使老干部了解党和国家方针、政策及习近平对离退休干部工作做出的重要指示，确保老干部思想常新，激发老干部的热情，使老干部积极为田林县的经济和社会事业发展建言献策、贡献力量。并组织引导离退休干部党员认真学习新党章，进一步增强遵守党章、维护党章的自觉性。组织离退休干部收听、收看中共十九大大会盛况等。年内共组织老干部政治学习9次，通过学习引导，老干部主动撰写学习体会和心得，展现正能量的心态，畅谈发展变化。

组织参政议政 组织离退休干部代表参加各种重大会议，召开老干部座谈会、征求意见会、经济发展通报会、重要人事通报会以及《县委工作报告》《县政府工作报告》征求意见会、重点项目征求意见会等各类会议，并邀请离退休老干部列席中国共产党田林县第十四届代表大会第二次会议、田林县第十六人民代表大会第二次会议、田林县政协第九届委员会第二次会议等县年度“三会”例会会议，发挥老干部参政作用。离退休干部们在列席会议时积极建言献策，向大会提出了很多好的意见建议。听取离退休老干部的意见和建议，凝聚离退休干部的智慧和力量。共召开情况通报会1次，老干部座谈会5次，组织开展老干部“乡村行考察活动”赴乐里镇、定安镇参观考察1次，开展老干部“深入工业园区视察调研，畅谈发展变化”赴旧州工业园区视察活动1次。

为老干部订阅刊报 在老干部活动场所订阅提供了《南国早

报》《家庭医生报》《老年健康》《中国老年报》等老干部喜爱的各种报刊杂志。并为机关老干部定阅了《健康养生》《医食参考》《当代广西》和《生活与健康》12份，《老年知音》680份，保证了老干部的日常学习提供精神食粮。

【老干部生活待遇】 2017年，田林县贯彻落实上级有关文件精神，提升服务水平，全面完善老干部的生活待遇。一是进一步加强制度建设特别是离休干部医疗保障方面的制度规定，协调有关部门，做好有关离休干部分类、核查工作，及时提供拨付依据，确保离休干部生活补贴补发按时到位，保证离休干部医药费按政策及时足额报销。二是及时协调提高离退休干部的生活待遇。上半年，提高了符合文件规定的离退休干部沈英琪等9名离退休干部的生活补贴；下半年，协调为全县1800余名离退休老干部办理落实生活补助，改善离休干部的生活待遇。三是及时兑现新中国成立初期参加革命工作的部分退休干部生活和医疗补贴。1月22日县委组织部召集了县委老干部局、县人力资源和社会保障局、财政局召开专题会议并进行安排部署。到1月24日，根据文件要求将符合条件的23人2015、2016年的补助共计38.48万元通过银行转账等方式按时发放到23名老干部的手中。四是及时提高离休干部护理费标准。根据实际情况对患病生活不能自理的离休干部温维成、王品芝两位离休干部护理费由每月600元提高到1000元（月增400元）。离休干部住院医疗费也能按规定实报实销。医药费、护理费，按政策规定按时足额发放，老干部的生活待遇得到全面落实。五是全覆盖开展春节慰问工作。2017年春节期间，县人民政府拨出专款9.38万元，由县委书记彭斌、县长黄慧等县四家班子领导分别拜访、看望慰问居住在田林县的沈英琪、廖盛磊、王品芝、温维成等离退休干部和冯春旺、蒙俊新等退休县处级老领导，乡（镇）和各单位的退休老干部，由各单位主要领导带队进行了走访慰问。县委老干部局领导看望慰问了部分居住在外地的离退休干部及遗属，共看望老干部62人次。六是针对生活上特殊困难的离休干部，采取特殊困难特殊帮扶解决的方式，给予关心照顾，如：原离休干部雷誉钟还在世时，属无儿、无妻女的特殊情况，生活较为困难，老干局从人文关怀、特殊照顾的方式，争取县政府及财政年内三次给予安排帮扶生活补助资金共3.6万元，解决了生活困难问题，得到了离休干部雷誉钟及亲属的认可和感激。七是全年收到信访件6件，处理答复6件。对来人来信都做好登记，对属于政策范围内问题接待人员都予以及时解答和解决，超越政策范围的问题，耐心做好解释说服工作，做到来信来访件件有着落、事事有回音。八是组织部分副处级以上离退休老干部健康体检。2017年10月、11月，老干部局根据居住地的特点，组织县处级以上离退休老干部在田林县人民医院、市医院进行一年一度的健康体检。九是按政策做好善后处理工作。2017年共处理梁兰基、雷誉钟两位离休干部的后事，并与财政、人社等单位协调，办理好离休干部梁兰基、雷誉钟遗属一次性抚恤金的发放。

2017年10月31日，县老干局组织居住在田林县的老干部在县人民医院进行健康体检

【发挥老干部作用】 发挥离退休干部余热作用，凝聚正能量，发挥正能量。一是组织“五老”宣讲团法律义务教育进校园活动。与教育局联合下文，组织“五老”义务宣讲团到城乡中小学、幼儿园开展巡回宣讲活动，以“三爱”“党史国史”“社会主义核心价值观”“立志

2017年6月30日，田林县开展“七一”前走访慰问老党员活动，县委书记彭斌（中）率队对老党员进行走访慰问

成才、报效祖国”“中国梦”等为主题，分学生专场、家长专场有针对性地进行宣讲。二是组织离退休老干部开展对未成年人、失足青年和网隐少年开展帮教活动。2017年分别两次对全县的战国网咖、红蜘蛛等2家大型网吧进行了督查。县人大常委会原副主任冯春旺、县关工委办公室主任聂桂珊、原政协副主任张云迎参加此次“五老”网吧督查活动，通过积极发挥余热，教育引导广大小学生树立正确的世界观、人生观、价值观。三是清明节联合县直有关部门组织离退休老干部、中小学生到烈士陵园开展祭奠活动，离退休老干部通过为青少年儿童讲革命烈士先进事迹，通过缅怀和纪念革命先烈，表达了对革命先烈的无限怀念和感恩之情，激励中小学生牢记革命先辈的丰功伟绩，保持和发扬党的优良传统和作风，坚定理想信念，弘扬爱国主义精神，加强爱国主义教育，凝聚正能量，发挥正能量。四是发挥老同志、老专家的技能和经验优势，组织老干部、老专家深入乡镇、村屯开展“我为扶贫献一策”活动，2017年5月初，县委老干部局组织老干部到乐里镇新宁村芒果种植基地和定安镇易地扶贫搬迁项目到现场视察调研，为农业产业、扶贫攻坚项目进行现场调研指导，建言献策，开展精准帮扶，为全县脱贫攻坚献计出力，带动全社会力量与扶贫、支持扶贫。

【老干部文体活动】 按照上级的工作部署和要求，以“畅谈十八大以来变化，展望十九胜利召开”为主题，组织开展为党的事业增添正能量活动。一是组织老干部开展调研、座谈、撰文、书画、摄影等多种形式，畅谈中共十八大以来习近平提出的“四个全面”战略布局，新发展理念等一系列新理念新思想新战略，畅谈了十八以来发展变化。上半年，通过开展“我看田林变化，助推田林发展”老干部乡村行专题调研活动和召开“谈变化、话发展，我建言”座谈会等形式共收集到老干部正能量调研文章5篇，建言、献策和意见、建议汇总共16条；开展正能量活动撰文、书画、摄影征集活动，共收集到反映中共十八大以来发展变化的正能量文章34篇，书画10幅，摄影20幅。二是围绕迎接中共十九大胜利召开，通过吼敢壮剧节歌圩为平台，组织老干部编写、传唱正能量山歌，传扬中共十八大以来田林发展的新成就、新气象，展望中共十九大召开的美好蓝图。全年，共收集老干部编写的正能量山歌59首，涌现了杨芳华、聂桂删、冯春旺、庞霄云等老干部山歌优秀作者，参与田林县吼敢壮剧歌圩活动，传唱正能量山歌。三是老干局分别于2017年7月、10月组织离退休老干部参加自治区、百色市“多彩金秋”文化活动，分别参加了书画作品展、门球、乒乓球、象棋、太极拳赛、文艺展演等比赛项目。在此次文化活动中，田林县离退休老干部充分展示了老干部热爱生活、老有所乐的别样风采，其中老干部金秋艺术团选送的《颂田园》文艺节目是唯一一个代表百色市参加自治区第五届“多彩金秋”文艺展演的文艺节目，并荣获自治区第五届“多彩金秋”文艺展演优秀节目奖，为百色市委老干部局争得优秀组织奖。百色市第四届“多彩金秋”文化活动中，田林县乒乓球、太极拳等也取得了良好成绩。四是组织开展各类知识讲座。为了进一步增强广大离退休干部的健康和消费知识，县委老干部局分别于4月、5月举办了《田林县2017年离退休干部健康知识讲座》和《田林县2017年老年消费知识讲座》，参加讲座的退休老干部达到80余人次。六是举办九九“重阳节”老干部游园活动。10月23日上午,田林县老干局在老干部活动中心举办了健康有益文体活动比赛及游园活动。近100名离退休老干部参加了此次活动,共同欢度佳节。

(撰稿　杨小喜)

保密工作

【田林县国家保密局领导】

局　长:赵　礼(瑶族)

副局长:许秀娟(女,壮族)

【概况】 1991年12月14日成立田林县保密局,1997年6月16日在县委办公室增挂田林县保密局牌子,保密委员会办公室设在县党委办公室不变,一套人马两块牌子,行使保密行政管理职能,依法主管田林县保守国家秘密的工作,不作为党委办公室的内设机构。2002年5月21日,田林县保密局名称改为田林县国家保密局。2017年,田林县国家保密局认真履行保密工作职责,充分发挥保密绩效杠杆作用,较好地完成了各项工作任务,年度保密部门工任务作考评荣获全市“优秀”等级。

【保密管理】 2017年开展定密责任人的保密管理和定密确定工作。加大对党政机关、涉密单位定密责任人的监管工作力度,加强重要部门、重要领域、核心岗位的涉密人员分类管理和重大会议活动的保密监督管理。抓好涉密网络,办公自动化设备和手机使用的保密管理及涉密计算机和非涉密计算机、移动存储介质涉密载体管理。开展涉密载体销毁工作,配合做好全县中、高考、学考统一考试保密管理和监督工作。

【保密培训】 2017年有计划、有针对性地组织和参加上级保密行政管理部门开展的保密教育培训工作。1月4日至5日,组织人员参加自治区在百色市开展的保密办主任及保密人员保密绩效考评总评知识培训。3月21日至22日,参加百色市保密委员会组织县(市、区)保密委和保密办主任在百色传达中央、自治区相关保密会议精神,参加百色市保密委员会邀请云南智华天成保密培训中心专家开展的保密前沿知识宣传教育。7月12日,邀请自治区国家保密局到田林县开展了两场(失泄密案例、窃泄密现场演示)保密警示教育展示活动,县四家班子领导和机关单位主要领导、分管领导及办公室人员等共450人参加了警示教育观展活动。自治区国家保密局副局长阮清夏在百色市国家保密局副局长谈学良的陪同下参加了田林县保密警示教育活动。

【保密宣传教育】 2017年以实施《“七五”保密法治宣传教育》为主线,以党委中心组和班子成员专题学习为抓手,深入开展形式多样的保密法治宣传教育活动。组织播放《胜利之盾》典型保密案例文献警示教育片5场760人次。征订保密法治宣传重点资料576份,其中,征订《保密工作》月刊350份,《保密科学技术》杂志26份,保密知识读本100册、漫画100张。通过内容丰富、形式多样的宣传教育和学习活动,使大家牢记保密行为规范,熟悉掌握保密法知识和各项要求,自觉履行保密义务。牢固树立国家安全和利益高于一切、保守国家秘密人人有责的观念。

【执法监督检查】 2017年主要开展机关、单位保密要害部门部位涉密网络审批检查,保密自评自查检查指导,定密工作情况全面检查自查,涉密计算机和非涉密计算机的清理检查,互联网门户网站保密检查,重点领域网络与信息安全保密检查,政府信息公开保密审查专项检查,启动对军事设施周边安全保密检查等8项保密检查工作。共检查了186份密件,32台涉密计算机,326台非涉密计算机,采集内部网络计算机、单机涉密计算机硬盘系列号72个,对个别单位涉密计算机安全系数为0的回收9个硬盘,及时消除涉密安全隐患。

(撰稿　赵　礼)

中共田林县委党校

【中共田林县委党校领导】

常务副校长:潘光生(瑶族)

副校长:罗精明(壮族)

　　　　蒙加丰(壮族)

【概况】 中共田林县委党校是在田林县委领导下负责全县党员干部教育和培训的职能部门,基本主要轮训副乡科级党员领导干部和基层党员干部;协助县委做好干部培训规划,对乡镇党校进行业务指导;宣传党的重大方针、政策;根据全县经济发展建设工作需要,搞好科研和调研，为县域经济建设服务。经2010年全区县乡党校教学与管理体制改革后，人员编制设为15名，2017年在职在编13人，领导职数3名。设4个职能室，有办公室、教研室、财会室和图书资料电脑室。

【教学设施】 中共田林县委党校创建于1961年1月15日，原校址位于乐里镇马店村（迎宾路），2009年开展县乡党校管理体制改革，校址整体搬迁至乐里镇河南片万吉山公园脚下（原乐里镇中学）。校园占地面积10亩，有办公综合楼、教学楼及学员公寓楼各一栋，总建筑面积为4228.95平方米。校内各种功能室较为齐全，设有学术报告厅、小多媒体教室、微机室、普通教室、厨房、餐厅等。学术报告厅和小多媒体教室配备投影仪、音响设备、话筒、笔记本电脑、电子横幅等，分别可容纳180人、60人开展教学活动。微机室配备20台电脑，供学员浏览电子书刊或上机操作。

【干部培训】

主体班次培训 中共田林县委党校在2017年的9月至11月，与县委组织部联合举办了2期新一届村（社区）党支部书记、村（居）民委主任培训班和1期村“两委”副职干部培训班，共计培训学员457人次。村（社区）“两委”干部培训班采取集中辅导培训、外出现场教学、带课题回村自学的模式进行。通过开展培训，全面提高了田林县村级干部的综合素质，夯实了基层党组织的战斗堡垒作用，为田林县经济社会发展提供有力保障。

协助办班 发挥党校教育资源优势，努力满足其他县直部门的培训需求，推进联合办班工作。2017年中共田林县委党校为县委及县直有关部门举办的各类业务培训班共计33期，培训人数达3370人。2017年田林县举办“道德讲堂”将总堂设在党校学术报告厅，全年举办7期“道德讲堂”活动，868人次参加，党校的整合资源效果日益凸显。每举办一期主体班，做到规范管理，切实做到有计划、有通知、有名册、有跟班教员、有点名考勤、有讲课提纲、有考核考试成绩（其中，三期村“两委”干部培训班安排扶贫知识专题测试，提高学员对扶贫政策的掌握认识），全面强化训前、训中、训后全程动态管理；每一期与有关部门的联合办班都安排有跟班教员和后勤联系人员，全程跟踪，负责为培训部门及学员提供优质的服务。

县级讲习所 2017年，田林县积极开展创建习近平系列重要讲话精神讲习所活动。县委将县委党校列为县级讲习所，并定于每月第一、第三个周的周二、周五在县级讲习所开展学习活动。每次学习活动均由一名县领导和一名乡（镇）、县直部门一把手开展讲课。2017年5月至7月，配合县委宣传部在中共田林县委党校开展了9期学习活动，共9名县领导、8名县直部门一把手走上讲台，培训正科级干部1051人。

宣讲工作 党校作为党的理论阵地，承担着理论宣讲的主要任务，2017年中共田林县委党校紧紧跟随县委思想宣传工作步伐，配合县委组织部、宣传部做好全县形势教育巡回宣讲工作。7月组织2名骨干教师参加县委宣传部开展的学习习近平视察广西重要讲话精神宣讲和“砥砺奋进的五年”宣讲活动，完成对5个乡镇、7个县直单位的宣讲报告活动。11月初，学校1名骨干教师参加市委宣传部举办的全市宣传思想文化业务骨干培训班，主要学习中共十九大精神，为开展学习贯彻中共十九大精神宣讲活动做准备。12月学校2名骨干教师作为县宣讲团成员到各（乡）镇、各部门进行学习贯彻

2017年9月，田林县2017年村（社区）“两委”扶副职干部培训班（第一期）在学术报告厅举办。图为县扶贫管理中心主任莫年兴给村干部讲课

中共十九大精神宣讲,完成对3个乡镇、3个县直单位的宣讲活动。

【课题研究】 年内中共田林县委党校领导及教研人员领导及教研人员共完成11篇论文的撰写任务,其中2篇已获得发表。题为《基于从业行为视域下田林县南盘江流域特色生态农业产业发展相关问题研究》和《桂西北地区生态文化旅游发展探究——以百色市田林县为例》的课题,获得2016—2017年度百色市党校系统调研课题立项。

【队伍建设】 2017年,中共田林县委党校不断加大对人才的引进和教师队伍的培养力度。先后派出4名教师分别参加广西壮族自治区妇女干部学校举办的“2017年全区基层妇女干部培训师资班”、县委宣传部在厦门大学举办的“田林县2017年度意识形态工作业务培训班”、市委宣传部举办的“全市宣传思想文化业务骨干培训班”,并且参加县级举办的办公室能力业务知识培训等,年内选送外出参加培训达5人次。选派2名年轻教师分别到机关单位和上级干部学院跟班学习,畅通人才双向交流渠道。9月底引入一名教师充实党校教职工队伍,为党校的可持续发展增添了活力和后劲。

(撰稿 闭莉仙)

绩效考评工作

【田林县绩效考评办公室领导】

主　任:黄启发(壮族)

副主任:韦莲芳(女,壮族)

【概况】 田林县绩效考评领导小组办公室为田林县绩效考评领导小组常设办事机构,暂挂靠田林县纪委监察局,核定行政编制2名,设主任1名,由正科级领导担任;专职副主任1名,2017年行政在职干部2人。田林县绩效评估中心编制为5名,事业在职干部3人。

【察访核验】 2017年1月,组织协调开展田林县2016年度年终绩效考评察访核验,协调各相关单位开展公众评议和领导评价工作,从各单位抽调科级领导干部和工作人员56人,组成14个核验组对全县被考评单位全年指标任务完成情况进行全面核验。同时,做好迎接自治区、百色市对田林县2016年度机关绩效考评年终察访核验工作。2017年9月起组织开展全县第三季度、第四季度察访核验工作,重点检查各乡(镇)、县直各部门贯彻落实区、市、县的工作指标完成情况,对存在问题进行汇总分析,督促部门整改,迎接自治区、百色市2017年年终察访核验。

【制定方案】 结合田林县历年的工作经验和实际情况,在充分征求各被考评单位意见建议和借鉴区、市经验基础上,2017年8月制定印发了《田林县2017年度机关绩效考评工作方案》,进一步修改完善指标体系及评分细则,做到指标设置科学合理,评分细则规范公正,探索对96个被考评单位实行差异化考评。乡(镇)考评指标体系设置职能工作目标、加减分工作目标、工作满意度目标等三个指标维度;县直单位设置职能工作目标、共性工作目标、加减分工作目标、工作满意度目标等四个指标维度。10月上旬完成并下发田林县14个乡(镇)和82个县直单位的绩效考评指标体系及评分细则。

【业务培训】 为做好田林县2017年度绩效考评年终核验工作,1月举办了田林县2017年度绩效考评年终核验工作培训会,对田林县

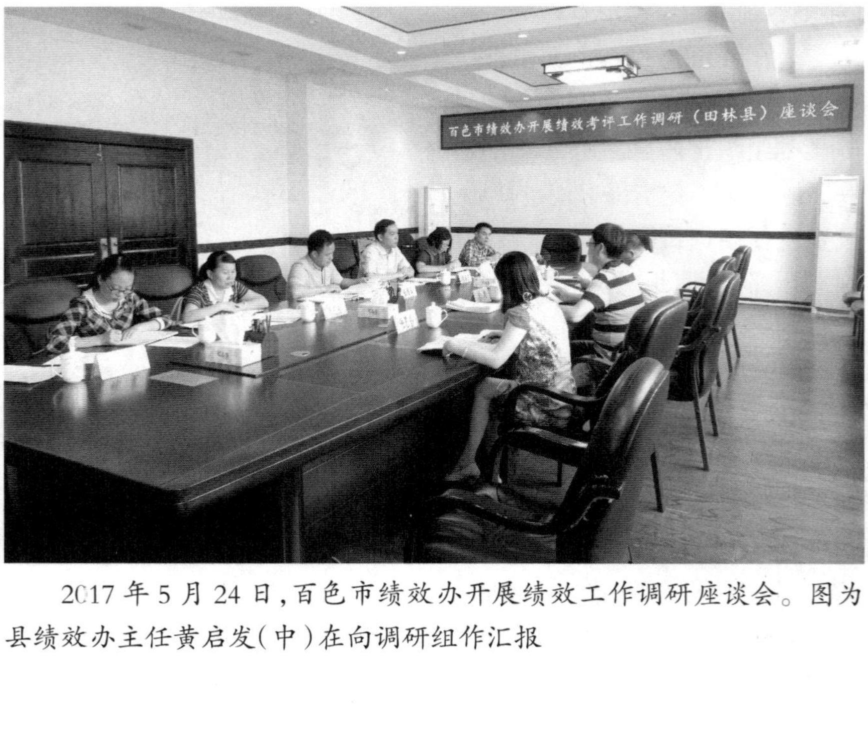

2017年5月24日,百色市绩效办开展绩效工作调研座谈会。图为县绩效办主任黄启发(中)在向调研组作汇报

2017年度绩效考评年终核验14个工作组56名工作人员进行年终察访核验业务培训；为指导县直部门做好2017年度指标设置工作，4月举办了田林县2017年度绩效考评指标设置工作业务培训会，对全县82个县直单位分管领导和业务员进行了指标设置工作业务培训；6月，举办2017年度绩效考评创新创优工作业务培训会；7月在湖南大学公务员教育培训中心举办田林县2017年度绩效管理专题培训班。7月开始，进一步督促及指导全县96个被考评单位把开展机关事业单位干部日常考核纳入本单位年度工作重要内容，组织单位干部职工做好机关事业单位干部日常考核工作；5、9、11月，邀请百色市绩效办韦鹰主任和百色市绩效考评一科、考评二科的业务骨干到田林县开展绩效考评工作业务培训，有效地指导田林县2017年度绩效考评工作的开展。

【责任分解】 在自治区、百色市绩效考评指标评分细则下达后，县绩效办按照职能归口的原则，将涉及田林县的考核任务分解到59个责任单位，把责任分解落实到各单位主要领导、分管领导、到股室、到个人，层层传递绩效考评工作压力，落实责任、压实责任，形成了“主要领导亲自抓，分管领导具体抓，业务股室全力抓”的领导体制和工作机制。8月起，组织全县承担有百色市2017年绩效考评指标任务的单位对照考核任务指标进行逐项排查，汇编了“田林县落实百色市2017年度绩效考评工作指标难以完成情况汇总表”；同时，每月编排“田林县落实百色市2017年度绩效考评指标推进表”，并报送县委、县人民政府，作为绩效考评各阶段重点工作的参考依据。10月，督促各承担百色市绩效考评工作单位，确因客观因素无法完成的指标，及时指导部门与上级部门联系沟通，申请调整指标。

【督促检查】 2017年，整合全县督查力量，结合县委督查室、县政府督查室等部门自9月起重点对自治区和百色市考核指标任务落实情况、社会公众意见建议整改情况等进行每月两次以上的常态化督查，全程跟踪目标任务进展情况，并坚持以问题为导向，对督查发现的问题，督促部门立行立改，对未完成整改工作任务的，将作为下个月绩效督查重点跟踪的内容，直到任务完成或整改内容完成，整改情况作为年终绩效考评的重要依据。9月中旬开始，成立由驻田林县绩效督查员和县绩效办工作人员组成的县绩效督查组，全程对部分乡（镇）、县直各相关单位承接百色市2017年度绩效目标任务推进工作落实情况进行了督查和核验。11月下旬，配合百色市绩效考评办开展驻县（市、区）绩效交叉督查工作，重点是对百色市第三季度绩效督查发现的问题和田林县排查出来的问题整改工作落实情况。2017年，发出绩效督查通报4份，召开县绩效领导考评小组工作推进会共7次。

【整改落实】 2017年，社会各界对田林县提出的57条意见建议。经梳理汇总，落实了12个乡镇和19个县直单位为整改责任单位，针对整改内容提出109条具体整改措施。严格按照“五个有”要求，即每一项意见建议有量化的工作任务、有可操作的推进路线图、有明确的时间表、有具体的责任主体、有可检验的成果形式，印发了《田林县2016年度绩效考评社会评价整改工作方案》，以强有力的领导组织开展2016年度绩效考评社会评价整改工作，确保每一项整改内容有组织、有计划地开展，以确保整改工作取得实效。2017年，田林县委、县人民政府以“追求高质量整改”为目标，采取“一月一评估”、督促部门结合“六个一”工作方法回应社会公众；及时掌握整改进取、加强整改反馈、以高质量的整改效果取信于民。经过全县各级各部门的共同努力，涉及田林县的绩效考评社会评价整改内容已经顺利完成整改，取得良好的社会效益。截至12月底，已经完成整改55条，2条尚未具备整改条件的意见建议已列入全县工作规划，将在2018年内分段实施。

【舆论宣传】 为营造绩效文化氛围，县绩效办牵头组织县农机局、县国税局、县国土局等部门制作《强化问题整改　回应群众诉求》专题新闻，在百色市电视台、田林电视台报道，作为全市绩效考评社会评价整改工作典型经验进行推广。年内有30多篇文章在区、市绩效考评网和田林县政府网站上刊登。在田林县政府网站“绩效展示”专栏上，组织各被考评单位开展绩效展示工作，督促各单位亮“目标任务、责任主体、工作效能、督查整改、综合绩效、结果运用”。8月开始，组织和指导被考评单位将绩效考评工作进展情况、存在问题和下一步整改工作措施等内容进行公示，接受社会监督。督促各单位在政务公开栏、政府门户网站等平台开展机关事业单位干部日常考核，对个人绩效考评按季度、半年、全年工作进行“轮晒”。同时，在创新创优项目、落实绩效工作任务、社会评价整改等工作鼓励各单位通过田林县政府网站、田林县电视台、公共宣传栏等各种媒体向社会公众开展绩效展示。年内共计60多篇绩效展示文章在人民网、《人民日报》、《右江日报》等新闻媒体进行宣传报道。

【结果运用】 严格按照《田林县绩效考评工作奖励问责实施办法》，将考评结果与单位评先评优和年度考核、干部任用、绩效奖励、部门公用经费、绩效问责相挂钩。7月，县委、县人民政府授予7个乡(镇)和40个县直单位2016年度机关绩效考评“绩效管理先进单位”;1个乡(镇)和7个县直单位2016年度机关绩效考评“绩效管理进步单位”荣誉称号，并行文通报全县2016年度绩效考评结果。其中“绩效管理先进单位”的乡镇有7个、党群部门有14个、经济管理部门有10个、社会发展部门有8个、执法部门有8个。并对获得2016年百色市绩效考评加分的单位进行通报表彰奖励和兑现2016年度机关和事业单位个人绩效奖励。同时，年度绩效考评为“有些”等次的乡(镇)和县直单位(含二层机构)，评定公务员年度考核“优秀”等次的比例，按应参加考核人数的20%予以确定。

党史和地方志

【田林县党史和地方志办公室领导】

主　任:黄晋强

副主任:饶珍珠(女，壮族)

【概况】 2002年机构改革，中共田林县委党史办公室和田林县地方志办公室合并，合并后保留中共田林县委党史办公室的名称，负责党史和地方志两个方面的业务。核定编制4名，其中设主任1名，副主任1名。在实际工作中，地方志业务量远比党史业务多，以地方志业务为主。

【地方志业务】

《田林县志(1991—2005)》编纂 田林县于2012年全面启动第二轮县志编纂工作，经过全办多年不懈努力，通过电话跟踪和上门督促等方式加大对部门的指导，全县各单位稿件编纂进度明显加快，于年末完成第二轮田林县志志稿修改稿的85%，稿件质量得到进一步提高。县史志办还通过购买社会服务方式聘请多位老领导对各单位报来的稿件做进一步审核把关，经再次审核把关后，计划于2018年3月召开《田林县志(1991—2005)》三级评稿会。

《田林年鉴(2016)》编纂出版 认真落实上级对年鉴工作“一年一鉴、公开出版”的要求，在2017年推进第二轮修志评稿工作的同时，也兼顾年鉴工作。草拟了《田林年鉴(2016)编纂工作方案》并报县委、县政府审核，于4月30日以两办文件的形式下发各乡镇各单位贯彻落实。通知下发后，县史志办按通知要求跟踪督促部门按时报送稿件。通过分片包干的形式，把全县100多个单位的稿件编审任务分配到全办每个人，由各人全程负责所联系单位稿件的催收、编辑和校审，并对稿件的出版质量负责。至11月，已完成《田林年鉴(2016)》编辑稿送印刷厂排版编辑。

2017年4月13日，自治区地方志办公室主任李秋洪(中)一行到田林县检查指导地方志工作

《田林县地方志2017年资料年报》 地方志资料是编纂出版各类史志书籍的重要基础资料。因田林县不少单位长期没有重视档案资料的整理和保存，地方志部门也没能有效组织开展地方志资料的收集、整理和积累工作，致使历年的资料缺失严重，第二轮修志工作推进艰难。为吸取第二轮修志工作的经验教训，田林县需要进一步规范开展地方志资料年报工作，每年及时组织各单位收集整理和报送本单位的信息，为编纂下一轮县志积累丰富的资料。根据《广西壮族自治区实施〈地方志工作条例〉办法》有关建立地方志年报制度的有关要求，县史志办草拟了《田林县2017年地方志资料年报工作方案》报县委、县政府审核，于5月通过审核后由两办下发全县各单位贯彻落实。方案下发后，全县各部门陆续按要求将本部门2016年度各类档案资料按规定的目录收集整理并打印装订成册报送县史志办，同时将电子文档发送县史志办保存。此项工作通过及时组织对各单位年度档案资料的收集、整理和编辑保存，建立田林县地方志资料数据库，为下一轮修志和编纂各类史志书籍提供丰富的资料。

乡镇(部门)志编纂 为丰富田林县的地方志资料文库，田林县于2014年组织全县各乡镇和部分县直单位编写乡镇(部门)志，经过4年的不懈坚持，在县史志办的指导下，县教育局、县水利局、于2017年先后编纂完成《田林县教育志》《田林县水利志》初稿。

其他地方志 2017年，县史志办还完成多项上级主管部门布置的工作任务。一是完成《广西年鉴(2016)》田林篇资料撰写报送工作；二是完成《百色年鉴(2017)》田林篇、《广西年鉴(2017)》田林县篇的资料撰写报送工作。

【党史业务】 统筹开展党史和地方志两个方面的业务，在开展资料征集方面，在收集地方志资料的同时，注意收集和筛选有关党史内容的资料。一是继续做好《中国共产党田林县历史》的资料收集和全书初稿编纂工作，聘请原中共百色市委党史办主任莫亚人对县史志办已完成的《中国共产党田林县历史》部分初稿做初步审核，莫亚人对有关稿件做了耐心细致的编审，提出了许多好的修改意见和建议；二是继续开展《2017年田林县大事记图集》图片资料的收集和整理，通过整理各单位报来的二轮县志和年鉴资料，及时组织收集2017年田林县政府网站的重要新闻图片和各类报刊杂志图片，将其中有价值的图片筛选出来汇编成册；三是继续开展《田林县党史大事记》资料收集工作，筛选了二轮县志和年鉴资料中有关党史的大事要事补充到《田林县党史大事记》中；四是邀请定安镇退休员工黎之鼎收集整理解放前定安镇一些革命人士的事迹，计划整理成书出版。通过日常对以上党史点点滴滴的资料收集工作，为今后尽快出版各类党史书籍打下良好基础；五是完成县委交办的田林县纪念建党97周年党史知识竞赛活动。

（撰稿　黄晋强）

田林县人民代表大会

【田林县第十六届人民代表大会常务委员会领导】

主　任：覃纪腾（壮族）

副主任：黎朝兴（壮族）

兰丽色（女，瑶族）

罗俊书（壮族，2017 年 10 月离任）

唐才荣

副主任候选人：

王自顺（壮族，2017 年 10 月任常委会党组成员，副主任候选人）

在职县处级干部：

陆红军（壮族，正处级）

吴正敏（副处级）

韦景文（壮族，副处级）

【办公室及专门委员会、工作委员会领导】

办公室主任：

陆炳西（壮族，2017年9月离任）

黄　飞（壮族，2017年9月任职）

法制与内务司法委员会主任委员：

韦晓坚（壮族）

财政经济委员会主任委员：莫常余

选举联络工作委员会主任：

王宗其（壮族）

教科文卫与民族工作委员会主任：

梁家福（壮族）

农业农村与环资城建工作委员会主任：农志刚（壮族）

【概况】 2017 年 9 月 28 日召开田林县第十六届人民代表大会常务委员会第八次会议，接受陆炳西、张永牟辞去田林县第十六届人民代表大会常务委员会委员职务的请求。2017 年 10 月 31 日召开田林县第十六届人民代表大会常务委员会第九次会议，接受罗俊书辞去田林县第十六届人民代表大会常务委员会副主任职务，接受黄圣刚、黄柯辞去田林县第十六届人民代表大会常务委员会委员职务，接受王自顺、马涛辞去田林县人民政府副县长职务。

田林县人大常委会机关设办事机构 1 个：县人大常委会办公室；设专门委员会 2 个：法制与内务司法委员会、财政经济委员会；设工作机构 3 个：选举联络工作委员会、教科文卫与民族工作委员会、农业农村与环资城建工作委员会。县人大常委会有主任 1 名，副主任 4 人，在职县处级干部 3 人；办公室主任 1 人，副主任 1 人；法制与内务司法委员会主任委员 1 人，财政经济委员会主任委员 1 人，选举联络工作委员会主任 1 人，科教文卫与民族工作委员会主任 1 人，农业农村与环资城建工作委员会主任 1 人。2017 年 9 月设立代表服务中心，属事业编制，2 名工作人员。共有各级人大代表 920 人，其中，自治区人大代表 2 人，市级人大代表 28 人，县级人大代表 172 人，乡镇人大代表 718 人。2017 年，召开田林县第十六届人民代表大会会议 1 次，常委会会议 7 次。

重要会议

【田林县十六届人民代表大会第二次会议】 2017 年 1 月 17 日—18 日召开，会期两天。1 月 18 日上午在田林县政府小礼堂开幕，应出席会议的代表 172 人，实出席会议代表 168 人。列席会议有：出席县政协九届二次会议的政协委员；驻田林县自治区十二届人大代表和部分市四届人大代表；驻县军警领导；不是县人大代表的县领导；中直、区直、市直驻田林县各单位主要负责人；退休的县人大常委会主任代表、政协主席代表；县直各部、委、办、局、行、社，人民团体负责人；不是县人大代表的各乡（镇）人民政府乡（镇）长；部分企业负责人。会议听取和审议了田林县人民政府工作报告、田林县人大常委会工作报告、田林县人民法院工作报告、田林县人民检察院工作报告，审查和批准田林县人民政府关于田林县 2016 年国民经济和社会发展计划执行情况的报告，批准2017年国民经济和社会发展计划；审查和批准田林县人民政府关于田林县2016年预算执行情况和2017年预算草案的报告，批准2017年预算草案，并作出了相应的决议。

2017年7月12日，县人大常委会覃纪腾主任组织县人大代表调研八渡口水电站项目前期工作情况

【田林县十六届人大常委会会议】 2017年共召开田林县第十六届人民代表大会常务委员会会议7次，即第四次会议至第十次会议。

第四次会议 2017年1月13日在县人大常委会会议室召开，会期半天。应到会23人，实到会20人。会议初审田林县2017年财政预算草案和部门预算草案，审议田林县人民代表大会代表建议办理工作评分办法(征求意见稿)、县人大常委会2017年工作要点和县十六届人大二次会议有关文件。会议作出了《关于召开县十六届人大二次会议的决定》和《关于县十六届人大二次会议列席人员的决定》。

第五次会议 2017年3月10日在县人大常委会会议室召开，会期半天。应到会23人，实到会20人。会议审议通过县人民政府提请的将政府购买服务资金列入年度财政预算的议案，作出了《关于将政府购买服务资金列入年度财政预算的议案的决议》。会议表决通过了人事任免事项，任命麦国坚为田林县人民政府副县长(挂职)。

2017年1月20日，县人大常委会主任覃纪腾(左二)在老干局领导的陪同下走访慰问原人大常委会主任冯春旺(右二)

第六次会议 2017年6月23日在县人大常委会会议室召开，会期半天。应到会23人，实到会20人。会议听取和审议县人大常委会调研组关于全县脱贫攻坚工作推进情况的调研报告、县人大常委会调研组关于县级公立医院综合改革工作情况的调研报告、县人民政府关于林业生态建设工作情况报告、县人民政府购买服务资金列入年度财政预算情况的补充说明。会议审议通过人事任免案。

第七次会议 2017年8月17日在县人大常委会会议室召开，会期半天。应到会23人，实到会19人。会议听取和审议县人民政府所作的《田林县贯彻落实〈中华人民共和国村民委员会组织法〉情况汇报》和县人大常委会执法检查组《关于检查〈中华人民共和国村民委员会组织法〉贯彻实施情况的报告》。会议审议通过人事任免案，并举行了颁发任命书和新任命人员向宪法宣誓仪式。

第八次会议 2017年9月28

日在县人大常委会会议室召开，会期半天。应到会23人，实到会20人。会议审议通过《广西田林县万吉山旅游总体规划》的议案，听取和审议田林县2017年上半年国民经济和社会发展计划执行情况的报告、2017年上半年全县预算执行情况的报告、关于田林县2016年财政决算草案的报告、关于田林县2016年财政预算执行和其他财政收支情况的审计工作报告。会议听取和审议县人民政府关于全县乡镇政府所在地集镇基础设施建设情况的报告和县人大常委会调研组关于全县乡镇政府所在地集镇基础设施建设情况的调研报告。会议作出《关于批准2016年田林县财政决算的决议》《关于广西田林万吉山旅游总体规划议案的决议》。会议表决通过了人事任免事项。

第九次会议 2017年10月31日在县人大常委会会议室召开，会期半天。应到会21人，实到会17人。会议听取和审议县人民政府关于县第十六届人大一次、二次会议代表建议办理情况的报告，听取和审议县人民法院关于刑事审判工作情况的报告、县人民检察院关于民事行政检察工作情况的报告并进行满意度测评。会议听取和审议县人民政府关于《中华人民共和国食品安全法》实施情况的报告和县人大常委会执法检查组关于检查《中华人民共和国食品安全法》实施情况的报告。会议表决通过了人事任免案，接受罗俊书辞去田林县第十六届人大常委会副主任职务，接受王自顺、马涛辞去田林县人民政府副县长职务，决定任命罗俊书、谢旦杏为田林县人民政府副县长。

2017年9月28日，在县第十六届人大常委会第八次会议上，新任命人员向宪法宣誓

第十次会议 2017年12月15日在县人大常委会会议室召开，会期半天。应到会18人，实到会16人。会议听取和审议县人民政府《关于田林县2017年财政预算调整方案的报告》，作出了《关于批准田林县2017年财政预算调整方案的决议》。会议通过了人事任免事项。

重大活动

【执法检查】 全年共组织2次执法检查。5月10日至15日，县人大常委会组织常委会组成人员检查田林县贯彻实施《中华人民共和国村民委员会组织法》情况。协助市人大常委会检查田林县贯彻实施《中华人民共和国旅游法》情况。8月18日至22日，县人大常委会组织常委会组成人员检查田林县贯彻实施《中华人民共和国食品安全法》情况。

【调查研究】 全年共组织3次调查研究活动。4月15日至20日，对全县易地扶贫搬迁安置工作推进情况和县级公立医院综合改革工作开展情况进行调研。6月19日至22日，对全县乡镇政府所在地集镇基础设施建设情况进行调研。7月21日，对八渡口水电站项目前期工作推进情况进行调研。9月19日，协助市人大常委会在田林县开展的民族乡精准扶贫工作开展情况和关于对全市检察机关开展国家司法救助工作情况进行调研。

【视察活动】 11月16日，组织部分市、县人大代表对田林县工业园区建设、田林新区建设情况进行视察。

【人事任免】 共任免国家机关工作人员43人，其中任21人（次），免22人（次）。

【代表建议办理】 在县十六届人大二次会议期间，共收到代表建议、批评和意见61件，已全部转办，并一一答复代表。

【信访办理】 全年共受理人大代表和人民群众来信来访46件(批)，其中来信13件，接待来访33批86人，交办46件，办结36件。对来信来访，及时转办，重点批办，认真督办，督促有关方面依法按政策处理，推动一些信访问题的解决，为化解社会矛盾、促进社会和谐发挥了作用。

【代表列席常委会会议】 坚持邀请各级代表列席常委会会议制度，共邀请区、市、县人大代表28人列席常委会会议，切实加强与代表的联系，扩大代表知情知政，主动接受人大代表对常委会工作的监督。

【代表资格确认】 田林县第十六届人民代表大会代表名额为177名，实际选举173名，预留4名。经审查，选出的173名代表符合代表条件172名。2017年，田林县第十六届人民代表大会代表实有172名。

【专题询问】 2017年共开展3场专题询问。8月18日，对田林县脱贫攻坚工作推进情况开展专题询问。9月15日，对田林县投资环境综合整治和县城城区市容市貌及交通秩序管理工作开展专题询问。10月19日，对田林县新区重点项目推进情况开展专题询问。

（撰稿　梁家福）

田林县人民政府

【田林县第十六届人民政府领导】

县　长:黄　慧(壮族)

副县长:何建华(壮族)

蒋桂红(女,壮族)

麦国坚(2017年1月挂任职)

农国宁(壮族,2017年11月挂任职)

谢君稳

王自顺(壮族,2017年11月离任)

罗俊书(壮族,2017年11月任职)

黄金贵(壮族)

马　涛(2017年10月离任)

周光林(2016年3月挂任职)

谢旦杏(2017年10月任职)

县长助理:马如兵(2017年11月挂职离任)

政府常务会议

【田林县第十六届人民政府第九次常务会议】 2017年1月4日下午,县长黄慧在县政府二楼会议室主持召开田林县第十六届人民政府第九次常务会议,县政府领导班子成员黄慧、何建华、蒋桂红、谢君稳、王自顺、黄金贵、马涛、周光林、马如兵出席会议,县人大、县政协、县委办、县府办、法制办、监察局、政法委、组织部、发改局、财政局、教育局等单位领导列席会议。会议主要内容:一是审议《田林县旧州至那腊公路工程项目建设协议书》。会议原则同意该协议。二是审议《关于审定〈田林县本级公务租车管理办法(试行)〉的请示》。会议原则同意该办法。三是审议《关于给予田林县兴业城市开发投资有限责任公司招聘合同制聘用人员的请示》和县恒昌公司《关于给予田林县恒昌开发投资有限公司招聘合同制聘用人员的请示》。会议明确,县兴业公司和县恒昌公司招聘人员工资待遇按试用期每人每月2500元、正式聘用后每人每月3000元标准支付,同时享受县财政供养的合同制聘用人员年终绩效工资。四是审议《关于要求兴业公司作为田林县2017年易地扶贫搬迁项目业主的请示》。会议原则同意县恒昌公司的请示事项。会议要求,县恒昌公司要和上级部门加强对接,加快易地扶贫搬迁各项工作推进。

【田林县第十六届人民政府第十次常务会议】 2017年1月11日晚上,县长黄慧在县政府二楼会议室主持召开田林县第十六届人民政府第十次常务会议,县政府领导班子成员黄慧、何建华、蒋桂红、谢君稳、王自顺、黄金贵、马涛、周光林、马如兵出席会议,县人大、县委办、县府办、法制办、监察局、组织部、宣传部、统战部、编委办、民族局、绩效办、发改局、财政局、国土局等单位及各乡(镇)人民政府主要领导列席会议。会议主要内容:一是审议《关于审定〈田林县2016年度财政预算执行情况和2017年度财政预算(草案)的报告〉的请示》。会议原则同意该报告。二是审议《关于审定〈田林县2016年国民经济和社会发展计划执行情况与2017年国民经济和社会发展计划(草案)的报告〉的请示》。会议原则同意该报告。三是审议《关于审定〈田林县2016年度中小学教师增拔岗位绩效工资发放指导意见〉的请示》。会议原则同意县教育局按该指导意见落实2016年度中小学教师增拔岗位绩效工资676.66万元。四是审议《关于重新聘请县人民政府法律顾问的请示》。会议原则同意聘请广西思贝律师事务所作为县人民政府的常年法律顾问单位,聘期为2年,从2017年1月1日到2018年12月31日。会议明确,每年法律顾问服务费6万元,具体服务内容及收费标准按双方签订的常年法律顾问合同执行。五是审议《关于审定〈田林县2016年度机关事业单位绩效奖励预发工作方案〉的请示》。会议原则同意该方案并报县委审定。会议明确,2016年度,各乡(镇)、县直各有关单位在职在编人员按每人在岗12个月预发10000元绩效奖励;经县委、县人民政府批准聘用并由财政拨款发放工资的在岗合同制聘用人员按每人在岗12个月预发4000元绩效工资。

【田林县第十六届人民政府第十一次常务会议】 2017年2月10日下午,县长黄慧在县政府二楼会议室主持召开田林县第十六届人民政府第十一次常务会议,县政府领导班子成员黄慧、何建华、蒋桂红、王自顺、黄金贵、马涛、周光林出席会议,县政协、县委办、县府办、法制办、监察局、组织部、发改局、财政局等单位及各乡(镇)人民政府主要领导列席会议。会议主要内容:一是审议《关于田林县2017年农村义务教育薄弱学校改造计划资金规划项目的请示》。会议原则同意该请示。二是审议《关于田林县2017年农村中小学校舍维修改造资金规划项目的请示》。会议原则同意该请示。三是审议《关于田林县人民政府聘请常年法律顾问合同书的请示》。会议原则同意该请示。会议要求,县法制办要了解其他县市类似合同的服务单价,合理确定收费标准。四是审议《关于请求任命恒昌公司在云龙公司的合法股东代表及董事的请示》。会议原则同意任命县人民政府黄金贵副县长代表田林县恒昌公司担任富宁县云龙黄金矿业有限公司股东代表及董事,并按照国家相关法律规定行使董事权力。五是审议《关于田林县2017年油茶产业发展实施方案》。会议原则同意该方案。六是审议《田林县2016年欧洲投资银行贷款广西珍稀优质用材林可持续经营项目实施方案》。会议原则同意该方案。七是审议《田林县2017年柑橘产业发展实施方案》。会议原则同意该方案并报县委审定。八是审议《田林县2017年"吼敢"壮剧节活动总体方案》及《田林县2017年"吼敢"壮剧节各项活动经费预算》。会议原则同意该方案及预算并报县委审定。会议明确,2017年田林县"吼敢"壮剧节整体活动经费为190万元,其中2017年1月安排片区会演经费45万元,本次再安排活动经费145万元。

【田林县第十六届人民政府第十二次常务会议】 2017年2月22日上午,县长黄慧在县政府二楼会议室主持召开田林县第十六届人民政府第十二次常务会议,县政府领导班子成员黄慧、何建华、蒋桂红、麦国坚、谢君稳、黄金贵、马涛、周光林、马如兵出席会议,县人大、县政协、县委办、县府办、法制办、监察局、组织部、宣传部、政法委、财政局、经济局等单位及各乡(镇)人民政府主要领导列席会议。会议主要内容:一是审议《关于提请同意将田林县2016—2017年扶贫基础设施建设等3个项目作为政府购买服务方式进行融资相关事宜的请示》。会议原则同意县恒昌开发投资有限公司的请示事项并报县委审定。二是审议《关于同意将田林县普通高中等15个建设工程项目作为2017年政府购买服务方式进行融资相关事宜的请示》。会议原则同意县兴业城市开发投资有限公司的请示事项,并按会议要求修改完善后报县委审定。三是审议《"十三五"时期光明新区·田林扶贫协作规划》《2017年光明新区·田林扶贫协作实施方案》。会议原则同意该规划和方案。四是审议脱贫攻坚相关议题。会议原则同意《关于田林县扶贫攻坚战指挥部更名为田林县脱贫攻坚战指挥部及人员调整充实的通知》《田林县2017年脱贫攻坚工作实施方案》《田林县脱贫攻坚工作考核办法》《田林县2017年脱贫攻坚督查工作方案》《田林县脱贫攻坚信息档案管理实施办法》。

【田林县第十六届人民政府第十三次常务会议】 2017年3月3日下午,县长黄慧在县政府二楼会议室主持召开田林县第十六届人民政府第十三次常务会议,县政府领导班子成员黄慧、何建华、蒋桂红、王自顺、马涛、马如兵出席会议,县人大、县委办、县府办、法制办、监察局、组织部、编委办、财政局等单位及各乡(镇)人民政府主要领导列席会议。会议主要内容:一是传达学习《法治政府建设实施纲要》和《广西壮族自治区环境保护工作职责规定(试行)》。会议要求,各乡(镇)、县直各部门要认真组织学习《纲要》和《规定》精神,并结合实际抓好贯彻落实。二是传达学习中共十八届中央纪委七次全会精神。会议要求,各乡(镇)、县直各部门要采取有效措施,认真学习贯彻落实好中共十八届中央纪委七次全会精神。三是传达学习自治区党委书记、自治区人大常委会主任彭清华在自治区十二届人大六次会议百色代表团审议政府工作报告时的重要讲话精神。会议要求，各乡（镇）、县直各部门要认真学习和贯彻落实好彭清华的讲话精神，切实把讲话精神转化为推进田林全面发展的强大动力。四是审议《关于审定田林县2017年第一批中央财政专项资金（切块到县）分配方案等的请示》。会议原则通过《田林县2017年第一批中央财政专项资金（切块到县）分配方案》《田林县2017年第一批财政扶贫专项资金补助标准方案》和《田林县2017年第一批财政专项扶贫资金项目计划草案》等3个方案。五是审议《关于发包原基层办基地竹林的请示》。会议原则同意六隆八渡笋总场将原县基层办地处于六隆移民易地扶贫安置基地内的2000亩八渡笋竹林发包给广西万联综合农业开发有限公司经营。六是审议《关于给予岑世坤开除公职处分的请示》。会议同意县监察局给予岑世坤开除公职处分的处理意见。

【田林县第十六届人民政府第十四次常务会议】 2017年3月17日下午，县长黄慧在县政府二楼会议室主持召开田林县第十六届人民政府第十四次常务会议，县政府领导班子成员黄慧、何建华、蒋桂红、谢君稳、王自顺、马涛、周光林、马如兵出席会议，县人大、县政协、县委办、县府办、法制办、监察局、组织部、经济局等单位及各乡（镇）人民政府主要领导列席会议。会议主要内容：一是传达学习《中华人民共和国行政强制法》。会议要求，各乡镇、各部门要充分认识《行政强制法》施行的重要意义，认真组织本乡镇、本部门行政执法人员进行学习，准确把握具体要求，不断提高部门及工作人员依法行政能力和水平；要利用各种宣传方式，广泛宣传《行政强制法》等法律法规，切实营造全社会学法用法守法的浓厚氛围，加快田林县法治政府建设步伐。二是审议《田林县政府购买服务实施方案》。会议原则通过该方案。会议要求，由县法制办根据有关法律法规对该实施方案进行严格审核后印发。三是审议《关于审批田林县六隆镇洞弄村辉绿岩矿新立采矿权的请示》。会议要求，由县国土局对位于六隆镇列屯村平反（地名）范围一带的林地归属权问题进行详细核实后，再报县政府审定。四是审议《田林县县直机关办公用房统一管理实施细则》。会议明确，由副县长何建华组织县机关事务局、财政局等部门进一步对《田林县县直机关办公用房统一管理实施细则》相关条款进行研究，待完善后再报县政府审定。五是审议《关于审定给予黄正良发放相关生活费的意见的请示》。会议要求，由县人社局、住建局等有关部门重新对黄正良的家庭财产、收入情况进行核实后再报县政府审定。六是审议《关于配备营养改善计划学校食堂后勤人员的请示》。会议原则同意县教育局配备营养改善计划食堂从业人员，经费由县财政纳入年度预算给予保障，实际补助金额按上级下达的年度中小学在校生营养改善补助专项资金的10%进行核拨。七是审议《关于要求解决“金财工程”网络机房设备更新升级及财政业务系统运维服务经费的请示》。会议同意县财政局对“金财工程”网络机房设备更新升级，财政业务系统运维服务费由县财政予以安排。八是审议《关于审定县城公厕保洁市场化运作的请示》。会议原则同意县市政局对县城区的14座公厕进行市场化运作，14个公厕年保洁经费包干15万元试行一年。

【田林县第十六届人民政府第十五次常务会议】 2017年3月29日上午，县长黄慧在县政府二楼会议室主持召开田林县第十六届人民政府第十五次常务会议，县政府领导班子成员黄慧、何建华、蒋桂红、谢君稳、王自顺、马涛、周光林、马如兵出席会议，县人大、县政协、县委办、县府办、法制办、监察局、组织部、住建局等单位及各乡（镇）人民政府主要领导列席会议。会议主要内容：一是传达学习2017年全国两会精神。会议要求，各乡镇、各部门要把传达学习全国两会精神作为当前的一项重要任务，认真组织学习和宣传；要把学习贯彻全国两会精神落实到加快发展上来，按照县第十四届二次党代会确定的发展蓝图，坚定目标，全力抓好桂黔（田林）经济合作产业园区和田林新区建设等重点工作，真正使全国两会精神在田林县落地生根、开花结果。二是审议《关于给予田林县康益土特产公司获得广西“著名商标”补助的申请》《关于给予田林县康益土特产公司获得“有机产品认证”补助的申请》《关于给予百花寨八渡笋厂获得广西“著名商标”补助的申请》和《关于鑫福源山茶油开发有限公司申请著名商标奖励经费的请示》。会议明确，请副县长王自顺、马涛组织农业、工商、质监等部门对康益土特产公司获广西"著名商标"和"有机产品认证"、百花寨八渡笋厂获广西"著名商标"、鑫福源山茶油开发有限公司获"2016年广西著名商标"的真实性进行调查确认，属实后即可按《田林县投资优惠暂行办法》等文件执行。三是审议《关于审定2016年度田林第三产业发展扶持考核结果的请示》和县经济局提交的《田林县2016年度工业经济发展奖励方案》。会议明确，要根据形势变化和发展需要，重新对《田林县投资优惠暂行办法》《田林县工业经济发展扶持和奖励办法(试行)》和《田林县第三产业发展扶持办法》进行修改完善。四是审议《关于提高县党史办聘用人员待遇的请示》。会议同意县史志办以购买服务方式聘请2名工作人员，购买时限为2年，县财政按每年每人36000元的标准解决购买服务经费，两年后视工作量及开展情况再定。五是审议《关于解决高龙乡集镇饮水安全有关事项的请示》。会议同意实施高龙乡集镇饮水安全项目，并由县水利局作为项目业主。会议明确，从国家开发银行贷款的农村饮水安全项目建设资金中安排590万元作为该项目建设资金，由县恒昌公司、水利局与国家开发银行做好对接，完善相关程序后即可实施项目。

【**田林县第十六届人民政府第十六次常务会议**】 2017年4月20日下午，县长黄慧在县政府二楼会议室主持召开田林县第十六届人民政府第十六次常务会议，县政府领导班子成员黄慧、何建华、蒋桂红、麦国坚、谢君稳出席会议，县人大、县政协、县委办、县府办、法制办、监察局、组织部、宣传部、统战部、法院、检察院、县编办、绩效办、信访局、发改局等单位及各乡(镇)人民政府主要领导列席会议。会议主要内容:一是学习《中共中央国务院关于推进安全生产领域改革发展的意见》(下简称《意见》)。会议要求，各乡镇、各部门会后要组织单位全体干部职工认真学习《意见》，切实把安全生产工作摆在更加突出的位置，以更高标准、更严要求抓好安全生产各项工作。二是审议《田林县法治政府建设实施方案(2016—2020年)送审稿》。会议原则通过该方案，并报县委审定。三是审议《田林县2017年—2020年芒果产业发展实施方案》。会议原则同意该方案。会议明确，在资金投入方面，每年由县财政整合安排600万元作为苗木、基地基础设施建设补贴，采取"以奖代补"形式发放。四是审议《关于审定田林县脱贫攻坚第一批通屯道路建设有关事宜的请示》。会议同意田林县2017年脱贫攻坚第一批通屯道路招标控制价不高于11534.73万元。会议要求，县交通局要按照相关规定，尽快开展第一批26条通屯道路的公开招投标工作。后续脱贫攻坚通屯道路指标原则上优先安排68个贫困村，重点倾向当年拟脱贫摘帽的贫困村。五是审议《田林县投资环境综合整治年实施方案》。会议原则通过该方案，并报县委审定。六是审议县经济局提交的《田林县2016年度工业经济发展奖励方案》。会议原则通过该方案。七是审议《关于审定2016年度田林县第三产业发展扶持考核结果的请示》。会议原则同意该请示，即同意给予田林县鹏达商贸有限公司等25家限上(规上)企业"首次列入限额以上企业扶持"；给予田林县环球百货有限公司等18家限上(规上)企业"年度强优企业扶持"；给予田林县汇客隆百货有限责任公司等43家限上(规上)企业每家企业统计人员补贴3000元。扶持资金共计266.9万元。八是审议《关于审定2016年田林县城市棚户区旧州镇改造工程项目施工招标控制价的请示》。会议原则同意2016年田林县城市棚户区旧州镇改造工程项目招标控制价为1624.1万元。九是审议《关于解决编外人员为财政供养的请示》。会议同意将县安监局两名自聘工作人员置换为县财政供养合同制聘用人员。十是审议《关于和福地金融投资集团成立合作公司的请示》。会议原则同意田林县锦林能源投资有限公司与福地金融投资集团合作成立新的项目公司，合作公司出资比例为:田林县公司出资20%，福地金融集团出资80%。十一是审议县文广局提交的《关于解决国家艺术基金项目壮剧〈瑶娘〉经费的请示》。会议同意《瑶娘》项目按预算总投资389万元，其中国家艺术基金250万元，县财政配套139万元。十二是审议《关于使用资本金支付造林备耕资金的请示》。会议明确，请常务副县长何建华、副县长马涛牵头，尽快组成工作组，对田林县丰裕公司在南盘江流域扶贫生态产业示范基地备耕工程中资金使用等问题进行认真梳理完善,形成报告后再报县政府审定。十三是审议县住建局提交的《关于请求审定田林县体育中心建设项目一期(主体育馆及主管排水系统)工程招标控制价的请示》。会议同意县住建局先按照6349.33万元的县财政评审控制价对田林县体育中心项目一期(主体育馆和排水系统的地下主管)工程进行招投标。

【田林县第十六届人民政府第十七次常务会议】 2017年5月12日下午,县长黄慧在县政府二楼会议室主持召开田林县第十六届人民政府第十七次常务会议,县政府领导班子成员黄慧、何建华、蒋桂红、麦国坚、黄金贵、马涛、周光林、马如兵出席会议,县人大、县委办、县府办、法制办、监察局、组织部、统战部、法院、检察院、县编办、党史办、国土局等单位领导列席会议。会议主要内容:一是审议《田林县人民政府关于取消和调整一批行政审批许可事项的决定》。会议原则通过该决定。二是审议《关于审定我县城乡最低生活保障标准的请示》。会议同意从2017年5月1日起将农村最低生活保障标准由每人每年2580元提高到每人每年3321元;城市最低生活保障标准由每人每月480元提高到每人每月518元。三是审议《关于拟同意雷运南同志办理退休手续的请示》。会议同意雷运南办理退休手续。四是审议《关于帮助解决因公牺牲战士遗属工作调动的请示》。会议原则同意黄伯剑的调动要求,并提交县人事调配领导小组审议。五是审议《关于要求给予司法警察享受办案人员岗位津贴的请示》。会议原则同意按照国家标准给予县法院、检察院在职在编司法警察每人每月240元的办案人员岗位津贴补助。六是审议《关于解决央牙牧场部分农户要求出具证明办理林木采伐证、造林补贴等问题的建议》。会议明确,凡与县畜牧局或原央牙牧场签订有土地承包合同(协议)的,按原合同继续履行;凡没有与县畜牧局或原央牙牧场签订有土地承包合同(协议),非法在央牙牧场地界内种植用材林的农户或企业,在同意按林木价值三七开分成的方式补签合同(协议)并承诺林木砍伐后土地归还国有后,可给予办理林木采伐证。七是审议《田林县地方志稿酬兑付实施办法(试行)》。会议原则同意该办法,并报县委审定。八是审议《关于审定田林县第一小学扩建项目——综合楼工程预算评审结果的请示》《关于审定田林县光明幼儿园二期工程——综合楼工程预算评审结果的请示》《关于审定田林县光明幼儿园二期工程配套设施工程预算评审结果的请示》。会议同意田林县第一小学扩建项目——综合楼工程招标控制价为916.04万元;田林县光明幼儿园二期工程——综合楼工程招标控制价为425.87万元;田林县光明幼儿园二期工程配套设施工程招标控制价为136.42万元。九是审议《关于旧州镇易地扶贫搬迁高速路出口安置片区道路工程重大变更商讨的请示》。会议明确,请县委常委、副县长何建华、麦国坚和县人民政府副县长黄金贵组织县审计、发改、住建及旧州镇等相关单位对旧州镇易地扶贫搬迁高速路出口安置片区道路工程K0+900~K1+000(山体)挖方土质类别变更和项目主材料价格调整变更问题进行论证后再报县政府审定。十是审议《田林县浪平乡“2·19”机械伤害事故调查报告》。会议原则同意该调查报告。十一是审议《关于请求确定田林县体育中心建设项目二期(标准运动场)工程招标控制价的请示》。会议同意田林县体育中心建设项目二期(标准运动场)工程招标控制价为2061.9万元。

【田林县第十六届人民政府第十八次常务会议】 2017年5月19日下午,县长黄慧在县政府二楼会议室主持召开田林县第十六届人民政府第十八次常务会议,县政府领导班子成员黄慧、何建华、谢君稳、王自顺、马涛、周光林、马如兵出席会议,县人大、县政协、县委办、县政府办、法制办、监察局、组织部、法院、编委办、民族局等单位及各乡(镇)人民政府领导列席会议。会议主要内容:一是审议《关于实行政府公益性建设项目“甲供工程”和“清包工”建设管理方式的通知》。会议明确,由县政府办公室转发《自治区国家税务局自治区财政厅关于落实政府补助类建设工程项目增值税相关政策的通知》到各乡镇、县直各单位,全县政府补助类建设工程项目增值税征收工作按照通知要求执行。二是审议《关于提高村(社区)干部待遇、养老补助和村级组织办公经费标准的请示》。会议原则同意该请示,报县委审定。

三是审议《关于审定2017年农村公路养护管理工作方案的请示》。会议原则同意该方案。会议要求，县交通局要督促各乡镇及各相关单位认真做好所负责道路和桥梁的维护及保养工作，确保公路安全畅通。四是审议《关于旧州镇易地扶贫搬迁高速路出口安置片区道路工程变更签证的请示》。会议原则通过旧州镇人民政府的请示事项，即对旧州镇易地扶贫搬迁高速路出口安置片区道路工程K0+900~K1+000（山体）挖方土质类别和项目主材料价格调整进行变更。五是审议《关于田林县政府工程招标及政府采购代理机构入库启用的请示》。会议同意将2017年田林县政府工程招标及政府采购代理机构入库启用的方案中综合评分在84分以上（含84分）的26家公司启用为政府工程招标及政府采购代理机构。六是审议《关于王福玉养老保险欠缴金额及应补发工资情况》。会议原则同意由县农业局先行拨付王福玉养老保险欠费金额及应补发工资共计34744.1元并和王福玉签订息诉罢访协议书，该资金由县财政解决。七是审议《关于及时解决林业局自收自支人员身份及待遇保障等问题的请示》。会议原则同意县财政保障林业局67名自收自支人员的工资、养老保险、住房公积金、绩效工资等经费。会议明确，关于养老保险问题，在编人员纳入机关养老保险范围，不在编人员纳入企业职工基本养老保险。

【田林县第十六届人民政府第十九次常务会议】 2017年6月2日下午，县长黄慧在县政府二楼会议室主持召开田林县第十六届人民政府第十九次常务会议，县政府领导班子成员黄慧、何建华、蒋桂红、谢君稳、黄金贵、马涛出席会议，县人大、县政协、县委办、县政府办、法制办、监察局、组织部、宣传部、统战部、人大办、政协办、法院、检察院、编委办、民族局等单位及各乡（镇）人民政府领导列席会议。会议主要内容：一是传达学习《广西壮族自治区食品安全党政同责暂行规定》（下简称《规定》）。会议要求，各乡（镇）、县直各部门会后要抓好《规定》的学习贯彻工作，广泛宣传、落实责任，确保《规定》要求落到实处。二是审议《关于审定田林县统筹整合使用财政涉农资金管理办法的请示》。会议原则通过该办法。三是审议《田林县农村义务教育学生营养改善计划大宗食品原料定点采购实施方案》（下简称《方案》）。会议原则同意该方案。会议明确，《方案》从2017年秋季学期开始，先试行一年（两个学期），具体实施过程中遇到问题再商议解决。四是审议《关于要求审定田林县党政机关单位伙食费补助方案的请示》。会议明确，由县财政局、人社局、编委办等部门及时了解百色市内其他县（市、区）党政机关单位伙食费补助实施情况后，再报县政府审定。五是审议《田林县建设年产20万立方米生态板项目框架合作协议》《田林县年产2000吨高端营养山茶油项目投资合作框架协议书》。会议原则通过上述两份协议书。六是审议《田林县2017年公开招聘县级公立医院卫生专业技术人员实施方案》（下简称《方案》）。会议原则通过该方案。会议明确，2017年公开招聘县级公立医院卫生专业技术人员人数调整到220人，由县卫计局、人社局根据三家县级公立医院实际情况对招聘岗位及人员进行调整，并按照会议要求对《方案》进行修改完善。七是审议《关于审定田林县定安镇中心校运动场工程预算评审结果的请示》。会议原则同意田林县定安镇中心校运动场工程招标控制价为190万元。八是审议《关于公开招聘合同制聘用交通工程技术人员的补充意见》。会议明确，请县人民政府常务副县长何建华负责协调，从原明确给县脱贫攻坚指挥部聘请的8名对接交通类技术人员中，调整6名技术人员给县交通局使用，待遇和县第十六届人民政府第六次常务会审议脱贫攻坚聘请扶贫工作人员议题明确的待遇一致，即按基本工资每月2000元/人加技术等级津贴200~300元（有工程类国家认证专业技术初级证书的每月加200元津贴、中级证书的加300元津贴）的标准执行。九是审议《关于审定投资商承包田林县数字电影院经营权的请示》。会议原则同意该请示，选择深圳市广影环球影业有限公司广州分公司作为田林县数字电影院的投资承包商，预计总投资300万元，开设3个影厅，包含240~280个座位，场地租金价格为14元/平方米/月，场地租赁期限10年，免租金期为5个月。十是审议《关于县储备粮管理公司职工工资纳入县财政预算拨款的请示》。会议原则同意该请示，田林县储备粮管理公司邓克英等五名干部职工工资待遇纳县财政预算拨款。十一是审议《关于调剂桂西项目结余资金投入乐里至八桂三级公路及南环路项目建设的请示》。会议原则同意将历年桂西项目结余资金2138.66万元全部调剂到乐里至八桂三级公路及南环路项目使用。

【田林县第十六届人民政府第二十次常务会议】 2017年6月9日下午，县长黄慧在县政府二楼会议室主持召开田林县第十六届人民政府第二十次常务会议，县政府领导班子成员黄慧、何建华、蒋桂红、麦国坚、谢君稳、王自顺、黄金贵、马涛、周光林、马如兵出席会议，县人大、县政协、县委办、县政府办、法制办、监察局、组织部、编委办、绩效办、档案局等单位及各乡（镇）人民政府领导列席会议。会议主要内容：一是审议《田林县义务教育学校均衡发展办学基本标准达标情况及投入需求统计表暨“一校一表”的请示》。会议原则同意该请示。二是审议《田林县2017年现代特色农业示范区建设工作实施方案》。会议原则通过该方案。会议明确，由县财政局和农业局对接好资金整合工作，尽量将正在实施的产业扶贫、村集体经济等项目纳入方案中进行资金整合使用。三是审议《南盘江流域生态产业扶贫示范区项目建设推进工作方案》《南盘江流域生态产业扶贫示范区项目建设合作框架协议》。会议明确，县林业局、丰裕公司要根据会议要求对该方案和协议进行修改完善，并由县法制办对框架协议把关后，由县丰裕公司负责与广西林农发展有限公司做好协议签订等后续工作。四是审议《关于解决田林县2016年“双认定”脱贫户补助金的请示》《关于解决田林县2015年建档立卡退出户奖励资金的请示》。会议原则同意根据田发〔2016〕3号方案，安排258.5万元作为2016年“双认定”脱贫户补助金；根据《关于做好田林县扶贫对象脱贫摘帽核查验收相关工作的通知》，安排673.2万元作为2015年建档立卡退出户奖励资金。五是审议《关于做好国家富民强县项目（八渡笋产业升级与示范应用）迎检验收工作的请示》。会议原则同意县科技局的请示事项。会议明确，由县科技局牵头组织经济、工商、招商等相关部门对涉及扶持企业建立完善的八渡笋加工生产线进行验收合格后，才能按程序拨付30万元扶持资金。六是审议《关于审定田林县2017年脱贫攻坚产业扶持“以奖代补”实施方案的请示》。会议明确，由县脱贫攻坚战指挥部办公室在田林县2017年脱贫攻坚产业扶持“以奖代补”实施方案中增加第三个方案（即建档立卡贫困户每户总共只能享受2次“以奖代补”补助资金）后，将三个方案报县扶贫领导小组审定。七是审议《关于审定2017年上级下达资金调剂使用及拟实施项目的请示》。会议原则同意县交通局对2017年上级下达田林县的交通基础设施项目建设资金进行调剂使用。

【田林县第十六届人民政府第二十一次常务会议】 2017年6月23日下午，县长黄慧在县政府二楼会议室主持召开田林县第十六届人民政府第二十一次常务会议，县政府领导班子成员黄慧、何建华、谢君稳、王自顺、黄金贵、马涛、周光林出席会议，县人大、县委办、县政府办、法制办、监察局、组织部、发改局、财政局等单位及各乡（镇）人民政府领导列席会议。会议主要内容：一是传达学习《自治区人民政府办公厅关于印发〈广西铝产业二次创业中长期方案的通知〉》和百色市铝产业二次创业工作会议精神。会议要求，全县上下要珍惜这次铝二次创业机会，集中力量推动桂黔（田林）经济合作产业园区百矿30万吨铝水项目及其配套项目建设，力争项目早日建成投产，为后续引入的下游铝加工产业提供资源保障。二是审议《田林县2017年为民办十件实事工程项目分工方案》。会议原则通过该方案。三是审议《关于审定田林县2016年第一批以工代赈项目调整项目预算评审结果的请示》《关于审定田林县2017年第一批以工代赈项目预算评审结果的请示》。会议原则同意田林县2016年第一批以工代赈原定的2个项目（定安镇八新村那六屯道路改扩建工程、浪平乡小坳村台子屯通屯道路工程）调整为5个项目（浪平乡小坳村那顺屯通屯道路、定安镇八新村三台坡屯至孔少屯道路工程、定安镇八新村新寨支路到竹林弯道路工程、定安镇八新村三台坡屯至那六屯道路工程、定安镇渭密村那单屯至南甲屯道路工程），调整后5个项目的招投标控制价为150万元，县发改局要核实调整的5个项目与其他在建项目没有重复后再实施。四是审议《关于垃圾处理厂申请政府置换债券资金偿还债务本金的请示》《关于污水处理厂申请政府置换债券资金偿还债务本金的请示》。会议同意使用2017年广西壮族自治区公开发行一般政府置换债券资金，偿还田林垃圾无害化处理厂项目剩余债务本金725万元；偿还田林县污水处理工程项目剩余债务本金1275万元。五是审议《关于审定福达至八渡四级公路复建工程招标上限控制价的请示》《关于审定福达街中桥和防护工程项目总承包价及招标上限控制价的请示》。会议原则同意福达至八渡四级公路复建工程的建筑安装工程费招标上限控制价为7444.63万元；福达街中桥和防护工程项目建筑安装工程费招标上限控制价为641.71万元。六是审议县水产畜牧兽医局提交的《田林县2017年牧渔业产业发展扶持方案(试行)》。会议原则通过该方案。

【田林县第十六届人民政府第二十二次常务会议】 2017年7月4日晚，县长黄慧在县政府二楼会议室主持召开田林县第十六届人民政府第二十二次常务会议，县政府领导班子成员黄慧、何建华、谢君稳、蒋桂红、麦国坚、黄金贵、马涛、周光林出席会议，县政协、县委办、县政府办、法制办、监察局、组织部、信访局等单位及各乡(镇)人民政府领导列席会议。会议主要内容：一是审议《关于对百色市田林县土地整治规划(2016—2020年)成果进行批复的请示》。会议原则同意批准实施该请示事项。二是审议《田林旧州至那腊公路工程项目建设协议书》。会议原则通过该协议。会议明确，由副县长何建华组织交通局、国土局等相关部门与广西翔路建设有限责任公司做好协议签订的相关事宜。三是审议《关于后续计发田林县2016年度机关事业单位绩效奖励工作方案》。会议原则同意该方案，由县绩效办根据会议意见建议对方案进行修改完善后报县委审定。四是审议《关于请求配备田林县壮美文化旅游扶贫开发有限责任公司一名财会人员的请示》。会议同意给予该公司1名合同制聘用人员名额。会议明确：该公司招聘人员工资待遇按试用期每人每月2500元、正式聘用后每人每月3000元标准支付，同时享受县财政供养的合同制聘用人员年终绩效工资。五是审议《关于要求解决视频信访系统和群众服务中心(接待大厅)专用房的请示》。会议同意在新建的县防汛抗旱中心综合大楼安排520平方米作为信访局办公用房、视频接访室和群众服务中心专用房。

【田林县第十六届人民政府第二十三次常务会议】 2017年7月31日下午，县长黄慧在县政府二楼会议室主持召开田林县第十六届人民政府第二十三次常务会议，县政府领导班子成员黄慧、何建华、蒋桂红、谢君稳、王自顺、黄金贵、马涛出席会议，县人大、县政协、县委办、县政府办、法制办、监察局、宣传部、编委办、绩效办、发改局等单位领导列席会议。会议主要内容：一是审议《关于审定田林县浪平中学教学综合楼工程预算评审结果的请示》。会议原则同意田林县浪平乡中学新建教学综合楼工程的项目招标控制价为603.59万元，县教育局要尽快完成项目招投标，加快推进项目。二是审议《关于2017年公共招聘合同制(编外)幼儿教师的请示》。会议同意给予县教育局40个2017年公开招聘合同制(编外)幼儿教师名额。三是审议《关于申请2017年地方政府新增一般债券资金安排项目的请示》。会议原则同意该请示。会议要求：县财政局要根据会议意见建议，对2017年地方政府新增一般债券资金安排项目的金额进行调整，确保重点用于20户以上贫困村通屯道路建设、建档立卡贫困人口易地扶贫搬迁征地等脱贫攻坚项目建设资金不少于2467万元。四是审议《关于2017年度县级储备粮轮换有关问题的请示》。会议原则同意县级储备粮轮出2014年入库的早籼稻谷1626635公斤。会议明确：1.早籼稻谷轮出下限控制价为2.2~2.25元/公斤，从高到低依序拍卖，粮食轮出亏损部分从县粮食风险基金中给予补贴，不足部分由县财政解决；2.委托广西新柳邕农产品批发市场有限公司作为代理机构，采用电子竞价交易方式进行拍卖。五是审议《关于广西和平糖业有限公司接手欣盛和恒春两个公司“双高”糖料蔗基地租金的请示》。会议原则同意该请示。六是审议《关于拟同意给予黄正国同志办理退休手续的请示》。会议同意给予板桃中心校教师黄正国办理退休手续。七是审议《关于给予王三合解除劳动合同处分的请示》。会议明确：1.同意县监察局关于给予田林县汽车运输公司王三合解除劳动合同处分的请示；2.由县经济局按程序免去王三合田林县汽车运输公司法人代表职务。八是审议《田林县小型水利工程确权发证暂行办法》。会议原则通过该办法。

【田林县第十六届人民政府第二十四次常务会议】 2017年8月4日下午,县长黄慧在县政府二楼会议室主持召开田林县第十六届人民政府第二十四次常务会议,县政府领导班子成员黄慧、何建华、蒋桂红、王自顺、黄金贵、马涛、周光林出席会议,县委办、县政府办、法制办、监察局、统战部、编委办、发改局等单位领导列席会议。会议主要内容:一是传达学习《关于桂林市统计违法情况的通报》和《关于深化统计管理体制改革提高统计数据真实性的意见》精神。会议要求,各乡(镇)、各部门要高度重视统计工作,扎实做好统计基础工作,加快推进县域经济各项工作。二是传达学习《农药管理条例》。会议要求,各相关单位要加强学习,加强宣传,加强监管,落实好《农药管理条例》。三是审议《田林县人民政府关于印发行政许可事项目录的通知》。会议明确,县编委办要根据会议意见建议对《通知》内附件《田林县保留行政许可事项目录》进行修改完善后印发。四是审议《关于审定桂黔经济合作产业园一期场地平整工程结算审计结果的请示》。会议同意桂黔经济合作产业园一期场地平整工程结算审计金额为914.12万元。五是审议《田林县推进分级诊疗制度实施方案》。会议原则通过该方案。会议明确:1.实施分级诊疗医保差异化支付要根据百色市有关政策规定执行;2.县卫计局要根据会议意见建议对《方案》进行修改完善后印发。六是审议《关于聘请百色高中退休教师李玉瑞同志到田林高中担任教学副校长的请示》。会议原则同意该请示。会议明确:1.由县教育局聘请百色高中退休教师李玉瑞同志到田林高中担任教学副校长,聘期3年,工资待遇为12万元/年,经费由县财政负担;2.县教育局要积极学习借鉴其他县(区)学校的做法和经验,细化聘请合同,做好田林县的教师人才引进工作。七是审议《关于审定田林县2017年第二批自治区财政专项扶贫资金分配等方案的请示》。会议原则通过该方案。会议要求,各部门要切实履行职责,加强扶贫项目管理,在确保资金安全的前提下,加快资金支出进度,提高资金使用效率。八是审议《关于审定提高城乡最低生活保障补助水平的请示》。会议同意对城乡最低生活保障补助水平进行调整。农村最低生活保障补助水平A类从每人每月180元提高到每人每月220元、B类从每人每月170元提高到每人每月180元、C类从每人每月160元调减到每人每月140元,城市最低生活保障补助水平为每人每月330元,从2017年8月1日起实行。九是审议《关于审定我县城乡低收入家庭认定标准的请示》。会议同意对城乡低收入家庭认定标准进行调整。农村低收入家庭认定标准从人均3166元/年提高到人均4674元/年,城镇低收入家庭认定标准从人均988元/月提高到人均1122元/月,从2017年1月1日起实行。十是审议《关于同意给予田林县进兴源机动车检测有限公司机动车安全技术检验收费标准批复的请示》。会议原则同意该请示。会议明确,田林县兴源机动车检测有限公司机动车安全技术检验收费标准试行期限为一年。

【田林县第十六届人民政府第二十五次常务会议】 2017年8月11日下午,县长黄慧在县政府二楼会议室主持召开田林县第十六届人民政府第二十五次常务会议,县政府领导班子成员黄慧、何建华、蒋桂红、卞于全、谢君稳、王自顺、黄金贵、马涛、周光林出席会议,县人大、县政协、县委办、县政府办、法制办、监察局、宣传部、编委办、发改局等单位领导列席会议。会议主要内容:一是审议《田林县教育提升攻坚行动方案(2017—2020)》。会议明确,请县教育局根据会议意见对《田林县教育提升攻坚行动方案(2017—2020)》进行修改完善并提交社会事业组讨论后,报县人民政府审定。二是审议县民政局提交的《田林县开展最低生活保障审批权限下放乡(镇)试点工作实施方案》。会议原则通过该方案。三是审议《田林县"田林高中百高班"工作方案》。会议原则通过该方案。会议要求,县教育局要与百色高中对接做好各项工作,并根据会议意见对《方案》进行修改完善后印发实施。四是审议《关于审定田林县壮剧中心、政务中心建设项目工程造价的请示》。会议原则同意田林县壮剧中心、政务中心建设项目工程按照县财政评审审定金额6776.85万元进行招投标。五是审议《田林县城区户外广告设施设置管理办法》。会议原则通过该办法。会议明确,县委宣传部要根据会议意见对该办法进行修改完善后试行。六是审议《关于审定旧州、定安、六隆三个镇级污水厂增加MBR一体化设备的请示》。会议原则同意旧州、定安、六隆三个镇级污水厂每个增加2套MBR一体化设备，共计6套。会议明确，请副县长黄金贵组织市政、发改等部门按照相关程序及时开展工作，确保三个项目如期竣工运行。七是审议《关于审定田林县污水处理厂及配套管网工程(城区污水管网配套工程续建)项目出具审计结果的请示》。会议同意田林县污水处理厂及配套管网工程(城区污水管网配套工程续建)项目审计金额为5153831.2元。八是审议《关于审定田林县2017年脱贫攻坚第二批屯级道路建设项目招投标控制价的请示》。会议明确，田林县2017年脱贫攻坚第二批屯级道路建设项目招投标控制价为13500万元。

【田林县第十六届人民政府第二十六次常务会议】 2017年8月21日晚，县长黄慧在县政府二楼会议室主持召开田林县第十六届人民政府第二十六次常务会议，县政府领导班子成员黄慧、何建华、蒋桂红、谢君稳、王自顺、黄金贵、马涛、马如兵出席会议，县人大、县政协、县委办、县政府办、组织部、法制办、监察局、编委办、财政局等单位领导列席会议。会议主要内容：一是审议《关于划拨利周粮所等部分国有土地为学校教育用地的请示》。会议原则同意该请示。二是审议《关于招聘2017年合同制聘用教师的请示》。会议同意给予县教育局向社会公开招聘81名合同制聘用教师名额。会议明确，县教育局要严格按照相关招聘程序做好合同制聘用教师招聘工作，确保新招聘教师按时到岗。三是审议《关于同意补充招聘学校保安员的请示》。会议同意落实县教育局配备各级各类学校保安员150名，2017年已配有94名，再补招56名。四是审议《关于审定田林县八桂中心幼儿园教学综合楼工程预算评审结果的请示》。会议明确，田林县八桂中心幼儿园教学综合楼工程的招标控制价为610万元。五是审议《关于审定田林县2017年坡耕地水土流失综合治理工程项目预算评审结果的请示》。会议同意田林县2017年坡耕地水土流失综合治理工程按照县财政评审审定金额10304760元作为招标控制价。六是审议《关于审定田林县2017年农村饮水安全巩固提升工程项目预算评审结果的请示》。会议明确，田林县2017年农村饮水安全巩固提升工程的招标控制价为1300万元。

【田林县第十六届人民政府第二十七次常务会议】 2017年8月25日上午，县长黄慧在县政府二楼会议室主持召开田林县第十六届人民政府第二十七次常务会议，县政府领导班子成员黄慧、何建华、蒋桂红、谢君稳、王自顺、黄金贵、马涛、马如兵出席会议，县人大、县政协、县委办、县政府办、组织部、法制办、监察局、发改局等单位领导列席会议。会议主要内容：一是审议《田林县矿产资源总体规划(2016—2020年)》和《田林县砂石资源开发专项规划(2016—2020年)》。会议要求，县国土局要根据会议意见对两份规划进行修改完善后再报审。二是审议《田林县林业局岗位竞聘上岗工作方案》。会议原则通过该方案。三是审议《关于审定田林县2016年城市棚户区乐里镇城区改造(二期)——公建设施改造(道路、排水)项目预算造价评审结果的请示》。会议同意田林县2016年城市棚户区乐里镇城区改造(二期)——公建设施改造(道路、排水)项目按照县财政投资评审中心审定金额2767801.73元作为招标控制价。会议要求，县房改办要尽快做好项目招投标等相关工作。四是审议《关于审定田林县2017年精准脱贫人饮巩固提升工程预算评审结果的请示》。会议同意田林县2017年精准脱贫人饮巩固提升工程的项目施工按照县财政投资评审中心审定金额18913582元作为招标控制价；管材采购按照县财政投资评审中心审定金额5780669.28元作为招标控制价。五是审议《关于审定田林县初级中学3#4#教学楼周边美化工程预算评审结果的请示》。会议同意田林县初级中学3#4#教学楼周边美化工程按照县财政投资评审中心审定金额1243824.89元作为招标控制价。六是审议《田林县第33个教师节活动方案》。会议原则通过该方案。会议要求，县教育局要根据会议意见建议对该方案进行修改完善后报县委审定。

【田林县第十六届人民政府第二十八次常务会议】 2017年9月8日上午，县长黄慧在县政府二楼会议室主持召开田林县第十六届人民政府第二十八次常务会议，县政府领导班子成员黄慧、何建华、王自顺、黄金贵、周光林出席会议，县政协、县委办、县政府办、组织部、法制办、监察局、县委史志办、档案局等单位领导列席会议。会议主要内容：一是审议《田林县人民政府部门权责清单》。会议明确，县政府各分管领导和各相关部门要对清单再次审核，于9月12日提出最终修改意见，县编办修改完善后报县政府印发。二是审议《田林县2017年政府新增债券扶贫开发项目建设实施方案》。会议原则通过该实施方案。会议明确，县扶贫办、财政局要根据会议意见修改完善后向自治区、市报备方案，如因未及时上报导致田林县党政领导班子和领导干部经济社会发展实绩考核被扣分的，要相应扣除县扶贫办、财政局两个部门的年终绩效考核分数。三是审议《关于审定田林县2017年第二批中央财政专项扶贫资金（扶贫发展）分配方案等的请示》。会议原则通过田林县2017年第二批中央财政专项扶贫资金（扶贫发展）分配等方案。会议明确，县扶贫办、财政局要根据会议意见修改完善后向自治区、市报备方案。四是审议《田林县乡村教师支持计划实施方案（2015—2020年）》。会议原则通过该方案。会议明确，县教育局要根据会议意见和已出台的《关于进一步提高全县中小学校教育质量的实施意见（试行）》《田林县校（园）长任期考核办法（试行）》《田林县中小学校班主任考评办法（试行）》《田林县中小学校长交流、教师轮岗、换岗实施方案（试行）》《田林县教育系统绩效奖励增拨资金分配办法指导意见（试行）》《田林县“名师工程”评选办法（试行）》《田林县教职工竞聘上岗工作指导意见（试行）》对《方案》进行修改完善，做好政策衔接。五是审议《关于审定田林县高龙乡渭荣村青岗林至大坝公路硬化项目招标控制价的请示》。会议明确，田林县高龙乡渭荣村青岗林至大坝公路硬化项目的招标控制价为260万元。六是审议《田林县土地开垦项目实施方案》。会议原则通过该方案。七是审议《关于审定桂黔（田林）经济产业园区600kt/a预焙阳极项目的请示》。会议原则同意百矿集团在桂黔（田林）经济产业园区新建600kt/a预焙阳极项目。

【田林县第十六届人民政府第二十九次常务会议】 2017年9月30日下午，县长黄慧在县政府二楼会议室主持召开田林县第十六届人民政府第二十九次常务会议，县政府领导班子成员黄慧、何建华、蒋桂红、谢君稳、王自顺、黄金贵、马涛、周光林出席会议，县人大、县委办、县政府办、组织部、法制办、监察局、县检察院、法院局等单位领导列席会议。会议主要内容：一是传达学习《陈武主席在全区领导干部会议上的讲话》和《中共百色市委员会关于加快铝产业二次创业的决定》（百发〔2017〕18号）。会议要求，各乡（镇）、各部门要及时传达学习，把稳增长作为当前工作的重中之重，全力抓好经济工作，努力实现全年经济增长12%的目标。要大力推进百矿30万吨铝水项目，做好桂黔（田林）经济合作产业园区排污、供水、道路等相关配套设施的规划和建设，加大资金筹措力度，确保项目如期投产。二是审议《关于审定六隆中学附属工程预算评审结果的请示》。会议明确，六隆中学附属工程的招标控制价为190万元。三是审议《关于审定田林县中医医院新址建设项目医技制剂综合楼财政评审结果的请示》。会议明确，田林县中医医院新址建设项目医技制剂综合楼的招标控制价为820万元。

四是审议《关于解决县中医医院新址建设项目二期工程建设缺口资金的请示》。会议同意从县中医医院在田林县农村商业银行的1200万元贷款中解决工程建设资金缺口。五是审议《田林高中外聘教学副校长协议书》。会议原则通过该协议。六是审议《关于255名教师享受专业技术岗位中级十级工资待遇的请示》。会议同意从2017年9月1日起，给予已获得中级职称待聘的255名教师（中学教师68人、小学教师182人、幼儿园教师5人）享受专业技术岗位十级工资待遇。会议明确，今后评上中、高级职称的在编在岗教师可给予相应岗位等级待遇。七是审议《关于申请招聘财政供养人员的请示》。会议同意县房改办招聘1名合同制聘用人员，另给予1名政府购买服务人员名额。会议明确：1. 合同制聘用人员工资待遇为每月2000元；2. 购买服务人员工资待遇为每月1800元。请县人社局、房改办按有关程序办理。八是审议《关于将聘请人员转为财政供养编外人员的请示》。会议同意给予县地震局1名政府购买服务名额，购买服务人员工资待遇为每月1800元。九是审议县林业局提交的《田林县2017年核桃产业发展实施方案》。会议原则通过该方案。十是审议《关于田林县潞城瑶族乡八洞村“平桥屯对面坡”“2015·4·19”森林火灾责任认定》。会议同意县林业局对田林县潞城瑶族乡八洞村“平桥屯对面坡”“2015·4·19”森林火灾事故调查报告的责任认定。十一是审议《关于解决利周瑶族乡老山村旅游扶贫开发村集体特色农家乐和水果产业观光园项目缺口资金的请示》《关于解决利周瑶族乡老山村旅游扶贫开发民族特色产品交易广场项目缺口资金的请示》。会议同意利周瑶族乡老山村旅游扶贫开发村集体特色农家乐和水果产业观光园项目、利周瑶族乡老山村旅游扶贫开发民族特色产品交易广场项目资金从县壮美文化旅游开发有限公司现有项目资金中解决,不足部分由县财政解决。会议明确,由县壮美文化旅游开发有限公司作为业主实施项目。

【田林县第十六届人民政府第三十次常务会议】 2017年10月20日下午,县长黄慧在县政府二楼会议室主持召开田林县第十六届人民政府第三十次常务会议,县政府领导班子成员黄慧、蒋桂红、麦国坚、卞于全、谢君稳、王自顺、黄金贵、马涛出席会议,县人大、县政协、县政府办、法制办、监察局、信访局、财政局等单位领导列席会议。会议主要内容:一是审议《田林县财政专项扶贫资金管理办法》。会议通过该办法。会议明确,县财政局要根据会议精神对《办法》进行修改完善后按程序印发,并按规范性文件管理要求公布,报送备案。二是审议《关于审定深圳市帮扶田林县良种油茶产业示范基地2600亩灌溉管网工程招投标控制价的请示》《关于给予解决深圳市帮扶田林县良种油茶产业示范基地2600亩灌溉管网工程缺口部分资金的请示》。会议同意深圳市帮扶田林县良种油茶产业示范基地2600亩灌溉管网工程按照县财政评审金额445.4458万元作为招标控制价进行招投标。会议明确,深圳市帮扶田林县良种油茶产业示范基地2600亩灌溉管网工程缺口部分资金133.4458万元从田林县2017年现代特色农业示范区建设资金及森林植被恢复费中列支。三是审议《关于2017年县级储备粮轮换补库粮食收购工作有关事项的请示》。会议原则同意该请示。三是审议《关于给予拨付2017年春季甘蔗种植补助及工作经费补助的请示》。会议原则同意该请示。四是审议《田林县教育提升攻坚行动方案(2017—2020)》。会议明确,县教育局要根据会议精神对该方案进行修改完善后报县委审定。五是审议《关于成立田林县第三小学的请示》《关于成立田林县光明幼儿园的请示》。会议同意设立田林县第三小学和田林县光明幼儿园。会议要求,县教育局要统筹推进建设工作,确保2018年秋季学期开学(开园)上课。六是审议《关于审定田林县2017年精准脱贫人饮巩固提升工程管材采购总价的请示》。会议同意田林县2017年精准脱贫人饮巩固提升工程管材采购招标控制价为810万元。

【田林县第十六届人民政府第三十一次常务会议】 2017年10月26日上午,县长黄慧在县政府二楼会议室主持召开田林县第十六届人民政府第三十一次常务会议,县政府领导班子成员黄慧、何建华、蒋桂红、麦国坚、罗俊书、黄金贵、周光林、马如兵出席会议,县人大、县政协、县政府办、法制办、监察局、组织部、宣传部、统战部、县法院、财政局等单位领导列席会议。会议主要内容:一是审议《田林县畜禽养殖禁养区、限养区和适养区划定方案》。会议原则通过该方案。会议要求,县畜牧局要根据会议精神对该方案进行修改完善并尽快印发试行。二是审议《关于拟同意黄碧艳同志办理提前退休手续的请示》。会议同意田林县民族事务局黄碧艳办理退休手续。三是审议《关于请求将县房管所纳入县财政全额拨款单位的请示》。会议同意将房管所纳入县财政全额拨款事业单位并按程序报田林县机构编制委员会审议。四是审议《关于审定田林县县城部分区域保洁市场化运作招投标控制价的请示》。会议明确,田林县县城部分区域保洁市场化运作的招投标控制价为300万元,承包期限为2年。会议要求,县市政局要尽快开展招投标工作,对投标公司资质把好关,做好承包方监督考核工作。五是审议《关于审定田林县进城大道提升改造项目相关事宜的请示》。会议明确,田林县进城大道提升改造项目的招标控制价为660万元,项目资金从2017年自治区财政林业项目建设资金中的森林植被恢复费内列支。六是审议《田林县城区车辆停放服务收费管理暂行办法》。会议原则通过该办法。会议要求,县物价局要根据会议精神对该办法进行修改完善后印发实施,并按规范性文件要求公布,报送备案。七是审议2018年度深圳市对口扶贫项目相关事宜。会议同意田林县“深圳桥”项目、田林县第三小学项目申报2018年度深圳市对口帮扶项目;田林县八渡瑶族乡光明卫生院整体搬迁项目、田林县芒果技术培训教学中心项目申报2018年度深圳市光明新区对口帮扶项目。会议要求,县协作办要统筹做好项目申报工作,县恒昌公司、教育局、卫计局、乐里镇人民政府分别作为各项目业主单位,要加快项目推进工作,确保按时按质按量完成建设任务。

【田林县第十六届人民政府第三十二次常务会议】 2017年11月2日晚,县长黄慧在县政府二楼会议室主持召开田林县第十六届人民政府第三十二次常务会议,县政府领导班子成员黄慧、何建华、蒋桂红、谢君稳、罗俊书、黄金贵出席会议,县人大、县政协、县政府办、法制办、监察局、组织部、宣传部、县法院、财政局等单位领导列席会议。会议主要内容:一是传达学习《党政主要负责人履行推进法治建设第一责任人职责规定》《广西食品安全行政责任追究暂行办法》。会议要求:1.各乡(镇)人民政府、县直各部门主要领导作为本乡(镇)、本部门推进法治建设的第一责任人,要进一步强化法治理念,率先垂范、主动担当,切实履行好法治建设重要组织者、推动者和实践者的职责,扎实推进法治建设各项工作落实,把本乡(镇)、本部门各项工作纳入法治化轨道;2.各乡(镇)人民政府、县直各单位特别是食品安全监管部门要提高思想认识,切实履行担当,严格落实好食品安全相关工作,筑牢食品安全防线,确保"舌尖上的安全"。二是审议《田林县生态宜居家园行动计划(2017—2020)》。会议原则通过该计划。三是审议县教育局提交的《田林县义务教育学区制管理改革工作实施方案》。会议原则通过该方案。会议要求,县教育局要根据会议精神对方案进行修改完善后印发实施。四是审议《田林县第三期学前教育行动计划》。会议原则通过该计划。五是审议《关于审定田林县平塘中心幼儿园等四个学前教育项目工程预算评审结果的请示》。会议明确:1.田林县平塘乡中心幼儿园项目招标控制价为600万元;2.田林县旧州镇中心幼儿园项目招标控制价为650万元;3.田林县浪平镇中心幼儿园项目招标控制价为630万元;4.田林县定安镇中心幼儿园项目招标控制价为600万元。会议要求,县教育局要尽快做好项目招投标等相关工作。六是审议《田林县人民政府关于取消和调整一批行政许可事项的决定》。会议原则通过该决定。会议要求,县直各相关单位要认真做好取消、调整行政许可事项的落实和衔接工作。

七是审议《田林县2018年国家重点生态功能区县域生态环境质量检测、评价与考核工作实施方案》。会议原则通过该方案。八是审议《关于审定旧州镇易地扶贫搬迁高速路口安置片区场平项目工程结算审核结果的请示》。会议同意旧州镇易地扶贫搬迁高速路口安置片区场平项目工程结算审计金额为6662603.37元。九是审议《关于审定田林县2015—2020易地扶贫搬迁项目(一期)潞城片区(营盘点)场平土石方工程结算审核结果的请示》。会议同意田林县2015—2020易地扶贫搬迁项目(一期)潞城片区(营盘点)场平土石方工程结算审计金额为3612798.78元。十是审议《田林县人民法院关于招聘编外聘用书记员方案》《田林县人民检察院招聘书记员方案》。会议明确:1.给予县人民法院通过政府购买服务方式自主招聘书记员名额17名(本次同意招聘书记员名额10名),县人民检察院通过政府购买服务方式自主招聘书记员名额13名(本次同意招聘书记员名额6名),县人民法院和县人民检察院剩余的自主招聘名额视工作需要再向县人民政府提交招聘申请;2.政府购买服务人员工资待遇为每人每月2300元。十一是审议《关于审定2017年田林县扶贫开发办公室实施项目招标控制价的请示》。会议同意:1.2017年县扶贫办实施的政府新增债券资金项目18个,按照财政评审总金额1820.4508万元作为招标控制价;2.2017年第二批中央财政专项扶贫资金项目12个,按照财政评审总金额1820.9598万元作为招标控制价;3.2017年第二批自治区财政专项扶贫资金项目1个,按照财政评审总金额137.6054万元作为招标控制价。十二是审议《关于审定田林县2017年窄路基、路面加宽工程6个项目施工招标上限控制价的请示》。会议同意田林县2017年窄路基、路面加宽工程6个项目按照财政评审总金额1660.8701万元作为招投标控制价进行招投标,其中:1.岩荣至六隆项目按财政评审金额449.5414万元作为招标控制价;2.供央至能良项目按财政评审金额58.1674万元作为招标控制价;3.洞弄至上仁项目按财政评审金额192.4338万元作为招标控制价;4.八渡至合塘项目按财政评审金额337.0000万元作为招标控制价;5.平合至根标项目按财政评审金额241.5869万元作为招标控制价;6.板桃至弄光项目按财政评审金额382.1406万元作为招标控制价。会议要求,县交通局要尽快做好项目招投标等相关工作。

【田林县第十六届人民政府第三十三次常务会议】 2017年11月17日上午,县长黄慧在县政府二楼会议室主持召开田林县第十六届人民政府第三十三次常务会议,县政府领导班子成员黄慧、何建华、蒋桂红、谢君稳、罗俊书、黄金贵、周光林、谢旦杏、马如兵出席会议,县人大、县政协、县委办、县政府办、法制办、监察局、组织部、编委办、发改局、财政局等单位领导列席会议。会议主要内容:一是审议《关于审定田林县2017年脱贫攻坚村屯道路维修项目的请示》。会议同意县脱贫攻坚战指挥部办公室请示的维修项目及规模、预算。会议明确:项目预付款按照预算投资的50%进行拨付,各乡(镇)人民政府作为业主实施项目,县交通局负责做好项目技术指导及质量监督等工作。会议要求,田林县2017年脱贫攻坚村屯道路维修项目须于2017年12月5日前竣工。二是审议《关于提高我县扶贫专干工资待遇的请示》。会议同意我县行政村扶贫专干工资待遇由每人每月900元提高至每人每月1200元。三是审议《田林县全面开展重特大疾病医疗救助工作实施方案》。会议原则通过该方案。四是审议《田林县加快推进县域医疗共同体建设和发展实施方案(试行)》。会议原则通过该方案。五是审议《关于审定田林县中医医院新址建设项目地下室财政评审结果的请示》。会议明确,田林县中医医院新建地下室工程招标控制价为190万元。会议要求,县卫计局要尽快做好项目招投标等相关工作。六是审议《关于确定田林县小型汽车驾驶资格科目二、科目三考试中心项目选址位置的请示》。会议同意田林县小型汽车驾驶资格科目二、科目三考试中心项目选址位于潞城瑶族乡旺吉村俄外屯进屯道路附近的小山包,地块面积53.237亩,四至范围为:东南面靠俄外屯进屯道路、西北面靠山地、西南面靠南昆铁路、东北面靠国道324线。七是审议《关于请求落实田林县消防站二期建设资金的请示》。会议明确,田林县消防站二期建设费用按340万元总包干,经费来源为:自治区消防总队划拨的建设经费100万元,2018、2019年由县财政每年解决建设经费120万元。

【田林县第十六届人民政府第三十四次常务会议】 2017年12月8日上午,县长黄慧在县政府二楼会议室主持召开田林县第十六届人民政府第三十四次常务会议,县政府领导班子成员黄慧、何建华、麦国坚、谢君稳、罗俊书、黄金贵、谢旦杏出席会议,县人大、县委办、县政府办、法制办、监察局、组织部、县法院、编委办、发改局、财政局等单位领导列席会议。会议主要内容:一是审议《田林县2018—2020年核桃产业发展方案》。会议原则同意该方案。二是审议《关于审定万吉山森林公园创建提升工程项目招投标控制价的请示》。会议明确,万吉山森林公园创建提升工程项目招标控制价为1800万元,资金来源通过政府融资解决。三是审议《田林县人民政府关于调整一批行政许可事项的决定》。会议原则通过该决定。四是审议《田林县新型农村合作医疗信息管理系统采购合同纠纷调查情况汇报》《田林县农机局、农机校综合楼工程欠款问题调查情况汇报》。会议原则通过纠纷化解工作领导小组的建议意见,报县委审定。五是审议《田林县扶贫产业园基础设施(一期)建设PPP项目实施方案》。会议原则通过该方案。会议要求,县工管委要根据会议精神对方案进行修改完善后印发实施。六是审议《百矿集团桂黔(田林)经济合作产业园区煤电铝一体化项目400kt/a阳极碳素项目投资协议书》《百矿集团桂黔(田林)经济合作产业园区煤电铝一体化项目400kt/a阳极碳素项目代建协议书》。会议原则通过上述两份协议书。会议要求,县工管委要根据会议精神对两份协议书进行修改完善并由法制办进行合法性审查后签订。七是审议《关于田林县2017年财政预算调整方案(草案)的报告》。会议原则通过该报告。会议要求,县财政局要根据会议精神对报告进行修改完善后报县人大常委会审议。

【田林县第十六届人民政府第三十五次常务会议】 2017年12月18日上午,县长黄慧在县政府二楼会议室主持召开田林县第十六届人民政府第三十五次常务会议,县政府领导班子成员黄慧、何建华、蒋桂红、麦国坚、农国宁、谢君稳、罗俊书、黄金贵出席会议，县人大、县委办、县政府办、法制办、监察局、组织部、宣传部、发改局、财政局等单位领导列席会议。会议主要内容：一是审议《田林县安全生产“十三五”规划》。会议原则通过该规划。二是审议县糖办提交的《田林县2018年春季甘蔗种植实施方案》。会议原则同意该方案。三是审议《关于审定田林县2017年中央财政小型农田水利建设项目（第二批）工程预算评审结果的请示》。会议同意田林县2017年中央财政小型农田水利建设项目（第二批）工程按照县财政评审结果1251.22万元作为招标控制价进行招投标。四是审议《关于聘请3名编外合同制聘用人员的请示》。会议同意给予县商务局2名政府购买服务人员名额，工资待遇为每人每月2300元。由县人社局、商务局按有关程序办理。五是审议《拟同意郭俊言同志办理提前退休的请示》。会议同意田林县供销合作社联合社郭俊言办理退休手续。六是审议《关于加快实施田林县城乡建设用地增减挂钩项目的请示》。会议明确：1. 田林县城乡建设用地增减挂钩项目全部通过招投标引进社会资本合作开发，以总包干的方式由社会资本方组织实施；2. 经上级国土部门验收确认的周转指标按田林县人民政府60%、投资方40%的比例进行分配。七是审议《关于审定定安中心卫生院等7个乡（镇）卫生院建设项目工程预算评审结果的请示》。会议同意定安中心卫生院等7个乡（镇）卫生院建设项目工程按照县财政评审结果1447.20万元作为招标控制价进行招投标。八是审议《田林县八渡中心校学生临时渡汛安置方案》。会议同意《田林县八渡中心校学生临时渡汛安置方案》中的安置办法。即：1. 八渡中心校1~3年级学生就近安置到那囊村完小和六林村完小；2. 将八渡瑶族乡八桃村新寨小学安排到福达中心校插班就读，腾空新寨小学并修缮后安排八渡中心校4~6年级学生入学就读；3. 调整就读的班级任教教师均跟随至对应学校教学；4. 对八渡中心校学生发放交通补助，交通补助尽量就高不就低。九是审议《关于审定田林县旧州镇中心校运动场工程预算评审结果的请示》。会议同意田林县旧州镇中心校运动场工程按照县财政评审结果175.20万元作为招标控制价进行招投标。十是审议《关于将自聘的人员列为政府编外聘请人员的请示》。会议同意给予县审计局4名政府购买服务人员名额，工资待遇为每人每月2300元。十一是审议《关于审定八桂片区那榄安置点场地土石方工程结算审核结果的请示》。会议同意八桂片区那榄安置点场地土石方工程结算审计金额为236.69527万元。

重大政务

【经济发展概况】 全年地区生产总值首次突破50亿元大关，达到56.52亿元，增长12%，连续四年保持两位数增长；固定资产投资36.17亿元，增长15.4%；财政收入3.71亿元，增长13.8%；规模以上工业总产值54.99亿元，增长31.1%；社会消费品零售总额12.14亿元，增长13.1%；农村居民人均可支配收入突破1万元，达到10286元，增长9.5%；城镇居民人均可支配收入27241元，增长8.6%。

【民生建设】 全年民生投入19.8亿元，增长10.1%。其中，落实7.3亿元全面实施社保惠民、教育惠民等10件为民办实事工程，群众幸福指数持续攀升。教育事业加快发展。开工建设田林光明幼儿园二期工程、第三小学教学综合楼等49个教育基础设施项目，教学环境持续改善；全面落实各类教育惠民政策，田林高中“百高班”成功开办，中、高考成绩取得新突破，中考成绩A+人数首次突破百人大关，教育质量不断提升。文体事业持续繁荣。成功举办2017年“壮族三月三·吼敢”活动，开展“壮族祭瑶娘”“祭瑶王”等形式多样的民俗文化活动，戏曲进校园活动全面铺开；国家艺术基金项目壮剧《瑶娘》在南宁成功首演，被列为自治区党委宣传部文艺精品；全民健身运动蓬勃开展，完成一批村级公共文化服务中心等文化体育惠民工程建设。卫生计生事业健康发展。深入推进公立医院改革，分级诊疗制度有序实施，县乡村三级医疗卫生服务体系逐步健全。健康扶贫“五个一行动”扎实推进。县妇幼保健院业务用房、疾控中心等医疗卫生项目全面竣工。全面二孩政策稳步落实，全县人口自然增长率、出生政策符合率、政策外多孩率均在市级控制指标内。社会保障持续增强。低保、医疗、就业等社会保障体系运行平稳，发放城乡困难群众补贴1.54亿元、医疗补贴0.97亿元，新增城镇就业1156人，下岗失业人员再就业203人，城乡居民基本医疗保险参保率98%，养老保险发放率达100%。

【重大项目建设】 完成重大项目投资36.17亿元，增长15.4%。开工建设体育中心、政务服务中心、壮剧中心、2017年易地扶贫搬迁工程等46个项目，竣工三宝桥等35个项目，建县以来最大的基础设施投资项目田林至西林高速公路启动建设。基础设施日趋完善。农村公路、饮水等基础设施建设快速推进，开工建设旧州至那腊、八桂至那比等一批交通项目，受益群众10.77万人；投入4575万元，实施小农水、农村饮水安全巩固提升工程等一批水利项目，解决1.1万群众"饮水难"问题；投入9771万元，改造农村危房2413户，新建城市棚户区改造531套。投入1417万元建设村通宽带网络52个行政村，实现全县村村通宽带目标。精准招商成效初显。引进长江天成营养山茶油、家全木业等项目7个，开工2个，全年完成招商引资区外到位资金11.81亿元，增长22.1%。

【城乡面貌治理】 推进征地拆迁工作，完成征地1181亩、土地收储234亩。田林新区建设取得突破性进展，体育中心、壮剧中心、政务服务中心重点城镇项目加快推进，新增建成区面积4.98公顷，城镇化率由22.9%提高到23.6%。乡镇建设持续加力，定安镇百镇建设项目加快推进，浪平成功撤乡设镇。开展市容市貌和交通秩序综合整治工作，依法依规处置违法建房户13户，"三违五乱"得到有效遏制。投入707万元实施城区背街小巷硬化亮化绿化工程，乐里大桥、风雨桥、三宝桥亮化工程全面竣工，城市面貌大幅提升。

【生态环境建设】 启动"宜居乡村"建设，"产业富民""服务惠民""基础便民"工程全面推进，旧州镇平满村等5个村屯分获自治区"美丽广西"乡村示范村和"绿色村屯"称号。深入开展"环境保护巩固提升年"活动，切实加强生态建养，完成造林绿化11.32万亩、义务植树80万株，森林覆盖率提高到77.8%；建成3个乡镇污水处理厂和18个村级垃圾处理中心，兑现公益林补偿1967.77万元，治理石漠化面积36平方千米，山清水秀自然生态持续巩固。全面推进"河长制"，主要河流水质达到标准。继续做好中央环保督察反馈意见整改巩固工作，水环境和空气环境质量均达标，节能减排获市政府通报表扬。做好防灾减灾工作，未发生重大森林火灾、汛灾及地质灾害。

【脱贫攻坚】 精准聚焦贫困村和贫困人口，建设农村饮水安全工程143个、通屯道路102条，完成易地扶贫搬迁安置贫困户832户3746人。投入2199万元扶持壮大村集体经济，"5+2"特色产业覆盖率达93.1%。累计发放小额贷款29603万元，受益贫困户6394户。筹措1881.25万元"以奖代补"资金实施产业扶贫项目，覆盖5375户贫困户21922名贫困人口。争取到中国电信集团公司、深圳市光明新区、自治区纪委机关等帮扶资金3131万元、社会帮扶资金565万元，实施通信、道路、产业等项目9个，直接受益3.26万人。13个贫困村脱贫摘帽，10470名贫困人口稳定脱贫，全县贫困发生率降至16.5%。

【维护社会稳定】 推进"平安田林"建设，开展领导大接访、领导带案下访活动，深化矛盾纠纷排查化解，受理群众来信284件，调解三大纠纷110起；安全生产、食药品安全、社会治安保持平稳，破获刑事案件303起，查处治安案件790起，反恐应急处突能力不断提高，消防和交通管理逐步加强，无重大群体性事件和安全事故发生，群众安全感和满意度持续提升，被评为建设平安广西活动先进县。

【政府自身建设】 落实全面从严治党要求，开展"两学一做"学习教育和"三年一争当"活动，严格执行中央八项规定，"三公经费"持续下降。全面落实自治区党委巡视反馈问题整改，反馈问题均按期整改到位。加强清廉政府建设，落实"两个责任""一岗双责"，约谈问责制度，党风廉政建设和反腐败斗争取得新成效。健全政务信息公开制度，举行民生、文化等领域新闻发布会5次。继续清理行政审批事项，取消、调整行政审批事项259项。全面推进法治政府建设，自觉接受人大法律监督和政协民主监督，人大代表建议和政协提案办复率100%。完善政府重大决策、民主决策、合法性审查的程序和机制，政府权力运行更加规范。审计监督力度加大，绩效管理进一步加强。

田林县人民政府办公室工作

【田林县人民政府办公室领导】

主　任：罗旭平（瑶族）

副主任：梁祖承（壮族）

黄龙贵（壮族，2017年10月兼任县人民政府督查室主任）

陆　江（壮族，2017年2月离任）

黄家兴（壮族）

农凤姣（女，壮族，2017年10月离任）

许福赖（壮族）

潘　勇（壮族）

杨秀传（壮族，2017年10月任职）

闭遗斐（壮族，2017年10月任职）

黄家勤（壮族，2017年10月任职）

【概况】 田林县人民政府办公室是县政府的综合办事机构，承担县政府的日常政务和事务性工作，内设综合股、秘书股、文电股、信息股、财务室、文印室、督查室、应急办、值班室、接待办等机构，核定编制26名，设主任1名，副主任8名，实有人数39人，其中借调19人。2017年，县政府办公室围绕全县经济和社会发展及县政府中心工作，按照“参与政务、管理事务、搞好服务”的宗旨，加强监督管理，办文、办事、协调等服务工作不断改进，保证了政府工作的高效、协调、有序运转。

【办文业务】 严格发文管理，实行公文“统收统管制”，统一登记、及时送签、随时复查，做到急件急办、特件特办、密件专办。创新公文报批方式，逐步实现无纸化办公，启用移动协同OA办公系统平台，实现手机移动端同步处理公文，缩短文件流转时间，加快公文流转速度，大大提升工作效率。2017年共制发公文360份，处理阅处、批示件4185份，密件168份。

【办会业务】 办会抓细节，从会议组织、会场布置、会议通知、会议时间、地点、人物、着装、议程确定，到会场纪律、车辆、进餐、住宿的安排、会议签到，材料汇编等，精心安排，周密部署，做到万无一失。全年共筹备承办会议190次，其中县政府常务会议27次。

【协调服务】 抓好重点项目协调推进，先后召开专题协调会45次，及时解决工作推进中遇到的困难和问题。抓好重大活动组织协调。先后多次组织协调各级领导到田林的调研工作，筹备2017年百色芒果（郑州）专场推介会、田林县2017年“壮族三月三·吼敢”活动等大型会议和活动，确保重大活动及会议顺利举行。

【督查督办】 围绕《2017年政府工作报告》《政府工作要点》和全县重大决策部署、重点工作、重点项目以及领导交办等重点督办事项，开展督查督办活动，共落实专项督查10次，发出督查通报13期，有力地保证了百矿30万吨铝水、40万吨阳极碳素、瓦村水电站、长江天成山茶油、大地木业、易地扶贫搬迁、旧州至那腊二级路、八桂至那比三级路等重大项目及重点工作的顺利推进。

【应急管理】 加强应急值守和信息报送工作，成立县人民政府办公室值班室，落实事业编制人员3名，建全工作制度，规范值班处理程序，实行机关休息和放假期间专人值班，做到“全天候”服务。及时调整充实了县综合应急救援大队专家组及防汛抗旱、公安消防、地质灾害、林业灾害、矿山安全、环境污染、特种设备、建筑施工、供水供气、卫生安全、物资运输、志愿者等14支应急救援队伍，并调整充实综合应急救援大队应急专家队伍。同时加强应急管理专家队伍建设，消防大队现有应急救援专用车辆11辆、防护装备756件、抢险救援器材72件、灭火器18件；森林防火应急物资有扑火服、砍刀、水壶、灭火器、割草机等共3901件；储备粮食526万公斤。各乡镇、其他部门也按照要求储备相关的应急物资，应急物资能满足应急救用。

【议案、提案办理】 将人大代表议案和政协委员提案办理工作作为重中之重的工作来抓。年初专门召开议案提案交办会议，县领导亲自作部署，对提案办理时限、反馈形式、签发领导等方面提出具体意见，多次召开办理协调会，及时解决办理过程中遇到的困难和问题，办理情况由办公室主任签发向代表、委员反馈意见。选择一些具有代表性的议案、提案，分阶段组织开展现场联合办公，做到有安排、有协调、有落实。据统计，年内共办理县人大代表意见、建议和议案61件，办理县政协提案40件，办复率100%。

【保密工作】 制定印发《田林县人民政府办公室保密工作制度》《田林县人民政府办公室机关档案管理办法》等有关保密工作规定和制度，进一步规范和严格保密程序；实行不定期抽查制，加大对各科室执行保密法律法规、涉密载体管理等进行抽查、检查，对发现违反有关保密工作的行为进行立即纠正、限期整改和通报。定期或不定期组织干部职工学习有关文件，研究解决保密工作中存在的问题。开展全办领导干部签订保密工作责任书和涉密人员重新分类及重新签订保密承诺书工作。

【政务信息】 坚持把信息工作摆在突出位置，以提高信息质量为重点，将信息工作纳入各股室、各岗位年终考核内容，对全年的政务信息报送任务进行分解，落实到股室、岗位。坚持全员信息制度，做好县政府政务信息和网络信息报送工作。全年共向自治区人民政府报送政务类信息、互联网信息1441条，采用50条，得分98分，排名全区第15位，全市第2位。

信访工作

【田林县委、县政府信访局领导】
局　长：毕美霞（女，壮族）
副局长：韦显光（壮族）
蒙美秀（女，壮族）
岑凡希（壮族）

【概况】 2017年信访局内设机构有办公室、信访联席办、办信股、接访股、复查复核办，核定编制8名，在职人数9人，领导职数1正3副，其中大学本科学历2人，专科学历7人。

【信访接待】 2017年田林县信访总量312件次，其中：受理群众来信共213件涉及1008人；接待群众来访99批1175人次，年内集体访32批678人，重复访43批660人次。2017群众来信来访主要集中在：农村农业（88件）、国土资源（56件）、山界林权（44件）、纪检监察（19件）、涉法涉诉类（84件）、扶贫领域（9件）等方面。

【领导干部接访、下访活动】 2017年，县信访服务接待大厅共接待来访群众99批1175人次（其中县领导参与接访27批次）；全年领导干部主动带案下访76件次，解决群众实际问题34件；在中共十九大期间，组织协调开展县、乡领导大接访活动，共接待群众反映信访问题247件次，年内信访局全部完成转交办理，并针对群众反映热点、重点问题，多次组织召开专题研判会议。2017年7月，潞城瑶族乡八洞村渭盘屯邓安慧等群众多次集体到县上访，主要反映：2015年4月19日发生森林火灾，造成了渭盘屯直接经济损失为两百多万元，要求县人民政府对此起森林火灾作出事故责任认定。9月20日，县长黄慧组织相关部门集体约访潞城乡八洞村渭盘屯群众代表。约谈会上，县长黄慧和群众代表亲切交谈，引导群众依法依规反映合理诉求，鼓励群众代表提供有效线索，积极配合工作，形成合力，切实解决困难问题。群众代表对县长黄慧及有关部门的解答十分满意，并对县信访局持续有效地推进领导接访工作，帮助群众解决难题，办实事给予好评。

【网上信访代理】 2017年，田林县先后完成信访代理宣传、全县168个村（社区）代理员确认和代理员业务知识培训等工作。年内，田林县网上信访代理量已占新发信访量42%，超过了百色市下达的30%的工作目标。

2017年9月20日，县长黄慧（中）约访潞城乡八洞村渭盘屯群众

2017年8月9日，副县长、县公安局长谢君稳(右二)主持召开信访案件研判会

【基础业务规范化建设】 2017年，县信访局对2016年来所有来信、来访案件以及近年来信访积案、复查复核信访事项全部分类建立台帐，并逐一核对信访人姓名、身份证号、联系电话、信访日期，然后规范录入信访信息系统，形成“一案一册”信访档案。年内，安排2名工作人员专门负责日常信访信息系统维护和网上流转案件的督办处理，确保信访事项受理办理程序规范、实体合法。2017年，田林县群众来信来访总量284批2114人次，县信访局已全部按程序办理、规范录入信访信息系统、整理存档。

【信访积案化解】 2017年，区、市共交办田林县信访积案化解任务量为5件。田林县精心组织，周密部署，综合运用各种调处手段，率先于8月底在百色市完成了化解任务。其中4件信访人反映诉求已得到圆满解决，信访人自愿签订息诉罢访承诺书，另1件引导走司法诉讼程序。

【巡视组交办案件办理和进驻田林巡视保障】 2017年，中央第三巡视组和自治区党委第二巡视组交办田林县信访案件共72件，是巡视组交办百色市各县(市、区)信访量的第二位。收到交办信访件后，县信访局组织有关责任部门分析研判；办理过程中不定期召开协调研判会，全程督办；最后形成综合材料报田林县委、政府主要领导审签上报。年内对已对交办信访件全部办结，办结率为100%。

【“农情乡解”活动】 2017年，田林县继续深入开展“农情乡解”活动。一是深化五级服务平台，完善一本民情台账。建立县、乡、村、屯、户五级信访服务机构，为各乡镇“农情乡解”服务中心重新配备办公设备。二是建立四张工作网络，完善两项长效机制，以乡村两级为重点，建立了治安防控网，信访信息网，纠纷调处网，为民服务网等到四张信访维稳网，重点打造了信访信息的纠纷调解网。在县乡(镇)“农情乡解”服务站设立村信访信息队，在屯一级设立信访信息员，负责矛盾排查和维稳信访信息的上报工作。县制定出台了《田林县“农情乡解”奖惩暂行办法》《田林县“农情乡解”信访工作目标管理考评标准》，将“农情乡解”信访工作纳入乡镇党委、政府工作的总体目标。2017年各乡(镇)共受理办理群众来信来访信访事项90件201人次，其中：受理群众来信共66件涉及144人；接待群众来访24批57人次；群众来信来访主要集中在：农村农业(38件)、国土资源(19件)、纪检监察(10件)、涉法涉诉类(9件)、民政(8件)等方面。8月，百乐乡陆修文等人多次到县反映百乐乡八洞村一、四组与贵州省册享县百口乡潞雄村有插花存在争议的问题。经县农情乡解服务中心多次组织两地群众协商，上下协调，该信访问题得到圆满化解；龙滩公司将该补偿款拨到自治区移民局，八洞村一、四组被征收的土地也全部兑现征地补偿，陆修文等人同意签订息诉息访承诺书，并给予农情乡解服务中心工作给予满意评价。

【信访案件的督办研判】 2017年，共排查出不稳定因素的信访事项27件，督查督办有效化解20件，通过法定途径解决7件，正在化解4件。年内针对重点信访事项召开分析研判会39次，其中县领导主持研判16次，信访局主要领导主持研判23次。对重大信访矛盾问题进行点对点分析、面对面处理，通过强化分析研判，为领导决策提供参考，助推信访问题有效化解。

【信访信息收集】 2017年，县信

访局在人民网、今日头条、《右江日报》、田林门户网等网站报道工作信息95篇,向县委、县政府及政法委上报《信访要情》38期、《信访信息》42期、《信访摘报》3期,为领导及时、全面掌握全县信访矛盾纠纷突出问题提供信息,为工作决策提供依据,有效推动了一大批信访突出问题得到有效解决。

(撰稿　刘　荣)

土地山林水利权属纠纷调处工作

【田林县调解处理土地山林水利纠纷办公室领导】

主　任:黄正雄(壮族)

副主任:潘永辉(瑶族)

赵兴林

黄兆坚(壮族)

【概况】 2017年核定编制6名,在职干部8人。县调处办被田林县委、县人民政府授予2016年度社会管理综合治理目标管理先进单位。县调处办荣获2017年度全区、全市"三大纠纷"调处工作先进集体;县调处办干部赵兴林荣获2017年度全区"三大纠纷"调处工作先进个人,县调处办干部潘永辉荣获2017年度全市"三大纠纷"调处工作先进个人。

【案件调处】 2017年,全县发生"三大纠纷"案件203起,大多数是林地权属纠纷。全年共立案受理调处集体之间土地、山林权属纠纷案件110起,结案97起,结案率为88.18%,调结纠纷面积约68700亩,涉及征地补偿资金1800多万元。处理群众来信59件,接待来访群众1462人次,组织召开调解会234次,及时化解和避免群体性械斗苗头12次,制止群体性砍毁纠纷地经济林木事件6起,避免经济损失150多万元。如:高龙乡渭山村龙安寨、驮牛坪屯因与渭山村委会集体林场发生林地权属纠纷,2017年1月龙安寨、驮牛坪屯20多名群众带砍刀到渭山村集体林场内欲砍毁林场的杉木,后经县、乡工作组及时赶到现场制止,耐心做群众思想工作,群众才离开现场,避免了一场群体性砍毁经济林事件的发生。后经县、乡调处工作组多次调解,终于6月28日达成调解协议。2017年度没有发生因"三大纠纷"引起的群体事件,全县社会稳定。

【"三大纠纷"专项调处活动】 2017年,县委、县政府高度重视"三大纠纷"调处,制定并下发《田林县2017年"三大纠纷"集中攻坚调处工作实施方案》(田办发〔2017〕12号),从林业、国土、司法、法制、信访、调处等部门抽调20多名干部,成立4个工作小组,从3月15日至12月15日下到各乡(镇)开展"三大纠纷"专项调处工作,取得了明显成效,调处化解一批土地、山林权属纠纷。集中攻坚调处活动期间,共调结纠纷案件73起,其中,调结跨县纠纷案件1起,依法妥善处理好旧州、潞城工业园区用地纠纷6起和瓦村电站征地纠纷26起,共涉及征地补偿款1800多万元,确保全县重点工程项目顺利进行。

【目标管理】 坚持以事实为依据,法律为准绳,尊重历史,照顾现实,遵循有利于生产生活,有利于经营管理,有利于安定团结,围绕"化解矛盾,案结事了,定纷止争,和谐共处"这一主题,以调解结案为主,裁决为辅,按照"属地管理、分级负责""谁主管、谁负责"的原则开展"三大纠纷"调处工作,力争实现

2017年6月8日,田林县调处办主任黄正雄(左三)率队到那比乡开展普农村江莫屯和云南省富宁县那能乡渭母屯林地纠纷现场勘验

(赵兴林　摄)

"小事不出村,一般事不出乡,大事不出县"的目标,确保全县社会和谐稳定。

2017年9月8日,2017年新录用公务员岗前培训会议

人力资源和社会保障

【田林县人力资源和社会保障局领导】

局　长:黄国性(壮族)

副书记:凌安荣(壮族)

副局长:梁太华(壮族)

　　　　岑海雄(壮族)

【概况】 2017年县人力资源和社会保障局内设办公室、公务员管理股、规划财务股、专业技术人员管理股、工资福利与退休股、就业促进和社会保险管理股、人事劳动监察股、调解仲裁管理股。管理4个二层机构:田林县劳动保障监察大队、田林县就业服务中心、田林县人才服务管理办公室、田林县人事劳动争议仲裁院。在编人员(含二层机构)28人,其中局长1人,党组副书记1人,副局长2人,副科级8人,科员以下10人,事业编制4名,共8个股室。

人事人才管理

【公务员队伍管理】

公务员(参公人员)网络培训考试工作 根据自治区人力资源和社会保障厅精神要求,田林县行政机关单位公务员(参公人员)报名网络培训学习人数1384人,田林县人力资源和社会保障局对培训网络系统后台将对公务员的学员学习情况进行管理,督促未及时参加学习考试的学员,通过培训考试合格共1384人。

年度考核工作 2016年度考核严格按照规定比例和要求,对行政机关公务员、参照管理单位工作人员共计114个共单位1335人的年度考核,加强了对单位人员身份的核查,确保年度考核工作评定准确,标准严格,年度考核评定结果上报市局备案。

招考工作 与县委组织部联合发文,经审核汇总,并经县委常委会议审议同意,上报招录计划45个职位46人公务员(参照管理人员)。在市人社局统一安排部署下,有序开展网络报名资格审核、面试资格审查,组织考生体检、考察政审、办理录用手续、材料归档备案等工作。有1个职位因报考、面试无人选被撤销招录计划;有1名考生在考察期间发现违反计划生育条例,考察不合格,不予以录用为公务员。经完成补检、考察、公示程序,8月底前上报批复录用材料,2017年8月录用公务员44名。

新公务员(参公)试用期满登记审批 建立公务员登记台账,确保公务员登记工作及时性。梳理公务员登记工作要点,按照统一、高效、规范的要求,审核上报新录用试用满99名公务员(参公人员)登记;组织材料过渡参公登记20名;清理历年机关调入参公单位参公登记5人;补办历年因单位超编未进行公务员登记的人员5人;2016年换届选举从事单位提名当选12名副乡长进行公务员登记;市局共批复公务员(参公)登记141名。

【事业单位工作人员管理】

人才引进、人才招聘 2017年全年共招聘事业单位工作人员367人。其中:一是经公开招考聘用渠道聘用320人(教育系统使用教师编制控制数招聘67人、使用基本编制招聘7人;卫生系统使用编制控制数招聘公立医院专业技术人员138人、招聘乡镇卫生院工作人员32人);二是聘用农村订单定向医学生3人;三是聘用定向委培双语定向培养教师和全科教师

21人；四是特岗教师转岗聘用19人；五是转业士官安置4人。

事业单位人事调配 按程序办理外调手续27人、县内调动42人，办理辞职3人。

岗位设置管理 2017年全县事业单位参加岗位设置有301个，核准编制数5304名（含：可控制数编制1234名，其中教育系统504名，卫生系统730名）。设置管理岗位954名，专业技术岗位4085名，工勤技能岗位265名。

年度考核备案 完成2017年度完成事业单位工作人员年度考核备案工作，下文同意备案136个单位考核结果，共有3839人参加年度考核，38人不参加年度考核。评为优秀等次583人，合格等次2943人，不合格等次7人，不确定等次306人（其中9人处分期内不确定等次、297人为新招聘试用期不确定等次）。

职称管理 2017年田林县职称推荐评审认定申报：正高级1人（教师系列），副高级87人（教师系列70人，卫生系列16人，农业系列1人），中级：223人（教师系列182人，农业系列6人，工程系列35人），初级：33人（工程系列15人，农业系列2人，非遗系列5人，文化馆员1人），定职申报：（初级）5人（工程系列5人）。

工资福利与退休管理

【工资福利与退休】 2017年严格按照相关文件规定，办理事业单位工作人员晋升薪级工资4176人；办理行政机关工作人员晋升级别工资和级别工资档次335人；按规定审批行政工作人员职务变动和事业单位工作人员岗位变动工资套改1521人；审批办理2016年全县机关事业单位在职人员绩效考评奖励6426人；按照工资政策规定审核套改了2017年新录用公务员64人、公开招聘教师81人、特岗教师50人、招聘控制编制数教师64人、事业单位招聘工作人员76人、招聘公立医院控制数工作人员132人。

办理机关、事业单位工作人员退休手续117人，办理机关、事业单位工作人员死亡后的一次抚恤金79人，遗属抚养28人。

【来信来访受理】 受理办复来信来访和县委、县政府以及局领导批办件。2017年共接受并妥善处理来信来访件13起，接待来访人员64人，办结率100%。

就业与再就业

【城镇就业与再就业】 2017年，全县城镇新增就业人数1156人，完成全年任务930人的124.30%；下岗失业人员再就业203人，完成全年任务185人的109.73%；就业困难人员就业89人，完成全年任务75人的118.67%；年末城镇登记失业率为2.50%。

【农村劳动力转移】 全年农村劳动力转移新增就业人数5146人，完成全年任务4810人的106.99%，其中：向区内转移就业1613人，向区外转移就业3533人。区外主要分布在广东、福建、浙江等地，主要从事饮食、建筑、电气焊、家政服务、电子产品组装以及工艺品、食品、服装的加工等工作。

【职业培训】 2017年，全县新增高技能人才16人，完成任务数10人的160%；全年完成农村劳动力转移就业培训1897人，分别为保育员72人、电焊工580人、钢筋工125人、混凝土工75人、家畜饲养工275人、摩托车维修工54人、抹

2017年4月27日，深圳市光明新区对口帮扶田林县劳务协作精准脱贫现场招聘会

2017年7月18日,广西第四届农民工技能大赛田林县初赛

灰工67人、汽车维修工74人、砌筑工46人、养老护理员93人、育婴师97人、中式烹调师339人。

劳动关系

【工伤认定】

工伤申请案件受理 全年共收到辖区内国家机关、企事业单位及个人的工伤申请29起,其中,符合受理22起,已受理22起,均在时限内作出认定;因劳动关系不明中止审理1起,另有6起通过调解结案。时限内结案率100%。

工伤职工费用 为26名工伤职工解决工伤医疗等费用共计37.42万元,为1名工伤职工解决一次性伤残补助金、工伤医疗补助金和伤残就业补助金等费用共计10万元,为2名死亡职工的家属解决一次性工亡补助金、丧葬补助金及供养亲属抚恤金等共计180万元。

【劳动仲裁】 2017年,共收到劳动人事争议仲裁申请案件9件,涉及劳动者9人,经审查,决定立案受理8件,不予受理1件,立案受理的8件已全部在时限内审理结案,结案率为100%。共接到来访口头申请或电话投诉案件16件,涉及劳动者50人,立案前调解或参与劳动工伤、劳动保障监察案外调解16件,争议内容主要涉及支付劳动报酬、补缴社会保险、支付工伤医疗费、支付工伤赔偿、签订劳动合同等请求,涉案金额220万余元。立案前一是直接与用人单位对接并分析劳资双方存在争议的问题焦点,提出调解方案;二是引导申诉者向劳动保障监察投诉;三是参与工伤医疗、工伤赔偿以及参与劳动保障监察大队对申诉案件进行调解,案外调解结案15件,案件调解成功率为75%。

【劳动保障监察】

日常巡视检查 截至2017年12月共检查用人单位177家,涉及劳动者人数2360人;审查单位规章制度12家。

劳动保障违法案件查处工作 截至2017年12月劳动保障违法案件立案34件,结案34件,结案率100%,为344名农民工追讨工资239.61万元,督促补缴社会养老保险5.756万元;劳务纠纷联动调解工作室处理协调案件8件,涉及金额30.6万元。

春暖行动 开展农民工合同签订春暖行动,2017年截至12月补签订劳动合同90人115份;完成企业合同签订2284人,合同签订率97%。企业集体签订1228人,建立工会6家,集体合同签订率85%。

群众来信、来访工作 2017年截至12月共接待农民工来访20件,涉及劳动者142人。参与处理突发性事件2件,涉及人员159人。

农民工工资保障金管理 按照程序审核农民工工资保障金缴纳申请和退还工作,2017年截至12月交缴款企业29家,缴纳金额290.22万元,退还农民工工资保障金6家企业,退还金额62.1万元。

(撰稿 梁 丽)

社会保险事业

【概况】 田林县社会保险事业局由原“田林县社会劳动保险事业管理所”“田林县城镇职工基本医疗保险管理中心”“田林县失业保险管理所”“田林县机关事业养老保险管理所”“田林县城乡居民社会养老保险管理所”整合组建成立,为田林县人民政府管理的财政全额拨款事业单位，业务上受县人力资源和社会保障局指导。为正科级事业单位，参照公务员法管理事业单位。内设办公室、计划财务股、参保征缴股、基金结算股、企业养老保险和失业保险待遇股、医疗保险和工伤生育保险待遇股、城乡居民社会保险股、政策咨询和档案管理股、信息技术和稽核内控股、机关事业单位养老保险参保征缴股、机关事业单位养老保险待遇股、机关事业单位养老保险基金结算股、机关事业单位职业年金管理股、城乡居民医疗保险股共14个股（室）。2017年核定编制为79名，在编人员69人，其中局长1人，副局长3人，其他干部职工65人。时任局长凌安荣（壮族），副局长韦字荣（壮族）、吴泓翰、王艳芳（女，壮族）。

【社会保障参保人数及基金征缴管理】

劳动保险基金 2017年，全县共6060人参加企业职工养老保险，占全年任务6050人的100.2%；全年征缴任务3770万元，实际完成养老费征缴5621万元，完成全年任务的149.10%。养老保险基金支出：领取养老金人数1866人，供养人员65人，丧葬费补助人数47人，基金支出总计5408万元，其中基本养老金支出5094万元，供养费支出23万元，丧葬费补助291万元。

机关养老保障基金 2017年，全年参保单位202个，在职参保人数5407人，基本养老保险基金收缴完成6605万元，占年任务6077万元的108.69%，养老保险基金支出：领取养老金待遇的离退休人员有23968人，基本养老基金支出14686.3万元。

城乡居民养老保险基金 2017年年底参保人数117857人，参保率103.41%；养老金发放人数29464人，发放率100%。全年收取养老保险费789万元。

医疗保险基金 2017年，全县共有247232人参加基本医疗保险（含城乡统筹），参保率占任务225459人的109.66%；城镇职工基本医疗保险基金征缴收入4177万元，完成全年任务的126.58%；共有9534人参加工伤保险，完成率114.87%；基金征缴收入214万元，完成任务指标的133.75%；共有9412人参加生育保险，完成率181%；基金征缴收入153万元，完成任务指标的139.09%；居民医疗保险收入885.94万元，其中各级财政补助873.76万元。基金支出情况：2017年基本医疗保险基金支出3345.4万元（其中统筹基金支出1755.33万元，个人账户基金支出1590.07万元；工伤保险（含统筹）支出16.9万元；生育保险（含统筹）支出298.5万元。城镇居民医疗保险基金支出133.22万元。基金结余基本医疗保险基金滚存结余379万元；工伤保险基金结余14.19万元，生育保险基金结余24.67万元；大病结余56.3万元。

失业保险基金 2017年度全县失业保险基金累计收入296万元，完成市级下达任务250万的118.40%，全县失业保险参保人数5615人，完成市级下达任务5525人的101.63%；2017年度全县失业金支出132.39万元，其中失业保险支出93.1万元。

国土资源管理

【田林县国土资源管理局领导】

局　长：黄荣登（壮族）

副局长：朱应同

　　　　岑莉蓉（女，壮族）

纪检组长：黄武扬

【概况】 田林县国土资源局设有办公室、计划财务股、规划耕保股、土地利用管理股、地籍管理股、矿产开发管理股、测绘管理股、政策法规与执法监察股地质环境股等10个股室，下设监察执法大队、土地储备交易中心、土地技术服务站、土地开发整理中心、不动产登记中心5个直属机构。2017年完成14个乡镇国土资源所实行四所合一后，编制收归各乡镇人民政府管理，在职在编工作人员有42人，其中：党员12名，女职工11名。另有聘用编外人员23人。

【建设用地管理】

规划管理 2017年，全县永久基本农田划定工作已完成"落地块"任务，总地块14517块，落实地块数14517块；并与全县14个乡镇，164个行政村，1864个村民小组及农户签订了责任状和明白卡；更新和补充标志牌数103个、界柱数1400个。全年田林县城镇周边永久基本农田划定方案自治区国土资源厅审核通过，项目数据库已经更新，可以使用。

用地报批管理 田林县共获得新增建设用地指标103.662公

2017年2月10日，县国土局黄荣登局长(中)一行到八桂乡开展干部结对帮扶活动

顷，将用于保障全县扶贫移民项目、百矿项目、龙车加油站、中福石油液化气等项目用地。上报自治区国土资源厅审查11宗(新增建设用地103.662公顷)，获得批文。

耕地管理 2017年全县第一批增减挂钩试点项目已完成立项，建新区总用地规模43公顷，建新区均位于旧州镇、六隆镇、八桂乡，拟安排旧州百矿生活区项目3.4090公顷、八桂扶贫移民项目3.5435公顷、六隆扶贫移民项目4.4905公顷。该项目总投资474.83万元，项目涉及6个乡(镇)19个片区，实施总面积63.0465公顷，通过复垦整治后新增农用地面积为43.4360公顷(其中耕地为25.3583公顷，其他农用地面积为18.0777公顷)。项目完成后将大大缓解田林县项目用地压力。

供应管理 严格按照土地供应政策和土地供应程序，准确把握各类用地内涵，科学编制土地供应方案，努力盘活土地。2017年3月14日公布田林县2017年度国有建设用地(含住房用地)供应计划。全县2017年批准国有建设用地供应总量为21宗，面积为66.574321公顷(约为998.614815亩)，成交金额总计11540.2986万元。其中，招拍挂7宗，面积为56.287271公顷，成交金额11510.62万元；协议出让4宗，面积为0.042981公顷，成交金额29.6786万元；划拨10宗，面积10.244069公顷。

土地收储 加强土地收储工作，全县计划进行土地收储总面积369.4485亩，其中：工业项目234.7455亩，住宅项目86.229亩，商业项目48.474亩，公共管理和公共服务项目0亩，共计10个项目。已收储了7个项目，总面积为233.922亩。

征用管理 2017年，征地拆迁工作有序推进。一是完成瓦村电站移民点征地面积554.6亩，已补偿金额409.38万元；二是完成瓦村电站复建路征地面积601.5785亩，补偿金额952.7074万元；三是完成瓦村电站征地丈量面积11000亩。四是完成旧州至那腊二级路征地丈量面积3700亩，已完成协议签订1283.34亩，补偿金额3289.57万元；五是完成平塘万吉水库81.71亩，完成补偿金额217.61万元；六是完成各乡镇易地扶贫搬迁742.07亩，完成补偿2480.61万元；七是开展田林新高中征地80.93亩，补偿金额130.25万元；八是完成旧州工业园区征164.33亩，完成补偿金额414.64万元；九是完成百矿集团生产生活区征地68.75亩，已完成公示；十是完成碳素片区征地丈量工作718.95亩，已完成公示。

农村建设用地管理 全县共审核报批农村宅基地用地85宗。面积8600.00平方米。完成全县14个乡镇重点区域9.703平方千米的测绘工作，涉及宗地13062宗，应发宅基地证书5942宗，建设用地9宗，已发农村宅基地证5408宗、集体建设用地9宗，发证率达到91.1%。

国土资源政务服务管理 深化行政审批制度改革工作，推进简政放权、便民利民，提升行政服务效率。全年政务审批窗口累计受理各类行政许可审批事项165件，便民服务事项100件，办结265件，接受群众咨询服务850人次。现场办结率80%，按时办结率100%，群众满意率达100%，实现了无差错、无超时、无违纪、群众满意率为100%的工作目标。

地籍管理 地籍管理按照国家、自治区关于开展年度土地变更调查工作要求，组织实施2016年度土地变更调查工作。国家下发给田林县2016年度遥感监测图斑55个，面积1398.6亩，涉及9个乡镇。图斑下发后，按要求立即开展实地核查，并结合变更调查外业调查形成数据按时上报规划院。并已得到国土部最终确认。为贯彻落实中央和自治区关于农垦改革精神，把农场国有土地发证作为一件大事来抓，田林县国土资源局积极派业务骨干参加全区农垦国有土地使用权确权登记发证工作推进及业务培训。主动联系广西农垦国有风潞农场相关人员，对接农场确权登记发证相关事宜，同时要求其准备农场确权登记发证的证明材料，下一步将组织人员进行广西农垦国有风潞农场确权登记发证工作。

【不动产登记工作】 全面开展不动产登记工作，严格按照《不动产登记暂行条例》《不动产登记暂行条例实施细则》及《不动产登记操作规范》的有关规定，严格不动产登记程序。一是加强各类不动产登记资料的交接工作，统一交接范围，规范交接手续，保障不动产登记资料完整与安全，确保不动产登记工作稳定和延续，2017 年 5 月 31 日印发了《田林县人民政府办公室关于印发〈田林县不动产登记资料移交工作方案〉的通知》，对不动产登记资料移交的范围、内容、流程和工作要求进行了细化和规范，确保责任落实到位，确保田林县不动产登记档案资料移交工作的顺利进行。二是县编委核定给不动产登记中心事业编制 3 名，现这 3 名已落实到位。三是简化登记流程，把受理和初审岗职责“二合一”，前台的受理岗位在收件的同时还要负责对材料的初审，减少了办理环节，提高了工作效率；四是缩短各个环节的受理时间，比如原来的受理环节时限为 5 天，初审环节为 5 天，这两个环节就需 10 天时间，现“二合一”后，受理时限为 5 天，大大压缩了办理时限。全年共办理各不动产权证（证明）共 2882 本。

【土地执法监察】 田林县国土资源局严格执法监察，控制违法行为。一是全面落实巡查制度。全年共开展动态巡查 98 次，出动车辆 98 台次，出动巡查人员 392 人次。发现违法案件 13 宗，立案查处 13 宗。二是落实自治区党委巡视组反馈意见整改情况（违法占地违法建设处理进展情况）。对违法占地违法建设处理，其中历年立案案件 10 宗，当年案件 10 宗，立案查处案件有 39 宗，其中，移交司法机关单位案件 26 宗，其余的 13 宗案件已结案，整改率 88.6%。全年抓好国土资源法律法规宣传工作。重点宣传“3·19”矿产资源宣传日，“6·25”土地宣传日、“7·1”行政许可法宣传日、“12·4”法制宣传日。发放国土资源法律法规和相关规定以及便民措施的宣传材料 8000 多份，将宣传面向基层，深入到群众，发放到企业，有效提高广大群众充分认识保护和管理国土资源的重要性和紧迫性。

【矿产资源管理】 切实抓好矿产管理工作。一是完成辖区内矿山企业资源储量动态监督管理工作。2017 年全县，辖区内有效矿山 11 个，全部完成矿山储量年报的编制，并报送备案。二是完成 2016 年度矿业权人勘查开采信息公示工作。三是办理采矿权出让及采矿许可证、延续注销手续，至 10 月 31 日共办理 3 个采矿许可证的延续，收取采矿权价款 48.8 万元。四是有序开展“六打六治”打非治违专项行动和安全生产专项整治工作。五是做好矿产资源监督管理日常检查及安全生产工作。全年共检查矿山 18 次，出动人员 46 人、车辆 11 部。由于安全生产工作抓得紧，全年全县矿山安全生产形势良好，没有发生过重大伤亡事故。

【地质灾害防治】 一是建立健全地灾防治工作制度。组织编制《田林县 2017 年地质灾害防治方案》报县人民政府批准后下发到各乡镇及有关单位执行。二是配合自治区国土资源厅广西地质环境监测总站完成田林县 1∶50000 地质灾害详细调查工作，已完成乐里镇、潞城乡等 2 个乡镇的外业调查工作。三是加强地灾巡查排查。全年共进行巡查排查 30 次。四是加大项目治理力度。已完成自治区 2017 年第一批投资治理项目田林县乐里镇第一小学不稳定斜坡Ⅱ期治理工程主体；继续完成中央投资田林县城区聚宝苑滑坡泥石流、自治区投资浪平乡平山村上屯不稳定斜坡、乐里镇第一小学不稳定斜坡三个项目治理工程，力争在 2017 年 12 月底之前完成项目主体工程 100%。五是按照自治区国土资源厅及市县相关工作安排，配合督促作业单位完成全县采石场矿山地质环境调查和规划编制暨采石场专项调查和治理方案编制工作。截至年底，完成全县 36 个废弃石场、政策性关闭石场、正在生产的采石场、在建采石场的外业调查及测量工作，完成全县采石场矿山地质环境恢复治理和土地复垦方案，明确各个采石场矿山地质环境保护与历史遗留矿山治理和土地复垦任务。

【信访维稳工作】 一是至 10 月底

共收到调处案件9件,已调结8件,案件调处率88.88%。二是至10月底共收到8件信访,已全部答复,答复率达到100%。均做到了件件有着落,事事有回音。三是做好维稳工作。排查涉及国土可能引发纠纷影响社会稳定因素有5件,并及时上报。

【测绘管理工作】 根据要求做好2000国家大地坐标转换工作,并已经通过验收,等待资料移交。认真开展“8·29”年测绘法宣传日,引导群众正确使用地图,举报“问题地图”,向群众介绍,地图标志准入管理、哪些地图需要审核、谁负责送审地图、谁负责审核地图、地图出版管理等内容。充分利用县国土局门户网站的特有优势,在门户网站上进行测绘法的宣传,大力宣传测绘地理信息工作,切实提高宣传效果,营造浓厚的测绘法制氛围,让更多公民了解测绘、认知测绘。

【土地整治】 一是完成了田林县利周乡爱善村、平布村耕地提质改造(旱改水)项目的选址、规划设计、专家评审等的立项工作并获得立项批复;二是实施田林县六隆镇等6个乡镇城乡建设用地增减挂钩项目;三是完成田林县第三批城乡建设用地增减挂钩项目的前期选址、规划设计、专家评审等各项立项报批工作并通过立项评审;四是推进田林县潞城乡旺吉村俄外等8个开垦项目,历史遗留工程财务清算工作,由广西建丰工程咨询有限公司出具的该项目工程造价审核报告书、工程结算书提交田林县财政投资评审中心进行工程清算财评。

民　政

【田林县民政局领导】

局　长:杨秀碧

副局长:黄梅锦(女,壮族)

　　　　杨耀基(壮族)

　　　　杨新梅

纪检组长:韦　茜(女,壮族)

【概况】 田林县民政局内设办公室、救灾救济股、优抚安置办、民间组织管理股、社会福利和社会事务股、基层政权建设股、计划财务股7个职能股室,行政编制11名。直属事业单位有田林县城市居民最低生活保障中心、田林县扶贫福利基金会、田林县地名办、田林县社会福利中心、田林县低收入家庭经济状况核对中心5个单位,事业编制共13名。

【救灾救济】 2017年,田林县境内先后发生洪涝灾害8次、台风灾害1次,全县14个乡镇受灾,受灾人口15518人,紧急转移安置74人;农作物受灾面积831.63公顷,成灾793.63公顷,绝收565.56公顷;倒塌房屋5户11间,严重损坏房屋29户42间,一般损坏26户30间;造成直接经济损失712.8万元。全县投入救灾资金320万元,发放救灾粮51.5吨,发放衣被17285件,救助灾民13520人。保障了灾民的吃、穿、住、医等基本生活。

【社会救助】

最低生活保障 2017年,根据自治区关于提高城乡低保保障标准和补助水平文件规定,是年5月,田林县提高城乡低保保障标准和补助水平。城市低保保障标准由每人每月480元提高到518元。农村低保保障标准由每人每年2580元提高到3321元。2017年1月起,城市低保补助水平由每人每月300元提高到330元;农村低保补助水平由每人每月均补差140元提高到180元。全县共有城市低保人数2121人,全年发放城市低保资金984.9万元;农村低保对象有51746人,发放农村低保

2017年5月2日,县民政局开展防灾减灾工作宣传活动

资金 13237.9 万元。

五保供养 2017 年,田林县农村五保对象有 1010 人,其中集中供养(指入住敬老院)56 人。集中供养对象每人每月供养资金 400 元,分散供养每人每月供养资金 350 元。

城乡医疗救助 2017 年,田林县共救助大病患者 3299 人,其中农村五保 63 人,农村低保 2369 人,城市低保 222 人,其他贫困对象 1152 人。全年共发放城乡医疗救助资金 1128 万元。

城乡临时救助 对因家庭遭遇突发情况而造成家庭生活困难的家庭给予临时救助。2017 年,全县共救助 337 人,发放临时救助资金 99.1 万元(其中实物折价 47.5 万元)。

2017 年春节期间,县政府副县长罗俊书(中)带领县民政局工作人员慰问五保户

【优抚双拥安置】

优待抚恤 2017 年,田林县发放义务兵家庭优待金 134 户 152.34 万元;发放各类抚恤补助 352.18 万元(其中各级别的残疾军人 31 人补助金 49.5545 万元,在乡老复员军人 20 人补助金 19.3429 万元,老年烈士子女 16 人补助金 4.976 万元,参战退役人员 179 人补助金 101.848 万元,60 周岁以上农村籍退役人员 412 人补助金 47.2725 万元,参战民兵 588 人补助金 74.599 万元,退役精简民警 5 人发放定期抚恤 1.41 万元,“三属”人员 12 人发放定期抚恤 17.9437 万元,带病回乡人员 6 人发放定期抚恤金 2.846 万元)。

拥军优属拥政爱民 2017 年,田林县组织县直有关单位定期开展军民共建活动。春节、“八一”建军节,县委、县政府组织部门领导走访当地驻军和对重点优抚对象进行慰问,发放慰问金 28.4 万元。

退伍安置 2017 年,田林县共接收 2016 年度退役士兵 62 人,依照政策为退役士兵发放了自主就业经济补助,补助资金由全区统一数额。2017 年 6 月 27 日通过银行代发的形式,将 2016 年度退役的 62 名退役士兵的自主就业一次性经济补助金共 62.6 万元分别划拨到各个退役士兵的银行卡账户。

烈士陵园管理 田林县革命烈士纪念碑园位于县城万鸡山公园背后山,碑园的进园道路已水泥硬化,安装有路灯、增设雕塑、护栏等。安排有工作人员 2 人负责纪念碑园的日常清扫。清明节期间,县委、县政府组织干部群众到革命烈士纪念碑园开展公祭活动,缅怀革命烈士。

【社会福利和社会事务】

救助和收养登记 2017 年,田林县接待救助浪乞讨人员 136 人次,实施救助 135 人次,发放食品 9200 元,发放衣服 45 套、被子 45 床、鞋子 82 双。

全县救助残疾人 6143 人次,发放困难残疾人生活补贴、重度残疾人护理补贴“两项”补贴资金 473 万元。救助孤儿 107 人(其中艾滋病儿童 4 人),发放孤儿生活保障金 82.94 万元。

全县申报收养登记 15 人,办理登记 13 人。

慈善事业 2017年3月19日,配合中国农工民主党中央、自治区民政厅和广西慈善总会在田林县开展农工党“杏林春雨”行动脑瘫患儿免费救助,在县城通过筛选后有 2 名脑瘫患者符合进京免费救助治疗。

婚姻登记 2017 年,全县办理婚姻登记 2894 对(其中结婚登记 2792 对、离婚登记 102 对)。

社会福利服务设施建设与管理 2017 年,投入 200 万元新建田林县救助管理站。投入 20 万元维修田林县老年活动中心。社会福利服务基础设施得到进一步改善。

【基层政权社区建设和区划地名】

基层政权社区建设 2017年,制定《田林县农村社区试点建设工作实施方案》(田办发〔2017〕44号),确定2017—2020年农村社区建设目标任务。是年,选择条件较成熟的利周瑶族乡福祥村为第一批农村社区建设试点村;第二批农村社区建设试点村为乐里镇新宁村、风洞村、新建村,利周瑶族乡和平村、百达村,潞城瑶族乡旺吉村、八洞村,旧州镇平满村、徕周村。

区划地名 2017年,在全县范围开展第二次全国地名普查资料审核和补充完善工作。组织乡镇和县直单位普查人员进行地名普查资料审核整改、补充完善,录入地名数据库。全县地名普查成果数据包含地名数据5302条,其中行政区域15条,群众自治组织169条,非行政区域571条,居民点1323条,交通运输设施132条,水利电力通信设施35条,纪念地、旅游景点15条,建筑物12条,单位482条,陆地水系111条,陆地地形2437条;地名标志数据285条,各类多媒体文件15293个。是年,在全县14个乡镇165个村525个自然屯设置地名标志牌704块,投入资金45万元。

【行政界线管理】 2017年7月,完成边界跨界自然地理实体核实。田林县与云南省富宁县、贵州省册亨县、右江区、凌云县、乐业县、隆林县、西林县相交界,有边界线7条,其中省级界线2条,县级界线5条,边界线总长518.33千米。跨界自然地理实体包括山峰、河流、铁路、公路等有56条。是年,与乐业县制定行政区域界线联检工作方案,双方联检人员按照工作方案的内容、时间、方法和步骤开展行政区域界线联合检查。界线两侧地貌、地物没有变化,界线实地位置清晰可辨,界线走向与原双方共同勘定和签订的协议书叙述相符,桩界无丢失、无异动。

【民间组织管理】 2017年,在田林县民政局登记的各类社会组织54个。是年,开展民间组织年检,符合年检52个(其中社会团体51个,民办非企业单位1个)。完成社会组织统一信用代码赋码换证53个。

表2 2017年田林县民间组织一览表

序号	社会组织名称	业务主管单位	会员数(个)	
			单位	个人
	总计		36	4088
1	田林县民兵应急联合会	田林县武装部	12	50
2	田林县革命老区建设促进会	田林县委办	9	144
3	田林县老科学技术工作者协会	田林县科协	9	41
4	田林县机动车驾驶员联合会	田林县公安局		60
5	八渡乡平作屯八渡笋种植协会	八渡乡人民政府		60
6	田林县潞城瑶族乡渭祥村扶贫互助协会	扶贫开发领导小组		82
7	田林县利周瑶族乡凡昌村扶贫互助协会	扶贫开发领导小组		71
8	田林县乐里镇启文村扶贫互助协会	扶贫开发领导小组		125
9	田林县六隆镇百怀村扶贫互助协会	扶贫开发领导小组		58
10	田林县八桂瑶族乡平六村扶贫互助协会	扶贫开发领导小组		54
11	那比乡六音村养殖协会	县畜牧局		52
12	田林县利周瑶族乡清水鸭养殖协会	田林县科协		61
13	田林县百乐乡龙车村老年协会	田林县老龄办		60
14	田林县潞城瑶族乡八洞村老年协会	田林县老龄办		53
15	田林县潞城瑶族乡旺吉村老年协会	田林县老龄办		50
16	田林县利周瑶族乡亮福村老年协会	田林县老龄办		60
17	田林县利周瑶族乡百达村老年协会	田林县老龄办		60

续表

序号	社会组织名称	业务主管单位	会员数(个)	
			单位	个人
18	田林县乐里镇新建村老年协会	田林县老龄办		50
19	田林县旧州镇者务村老年协会	田林县老龄办		50
20	田林县六隆镇供央村老年协会	田林县老龄办		53
21	田林县八桂瑶族乡弄瓦村老年协会	田林县老龄办		50
22	田林县定安镇定安村老年协会	田林县老龄办		60
23	利周瑶族乡爱善村扶贫互助协会	扶贫开发领导小组		55
24	定安镇常井村扶贫互助协会	扶贫开发领导小组		50
25	六隆镇供央村扶贫互助协会	扶贫开发领导小组		50
26	八桂瑶族乡弄瓦村扶贫互助协会	扶贫开发领导小组		51
27	田林县利周瑶族乡福祥村老年协会	田林县老龄办		144
28	田林县利周瑶族乡凡昌村老年协会	田林县老龄办		150
29	田林县乐里镇田平村老年协会	田林县老龄办		55
30	田林县路城瑶族乡各烟村老年协会	田林县老龄办		64
31	田林县路城瑶族乡丰防村老年协会	田林县老龄办		56
32	田林县路城瑶族乡那帮村老年协会	田林县老龄办		51
33	田林县路城瑶族乡弄光村老年协会	田林县老龄办		57
34	田林县八渡瑶族乡顶孟村老年协会	田林县老龄办		57
35	田林县旧州镇平满村老年协会	田林县老龄办		103
36	田林县八渡瑶族乡那囊村老年协会	田林县老龄办		189
37	田林县足球协会	田林县文体局	6	85
38	田林县利周瑶族乡和平村老年协会	田林县老龄办		120
39	田林县利周瑶族乡老山村老年协会	田林县老龄办		50
40	田林县旧州镇旧州村老年协会	田林县老龄办		210
41	田林县路城瑶族乡营盘村老年协会	田林县老龄办		91
42	田林县路城瑶族乡那马村老年协会	田林县老龄办		90
43	田林县八渡瑶族乡八渡村老年协会	田林县老龄办		93
44	田林县八桂瑶族乡六丹村老年协会	田林县老龄办		173
45	田林县者苗乡百隆村扶贫互助协会	田林县扶贫开发办		54
46	田林县高龙乡渭荣村扶贫互助协会	田林县扶贫开发办		54
47	田林县路城瑶族乡丰防村扶贫互助协会	田林县扶贫开发办		59
48	田林县定安镇渭密村老年协会	田林县老龄办		102
49	田林县八渡瑶族乡福达村老年协会	田林县老龄办		95
50	田林县乐里镇启文村老年协会	田林县老龄办		126
51	田林县职业培训学校	田林县人力资源和社会保障局		3
52	田林县旧州镇徕周村老年协会	田林县老龄办		100
53	田林县八渡瑶族乡那利村老年协会	田林县老龄办		55
54	田林县八桂瑶族乡八桂村农民用水者协会	田林县水利局		51

（撰稿　黄立芳）

老龄工作

【田林县老龄工作委员会办公室领导】

主　任:冯俊翰(瑶族)

【概况】 2017 年县老龄办机构行政单位保持不变,编制 1 名,配备干部 2 名;单位聘用人员 2 名。

田林县庆祝 2017 年老年节《重阳》健身舞文艺联欢演出暨表彰大会现场

【老年人优待政策落实】 2017 年底全县 60 岁以上老年人 32119 人,占常驻人口的 11.47%,全县 60 岁以上老年人都执行免费办理老年人优待证,全年办理发放老年人优待证 309 人。2017 年继续实施《田林县 2017 年为民办十件实事社保惠民工程老年人高龄津贴发放项目》,全县年满 80 周岁及以上 4411 位高龄老年人都领取了高龄津贴,其中:3926 名 80~89 周岁每人领取 60 元 / 月;474 名 90~99 周岁每人领取 90 元 / 月;12 名 100 周岁以上每人领取 280 元 / 月,全县共发放津贴资金 337.6 万元,发放档次居全市第三位。

【老年人活动】 2017 年 10 月 27 日上午县委县人民政府在县灯光球场举行在县灯光球场举行“关爱老年人欢庆十九大重阳节”文艺联欢表演暨表彰系列活动,县老体协、老龄办组织 15 个离退休干部团体编排了《中国美》等 16 个表演节,共有 280 人参加演出,参加活动老年人 400 余人;县老体协主席覃平出席并致辞讲话。

田林县潞城瑶族乡劳动就业社会保障服务中心授予第二届全国“敬老文明号”荣誉称号。田林县人民检察院干警向光平授予全国“敬老爱老助老模范人物”荣誉称号。庆祝重阳节活动当天给预颁奖。

8—10 月“敬老月”期间,协调各乡镇各单位开展老年人文化体育及送温暖活动。

新市社区自筹资金组织本社区老年人在三宝庙文化广场开展活动。

田林县潞城瑶族乡劳动就业社会保障服务中心授予第二届全国“敬老文明号”荣誉称号(右二)。田林县人民检察院干警向光平(右三)授予全国“敬老爱老助老模范人物”荣誉称号　(黄小霜　摄)

【百岁老人】 2017 年田林县年满 100 周岁以上寿星老人有 12 人。

表 3

田林县 2017 年度百岁老人一览表

序号	姓　名	性别	民族	出生年月	年龄	地址	备注
1	吴祖射	男	汉	1911.1	106	百乐乡龙车村干榜屯 27 号	
2	周婆寒	女	壮	1912.3	105	那比乡那腊村那坡屯 2 号	
3	林婆日	女	壮	1914.5	103	那比乡六邦村平同屯 2 号	
4	卢婆双福	女	壮	1913.6	104	潞城乡红旗村百榄屯 27 号	
5	严伸莲	女	壮	1912.4	105	乐里镇那光村新龙湾屯 12 号	
6	宋婆化	女	壮	1903.6	114	定安镇定安村红新街 22 号	
7	绍桂先	女	汉	1915.1	102	浪平镇甲朗村弄妹屯	
8	张梅花	女	汉	1915.6	102	浪平镇西华村吴家寨	
9	张楚岩	男	汉	1914.8	103	浪平镇大保村保上屯	
10	吴　银	女	汉	1912.9	105	浪平乡坳停村石家垌屯	
11	陈善康	男	壮	1917.1	100	六隆镇下维村下维屯	
12	黄婆才	女	壮	1917.1	100	定安镇常井村渭腊屯	2018.11 去世

扶贫开发

【田林县扶贫开发办公室领导】

主　任:陈明怀

副主任:黄流章(壮族,2017 年 9 月离任)

张永牟(2017 年 10 月任职)

黄秀番(女,壮族,2017 年 1 月任职)

林　军(2017 年 1 月任职)

王仕明(壮族,2017 年 10 月任职)

纪检组长:陆福星(壮族,2017 年 6 月离任)

【概况】 田林县扶贫开发办公室,内设综合股、项目管理股、产业开发股、资金管理股,行政编制数 13 名。下设两个二层机构,一是田林县社会扶贫管理中心,财政全额拨款事业单位,编制数 8 名;二是田林县社会信息管理中心,财政全额拨款事业单位,编制数 4 名。截至 2017 年年底,在职人员 25 人(含两个二层机构):县扶贫办在编人数行政人员 13 人,机关工勤人员 1 人;在编事业人员 11 人。田林县以贫困村为主战场,坚决打赢“十三五”脱贫攻坚战,全面建成小康社会、实现第一个百年奋斗目标的决胜阶段,实施新一轮脱贫攻坚战,开展村屯道路畅通、饮水安全、农村电力保障、特色产业增收、乡村旅游扶贫、教育扶贫、公共服务能力提升、农村危房改造、贫困村信息化、扶贫移民新型安置社区“十项重点”扶贫开发工作,扶贫成效显著。田林县扶贫开发办公室重点围绕贫困村实施了贫困村基础设施建设、产业开发、农民实用技术培训、劳动力转移就业培训和大学本科学历补助、小额贴息贷款等扶贫开发工作。项目覆盖 165 个村,其中贫困村 68 个村(有 10 个贫困村脱贫摘帽),受益群众 50062 人,2017 年全县完成 13 个贫困村摘帽、2499 户 10470 人贫困人口脱贫的减贫任务。

田林县扶贫开发办公室 2017 年度共获得两项县级鼓励:一是田林县人大常委会授予“2017 年度田林县人大代表意见、建议办理工作先进单位”称号;二是中共田林县委员会田林县人民政府授予“2017 年度田林县脱贫攻坚先进集体”称号。

【基础设施建设】 投入财政专项扶贫资金 2322.9 万元。其中:一是投入 2016 年第二批中央财政专项扶贫资金 1082.9 万元安排通屯道路建设项目 11 条 49.1 千米(其中:砂石道路 5 条 29.8 千米、水泥硬化道路 6 条 19.3 千米),覆盖 11 个村(贫困村 8 个村),21 个自然屯,受益 1101 户 5423 人。二是投入 2017 年第一批财政专项扶贫资金 1240 万元安排通屯道路建设项目 22 条 28.4 千米,覆盖 20 个村(贫困村 16 个村),受益 4262 户 20385 人。其中:水泥硬化道路 9 条 28.4 千米,投入财政专项目扶贫资金 1082 万元,覆盖 9 个村(贫困村 8 个、返贫村 1 个),受益 576 户 2862 人;溪挢 13 座 162 延米,投入财政专项目扶贫资金158万元,覆盖11个村(贫困村8个、其他村3个),受益3686户17524人。截至2017年年底,一是2016年第二批中央财政专项扶贫资金安排通屯道路建设项目11条49.1千米,全面完成项目建设任务,项目竣工验收率占任务100%。二是2017年第一批财政专项扶贫资金安排通屯道路建设项目22个项目,全面完成项目竣工验收并交付使用,竣工率占任务的100%。

【产业开发】 投入用于发展产业项目的资金共为1881.25万元,其中2017年第一批中央财政专项扶贫资金安排1421万元,第二批自治区财政专项扶贫资金安排208万元,第二批中央财政专项扶贫资金安排252.25万元。产业开发项目采取"以奖代补"的方式开展,按照宜种则种、宜养则养的原则,采取因村制策,合理安排产业资金,确保户户有增收项目,每户补助3500元。项目覆盖全县14个乡镇62个贫困村及面上村的2016年及2017年预脱贫的贫困户5375户。其中2017年第一批财政专项扶贫资金产业"以奖代补"项目列为市、县为民办实事工程,投入1421万元,覆盖14个乡镇125个村,其中贫困村50个,涉及贫困户4060户16689人。截至2017年年底,项目已完成乡(镇)自检验收和县级抽检核验,完成资金拨付1881.25万元。

【"雨露"计划】 2017年春季学期"雨露计划"补助920人140.3万元,秋季学期"雨露计划"补助1706人305.35万元,全年共2626人,总投入445.65万元。投入2017年第一批中央财政专项扶贫资金中安排175万元经费用于雨露计划"引擎行动"短期技能培训项目,预计培训500人次,因2017年补助标准由2016年的3500元变为300元,计划培训人数变更为600人次。2017年共举办汽车驾驶培训13期,培训人数为626人,电焊工培训1期53人,两个培训专业培训人数共计679人。2017年春季学期就读于广西轻工技师学院的"两后生"为55人,就读广西电子高级技工学校的"两后生"为1人,共计56人,于2017年6月16日发放培训资金15.4万元。"秋季学期"两后生"64人,已完成全年任务。截至2017年底,已完成收集、审核14个乡(镇)制定的农村实用技术培训方案,指导乡(镇)开展培训共计2265人次,拨付资金17.05万元,超额完成培训任务。

【小额贴息贷款】 继续落实推进扶贫小额信贷工作有关政策精神,引导金融资金投向贫困地区、贫困户,缓解贫困户贷款难、贷款贵、程序繁杂等问题,加快脱贫增收步伐。截至2017年12月,共发放扶贫小额信贷资金29603.3323万元,应设立风险补偿金2960.4万元,已落实风险补偿金3300万元。为加强扶贫小额信贷风险补偿资金管理,明确资金拨付流程,共同管理好扶贫小额信贷风险补偿资金,已成立扶贫信贷风险补偿金管理领导小组,县财政局、扶贫办、恒昌公司、农村商业银行已签订四方共管协议,以恒昌公司的名义在农村商业银行设立扶贫小额贷款风险补偿金专户,共同管理风险补偿金。

【易地扶贫搬迁】 2017年完成全县"十三五"规划时期要易地扶贫搬迁建档立卡贫困1902户8180人(其中:同步搬迁27户110人)的精准核实工作。计划分2年实施,其中:2016年搬迁安置1067户4564人(含同步搬迁27户110人,分散安置117户437人);2017年搬迁安置835户3616人(集中安置760户3359人、分散安置75户257人)。2016年项目已完成搬迁960户安置4145人,完成搬迁率为90.8%;2017年项目已完成搬迁332户安置1458人,完成搬迁率为40.3%。两年项目累计已完成搬迁1292户安置5603人,完成搬迁安置68.5%。累计已完成投资4.03亿元,占总投资4.65亿元的86.7%。

【脱贫摘帽】 经过2017年9月开展贫困人口数据动态调整工作后,全县贫困人口为11621户47149人,贫困发生率为21.3%。2017年11月自治区认定的深度贫困村有69个,其中有34个村既是"十三五"贫困村又是深度贫困村。2017年有13个贫困村脱贫摘帽,10470名贫困人口实现稳定脱贫,贫困发生率降至16.5%。

【世行项目】 投入2017年第二批自治区财政专项扶贫资金下达世行项目配套资金408万元,用于2017年田林县第一批先行示范合作社乐里镇文化村壮瑶芒果种植专业合作社、潞城乡三瑶村助瑶山茶油种植专业合作社基础设施的建设。其中:一是安排232万元用于文化村有机芒果示范基地的恒温储藏室、生产道路、采收棚子、有机肥堆沤池、培训综合楼、灌溉设施等项目；二是安排176万元用于建三瑶村有机油茶示范基地生产道路22千米、100平方米加工生产房、900平方米晒场、100平方米培训综合楼等合作社建设等项目。

招商引资

【田林县招商促进局领导】

局　长：罗元玲（女，壮族）

副局长：杨通爱

　　　　零育宏（壮族）

　　　　李海娜（女，彝族）

【概况】 田林县招商促进局于2004年7月成立，是田林县人民政府直属事业单位，负责管理、促进全县招商引资，经济技术协作和根据县人民政府授权管理投资者投资投诉工作。2017年内设办公室、项目招商管理股、综合法规股，编制7名，实有在编人员8人。

【招商活动】 切实加强招商引资工作，坚持走出去和请进来相结合，创新招商方式，通过小分队招商、以商招商、会展招商、网络招商等多种招商形式，组织开展境内外招商引资工作，项目引进和建设取得新突破。一是抓好展会招商。2017年参加了广州博览会、第十四届中国—东盟博览会、百色农产品交易会以及在深圳举办的百色市重点招商项目推介会和浙江杭州举办的广西农业投资合作项目（杭州）洽谈交流会等等会展，充分利用全面推介田林县的招商项目，取得良好的效果。二是小分队招商。由县委、县人民政府主要领导和分管领导带队赴区内外开展招商活动。宣传推介田林招商项目并对拟引进的项目进行实地考察。三是多渠道多方式开展招商。主动邀请客商到田林考察洽谈投资事宜，部分项目已达成投资意向。

【项目建设】 2017年成功引进高端营养山茶油、年产20万立方米生态板项目、农产品冷链物流项目等项目，其中高端营养山茶油项目和年产20万立方米生态板项目分别于2017年5月31日、2017年7月11日举行开工仪式。续建项目投资25亿元的瓦村水电站、投资1.3亿元的泓湾·里、投资2.3亿元的管道天然气、投资0.6亿元的南安建材市场等多个项目正在建设。投资30亿元的八渡口水电站等项目正在开展前期工作。2017年，招商引资区外到位资金11.81亿元，其中，全口径外资到位资金6584万美元（含商务口径外资到位资金6559万美元），超额完成市人民政府下达的2017年招商引资目标任务。　　（撰稿　熊家庆）

民族事务

【田林县民族事务局领导】

局　长：兰志新（瑶族）

副局长：冯春云（瑶族）

　　　　韦　琅（壮族）

【概况】 田林县民族事务局是田林县办理民族事务的机构，2002年田林县党政机关机构改革至2017年，在县委统战部挂牌，业务和办公独立。内设3个股（室）：办公室、经济管理股、文教政法股。单位人员编制6名，其中：行政编制5名（设局长1人、副局长2人）；机关后勤服务编制1名。2016年，单位在职干部职工12人（其中2017年10月有1名干部退休），其中局长1人、副局长2人，工作人员9人。

【民族政策宣传】 通过采取多形式全方位的办法措施，广泛组织开展丰富多彩的经常性、群众性的宣传教育活动，充分利用和依托春节、“壮族祭瑶王”、“壮族祭瑶娘”、“壮族三月三”等民族节庆和民俗文化活动，尤其在3月25日至4月25日开展民族团结进步宣传月教育活动期间，利用田林县举办2017年“壮族三月三·吼敢”独特民族文化活动，大力宣传党的民族政策和法律法规。据不完全统计，全年先后投入宣传经费5万元，在县城、乡镇、村屯、机关学校、企事业单位组织举办20多场（次）的宣传教育活动；累计印发宣传资料5万份（册）；组织发动县直单位和乡镇，配合在本单位大门口、县城主要街道、乡镇政府所在地以及交通要道，悬挂壮、汉文字制作双语标语横幅130多条（次）；在宣传月期间，编印发放民族政策法规条文和标语，发动安装有电子屏幕的县直机关及企事业单位配合滚动播放宣传，每个单位每天轮换滚动字幕标语内容2条以上，每天播放时间3小时左右，全县累计滚动播放宣传标语至少在1万条（次）以上；制作3版民族政策法律法规的流动专栏板报或展板进行流动展览宣传；组织3个宣讲小分队，结合中心工作，下乡进村入户宣讲30多场(次),有1500多人(次)到场听课;组织资助20多个业余壮剧团编排相关的宣传节目,在举行演出活动时进行配合表演宣传,宣传演出20多场(次);利用举办气排球比赛等文体活动开展专题宣传30场(次);广播电视每天早晚定时专题字幕滚动连续播放宣传30天;编写民族政策法律法规宣传短信30条,通过通讯服务运营商等发送平台以群发方式,向全县13万名手机用户发送短信宣传。使民族团结进步深得人心,为推进民族团结进步创建活动营造了良好的社会氛围。

【民族帮扶及其项目实施】 2017年,取得自治区民委、自治区财政厅安排解决少数民族发展资金538万元,其中第一批少数民族发展项目资金255万元(国家级第一批少数民族发展资金227万元、自治区本级少数民族发展资金28万元),第二批中央财政专项扶贫资金(少数民族发展支出方向)283万元。重点投入特别贫困村屯的民生项目建设,安排建设利周瑶族乡和平村百六屯屯内640米道路硬化和亮福村亮福屯亮化工程14盏太阳能路灯;潞城瑶族乡平板村屯内道路硬化1.1千米、那帮村平红屯内道路硬化1.2千米、三瑶村漫水桥建设0.02千米和瑶昂屯级道路4.5千米硬化;六隆镇洞弄村伟阳屯内道路硬化0.65千米;八桂瑶族乡岩林村那丢屯0.9千米和六丹村八良屯屯内道路硬化0.7千米;八渡瑶族乡六章村各车屯内道路硬化1千米和那桑至岩乐屯级道路硬化1.34千米等共11个项目,这些项目均上报县人民政府取得批准后实施。部分项目已经竣工通过验收投入使用,其余项目还在紧张施工建设之中。

【民族教育文化】 抓好民族小学、民族中学、田林中学民族班的招生计划工作,主动与县教育行政主管部门和各民族学校联系,共同研究落实完成各民族学校2017年秋季招生工作任务。10月13日,举行2017年特困少数民族优秀学生入学补助发放仪式,全县有20名瑶族、壮族等少数民族家庭特别困难的大学新生和高中新生获得资助,获得资助经费4万元,其中大学生入学补助每人资助3000元,高中生入学补助每人1000元。

2017年7月23日,2017年田林县少数民族干部专题培训班在重庆第二师范学院举办。图为开班仪式 (潘少君 摄)

【扶持民族经济】 2017年,加强与山弘(田林)农产品有限公司、田林县红旗油脂有限责任公司等26家列入自治区级民族贸易企业的沟通和联系,组织有关人员深入企业开展调研工作,帮助企业解决实际困难问题。同时加强与县人民银行、农业银行、农村信用联社等金融部门和县财政局沟通联系,做好银企沟通协调工作,争取金融部门的大力支持。积极协调与县财政局配合,按照国家规定全面完成2016年贴息兑现工作,兑现贴息资金459.47万元,扶持企业发展壮大。

【少数民族干部学习培训】 加强动态管理,不断充实完善特少数民族人才资料库建设,随时掌握全县人口特别少的少数民族年轻干部基本状况;完成少数民族干部年度培训工作,全县2017年少数民族干部培训班于7月23日至28日在重庆第二师范学院举办,全县共有50名县直单位及各乡镇的少数民族优秀干部参加培训。

住房制度改革

【田林县住房制度改革委员会办公室领导】

主　任:李育武(壮族)

副主任:蒙　洲

【概况】 田林县住房制度改革办公室内设经济适用住房发展中心、住房资金管理中心、房改评估事务所3个科室。2017年办公室核定编制7名，在编7人，属于参照公务员管理的事业单位。

【新建保障性安居工程项目建设】 2017年市人民政府下达全县保障性住房建设任务主要有：新增开工保障性安居工程棚户区改造（含货币化安置）2个项目209户（套）：妇幼保健院危旧房改造12套，县政府大院棚户区改造（一期）197套，改造面积12520平方米，建成面积17500平方米，计划总投资4375万元，改造内容是危旧住房拆除重建改造。公共租赁住房分配入住任务6个项目110套，其中：县非遗展演中心28套，利周乡政府4套，百乐乡龙车中心校24套，浪平乡平山中心校20套，潞城乡十二桥小学24套，浪平乡中心校10套。截至2017年年末，全县完成市政府年初下达目标任务209套的开工任务，其中货币化安置占开工量的94.26%；完成公共租赁住房分配入住110套，完成市政府年初下达目标任务的100%。全县2017年度保障性安居工程开工和分配入住两项年度任务均按照自治区政府年初提出的要求，及时并超额完成了各个阶段性目标任务，且两项考核指标完成情况均位居全市各县（区）比较靠前位次，其中全县棚改货币化安置超额完成市政府提出的“货币化安置不低于50%比例”的要求。

【续建保障性安居工程项目建设】 2015全县棚户区（旧住宅区综合整治）改造任务650户（套），其中乐里镇城区350户（套），定安镇城区300户（套），改造总面积39000平方米，计划总投资1335万元；2016年城市棚户区改造（旧住宅区综合整治）改造任务1100户（套），其中旧州镇城市棚户区改造项目500户（套），潞城瑶族乡城区改造建设项目300户（套），乐里镇城区改造（二期）建设项目300户（套），改造总面积66000平方米，项目计划总投资4050万元；改造内容：对房屋主体结构加固、加高、加宽，对部分旧住房翻建，对房屋建筑主体水、电、通信、防水等老化设施设备进行改建；对不达标的老房屋进行抗震加固；对住宅区公建部分进行水、电、路进行改造；进行绿化、景观、道路、照明设施改造；雨水、污水收集系统完善等配套基础设施建设。至2017年年末，2015年棚户区改造项目全部竣工验收；2016年棚户区改造项目基本建成。

【中央财政公共租赁住房及其配套基础设施项目】 2017年中央财政公共租赁住房配套基础设施建设项目6项：利周瑶族乡政府、县非遗展演中心、百乐乡龙车中心校、浪平乡平山中心校、潞城乡十二桥小学、浪平乡中心校公共租赁住房配套基础设施建设项目，涉及公共租赁住房110套。主要项目内容：公共租赁住房红线范围内道路、排水、绿化、路灯、围墙等基础配套设施，红线外道路等基础配套设施。总投资208.3万元，资金来源：中央财政专项补助资金。至2017年12月底，除利周瑶族乡政府公共租赁住房配套基础设施项目道路建设因征地问题停工外，其他5个项目全部竣工验收交付使用。

【公有住房档案及公共租赁住房相关管理制度】 2017年年初制定全县2017年保障性住房实施方案，年终完成全县全年保障性住房工作总结。出台田林县公共租赁住房租金价格、公租房与廉租房并轨运行等相关管理制度。完成全县3811份干部职工政策性住房档案的信息采集录入工作，全面实现与自治区统一的干部职工政策性住房档案信息系统，实现动态管理。

【个人住房信息系统及保障性住房管理信息系统建设管理】 按照区、市要求，安排专人负责住房保障信息系统，按月更新建设项目的基本信息，上传工程进度照片，按时完成各类报表的收集、汇总、审核和报送工作，做好保障性住房档案整理和信息公开工作，建立保障对象基本信息档案，台账齐全，把保障性安居工程项目库建设作为一项长期管理机制，不断提升全县住房保障信息化管理水平。

【公有住房售后维修】 2017年完成5个县直单位公有住房维修工作，内容包括化粪池清理、天面补漏、卫生间翻修，外墙维修。维修费用1万元。

【二级市场交易验审工作】 贯彻执行自治区、百色市和田林县有关公有住房上市交易细则等文件精神，做好已售公有住房上市交易二作。全年共审核审批上市交易2套出售面积108.24平方米，成交值20.02万元。 （撰稿 黄艳秋）

住房公积金管理

【百色市住房公积金中心田林管理部领导】
主　任:明光建(2017年9月任职)

【概况】 2017年,管理部在编人员4名,其中2名在百色市公积金中心工作,仅有两名在编人员在田林县内工作。2017年1月前,管理负责人是杨志辉(从凌云管理部借调到田林县任职);2月至8月,负责人是黄忠效(从田东管理部借调到田林任职);9月份至今负责人是明光建(从田林县供销社调入)。编外聘请人员3名,新增1名。2017年田林县住房公积金工作持续健康发展,既实现了住房公积金安全增值、运行质态优良的经济目标,又取得了公积金管理服务工作新的业绩。

【公积金归集】 共归集住房公积金14072.5万元,同比增加2173.8万元,增长18.2%,占全年任务的108.3%;全县累计归集住房公积金33435.3万元;新增1个单位建立住房公积金制度,新增缴存职工2人。

【公积金提取】 2017年共提取住房公积金10533.5万元,同比减少988.5万元,减少9%,占全年任务的95.8%;全县累计提取住房公积金20516人,共49626.7万元。

【公积金贷款】 共发放住房公积金贷款258户,同比增加49户,增加23.45%;放贷金额7308.7万元,同比增加1335.7万元,增加22.36%;占全年任务的104.4%,全县累计发放贷款1684户,全县住房公积金贷款余额为25245.88万元,个贷率为75.51%,比2016年增加8.75个百分点,贷款回收情况良好。

【政策宣传工作】 加大住房公积金政策的宣传力度,根据百色市住房公积金管理中心工作要求,加大公积金政策宣传力度,重点宣传国务院《住房公积金管理条例》《广西住房公积金业务管理规范》具体政策以及2017年百色市住房公积金新政策等一系列的文件精神,大力宣传住房公积金制度,支持缴存职工解决住房困难问题,深受职工的拥护和支持。

【贷款追收】 规范公积金贷款业务流程,完善贷款各种数据资料,按时逐月导入系统;做好逾期贷款追缴工作,保证公积金资金的运行安全,通过上门送达《逾期追缴通知书》、电话通知、与逾期贷款户主交心谈心宣传政策等方式解决了逾期贷款回收的问题。历年逾期多的共5户,已有4户补缴了逾期贷款,其中2户通过提取公积金偿还逾期贷款;2户已失联的人员也转告其家属用提取公积金偿还逾期贷款数,1户当事人已被捕的也正在想办法解决。

【其他工作】 2017年各种档案材料顺利送交市公积金中心管理,完善各种贷款数据资料,并按时逐月导入系统;完成“双贯标”所需要的各种材料数据的整改,并按时上报。　(撰稿　黄　雷)

移民工作

【田林县水库移民局领导】
局　长:陆品东(壮族)
副局长:陆玉明(壮族)
　　　　黄流章(壮族,2017年10月任职)
　　　　黄文高(壮族)
　　　　闭祖剑(壮族)

【概况】 2017年6月6日,根据县委有关纪委派驻机构的工作要求,划转移民局行政编制数1名,划转后行政编制数为6名。至年末,田林县水库移民工作管理局内设股(室)5个,实有在编人数20人。

【移民安置】 2017年全县涉及国家大中型水库有百色水利枢纽、龙滩水电站、洞巴水电站、那比水电站、澄碧河水库、达洪江水库、天生桥一级电站、瓦村水电站等8座电站,安置移民涉及11个乡(镇)47个村民委110个村民小组。根据国家后期扶持政策,经调查、登记、核实并上报市人民政府,审批核定全县后期扶持人数为5319人,其中登记到户到人的有3822人,登记到村民小组的有1497人(不含瓦村水电站库区)。

2017年重点推进瓦村水电站库区移民搬迁安置工作,6月20日和10月10日分别完成标屯岩宝安置点和新八渡街安置点的场平建设。2017年完成八渡库区296户1224人的搬迁工作,其中八渡街含外来户及机关家属140户561人(集中安置125户509人,自行安置15户52人),那佰屯63户282人(集中安置58户258人,自行安置5户24人),标屯86户347人(集中安置76户309人,自行安置10户38人),渭的屯1户9人(自行安置),平乐屯6户25人(自行安置)。

2017年12月29日,由自治区移民局组织,在田林县召开瓦村水电站工程围堰截流阶段移民安置终验会议,对瓦村水电民工程围堰截流阶段移民安置进行验收

【后期扶持】

项目扶持 2017年田林县大中(小)型水库移民后期项目共有7个,涉及龙滩水电站、百色水利枢纽、那比水电站3个库区,总投资299万元,受益移民共623户2913人。其中:属于龙滩水电站库区项目3个,投资105.6万元,受益移民457户2164人;属于百色水利枢纽库区项目3个,投资153.4万元,受益移民141户611人;属于那比水电站库区项目1个,总投资40万元,受益移民25户138人。

资金扶持 严格按照《国务院关于完善大中型水库移民后期扶持政策的意见》(国发〔2006〕17号)执行,全县移民后期扶持资金采取直接发放的方式,按季度通过"一卡通"兑付。2017年上级下拨后期扶持资金到县财政局移民专用账户共319.14万元,已全部下拨到各移民户账户。

【资金管理】 移民资金的管理实行各级人民政府主要领导负责制,按照国家审定的项目及投资包干使用。严格财务管理,坚持单位法人"一支笔"审批制度,重大开支必须经领导集体讨论决定;坚持无计划不付款、无合同不付款、无工程进度报告(表)不付款、无竣工验收报告不付款、无领导审批不付款。

移民补偿资金管理 县水利水电工程移民补偿资金严格按照广西壮族自治区财政厅下发的《广西壮族自治区水利水电工程移民补偿资金会计核算办法(试行)》(桂财会〔2002〕16号)规定执行,设置和使用会计科目,对移民补偿资金和实施管理费及开办费等分别核算,单独设账,单独开户,单独编制会计报表,根据各自会计核算办法进行会计核算。并建立内部审计制度,对会计凭证、会计账簿和会计报表的合法性、真实性、准确性进行审计监督。2017年移民补偿资金到位81570929.69元,拨付金额67883319.57元,其中库区淹没实物补偿13245673.13元,房屋及附属设施补偿25476826.32元,征地补偿款3334682.88元,实施管理费2956850元,机构开办费820900元,综合监理费1069765元,房屋及附属建筑拆迁与清理费29922.24元,移民临时搬迁道路维修费49900元,搬迁补助费65700元,搬迁期间保险费33100元,福达至八渡公路复建工程建设资金2000万元,福达至八渡、八桂至八渡广电复建工程资金80万元。

项目资金管理 由县财政局按照上级财政部门的资金到位文件及时将项目资金拨付到县水库移民工作管理局专户,县水库移民工作管理局根据上级主管部门批复的项目和核定的资金数额,将资金拨付给项目实施单位。项目资金实行县级报账制,拨付工程款必须由项目实施单位提供相关资料,并逐级上报相关单位和县政府审批后方能拨付。工程进度款按完成工程量价款的85%支付,工程完工验收达到质量要求,结算经审计部门审定后,工程款支付至结算总价的95%(含已支付的),并按工程价款结算总额的5%预留工程质量保修金,待工程质量保修期满后再返还施工单位。2017年上级下达的项目金额411万元,涉及项目9个,2017年期间支出154.9万元,结余资金256.1万元。

【信访维稳】 县水库移民工作管理局健全信访维稳组织机构,成立库区移民信访维稳工作领导小组,制定相关工作制度,畅通移民信访渠道,及时排查调处隐患和问题,主动做好水库移民群众来信来访反映问题的政策宣传和解释工作,及时派出工作组进行调查处理,及时反馈答复信访件,排查库区移民信访案件,建立积案档案记录,落实信访积案县领导和部门领导包案化解工作责任制,明确解决问题时间和人员。对已化解的积案,通过电话或者下访形式进行回访,预防反弹。2017年办理群众来信来访共19件,比2016年同期减少2件,均能做好信访答复及处理完善。

【移民培训】 结合库区产业特点和移民意愿,采用以理论讲授与现场教学相结合、操作示范和学员练习相结合、室内教学与室外考察相结合,提高学员基本理论、基本技能和转变思想观念为重点。重点培训农村实用技术和就业技能等。2017年在广西百色农校共举办培训班2期,参加培训移民人数40人,其中参加电工电焊培训15人,种养技术培训25人。通过参加电工技能培训的移民都能掌握一定的基本电工技术,并通过考试取得电工技术资格证书。参加种养技术培训的移民,运用现代农业生产技术,加速了库区畜牧业、水产、水果产业等特色产业的发展,并产生了辐射带动效应,如龙滩水电站库区百乐乡百乐村百乐屯、平合屯移民(43户211人),利用所学的种养技术,发展百乐村移民芒果种植项目,2017年种植芒果面积200亩,预计2年后可挂果产生效益。百乐村移民芒果种植项目的实施,通过整合土地,联合开发芒果种植,完成农业种植结构优化调整,培植形成百乐村移民经济支柱产业,将使百乐村移民生产困境得到根本性扭转,实现移民增收,改善移民生产生活条件。同时,也带动移民安置点周边地区种植产业化发展,加快群众致富步伐,促进移民安置区经济、生态、社会协调发展。

【遗留问题处理】 龙滩水电站田林库区2017年部分补漏面积已进入参加龙滩长期补偿面积,但该补偿资金尚未拨付到位,故未能及时兑现给相关群众,此项工作还在协调处理当中。 (撰稿 邹瑞祥)

机关事务管理

【田林县机关事务管理局领导】

局　长:游　春(壮族)

副局长:陆少堂

　　　　覃丽丽(女,壮族)

【概况】 田林县人民政府机关事务管理局内设办公室、综合股、总务股、保卫股、节能股、机关车队等机构,2017年12月实际在编人员为28人。

【政务外网建设】 按照区、市电子政务外网建设目标考核的要求,为推进田林县电子政务外网横向网络建设,完成绩效考评目标任务,由田林县机关事务局牵头组织电子政务外网建设。按照县委、县政府部署,根据田林县实际,田林县政务外网拟接入单位共99个。其中:县政府大院(共15个单位)、县委党校大楼(共3个单位)、人社大楼(共18个单位)、县财政局大楼(共3个)、其他办公地点(共46个)、乡镇14个。该项建设需租用数字专线和互联网主线及备份线(每年)85.16万元,购置网络管理系统、运维服务器、出口防火墙、入侵防御系统、核心交换机、路由器接入交换机等设备共342.9796万元,机房附属设备及装修14.96万元,以上费用共计438.6996万元。

【会务】 田林县机关事务管理局围绕服务机关、服务领导、服务经济建设,做好会务工作和重大活动服务工作。一是党代会、人大会、政协会等三大例会的会场布置及服务工作。二是协助做好“2017年滇黔桂三省(区)二十一县(市)政协联席会第二十九次会议”等大型会议的会场布置及会务服务。三是日常会议会务983场(次),为田林县的各项中心工作的开展和落实提供优质的后勤保障。

【绿化美化亮化】 一是定期或不定期组织全体干部职工对县政府大院内花草进行修剪。二是做好日常保洁工作,按照目标责任制的要求,对两个行政中心内外(县政府机关大院和县人社局办公大楼)、机关住宅区实行“每日三擦三扫”制度,做好领导干部流转楼的保洁工作,同时做好交流领导干部房的清洁卫生工作。三是安排专人对县政府大院内进行卫生检查，特别是大院内的卫生死角，经检查发现问题的，立即进行整治，保障大院内环境的洁净。

【食堂管理】 加强县政府两个食堂管理工作，改进餐饮服务质量。一是加强饮食安全，合理搭配膳食结构，切实抓好食堂环境卫生整治，确保了食品新鲜、营养、安全、卫生。二是不断提高服务质量，为接待上级领导和就餐人员提供优质的膳食服务。

【安全保卫】 严格抓好行政办公中心安全保障和车辆出入停放管理工作。一是进一步加强保卫人员队伍管理，强化保卫值班制度。二是组织保卫股人员深入开展安全隐患排查；三是切实做好重大会议、重大节日的安全保卫工作，协助信访局、调处办等部门做好上访人员、群体性事件的秩序维护工作。同时，对来访人员进行登记，维护办公区工作秩序，有效维护机关良好的工作秩序，无任何安全责任事故发生。四是为强化大院安全监管力度，整顿车辆停放较乱的现象，进一步规范机关大院的车辆管理。

【财务和物品管理】 2017年，田林县机关事务管理局完善了财务管理制度。进一步加强财务管理，提高财务核算，严格控制费用支出，严格遵守财经纪律，确保财务数据及时、准确、完整，努力做好各项经费的开源节流工作。对单位所有需要报销的单据进行认真审核，同时要求单据上有会计和主要领导的签字认可，严格抓好办公室、会议室、礼堂用品的管理工作以及日常办公用品、紧急突发事件物资的购买和管理等工作。

【全县公共机构节能降耗管理】 一是对2016年能耗数据重新核实；二是统计上报2017年第三季度能耗消耗统计报表；三是统计2017年上半年全县公共机构能源资源消耗情况；根据汇总统计：2017年上半年全县公共机构用能包括二层机构单位共计275家；办公建筑面积为55.1709万平方米；用能人数为61622人；公务用车为309辆；上半年电消耗量为426.4522万度、汽油为20.8754万升、柴油为6.4917万升，吨标煤为759.5006吨，用能人数为61622人，上半年综合能耗为2043tce，人均综合能耗为13.46kgce/人；上半年建筑面积为55.1709万平方米，单位建筑面积能耗为2.33kgce/平方米；上半年水消耗量为44.1267万吨，人均用水量为7.16吨/人。四是圆满完成6月节能宣传周的各项工作。

【公务应急用车服务中心管理】 一是做好公务应急用车服务中心53台车辆的调度工作。中心按照"先紧急后日常，先计划后临时、先县外后县内、优先保障重点公务"的原则，合理调派车辆并及时反馈信息。在车辆紧张的情况下，优先保障用车单位处置突发事件和紧急公务。公务应急用车服务中心司勤人员共计出车3615人次。二是做好中心车辆加油、清洁、维护、年检和保险交纳等各项工作。中心车辆实行定点加油、定点维修、定点清洁，统一办理保险和年检等手续。三是做好公务应急用车中心人员管理。根据县人民政府领导的指示精神，县公务用车服务中心从县直各机关及参公单位择优调剂管理人员6人和司勤人员46人作为服务中心工作人员。四是严格审核各参改单位用车申请。按照"先急后缓，先远后近"的原则，用车申请由用车单位申请办理并报公务用车服务中心实施统一审批，统一调配。紧急情况下采取"先出车、后补单"的做法，确保不耽误紧急公务。

（撰稿　陈艺婷）

政务服务

【田林县政务服务中心领导】

主　任：熊巧敏（女，2017年10月任职）

副主任：岑金鸿（女，壮族）

【概况】 田林县政务服务中心于2007年9月挂牌成立。2012年4月从30米大道电信大楼一楼整体搬迁到财富商城人社局综合大楼一楼，总面积1100平方米。中心设立管理办公室，负责对纳入中心的县级行政审批工作实施管理、协调、监督和服务。编制数6名（其中行政编制5名，后勤1名），实有人员7人。

【"放、管、服"工作】 "三集中，三到位"改革，构建"一站式""阳光办事平台"。2017年4月，政务服务中心牵头在全县开展了"三集中，三到位"改革，围绕集中审批需求，重新"定责、定岗、定员"，专门新组建了审批工作队伍，实现了事项、人员应进俱进。各部门围绕“审批流程最优、审批环节最简、审批时限最短”的目标要求，开展了流程再造，大大压缩了审批时限、减少了审批环节。全县252项审批事项共减少审批环节52项，压缩审批时限，平均压缩审批时限7.6天。

【政务服务中心标准化建设】 一是政务服务中心设立大厅咨询、引导服务台，解答群众询问，指引、引领办事群众至办事窗口；办事窗口印制办事指南和一次性告知书，实施一次性告知制，由协办员负责一次性告知申办事项所需材料；实行受理单制、办理时限承诺制，杜绝变相不予受理或推迟受理，并在承诺期限内办结；窗口建立审批事项台帐，政务办定期对各窗口办理过程进行跟踪问效、追踪问责。二是研究制定《政务大厅现场标准化管理规范》和《窗口综合考评办法》，强力提升窗口整体形象和服务水平。针对政务大厅个别窗口人员存在迟到、早退和服务态度不够好等问题，定期或不定期检查、拍照，对发现问题及时在大厅屏幕滚动播放通报，并向其所在单位通报。通过狠抓日常管理的办法，促使窗口工作人员热情服务，打造高效优质的服务环境。

【乡镇政务服务中心建设】 政务办组织人员分成3个工作组，每个月分别下到各乡镇检查指导各乡镇政务服务中心建设工作，以“一办三中心”工作为抓手，进一步完善县、乡、村三级政务服务网络体系，并组织乡镇窗口工作人员到县政务服务中心进行业务培训，提高基层政务服务工作的服务和效率。

【新政务服务中心大楼建设】 为使政务县政务服务中心业务用房项目能尽早开工建设，政务办配合各有关部门开展项目开工前期工作，项目设计、图纸修改、地堪、施工图设计、财评、施工招投标等工作都能按要求完成，项目于9月18日开工建设，建设周期14个月，将于2019年年底竣工。

【信息公开】 通过广西壮族自治区政府信息统一平台、田林政府门户网站、田林电视台、报刊、板报、公开栏、显示屏等形式，各部门能够及时将涉及本部门的政府信息内容（如公开土地拍卖、工程建设规模、招投标等）向社会公开。同时，及时调整和更新本级政府及其政府所属部门政府信息公开指南和目录，按时公布政府信息公开报告。

政务办每月初都组织人员到各乡镇及县直单位检查政府信息公开情况，通过检查台账，和网上查询，对没有按要求公开政府信息的，下发整改通知，限期整改，保证政府信息能及时公开。

（撰稿　李　争）

中国人民政治协商会议田林县委员会

政协田林县第九届委员会

【政协田林县委员会第九届委员会领导】

主　席:黄　欢(女,壮族)
副主席:韦日娇(女,壮族)
　　　闭祖进(壮族)
　　　吴友明(苗族)
　　　罗胜益(壮族)
秘书长:黄安河(女,壮族)
常务委员:马建辉(回族)
　　　甘政虹(女)
　　　陈长师
　　　陆振雄(壮族)
　　　林　军
　　　杨　阳(女,苗族)
　　　彭　耕(壮族)
　　　黄英萍(女,壮族)
　　　赖国康(壮族)
办公室主任:黄安河
副主任:闭祖兴(壮族)
提案和民族宗教法制委员会主任:
　　陆玉珍(女,壮族)
经济人口环保和外事联谊委员会主任:陈长师
教科文卫体和学习委员会主任:
　　甘　杰(壮族,2017年5月离任)

【概况】 田林县政协成立于1984年11月,到2017年是第九届,现班子成员6人,分别是黄欢主席和韦日娇、闭祖进、吴友明、罗胜益四位副主席,以及秘书长兼办公室主任黄安河,其中吴友明、罗胜益2位副主席为非中共党员。县政协设办公室(下辖二层机构:委员联络办公室)、提案和民族宗教法制委员会、教科文卫体和学习委员会、经济人口环保和联谊外事委员会共"一室三委"。政协机关编制16名,其中行政编制11名,机关后勤编制2名、事业编制3名。有机关干部职工17人,县政协机关党支部共有党员22名,其中在职党员干部11名,退休干部党员11名。2017年,常委会团结引领广大政协委员,聚焦四大攻坚、"五区"建设等事关全县发展大局的重点工作,履行政治协商、民主监督、参政议政职能,发挥政协优势,围绕重大事项、重大问题,开展调研、视察、协商活动,建言献策,出谋献计,为助推全县经济社会加快发展贡献政协力量。全年共召开常委会议5次、主席会议12次,提出不少意见和建议得到重视和采纳;开展调研、视察、协商活动16次,撰写专题报告16份报送县委、政府;深入界别群众,反映界别诉求150多条,开展委员下基层、服务社会活动10余次;收到委员提案50件,经审查立案41件,年内全部办结,委员满意率达96%;组织开展《田林县2017年"壮族三月三吼敢"活动纪实》编纂工作,在《人民政协报》《广西政协报》、百色政协网等报刊杂志及网站上发表250余篇新闻稿件,获全区政协报刊宣传工作一等奖、全市政协第六届理论研究论文评比组织奖,其中选送的《对基层政协民主监督与其他监督形式有机结合的思考》分别获区、市优秀论文奖。

重要会议

【第九届委员会二次会议】 2017年1月17日—18日,县政协第九届委员会第二次会议在县政府小礼堂召开,政协委员135人出席大会,邀请相关县直单位、企业代表列席会议。在开幕大会上,县委书记彭斌高度评价县政协为助推全县经济社会发展做出贡献,提出新形势下做好政协工作的要求,要求县政协和政协委员围绕中心大局,认真履职尽责,找准切入点和突破口,抓住脱贫攻坚等重要领域和关键环节,开展专题调研和协商议政活动,为县委科学决策提供参考。

会议期间,委员们围绕政协常委会工作报告、提案工作情况报告、政府工作报告等认真开展讨论，积极提出意见建议。会议批准黄欢代表政协第九届田林县委员会常务委员会所作的工作报告，批准吴友明代表政协第九届田林县委员会常务委员会所作的提案工作情况的报告。通过了中国人民政治协商会议田林县第九届委员会第二次会议关于常务委员会工作报告的决议、中国人民政治协商会议田林县第九届委员会第二次会议关于九届一次会议以来提案工作情况报告的决议和中国人民政治协商会议田林县第九届委员会第二次会议政治决议。全体委员充分运用大会发言协商平台，围绕全县发展重心，精选建言课题，就经济发展、民生改善等内容建言献策。会议期间，邀请自治区政协提案委主任钟学荣到田林县给委员讲课。

【九届第四次常委会议】 1月18日，县政协召开第九届委员会第四次常委会议，九届常委会全体成员参加会议，黄欢主席主持。会议听取九届二次会议小组讨论汇报，通过九届二次会议各项决议（草案）、提案审查情况报告，表决通过《田林县政协委员履职工作规则（试行）》。

【九届第五次常委会议】 4月6日，县政协召开九届五次常委会议，九届常委会全体成员参加会议，政协机关各委（室）主任和县市政局、住建局、水厂领导列席会议，会议由闭祖进副主席主持，黄欢主席讲话。会议审议通过滇黔桂三省（区）“两江一河”二十一县（市）政协联席会接待工作方案，讨论通过滇黔桂三省（区）“两江一河”民俗节庆文化与生态旅游融合开发调研报告和县政协2017年文化联谊活动工作方案，专题协商县城污水管网建设专题调研报告。

【九届第六次常委会议】 6月16日，县政协召开九届六次常委会议，九届常委会全体成员参加会议，政协机关各委（室）负责人和县教育局、财政局、人社局、编办领导列席会议，会议由闭祖进副主席主持，黄欢主席讲话。会议传达学习上级文件精神，讨论通过田林县政协2017年重点提案督办工作方案，专题协商田林县教育系统教师“空编缺员”情况调研报告和开展旅游扶贫项目建设调研报告。

【九届第七次常委会议】 9月30日，县政协召开九届七次常委会议，九届常委会全体成员参加会议，政协机关委（室）负责人和县农业局、林业局领导列席会议，会议由闭祖进副主席主持，黄欢主席讲话。会议传达学习习近平关于人民政协的新思想和市、县脱贫攻坚整改相关工作，讨论通过县政协开展芒果种植管理对口协商报告和油茶产业发展专题调研报告。

【九届第八次常委会议】 12月26日，县政协召开九届八次常委会议，九届常委会全体成员参加会议，政协机关委（室）负责人和县扶贫办、县民政局、平塘乡领导列席会议，会议由闭祖进副主席主持，黄欢主席讲话。会议审议通过对县扶贫办、县民政局和平塘乡民主评议报告，讨论通过县政协2018年协商工作计划（草案）、县政协常委会2018年工作要点（草案）、县政协九届三次会议常委会工作报告（初稿）及县政协九届二次会议以来提案工作情况的报告（初稿）。

【滇黔桂三省（区）“两江一河”二十一县（市）政协联席会第二十九会议】 4月17日至19日，滇黔桂三省（区）“两江一河”二十一县（市）政协联席会第二十九次会议在田林县城召开。这是县政协承办大型联谊交流会议，来自云南、贵州、广西二十一个县（市）政协领导就如何依托“两江一河”的原生态民族文化资源，加快旅游开发助推脱贫攻坚和经济社会发展座谈协商，交流探讨旅游开发、脱贫攻坚等重大问题，达成了以提升品牌为目标，联手打造大西南特色产业带和民俗节庆文化与生态旅游融合开发示范圈的共识。会议期间，各县（市）政协领导还参加了社区宴会、品尝田林美食等活动，观看了专题歌会《我们的家园》、壮族风情歌舞剧《瑶娘》等节目，增进友谊、交流学习和宣传推介田林。

【市政协四届二次会议重点提案督办会】 9月14日，市政协四届二次会议第42号重点提案《关于加快推动建设“三林”民族文化旅游示范圈的建议》督办座谈会在田林县召开。会上，承办单位和提案人面对面就提案的办理落实进行了很好的沟通和协商，形成了整合利用好“三林”独特的民族文化旅游资源和原生态的自然生态资源，规划完善旅游线路，打造旅游亮点，多途径促进“三林”民族文化发展的共识。

主要工作

【学习宣传贯彻中共十九大精神】 县政协按照中央、自治区党委、市委和县委的统一部署，精心组织、周密部署，狠抓落实，掀起学习宣传中共十九大的热潮。先后召开政协党组（扩大）会、政协党支部会议专题学习中共十九大精神，常委会班子以身作则，依托讲习所，深入联系乡镇、村屯及农家宣讲，让习近平新时代中国特色社会主义思想深入人心、走进千家万户。组织学习中共十九大报告中关于民主政治建设、协商民主建设等方面的新论断、新部署。

【推进“两学一做”常态化制度化】 县政协根据中央、自治区党委、市委和县委的部署，结合自身实际，制定“两学一做”常态化制度化学习教育活动方案，落实和完成学习计划和任务。坚持“三会一课”、民主生活会、组织生活会、民主评议党员等基本制度。在委员中倡议“撰写一篇发言材料、提交一件政协提案、反映一条社情民意、上送一篇宣传稿件、为民办一件好事”的“五个一”活动。组织部分委员到中山大学学习，选派政协班子成员、专委人员参加市政协分别在北京大学、厦门大学、上海复旦大学举办的综合能力提升研修班、提案工作专题研修班。

【全面深化“三年一争当”活动】 县政协以县委提出的“六大专项行动计划”为抓手，深入开展“三年一争当”活动。在开展领导班子建设年活动中，着力抓好思想政治建设、严肃党内政治生活、能力建设、作风建设、廉政建设、制度建设，努力建设“五好”领导班子。按照县委整改工作部署，制定整改方案，强化整改责任担当，精心组织整改落实。对照巡视反馈的4大方面12大项22小项问题，县政协班子对号认领3大方面8大项问题，明确具体整改措施、整改时间和责任人，并在规定时限内全部整改到位。

【提案办理】 九届二次会议以来，县政协共收到委员提案50件，其中大会期间收到提案49件，平时提案1件，经审查立案42件，并案2件，最后交办的提案共41件。至2017年底，各承办单位均能按照办理时限向委员进行了答复，41件提案已全部办结，委员满意率达96%。

【视察调研】 政协常委会选择群众关注、党政重视、政协能做的课题，采取现场查看、听取汇报、座谈交流等形式开展视察调研。全年，先后组织开展“利周瑶族乡旅游扶贫项目建设”“巩固甘蔗产业”“全县芒果种植管理”“发展油茶扶贫产业”“服务企业”“教育系统空编缺员”“县城污水管网建设”“通乡道路‘老龄化’问题”“完善村屯道路联网建设”“撤并乡镇街道亮化工程”“乐里河道环境卫生综合治理”和“屯级戏台建设”等16个课题视察调研活动，形成16份专题调研报告，履职建言解决相关问题，促成了县城幼儿入学、空编教师招聘、教师职称同步聘任等问题的解决。

【民主监督】 县政协履行好民主监督职责。组织委员参加县脱贫攻坚工作督查，先后对平塘、定安、旧州等乡（镇）脱贫攻坚工作进行专项检查，随机抽查7个贫困村，11个自然屯，42户贫困户，客观反映结对帮扶、产业扶持、基础设施建设、易地扶贫搬迁等脱贫攻坚工作情况。年内对县扶贫办、县民政局、平塘乡年度重点工作落实和推进情况开展民主评议，助推脱贫攻坚、民生项目、特色产业等重点工作。选派政协委员100多人（次）担任“乡镇卫生院卫生专业技术人才”“2017年度公开招聘事业单位人员”“2017年公开招考聘用中小学教师”“2017年度公开招聘合同制教师”等招聘面试的监督员。

【信息宣传】 县政协多方筹集资金，做好政协报刊杂志的发行工作，征订政协“两报两刊”（《人民政协报》《中国政协》《广西政协报》《文史春秋》）300多份，做到县四大班子主要领导、联系领导，及政协委员和政协机关干部人手一报一刊。做好政协会议和重要活动的宣传报道。加强与百色市政协网、广西政协报社等新闻媒体的联系和合作，及时做好政协重要会议、重要活动的宣传报道。年内在《人民政协报》《广西政协报》、百色政协网等报刊杂志及网站上发表250余篇新闻稿件，获全区政协报刊宣传工作一等奖、全市政协第六届理论研究论文评比组织奖，其中选送的《对基层政协民主监督与其他监督形式有机结合的思考》分别获区、市优秀论文奖。

【文史征集】 县政协发挥优势，弘

2017年8月30日,县政协主席黄欢赴定安镇检查指导换届投票选举工作。图为黄欢(中)在八新村检查指导换届选举工作

扬优秀传统民族文化,年内收集编纂出版《田林县民俗节庆文化纪实——2016年"吼敢"壮剧节》一书,这是田林县第一部收集记录节庆文化的图书。动员政协机关及全县政协委员协助完成2017年"壮族三月三·吼敢"活动期间的乡(镇)壮剧片区汇演、县城壮剧展演、专题歌会、原生态歌会、社区宴会、特色美食展销等一系列节庆活动。活动期间,由政协委员和县直干部职工自编自演的专题歌会《我们的家园》深受群众喜爱,获得各界好评。继续编辑《田林县2017年"壮族三月三·吼敢"活动纪实》,已收集和整理文字资料近30万字、图片500余张。

【参与中心工作】 县政协按照县委安排,班子成员分别担任社会事业、工业、土地城建、农业农村等工作组组长或副组长,担任着多个项目建设的常任指挥长。经常深入联系乡(镇)、园区企业、项目现场、贫困村屯、维稳一线等,协调解决困难和问题。主要协调推进田林至凌云二级公路、八桂至那比三级路(架屯至弄瓦段)改造、县城第三小学、中医院二期工程、县光明幼儿园项目、长江天成集团公司有机山茶油项目等。

重要活动

【联谊交流】 县政协加强与自治区、市政协的沟通联络,参加政协组织各类活动,上下左右联动推进政协工作开展。全年共接待自治区、南宁市马山县和云南省富宁县、贵州省册亨县等20个区内外政协调研组到田林县考察,提高对外影响力。同时结合政协调研议题需要,组织课题调研组到区内外的云南、贵州、河池、柳州、南宁等地考察学习,取长补短推进政协工作开展。利用双休日节假日开展传统文化节目排练,组织业余歌队到乐里、六隆、者苗、定安、旧州等乡(镇)开展扶贫文化下乡,到百色、凌云、富宁等地进行文化联谊交流,全年共演出19场(次),得到当地群众的好评和称赞。

【参与脱贫攻坚工作】 组织委员参与脱贫攻坚,形成强大的脱贫攻坚"政协力量"。据统计,全县政协委员结对帮扶340多户,扶持产业发展、捐资助学、基础设施建设等捐款捐物20万元。选派1名干部结对帮扶定安镇八新村并担任第一书记,脱产助力脱贫攻坚工作。按照贫困户"八有一超"和贫困村"十一有一低于"目标,从项目、政策、资金、信息等方面做好八新村帮扶工作。协调推进那雄村至八新村那来道路硬化项目建设。筹集资金3.5万元,添置和更新了八新村部电脑、桌椅等办公设备,全村130户贫困户实现预期脱贫摘帽目标。协调联系县糖办、和平糖业公司等单位帮扶央荣村发展甘蔗产业,组织县直联系定安镇的单位干部职工和定安镇直干部职工到央荣屯新种植糖料蔗200余亩。此外,县政协领导干部着力抓好结对帮扶61户贫困户,班子成员经常率队深入联系乡镇村屯开展实地走访,摸清情况,召开群众大会,指导联系村、联系户开展工作,从项目、政策、资金、信息等方面为贫困户提供帮助。 (撰稿 覃金龙)

社会团体

总 工 会

【田林县总工会领导】

主　席：黎朝兴（壮族，县人大常委会副主任兼）

常务副主席：兰　敏（瑶族）

副主席：黄　元（女，壮族）

【概况】 田林县总工会内设办公室、综合部，编制3名，实在职5人。下辖工人文化宫，在职人员3人。县总工会机关现有干部职工8人，其中主席1人（由县领导兼任，编制不在本单位），常务副主席1人，副主席1人。县总工会本届为第十二届委员会，设委员21名，常委9名。2017年全县共有工会组织356个，涵盖法人单位746个，其中：党政机关团体工会434个；事业单位工会69个；国有及国有控股企业工会13个；集体企业10个，非公有制企业工会119个；个体经济组织工会89个。全县工会会员25129人，其中女职工会员7870人，农民工会员17299人，女性农民工4132人。

【农民工入会】 全面贯彻中共十八大和十八届三中、四中、五中全会精神，深入贯彻习近平系列重要讲话精神特别是关于工人阶级和工会工作的重要论述，认真落实中央和自治区党委及自治区总工会一系列决策部署，以提高农民工组织化程度为着力点，相对集中时间，突出重点领域，采取有效措施，最大限度地把农民工组织到工会中来、凝聚在党的周围，切实增强工会组织吸引力和凝聚力。密切与相关部门联系，争取统战、税务、工商、人社、经贸、教育、卫计、工商联等有关部门的支持配合，多方联动、齐推共建，推动入会集中行动取得预期成效。全年共发展农民工会员3856人，至2017年年底，全县共有农民工会员17299人。2017年10月，在田林县富丽水果种植专业合作社进行了试点，正式挂牌成立田林县富丽水果种植专业合作社，推进农业产业链上的农民工入会工作。

【基层工会规范化建设】 田林县总工会2017年1月起在全县工会继续开展“面对面、心贴心、实打实服务职工在基层”活动。采取“五个一”工作方法促进活动开展，即：一是围绕一个主题，组织实施职工经济技术创新工程；二是贯彻一个方针，推进民主政治建设；三是突出一个重点，加强维权机制建设；四是贯彻一条主线，心系基层服务；五是拓展一个平台，提高工会干部素质。田林县总工会2017年1月继续在全县企业工会特别是非公有制企业工会中开展“工会

县总工会举行慰问参加高考困难职工子女活动

组织亮牌子、工会主席亮身份、职工之家亮品牌”(以下简称“三亮”)活动,按照活动要求在单位(公司)公开栏内公布了工会主席、委员的姓名、职务、手机号码和工作职责的基础上,逐步深化“三亮”内容,按照开展建设职工之家、“双爱双评”活动的基本要求,建立各项工作制度和民主制度,健全维权机制,逐步提升工作水平。

【社会化维权】 为进一步强化工会维权窗口,打造工会新的维权品牌,切实维护职工的合法权益,成立了田林县职工法律援助服务站,为受援职工提供法律服务;继续认真贯彻落实《就业促进法》《劳动合同法》《劳动争议调解仲裁法》和《广西壮族自治区企业职工代表大会工作规范》,不断完善“联席会议”“三方协商”制度,推动全县集体协商提质扩面,全面完成各项指标任务。2017年度市总工会下达的任务是在385个企业建立工资集体协商机制并签订协议,截至12月底,已建立工资集体协商机制并签订工资集体协商的企业为350个。2017年,全县共签集体合同244份,工资集体协议244份,女职工专项集体合同244份。

【困难职工帮扶】 做好困难职工、上学困难职工子女(农民工子女)摸底调查工作,精准识别,建立困难职工档案,并实行动态管理,2017年在档困难职工(农民工)294人认定为特困职工的有223名。在开展帮扶工作中,做到建好档案才帮扶的原则,解决困难职工(农民工)生活、医疗、子女上学困难问题,2017年,县总工会筹集资金慰问了三个困难企业和223名特困职工共发放了慰问金22.3万元;在慰问参加高考困难职工子女活动中,共筹集0.95万元给19名经济困难的考生每人发放500元慰问金,并送上温情的考前鼓励,在“金秋助学”活动中共筹集资金11.2万元,对47名学生进行补助。为困难职工和农民工上学的子女提供帮助,圆了困难职工和农民工子女上学的大学梦。对11名因患重大疾病而造成生活困难的职工实施救助,共发放救助金2.45万元。全年共计为65名困难职工出具困难证明,共帮助15名困难职工解决了住房困难问题,基本实现住有所居。

2017年5月24日,市人大常委会副主任、总工会主席黄瑞琼(中)一行3人到田林县开展工会调研工作。图为给企业颁发奖牌现场

【医疗互助保障】 2017年继续把职工医疗互助保险工作作为头等大事来抓,加大宣传力度,召开基层工会主席会议、发放宣传单等多种形式,不断加大宣传力度,深入基层工会发动职工参加职工医疗互助保障工作,取得了良好成效。全年共完成职工医疗互助保障3824份,完成市总工会下达任务的80%。

【劳动竞赛】 组织开展“安康杯”“安全生产月”等劳动竞赛活动。2017年,全县有76个企业参加广西“安康杯”劳动竞赛。3月17日上午,田林县总工会在县工商局门口开展“欢迎农民工入会”宣传活动。让群众了解到工会是做什么的,加入工会有什么好处和如何申请成为工会会员。6月16日上午,全县各级工会根据政府部门的统一部署,开展“6·16”全国安全生产宣传咨询日活动。活动以通过发放宣传资料、知识手册和专家答疑等方式,为职工群众提供安全生产、劳动保护、职业健康、应急求援、道路交通和消防安全等方面的咨询服务。

【文体活动】“元旦”“五一”“国庆”期间组织职工参加游园、职工气排球、篮球赛等各种活动,2017年5月5日至16日,田林县总工会举办了田林县2017年“五一职工杯”篮球赛。此次篮球赛共有18支代表队参加比赛，经过12天35场比赛的艰苦角逐，教育系统队荣获第一名，公安局代表队荣获第二名，党政联队代表队荣获第三名。

【劳模管理】 做好劳模的服务工作。落实工作机制，选树全县各条战线上的模范典型，做好各级劳模的推荐评选工作。年内做好2017年全国、广西五一劳动奖状、奖章的评选推荐上报工作。经过摸底排查，推荐符合条件的田林县农村信用合作联社为2017年广西五一劳动奖状候选单位，推荐符合条件的广西伟健药业有限公司的兰少华、广西田林县公安局的王如、田林县农村信用合作联社的吴德广、田林县浪平乡劳保所的邓伟旭等4人为2017年广西五一劳动奖章候选人，推荐符合条件的广西水利电业有限责任公司、田林县农村信用合作联社为2017年广西工人先锋号候选单位，并收集好评选材料上报市总工会参加评选活动。2017年4月，田林县农村信用合作联社营业部被自治区授予广西工人先锋号称号。在劳模评选过程中严格按照评选的程序和要求，确保评审工作的公开、公正。同时做好劳模服务工作。2017年，共组织乐里镇府、潞城乡府、高龙乡府、县医院、水利电业、和平糖业公司、食药监、技术监督局、市场服务中心等9个单位的15名职工往防城、陆川、南宁三个地方进行休养活动。

【职工书屋】 按照《中华全国总工会关于开展全国工会“职工书屋”建设的实施意见》，结合实际，制定“职工书屋”建设的具体计划和目标，不断完善书屋功能，满足广大职工群众日益增长的精神文化需求，发挥示范带动作用，推动职工素质教育和职工文化建设的深入发展，努力把“职工书屋”打造成内聚人气、外树形象的职工文化品牌。截至2017年12月，共有广西伟健药业有限公司、国有田林县乐里林场、田林县水利电业有限公司、田林县市场服务中心、田林县利周瑶族乡小学教育工会、田林县者苗乡人民政府、田林县自来水厂等7个单位荣获市级“职工书屋”示范点荣誉称号，广西田林高龙黄金矿业有限责任公司荣获全国“职工书屋”示范点荣誉称号。2017年10月，自治区总工会授予田林县总工会全国工会职工书屋示范点荣誉称号，并赠送18件图书及一块篇牌。

【工会代表大会】 2017年3月10日，田林县总工会在人大常委会会议室召开第十二届三次权威会议。会议总结2016年工会工作和部署2017年工会工作，审议田林县2017年基层工会主席、会议培训班方案，审议田林县“五一职工杯”篮球比赛活动方案。

（撰稿　梁品国）

共青团

【共青团田林县委员会领导】
书　记：姚沁君（女）
副书记：李赞梅（女，壮族）

【概况】 共青团田林县机关行政编制3名，其中：书记1名，副书记1名，干事1名。2017年12月底实有在岗人员4名，其中在编人员2人（书记1名，副书记1名）编外人员2人（中央财政转移支付西部计划志愿者1人，政府购买服务预青专职人员1人），空编数1个。全县共有30个基层团委、308个团支部，3410个团员，专职团干16名，兼职团干326名，挂职团干部1名。

2017年5月4日，共青团田林县委在县高级中学纪念“五四”运动98周年入团宣誓暨十八岁成人礼宣誓仪式

【自身建设】 落实全面从严治党要求,提高团自身建设水平,不断更新和完善田林共青团自建的网络媒体,利用官方微博、微信、QQ等网络平台,为团员相互交流创造了条件,提升了团组织的内在活力,开展典型树立、表彰先进活动,表彰"五四红旗团委"8个、"五四红旗团支部"5个、优秀共青团干部19名、优秀共青团员39名。建立团干部直接联系青年制度(1+100"制度),推进共青团改革,增强团组织的凝聚力和吸引力。2017年共青团田林县委员会获共青团百色市委员会授予"团干部直接联系青年工作先进县"称号。

【青少年思想道德教育】 一是1月17日,联合县教育局等单位在乐里一小开展田林县2017年"青春自护·平安春节"青少年自护教育活动启动仪式;二是3月3日,组织学生参与共青团、红领巾学雷锋洁城一条街活动,一起学习、践行、弘扬志愿服务精神;三是4月6日上午,联合县文明办、教育局、县关工委等单位共同举行"喜迎十九大　我想对您说"——田林县青少年缅怀革命先烈、传承红色基因主题活动启动仪式暨清明祭扫活动;四是4月中旬,团田林县委和田林县少工委组织各中小学校和少先队组织陆续开展喜迎十九大——我向习爷爷说句心里话"的主题活动;五是"六一"期间集中开展六一"喜迎十九大,我向习爷爷说句心里话"主题队日活动,通过开展主题鲜明的教育实践活动,与少先队员欢度快乐节日,增进他们对党和社会主义祖国的朴素感情。

【开展"一学一做"教育实践】 一是紧扣学习习近平系列讲话精神这个中心任务不放,印发《关于全县共青团员集中开展"学习总书记讲话　做合格共青团员"教育实践的通知》,明确学习内容,学习目标和任务。二是4月12日在召开田林共青团"学习总书记讲话　做合格共青团员"教育实践动员部署会。各乡(镇)、县直单位及学校团委负责人共60多人参加会议。三是全县14个乡(镇),县直各团组织也先后组织了本辖区、本单位共青团员开展集中学习活动,使学习覆盖到每位共青团员。四是5月3日召开田林县共青团从严治团和"一学一做"教育实践推进会,团县委书记姚沁君做了工作部署。

2017年"不忘初心跟党走　青春建功促发展"党团史知识竞赛活动现场

【推进青年就业创业】 引导农村青年开展电商创业,依托"村邮乐购",扶持行政村设立青年电商创业示范基地,建立青年就业见习基地9个,更好地服务田林县青年创业创新。举办"青年之声·青春大讲堂"。自"青年之声　青春大讲堂"开讲以来,共举办了教师招聘考前公益课、公务员考前公益课、事业单位考前公益课、公务员面试公益课、事业单位面试公益课等培训5期,不断密切团青关系。组织召开"奋斗的青春最美丽"——田林县纪念五四运动98周年暨庆祝建团95周年座谈会,共30多名青年代表参与。开展田林县2017年"青年创业创新沙龙进农村"活动,至2017年年底,田林县已有六隆镇、八桂乡、平塘乡、八渡乡等乡镇开展活动,据统计有近300人参加。

【青年志愿者行动】 以西部计划大学生志愿者为依托,牵线搭桥,搭建平台,紧紧围绕服务党政中心工作大局,充分开展志愿服务活动。一是1月17日在田林汽车客运站开展田林县2017年青年志愿者服务春运"暖冬行动";二是2月10日组织县消防大队、国税局、地税局等单位青年志愿者到八渡瑶族乡敬老院开展"元宵送关爱,情暖老人心”志愿服务活动；三是3月3日联合县文明办等单位在县双虹桥河堤路段举办“雷锋超市”现场志愿服务展示活动；四是清明期间，组织青年志愿者到乐里镇新昌村开展清明期间森林防火宣传。五是4月10日至20日，组织组织100余人组成的青年志愿者队伍积极服务田林县2017年“壮族三月三·吼敢”壮剧艺术节；六是5月11日，组织志愿者参与田林县“爱国卫生运动65周年纪念暨第29个爱国卫生月”宣传活动。

2017年5月27日，共青团田林县委举行“六一”微心愿活动启动仪式。图为县委常委蒋桂红讲话在仪式上讲话

【希望工程圆梦行动】 一是5月26日，团田林县委、县少工委、县教育局组织广西思诺行车卫士、百色教育科学学院28名爱心人士和青年志愿者到浪平乡香维村小学开展开展延续“一位老共产党员”的关爱之“快乐六一·护航成长”公益助学活动；二是5月27日上午，团县委联合县教育局、关工委、妇联等单位在县文化广场隆重举行“点亮微心愿　六一乐圆梦”跳蚤市场义卖暨微心愿认领活动，点亮微心愿230个，收到爱心义卖捐款7151.1元。通过开展留守儿童工作，让贫困山区的孩子们更加快乐地成长成才。

【少先队工作】 通过组织学生参与共青团、红领巾学雷锋洁城一条街活动，学习、践行、弘扬志愿服务精神；举行“喜迎十九大　我想对您说”——田林县青少年缅怀革命先烈、传承红色基因主题活动启动仪式暨清明祭扫活动。县直团组织、企事业单位、武警部队及乐里一小、二小、初级中学、田林高中团员青年和师生代表共300余人参加了活动；通过组织各中小学校和少先队组织陆续开展了喜迎十九大——我向习爷爷说句心里话”、六·一“喜迎十九大，我向习爷爷说句心里话”主题活动，开展这些主题鲜明的教育实践，与少先队员欢度快乐节日，增进他们对党和社会主义祖国的朴素感情；举办“我是光荣的少先队员”主题队日活动。县少工委、县教育局等单位领导和乐里镇中心校1403名全体师生参加活动。通过组织全县各中小学校开展“向国旗敬礼　文明网寄语”系列主题活动，以此来庆祝中国少年先锋队建队68周年和祝愿中共十九大胜利召开。

【团干部素质教育】 12月1日至2日，在县政府小礼堂举办2017年田林县农村团干部“青春引擎”暨青年电子商务创业培训班。团县委书记班子成员、各乡（镇）团委负责人，各行政村（社区）团支部书记共182人参加培训。

（撰稿　罗梦诗）

妇女联合会

【田林县妇女联合会领导】
主　席：黄秀琴（女，壮族）
副主席：黄玉青（女，壮族）

【概况】 田林县妇女联合会编制共4名，在编人员4人，其中主席1人，副主席1人，干部2人，2017年5月办公室调入干部1人。有乡镇妇联14个，县直妇委会53个，村级妇联168个。

【妇女素质教育】

妇女领导干部培训　6月19日—23日，在广西妇女干部学校举办2017年科级妇女领导干部能力提升培训班，全县科级妇女领导干部及第十一届执委共46人参加此次培训。

基层妇女干部培训　11月3日—4日在县委党校举办全县基

层妇女干部培训班，各乡（镇）妇联主席（负责人），各村（社区）妇联主席共182人参加了培训，培训内容包括党的知识和廉洁教育、传达学习中共十九大精神，基层妇联主席履职培训，创业就业技能培训，反家庭暴力法知识解读、"走自主创业之路·既能顾家又能发家致富"宣讲和"儿童家园"管理员培训等专题。

妇联改革工作 9月底，168个村（社区）全部完成"会改联"工作，各村选举产生新一届妇联执委委员11~13名、主席1名和副主席5名，全县共产生村级妇联主席168人、副主席840人、执委委员1858人。田林县妇联各项改革工作将在2018年完成。

举办道德讲堂活动 4月21日举办以"弘扬家庭美德·做有孝心的人"为主题举办道德讲堂活动，听取获得百色市"最美家庭"赵龙京、瞿彩琼两个家庭的事迹。

【妇女小额担保财政贴息贷款】 全县共审核办理妇女小额担保贷款8户64万元，1—10月兑现贴息22户金额5.26万元，已全部发放到贷款户手中。继续配合县扶贫指挥部、信用社做好宣传工作。授信妇女总户数8630户，获贷妇女总户数952户，已发放贷款4760万元。

【"产业到家 牵手妈妈"工程】 继续实施"产业到家 牵手妈妈"工程，组织"产业到家 牵手妈妈"妈妈讲习团到乡镇部分村屯开展宣讲活动。为想创业、敢创业、能创业的妇女提供服务。举办田林传统手工业"巾帼刺绣"技能大赛，对在近年来涌现出的刺绣能手进行评选并予以表彰奖励。联合人社局到贫困村举办养老护理培训班和育婴师培训各一期，当地共计200名群众参加培训。

【妇女儿童维权】 2017年，县级妇联共办理来信来访共10件，答复及办理10件，办结率100%。组织县直有关妇委会和巾帼志愿者到乡镇开展"三八"维权周暨"春风送岗位 巾帼助脱贫"宣传活动。组织公安、卫生等部门到乡镇开展禁毒和防艾宣传活动。

2017年3月8日，田林举办丰富多彩的"三八"妇女节活动。图为比赛活动场面

【妇女儿童文化活动】

"三八"妇女节纪念活动 一是举行"扬文明清风 建和谐田林"庆"三八"广场健身舞比赛，各乡镇村、社区及县城25个队近400名妇女参加了比赛。二是举行田林县庆"三八"妇女节拔河比赛，县直34个队340名妇女参加了比赛。三是表彰一批巾帼示范基地、"三八"红旗手、"三八"红旗集体、创业致富女能手等50个。

"六一"儿童节庆祝活动 一是开展举办"童心向党 健康成长"庆"六一"儿童节文艺晚会。二是举办"争做合格家长，培养合格人才"家庭教育讲座。三是开展关爱留守儿童暨学生安全知识进"儿童家园"活动。

【寻找"最美家庭"活动】 利用"产业到家 牵手妈妈"妈妈讲习团开展宣讲活动契机，大力宣传寻找"最美家庭"活动，引导广大妇女和家庭成员在参与寻找"最美家庭"活动中接受道德教育、感悟家庭美德、弘扬文明家风。联合县委组织部、县直属工委、文明办表彰14户最美家庭。

【关爱妇女儿童工作】

妇科疾病免费普查活动 联合县卫计局在全县范围内联合开展"关爱女性生殖健康"妇科疾病免费普查活动，20至59周岁的已婚育龄妇女都可以接受免费检查，经统计，全县共普查妇女855人；6月和县卫计局联合制定《2017年

2017 年 9 月 28 日，乐里镇那色村妇女大会

田林县农村妇女宫颈癌和乳腺癌免费检查项目实施方案》，并开展农村妇女宫颈癌和乳腺癌免费检查活动；为各乡镇 35~64 岁农村妇女进行“两癌”免费检查 3178 人；替全县 9 名“两癌”患者向全国妇联申请农村贫困妇女“两癌”救助项目。

“关爱妇女·温暖同行”慰问活动 给“两癌”患者、精准贫困户贫困母亲等 15 名特困妇女送去 5500 元的慰问金。

留守儿童慰问活动 给利周中心校送去“六一”游园活动慰问品 5000 多元，还为该校 50 名特困留守儿童送去每人价值 100 元的衣服。到 12 个“儿童家园”开展关爱留守儿童暨学生安全知识进“儿童家园”活动，活动主要以开展关爱谈心、安全知识讲课、有奖问答互动等方式教育她们如何预防性侵、防溺水、防火、防电、交通等安全知识，活动共服务留守儿童 600 多人，捐赠慰问物品 13000 多元。7—8 月暑假期间，组织百色学院大学生志愿者们到田林县者务村、八高村、丰防村等 6 所“儿童家园”开展服务活动。

【“儿童家园”创建】 2017 年田林县创建“儿童家园”任务为 14 个，按“七个有”标准（一有固定场所；二有儿童娱乐、锻炼、游戏、学习设施设备；三有管理制度；四有管理人员；五有定期开展儿童主题活动；六有标识门牌；七有“儿童家园”工作档案）于 9 月全部完成 14 个“儿童家园”的创建工作。

（撰稿　黄小雪）

科学技术协会

【田林县科学技术协会领导】
主　席：李富宁（壮族）
副主席：罗志平（壮族）

【概况】 2017 年 12 月，县科协在职干部 5 人。

【科普活动】

农村科普服务站建设 建成立乐里镇新宁村、利周乡福祥村、八渡乡博峨村 3 个科普服务站。

农村科普示范基地建设 指导建立乐里镇新宁村芒果科普示范基地，以辐射带动周边乡镇农户用科学种植护理芒果，提高芒果的增收增效。

科技进农村活动 一是开展 2017 年文化科技卫生三下乡活动。县科协于 2017 年 1 月 28 日（大年初一），在八渡瑶族乡博峨村文化广场举行“文化、科技、卫生”三下乡服务活动，为当地群众发放《农村实用技术》《科普画册》《食品安全知识读本》《股份农民》《养鸡养鸭实用技术》《黑山羊养殖技术》《农博士》《惠民科普常识读本》（生活·法律）《美丽广西·生态乡村》科普农历和科普口袋书等 800 余册，科普画报 120 幅，发放科普宣传资料 100 多份，此次活动受益群众达 1000 人次。二是开展科技活动周活动。5 月 22 日开始，县科协参与 2017 年全国科技活动周田林活动，在活动启动仪式后，分别下到利周、潞城、高龙等 3 个乡镇，为前来咨询和参观的市民和群众宣传科普知识，发放《养鸡、养鸭实用技术》《科学用水从我做起　珍爱生命之水》《食品安全知识读本》《食品安全知识手册》《惠民科普》《美丽广西·生态乡村》《生态、资源、能源、环境、健康、安全篇》《股份农民》《农博士答凝一万个为什么》等科普读物 2300 余本。三是参与了 2017 年食品安全宣传周活动。组织人员发放全民科学素质行动计划丛书《食品安全知识读本》《食品安全知识手册》和身边的科普知识系列《走出吃的误区告诉你不知道的真相》等食品安全知识宣传图书资料,让更多的人了解食品安全知识,健康生活,推动食品安全知识的宣传和普及。启动仪式上,田林县科协在现场共散发各类食品安全科普书籍160多册。

“科普知识进社区”活动 一是建设县城区科普宣传长廊。在县城教育路建起了50米长的科普宣传长廊,张贴各种科普宣传挂图286张。二是抓住开展“科技活动周”等公益科普活动契机,给县城各社区居民免费发送《卫生安全》《食品安全》《健康知识》《科学养生》《生态保护》《节能减排》《低碳生活》等科普宣传挂图(图书)4700余张(册),向市民宣传普及疾病预防、科学养生、节约资源、防震减灾、保护生态、改善环境、健康生活等科学知识,倡导科学文明健康的工作生活方式。

2017年4月11日,中国流动科技馆广西巡展田林站在田林初级中学举行启动仪式。图为市科协丁丽华主席宣布巡展活动正式启动

【科技培训】 分别在旧州镇平林村和八渡瑶族乡博峨村、利周瑶族乡福祥村、乐里镇百花寨村等地举办“五个一”农村适用技术培训班5期,科普带头人、贫困户当地村组干部、农村党员、农技协会员、科技示范户、种养专业户等共500人(次)参加了培训。邀请专家给参训人员传授了八渡笋低产改造与升级、油茶林高位嫁接及低产林改造等技术,油茶、八角、板栗丰产栽培技术及畜禽科学养殖和动物防疫等知识。

2017年1月28日,田林县科协在八渡瑶族乡博峨村开展文化科技卫生“三下乡”活动。图为县科协的领导为村民发放科普读书

【青少年科技教育活动】 4月11日至5月20日,为期40天的中国流动科技馆广西巡展田林站巡展活动在田林县初级中学进行。活动设有声光体验、电磁探秘、运动旋律、数学魅力、健康生活、安全生活、数字生活、科学表演、科学实验、科普影视等10个主题展区,让参展人员真实感受到科学的魅力。此次巡展活动为社会公众特别是青少年零距离接触科学、体验科技、开阔眼界、增长知识搭建了平台,此次巡展活动,10所学校7725名学生参加。

【项目申报与实施】

推荐申报农村科普示范基地和带头人 推荐申报田林县利周生态养殖基地和八渡乡博峨村罗文才分别申报广西区农村科普示范基地和带头人。在自治区“科普惠农兴村计划”先进典型评选中,田林县利周生态养殖基地和八渡乡博峨村罗文才被广西科协、广西财政厅分别评为广西农村科普示范基地和广西农村科普带头人荣誉称号，分别获奖补资金8万元和2万元；

科普示范基地申报 2017年7月，广西科协、广西财政厅将乐里镇新宁村芒果科普示范基地列入2017年“基层科普行动计划”项目，获资金奖补15万元；申报提升利周瑶族乡清水鸭养殖协会。广西科协、广西财政厅将该协会列入2017年“基层科普行动计划”项目，7月获奖补资金10万元。

（撰稿　罗志平）

文学艺术界联合会

【田林县文学艺术界联合会领导】
主　席：吴鸿村

【概况】 2017年田林县文联有在职干部2人，其中主席1人。各协会领导均为兼职。设立有文学、戏剧、民间文艺、音乐、舞蹈、美术、书法、摄影、文艺志愿者等9个文艺协会，共有会员187人，其中国家级会员2人，区级会员36人（含调出田林会员），市级会员37人，县级会员112人。

【文艺活动】

“精准脱贫　同奔小康——田林县精准脱贫摄影作品展”活动 10月20日，由县委、县人民政府主办，县文联承办，县脱贫攻坚战指挥部办公室、各乡（镇）党委政府、县摄影协会协办的“脱贫光荣同奔小康——田林县精准脱贫摄影作品展”，分别在县非遗展厅和各乡（镇）如期开展。此次图片展展出的上100幅照片，内容涉及基础设施扶贫、产业扶贫、培训就业扶贫、移民搬迁扶贫、教育扶贫、扶贫领域执纪监督问责、贫困村贫困户脱贫风采、上级领导深入扶贫一线工作风采、干部结对帮扶风采等10多个方面。通过摄影展活动，全面展示了全县紧紧围绕决战贫困、决胜小康总体目标，精准发力、精准扶贫所取得的阶段性成果，向中共十九大献上一份厚礼，也鼓舞了全县上下进一步打好脱贫攻坚战的信心和决心；同时，在全县营造了“人人关心扶贫、人人支持扶贫、人人参与扶贫”的良好氛围。

《田林文艺》2017年度优秀作品评选表彰活动 评出并表彰《田林文艺》2017年度优秀作品共9件，其中：优秀小说2件，优秀诗歌2件，优秀散文3件，优秀文艺评论2件。

《田林文艺》出版100期纪念活动和“讴歌十九大唱响新时代”征文活动 开展《田林文艺》出版100期征文活动和“讴歌十九大唱响新时代”征文活动，在《田林文艺》第100期开设专栏刊载两个活动征文；并于12月27日成功举办《田林文艺》出版100期成果展，推动提升办刊水平和田林县创作水平。

采风创作活动 全年共组织开展采风创作活动2次。5月18日至20日，组织文学、摄影、美术、曲艺骨干作者一行9人到靖西市联合开展“到人民中去”采风创作活动。通过联合采风，既增进了两县市文艺界友谊，也拓宽了田林县文艺作者的创作视野，对激发创作灵感，丰富和积累创作素材起到重要促进作用。10月25日，组织本县骨干作者12人到旧州镇工业园和南盘江开展文学创作采风活动。

【出版刊物】 抓好向中共十九大献礼文学精品集的出版工作。为推动田林县精品创作生产，更好展现和检阅田林县精品创作成果，以优秀的创作成果向中共十九大献礼，县文联结集出版一批田林县重点文学作品集，共计

2017年10月25日，县文联组织部分文艺骨干到旧州镇开展“深入生活、扎根人民”采风创作活动，在南盘江上游采风合影

5本，分别是散文集《一条江一个人》《窗前，有鸟儿飞过》《情到深处》，小说集《红尘有爱》《猎鹰行动》。经努力争取，落实了出版资金，并于年内完成作品集三校三审。办好《田林文艺》刊物，完成《田林文艺》杂志出版2期，刊发文学作品228篇(首、件)、摄影作品25幅、文艺新闻16篇，发行量2000份。

【人才培养】 2017年共选送5人参加上级文联举办的各类创作培训班、讲座学习。其中，选送2人参加全区"一带一路"广西戏剧人才提高班学习；选送1人参加全市文艺家协会会员专题培训班学习；选送2人参加全市文联系统干部综合素质提升班学习。

【文艺惠民工程】 做好"文艺村""文艺户"工作。一是做好挂牌工作。3月21日、22日和4月25日分别到获广西文联命名为全区千村万户文艺惠民工程"壮剧村"的六隆镇洞弄村、乐里镇乐里村、利周瑶族乡福祥村3个村和命名为全区千村万户文艺惠民工程"文艺户"的利周瑶族乡百达村闭克坚、黄光合、福祥村罗会优等3个家庭举行挂牌仪式。二是做好推荐命名工作。新推荐六隆镇周马村岭屯黄景润家庭和旧州镇平保村平保屯骆进祥家庭，获广西文联命名为广西千村万户文艺惠民工程"文艺户"。三是支持引导"文艺村""文艺户"开展活动。全年5个区级"文艺村"共组织开展文艺演出56场，其中壮剧演出53场、瑶族铜鼓舞演出3场，县外省外交流演出7场；乐里村剧团6名演员与县非遗展演中心演员到南宁参加了大型壮剧《瑶娘》的汇报演出。

开展免费为群众书写春联活动。2月1日，组织县书法协会8名会员在县文化中心大楼前开展免费为群众书写春联活动，为群众书写春联380余幅。

开展"到人民中去"文艺扶贫志愿服务主题活动。5月23日第4个中国文艺志愿者服务日前后，县文联、县文艺志愿者协会组织文艺志愿者开展"到人民中去"文艺扶贫志愿服务主题活动，深入六隆镇洞弄村、乐里镇乐里村、利周乡福祥村等开展了一系列活动，以文艺形式为脱贫攻坚加油鼓劲。活动期间共开展壮剧辅导9场、文艺演出5场、书法辅导1场、赠送文艺作品50多册，受益群众达2500多人。

2017年春节，县文联组织县书法协会王福干、卢集东等6名骨干在县非遗展厅开展免费为群众书写春联活动

【创作成果】 田林县作者全年共在各级刊物上发表文艺作品篇369篇(首、幅、件)，其中国家级6件、省级4件、市级90篇(首、幅、件)、县级269篇(首、幅、件)；共有9件作品获市级以上奖励，其中国家级1件、省级3件，市级5件。

【重要奖项】 吴鸿村诗歌作品《不比山高不比水长》获2017年泸州市政府、中国作协《诗刊》社联合主办的首届国际诗酒文化大会"诗意浓香"全球有奖征集大赛入围奖。

冯春旺摄影作品《桃花依旧笑春风》入展2017年"荷兰花海"怀中国花卉摄影大展。

陈道平长联《咏田林县》获漓江出版社等单位主办的第一届广西银龄文学大赛——"美丽故乡"征文比赛二等奖。

杨秀川的书法获广西第二十一届环卫工人书画大赛"社会组优秀奖"。(撰稿　曾保华)

工商业联合会

【工商联合会领导】

主　席：廖劲高(壮族)

党组书记：鄂桂青(女，壮族)

副主席：黄登成（彝族，2017 年 10 月任职）
　　黄艳琼（女，壮族，2017 年 9 月离任）

【机构】 2017 年在编 4 人。2017 年田林县工商业联合会坚持“团结、服务、引导、教育”的工作方针，围绕党委、政府的中心工作和经济、社会发展的重大问题，做好非公有制经济人士思想政治工作，参与政治协商，发挥民主监督作用，参政议政，协助政府管理和服务非公有制经济，发挥了桥架纽带作用。2017 年 12 月田林县工商业联合会荣获广西“五好”县级工商联荣誉称号。

【工商联会议】 2017 年 9 月 29 日田林县工商业联合会召开七届二次执委（扩大）会议，应到会执委委员 31 名，实到会执委委员 17 名，大会听取主席廖劲高代表执委会作 2017 年上半年工作报告，总结 2017 年半年商会工作。县委常委、县委统战部部长梁秀荷到会指导并讲话。

【参政议政】 2017 年，县工商业联合会深入非公有制经济企业和会员中调查研究，了解企业及会员的困难和问题，共形成《田林县农村电商发展情况》专题报告（汇报）1 份，组织工商业人士积极参政议政，提交书面提案议案 4 份，为领导层决策提供有力依据，促进非公有制经济的健康快速发展。

【组织建设】 2017 年县工商联加大对乡镇商会的联系和指导，做好六隆、高龙、百乐三个乡镇商会的规范化建设。10 月至 12 月完成乐里、潞城、旧州、定安、利周、六隆、浪平、高龙等 8 个乡镇商会换届工作，从而夯实基层商会的组织建设。田林县首个异地商会田林湖南商会于 2017 年 12 月 28 日成立。商会会员发展到 650 个，其中企业会员 32 个。2017 年乡镇商会新增会员共 18 名，其中，浪平商会发展 16 名新会员，利周商会新增会员 2 名。

【社会公益和光彩事业】 2017 年，县工商业联合会宣传鼓励动员非公有制经济人士和会员弘扬传统美德，致富思源，积极履行社会责任，热心社会公益和光彩事业。继续开展“千企扶千村”活动，区内外非公有制企业、基金会以及全县 15 家非公企业和 14 个商会参与到活动中，为贫困户、贫困儿童捐款捐物，资助学生共计 87 名，为抗旱救灾、扶贫济困、新农村建设、文化教育、“美丽田林·清洁乡村”等社会公益和光彩事业捐款捐物达 35.67 万余元。

“泛海和合班”建档资助 2017 年 3 月广西和合济困助学基金会在高龙、潞城、那比 3 个乡 6 个贫困村贫困户在读小学生举办“泛海和合班”，给予贫困小学生生活补助每人每年 920 元。县工商联组织相关乡镇收集贫困学生材料，建立档案，共资助 64 名贫困在读小学生 5.88 万元。

开展关爱农村留守儿童慰问活动 2017 年 6 月 1 日县工商业联合会与县团委组织田林县鑫福源山茶油公司等会员企业到乐里镇启文小学举行“六一”关爱农村留守儿童慰问活动，共捐赠 10 位留守儿童共计 1000 元。公司还捐赠给学校一台价值 2500 元的热水器。

“吗哪净水机”百色同心慈善捐赠活动 2017 年 5 月深圳市“吗哪净水机”有限公司举办百色同心慈善捐赠会，分配给田林县 14 个乡镇共计 30 台净水机，以及 50 床羊绒被，折合人民币 16.04 万元，县工商联配合公司做好安装与发放统计等工作。

扶贫济困活动 2017 年，县工商联继续引导各商会、企业帮

2017 年 9 月 30 日，田林县工商联（商会）召开七届二次执委（扩大）会议

扶联系贫困村的贫困户发展产业。田林县鑫福源山茶油开发公司在乐里镇启文村、八渡乡班马屯等建立油茶基地2500多亩，提供技术、管理等，吸收贫困户加入合作社，带动贫困户走上脱贫，公司董事长黄妙玲于7月到浪平岩龙村开展慰问送温暖活动，购买物资慰问部分贫困户、五保户、残疾群众；潞城乡商会陆振雄、张义等为贫困户安排就业5人，资助各烟等村贫困户8台电视机，价值8000元；陆振雄会长通过百色扶贫教育基金会扶持贫困大学生5人每人2000元，共10000元，同时资助2017年田林县职工杯篮球赛10000元；田林县银川水电公司莫荣壮先生10月27日向百色市教育基金会捐款10万元，用于扶助本县贫困大学生；八桂商会会员黎振宇创建康之源食品配送中心，安排贫困户就业17名，带动贫困户脱贫奔康。

【服务会员】 2017年4月，县工商联到田林星达工业公司、田林县康益土特产有限公司、田林县鑫福源山茶油开发有限公司、田林县广龙水泥有限公司、田林县宝源贸易有限公司、广西伟健药业有限公司、田林县万盛木业有限公司等10多家会员企业进行走访，听取企业反映的实际问题和困难，收集到企业反映问题和困难共4件。2017年1月14日至22日，县工商业联合会为浪平商会会员姚昌华在平塘乡搬迁石灰石场的环境问题，协调县环保局到实地考察指导，圆满解决采石场选址与水源保护相关问题。

（撰稿　廖劲高）

残疾人联合会

【田林县残疾人联合会领导】

理事长：冯金冰（瑶族）

副理事长：罗保安（壮族）

【概况】 田林县残疾人联合会根据田林县编制委员会《关于成立田林县残疾人联合会的通知》成立于1990年12月12日，定为相当副科（区）级事业团体，人员编制4名。其间，属县民政局下属单位，由县民政局一位副局长分管，在民政局上班开展工作。1995年11月田林县编制局再下发《关于田林县残疾人联合会机构级别的通知》定为相当正区（科）级的独立群团事业单位，1996年年初分离为独立单位，单独开展工作，搬出另外地址上班。2002年3月县直机关机构改革中调整编制为3名。领导职数为正、副理事长各1名。综合办公室1个职位，参照公务员管理的群团事业单位。2010年实际在职人数6人，其中：理事长一名，副理事长两名，三名科级干部。2017年3月，根据田林县编制委员会同意成立田林县残疾人康复服务中心，核定人员编制2名，属于田林县残疾人联合会下属机构。截至2017年12月，田林县残疾人联合会共有在职人数4人，其中：理事长1名，副理事长1名，两名科级干部。2017年，全县残疾人持证人数8618人，其中视力残疾1319人，占15.31%；听力残疾621人，占7.21%；言语残疾216人，占2.51%；肢体残疾5135人，占59.58%；智力残疾487人，占5.65%；精神残疾284人，占3.3%；多重残疾556人，占6.45%。

【组织建设】 田林县于2017年年底完成全县14个乡（镇）残联换届选举工作。配备了乡镇残联理事长、专职委员，全县165个行政村和3个社区均配齐了残疾人专职委员。还成立了肢体残疾人、盲人、聋人、智力、精神等5个协会，完善了县、乡（镇）、村（社区）残联组织。

2017年5月27日，县残联开展第二十七次全国助残日活动。图为县委常委、宣传部长、副县长蒋桂红（左一）给群众送宣传品

【残疾人康复】

康复救助对象筛查 2017年，共报送13名残疾儿童到上级医院进行康复抢救性治疗和康复工作，其中5名脑瘫儿童到北京做康复治疗。

基本康复服务 为方便残疾人康复需要，田林县残联与20个乡（镇）卫生院签订服务协议，由乡镇卫生院为辖区内残疾人提供支持性服务，共为全县1165名残疾人提供支持性服务。

辅助器具适配和发放 2017年，田林县共有3名残疾人到百色市残联辅助器具服务中心进行大小腿假肢取模。同时，残疾人基本辅具适配通过政府采购，共为251名有需求的各类残疾人发放轮椅、坐便椅、洗浴椅、拐杖、助听器等辅助器具，坚持做到精准服务，为残疾人出行和生活提供了方便。

【残疾人扶贫】

阳光助残扶贫基地管理 发挥基地安置残疾人生产劳动、辐射带动、帮扶残疾人脱贫致富的作用。主要扶持发展养殖蜂蜜，全年扶持任务为100人，由基地集中安置2名残疾人就业，通过免费发放养蜂种、蜂房的形式辐射带动周边100名残疾人发展养殖，开展两期培训，发放扶持实物100户，200箱，每户扶持实物折款1200元以上。

“党员扶残温暖同行”项目 由县残联与组织部、财政局共同组织实施，共投入17万元，在全县14个乡镇扶持170户贫困残疾户发展种植、养殖、经商项目。

“阳光家园计划”项目 田林县残联下发实施方案，由村、乡（镇）上报的符合资助对象，县残联审核。共为131名智力、精神和重度肢体残疾人提供居家服务，每人资助1500元，共发放资助资金19.65万元；共有52名智力、精神和重度肢体残疾人在田林县博康医院接受服务，满足残疾人托养服务基本需求，不断完善托养服务功能。改善智力、精神和重度肢体残疾人生存发展条件，促进残疾人共享经济社会发展成果。

【残疾人社会保障】 全面贯彻落实《自治区全面建立困难残疾人生活补贴和重度残疾人护理补贴制度实施办法》，田林县残联配合民政部门落实残疾人重度护理补贴和困难残疾人生活补贴，提高补贴标准，从2017年1月起，残疾人“两项补贴”由原来的每人每月50元，提高到每人每月60元。为3197名重度残疾人办理护理补贴、2946名困难残疾人办理生活补贴，累计发放补贴380.45万元。同时，为3515名重度残疾人参加城镇基本医疗保险的个人缴费部分给予全额代缴，确保弱势群体医疗保障无忧。

【残疾人教育】 继续推动做好残疾学生和残疾人子女接受中高等教育资助工作，2017年，共为12名残疾学生和26名残疾人子女发放教育资助金。其中，本科以上学生每人一次性资助3000元，专科学生每人一次性资助2000元，普通中专、普通高中学生每人一次性资助1500元，做到应助尽助。

【残疾人就业培训】

残疾人青壮年扫盲 5月县残联会同图书馆举办残疾人青壮年扫盲学习班，参加学习班的学员有8名残疾人，提高文盲残疾人在工作生活中基础文化知识能力、自身表达能力，参与到当今社会生活当中。

农村残疾人实用技术培训 田林县残联紧紧围绕全县脱贫攻坚工作，通过购买服务方式，由残疾人实用技术培训机构为全县持证残疾人分三期进行培训为提高残疾人就业能力，分别在县城和六隆镇、八桂乡、定安镇举办了三期农村残疾人实用技术培训班，参加培训共222人，超额完成培训任务。为农村贫困残疾人提供种植、养殖等实用技术培训，使其掌握1~2门生产增收的技能。潞城乡残疾人黄美仙通过农村残疾人实用技术培

2017年8月4日，县残联在阳光助残扶贫基地发放养蜂实物

训之后，积极发展养猪，从最初随意养殖发展到现在拥有几百头猪的养殖场，每批出栏200多头，年收入达数十万元，她自身的努力成功激励其他残疾人。定安镇残疾人杨昌文，通过实用技术培训及阳光助残扶贫基地蜂蜜养殖技术培训，发展蜂蜜养殖，增加收入。

【慰问活动】 以开展第二十七次"全国助残日"活动为契机，紧紧围绕"推进残疾预防，健康成就小康"的活动主题，有意义地开展宣传和慰问等助残各种活动。

上门慰问活动 在助残日期间，由县领导带队深入到残疾人家中开展走访慰问活动，并为他们送去慰问金和慰问品。2017年春节期间田林县残联共慰问贫困残疾人68户，每户500元，共发放慰问金3.4万元。在慰问过程中了解他们的生活情况，鼓励残疾人树立生活的信心，帮助残疾人共同走向美好未来。

"助残日"宣传活动 县委常委、宣传部部长、县人民政府副县长蒋桂红率卫计局、民政局、人社局、人民医院、中医院等单位到县残联综合楼门口开展全国助残日活动。为残疾人发放惠残政策宣传资料100多份，发放辅具3件、爱心衣物500多件。 (撰稿　罗　玲)

社会科学界联合会

【田林县社会科学界联合会领导】

主　席：甘天龙

副主席：李筱妍(女，壮族)

　　　　蒙加丰(壮族，兼任)

　　　　黄龙光(壮族，兼任)

【概况】 田林县社会科学界联合会，是县委领导的正科级人民团体机构，为财政全额拨款参公管理正科级事业单位。编制4名，设主席1名，副主席1名，兼职副主席2名，工作人员2名，内设机构3个(办公室、学会工作部、科普部)。

2017年3月23日在柳州市召开的全国大中城市社科联第28次工作会议上，县社科联被评为"全国先进社科组织"，获得2017年度广西壮族自治区社科联"工作成绩突出单位"、甘天龙被评为"全区社科工作成绩突出个人"；被评为百色市社科系统"工作成绩突出单位"、被百色市精神文明建设委员会评为"百色市文明单位"；黄艳初被评为百色市社科系统工作成绩突出个人。

【社科培训】 2017年4月17日在田林召开"三林"(田林县、隆林县、西林县)片区工作会议，全县第二届社科委员、部分理论工作者参加会议，市社科联主席韦从克系统地传达学习了《彭清华同志在会见广西第十四次社会科学优秀成果奖代表时的讲话》和《范晓莉同志在广西第十四次社会科学优秀成果奖颁奖大会暨自治县社科联七届四次全委会上的讲话》精神。6月14日，自治区社科联副巡视员、秘书长何明一行到田林县开展社科工作调研，田林县依此召开第二届社科委员、理论工作者培训会；9月30日，邀请百色市文明办主任田茂华到田林高级中学开展"喜迎十九大——2017广西社科大讲坛(田林专场)"活动，活动惠及2000余名师生；10月21日在田林初级中学举办以"让爱心陪伴孩子成长"为主题的家庭教育专场科普活动，获得4000余名师生及家长的好评；11月7日，邀请百色市干部学院、市委党校教授黄启学到田林开展中共十九大精神专题学习和社科调研及论文写作培训活动，各乡镇、县直部门分管意识形态工作的领导及办公室人员、田林县第二届社科委员共140多人参加了培训活动。中共十九大召开以后，县社科联主席甘天龙先后到7个乡镇和10多个县直部门开

2017年7月21日，自治区社科联与田林县社科联共建社会科学普及基地揭牌仪式在县图书馆举行。图为自治区社科联刘俊副巡视员(左)与田林县委常委、宣传部长、副县长蒋桂红(右)为科普基地揭牌

展“学习宣传十九大社科理论知识讲座”，拓展了社科理论培训范围。通过有序开展培训活动，逐步提高分管领导及社科工作人员的政治理论素质和社科研究能力。

【科普活动】 编印《农村实用种植技术》《现代文明礼仪》《农村实用法律常识》和《当前时政民生热点》等10种科普册子、折页共1万余册，从2017年3月开始，与团县委、县图书馆等部门先后在县城和潞城瑶族乡、利周瑶族乡、六隆镇、八桂瑶族乡等乡（镇）联合开展科普宣传活动；组织参加广西社科联5月23日在靖西市举行的全区2017年广场科普活动；田林与自治区社科联共建科普基地项目于7月21日在县图书馆顺利签约揭牌，成为全市唯一、全区第7个自治区与县（市、区）共建科普基地。在田林政府网站开通《田林社科之窗》，设置“农家书屋”“科普资料”等子栏目，为社科委员及广大干部群众展示提供社科知识网络平台。在县有线电视台开设以“提升政治素质，弘扬优良品格，传播社科知识、启迪智慧人生”为主题的《社科田林》专栏，在中共十九大召开前后以《五个关键词记住习近平“7·26”重要讲话》《十九大明确新时代中国特色社会主度思想》《以“十个一”记住十九大报告主要内容》等节目，为喜迎中共十九大预热和第一时间解读中共十九大报告热点知识，结合时令向群众播报种植、养殖的防寒防冻知识，社会反响良好。

【《田林社会科学》内刊出版】 在卷首语以及选用稿件方面，注重政治导向，把握引导主流社会思潮，强化《田林社会科学》的舆论先导功能，打造社科阵地升级版；注重向县外社科专家约稿，提升稿件站位，把刊物办成广大社科工作者学习时政知识、开展社科普及、进行课题研究、积极建言献策、培养社科人才的优势平台和与兄弟县区交流、互鉴的有效载体。从2017年第一期起，《田林社科》更名为《田林社会科学》，从每年出版2期增加至每年出版4期，每期印刷量1000册，在扩大外界交流的同时，发放到县、乡（镇）、行政村及社区和县内人大代表、政协委员，全面提升《田林社会科学》的社会影响力。

【调研工作与成果】 结合县委2017年务虚会提出的理论研究议题，开展资政课题研究，结合“三年一争当”活动和精准脱贫工作，联络自治区党校、市委党校专家学者为田林县把脉社科议题，《营造干部担当干事创业良好环境，促进田林持续稳定健康发展》《田林农村村级集体经济现状、问题及对策研究》课题获县委、县政府主要领导审定；年初上报的应用对策课题《田林县域经济发展现状与思路浅析》获得自治区社科联立项资助并按时完成课题调研任务；由甘天龙、李筱妍执笔的《坚持生态优先、促进绿色发展——田林县推进生态文明建设的实践和探索》荣获由自治区社科联主办的第十九期广西发展论坛优秀论文奖，使田林成为全区6个获此殊荣的县（市、区）级社科联之一；由李筱妍、黄艳初、王福干合作的《南盘江流域特色文化保护、传承与开发研究——以田林县为例》获滇黔桂三省（区）第三届南盘江流域发展论坛优秀论文奖。在县委宣传部指导下，经田林县社科联上报请示、县委县政府批示运作的以农家书屋为平台开展的“六个一”文化扶贫、智力扶贫模式，农民日报社党委于12月9日派出以报社社务委员、通采部主任袁旭为组长的采访组，到田林进行了专题调研采访。此外，推荐3篇优秀论文参加广西第十五届哲学社会科学优秀成果评奖活动，推荐5篇优秀论文参加百色市哲学社会科学优秀成果评奖活动。

【《广西壮族自治区社会科学普及条例》宣传】 2017年7月28日，

2017年11月13日，区社科联与田林县共建社科普及基地2107年全区社会科学普及联合大行动之广场科普活动在县城风雨桥举办

广西壮族自治区人大常委会第78次常务会议审议通过了《广西壮族自治区社会科学普及条例》(下称《条例》),并从10月1日起实施,田林县在10月起向县领导、各乡镇文化站和县直部门发送《条例》单行本,在县政府网站的《田林社科之窗》《社科田林》电视栏目等多形式、多平台宣传《条例》。

(撰稿　黄艳初)

田林县红十字会

【田林县红十字会领导】

常务副会长:罗正文(瑶族)

【概况】 田林县红十字会是中国红十字会的县级分会,为群团机构,由原县卫生局管理改为中共田林县委管理,为正科级全额拨款,参照公务员管理,核定编制5名,2017年实有6人。办公地址在县卫生监督所5楼。

【政府人道事务工作】

“博爱家园项目”工作　在潞城瑶族乡各烟村那额屯实施自治区红十字会“博爱家园项目”,开展红十字特色的防灾减灾、卫生健康等服务,建设利民便民设施,发展生计。实施防灾减灾工程建设(修建篮球场及红十字宣传栏),项目资金15万元。

“博爱送温暖”工作　凝聚人道力量,开展“博爱送温暖”人道救助工作。1月初,开展“博爱送温暖”活动,发放温暖箱70箱,棉被20床,鞋子206双,受益家庭116户,受益人数537人,受益资金累计54726元。2017年,全县共有1个家庭因心脏疾病申请红十字基金会资金救助。

参与市、县献血办开展无偿献血工作　2017年,全年县红十字会共协同开展无偿献血活动5次,发放献血宣传资料8500份,在县、乡主干道拉横幅9条,并通过广播、电视、政府门户网站等不同方式扩大宣传范围。

【应急救护培训项目】 开展应急救护培训,提高公众急救技能。一是与市红十字会对接,落实应急救护培训师资为市红会蓝天救援队讲师。二是2017年10月31日,在田林县潞城瑶族乡各烟村那额屯开展应急救护培训进农村活动,培训形式为应急救护课堂培训及现场演练,参加培训村民人数共计110人,培训内容超10项。指导村民防灾避险解疏散步骤和方法,接受培训人员基本掌握和熟悉现场应急救援方法,提高参训人员自我保护和应急逃生能力。

【红十字会宣传】 “5·8”世界红十字日,在县红十字会一门诊门前向群众宣传“人道、博爱、奉献”的红十字精神、红十字会献血法、红十字运动知识及艾滋病防治宣传知识,发放宣传资料1900份。“5·12”协同县有关部门在县双虹桥头开展主题为“行动起来,减轻身边的灾害风险”防灾减灾宣传活动,活动现场,设置2块宣传展板,借此活动向群众宣传红十字“小天使基金白血病救助”“红十字博爱救心行动”“红十字民族助学”等红十字专项救助项目知识、申请的救助程序等;共计发放宣传资料1165份。日常利用县政府门户网站、板报、发放宣传资料等手段,深入社区、企事业单位对造血干细胞捐献、遗体捐献的相关知识进行广泛宣传。

(撰稿　黄丽恒)

2017年1月21日,县红十字会到利周乡凡昌村开展送温暖活动

老科学技术工作者协会

【田林县老科学技术工作者协会领导】

会　长:黄保德(壮族,县人大常委会原调研员,退休)

廖伟登(县人大常委会原副主任,退休)

杨秀德（县农业局主任科员，兼职）
副会长：李松林（壮族，县人大常委会原副主任，退休）
黄炳亮（壮族，县人大常委会原副主任，退休）
姚茂泽（六隆镇原镇长，退休）
黄建光（壮族，县档案局主任科员）
杨　龙（壮族，县民政局原局长，退休）
秘书长：杨秀德（兼任）
办公室主任：
盘　康（瑶族，县食品药品监督管理局主任科员，兼任）

【概况】 田林县老科学技术工作者协会（简称县老科协）经田林县科学技术协会同意批准，于2002年7月29日在县民政局批准注册登记成立的社会团体。由顾问、会长、副会长、理事、会员构成，下设秘书处、联络处、项目处。第三届会员有53人，其中高级职称18人，中职职称33人，其他4人，含各行业。

【科技使用技术培训】 4月7日，邀请县水产畜牧兽医局高级兽医师到浪平镇红星村举办"山羊饲养管理技术"培训班，全村8个自然屯的养羊大户全部参加，讲解结束后进行互动，真正让群众学到科学的养殖技术，效果好，县委组织部还一起参与了此次活动，制作了录像，被百色新闻采用。该村301户有180户养殖山羊，每年8000~10000只，效益可观。

【技术示范联系工作】 县老科协主动作为，在开展科技服务、科技咨询、科技创新过程中，紧扣服务"三农"，助力增产增收，突出农村实用技术示范这个重点。一是继续抓好油茶低产林改造，特别是高接换冠（优）示范户的技术指导工作，2017年在乐里镇新建村新建示范园50亩。二是继续抓好板栗高接换冠示范户技术指导工作，全年共组织三次到5个示范户现场交流管理经验。

【调查研究　建言献策】 县老科协紧扣"脱贫攻坚"这个大局，会同相关部门于9月到12月在6个乡镇开展精准脱贫调研，进一步摸清田林县精准脱贫工作情况，总结经验，发现问题，先后提出了《分类实施管，确保"精准"二字》《落实帮扶方式，全面推进理"六个到村到户"》《积极争取扶贫资金，实施精准投入》《加强生产扶持，增强造血能力》《要重视异地搬迁，完善后续帮扶》《加强农村基础设施建设》《加快村集体经济发展，强力推进精准脱贫工作》等建议，将调研报告呈县领导阅，为党委、政府建言献策。

【"老科技工作者日"座谈会】 10月27日上午，县老科在县政府二楼小会议室召开田林县"老科技工作者日"老专家代表座谈会，会上传达了区、市老科协今后三年的行动计划和中共十九大精神，以及田林县老科协2017年的工作情况。座谈会上，老专家们畅所欲言，谈党的好政策，田林县如何精准脱贫，向党委政府建言献策；谈养生之道。县委常委、宣传部部长、县人民政府副县长蒋桂红在场并讲话。

【完善机制】 一方面，有专人、有场所、有经费、有活动、有典型，收集了有关中老年养生资料和重要党报党刊10余种全天供会员阅览，县老科协组织真正成了老科技工作者之家；另一方面，向领导反映群众呼声、给会员通报政情动态、为群众提供科技服务已成常态。

2017年6月24日至26日，2017年百色市老年太极拳（剑）竞赛在田林县城举行，共有来市各县（市区）10支代表队、120余名运动员参加比赛。图为开幕式现场

法治·军事

政法委及综治

【中共田林县委员会政法委员会领导】
书　记:何琪洸(壮族)
副书记:何建华(县委常委、常务副县长,兼任政法委第一副书记)
许永华(壮族,兼任防范办主任,2017年3月离任)
黄　柯(壮族,兼任维稳办主任)
张天成(壮族,兼任防范办主任)
曾秀洁(女,壮族,兼任综治办主任)

【概况】 中共田林县委维护稳定工作领导小组办公室、田林县社会管理综合治理委员会办公室、田林县防范和处理邪教问题领导小组办公室(防范办公室)与中共田林县委员会政法委员会合署办公。县委政法委内设办公室、政工纪工室、执法监督室、调研宣传室、国安办、禁毒办、铁路护路办。政法委下设县流动人口服务和管理办公室。县法学会在县委政法委办公,由县委政法委代管,设编制3名,有人数2人。2017年,县委政法委编制16名。其中,行政编制9名,参公编制3名,全额拨款事业编制3名,后勤1名,有人数14人。设书记1人,副书记4人(其中,第一副书记由1名副县长兼任)。

【群众安全感满意度】 2017年,加强为民办实事项目"第三级天网改造工程"建设工作,全年拨付提升群众安全感专项经费90万元;矛盾纠纷排查化解专项经费23万元;综治表彰经费22.58万元,其他综治工作经费29.2万元。不断提升群众安全感满意度。2017年,田林县被评为"2015—2016年度建设平安广西活动先进县";在全市政法工作会议上,田林县被百色市综治委评为"2017年度建设平安百色活动先进县"。

【维护社会稳定】

维护政治安全和政权安全 增强国家安全人民防线建设工作意识,加强对涉密人员的保密教育和规范重要文件的管理。随时关注可能影响国家安全的各类社会群体、社会问题、社会现象、社会思潮、社会舆论,针对社会矛盾引发群体性事件的苗头和隐患以及涉及国家安全和社会政治稳定的各种现实和潜在的威胁源、风险点,进行摸排统计。年内排查出田林

2017年2月23日,在2017年全市政法工作会议上,田林县被评为2016年度"平安先进县"。图为县委常委、政法委书记何琪洸(左一)代表田林县上台领取荣誉牌匾

县长期在境外务工人员5人,在县内正常传教组织1个。

矛盾纠纷排查化解 年内专门召开11次信访维稳工作会议,听取信访维稳工作汇报、研判全县维稳形势,分析研究各个时期出现的主要信访事件和苗头问题,对信访维稳工作进行专门部署。印发《田林县2017年政法督查工作方案》《2017年田林县开展信访突出问题和积案化解集中攻坚活动实施方案》等多个文件。为稳控六隆问题的重点群体人员,制定《田林县六隆行政诉讼专项法制宣传活动方案》,由县领导带队,抽调27名政法干部,分成4个工作组深入村屯开展法制宣传,同时通过与最高人民法院多方沟通联系,于10月20日成功在县人民法院通过视频接访方式由最高人民法院深圳第一巡回法庭视频接访六隆问题群体的20名代表。年内共排查出突出可能影响社会稳定的“三个重点敏感”29个,其中,重点人员11人、重点案(事)件12个、重点群体6个,并组织相关责任单位专题研判,确保重大节庆和全国敏感节点期间全县社会大局稳定。全县共接受信访件284件,立案调处“三大纠纷”案件81起,已结案71起。

【惩治违法犯罪】 督促公安机关开展“神剑2号”行动,加大“打黑除恶”、打击“两抢一盗”、打击“黄赌毒”违法犯罪活动力度。全年共立各类刑事案件634起破获210起(其中大案立25起破16起),受理查处治安案件466起。打掉刑事犯罪团伙11个,抓获刑事犯罪嫌疑人206人(团伙成员68人),抓获网上在逃人员28人。缴获涉案汽车、摩托车、手机、电脑、牲畜等赃款赃物一大批,总折价90万余元。

【平安创建工作】

文化市场秩序整治 由县综治办牵头,文广、工商、公安、环保、消防等部门联合执法,做好春节期间文化市场整治各项工作,依法打击文化市场违法违规行为,重点查处违规经营网吧和打击取缔“黑网吧”,严厉打击歌舞娱乐场所涉及黄、赌、毒、暴力等违法犯罪行为,不断规范文化市场经营秩序,净化文化市场环境。

2017年5月26日,田林召开退赃大会,并给失主返还被盗现金、车辆等。图为失主领走被盗摩托车

市容市貌整治 制定出台《田林县县城城区市容市貌和交通秩序综合整治活动实施方案》,设立办公室、市容市貌整治组、交通秩序整治组、河道整治工作组、宣传组、督查组等6个小组,全面扭转县城城区主次干道、市场周边、开放式小区及背街小巷市容市貌、环境卫生“脏、乱、差”、交通秩序混乱,机动车辆乱停乱放,无证无牌驾驶,河道“脏、乱、差”等违法行为和不文明现象,整治活动在2017年春节前有初步成效,在6月底前有明显成效,6月以后形成制度化、常态化管理。同时,加大校园周边管理力度,主动化解校园内外矛盾纠纷,切实消除校园及周边各类安全隐患,推动平安校园建设,为学校营造良好的教育教学环境。

矛盾纠纷排查和化解 推进矛盾纠纷精准排查和精细化解“四个三”工作法。年内,累计排查出矛盾纠纷286件,调处266件,调处成功266件。此外,还通过加强法制宣传教育,引导群众依法信访,走法律维权方式,促进社会和谐。

立体化社会治安防控体系建设 围绕“平安田林”“法治田林”建设的总目标,推进县城社会面治安防控网建设组、乡镇社区治安防控网建设组、机关企事业单位内部安全防控网建设组、重点行业和重点人员治安防控建设组、区域治安防控协作网建设组、信息网络防控网建设组等“六张网”建设。同时,继续推进“地网工程”建设,打造田林县摩托车、电动车物联网防盗系统（简称“行车卫士”防盗系统），年内累计安装行车卫士5316台。

特殊人群服务管理 全年精神障碍患者登记在册1118人，在管1009人，其中危险性达3级以上患者113人，有12人在家关锁，有5人因有肇事肇祸案件记录已录入公安部严重精神病信息管理系统。新筛查的113名严重患者的基本信息已经综治部门协调，转交县公安局录入公安部严重精神病信息管理系统。

禁毒工作 抓好“6·26”禁毒日宣传教育工作，发放禁毒宣传资料5万余份。开展病残吸毒人员大收戒及社会面吸毒人员见面核查和分类分级管控，及时清理核查在册吸毒人员430人，存活426人（其中吸食海洛因毒品166人，吸食新型合成毒品260人）。病残吸毒人员3人均已关押收治。

接边地区“平安和谐区域”创建活动 田林加强与云南、贵州省接边县沟通协作，开展接边地区联调、联防、联打、联控、联建“五联”平安建设机制，推进双边协同发展。7月，田林组织综治维稳信访部门人员到贵州省册亨县进行工作交流，并签署接边维稳信访工作协作备忘录。8月，云南省富宁县维稳综治一行13人到田林县就最新排查的9件接边地区矛盾纠纷进行磋商。接边乡镇均开展互访交流，就接边地区交通建设、解决山界纠纷、教育领域合作、双边民间文化交流、维稳工作合作等方面进行商谈，签订友好协作意向书，维护接边地区的社会稳定。11月9日，乐业县综治、防范和处理邪教工作领导小组到田林县召开协作座谈会，会上两县签订综治、防范和处理邪教协作框架书，为共同防范和打击接边地区邪教组织的渗透破坏活动，挤压邪教组织活动空间，确保接边县区社会政治稳定和社会治安和谐安宁。

【法学会工作】 6月19日，中共田林县法学会党组正式成立，设党组书记1名，成员6名。县法学会履行“繁荣法学研究、推进依法治县”的工作职责。一是注重服务，推动法治建设。发挥法学会在精准扶贫工作、校园法制建设和社会面法制宣传工作中的作用，不断推进校园青少年法制教育基地建设，全年共组织法制教育讲座20余次，接受教育2万余人次。向学生发放《日常生活安全知识》宣传单1.8万余份，普法漫画手册1500余册，全县在校学生实现“零”违法犯罪。二是主动引导，开展法学研究。2017年度县法学会员形成的法学调研论文参加市法学论文评比，荣获一等奖1篇，三等奖1篇，优秀奖3篇。编辑出版《田林法学》会刊1期。三是及时组织法学会员外出交流学习，3月下旬，组织法学会员一行10人到西林、隆林法学会交流学习，并召开座谈会，就文化建设与接边地区开展联合党建共建促进社会和谐、推动经济发展等问题进行交流探讨。

【政法队伍建设】 全县有政法干警360人。其中：县委政法委有在职人员14人，行政编制10名，事业编制3名，工勤编制1名；全县公安系统有编制197名，共有民警197名，协警人员218人。基层公安派出所14个，民警74人，协警55人。检察系统有在编在职人员27人，尚有空编6个，机关后勤服务事业编制2名，协警、编外人员14人。法院系统共有17个中层部门，院本部13个、乡镇法庭4个，员额法官人数29人。中央政法专项编制数82名，实际用编72人，尚有空编10个，缺编10人，聘用人员22人。司法行政系统实有在编人员48人，协警11人。田林县政法各部门围绕“富民强县，跨

2017年5月26日，田林县召开退赃大会，并给失主返还被盗现金

越发展”目标,树立和落实科学发展观,坚持以内强素质、外树形象为主线,大力加强政法队伍作风建设,认真履行打击犯罪、保护人民、服务经济建设的职能,有力地维护了全县社会政治稳定,赢得了社会和广大干部群众的普遍赞誉。一是抓班子,带队伍。全县政法各部门领导班子以“两学一做”学习教育为契机,认真落实党委(党组)中心组学习制度,着力在理论联系指导实践上下功夫,坚持和实行民主集中制,坚持以人为本,科学民主决策,重大问题集体讨论研究决定,对单位政务、财务定期公开,做到大事讲原则,小事讲风格。二是抓队伍,树形象。始终把党风廉政建设作为班子建设的重中之重,以“五查五整顿”为契机,严格制定各项规章制度,坚持从严治警,健全长效机制,严格落实中央“八项规定”精神,驰而不息纠治“四风”问题,紧紧围绕“五个过硬”的总要求,全面确立“重心治政保忠诚、重力治害守底线、重点治警树新风”的工作新理念,着力查找政法队伍在思想、纪律、作风、担当、管理等方面存在的突出问题,有效遏制执法不严、司法不公甚至司法腐败问题多发势头,使严格执法、公正司法成为广大政法干警的自觉行动,建设一支信念坚定、执法为民、敢于担当、清正廉洁的政法队伍。

【青少年法制教育】 推进校园青少年法制教育基地建设。完成利周中学、板桃中心校两所校园青少年法制教育基地建设,建设好法制文化长廊。组织开展法制宣传教育进校园活动,全年开展宣传教育活动26场(次),受教育师生达3万多人次,全年在校学生实现“零”违法犯罪。 (撰稿 姚 洋)

政府法制建设

【田林县政府法制办公室领导】
主 任:罗道理
副主任:许永源(壮族)

【概况】 田林县法制办公室是财政全额拨款科级单位,有行政编制4名,事业编制(行政执法监督局)3名。办领导设主任1名、副主任1名。全办实有在职在编人员6人(其中行政编4人、事业编2人)。

【法治政府建设】 一是由县法制办牵头统筹规划、研究制定《田林县法治政府建设实施方案(2016—2020年)》,对田林法治政府建设的目标任务作出具体安排,进一步明确了推进法治政府建设的目标任务、责任分工和具体措施。为贯彻落实党中央、国务院《法治政府建设实施纲要(2015—2020年)》和自治区、百色市《法治政府建设实施方案(2016—2020年)》,县法制办在2016年工作的基础上,再次多方征求意见,进一步修改完善方案,报县委、县人民政府审定后印发各乡(镇)、各部门,将71项具体工作任务进行分解,明确全县全面、系统、协调推进法治政府建设的目标任务、责任分工和具体措施,确保到2020年与全国、全区、全市同步基本建成法治政府奠定基础。二是组织印发《2017年全县法治政府建设工作要点》,明确年度法治政府建设具体工作任务,组织协调、督促指导各乡(镇)、各相关部门实施所担任务,行政审批事项改革、编制和优化县乡两级行政权力运行流程、推行部门权力清单和责任清单“两单融合”、行政执法规范等各项工作有序推进并取得了初步成效。三是推动领导干部法治教育工作,制定学法计划并组织实施,增强各级领导干部的法治意识,促进依法行政。四是加强法治政府建设宣传工作,通过百色政府法制网、县政府网等媒体宣传田林县依法行政、建设法治政府工作措施及成效。全县各级各部门在各类媒体发表法治宣传信息200多条,为全县法治政府建设营造了良好氛围。

【规范性文件监督管理】 严格规范性文件制定程序,抓好部门、乡镇规范性文件合法性审查,及时纠正错误。做好县本级政府规范性文件的审查、报备工作,杜绝漏报、迟报和违法现象。年内制定的5件规范性文件合法有效并已按要求报备。组织开展并完成了政府规范性文件清理工作,并在县政府门户网公布清理结果,保证国家政令畅通,促进全县改革发展稳定。

【政府法律顾问制度建设】 2017年,法律顾问单位已参与田林县法治政府建设实施方案审查修改,提出重要修改意见3条;参与《田林县旧州至那腊公路工程项目建设协议书》《田林县扶贫产业园基础设施(一期)建设PPP项目实施方案》等重大行政合同审查,提出修改意见30多条。

【纠纷确权及行政复议、行政应诉】

行政确权 对全县久调未决的案件进行审查，由法制、调处、林业等部门到实地进一步调查了解，核实案情。对案件基本事实清楚、证据比较充分的案件，经县“三大纠纷”调处工作联席会议讨论，报县政府审批后予以下文确权。

行政复议 一是推进行政复议规范化建设。认真贯彻落实自治区、百色市关于加强行政复议工作规范化建设的部署要求，建立健全行政复议案件办理流程、案件归档查阅、重大复杂疑难案件集体讨论、召开听证会等相关配套制度，规范行政复议行为。二是依法受理行政复议申请，采取书面审查与调查取证、现场勘验相结合的方式审理行政复议案件，坚持集体议决和有错必纠的原则，依法、公正作出行政复议决定。全年共接待群众来访30余人次，受理行政复议案件7件，办结7件，法定期限内审结率100%。在审查案件中坚持公开、公平、公正的原则，以事实为依据，以法律为准绳，确保当事人的合法权益。

行政应诉 牵头组织开展六隆村民集体诉县政府系列案二审应诉工作，自治区高级人民法院于2017年7月26日作出行政裁定：驳回上诉，维持原裁定；做好案件证据、答辩材料的审核把关，指导相关部门收集、完善材料，拟定答辩状，代理政府出庭应诉。全年共组织办理或指导涉及到县人民政府的行政诉讼案38件(次)，代理县人民政府出庭应诉8件(次)。

【行政执法监督】

行政执法案卷评查 为进一步提高行政执法案卷质量，规范行政执法程序，由县全面推进依法行政领导小组牵头组织全县各行政执法部门对2017年已办结的行政处罚、行政许可等行政执法案卷进行评查活动。主要对10个单位报送的13个行政处罚和行政许可案卷，按照案卷评分标准，逐一检查评分，并将评查结果进行通报。针对检查中发现的问题提出整改意见，要求限期进行整改。

行政执法专项监督检查 对国土、住建、林业等重点部门2017年度行政执法工作进行监督检查活动。以自查自评和重点抽查相结合的方式进行。监督检查内容包括建立行政执法公示制度落实情况、行政执法人员在编在岗及持证上岗和行政执法基本规范的情况、行政执法监管措施落实到位情况、行政许可(审批)项目实施情况、对违反行政管理法律法规规章的行为实施行政处罚及采取行政强制措施的情况、行政执法案卷归档情况，并了解田林县行政管理、行政执法面临的困难与问题。通过专项监督检查，对执法中存在的问题提出整改意见并指导进行整改。

制度机制建设 草拟报审印发了法律顾问考核评价制度、规范性文件“三统一”制度、加强行政执法与刑事司法衔接工作的实施细则等推进法治政府建设的制度机制文件，为推进法治政府建设提供制度保障。

【行政执法考试】 根据自治区的统一部署，组织全县131名执法人员参加2017年全区行政执法人员资格(续职)培训考试。

【法治教育培训】 制定了2017年县政府领导集体学法计划，通过政府常务会和法治讲座开展学法活动7次，学习了6部法规、规章，各级领导干部的法治意识进一步增强。

【综合法律事务】 注重发挥法制机构的法律参谋助手作用，一是审核把关政府及部门文件50多件(次)，提出修改意见100多条；二

2017年11月9日，县经济局聘请法律顾问签约仪式

是审核把关政府及部门签订的合同(协议)10余件(次);三是为政府及部门处理“三违”“三大纠纷”等涉法涉诉案件材料进行法制审核,参与重大矛盾纠纷调查、化解工作,促进矛盾化解,维护稳定;四是为部门、乡(镇)相关法律事务进行指导,为解决相关问题提出建设性意见;五是参与全县信访突出问题化解,审核有关信访事项答复意见60多件(次)。(撰稿　蔡松斌)

公　安

【田林县公安局领导】

局　长:谢君稳

政　委:黄秀娟(女,壮族)

副局长:黄　海(壮族,2017年7月离任)

罗永忠(壮族)

宋上军(2017年7月离任)

黄万生(壮族)

莫尚松(壮族)

副政委:黄德维(壮族)

局党委委员:罗栋文(壮族,兼任县纪委驻政法委纪检长)

黄保元(壮族,兼任政工室主任)

苏靖磊(壮族,兼任交警大队长)

【概况】 田林县公安局于1950年1月成立。2017年年底,田林县公安局设有3个科室、2个中心和12个大队,下辖14个派出所、1个看守所、1个拘留所;共有民警188人(民警中,大专以上文化程度占100%;民警数占全县26万常住人口的万分之七点二)、事业编干部2人、行政工勤工人4人、协警187人。

【公安队伍建设】 2017年,田林县公安局思想政治工作以开展“两学一做”专题教育活动为契机,抓好政治建警、素质强警、从严治警、从优待警,有针对性地开展队伍纪律作风整顿,队伍建设得到加强:一是坚持政治建警。组织全县民警深入学习贯彻中共十八届四中、五中、六中全会,习近平系列重要讲话精神和中共十九大精神。深化人民警察核心价值观教育,开展主题教育活动,增强民警对核心价值观的认同感,增强政治敏锐性和政治鉴别力,确保队伍坚定正确的政治方向。二是突出从严治警。深入开展查处发生在群众身边的“四风”和腐败问题专项工作等一系列专项治理活动,加强窗口单位和领导干部作风建设,严格执行“八项规定”,坚决纠正“四风”。进一步强化公安机关党员领导干部“一岗双责”和廉洁自律意识,深化廉政风险防控机制建设,层层签订责任书;坚决贯彻执行《百色市公安机关内部监督管理细则》,强化队伍内部管理,全局有12人次违反《细则》规定被县公安局扣27分警示问责;有5人违反《细则》规定被百色市公安局共扣18分警示问责。三是抓好素质强警。2017年共开展各种学习培训16期共852人次,先后选派民警98人次参加区厅、市局举办的各类培训班。7月22日至23日,开展为期2天的反恐防暴应急处突实战训练活动,全局抽组180名年轻精干民警、协警分为2期参加了集中训练。四是推动文化育警。深化警营文化建设,组织开展关爱民警心理健康、警体健康检查和群众性体育健身等活动警营文化更加丰富多彩,队伍面貌焕然一新。先后培树出一批先进典型,有4个单位和16名民警荣获区、市、县级表彰。抓好公安文化宣传,宣传公安正能量。2017年,在县公安局网页编发公安信息751条,上报公安信息468条、市局采用255条,区厅采用83条,报送公安简报8篇,百色市局采用5篇,报送调研文章5篇,百色市局采用2篇。通过报刊、广播电视、网络媒体发表公安工作报道77篇,其中中央级1条,自治区级49条,市级72条。五是落实从优待警。做好公安民警及其家属的抚恤帮扶工作;落实民警生病住院、直系亲属过世等事项慰问等;安排全局321名干部职工进行体检。同时对符合职务和职级并行制度的民警进行申报工作,根据业务需要作岗位调整8人。落实民警休假制度,合力安排民警轮休。

【指挥调度】 田林公安指挥调度平台设在公安局指挥中心(接处警中心),2011年9月与全县治安视频监控系统平台建设共同建设改造完毕并投入使用。经争取县委、县政府资金和自筹资金1300万元,2017年8月完成了“天网”工程二期工程融入建设并投入使用,“天网”工程已经覆盖了全县城区及乡镇的主要街道和重要部位,社会面的巡逻防控能力得到进一步提升和加强。该综合指挥平台主要实现“110、119、122”三台合一接处警系统与警用地理平台、视频指挥通信系统、GPS卫星定位系统、350兆集群系统、警务综合平台、情报研判平台等系统平台的高度融合对接,建立高效、统一、权威的指挥体系,解决田林县公安机关应对突发事件等级快速响应机制和扁平化、可视化指挥问题,实现集中调度、统一指挥、信息共享、快速反应、全警联动的综合指挥系统。指挥调度中心设指挥调度、110接处警、情报研判、技术保障、机要通信等岗位,配备民警5名,事业编1人,协警员9名。2017年,110报警服务台共接到报警18331次,其中警情类报警10532次、受理求助504次、提供咨询679次;接警后,处警811次,出动警力2905人次;通过110接处警,破获刑事案件206起,查处治安案件456起,抓获刑事犯罪嫌疑人295人。共签收预警12301个,其中红色预警33个、橙色预警21个、黄色预警677个、蓝色预警11570个,通过预警抓获网上逃犯11名。

【刑事案件侦查】 2017年,田林县公安局强化侦查破案主线,以"神剑"系列专项行动为抓手,深入开展扫黑除恶、侦破命案、打击多发性侵财犯罪、打击跨区域系列团伙犯罪、网上追逃、打击涉枪涉爆违法犯罪等工作,有效地打击全县各类刑事违法犯罪活动。一是严厉打击命案等暴力犯罪。通过落实命案侦破工作机制,发挥刑侦部门的尖刀作用,同时注意集中优势警力、多警联动快侦快破,"1·31"潞城乡三瑶村那桑屯命案等3起命案先后顺利侦破,保持了年内新发命案必破、命案无积案的好成绩。二是加大对侵财犯罪的打击力度。以影响社会治安秩序和人民群众安全感的侵财犯罪为重点,进一步强化各项侦查措施,强力推进打击工作,对县城和接边地区案件多发、易发区域,开展打击多发性侵财犯罪破案攻坚行动。针对县城城区盗窃摩托车、入室盗窃、诈骗案件等侵财案件频发的情况,适时开展打击多发性侵财案件破案会战,并取得明显战果;另一方面加强警务协作,重拳打击流窜到田林县农村地区的犯罪团伙,先后打掉跨区域犯罪团伙5个,打击流窜犯罪成效明显。2017年全局共立各类刑事案件775起,破303起,破案率为39.10%,其中立大案26起,破19起,破案率为73.08%;打掉违法犯罪团伙18个,抓获刑事犯罪嫌疑人206人,刑事拘留190人,逮捕143人,抓获网上在逃人员42人,全年移送起诉291人,其中破获侵财案件129起,起诉102人;缴获涉案汽车、摩托车、手机、电脑、牲畜等赃款赃物一大批,折价200余万元。

【经济案件侦查】 先后组织开展了打击制售假冒伪劣商品和侵犯知识产权专项整治行动、打击传销违法犯罪专项行动、打击食品、药品犯罪专项行动、打击非法集资犯罪专项行动、打击假币犯罪等专项行动。2017年全年共受理案件16起,其中合同诈骗案5起,生产、销售假药1起,职务侵占3起,信用卡诈骗案5起,组织传销活动案1起,虚开增值税发票案1起。立案侦查2起;破案1起;抓获犯罪嫌疑人3人;起诉1人,直诉1人;协查各级任务及云端线索16条;收缴假币35936元。参与重大刑事专案侦办5起。

【安全保卫】 以确保中共十九大顺利召开和辖区社会政治大局稳定为主线,扎实做好"六个严防""三个确保",以实现"三个不发生"总目标,通过抓好情报信息收集,"三敏感"(敏感人、敏感事、敏感群体)管控,矛盾纠纷排查化解,反恐各项措施的落实,重大节庆活动的安全保卫等工作,为田林县社会政治大局的持续稳定创造了良好的治安环境。年内收集各

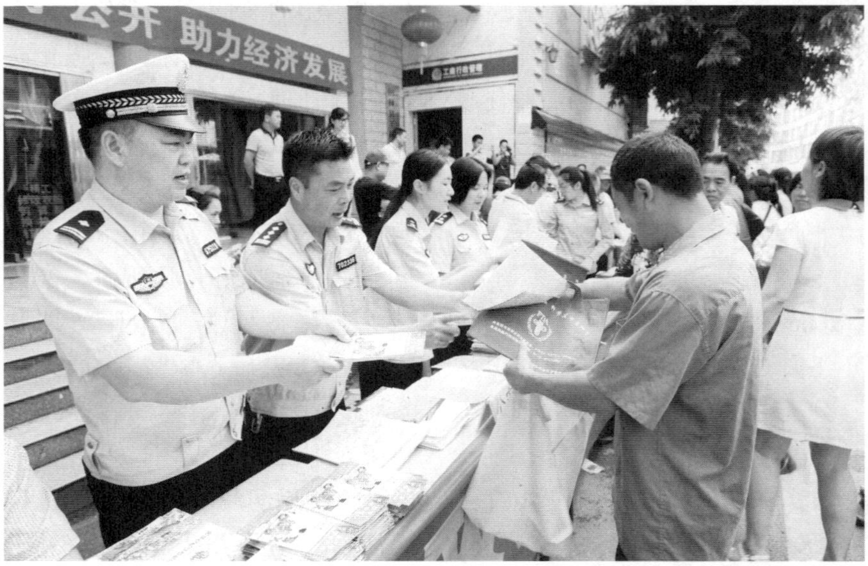

2017年5月12日,田林县公安局民警参加政务公开宣传活动

类敌社情，涉稳、涉恐、风险隐患等方面情报信息312条。通过情报收集研判，2017年6月在县城南堤路成功抓获1名“伊吉拉特”暴恐组织成员。在南宁第14届中国—东盟博览会、商务与投资峰会和中共十九大期间，排查出信访重点人员30名、敏感群体11个及敏感案事件16件，全部落实了排查化解责任单位及责任人，全力将重点人员稳控到位，最大限度地减少重点人员、群体赴邕进京上访滋事事件的发生。2017年共调处化解各类矛盾纠纷651件，将矛盾化解在了基层，处理在萌芽状态。查处违法上访案件3起，处罚违法人员9名，有力震慑了违法上访人员。通过抓好落实各项安保措施，先后完成元旦、春节、全国“两会”、“一带一路”国际合作高峰论坛、百色田林·北路壮剧文化艺术节、第十四届东盟博览会、国庆、中秋节、中共十九大等各重大、敏感节点、活动的安全保卫工作。据统计，全年共投入安保警力达4386人次，保障了各项重大安保活动的顺利开展。

【**治安管理**】 2017年，田林县公安治安管理工作以“四项建设”为引领，以创新立体化社会治安防控体系建设为载体，大力整治黄赌毒枪爆等突出治安问题，全面加强和改进各项治安管理工作，进一步强化队伍管理，严格落实主体责任，推进各项重点业务工作落实。年内全县共受理查处各类行政案件776起，结案544起，查获各类违法人员610人，其中行政拘留130人，罚款287人，强制戒毒11人，社区戒毒4人。收缴非法烟花爆竹113箱。一是强化治安要素管控力度。围绕中共十九大安保维稳工作部署，针对征地拆迁、重大项目建设、企业改制、山林纠纷以及拖欠农民工资、非法集资、民间借贷等热点问题，加大矛盾纠纷排查调处力度，配合有关部门疏导、化解各类矛盾纠纷36件。二是加强重点人员管控。全县共排查管控各类治安重点人345名，其中刑释解教人员215人，重性精神病人108名，非访重点人员22人。三是严管危爆剧毒物品。坚持从严管理全县20余家涉爆从业单位、1家剧毒化学物品销售公司、2家剧毒化学物品使用企业、2家烟花爆竹经营企业和15家加油站。年内共审批危爆物品的相关申请275余批次；组织开展涉爆从业单位检查192家次，烟花爆竹销售点153家次，检查加油站65家次，共发现整改治安隐患28处次。四是严密部署安保工作。围绕重大节日、敏感节点、重要活动期间安保工作，及时制定了安全保卫工作方案，落实责任，强化每日不稳定因素摸排和情报信息上报工作，开展安全检查及排查隐患行动，对重点人员实行分级列管，确保活动现场安全有序和社会治安总体平稳。五是加大对网吧、旅馆业、物流寄递业等行业场所的检查力度。年内共开展区域性集中清查整治行动8次，检查清查旅馆、网吧等行业场所558家次，出租屋600间次，物流寄递业126家次，废旧收购业54家次，发现整改隐患31处次。六是加大校园周边环境治理工作力度。深入校园开展法制宣传教育课，组织学校开展各类突发事件的应急演练，提升教师、学生的安全防范能力。年内共选派法制辅导员14人，开展法制教育15次，指导开展演练14次；共检查中小学校幼儿园180所次，排查整改各类校园安全隐患17处次。与县教育局落实安装一键式报警装置。截至2017年12月底田林县中小学幼儿园共安装一键报警装置68家。七是推动黄赌毒、枪爆等专项打击工作。以“开展隐患大排查治安大整治”“神剑”系列专项行动等中心工作为主线，重点打击黄赌、枪爆、食药品违法犯罪活动。2017年共检查涉食品药品场所127家次，协查外地公安机关集群战役的专案线索11条；共查处涉黄涉赌治安案件40余起，查处涉毒治安案件30余起，抓获涉赌涉黄涉毒违法犯罪嫌疑人员120余人，其中行政拘留35人，罚款85人；共收缴火药枪3支，射钉枪5支，猎枪1支。

【**户籍管理**】 2017年田林县公安户籍工作着重做好日常各项服务。一是落实和养成接、打电话文明礼貌，接待群众耐心答复，杜绝冷、硬、横、推现象发生，落户审批、身份证发放、户口主项变更更正都严格在办理时限内办妥。二是推出便民措施，增强透明度。为增强户政工作的透明度，广泛接受群众监督。三是制订了办证指南，将户政办证收费项目和标准及办证程序全部公开张贴，使群众对办理程序了如指掌。四是做好“一服务两公开”工作，及时将户政政务信息在田林政务网和广西政务信息公开网上发布。五是利用广播新闻媒体等进行户政工作宣传。六是完善常住人口基础信息采集，做好人口业务信息项目纠错工作。全年共办理居民身份证22320张,迁入手续498人,迁出手续680人,利用办理二代证抓获犯罪嫌疑人1人,办理居住证明1980人,漏登人口补报户口163人。

【出入境管理】 2017年,田林县公安出入境管理部门扎实做好出入境管理各项工作。共受理公民因私出国和赴台湾、香港、澳门等地区探亲访友、旅游、商务、定居、其他事由的3001人次,比2016年办理出入境证件2707人次同期增长11%。共登记到田林县进行考察、交流、技术指导、旅游观光和探亲访友的国(境)外人员共152人(次)。报备的法定不批准出境的单位有10个共140人,人员的信息全部录入新一代公安出入境管理信息系统。查处涉外案(事)件1起,遣送"三非"越南人1名。

【监所管理】 一是保障诉讼服务大局,确保羁押安全;二是推进"五化建设";三是进一步完善在押人员就医制度。2017年1月至12月,田林县看守所共收押刑事拘留、逮捕人员172人,其中刑事拘留142人,直捕16人,2016年遗留86人。共出所179人,其中投送监狱100人,刑满释放49人,转取保候审监视居住28人;拘留所共收押行政拘留106人,出所106人。年内共出所就医18人次,转病区医院12人,没有发生一起在押人员出所就医脱逃事故;家属会见232人次,律师会见164人次,没有发生一起投诉事件。

【巡警工作】 2017年,以"案发少、秩序好、社会稳定、群众满意、社会和谐"为工作目标,认真开展巡逻防范工作,按照县局指挥中心的指令处置各种警情,帮助求助群众和解决各种纠纷,预防制止各类违法犯罪活动。一是加强县城城区巡逻防范。改革巡防模式,将县城城区警务划分为两个片区,发挥县城设立的3个治安岗亭、11个治安卡点以及专职巡防队员的作用,采取动态巡逻与定点设岗相结合、步行巡逻与车辆巡逻相结合、公开巡逻与便衣伏击相结合的"三结合"方式,最大限度地把巡防力量摆上街面,有效应对复杂严峻的反恐维稳形势。2017年,共派出巡逻警力6852人次,便衣蹲坑伏击697人次,查处治安案件55起,抓获违法犯罪嫌疑人39名,救助群众171人。二是开展视频监控巡逻。充分利用"天网"开展视频监控、分析研判、治安防控和打击违法犯罪。年内,成功利用视频监控破案23起,打击处理各类违法犯罪人员48人。三是进一步完善网上动态巡逻。依托网络处置机制和网安队伍,加强网上动态巡查,强化网络舆情引导,严厉打击网络造谣诽谤、网络诈骗等违法犯罪活动及妥善处置网上舆情。年内,共发现网上涉警涉稳舆情25条,全部由舆情处置办及时妥善处置或转交有关部门处理。

【缉毒工作】 一是整合全县各警种查缉力量,开展全辖区、全方位、多通道的毒品查缉工作。2017年1至12月,全县共破获毒品刑事案件21起,抓获毒品犯罪嫌疑人33名(其中逮捕、直诉27人),缴获各类毒品1239.93克(1200克是2017年3月与西林公安局联合路查分享战果),其中海洛因1204.97克,氯胺酮11.2克,冰毒23.76克;查处吸毒人员105人,依法强制隔离戒毒26人,治安处罚78人;共铲除毒品原植物罂粟89株,查获违法嫌疑人2人。二是严查严控,严厉打击娱乐场所涉毒犯罪。加强阵地控制和夜场查缉,严查严控新型毒品在娱乐场所中蔓延,年内田林县未发生娱乐场所涉毒案件。三是综合施策,多元化戒毒康复模式进一步巩固。加强与司法、强制隔离戒毒所的衔接配合,深入开展吸毒人员大排查大收戒大管控专项行动,最大限度地发现和收戒吸毒人员。同时,充分利用现有戒毒康复资源,推进戒毒康复基地建设。全年全县共完成收戒吸毒人员68人,同比上升15.3%。其中强制隔离戒毒26人,社区戒毒35人,社区康复7人。四是多措并举全面推进禁毒宣传教育工作。加强与禁毒委成员单位的密切配合,加强禁毒宣传与部门主题宣传活动和业务培训的有机结合,多种形式开展禁毒法规、禁毒知识的宣传教育。将"禁毒流动课堂"与群众路线教育实践活动相结合,组织干部深入车站、集市、农村等人员集中地点,通过举办禁毒展览等形式开展集中宣传。同时,充分利用各类新闻媒体,主动开展禁毒公益宣传,营造全民参与禁毒人民战争的浓厚氛围。2017年全县共组织开展禁毒宣传活动23场次,举办青少年禁毒知识竞赛3场,易制毒化学品培训班1场次,制作散发禁毒宣传材料1.2万余份,各类新闻媒体刊发禁毒宣传稿件3篇。

【交通安全管理】 2017年,田林公安交警部门采取以下措施加强交通安全管理工作:一是狠抓重要时期道路交通安全管理,保障道路安全畅通;二是开展各项交通违法专项整治行动,净化交通环境;三是利用交通缉查布控系统,稽查各类交通违法行为;四是加强对城区道路管控力度,规范城区道路交通秩序;五是加强农村道路交通管理工作。全年,交警部门共开展各项专项整治统一行动30余次,查处各类道路交通违法行为26410起,其中缉查布控系统嫌疑车辆拦截查处452起,无证驾驶326起,超员35起,其他违法行为2516起。共接处警972起,简易程序处理545起,一般程序处理的事故104起,死亡22人,受伤178人,直接经济损失523000元。刑事案件立案35起,其中危险驾驶24起,交通肇事11起,逮捕5人,移送检察起诉39人,办理行政案件10起,行政拘留9人。在县乡道路查处小型客车、面包车交通违法2290起,摩托车交通违法5881起;在城区道路查处违反道路交通信号灯通行913起、机动车违反禁令标志指示1031起,机动车违反规定停放1225起、驾乘两轮摩托车未按规定戴安全头盔734起,饮酒驾驶80起。暂扣车辆533辆次,记满12分57人。

【后勤保障】 一是争取财政部门拨给装备采购和办案业务经费768.6万元,保证基层一线办案单位的经费到位,全力给予开展各项公安业务提供强有力的经费保障。二是加强对总投资为515万元的乐里、平塘、八桂、旧州、八渡、那比6个乡镇派出所公共租赁住房项目建设力度,确保各公租房项目能按期完成。2017年年末,乐里、平塘、八桂派出所公共租赁住房项目已竣工验收交付使用;旧州、八渡、那比3个派出所公共租赁住房,于2017年3月底验收后交付使用。投资12万元为警犬基地的线路架设,2017年年末警犬基地的用电已正常运行。三是推进总投资940万元的田林县看守所建设项目。2017年年末已完成投资590万元,看守所综合业务用房、2号监区的直支护桩支挡堵墙、围墙、2号监舍、一号岗楼、临时办案区、监控系统等已竣工验收并交付使用,一号监区工程在正在施工中。四是投入资金对局机关办公楼进行节能水、电路改造,按照2017年区厅对田林县公安绩效考评的要求,做好各项整改工作。五是投资45万元建设田林县公安局警犬综合训练场,2017年年末该项目已竣工并交付使用。六是根据县委、县政府的有关要求,投入25万元对田林县公安局机关大院进行维修、改造,年底该工程已完工。七是争取县财政资金,投入68万元完成了高清社会面治安监控系统平台建设,及投入7万多元进行高清督察监控系统的升级改造。八是继续做好计划投资1300万元的田林县公安局业务技术用房项目、计划投资1350万元的田林县公安局强制隔离戒毒所项目、田林县公安局反恐训练基地及其他项目的前期材料报送工作。（撰稿 黄岑岁）

武警消防部队

【武警百色市田林消防大队领导】

大队长:娄祥峰

教导员:黄小春

【概况】 田林县消防大队前身为田林县公安局消防科。1998年消防编制改革,田林县公安局消防科变更为田林县消防大队,为正营职建制,隶属于百色地区消防支队。原办公地址设在田林县新市街5号。2008年9月,百色市消防支队田林中队成立,隶属田林县消防大队管理,为正连职建制。大、中队旧营区占地500平方米,建筑面积450平方米。办公地点设在田林县乐里镇风洞村风老屯324国道旁营区。

大队成立之初,条件艰苦,营房简陋,装备落后,在部队和地方各级党委政府的关心支持下,大队党委克服困难,营房建设逐年翻新,官兵生活训练环境不断改善,部队建设取得新进步。2014年,大队综合办公楼和食堂顺利落成,2015年2月进驻,营区占地面积11.8876亩,建筑面积2666平方米。大队现有现役官兵13人,政府合同制消防队员、消防文员30人。

2017年紧紧围绕"安全发展、创新发展、重点突破、整体推进"的工作思路,严格实行战斗纪律,强调安全防护,各项工作呈现良好的发展势头,实现了火灾形势和队伍管理的"双稳定"。

【工作成果】 截至11月6日,大队共接处警72起,出动消防车216辆次,出动人员1081人次,抢救被困人员7人,疏散人员76人,抢救财产价值323.8万元。其中,火灾9起,无人员伤亡,直接经济财产损失109450元,同比去年,火灾起数上升50%,直接财产损失下降58.65%。

检　察

【田林县人民检察院领导】

检察长:黄朝忠(壮族)

副检察长:黄仲远(壮族)

　　　　黄宝继(壮族)

　　　　赖仕娴(女,壮族)

【概况】 2017年,田林县人民检察院内设办公室、政工科、侦查监督科、公诉科、反贪污贿赂局、反渎职侵权局、职务犯罪预防局、民事行政检察科、控告申诉检察科、监所检察科、法律政策研究室、案件管理办公室、检察技术科、司法警察大队、人民监督员办公室、派驻旧州检察室、派驻定安检察室、派驻八桂检察室、派驻浪平检察室,共19个内设机构(含派驻机构)。政法专项编制40名,实有在职检察干警32人,其中女检察干警8人,检察官12人(其中四级高级检察官2人、一级检察官7人、二级检察官2人、三级检察1人),检察官助理11人,书记员1人。中共党员33人。研究生学历4人(其中硕士研究生1人、在职研究生3人),本科学历24人(其中全日制本科生7人、在职本科生17人),专科学历3人,高中学历1人。

【反贪污贿赂检察】 2017年,反贪污贿赂局共初查贪污贿赂等职务犯罪案件9件12人,立案侦查6件8人,侦查终结5件7人,移送审查起诉5件7人,法院当年作有罪判决3件3人,为国家和集体挽回经济损失103万元。

【反渎职侵权检察】 2017年,反渎职侵权局共受理案件线索5件,初查4件5人,立案侦查2件3人,侦查终结2件3人,移送审查起诉2件2人,撤销案件1件1人。

【职务犯罪预防】 2017年,职务犯罪预防局共开展专题、专项预防调查13次(件),形成预防调查报告13篇。针对发案单位发案原因、特点及存在问题,及时提出检察建议12份,均被发案单位采纳。检察长、副检察长、预防局工作人员分别到有关部门上法制教育课45次,受教育人数650余人。受理工程建设领域行贿犯罪档案查询450人次。多方式、多渠道开展预防职务犯罪警示教育。

2017年12月19日,田林县人民检察院党支部与浪平乡岩龙村党支部结对共建

【刑事检察】 2017年,田林县人民检察院侦查监督部门共受理侦查机关提请批准逮捕的各类案件118件198人,批准逮捕102件145人,不批准逮捕15件43人。公诉部门受理侦查部门移送审查起诉案件231件304人,其中受理公安机关侦查案件224件293人,受理检察机关侦查案件7件11人。审结各类刑事案件218件286人,审结后提起公诉205件265人,不起诉13件21人。法院判决全部作有罪判决。开展刑事诉讼监督工作,办理立案监督案件10件11人,其中监督公安机关立案8件8人,监督公安机关撤案3件4人。纠正漏捕3件3人。追诉漏犯9人,追诉遗漏犯罪事实4起。落实社会治安综合治理措施,严厉打击危害社会稳定、影响群众安全感的严重刑事犯罪。对侵财案件、暴力犯罪案件、破坏森林资源案件进行重点打击。创建未成年人刑事检察办公室,加强对未成年犯罪嫌疑人的“教育、感化、挽救”工作,受理未成年人犯罪案件11件13人,起诉11件13人,向法院提出从轻处罚建议11件13人(其中建议适用缓刑3人),法院采纳检察建议从轻判决13人(其中适用缓刑3人)。贯彻“刑事和解”和“宽

严相济”的刑事司法政策，促进社会和谐稳定。

【控告申诉检察】 坚持每周五检察长接待日活动制度，加强控告申诉检察工作，促进公正司法。全年共开展检察长接待日活动4次。控申部门受理群众来信来访31件，均按案件管辖规定分别进行分流。对有可能引起矛盾激化的案件，及时做好疏导工作。5月举报宣传周在县城设点宣传，向群众发放宣传手册和举报指南资料200余份，同时深入乡镇开展举报宣传。全年办理刑事被害人救助案件1件1人，发放救助金8000元。受理举报线索14件16人，已移送本院反贪部门6件6人；受理申请民事审判监督案件9件，转本院民行科办理9件；2016年办理的赔偿案件于2017年11月23日兑现给刑事赔偿申请人潘盛德96400元。

【民事行政检察】 2017年，田林县人民检察院民事行政检察部门受理案件9件，审查7件，向同级人民法院发出民事行政审判违法、执行监督检察建议5件，法院采纳5件。发现公益诉讼线索5件，已立案3件，发出行政公益诉讼诉前检察建议3件，行政机关单位回复1件，并作了整改。办理公益诉讼案件为国家挽回经济损失1362822元。

【监所检察】 2017年，办理羁押必要性审查案件15件15人；针对刑罚执行和监管活动违法向公安机关发出书面纠正意见12件，公安机关采纳并纠正12件；通过开展社区矫正监督检察，向司法机关发出书面纠正意见3件，司法机关已采纳并纠正3件。根据最高人民检察院《关于开展第五届派驻监管场所检察室规范化等级考核评定的通知》及广西壮族自治区人民检察院《关于开展第五届检察室规范化评定标准》文件要求，申报二级规范化检察室获得通过，被广西壮族自治区人民检察院评定为二级规范化检察室。12月，田林县机构编制委员会下文设立田林县人民检察院驻县看守所检察室，在检察院内设机构“监所检察科”挂牌，实行“一套人马两块牌子”管理体制。

2017年1月3日，首批入额检察官举行宣誓仪式

【法律政策研究】 围绕上级检察机关和县法学会的重点调研课题开展检察理论研究，为检察工作和领导决策提供科学依据。撰写重点调研课题论文2篇，其中1篇被百色市法学会评为2017年度法学研究论文优秀奖。在经济日报出版社出版的《最新基层司法理论探究》一书上发表检察理论研究论文16篇。为提高检察办案质量，避免冤假错案发生，全年组织召开检察委员会会议9次，讨论案件24件46人，其中决定：起诉5件6人，相对不起诉10件17人，绝对不起诉1件1人，存疑不起诉1件3人，抗诉1件3人，提请上一级检察机关决定4件12人，建议撤销案件1件4人。

【人民监督】 召开人民监督员会议3次，评议案件5件8人，均为自侦部门拟撤销的案件，人民监督员评议后全部同意撤销案件。组织开展“防治校园欺凌，护航未成年人成长”为主题的检察开放日活动1次，参加人员有市、县人大代表、政协委员、妇联、共青团、社区代表、学校师生，共计130余人，超过历次活动人数。

【检察技术】 田林县人民检察院不断提高运用科学技术证明犯罪的水平和有效打击犯罪的能力。全年共受理各类技术案件32件32人，其中文证审查22件22人，出具文证审查意见书22份，技术协助10件10人。63次调试上级院召开的各种视频会议。

【案件管理】 共受理各类案件341件487册:其中受理侦监报捕案117件181册,受理审查起诉案件224件306册;扫描制作电子卷宗202件245册;共送案审核案件299件472册:其中批捕与不捕案件101件179册,移送法院起诉案件188件288册,改变管辖1件5册,报请指定管辖7件;抗诉2件;涉案财物管理102.6375万元,涉案物品59件;接待律师及诉讼代理人91人:其中安排阅卷44次,接收侦查期间会见申请5次,接收变更或解除强制措施申请34人次,申请自行收集证据材料2次,其他事项6次;对案件进行流程监控121件:其中办案期限口头预警112件,发送流程监控通知书9件;案件信息公开272件;重要案件信息公开14件;公开法律文书104份。

【后勤保障】 全年共收发传真68份,收文2896份,其中机要通道收文180余份,检察内网收文953份,县内来文1678份。办会40多次,办理盖印章600余份。全年文件归档200余份,诉讼档案121件,借阅案件18人次。撰写人代会检察工作报告、阶段性工作情况、年度工作总结等综合材料36篇,一般性文稿52篇。

(撰稿 向光平)

法院

【田林县人民法院领导】

院 长:周祺祥(壮族)

副院长:庹正堂

岑 杰(壮族)

【概况】 田林县人民法院内设办公室、政工科、刑事审判庭、民事审判第一庭、民事审判第二庭、行政审判庭、立案庭、审判监督庭、执行局、纪检监察室、司法警察大队、定安人民法庭、旧州人民法庭、浪平人民法庭和八桂人民法庭15个中层机构。田林法院共有政法专项编制82名,实有在编干警75人。配备一正二副和3名党组成员共6名院班子领导。其中男53人,女22人;研究生4人,大学本科52人,大专学历22人,高中文化1人;在编在职党员46人,非党员27人;有审判职称46人,司法警察10人,书记员21人;另有协警6人和聘用书记员3人。

【建立多元化纠纷解决机制】 一是针对高速公路上超载现象突出,路政执法难度大、效率低、执行难的情况,县法院在高速公路设立巡回办案庭,及时配合路政执法机关打击超载违法行为,全年共调处路政违法案件44件,追缴金额38000元。二是落实案件繁简分流,实现快审快结。案件进入法院,征得当事人同意后,先行调解,调解不成再进入审判程序。同时,特别程序、督促程序、小额速裁程序及标的额5万元以下的简易程序案件交由速裁组,由诉讼服务审判团队的速裁庭直接裁判。从2017年4月来,诉讼服务团队共结案375件,其中调解案件198件,判决56件,调解率52.8%。三是引入家事纠纷调查员、家事纠纷调解员等工作机制,在诉讼服务中心聘请了2名特邀调解员专门负责调解家事纠纷,通过“情、理、法”并茂的调解方式解决家事纠纷。2017年,县法院解决家事纠纷405件,其中调解221件,维持婚姻关系64件,挽回经济损失105.6万元。四是引进第三方(特邀调解员、律师)进驻法院、充实调解队伍。11月,田林县法律援助中心驻县法院工作站正式揭牌成立,工作站设在县法院一楼信访接待室,由法律援助中心每周安排律师轮流值班,主要职责包括提供法律帮助、接受法律援助申请、开展法律援助宣传教育、进行法律咨询等业务。

【刑事审判】 发挥刑事审判职能作用,依法惩治各类刑事犯罪,维护国家安全和社会稳定。全年共受理刑事案件230件,与2016年同比下降8.2%,审结206件,与2016年同比下降4.3%,结案率89.57%。全面准确贯彻宽严相济刑事政策,正确把握从严与从宽的民意基础和社会效果,做到宽严有据、宽严适度。在生效裁判中,判处三年以下有期徒刑66人,三年以上五年以下有期徒刑14人,五年以上十年以下有期徒刑3人,十年以上有期徒刑3人,始终保持对严重暴力犯罪和多发性犯罪的高压态势,切实增强群众安全感。全年共审结故意杀人、故意伤害、强奸等严重危及人身安全的案件21件,判处刑罚22人;审结抢劫抢夺、敲诈勒索、诈骗、盗窃等严重危及群众财产安全的案件52件,判处刑罚91人;审结毒品犯罪、寻衅滋事等严重危及社会安全与和谐稳定的案件80件,判处刑罚109人。推进反腐败斗争,审结贪污、贿赂、渎职等职务犯罪案件共7件10人,审结案件4件7人,2人被判处三年以下有期徒刑,促进反腐倡廉工

2017 年 3 月 1 日，田林法院首批 29 名入额法官集体宣誓

作。共受理未成年案件 11 件 11 人，进一步完善未成年人审判模式，扎实推进轻刑快审。

【民商事审判】 围绕保障社会和谐和服务大局这一目标，进一步强化审判工作的政治效果、社会效果和法律效果的有机统一，做到“调判结合、案结事了”。全年民商事收案共 1359 件，比 2016 年多收 180 件，同比上升 15.26%；审结 1228 件，结案率 90.36%，调解结案 452 件，调撤率 59.03%。

审理婚姻家庭和继承纠纷案件 注重保护老年人、未成年人和妇女的合法权益，引导当事人正确处理婚姻家庭及财产关系，确保社会和谐稳定，审结此类案件 405 件，解决争议标的额 131 万元。

权属侵权案件 注重辨法析理，化解矛盾纠纷，审结此类案件 365 件，解决争议标的额 1420.63 万元。

合同纠纷及劳动争议案件 依法平等保护各类市场主体的合法权益，维护交易安全，保障平等竞争，维护了社会主义市场经济秩序，审结此类案件 533 件，解决争议标的额 1.45 亿元。

司法调解案件 把“调判结合、调解优先”的司法原则贯穿诉讼全过程，加大庭前调解，明理析法，引导当事人依法和解，减少诉讼对抗，节约司法资源，促进社会和谐。

【行政审判】 全年共受理行政案共收 9 件，与 2016 年同比下降 60.8%，结案 9 件，与 2016 年同比下降 60.8%，其中判决 5 件，裁定驳回起诉 2 件，撤诉的有 2 件。2017 年行政机关负责人出庭应诉的有 3 人，出庭率为 33.3%。

【案件执行】 2017 年是基本解决执行难的关键之年、攻坚之年、见效之年，广西作为最高人民法院确定的第一批基本解决执行难验收省区，用两年时间基本解决执行难已“棋至局中”。县法院紧紧依靠党委和政府，发挥党的政治优势，联合社会各界形成合力，完善行之有效的执行手段，加强执行工作，解决执行难问题，最大限度地实现债权人的合法权益。全年，执行共执行案共收 416 件，与 2016 年同比下降 11.48%，结 356 件，与 2016 年同比下降 8.2%，结案率为 85.58%，其中实际执行到位标的款 511.93 万元，评估拍卖案件 1 件，标的额为 277 万元，有效维护了当事人的合法权益。特别是多措并举解决执行难题，取得一定的成效。

执行案件结案大会战 全年两次开展执行案件结案大会战，集中清理历年执行积案工作，执行案件结案率达 54.6%，较好完成了上级执行结案目标。

反规避执行专项活动 县法院加大打击力度，制定措施，通过报纸、电视、户外广告屏、社区宣传栏累计公布失信被执行人共 115 人，取得了良好的社会效果和法律效果。

打击拒不履行法院裁判、裁定的行为 2017 年来，县法院移交公安机关立案侦查的案件共 2 件，其中有 1 件通过网上追逃，现嫌疑人已抓捕归案，案件正在办理中，另外 1 件在公安立案之后已履行到位。开展了“猎赖行动 3 号”执行专项活动，对有财产拒不履行生效法律文书确定义务的 6 名被执行人采取强制执行行动，执行完毕 3 件，执行和解 2 件，司法拘留 3 人，执行到位资金 3.2 万元，起到了震慑作用。

“百日清案”活动 在百日清案活动中，共执结案件 125 件，执结标的额 290.36 万元，执行结案率为 54.11%，减少存案积案，推动审判执行工作良性循环常态发展。

【信息化建设】“硬件”方面加大投入力度，保障硬件设施落实到位。

科技法庭的建设和使用 按照高清技术标准，在院部建成了两个高清华夏科技法庭、一个标清华夏科技法庭，4个人民法庭均已建成1个高清柯达牌科技法庭，实现所有开庭审理的案件全程同步录音录像，内外网直播、点播。继续完善执行指挥中心的建设，将显示电视换为个高清屏幕墙，增添1台车载指挥系统和1套单兵执法记录仪，确保外出执行或重大案件办案全程记录，减少音视频录像盲区。实现了执行查控系统与国土资源局、房管所的联网。档案数字化工作有序开展。

门户及平台建设 不断完善一个门户、三大平台的建设，对审判管理综合系统进行整合，在全院及时推广新办案系统的应用。针对当事人开展法院信息化工作宣传、引导、推广工作。利用便利的二维码扫描，手机APP，印制使用手册，制作FLASH指南，网络推广等形式向公众推广诉讼服务中心、三大平台的使用。

接入“中国庭审公开网” 县法院科技法庭增加中国庭审公开网的配套转播设备，充分利用科技法庭内摄像机和语音设备，通过模拟信号完全隔离、经转播设备处理后将庭审音视频信号同步接入中国庭审公开网、法院官方微博、法院官方微信以及新浪法院频道等播出平台。

【法官队伍建设】坚持抓党建带队建促审判的思路，建设学习型法院。继续开展“两学一做”学习教育、“三年一争当”活动，组织中心组成员、全体干警学习中共十八大、十九大、十九届一中、二中全会精神和习近平系列讲话精神，树立干警的政治意识、大局意识、核心意识、看齐意识，提高干警的思想政治素质。创新开展“131”机关党建工作机制，在推进党建品牌示范工作中，着力做好与审判及其他工作的融合，推动法院工作全面发展。2017年10月，县法院第一党支部荣获全区法院“五好党支部”加强干警业务培训和开展岗位练兵活动。组织干警和选派干警参加各种业务培训，同时组织干警开展“优秀示范庭审”“精品案件”、优秀裁判文书、案件质量评查等活动，全年共参加区、市两级法院各类培训40期52人次，不断提升法官队伍的法律适用能力、庭审驾驭能力、诉讼调解能力、文书说理+能力、判后答疑能力和案件执行能力；参加由市中院法警支队开展的司法警察骨干教练员培训，提高法警大队骨干业务素质，以及田林县法院开展司法警察岗位练兵活动，全面提升法警警务技能与综合素质。当年，县法院集体获区级以上荣誉1项，19名干警分别获自治区级、市级、县级先进个人表彰。

（撰稿　黄函可）

2017年10月20日，最高法远程接访六隆案件群众代表

司法行政

【田林县司法局领导】

局　长：黄文靓（壮族，2017年10月离任）

　　　　黄金贵（壮族，2017年10月任职）

副局长：李振良（瑶族）

　　　　罗万希（壮族）

　　　　黄永明（壮族）

【概况】田林县司法局全县司法行政编制45名，地方事业编制2名，其中：中央政法专项编制43名、地方事业编制1名、工勤人员4名，现在职在编人数48人，超编1人。局机关党员28人，大学本科23人，专科20人，专科以下学历5人；在职科级领导4人，改非领导6人。

全局下设办公室、法宣股、基层股、社区矫正与安置帮教股、综合股、法律援助中心、公证处等7个股室。指导管理14个乡镇基层司法所、1个律师事务所和3个法律服务所。田林县司法局局机关业务用房于2011年7月得到自治区发改委批准,建筑面积1400平方米,投资规模300万元,于2014年5月投入使用。

全县司法行政队伍包括司法局机关工作人员、乡镇司法所司法员、社区矫正协管员、合同聘用人员及公益性岗位人员。2017年全县司法局机关在编人员48人,其中:局机关在编18人,乡镇司法所在编30人,另有社区矫正协管员11人、合同聘用人员4人、公益性岗位2人。

【法制宣传】 全年组织开展了一系列的“法律六进”活动,进一步加强与相关部门的沟通协作,充分利用社会公共资源,创新普法载体,全面开展群众性法制宣传教育。以《中华人民共和国宪法》《中华人民共和国治安管理处罚法》《中华人民共和国劳动合同法》等与群众生产生活密切相关的法律、法规为重点内容,以领导干部、行政执法人员和司法人员、青少年等为重点对象,加强法律宣传。以开展民主法制示范村(居)等活动为切入点,全面推动基层依法治理工作。发挥司法行政法治宣传窗口作用,以开展“精准发力、爱心帮扶、法律服务,打赢脱贫攻坚战”活动为契机,精心组织,周密安排,以局支部党员干部为牵头,律师、公证员和基层法律工作者为主力,司法行政干警为成员,组成20个工作组,配合县乡村精准扶贫工作队员,深入全县各乡镇开展精准扶贫法治宣传活动。自2017年7月结对帮扶该县贫困村以来,律师先后与15个贫困村签订免费法律顾问协议,累计协助村、社区修订完善村(居)规民约和管理制度50多项,解答群众法律咨询1500余件,指导协助调解纠纷30余件,开展法制宣传、法律培训授课12场次。

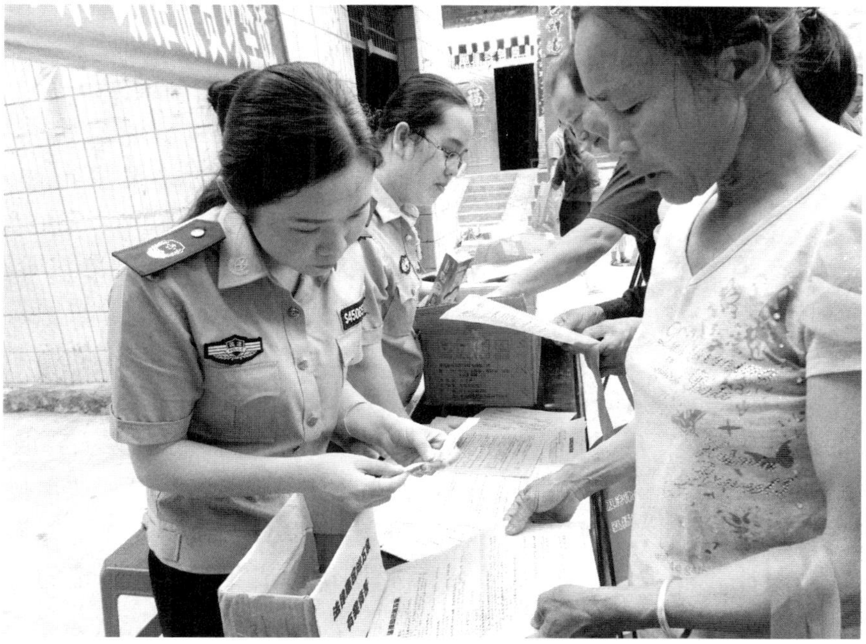

2017年6月1日,县司法局在平宜屯开展“法律惠民进万家 助推脱贫攻坚”活动 (潘 雪 供稿)

2017年,全县共开展法律政策宣传咨询活动380多场次,出动宣传车250(台)次,发放民政宣传、法律援助、征地拆迁、养老保险等系列法律政策宣传读本、传单50400多册,赠送环保袋4500个,编辑普法短信70000多条,制作法制宣传展版35余块,利用微信公众号宣传36余篇,宣传活动覆盖率乡镇达100%,行政村达65%,全县20余万普法对象受到不同程度的普法宣传教育。

【人民调解】 一是建设标准化调解工作机构。按照“五有六统一”标准要求,统一制作人民调解信笺、人民调解工作笔记本、人民调解格式文书,进一步规范人民调解工作。全年共调解各类纠纷1233起,成功1183起,调解率100%,成功率96%。二是在全县129个行政村推行“一村一法律顾问”的建设工作,覆盖率为77%。并按照建设标准制作法律顾问标识牌、工作职责、便民联系卡、工作登记簿以及制度上墙等软硬件设施,下派担任法律顾问的人员都与村民委签订了新一年度的顾问合同。三是组织开好全市一村一法律顾问工作现场会。做好会议方案、会议材料等会前准备工作,并做好现场会会场布置协调工作,确保会议顺利召开,并取得预期效果。四是做好医患纠纷的调解工作。2017年,县医调委配合县卫计局等相关部门做好医患纠纷的调解工作,全年共受理医患纠纷案件1件,调解1件,成功1件,兑现理赔资金2万元。五是加强人民调解队伍建设。

全县共有人民调解委员会197个,其中村(社区)人民调解委员会168个,乡(镇)人民调解委员会14个,行业人民调解委员会11个,专业人民调解委员会3个。县级医患纠纷人民调解委员会1个。全县共有县、乡、村人民调解员1250人。全年在六隆、浪平各举办一期人民调解员培训班,2期共培训调解员250人。

【社区矫正和安置帮教】

管理制度 通过健全管理制度,夯实社区矫正基础。落实"必访制度""一人一档案""一帮一结对"等各项管理制度。

日常监管 全县在册的社区矫正人员212人,其中缓刑207名、暂予监外执行2名、假释2名、管制1名,212名社区矫正人员分布在全县14个基层司法所的日常监管内,无脱管漏管、无重新犯罪的情况。全县共有31名矫正人员配备"司法e通",纳入平台定位监控,县、乡(镇)两级信息平台数据库数据准确并能使用平台的通话、信息、考勤、围栏功能对矫正人员的进行日常监控。

社区矫正活动 4月24日印发《田林县社区矫正工作队伍"岗位练兵争当能手"活动实施方案》,成立田林县司法局社区矫正工作队伍岗位练兵争当能手活动领导小组。通过"三个学习一提高",打造一支懂法律、有本领、精业务、胜本职的社区矫正工作队伍,切实提高工作能力和执法水平。

走访帮扶活动 开展服刑人员刑释人员解戒人员家庭情况调查走访帮扶活动,要求司法所在本乡镇与扶贫、民政部门联系,确定三类人员家庭是否属于贫困户、低保户,并就确定为贫困户、低保户人员开展走访帮扶活动。通过排查统计,全国内田林籍服刑人员为260人,其中贫困户为41户,低保户为24户,共走访帮扶了43户;2013—2017年田林县刑释解教人员总数为216人,其中贫困户为71户,低保户为37户,共走访帮扶了74户;田林县解戒人员为22户,其中贫困户为4户,走访帮扶4户。

"青年志愿者彩虹桥行动"暑假服务活动 2017年7月10日至21日,有广西政法管理干部学院、广西民族大学、广西大学、广西政治干部管理学院等院校的7名"彩虹桥行动"大学生志愿者报到登记。按照大学生志愿者户籍地分配原则,安排3人在局矫正帮教股、法律援助中心协助工作,安排4人分别在乐里、平塘、旧州、那比等司法所参与法律服务。

2017年建成的田林县法治文化广场部分板报　　（杨雅妃　供稿）

社区矫正执法检查 根据广西壮族自治区社区矫正工作领导小组办公室文件要求,结合"岗位练兵　争当能手"档案检查活动,于11月中旬按文件检查内容在全县开展社区矫正执法检查。针对检查中发现的问题,责成司法所所长及负责人整改,并将整改总结汇报局领导。

【法律援助】 强化法律援助工作,实现法律援助工作"应援尽援"。2017年共受理各类案件173件,其中民事案件163件,刑事案件10件。163件民事案件中,其中诉讼案件90件,非诉案件73件。刑事案件10件中,其中指定辩护6件,申请辩护4件;办案分布:社会律师办理法律援助案件24件;法律援助中心人员办理案件40件,其中:民事案件36件,刑事案件3件;乡镇法律援助工作站(司法所)办理民事案件109件。受援助人员256人,挽回经济损失122万元;提供法律咨询;共为428人提供法律援助咨询,含来电、来人咨询;代书法律文书65件;开展法律援助宣传,发放宣传小册子2万多份,圆满完成年初目标确定的各项任务。

【公证服务】 健全完善公证质量

指标体系，规范办证程序，完善监督机制，拓展公证业务领域，提升公证质量和公信力。2017年共办理公证案件123件：其中民事公证118件，经济公证5件；免费为当事人代写、修改法律文书129余件，共解答各类咨询148余人次。

【律师事务】 律师事务所2017年办理各类案件455件，其中民事案件377件；刑事案件55件；行政案件13件。

【基层法律服务】 法律服务所2017年代理民事、经济、行政诉讼案件119件，代写法律文书387份，办理法律援助案件28件。

（撰稿　岑倩群）

人民武装

【田林县人民武装领导】
部　长：蓝　峰
政　委：卞于全（2017年5月任职）
副部长：蒋琼锋

【思想政治建设】 2017年，县人武部把大力加强思想政治建设摆在更加突出的地位。以学习贯彻中共十九大精神、习近平庆祝建军90周年等系列重要讲话、军队规模结构和力量编成改革会议精神，以开展"两学一做"专题教育活动为抓手，扎实推进思想政治建设。一是紧跟军队调整改革步伐做实教育引导。年初开始，部党委着眼于稳心定神铸魂这个根本，及时传达学习中央军委、国防动员部、军区和军分区关于调整改革的指示精神，组织反复学习习近平主席关于国防和军队建设重要论述，及时澄清干部职工模糊认识、消除观望情绪。针对改革落地、新体制运行、干部职工思想波动大等实际，加强思想形势分析，过细做好思想底数摸排和一人一事思想工作，干部职工队伍思想整体稳定，都能自觉安心本职、干好工作。二是组织"新体制、新职能、新使命"系列活动。以"学强军思想、讲强军故事、干强军事业"为主题，以"强军风采"等各项教育实践活动为抓手。围绕学习教育、专题讨论、实践活动3个环节大讨论，结合岗位实际开展"四比"（比学习、比担当、比贡献、比作风）、"四查四看"（查思想认识、看拥护改革态度，查政治觉悟、看服从大局意识，查纪律作风、看遵规守纪情况，查精神状态、看投身改革行动）实践活动，进一步凝聚共识、激发动力，干部职工支持改革、投身改革的政治自觉得到加强。三是扎实开展"两项重大教育"。根据方案计划扎实抓了前期思想调研、应知应会理论学习考核、安排先后落实3个专题党课辅导，组织了集中讨论交流。组织党员结合岗位和个人实际，人人写出承诺践诺书，落实每两个月一次践诺情况汇报，让承诺真正从纸上转到脚上，化为实际行动。坚持走出课堂搞教育，组织干部职工开展了到县廉政教育基地接受廉政警示教育，瞻仰田林县革命烈士纪念碑并重温入党誓词等配合活动，党员队伍的先锋模范和责任担当意识得到巩固加强。在9月中旬召开了部党委专题民主生活会，在"少数关键"作用发挥上下功夫，以进一步增强班子凝聚力战斗力。四是深入学习贯彻中共十九大精神。坚持把学习贯彻中共十九大精神作为首要政治任务，以开展"六个一"活动为主要抓手掀起热潮。1.组织召开一次党委（支部）、党小组会。区分党委、党支部、党小组召开专题会议，原原本本学习中共十九大精神和解放军代表团传达提纲中大会精神"十个方面"主要内容，不断增进政治认同、思想认同、理论认同、情感认同。2.组

2017年7月25日，县委书记彭斌率队到县人武部开展"八一"建军节慰问活动

织一次学习宣传贯彻中共十九大精神动员部署会。在军区、分区动员部署的基础上,召开学习贯彻中共十九大精神动员部署会,着重讲清学习宣传贯彻中共十九大精神的重大意义,提高学习贯彻的政治站位和政治自觉。3.组织一次原原本本读中共十九大报告活动。召开党委(支部)、党小组会,由部领导带头逐字逐句学习,原汁原味领会,更好地理解把握中共十九大精神的政治意义、历史意义、理论意义、实践意义。4.组织一次重温入党誓词活动。组织部里全体党员重温入党誓词。5.组织一次中共十九大精神要点问答测试活动。为每名干部职工购买一本《党的十九大辅导读本》《中国共产党第十九次全国代表大会文件汇编》《党章》,制作中共十九大精神要点展板,供干部职工学习,并利用交班会抽考抽问,通过以考促学加深对中共十九大精神基本思想、基本观点、基本要求的理解把握。6.组织一次"学习十九大、奋进新时代"体会交流活动。利用党团活动时间,组织党员结合工作岗位畅谈学习中共十九大精神的体悟。

【战备工作】

战备方案预案 3月开始,按照应急应战要求,组织修订本级作战方案及相关配套保障计划,以及12个非战争军事行动方案。突出增强方案预案的实用性针对性,坚持每月一次方案演练,确保随时拉得出、用得上。修订驻营区应急分队训练方案,重点着眼营门应急反恐和军地维稳联动需求,进一步强化民兵分队训练演练和应急值班备勤。协同地方公安局修订仓库报警应急处置预案,组织相关人员拉动和磨合,强化领导机关指挥协调能力,检验磨炼应急处突队伍。

非战争军事行动能力建设 结合森林灭火、处突维稳、卫星发射火箭残骸回收等任务实际,搞好与上级、与地方部门的应急预案对接,抓好本级应急指挥和民兵应急力量能力建设,增强应急反应能力。4月前后,重点抓好森林灭火的训练演练,指导乡镇武装部抓好应急排针对性训练和准备,6月以来,重点做好防汛工作,协助地方做好水电站库区群众转移工作,先后5次组织乡镇民兵参加山体滑坡清淤开路工作,为国家和群众挽回经济损失500多万元。

机关和专武干部训练 按照军区岗位能力素质考评指标要求,落实每月2次计算机和手工标图、文书拟制、指挥要素作业和识图用图训练,每月至少1次应急拉动演练,每工作日1小时的体能训练,扎实打牢业务基础、体能基础,每次组织摸底考核,所有干部成绩均在良好以上。抓好专武干部训练,结合民兵整组训练,4月上旬和5月中旬,两次组织专武干部集中轮训,增强他们的业务技能和军事技能。7月,针对2017年征兵工作形势,集中组织一期征兵业务集训,有效提高他们的业务能力,确保征兵工作的顺利推进。

【部队管理】

人武部正规化建设 坚持以严格规章制度、正规基本秩序为抓手,突出人、车、枪、弹、密等管理重点,切实打牢正规化管理基础。上半年以"条令月"、下半年以"百日安全"活动为契机,认真抓好机关办公秩序整治和法规学习、安全排查、隐患整治等环节落实,进一步强化干部职工从严管理、依法行事的思想认识和行为自觉。

重大安全问题防范 坚持安全隐患排查经常化,盯住"人车枪弹密,水火电钱装、酒油黄赌毒、涉外涉地方"等重点领域、重点部位、重要活动的安全监管,每月进行一次安全隐患排查,每季度召开一次安全形势分析会,及时解决安全管理中存在的问题和矛盾。

实军地信息共享和突发情况处置 加强与地方应急、维稳、信访和公安等部门的联系,建立完善信息互通机制,确保及时掌握和处置辖区涉恐涉爆和各种应急突发情况。根据军区要求修订"涉军信访"应预案,人武部专门派副部长走访县信访局和公安局,摸清田林县涉军信访情况底数,建立军地涉军信访协作通道,落实情况"零报告"全年没有发现辖区内存在涉军信访情况。

【征兵工作】 紧贴"双控"要求,落实"三早一精准"(即早计划、早发动、早部署,深入到每家每户对大学生适龄青年精准动员),广泛开展"八个一"宣传活动(即显眼位置悬挂一批征兵横幅标语、制作一部电视征兵宣传短片、邀请县长进行一次征兵电话讲话、印制一套征兵政策宣传手册、开展一轮征兵宣传进校园活动、组织一次征兵政策咨询会、宣传车每两周下乡进村宣传一个回合、宣扬一批先进典型),营造了应征报国浓厚氛围。大力推进征兵"五率”量化考评。

【后装保障工作】 一是从严控制年度各项经费预算和使用，持续抓好厉行节约，加强项目经费、政府专项经费和预算外经费的管理。二是贯彻上级全面停止有偿服务的部署要求，搞好空闲营房出租的清理核查和协调工作，并根据政策规定按时收回管理。县人武部共有门面12间，2018年6月全部收回；拟移交政府托底管理2栋楼。三是加强民兵武器装备仓库管理，落实日常维修保养制度，协助广西军区完成建设经费审计，做好2012年仓库建设后续收尾工作。已全部支付完仓库建设尾款100余万元。

【双拥工作】 发挥参建援建作用。坚持把组织发动民兵参加“三个文明”建设作为养兵、用兵、练兵、强兵的重要途径。每周星期五，组织干部职工参与城区卫生清理整治活动，有力推进社会管理规范化。坚持在精准扶贫脱贫上主动作为，稳步推进驻地平塘乡茅草坪村新一轮扶贫工作，全年共协调扶贫资金36万元投入修路和饮水工程建设，人武部本级投入6万元完成了平塘乡砂糖橘产业扶贫基地建设。响应中央及军区关于打赢扶贫脱贫攻坚战的指示精神，组织本部17名干部职工进村入户搞好精准帮扶，想方设法找门路、力所能及谋致富。至年底，干部职工负责帮扶的67户贫困户均协调落实了扶贫政策，有的受到教育资助，有的介绍外出务工，或发展特色种养殖，经济收入明显增加，所有贫困户均纳入2017年和2018年脱贫摘帽计划。（撰稿 蒋琼峰）

农林·水利

农　业

农业工作

【田林县农业局领导】
局　长：林正丰（壮族）
副局长：黄秉辉（壮族）
　　　　张兴魏
　　　　黄梁兵（壮族）
　　　　罗英慧（女，壮族）
总农艺师：明凤恩

【概况】 田林县农业局内设一办三股九站和一校一大队二中心（即局办公室、政策法规与农村改革股、市场与经济信息股、计划财务股、农业技术推广站、植保植检站、经济作物指导站、土壤肥料工作站、农业科教站、种子管理站、水果技术指导站、农村合作经济经营管理指导站、农业区划站、农业广播学校、农业行政综合执法大队、农业技术推广中心、农产品质量安全检测中心）。桑蚕生产工作站设在农业局（不设编制）。全局在职干部职工60人，其中公务员（含参公人员39人，专业技术人员16人（其中：高级职称2人，中级职称10人、初级职称4人，工勤5人）。35岁以下1人，36~49岁的20人，50以上岁39人。全县辖区14个乡（镇），165个村民委，3个居民委员会，1624个村民小组，1383个自然屯。2017年农业户数6.08万户，农村人口23.92万人，农村劳动力15.05万人；耕地面积20982公顷。

【农业农村经济】 全县农业（种植业）经济保持稳定。2017年农业（种植业）完成增加值5.92亿元，同比增长5%，全县农业（种植业）产值达9.1元，同比增长5.4%，完成增加值5.9亿元，同比增长5%。

【农业惠民政策落实】 农业局申请2017年农业支持保护（耕地地力保护）补贴，配合财政局将2101元万补贴发放到农户手中。2017年全县享受补贴户数47511户，补贴面积103477.88亩，补贴金额2101万元，折补贴203.03元/亩，于6月30日前将全县14个乡（镇）补贴资金发放到群众手中。做好芒果苗木补贴工作。2017年全县继续实施苗木扶持，群众每株苗木只需承担1元，其余部分财政承担。2017年补贴群众购买芒果苗木资金400万元。做好柑桔扶持工作。2017年柑桔种植每亩给予400元奖励，示范区（限利周河谷、平塘）每亩给予800元奖励。同时利用技术培训和技术推广等活动，向群众做好各项扶持政策的宣传。

【农民专业合作组织和龙头企业建设】 发展多种形式规模经营，培育新型农业经营主体，2017年有农民专业合作社534家，完成新增合作社52家，新增家庭农场12家，村（居）民合作社168家，村级集体经济结构形成。市级农业产业化重点龙头企业7家。

【农村集体经济】 2017年有村组集体经济组织165个，村组集体经济组织总收入195.186万元。农民人均负担197元/人，落实村级公益事业“一事一议”项目107个，涉及63个村，受益人口6.62万人，项目总投资1609万元（其中：财政奖补总额为1427万元、群众筹资178万元、集体资金4万元）。以通村水泥路建设为重点，完成通村水泥硬化道路续建项目78个66.73千米，总投资1263万元。

【土地承包经营权确权登记颁证】 全县土地确权工作范围涉及14个乡（镇），164个村，1560个村民小组，二轮承包农户数43611户，应确权农户52606户（新增分户8995户）。二轮承包耕地面积19.4万亩，集体耕地面积25.3万亩,国土耕地面积31.5万亩,全县14个乡(镇)已全面完成摸底调查工作和外业调查工作,完成12个乡138个村1206个村小组共42535户的二轮公示,农民签字同意,并且完善承包合同和建立登记簿合同签订和登记,可颁证率达到96.5%。

【农村土地流转和承包管理】 2017年全县土地流转总面积70302.5亩,其中1624户耕地6881.7亩,4215户林地63420.8亩,流转涉及农户4357户。流转收益达1526.8万元,其中耕地82万元,林地90万元。耕地流转主要用于林业育苗119亩,水果种植963.2亩,双高甘蔗91亩。2017年有农民专业合作社354家,市级农业产业化重点龙头企业7家。全县农户承包地流转面积600亩,流转土地主要用于林业苗圃、药材种植、甘蔗种植、蔬菜基地、火龙果种植和杉木、桉树等经济作物和经济林种植。

【农业执法】 2017年共出动执法人员147人次,车辆42台次,检查本辖区内农资经营企业、个体工商户86家,纠正种子经营活动违规行为12起,检查农药品种716个,代表数量50多吨,纠正农药经营活动违规行为39起,依法立案查处农药案件2起(其中经营未取得登记证的农药产品案1起),经营劣质农药产品案1起),接待2起,罚款2500元。在八桂、六隆、平塘等乡(镇)开展农资下乡进村宣传周活动3场次,接待群众咨询500余人次,发放宣传资料2000份,展示真假对比农资产品26个,利用电视报道、媒体曝光震慑违法行为和不法商贩,营造“维护农产品质量安全,人人有责”社会氛围,让群众使用放心农资。

【农产品质量安全检测】 2017年市级下达田林县农产品检测样品2100个,当年实际抽检蔬菜水果样品2628个,样品合格率达100%,完成任务数125%,全面完成上级下达的农残检测任务,全年无农产品质量安全事故发生。

【农业法律法规宣传】 加强理论学习,提高农业干部法治观念意识。全局重点学习《中华人民共和国宪法》《中华人民共和国行政诉讼法(解读)》和《中华人民共和国食品安全法》等农业法律法规。4次派员参加区农业法律法规知识培训班。开展“农资下乡”宣传。组织执法大队、检测中心、种子管理和植保植检站人员深入者苗、六隆、平塘等乡镇开展“放心农资”下乡进村宣传活动,共接待群众咨询450人次,发放宣传资料5000多份,同时,结合“3·15”消费者权益日、“6·26”全国禁毒日、“12·4”全国法制宣传活动日等活动,针对性地现场为群众宣传各种法律知识。

【农业行政审批制度改革】 配合行审办开展部门权力清单和责任清单工作,梳理农业行政权力清单90项,保留行政权力62项。按县人民政府要求进行编制,在田林县人民政府网进行公开,自觉接受社会各界人士监督。按照县依法行政办《关于开展农业行政处罚案件评查活动的通知》,做好农业行政处罚案件评查,开展自查自纠,找出案件处理和卷宗归档中存在问题,共审查案件10宗,发现各类问题21条。

【农业科技推广】 2017年按照突点、抓线、带面、抓实的要求,以新技术,新品种为农业科技推广,以示范点为带动。全县进行水稻绿色增产增效集成技术示范与推广面积1.03万亩,玉米示范与推广面积1.42万亩,良种推广应用面积100%。全县遴选文化素质较高、生产经营条件较好、有创新冒险

2017年3月16日,农业局技术员在指导农民护理芒果

精神的221户农民为科技示范户。2017年农业科技下乡进村培训工作，举办蔬菜、水果、食用菌技术培训班72期，培训人数3380人，技术咨询12250人次。发放技术资料16860册。实施整村推进新型职业农民培育特色水果班2期30天，培训人数180人。

【农业植保植检】 实现全年农作物病虫害防治和植物检疫工作常态化，全年发布《病虫情报》20期，开展统防统治技术培训6期，培训机防队员60人（次），发放技术资料1000多份，全年完成防治粮食总面积185.08万亩次，重点监测防控稻飞虱，稻纵卷叶螟、玉米粘虫等迁飞性害虫。共挽回粮食损失12255吨。完成水稻南方黑条矮缩、水稻象甲、芒果象甲和柑桔黄龙病调查防控检疫。在乐里镇新宁村建立1000亩芒果、利周乡亮福村建立700亩沃柑、60亩火龙果绿色防控示范样板建设。发放频振式杀虫灯100杆，果蝇、害蛾诱捕器1000个，黄板25000张。

【农业土壤肥料】 2017年全县共推广应用测土配方肥面积50万亩，其中水稻9万亩，玉米16万亩，蔬菜（八渡笋）13万亩，甘蔗12万亩。推广测土配方施肥技术覆盖165个村，覆盖率达100%，涉及农户41350户。建立测土配方施肥示范片19个，示范面积4万亩。农业局组织专家验收，水稻应用亩节本增效13元、玉米应用亩节本增效10元、甘蔗应用亩节本增效16元、蔬菜（八渡笋）应用亩节本增效40元。实施测土配方施肥技术以来平均亩节约肥料1.2公斤，亩节本增收24元。

【农业信息】 把平台开发与农业应用平台维护结合起来，抓好"广西壮族自治区政府信息公开统一平台（农业局）""田林县农业信息网""农技宝""广西高毒农药追潮与监管系统"等信息平台工作的日常管理和维护。完善平台功能与栏目，及时更新信息内容，全年应用平台更新信息累计500多条。完善信息采集机制建设，制定《田林县农业信息网采集报送发布管理办法（试行）》，健立健全信息采集制。深入农业农村基层第一线采集信息工作。全年在各类网站和报刊上发布各类信息545条（其中：田林县人民政府网194条；广西壮族自治区政府信息公开统一平台108条；广西农业信息网208条；右江日报7条；百色新闻网10条；其他网站书刊18条）。制作各种宣传板报16期。向县委办上报党委信息74条，在"农技宝"发布信息10条，宣传横幅18条，宣传资料3000多份。

2017年8月22日，中央电视台到六隆镇拍摄八渡笋专题片

【农业区划】 2017年农业区划工作重点开展美丽乡村建设工作、农业资源信息系统数据采集、农业资源调查、农业持续高效利用项目工作。做好富硒资源调查、特色农业核心示范区建设等工作，全县推广测土配方施肥技术41万亩。减少农药、化肥使用对人体的伤害，为创建美丽广西宜居乡村工作提供安全保障。主动与有关单位联系做好2017年农业资源信息系统的数据采集，整理和录入工作。

根据田林县宜居乡村建设总体布置，开展"产业富民，服务为民，基础便民"工作，入乡驻村搞好扶贫产业指导。加强特色农业核心示范区建设工作，2017年完成新宁村万亩芒果市级示范建设工作并通过验收。全年创建县级示范区1个，乡级示范区2个。做好富硒资源采样化验工作，根据自治区区划办要求，对200亩连片土地流转的土地进行采样送自治区化验。农业局区划工作人员经过历时两个月选点、采样、晒样、送检，按时完成20个采样送检任务。开展农业资源利用工作，2017年开展项目申报工作，完成自治区区划农业持续高利用实验项目1个并通过市县级验收。

农业生产

【粮食作物】 以中央一号文件为引领，不断创新发展思路和办法，围绕“推进农业供给侧结构性改革”这条主线，转变粮食发展方式，创新粮食科技，增加粮食有效供给，全面落实促进粮食生产各项扶持政策，加大粮食资金投入，加快良种良法的推广，着力培育粮食种植大户，粮食生产专业合作社，强化现代增粮措施，实施测土配方施肥，农作物病虫害防治和开展粮食高产创建等措施。抓好抓实全年粮食生产促进粮食生产持续稳定发展。2017年全县粮食作物种植面积31.2万亩，其中早稻2.922万亩，中稻5.6万亩，晚稻1.5万亩，玉米18.75万亩，豆类1.244万亩，薯类0.656万亩，其他杂粮0.03万亩。粮食总产量9.649万吨，其中早稻1.385万吨，中稻2.195万吨，晚稻0.484万吨，玉米5.368万吨，豆类0.094万吨，薯类0.058万吨，其他杂粮0.002万吨；平均亩产311.18公斤。杂交水稻制种生产特优系列6个品种，制种面积852亩，总产量22.4万公斤。

种子工程(管理) 严格种子备案，确保用种安全。通过培训种子生产经营备案者，使其了解备案工作流程，通过手机APP备案方式或PC备案方式进行网络备案，自主完成账号注册、信息填报、材料上传、备案提交等业务操作流程，做到网上备案信息全面、真实、准确。严格种子管理网络监督和管理，对备案不规范的生产经营者要求整改和重新备案，对没有审定的品种不予备案和销售，确保生产用种安全。2017年共有备案代理商4家，零售商86家；备案水稻种36个，162500公斤；玉米种12个，125490公斤。严格种子市场的监管。与综合执法大队开展市场检查工作和整治行动，共开展种子市场检查53个/次，出动151人/次，出车52次，整顿市场2次，印发宣传资料850万份。严格种子生产管理。2017年海南神农大丰种业有限公司广西分公司在百乐乡板干村进行杂交水稻制种生产，共生产特优系列品种6个，制种面积852亩，总产量22.4万公斤。每逢种子生产关键环节，种子站及时组织相关技术人员深入生产基地进行技术监督和指导，严把种子质量源头关，确保辖区内种子生产质量合格。同时，抓好种子纠纷调解工作。全年有投诉种子问题6起，经相关技术人员实地调查：1起为种子问题，5起为病虫害防控不到位引起损失，种子问题1起经调解，供种商与群众已达成理赔，5起病虫害防控不到位引起损失，经解释群众已经接受。

稻谷生产 2017年完成水稻播种面积10.11万亩(其中早稻3.01万亩，中稻5.6万亩，晚稻1.5万亩)粮食总产量4.134万吨，(其中早稻1.46万吨，中稻2.195万吨，晚稻0.479万吨)。早稻0.109万吨，完成推广水稻绿色增产增效工程面积1.03万亩，良种推广应用面积100%。

玉米生产 2017年玉米种植18.75万亩，总产量5.25万吨，玉米绿色增产增效集成技术示范与推广面积1.42万亩，良推应用面积100%。在乐里镇田平村建立玉米绿色增产增效集成技术核心示范面积115亩，平均亩产558.73公斤，增产34.48%。。

小麦生产 2017年小麦产量0.2万亩，产量0.022万吨。

【经济作物】 田林县境内主要有蔬菜、水果、油茶、木薯、烤烟、甘蔗等经济作物，其中以水果、蔬菜、烤烟、甘蔗所占比例较大。而芒果和柑橘已成为全县近年来主抓的特色水果主导产业。为田林农业、农村经济发展发挥了重要作用。

水果生产 2017年全县水果总面积219015亩。其中芒果136155亩，李果32340亩，桃果15870亩，蕉类8100亩，柑橘12135亩，柿子2655亩，梨555亩，葡萄525亩，百香果300万亩，其他300亩。当年新种21200亩，投产面积74603亩，水果产量43570吨。水果产植13512.32万元。2017年全县完成水果新种2.12万亩，新种李果0.15万亩，蕉类0.05万亩，百香果0.03亩，其他水果0.1万亩全县果园面积25.53万亩，水果总产量49886吨，产值1979万元。水果生产上重点发展芒果和柑橘产业。全县始终把芒果生产作为重要特色产业抓落实，加大“优果工程”建设力度，通过引进台农1与金煌芒、红贵妃、红玉、新世纪(即金风凰)、桂热芒10号、桂热芒果的果实品质。2017

年新种芒果面积2万亩,全县累计芒果种植面积14.65万亩,投产面积1.2万亩,产量10800吨,产质达6500万元,芒果渐渐成为调整山区农业产业结构,增加农民收入的主要产业之一。

2017年田林县利用全县丰富的土地资源和区域优势,拓宽农民增收渠道,大力发展柑橘产业,将利周瑶族乡和平塘乡作为全县柑橘发展的重点区域,建立示范点,以点带面,有效带动群众种植柑橘,2017年全县完成种植柑橘6000亩。在以上两个乡打造4个百亩以上示范基地(即利用沃柑产业示范区700亩,平塘乡张再高基地258亩,许继锋基地230亩,弄生基地120亩),为全县调整农业产业结构发展柑橘产业作示范引领,产业技术提升提供良好的示范带头作用。

食用菌生产 2017年全县食用菌种植面积130.9万平方米,总产量5236吨,总产值4188.8万元。田林县食用苗品种主要有白背乐香菇、灵芝、云耳、茯苓、平菇等,面积分布在全县14个乡(镇)。全县有5个菌种生产厂家,年生产能力达100万袋以上。

蔬菜生产 2017年全县完成蔬菜种植面积11.05万亩,蔬菜总产量22.16吨,总产值3.16亿元。种植秋冬菜面积7万亩,产量14万吨,产值2.94亿元。在定安旧州和潞城乡镇发展四季度和小黄瓜种植500亩,在定安渭密村发展春黄瓜种植1500亩。在旧州、百乐、潞城示范辣椒1000亩。在潞城、旧州、百乐、八渡度等乡镇发展小南瓜示范基地种植700亩,产品远销云南、四川、贵州、广州等地。

茶叶生产 2017年全县茶园面积2200亩,品种为杭州龙井茶,2017年投产面积1400亩,鲜茶总产量36.18吨,总产值28.94万元。干茶总产量8.35吨,产值41.75万吨,其他杂粮0.3万亩,产量0.032万吨。

豆类薯类生产 完成豆类1.14万亩,产量0.092万吨,薯类0.7万亩,产量0.078万吨,其他杂粮0.3万亩,产量0.032万吨。

油料生产 油料种植面积3.56万亩,其中油菜籽3.5万亩,总产量188.68万吨。

肥料 推广应用测土配方施肥面积50万亩,其中水稻9万亩,玉米16万亩,蔬菜(八渡笋)13万亩,甘蔗12万亩。施用农家肥9120吨,冬种绿肥4.5万亩。实施水肥一体化0.05万亩,推广节水农业面积0.05万亩。推广测土配方施肥技术50万亩。减少农药及化肥的使用量0.01%。

(撰稿　吴再智)

甘蔗生产

【田林县蔗糖生产办公室领导】

主　任:王志高(壮族)

副主任:韦海琨(壮族)

　　　　罗志兴(壮族)

【概述】 田林县蔗糖生产办公室属于事业单位,2017年事业编制8名,在职人员9人(司勤人员1人),列入参照公务员法管理的事业单位。

【甘蔗种植】 2017年,田林县以促进"农民增收、企业增效、财政增长",实现农民脱贫致富为目标,通过政府补贴、企业扶持等方式为引导,全面推进蔗糖产业发展。

2017年,田林县甘蔗种植总面积14.05万亩,其中宿根蔗面积7.26万亩,春植蔗扩种面积5.03万亩,翻种面积1.75万亩,甘蔗种植

2017年3月9日,国家甘蔗产业技术体系百色综合试验站在田林县八渡乡百六村那读示范片联合召开2017年甘蔗提质增效栽培技术现场培训会。图为培训现场

工作人员在八渡乡开展甘蔗测产工作

面积同比去年增加4.24万亩，增幅率43.3%%。甘蔗种植分布在全县14个乡(镇)94个村，其中以八渡瑶族乡、六隆镇、定安镇、八桂瑶族乡为主要糖料蔗生产区，甘蔗产量占全县总产量的76%。2017年全县参与种蔗农户11409户，蔗农人口4.56万人，其中贫困户3977户，贫困人口1.6万人；蔗民销售糖料蔗收入1.85亿元，蔗农人均种蔗收入4064元。

【糖料蔗产量】 田林县2017/2018年榨季于2017年12月29日开榨，2018年3月24日停榨，整个榨季历时86天，榨季糖料蔗进厂总量为36.98万吨，同比2016年增长15.24万吨，增长率41.2%；累计产糖量4.48万吨，甘蔗平均含糖量13.9%；甘蔗预留蔗种4万吨，本榨季糖料蔗总产量40.98万吨。

【产业扶贫】 2017年，田林抓住糖价维持在高位的有利契机，进一步强化政策措施，实行甘蔗种植补助政策，全年共补助金额4958.75万元，其中县财政补助1154.72万元，和平糖厂补助3804.03万元。同时统筹全县甘蔗发展基金和制糖企业资金，投入到全县14个乡(镇)106个村1269条蔗区道路进行修建，修建资金共144.47万元，保障甘蔗生产道路通畅；协调和平糖业糖厂做好蔗种预留和调配工作；加强甘蔗种植扶持政策宣传，调动群众种植的积极性；召开甘蔗管护培训会，加强甘蔗田间指导、管护工作；榨季期间，与各部门及和平糖厂做好协调工作，统筹兼顾企业和蔗农利益，确保产业的持续健康发展。 （撰稿 唐敏莹）

烟叶生产

【田林县烟草生产办公室领导】

主　任：黄龙德(壮族，2017年10月离任)

副主任：张邦安

　　　　黄永成(壮族)

【概况】 属行政事业单位(参公)，编制6名，在职人员7人，其中正科4人，副科1人，科员2人。

【烟叶生产】 2017年全县计划种植烤烟面积5000亩，计划收购烟叶1万担。实际种植面积5255亩，完成任务的105%，其中八桂瑶族乡1768亩，八渡瑶族乡1061亩，高龙乡198亩，六隆镇403亩，那比乡541亩，者苗乡186亩，平塘

2017年县烟办为帮扶联系村和贫困户提供帮助

县烟办技术员在指导烟农加工烟叶

乡1098亩。烟区涉及7个乡镇20个行政村54个自然屯486户，户均种植烤烟面积10亩。

【烟叶收购】 2017年全县收购烟叶12337担，完成任务120%。收购总金额1255万元，均价20.52元/公斤，完成烟叶税276万元。

【技术指导】 以培育优级壮苗为目标，全面推广大棚漂浮育苗方式，2017年全县有育苗大棚75个，全部满足5500亩移栽面积任务；推广轮作，田烟地烟轮作率达100%；探索土壤保护新模式，大力推广秸秆还田、秸秆覆盖和施用生石灰技术，有效改善土壤，增加通透性和预防病虫害；全面推广专业化烘烤，田烟区推广达95%。

【政策扶持】 通过资金扶持、物资补助等形式，鼓励贫困户发展烤烟生产，拓宽贫困户致富渠道。2017年全县共有81户贫困户290人种植烤烟846亩，收购烟叶2177担，收益210余万元，81户贫困户均脱贫出列。给予建档立卡贫困户优惠政策，凡属种植烤烟的建档立卡贫困户每交售1担烟叶补助25元，62户建档立卡贫困户总增收54425元。

【设施建设】 2017年新建大烤房25座，投资77.5万元，其中县烟草公司67.5万元，县烟办10万元。投资15.8万元，改造搭烟棚和维修烟区道路。

【烟叶保险】 2017年全县投保烟叶面积5255亩，保费42.04万元，县烟草公司承保23.122万元，区财政厅承保12.612万元，地方财政承保4.2040万元，烟农承保2.1020万元。2017年全县烟叶受灾面积3500亩，经保险公司核审为352亩，赔付25000元。

（撰稿　罗忠宝）

中草药（田七）产业

【田林县中草药（田七）产业办公室领导】

常务副主任：黄龙德（壮族）

副主任：黄榕梅（女，壮族）

韦正雄（壮族）

【概述】 田林县中草药（田七）产业办公室为田林县人民政府管理的财政全额拨款事业单位，事业编制9名，2017年在职人员9人。

【中草药（田七）产业规划】 按照县产业布局，委托广西农垦设计院编制《广西田林县2018—2025年中草药产业发展规划》。依据田林县地理环境、资源分布、产业基础及市场需求，规划出了“二区三带”的中草药发展布局。规划结合精准脱贫，延长产业链的总体思路，明确了优先打造灵芝、砂仁产业链；大力发展大天冬、百部产业链；着力培育黄精、何首乌产业链。到2025全县中草药种植面积达18万亩，总产值8亿元，拉动中药材加工、流通等下游产业链发展，带动产值5亿元。

【生产技术指导】 中草药办实行责任包抓制，强化了对中草药产业基地的技术指导，建立健全激励奖惩机制，及时协调解决产业发展具体困难和问题。从领导到技术员任务分工明确，部署周密，每个品种都有人抓、有人管，形成了合力包抓推进的中草药产业发展的新格局。同时抓好技术培训工作，提高种植技能。全年共举办中草药技术培训班4期培训人数500人次，发放技术资料1500余份。使中草药种植户至少有一人掌握种植技术方法。在生产各个环节中草药办定期或不定期深入全县各乡镇种植户、田头地边，开展现场手把手种植技术、施肥管理、病虫

2017 年 4 月 24 日，县中草药办技术员张志发（中）在丰防村砂仁示范基地指导群众种植砂仁

害防治等方面的技术指导，将技术服务精准到产前、产中和产后，保证种植户技术入户率达 100%。

【专业合作社建设】 以“公司 + 农户”的模式促农增收。为进一步提农户种植中草药的组织化程度，县委、县政府动员引导中药企业、专业合作社以“公司 + 农户”的模式，通过基地共建、社会融资等方式带动农户发展。已有八渡馨俊中草药种植有限责任公司、田林县雄力中药材科技发展有限公司、玉福海砂仁种植农民专业合作社通过提供种子种苗、投入资金等方式帮助八渡、者苗、潞城、旧州、那比等乡（镇）发展橘红、田七、砂仁、薏米、牛大力等中药材 6500 亩，撬动社会资金投入共计 1500 万元。

【示范基地建设】 为发挥中草药部门推动产业脱贫作用，夯实县中草药办抓中草药产业帮扶责任，强化技术支持抓示范，制定《2017 年沙仁产业项目实施方案》。采取专业合作社带动贫困户参与共建模式，重点在潞城建设砂仁示范基地 1250 亩，八渡建设橘红示范基地 300 亩，充分发挥行业优势，因村因户因人制定帮扶及脱贫规划，做到有的放矢，确保取得实效。

【种植面积】 2017 年全县累计完成中草药种植面积 10566 亩，其中：田七 812 亩，砂仁 4253 亩，薏米 1156 亩，橘红 350 亩，鸦胆子 1150 亩，栀子、辣木、金银花、牛大力、天冬、百部等其他中草药 2845 亩。中草药总产值 3100 万元，为全县农民人均现金收入贡献 135 元。

（撰稿　曾露莹）

八渡笋开发

【田林县六隆八渡笋总场领导】

总场场长：覃　农（壮族）

副总场长：向子光

【概况】 田林县六隆八渡笋总场是 1997 年田林县委、县人民政府执行国家“八七”扶贫攻坚战略、西部大开发而设立，负责百色市扶贫开发及广州市对口帮扶的六隆异地扶贫安置基地项目的实施、管理和服务。基地建设征用土地 17.7 万亩，基地内设 56 个移民点，安置来自百色市的田林、那坡、田阳、田东、德保、隆林、凌云等 7 个县大石山区贫困农户 3947 户 19824 人，基地项目以种植八渡笋为主导产业开发建设，种植八渡笋面积 15.3 万亩，2017 年保存笋地面积 12.7 万亩，采取“公司 + 基地 + 农户”的扶贫开发模式，实行产业化经营，规范化管理。2009 年田林县八渡笋产品获得了国家质检总局颁发的“原产地标识保护产品”称号，2010 年获得了中国农业特色品牌“八渡笋之乡”的荣誉称号。六隆八渡笋总场下设 3 个六隆片区、12 个分场，隶属于县人民政府直接管理，属事业编制财政全额拨款的县直单位，总场工作人员由县委组织部、人事局从县直和各乡镇筛选有基层工作经验能吃苦耐劳的干部、工人（含合同工人）来抽调配置，2017 年有在编人员 18 人，其中：干部 12 人（正科级干部 1 人、副科级 11 人、科员 1 人）；财政全拨款工人 3 人、合同制工人 2 人、编外人员 1 人，总场场长为六隆异地扶贫安置基地所在地的六隆镇党委书记兼任。

【生产工作】 对六隆总场 15.3 万亩林区内村屯、路口等进行森林资源安全张贴、悬挂防火宣传标语，森林防火车辆在笋区开展流动巡逻，管控野外非法火源，火灾发生率为零。进行 12.2 万亩八渡笋竹林的管护、采收、加工等技术指导工作，联合林业技术部门组织各村屯笋农群众对八渡笋竹林管护和笋产品加工技术培训，提高广大笋民的生产能力和经营能力水平，增强笋民的管理实用技术技能，分别在三个片区举办3期培训班，笋民群众参加培训人员600人。进行科技和资金投入，实施2800亩八渡笋竹林低产改造，对择优留下的笋竹母竹扩坑松土，让土址晒白风化，提高土壤通透性，达到保水、保肥作用。

【经营管理】 改革销售模式，推进自主经营，面向市场引进农产品企业，突出区域产业特色。通过龙头企业台湾山弘公司，形成“笋农粗加工，笋企出成品”的产、供、销一条龙销售模式，以山弘公司为主导八渡笋产品加工的发酵笋片出口国外，实现产品增值、笋农增收。同时，发挥八渡笋传统加工优势，鼓励传统加工营销，自主经营，拓宽地方特色产业产品销售渠道。

【产业效益】 2017年对2800亩竹林进行低产改造，实现亩产增收鲜笋300斤，受益农户105户，户均增收3990元。全场12个分场56个移民点1042户移民，实现干笋销售部分产量655吨产值3275万元、鲜笋销售部分产量12000吨产值2400万元，总产值5675万元，增长9.55%。

【创建自治区级出口八渡笋质量安全示范区】 配合农业部门在笋区进行八渡笋质量安全管理、质量达标把关、质量检查验收，对移民群众管护八渡笋竹林、加工初级产品技术指导，培训笋民掌握相关技术，为笋农提供产前和产中服务，田林（台湾）山弘公司按照出口农产品质量标准，对八渡笋进行初级产品收购、加工、包装和出口销售，所有运作过程以农产品质量安全标准化体系，农业化学投入品控制体系，质量安全追溯体系，预警预报与应急体系，企业安全诚信体系，多元化国际市场体系为核心内容。 （撰稿 何炳华）

农机管理

【田林县农业机械化管理局领导】

局　长：黄承红（壮族）

副局长：骆吉文（壮族）

　　　　唐楚东

　　　　李　倩（女，壮族）

纪检组长：杨柳叶（女，2017年6月离任）

【概况】 2017年年末，田林农业机械化管理局内设办公室、农机管理股、财会股，编制10名，实有人数11人。下属田林县农机技术推广站、田林县农机安全监理站、田林县农业机械化技术学校等3个二层机构，每个二层机构编制6名，现有干部职工16人，其中：田林县农机技术推广站6人，田林县农机安全监理站5人，田林县农业机械化技术学校5人。农业机械化管理局、农机安全监理站及农机技术推广站是参照公务员管理的事业单位。乡镇农业服务中心农机管理员编制29名，实有人数22人。农村各类农机户23761户，乡村农机人员28513人。

【农业机械】 随着国家农业机械购置补贴政策的实施，高性能联合收割机和耕整机购置数量大幅度增加，全县农机装备水平进一步提高，2017年年末拥有农业机械总动力23.39万千瓦，农业机械化原值12981.69万元，净值9418.22万元；农机总作业值20025.6万元。

【农具】 田林县常用的传统耕作农具有犁、耙、锄、锹铲、辘轴、水车、龙戽斗、吊桶、镰刀、禾剪、谷桶、石滚禾叉、风柜（风车）、扫把、石磨、水碾、杵、臼、油榨（木榨）、刀、扁担、泥箕、箩筐、桶、背篓、枷（禾枷、砖枷）、篮、独轮手推车、牛车、马车等。上述农具除了少部分农具逐步被农业机械所代替，大部分农具在农村仍在使用。常用的农业机械主要有大中型拖拉机、小型拖拉机、多功能拖拉机、耕整机、微耕机、水稻插秧机、柴油机、电动机、机动喷雾机、农用水泵、喷灌机械、稻麦联合收割机、机动割晒机、甘蔗提升机、机动脱粒机等。

【农机安全监理】 做好拖拉机年度检验工作。对擅自拼装、改装农业机械的行为予以制止，对严重老化其性能又难以修复的机械禁止其继续使用，坚决控制不符合规定的农业机械进入流通和使用领域。2017年检验拖拉机558台，占全年任务726台的76.85%（上级下达任务75%）。组织开展安全日活动13次，参加学习的驾驶员620人次，受教育群众4080人，下到2个中小学校开展安全教育活动和送法下乡活动，受教育学生达550多人，发放各种宣传资料10600多份。在开展农机安全生产专项整治活动中共检查

表 4 **2017 年田林县农业机械拥有量情况表**

单位：千瓦

耕作机械	大中型拖拉机	1915	收获机械	甘蔗提升机	160
	小型拖拉机	8324		其他收获机械	14
	耕整机、微耕机	69974	收获后处理机械	机动脱粒机	19707
种植机械	水稻插秧机	135	畜牧机械	饲料草加工机械	19967
农业动力机械	柴油机	39235	林果业机械	果树修剪机	1330
	电动机	51660	运输机械	小型多功能拖拉机	14355
	其他	489	农田基本建设机械	推土机	182
田间管理机械	机动喷雾机	901		装载机	273
	中耕培土机械	50		挖掘机	3050
收获机械	稻麦联合收割机	1662	其他机械	柴油发电机组	341
	机动割晒机	1402			

表 5 **2017 年田林县农机化服务情况表**

投入农业生产拖拉机（台）		18201	检修各类农机具（台）		2876
投入作业的插秧机（台）		51	培训机手、维修工人数（人）		460
投入作业的水稻联合收割机（台）		88	组织干部、技术人员下乡（人）		1786
机耕面积（公顷）	水稻机耕面积	7341	机收面积（公顷）	水稻机收面积	6390
	甘蔗机耕面积	380		甘蔗机收面积	210
	玉米机耕面积	1476		其他农作物	1800
	花生机耕面积	140	机械化秸秆还田面积（公顷）		4374
	其他机耕面积	18107	动力机械脱粒面积（公顷）		4974
机播（插）面积（公顷）	水稻机插面积	501	机械初加工农产品数量（吨）		52289
	甘蔗机械联合种植面积	60	机械化饲草料加工数量（吨）		19052
	其他	1636	机电灌溉面积（公顷）		1858

拖拉机 680 台次，纠正各种违法行为 60 台次。落实农机安全生产责任制，2017 年，农机安全监理站与乡镇农机监理员（兼职）签订农机安全生产责任状 14 份，与拖拉机驾驶员签订安全生产责任状 558 份。

【农机服务】 田林县 14 个乡镇国土规建环保安监站，农机管理人员编制 29 名，在职 22 人，具有中级职称的 2 人，初级职称 12 人。乡镇国土规建环保安监站基本上没有农机经营服务实体，农机管理员义务为机手农户提供农机作业信息、技术咨询、农机安全及新机具推广、技术培训等。

【农机执法】 2017 年，田林县农机综合执法队对全县农机维修点和农机销售市场进行整顿，分别对拖拉机、种植机械、农业动力机械、排灌机械、粮食加工机械等 5 大类进行检查，严厉打击假冒伪劣产品，净化农机市场，切实维护农机生产者、经营者和使用者的合法权益。年内，共出动农机执法人员 45 人次，对辖区内的 4 个农机经销企业、18 个农机维修网点进行检查，共检查农机产品 421 台（套），价值 13.4 万元。

【农机技术推广】 2017 年，继续推广水稻生产机械化技术。围绕水稻生产耕、种、收机械化，巩固八桂乡八桂村六胡屯水稻生产机械化示范基地，面积 149.6 亩。同时，纵向推广果蔬生产机械化技术，引进、推广新机具和新技术。召开农机新机具、新技术培训会、现场演示会 5 次，组织农技人员和果树种植大户到现场观摩，共培训 340 人次，发放技术资料 6500 多份。

【农机经营】 2017 年累计农机总

2017年6月,县农机局开展“农机安全生产月”活动。图为该局与县交警、运管等部门开展联合执法

作业值、经营服务、农机维修网点服务经营总额20078.26万元。其中:农机总作业值20025.6万元、农机维修网点农机维修总收入52.66万元。

【农机作业】 2017年,全县累计组织18201台次拖拉机下田作业,机械耕作面积27304公顷;机械插秧面积2195公顷;机械收割面积8400公顷;机械灌溉作业面积1858公顷;机械植保面积178公顷。

【农业机械购置补贴】 根据自治区农机局、财政厅《关于印发〈广西2015—2017年农业机械购置补贴实施方案〉的通知》(桂农机办〔2015〕34号)文件精神,在2017年度农机购置补贴工作中,全年完成中央补贴资金126.15万元,补贴各类农机具1234台,受益农户1220户,拉动农民投入406.41万元。

【农机化投入】 2017年农机化投入725.09万元。其中:财政投入350.86万元(中央财政126.15万元、地方财政192.53万元),农民个人投入406.41万元。

【田林县农机校】 田林县农机校2017年年末有教职工5人,中级职称2人,拥有固定资产64万元。田林县农机局创新培训模式,采取以县农机校为基地,县推广站、县农机监理站、乡(镇)农机管理员相互配合的模式,形成了拖拉机驾驶员、收割机操作手、机电维修技工及村级农村实用技术培训相结合的培训新格局。2017年共培训各类农机技术人员460人。

(撰稿　黄李浩)

春耕生产期间县农机局在定安镇渭密村召开果树机械植保现场会

畜牧水产业

【田林县水产畜牧兽医局领导】

局　长:黄　鹏(壮族)

副局长:黄　何(壮族)

　　　　杨霞瑛(女,壮族)

　　　　韦祖乾(壮族)

纪检组长:黄丽霜(女,壮族,2017年7月离任)

　　　　杨霞瑛(女,壮族,2017年7月兼任纪检组长)

【机构概况】 田林县水产畜牧兽医局是田林县人民政府直属职能部门,主要负责全县畜牧生产指导、养殖技术推广、动物疫病防治、畜禽品种改良、草原饲料管理、兽医卫生监督、畜禽及产品检疫、渔

业等工作。人员编制共117名，2017年在职95人。下设县动物卫生监督所、县动物疫病预防控制中心、县水产畜牧技术推广站、县渔政渔港监督管理站、畜禽屠宰管理办公室和14个乡(镇)水产畜牧兽医站。

水 产 业

【水产业概况】 2017年，全县水产品产量4634吨，产值5160万元，同比增长4.88%，其中，全县养殖产量3012吨，捕捞产量1622吨。全县渔业养殖面积为8895亩，其中大水面养殖面积8370亩(包括含网箱养殖为122340平方米)，池塘养殖面积为525亩。

【渔业资源保护】 2017年3月—6月在珠江—南盘江田林段实施禁渔期禁渔制度。禁渔期间，张贴宣传标语380张，农业部禁渔公告、市禁渔公告、县禁渔公告共40张，拉挂禁渔宣传横幅18幅，发放禁渔宣传手册500本，禁渔宣传资料2200份，设立禁渔标识牌3张，发禁渔期禁渔通知和安全措施短信300条。县渔政站与南盘江田林辖区登记在册的170户渔船主签订禁渔期责任书，明确规定禁渔期渔业船主的各项责任。禁渔期在那比电站投放鱼苗5万尾。

禁渔期间，共开展检查行动14次，出动执法车辆22辆(次)，执法快艇7(艘)次，参与执法人员85人次。共清除台网20张，地龙网30个；没收违法电鱼杆50根、大型刺网3张并现场销毁；检查渔船共170艘；没收渔获物100余公斤(当场放生)，并现场劝退违法捕捞渔船2艘。同时，对沿江水产品市场、农贸市场、餐馆饭店、渔港码头等水产品经销场进行严格检查，杜绝河鱼上市交易。

【水产养殖】

大水面渔业养殖 2017年，在县域内三个库区(洞巴水电站库区、龙滩水电站八洞库区、龙滩水电站百乐库区)共有91户养殖户，网箱养殖2855个，养殖面积122340平方米，投放斑点叉尾鮰、罗非鱼、草鱼、鲢鳙鱼、鲤鱼等各类鱼种389万尾。

特色渔业养殖 2017年，全县龟鳖等特色养殖的养殖户有13户，其中养殖龟鳖类的为11户，养殖娃娃鱼(大鲵)2户，特色养殖的产量为6.3吨，其中娃娃鱼5吨，产值达235万元。

【渔政执法监督管理】 2017年开展非法捕捞专项行动4次，出动执法人员23人(次)，对违法行为高发、违规渔具使用较为集中的水域进行重点清理整治，共清理灯光诱捕抬网10张，地笼网14张，收缴违规禁用药品1箱，抓获无证渔船1艘。

畜 牧 业

【畜牧业概况】 2017年完成肉类总产量2.23万吨，同比增长2.03%。肉鸡出栏196.9万羽，同比增长-0.74%；牛出栏2.99万头，同比增长1.7%；羊出栏6.41万只，同比增长3.55%；肉猪出栏19.28万头，同比增长2.94%；水产品产量4634吨，同比增长13%。截至2017年12月，新建生猪标准化养殖场12个，累计生猪标准化猪场68个；年出栏肉猪300头以上规模场新增至41个。新增年出栏肉牛50头以上的规模场(养殖小区)19个，累计规模牛场266户。新增年出栏500只以上养羊场(养殖小区)22个，累计肉羊规模养殖场679个。完成2017年固定资产投资任务4300万元。

2017年4月7日，县畜牧水产局技术员杨丽霞(中)到村屯开展培训技术

【畜禽养殖】

生猪养殖发展 2017年末，全县生猪存栏13.22万头，其中，能繁母猪0.88万头，出栏19.28万头。肉猪出栏100头以上的规模养殖场（户）86个，全年共出栏5.61万头，占全县出栏量的28.43%；主要分布在乐里、利周、浪平、百乐、潞城、旧州、平塘、八渡、定安、高龙、那比、八桂、六隆、者苗14个乡镇。

林下养鸡发展 2017年末，全县鸡存栏144.45万羽，其中，肉鸡139.65万羽，蛋鸡4.8万羽；肉鸡出栏196.9万羽。出栏肉鸡1万羽以上的规模养殖场202（户）个，规模场全年共出栏92.3万羽，占全县出栏量的46.88%；主要分布在乐里、利周、潞城、旧州、八渡、定安等交通相对便利的乡镇。

蛋鸡养殖发展 重点培育利芬东进林下生态养鸡专业合作社（以下简称“合作社”）、田林县铭翔养殖有限公司（以下简称“公司”），以“合作社（公司）+基地+农户”的模式发展蛋鸡养殖，辐射带动其他贫困农户发展蛋鸡养殖，2017年，全县有专用型蛋鸡存栏5万羽，产鸡蛋500吨，产值300万元。

牛、羊草食动物养殖发展 以肉牛肉羊竞选项目建设为契机，重点对2017年建设的肉牛养殖示范点给予大力扶持，引导者苗意旺牛场、旧州万成牛场、利周长生牛场、百乐李金牛场、旧州显光牛场、平塘华清养羊场等发展壮大，2017年，全县出栏肉牛2.99万头，全县20头以上肉牛养殖场共237个，肉牛养殖公司（企业3个、合作社3个）6个，累计常年出栏50头牛以上规模场（小区）42个，其中2017年新增规模场为19个。全县出栏肉羊6.92万只，全县50头以上肉羊养殖场共478个，肉羊养殖公司（企业1个、合作社9个）10个，累计常年出栏肉羊500只以上规模场（小区）77个，其中2017年新增规模场21个。

【技术培训】 组织技术人员参加网络书屋学习培训，学习良种畜禽引进与推广、畜禽改良、品种选育等方面的技术。邀请区级专家到田林县现场授课。2017年全年共开展技术培训36次，培训人数2088人，制作课件15套，发放技术资料6531份。

【品种改良】 以服务“三农”精神为指引，本着“科技创新、支持畜牧业发展”的原则，通过典型示范和科技入户的方式，推广利木赞、西门达尔等良种牛冻精，推广牛人工授精技术，改良本地牛屠宰率不高、生长速度不快等弊端，在潞城乡营盘村祥天养牛基地创建了牛人工授精示范点。

【新技术推广】 结合美丽广西·家居乡村工作，采取“改旧建新”相结合的模式，推广中架床发酵床、接触式发酵床及干清堆粪发酵等方法处理畜禽粪污，实现粪污零排放；同时，推广生态饲料、或食用益生菌拌料食喂畜禽，减少养殖过程中抗生素等药物的使用。2017年全年，总共创建生态养殖场20家，通过认证为五星级的养殖场1家。引进发酵床专用益生菌30公斤，食用益生菌30公斤，推粪专用准生菌16000毫升。通过推广生态养殖，肉产品的性价比比同类产品高，销售价格也比同类产品高出1至2元。如乐里的正好养殖场，虽然饲养的是传统的生猪，由于业主采用了生态养殖，实现猪肉无抗，在市场上的售价格每公斤比传统猪肉高4元左右。因效果显著，2017年3月，全市的生态养殖现场会在田林县召开。

【重大动物疫病防控】 在全县开

2017年6月27日，深圳市光明新区帮扶根标村7720羽扶贫鸭苗（曾令科 摄）

展春、秋两季重大动物疫病集中强制免疫工作，全县14个乡(镇)169个村(社区)1447个自然屯，全部开展动物免疫注射，以屯为单位统计防疫面达100%。2017年全年，全县累计注射O型口蹄疫苗38.77万头；猪瘟疫苗38.65万头；牛免疫O型－亚洲Ⅰ型口蹄疫6.7万头；羊免疫O型－亚洲Ⅰ型口蹄疫15.93万只；家禽免疫禽流感533.18万羽。应免畜禽免疫率达100%，免疫抗体抽检合格率全部超过70%以上，重大动物疫病防控工作绩效考评被市级评为优秀等次。

【动物卫生检疫】 2017年全县实施产地检疫生猪29741头，牛500头、羊2684只、马骡425匹、禽类556974羽；屠宰检疫生猪52164头、牛4147头；无害化处理不符合动物防疫要求生猪26头共2340公斤；平均每个乡镇无害化监管达50次以上，共组织申报生猪养殖环节无害化补助256头；瘦肉精检测任务屠宰环节220份，养殖环节180份，超额完成屠宰环节232份，养殖环节207份，检测合格率100%。

【动物卫生监督执法】 2017年办理处罚案件11起，其中动物卫生执法案件11起，兽药处罚案件1起，共处罚金额3386元，开展兽药企业、养殖业主培训班各1期，培训人数91人，深入开展农资打假、养殖投入品、畜禽屠宰、“瘦肉精”、畜禽规模养殖场5个内容的专项整治行动，开展肉食品质量安全联合执法等行动6次，检查兽药饲料经营企业72家(次)，养殖企业37家(次)，屠宰场12家(次)，出动执法人员开展H7N9禽流感休市执法33人次；参与农资打假、食品安全、政务公开日等宣传、咨询活动，制作板报2张，发放宣传资料1000余份。

【产业助推脱贫】 县水产畜牧兽医局充分利用第一书记平台，指导开展村集体经济养殖基地建设，因地制宜制定各村集体经济发展规划，引导村集体采取“公司＋基地＋村集体(合作社)＋农户(贫困户)”等养殖模式，鼓励村民集体以土地租赁、流转等形式，合理利用村内土地等资源，发展规模化养殖产业，采取合作、入股等方式投资参股经济实体，增加村集体资本经营收益。有效地带动村集体经济的发展和提高贫困户的收入。

【经济效益】 通过开展林下肉鸡养殖，生猪养殖转型升级，集约化网箱的发展等，为田林县在农牧经济领域总的发展取得显著成效，2017年，全县渔牧业总产值6.45亿元，占大农业产值的27%，其中牧业产值5.96亿元，渔业产值0.49亿元。 (撰稿　向龙锋)

水　利

【田林县水利局领导】
局　长：姚茂贤(2017年10月离任)
　　　　黄文靓(壮族，2017年10月任职)
副局长：韦建堂(壮族)
　　　　韦家祥(壮族)
　　　　梁启光(壮族)
总工程师：罗祖安

【概况】 2017年有在职干部职工92人(局机关9人，局内二层机构48人，水库管理所17人，乡镇水利站18人)，其中行政编9人，参公编12人，事业编71人。在职干部职工中研究生2人，本科23人，大专41人，中专8人，高中以下18人。工程师5人，助理工程师22人，技术员11人。

水利局设2个内设机构，分别为：办公室(行政审批办公室)和计财股。有行政编制7名，后期服务勤编制1名(其中：局长1名，副局长3名，总工程师1名)。有行政编制10名。核定领导职数4名，其中单位领导职数4名。配备领导4人(其中局长1人，副局长3人)，总工程师1名。

【新建水源工程】 田林县共有2个水源工程，分别是2017年2月开工建设的启文水库扩容工程和2016年12月开工建设的万吉水库工程。两个工程总投资17720.96万元，其中，中央投资8884万元，自治区配套2712万元，市县配套6124.96万元。各级资金已全部到位。年末，完成启文水库8#、9#、10#坝块基础浇筑至320.50高程，完成混凝土浇筑29000立方；完成万吉水库上坝公路碎石垫层铺筑及路面混凝土浇筑，正进行旧公路及旧桥改造施工、右坝坡989.5~974米高程边坡喷锚护坡、左岸坝肩坝坡963.30米至943.00高程边坡开挖及4#、5#坝块基础开挖。

【中小河流治理工程】 一是田林

县乐里河防洪工程（风潞至百花寨段），现已完成河堤及护岸建设3.29千米，累计完成投资3663.17万元；二是八中河者苗乡政府平塘乡政府河段防洪治理工程等7个“328”中小河流治理项目建设进度，现已完成治理河道12.45千米，堤防建设2.87千米，护岸建设24.463千米，完成投资7948.31万元，占总投资的75.31%。

【中央财政小型农田水利】 田林县2016年中央财政第二批小型农田水利项目，下达投资600万元，项目已完工，11月底完成验收；田林县2016年第六批中央和自治区财政小型农田水利重点县建设项目，项目已完成验收；田林县2017年中央财政小型农田水利建设项目，下达投资850万元，已完成投资600万元。田林县中央财政小型农田水利建设补助专项资金第二批项目，下达投资1390万元，田林县中央财政小型农田水利建设补助专项资金第三批项目，下达投资490万元，2个项目已完成实施方案的编制，正在进行项目施工招投标。

【水土保持综合治理工程】 实施2017年度坡耕地水土流失综合治理工程。下达投资1280万元，其中中央资金1024万元，自治区资金256万元。项目已完成投资116万元。

【防汛抗旱项目】 实施旧州镇等5个乡（镇）抗旱应急供水工程和实施平塘、者苗、定安等17个抗旱应急备用井工程，项目于5月底完工，完成投资2405万元。

【历年项目竣工验收】 加快推进已完工的水土保持项目、第六批中央和自治区财政小型农田水利重点县建设项目、小型农田水利项目的竣工验收工作、田林县潞城项目区板桃小流域、2016年度坡耕地治理项目、八渡乡六屯小流域水土保持综合治理工程的竣工验收工作。

2017年，田林县实施河长负责制

【脱贫攻坚农村饮水安全巩固提升工程】 实施2017年田林县农村饮水安全巩固提升工程，上级已下达资金1845万元，其中中央资金763万元，自治区补助资金1082万元，已完成投资1250万元，已完工10处。计划实施2017年农村饮水安全项目（融资项目），以贫困村为重点，整合中央扶贫专项资金等资金。计划投入4351.71万元，在14个乡（镇）实施农村饮水安全项目144个，解决贫困人口饮水困难问题。融资项目部分由县恒昌公司作为业主负责组织招投标工作及施工管理工作，田林县水利局负责提供技术支持，2017年该项目处于施工阶段。

【防汛备汛】 一是组织领导、责任落实到位。二是预案修订到位。及时修订、完善《田林县城区防洪应急预案》等应急预案。三是汛前、汛中检查到位。组织开展各类安全大检查，尽最大努力减少安全隐患。四是防汛值班到位。严格执行24小时值班，领导带班和汛期零报告制度，确保上级政令畅通。五是组织防汛演练预演（县级一场，乡（镇）级三场），将抢险物资、抢险队伍提前安排到位。以备在入汛前期，及时配齐备足各类防汛物资。六是水库及在建水利工程的度汛措施到位。组织水利技术人员深入到15座水库及城区防洪工程和在建水利工程施工现场进行汛前安全大检查。对检查发现存在安全隐患的及时提出整改意见，督促责任单位限期整改。

【小型水利体制改革】 经初步审核田林县符合审批公示的项目共

有720处，其中：小型水库16座；农村人饮项目427处；小型农田水利工程260处；小型堤防（三级以下河海堤防工程及护岸工程）2处；小型水电站13处；水土保持工程2处。县人民政府于2017年8月21日正式印发《田林县深化小型水利体制改革工作确权办法》，年末，进行确权发证工作。

【江河湖库名录调查】 按照上级部门要求的时间节点，2017年6月田林县完成流域面积50平方千米以上江河湖库名录调查，田林县50平方千米以上江河湖库有43条。2017年7月县水利局委托广西壮族自治区水利电力勘测设计研究院开展田林县流域面积50平方千米以下江河湖库信息调查与成果汇编工作。已于9月底完成了流域面积50平方千米以下江河湖库名录调查，认定上报田林县50平方千米以下江河湖库有423条，小型水库16座。全面落实河长负责制。

【安全饮水工程设计】 实施2017年农村饮水安全项目（融资项目），以贫困村为重点，整合中央扶贫专项资金等资金，大力推进安全饮用水入户和水源水质保护工程。完成全县14个乡（镇）上报的农村饮水安全项目共733处设计工作，预计投资资金3.5亿元。计划投入3380万元，实施农村饮水安全项目143个，解决贫困人口饮水困难问题。实施2017年田林县农村饮水安全巩固提升工程，上级已下达资金1845万元，其中中央资金763万元，自治区补助资金1082万元，适当新建工程，对标准偏低、规模偏小的已建供水工程进行改造、配套、升级、联网，以及水源保护和水质保障等。

【防汛减灾】 按照早研究、早部署、早准备、早落实的思路，以责任落实、隐患排查、监测预警、应急准备、重点部位防范为重点，抓好各项安全度汛措施的落实，全力确保汛期安全。一是组织领导、责任落实到位。二是预案修订到位。及时修订、完善《田林县城区防洪应急预案》等应急预案。三是汛前、汛中检查到位。组织开展各类安全大检查，尽最大努力减少安全隐患。四是山洪灾害预警平台在线监控到位。通过已安装的自动雨量监测终端116处、无线预警广播120处、水库监测终端22处，对全县境内全流段、全地域及水库水位进行在线全面监控。五是防汛值班到位。严格执行24小时值班，领导带班和汛期零报告制度，确保上级政令畅通。六是组织防汛演练预演（县级一场，乡（镇）级三场），将抢险物资、抢险队伍提前安排到位。以备在入汛前期，及时配齐备足各类防汛物资。七是水库及在建水利工程的度汛措施到位。组织水利技术人员深入到15座水库及城区防洪工程和在建水利工程施工现场进行汛前安全大检查。对检查发现存在安全隐患的及时提出整改意见，督促责任单位限期整改。

2017年3月22日，县水利局水政大队开展中国水周宣传活动

【水利执法及水资源管理】 一是结合“世界水日”“中国水周”纪念活动，组织开展水法律法规宣传教育活动，通过悬挂宣传横幅、手机群发宣传主题、散发宣传资料、张贴宣传画等，进一步强化了干部群众的水法律意识、水忧患意识。二是全面实行最严格水资源管理制度。并获得2016年度全市实行最严格水资源管理制度考核第一名。三是加强河道管理及河道巡查力度，2017年年末有水事违法案件发生。四是水资源监控设备安装到位，实现县内各企业、工厂等取水户取水量在线监测，进一步规范水资源费征收工作，截至2017年6月30日，征

收水资源费35万元。

【推行河长制】 2017年年末,田林县已完成县级河长对乐里河、启文河巡河工作,并对针对巡河发现问题进行整改部署,把整改责任落实到各职能部门,确保巡河工作取得实效。计划设立河长制公示牌200处,其中县级5处,乡(镇)级14处,湖库16处,行政村165处。年末完成县级河长公示牌安装4处,分别为:东丈片区2处、潞城瑶族乡1处、乐里镇新建村1处。

(撰稿 赖 娟)

林 业

【田林县林业局领导】

局长、党组书记:陈文开

党组副书记:韦永山(壮族,兼国有乐里林场场长)

副局长:苏 鲭(壮族)

姚茂春

黄维新(壮族)

纪检组长:罗文军(壮族)

党组成员:邓俊标(兼任县森林公安局局长)

岑高君(壮族,兼任县森林公安局政委)

总工程师:杨秀忠

【林业概况】 田林县行政区域面积5523.78平方千米,土地总面积552540.68公顷(含雅长、老山林场),全县林地面积501409.54公顷,森林面积415206.03公顷,有林面积384722.55公顷,商品林面积375568.52公顷(折5633527.8亩),公益林规划面积125841.02公顷。全县森林覆盖率为80.59%。田林县经营兑现公益林界定面积95746.7公顷(折143.62万亩,其中国有2.49万亩,集体141.13万亩),其中:国家级公益林面积63280公顷,自治区公益林面积32466.7公顷。2017年末活立木蓄积量2198万立方米,年活立木蓄积消耗量57.0208万立方米。商品材年采伐蓄积量58.9864万立方米,年出材量41.6428万立方米。自2010年来先后被评为“中国八渡笋之乡”“中国灵芝之乡”“中国民间艺术(壮剧)之乡”“中国油茶名县”。2017年实现林业产值72345万元。

【机构概况】 田林县林业局机关内设局办公室、计财股、法规股、农村能源办公室、森林防火指挥部办公室、森林植物检疫站、乡镇林业工作总站、林政工作管理站、营林工作站、林业科教站、林业种苗站、林权管理办公室、河口木材检查站、旧州木材检查站、森林消防专业队、世行项目管理办公室、生态公益林管护总站、林业产业扶贫办公室、人教股、林业行政执法大队、潞城木材检查组等21个股站室。全县设置有14个乡镇林业站;行政单列设置有森林公安局1个,事业单列国有乐里林场1个,企业单列国有木材公司1个。

全县林业系统在职职工440人(县林业局141人,森林公安局28人,乡镇林业站152人,乐里林场35人,木材公司84人);停薪留职12人,内退职工62人,退休职工160人。其中公务员30人,参公人员8人,事业人员402人,企业人员33人。全县在职人员中,硕士研究生3人,大学本科102人,大专138人,中专、高中及以下学历200人。全县林业系统有技术人才164人。其中高级工程师4人,工程师59人,初级职称99人(助理工程师85人,技术员8人,助理会计员4人,会计员2人),小学高级教师2人。另外,林业局还实行一年一聘乡镇生态公益林管护员46人,森林专业消防队员50人,森林公安协警8人。

【林业产值】 全县工业以造纸、林业、林副产品加工等为重点。2017年全县规模以上企业由年初的33家增加到41家(其中木材加工企业14家,2005年首次实现林业工业年总产值2.9655亿元,即木浆造纸2.9655亿元。)2017年全县林业工业总产值10.5321亿元,与2016年10.532亿元同比基本持平。其中木材加工2.1029亿元,人造板制造3.8306亿元,造纸4.5986亿元。

【国有林场改革】 主体改革全面完成,完成改革定性、定编、定经费,人员竞聘和管理,富余职工安置和职工社会保险交纳。根据《田林县国有乐里林场改革实施方案》以及《田林县国有乐里林场人事改革实施方案》,妥善安排国有乐里林场职工81人到14个乡(镇)林业站工作,并纳入县级财政全额管理。

【造林绿化】

种苗培育 采购林木种子2.468万公斤,其中油茶2.36万公斤、杉木0.106万公斤、马尾松

0.002万公斤。2017年全县建立19个苗圃,育苗面积437亩,产苗5839万株。其中油茶苗木1260万株,杉木4160万株,马尾松64万株,良种桉355万株。

造林绿化 全县当年造林面积7545.18公顷,其中松、杉、桉5648.42公顷,油茶1480公顷,芒果308.37公顷,核桃82.45公顷,珍贵树种1.75公顷,其他树种24.18公顷。义务植树80万株。历年退耕还林累计完成26466.6公顷,其中坡耕地面积6466.6公顷,宜林荒山造林面积20000公顷,2017年完成新一轮退耕还林466.66公顷。完成新一轮退耕还林2.2万亩,验收并兑现金额2280万元。

【重点林业项目】 一是万吉山森林公园创建项目,各项建设规划设计已完成,通过财政预算评审。二是进城大道提升改造项目。项目规划设计最终方案由6个重要节点9个子项目组成,规划设计已完成,并通过财政评审。根据县委主要领导指示精神,已对3个子项目工程进行突击实施,余下的6个子项目正在进行招投标工作。三是油茶造林补贴项目。市级下达田林县油茶造林补贴任务2.2万亩,已完成油茶造林2.2万亩,占总任务的100%;四是珠防林造林项目。2016年计划2017年实施的珠防林任务2.4万亩,已完成项目检查验收2.4万亩,任务完成率100%,兑现补助资金1200万元,兑现率100%。五是2016年计划2017年实施的中央财政补贴森林抚育项目3.99万亩,完成抚育任务3.99万亩(其中集体林区抚育面积3.5万亩,国有林场抚育面积0.49万亩),任务完成率100%,完成兑现补助资金399万元,兑现率100%。六是中央财政造林补贴项目。2016年计划2017年实施的中央财政造林补贴任务4.04万亩,2017年年底已完成项目检查验收4.04万亩,任务完成率100%,兑现补助资金408万元,兑现率100%。七是退耕还林工程项目。2017年实地调查取证、验收、公示和收集材料,12月前完成兑现全县0.7万亩的补助资金630万元。通过积极组织业主申报纳入国家农业综合开发项目(油茶)5个6000亩,纳入自治区油茶双高示范项目6个7000亩。

2017年,田林县林业局积极扶持贫困户发展林业特色产业。图为向贫困户进行油茶、核桃和杉木苗木发放与种植技术培训现场 (黄美娇 摄)

【林业产业开发】 全县实施以绿色生态屏障建设扶贫、林业增收致富扶贫、林业科技推广扶贫、林业强农惠农政策扶贫等为主要内容的林业扶贫行动,着力发展林业优势特色产业,切实提高贫困户收入。一是油茶产业扶持项目。2017年新种2.2万亩,低改3.2万亩。覆盖14个乡镇的贫困户11651户,贫困人口46919人。二是速丰良种杉木造林扶持项目。2017年新种杉木6.58万亩。覆盖14个乡镇的贫困户46919人。三是核桃产业扶持项目。2017年新种植0.1573万亩。覆盖3个乡镇的贫困户17424人。四是桂黔(田林)合作产业园区开工建设。南盘江流域芒果标准化示范园区2015年5月启动,至2016年10月先后完成田林县旧州镇平林村、贵州册亨县八渡镇八渡村坝傍两个芒果片区芒果种植,主要品种为良种台农一号、金煌芒、桂热10号、桂七等4个品种,共约2800亩(平林片区1445亩、坝傍片区1377亩)。截至2017年12月完成该示范园区的各项基础设施建设项目,建成管护和培训房以及观景台。其中:已完成示范园区内道路修建26千米,观光人行步道500米,两级提水一座,简易水柜80座,架设安装两台变压器共80千伏,拥有水肥一体化设施一套,完成一工区范围内滴灌安装工作,交付使用。示范园区于2017年7月完成施肥工作,8月底已完成机械砍草、化学除

2017 年 3 月 10 日，百色市森林防火指挥部到田林县六隆镇开展"森林防火进校园"活动

草、病虫害防治等抚育工作，果苗长势良好。四是建立生态扶贫示范产业园。通过政府采购各类苗木 44.2535 万株，送给全县 14 个乡（镇）611 户贫困户，利用春冬季造林 0.5114 万亩，其中核桃 60260 株 3013 亩，油茶 161975 株 1473 亩，杉木 204800 株 1205 亩，八渡笋 11500 株 383 亩，三华李 4000 株 40 亩。

【森林资源管理】

护林防火 全县森林防火任务面积 49.18367 万公顷，受害率指标 0.8‰以内，评奖指标 0.4‰。全年共发生森林火灾 11 起，过火面积 69 公顷，受害森林面积 6 公顷，受害率约 0.012‰，在控制指标内；火灾当日扑灭率 100%，其中较大火灾 1 起，火场总面积 69 公顷，受害面积 6 公顷，无重、特大森林火灾和重大人员伤亡事故发生。

森林案件查处 2017 年，受理各类涉林案件 261 起，其中刑事案件立案 88 起，破案 53 起，逮捕 3 人，直诉 54 人；林业行政案件 173 起，收缴非法木材 355.0664 立方米、薪材木 38 吨，野生动物 53 只，行政罚款 400.82 万元。共受理各类涉林案件 207 起，其中立刑事案件 85 起（其中重大案件 16 起、特别重大案件 8 起），破案 49 起（其中重大案件 5 起、特别重大案件 3 起），逮捕 3 人，直诉 50 人；受理林业行政案件 122 起，查处 122 起，行政罚款 355.0659 万元，收缴野生鸟类 53 只。

木材生产管理 全县年采伐限额采伐蓄积 65.8106 万立方米，全年全县共审批签发林木采伐（蓄积量 53.8 万立方米、出材量 38.8668 万立方米，）占限额的 81.7%。销售木材 40.4846 万立方米，其中查处案件共 52 起，处罚木材 301.8264 立方米，薪材 38 吨，木炭 5.2 吨。

林地保护管理 2017 年共受理征占用林地审核审批项目 21 项，征占用林地面积 265.3091 公顷，应收取森林植被恢复费 3071.4261 万元。其中，已审批 9 个项目占用林地面积为 231.8907 公顷，收取森林植被恢复费 2586.3309 万元。未审批 12 个项目占用林地面积 33.4184 公顷，应收取森林植被恢复费 485.0952 万元。

森林病虫害防治 全县林业有害生物监测调查 1026.3458 万亩次，发生面积 56126 万亩，发生率 0.89%，无公害防治率 100%，无成灾发生；清理松树枯死株数 7991 株；种苗生产面积 369 亩，产地检疫面积 366 亩，苗木产地检疫率 99.2%；办理木材调运检检疫 36.95 万立方米，苗木调运检疫 482.56 万株，调运检疫率 100%。

公益林管护 田林县经营兑现公益林界定面积 95746.7 公顷（折 143.62 万亩，其中国有 2.49 万亩，集体 141.13 万亩），其中：国家级公益林面积 63280 公顷，自治区公益林面积 32466.7 公顷。2017 年有自治区级以上生态公益林管护面积 143.62 万亩，生态补偿基金 2103.37 万元。完成生态补偿基金兑现 1998.48 万元。

【林权管理】

林权配套改革 受理林权纠纷 45 起。办理林权流转登记 142 宗地，涉及林地面积 4.5 万亩，交易价值 1.35 亿元。办理林权抵押贷款农户 31 户 169 宗地，林权抵押面积 4.9517 万亩，贷款金额 6736 万元。政策性森林保险投保面积 184.26 万亩，其中商品林投保面积 40.6 万亩，生态公益林投保面积 143.66 万亩。林下经济产值 15.378 亿元，其中林下种植产值 6.81 亿元，林下养殖产值 5.285 亿元，林下产品采集加工产值 2.882

亿元;林下旅游产值0.401亿元。

林权纠纷调处 接到林权纠纷来信来访案件38起,受理38起,调处38起,调处率100%。

林下经济建设 预计全年完成林下经济产值15.37亿元,占市级下达任务15.37亿元的100%。其中:截至9月已发展林下种植45.6万亩,产值4.473亿元;发展林下养殖18.48万亩,产值4.006亿元;发展林下产品采集加工34.4万亩,产值2.572亿元;发展林下旅游45.6万亩,产值0.1825亿元。

【企业培规管理】 完成田林县轩鑫木业有限公司、田林县顺泓林业发展有限公司两家木材加工企业规上培植,使田林县规上木材加工企业增加到14家。预计2017年年加工木材量达30万立方米,同比增长29%,产值达3.2亿元,同比增长8%,创税1000多万元,同比增长15%。

【林业科技推广】

科技培训和科普宣传 全县林业科学技术支出经费15万元,其中:技术研究与开发10万元,科学技术普及5万元。举办各类实用技术培训班37期共培训2226人次,占任务2200人次的101.18%。其中开展科技下乡活动和农村实用技术培训19期,包含油茶、八渡笋种植、低产林改造、林下套种食用菌、芒果、砂糖橘等技术培训,培训乡土人才、农村经纪人、农民1141人次,以短信群发方式发布科技信息500多条。举办知识产权知识、专利申请等培训,培训林业科技人员等13人。配合县宣传部、中央电视台CCTV-7《农广天地》栏目摄制组到六隆镇平细村拍摄时长30分钟的《山中寻美味 蛹香竹笋脆》农业专题片踩点调研、撰稿、指导、拍摄等摄制工作。6月6日,协调和广西金融投资集团、农业局、广电局、商务局、六隆镇政府、粉屯村民委等单位一行15人,在粉屯村八渡笋区移民点,齐力推进自治区级绩效考评项目——田林县出口八渡笋质量安全示范区建设工作。

科技示范建设 培育林业产业优势,大力提升产业化发展程度,帮助贫困群众拓宽脱贫致富发展路子,推进科技示范面积22061亩。其中:1. 八渡笋产业。共推广八渡笋产业技术升级与示范面积1.15万亩;2. 核桃产业。在甲朗村引进良种核桃新品种嫁接苗示范面积110亩,技术指导扩坑追肥1300亩;在平塘乡毛草坪瑶寨引进核桃新品种嫁接改良30亩。共计核桃科技示范1440亩;3. 油茶产业。在乐里镇新建屯、利周乡伟求屯等14个乡(镇)推广低改嫁接换冠管护40个点,指导园艺修枝整形523亩;在定安镇渭密村、六隆镇能良村、乐里镇新建村指导新种幼林整形修剪300亩;在粉屯移民、渭密、浪平岩龙等村屯引进油茶新品种面积2183亩。在利周和平、爱善村伟求、八渡福达和六章新建油茶低产林嫁接换冠示范点51亩。指导河口油茶示范基地采集油茶良种穗条338.9公斤;4. 板栗产业。在利周平坤、平布等村屯引进新品种板栗嫁接改良70亩,在塘合等村屯引种板栗新品种40亩。

2017年5月17日,田林县森林公安局民警放生画眉鸟

(姚敦尤 摄)

【获得荣誉】 全县造林绿化、种苗培育、森防检疫、科技推广等各项工作,并取得一定的成绩,田林县林业局在全市林业系统的17项表彰中获得11项,其中,林业科技、种苗生产、植树造林、现代林业产业园区、油茶产业、核桃产业、松杉产业等荣获7个先进集体表彰和1个森防检疫良好表彰。

【名优特产品】

八渡笋 八渡笋种植历史悠久,在清朝曾作为岭南山珍进贡朝廷。全县八渡笋面积近26万

2017 年 10 月 17 日，县林业局局长陈文开（右二）率局班子领导及各股室负责人到结对帮扶联系村六隆镇六隆村开展调研

（雷 敏 摄）

亩。2008 年被广西区人民政府命名为“广西八渡笋之乡”，2009 年被中国经济林协会认定为“中国八渡笋之乡”，2010 年通过国家质监总局“八渡笋地理标志保护”，2010 年 1 月，田林县荣获中国经济林协会授予“中国八渡笋之乡”称号；2010 年 5 月八渡笋通过了国家质检总局评审，成为国家地理标志产品保护产品；2011 年 5 月田林县八渡笋生产基地获得广西农业厅无公害农产品产地认定，同年 7 月八渡笋产品（鲜、干笋制品）获得国家农业部无公害农产品证书，2012 年田林县八渡笋无公害生产技术示范与推广项目获得百色市科技进步二等奖，笋干制品在东盟博览会“林产品及木制品展览”中获得优秀奖。2017 年八渡笋产业低改综合示范基地 5 个 18325 亩，辐射推广面积 12.65 万亩，示范基地、辐射推广基地竹笋平均亩产 825 公斤、500 公斤。示范基地比非改造竹林平均亩产增加一半以上，每亩产值增收 10.6%。笋农年人均增收 560 元以上。2017 年八渡笋产量 4800 吨，鲜笋市场零售价为 5 元至 6 元／公斤；八渡干笋根据不同部位定价，笋花（笋尖部位）32~34 元／公斤，笋丝 30~36 元／公斤，笋片（小）40~44 元／公斤，笋片（大）56 元／公斤。

灵芝 田林县盛产野生灵芝，菌株优秀，尤以岑王老山产的野生灵芝质量最好，其色泽光亮，风味浓，硬度高，具有多种保健功效。田林县委、县人民政府把灵芝种植当作一个特色产业来发展，通过开展招商引资加大科技投入，采取“企业＋基地＋农户”和“企业与大专院校合作”的形式，以生产黑灵芝、红灵芝为主，实行集灵芝良种提纯、复壮、制种和示范推广为一体的集约经营模式，田林县丰裕经济果木林扶贫开发有限公司种植菌棒 13 万棒，用地 12.6 亩；建设内容：建设 5748 平方米三角铁架大棚及 12 亩种植地喷淋系统。总投资 49 万元。2017 年，全县灵芝产量约 250 吨。野生红灵芝市场零售价为 90 至 100 元／公斤，野生黑灵芝（小）320 至 360 元／公斤，野生黑灵芝（大）520 至 540 元／公斤；人工栽培红灵芝市场零售价为 50 至 60 元／公斤，人工栽培黑灵芝 100 至 120 元／公斤。

山茶油 山茶油是田林县传统食用油，主要供食用和工业用。田林县种植油茶历史悠久，种植面积广，全县 14 个乡（镇）均有分布。2017 年，全县油茶林历年累计面积 37.66 万亩(2017 年当年新造林 2.22 万亩），年产油茶籽为 0.92 万吨。县内有鑫福源山茶油开发有限公司、田林县康益土特产有限公司，广西永昌食品发展有限公司。2013 年“鑫福源”牌山茶油荣获广西著名商标、2015 年 12 月“鑫意”山茶油获得广西著名商标。作为人们日常生活必需的天然绿色食品，田林山茶油价格逐年走高，2017 年市场零售价为 90~100 元／公斤。

云耳 田林林业资源丰富，盛产云耳，是广西云耳的原产地，其以朵大、肉厚、色泽光亮，形状如云朵，故名“云耳”，品质可与东北的黑木耳媲美，是全国黑木耳三大品牌之一。随着野生云耳资源的逐渐减少，人工栽培成为满足市场需求的主要生产方式。田林县于 2010 年在利周百六屯、潞城俄外屯、八渡新寨屯建立黑木耳袋料栽培示范 2.76 万平方米，黑木耳产量 10.4 吨，产值 47.19 万元。2017 年全县云木耳总产量约 4.2 吨，野生干云耳市场零售价

利周瑶族乡境内生长的大树

为150元/公斤,人工栽培云耳为60至80元/公斤,毛背耳20至30元/公斤。

旧州山楂糕 旧州山楂糕用旧州镇的野生山楂果汁,配以白糖、琼脂,冻结成板制作而成,已有100多年历史。山楂糕是一道美味的甜品,其味甘冽微酸,口感爽滑细腻,甜美冰凉可口,营养,开胃,纯天然,性微温酸,用于食肉积滞不消、小儿乳食停滞、胃脘腹胀腹痛、恶心呕吐、泄泻,瘀血经闭、产后瘀阻、心腹刺痛、疝气疼痛、高血脂等病症。具有消食健胃、化滞、行瘀散结、驱虫的食疗价值,为当地特色传统小吃,深受大众喜爱。山楂糕多为小作坊经营,曾因是小作坊生产未获得QS认证,无法进入超市销售,后经过现代化生产工艺,"换新衣"进超市,打造成旧州的小吃品牌,推向市场,产品销往本地及南宁、贵州等各土特产店。2017年旧州山楂有房前屋后零星种植,年生产鲜野山楂果约2万公斤。

(撰稿　钟　珲)

乐里林场

【田林县国有乐里林场领导】

场　长:韦永山(壮族)

副场长:赵天寿

李梅艳(女,壮族)

张永栋

黄新荣(女,壮族)

【概况】 乐里林场是田林县县级国有林场,前身为旧潞林牧场,始建于1957年,属省直接管理。1958年2月下放县级管理,1961年并入央牙畜牧场。1963年6月林牧场分开,旧潞林场正式成立,同年9月旧潞林场迁往县城乐里,并申报更名为乐里林场,1964年3月中共田林县委批复同意。1965年起,经费由自治区统一安排,列入地方财政预算,土地、林木及其他生产物资属国家所有,经营权为国家,林场负责生产经营,利润上缴财政,资金由县财政和自治区林业厅下拨。1990年实行政企分开后,乐里林场与财政脱钩,县财政和自治区林业厅不再拨付资金,实行自主经营、自负盈亏,自收自支。

2016年年底,乐里林场改革后,为田林县人民政府直属管理的财政全额拨款正科级事业单位。内设办公室、资源培育股、资源保护股等3个股室,下辖乐里、太阳盘、定安、八洞、分水岭5个分场,分布于田林县14个乡(镇)中的6个乡(镇)。截至2017年12月31日,林场总面积28.26万亩,森林资源总蓄积量103.44万立方米,其中通过县人民政府划拨具体使用面积11.06万亩,林场场内经营林地面积17万亩(其中:自主经营不含公益林面积4.84万亩、合作造林2.47万亩、公益林0.9万亩、职工自营地面积0.9万亩、被占地面积6.79万亩、非林地1.1万亩),蓄积量84.4万立方米;场外经营林地3.2万亩(人工林面积1.8万亩),蓄积量12.4万立方米。共有职工120人,其中在职在编职工36人(其中2人编制在县林业局)、离岗退养职工15人、退休职工69人。

【国有林场改革】 主体改革全面完成,完成了改革定性、定编、定经费,人员竞聘和管理,富余职工安置和职工社会保险缴纳。

1月6日,召开乐里林场职工代表大会,会议审议《田林县国有乐里林场人事改革实施方案》并进行表决。乐里林场有职工代表43人,参加会议37人,经举手表决,有36人同意,1人弃权,会议通过了《田林县国有乐里林场人事改革实施方案》;召开乐里林场职工

乐里林场在太阳盘分场开展森林病虫害防治

大会，会议通报职工代表大会审议通过《田林县国有乐里林场人事改革实施方案》等情况，布置笔试、面试等工作。乐里林场改革岗位竞聘笔试、面试开始报名，参与改革对象134人（其中改非领导4人、在职领导3人免试，离岗退养申请17人不参加考试），参加报名考试竞聘110人。

通过笔试、面试后进入乐里林场事业编制人员35名，其中管理岗位6人，专业技术岗位22人，工勤技能岗位7人。参照事业编制管理人员（转岗到乡镇林业站82人）进行现场抽签，抽签结果：乐里林业站6人，利周林业站4人，浪平林业站7人，潞城林业站6人，百乐林业站6人，旧州林业站6人，平塘林业站4人，八渡林业站10人，者苗林业站6人，定安林业站5人，高龙林业站4人，八桂林业站6人，那比林业站5人，六隆林业站7人。

3月16日，县林业局总工程师杨秀忠主持召开乐里林场改革后参编人员会议，对参编人员（82人）工作作布置。3月17日，县林业局、森林公安局领导分头送乐里林场改革后参编人员到各乡镇林业站报到。3月份起，乐里林场在职在编人员和改革后转岗到乡镇林业站人员，由县财政统一发放工资。

推进配套改革，根据《国有林场改革评估验收办法》，县人民政府把乐里林场财政事业经费预算、以购买服务为主的公益林管护机制、基础设施建设和不良金融债务化解、联营造林及职工自营经济地处置等工作任务分解到各涉及部门，并要求限时完成。

【营林生产】 坚持“以林为本”办场方针，把营林生产放在首位，育（苗）、造（林）、管（护）并举。

育苗 全年完成育苗251万株（其中杉木86万株，油茶嫁接苗165万株）；同时抓好留床苗的管护。销售苗木89.36万株（其中杉木35万株，松木1万株，油茶实生苗3.86万株，西楠桦7.8万株，油茶嫁接苗41.7万株）。

造林 完成造林797.6亩（其中2016年中央财政造林补贴项目400亩、2014年中央财政林业科技推广项目397.6亩）。

抚育 完成中幼林抚育任务6248.3亩（其中中幼林抚育补贴项目4900亩，中央财政林业科技推广西南桦项目幼林抚育任务600亩，面上抚育748.3亩）；完成旧州分场、八洞分场的松木幼林扩坑1636.5亩，完成乐里分场桉树除萌425亩，完成乐里分场48亩采穗圃的第一次抚育、施肥和修枝管理工作。

木材销售 一是与东门林场合作造林的太阳盘19林班，面积778.35亩，采伐蓄积量6819立方米，设计出材量5297立方米，销售总收入178万元（收入分成按东门林场占70%，乐里林场占30%），乐里林场分成收入53.4万元；二是旧州12林班、13林班因工业园及旧州至那腊公路征占用林地，采伐188亩松木销售收入30.62万元；三是与钦廉林场合作的太阳盘分场32林班，面积166.2亩，采伐蓄积1739立方米，出材量1481立方米，销售总收入53万元（扣除造林成本后，收入分成按钦廉林场占52%，乐里林场占48%）。

松木采脂 2017年发包的松木采脂单价是6元/株，发包总面积约6880亩（其中乐里分场约620亩，分水岭分场约3300亩，定安分场约2960亩），收到总预交款105万元（其中采脂承包费63万元，履约保证金42万元）。

国家储备林项目 2017年国家储备林基地有林改培建设任务3000亩（其中间伐2145亩，割灌除草855亩，修枝、施肥3000亩），分别在高龙、旧州、八洞、分水岭等地实施，年内项目建设全部完成。

森林采伐限额 根据“十三五”采伐限额，2017年自治区林业厅下达乐里林场的商品林采伐限额是65048立方米，其中商品林限额63939立方米（主伐限额61950立方米，抚育采伐限额1925立方米，更新限额26立方米，其他采伐限额38立方米），公益林限额1109

立方米。2017年已完成采伐设计及领证34266立方米，其中场内主伐25551立方米，场外主伐6880立方米，场内抚育伐122立方米，场外抚育伐1713立方米(按取得采伐许可证为准)，实际使用未超出下达的采伐限额。

【森林林地资源管护】 坚持依法治林和“安全第一、预防为主”的指导思想，遵循“护林防火、积极消灭”的方针以及“打早、打小、打了”的火灾扑救措施，加大森林林地资源保护力度。

森林病虫害防治 年内太阳盘分场出现大面积桉树显脉污灯蛾虫害，其中严重受害面积622.5亩、中度受害面积579亩、轻度受害面积259.5亩、轻度以下面积13798.5亩。发现疫情后，乐里林场及时向县委、县人民政府和上级林业主管部门汇报，并于3月初与开展联营造林的区直国有钦廉林场、东门林场一起，制定虫害防治工作方案，采取多种措施防治：用398件烟雾型药剂在晚上薰杀；用12.9吨白缰菌和3吨2%阿维.苏云金杆菌可湿性粉剂喷杀；安装2盏太阳能、4盏电能、1盏交流电灯诱杀害虫，对有虫害的成熟林分及时采伐，采伐后炼山烧除等。通过综合防治，将在田林县首次出现的显脉污灯蛾虫害控制在最小范围内，有效控制了虫害的扩散。

森林防火 通过加大防火宣传，抓好火源管理、组织人员开展火灾隐患排查整改活动和加大巡逻密度等措施，将森林火灾降低到最低程度，2017年林场辖区共发生火灾火警6起，过火面积275亩，无林木受灾。

森林资源调查 根据县林业局关于开展2016年全县森林覆盖率年度监测外业调查工作的要求，完成了对定安分场7个点、分水岭分场1个点、太阳盘分场4个点、八洞分场3个点，共计15个点的森林覆盖率年度监测。配合在全县范围内开展打击非法侵占用林地的专项行动，完成林场辖区206个图斑的实地外业调查。

生态公益林管护 乐里林场签订的公益林管护合同面积为9031.1亩，其中国家级面积2739.3亩、省级面积6291.8亩。年内公益林保护完好，无毁林开垦、乱砍滥伐等违法案件发生。

2017年1月24日，县林业局开展乐里林场人事改革参编人员转岗抽签

【基础设施建设】 年内完成中央财政国有贫困林场饮水工程(定安、八洞、太阳盘分场)扶贫项目建设。投入24.72万元完成绕城路职工住宅区的大院硬化建设和办公室楼前场地硬化及排水沟建设。安排专项资金，维修建设各分场的办公室，改善分场的办公场所。完成新建林区公路14.1千米(其中渭山基地7.5千米，旧州基地6.6千米)，完成林区公路维修10.7千米。

【经济总收入】 拓宽渠道，广开财源，加强接待、车辆、办公经费和各项生产的管理，特别是“三公经费”的开支，严格遵守上级相关规定，努力增收节支，为生产和职工生活提供保障。全年经济总收入496.6万元，其中：主营业务收入465万元，其他业务收入7万元，投资收入4.2万元，营业外收入20.4万元；总支出694万元，其中：营林支出42.9万元，职工工资154.7万元(2016年12月—2017年2月份职工工资)，贷款利息支出50.7万元，债务化解支出413万元，归还世行贷款25.4万元，缴纳税金7.3万元。

(撰稿　班祖恒)

工 业

经济贸易管理

【田林县经济局领导】

局　长：陈　彬（瑶族）

副局长：瞿升峰

　　　　黄建壮（壮族）

　　　　谭天池

【概况】 田林县经济局主要负责协调全县工业经济运行和工业项目投资，以及监督管理企业安全生产、监测工业企业节能降耗等工作。其前身分别为田林县经委、田林县财委、田林县商业局、田林县贸易管理局、田林县乡镇企业管理局。2002年机构改革时，撤销县经委、县财委、县贸易管理局和县乡镇企业管理局，合并组建田林县经济贸易局。田林县于2016年2月组建田林县经济局，为县人民政府调节全县国民经济和社会发展的综合经济管理工作部门，不再保留田林县经济贸易局。经济局内设办公室、综合股、经济运行股、中小企业股等4个职能股室，核定编制17名，2017年有在编干部职工15人，其中局长1名，副局长3名。

【企业规模】 2017年末，田林县规模以上工业企业在2016年33家的基础上新增8家成为41家。其中：产值达亿元以上的企业23家，分别是广西劲达兴纸业有限公司、田林水利电业有限公司（供电）、广西洞巴水电有限公司、田林星达工业有限公司、广西田林和平糖业有限公司、田林县曾强家俱木材加工有限责任公司、田林县康益土特产有限公司、田林县和顺木业有限责任公司、田林县信林木业有限公司、田林县万盛木业有限责任公司、田林县兴旺木业有限公司、田林县广龙水泥有限公司、田林县辰亨木业有限公司、田林县炳森木业有限公司、田林县晨曦木业有限公司、广西田林聚峰木业有限责任公司、田林县红枫淀粉厂、田林县顺泓林业产业发展有限公司、田林恒展工业有限公司、田林亚兴工贸有限公司、田林县嘉丰木材有限责任公司、田林捷丰工贸有限公司、田林庆亚工业有县公司。产值在亿元以下的中型企业18家，有山弘（田林）农产品有限公司、广西伟健药业有限公司、田林县水力发电有限公司那比水电站等。

全县工业以造纸、水电、矿产、林业、农副产品加工等为重点。2017年，瓦村水电站（装机23万千瓦时）坝首工程已完成浇筑高程237.5米，坝首顶高程为311米。厂房完成63%混凝土浇筑；溢洪道开挖完成83%，河道整治正在进行中，完成混凝土浇筑1610立方米；百矿田林年产30万吨铝水项

2017年5月31日，田林县举行高端营养山茶油项目开工仪式

表 6　　2017 年田林县规模以上工业企业各项经济指标完成情况表

单位:亿元

年度	工业总产值	同比增长	工业增加值	同比增长	主营业务收入	同比增长	实现利润	同比增长	实现税金	同比增长
2017	54.99	31.07%	19.08	23.5%	42.58	51.77%	0.3251	减亏 1.18 倍	0.69581	101.1%

目实现了当年开工建设、当年完成各项审批、当年竣工、当年投产,年产 40 万吨阳极碳素项目落户开工;桂黔(田林)经济合作产业园区取得新进展,完成土地收储 5000 亩,园区给排水工程、入园大道等配套项目全面推进,中燃气公司天然气、氧气站项目落户园区。

【工业项目投资】 2017 年,田林县工业投资建设新开工项目有田林县红枫淀粉厂年产 3 万吨木薯变性淀粉技改项目、田林县 2016 年第一批农村电网改造升级工程项目、百矿集团桂黔(田林)经济合作产业园煤电铝一体化项目年产 30 万吨铝水项目、田林万盛木业有限责任公司年产 10 万立方米成品技改生产线项目、广西田林大业商品混凝土搅拌站项目、田林县信林木业有限公司技改扩建项目、田林县中国铁塔公司百色分公司通信基础设施项目、左右江革命老区电力扶贫项目兴义至百色 220 千伏输变工程(二期)田林部分项目。

续建项目有兴义至百色 220 千伏输变电项目、瓦村电站建设、广西田林荣安农业发展有限公司年产 2 万吨芭蕉芋淀粉项目及 2 万亩种植基地项目。全县工业项目完成总投资 190394 万元,其中技改投资 15469 万元。

【非公有制经济】 2017 年,田林县国有企业 1 家,为广西田林高龙黄金矿业有限责任公司;国有控股企业 5 家,分别为田林县水利电业有限公司、广西田林和平糖业有限公司、广西洞巴水电有限公司、田林县那比水力发电有限公司、渭密水电站;规模以上非公企业共有 35 家,分别是广西劲达兴纸业有限公司、田林星达工业有限公司、广西伟健药业有限公司、康益土特产有限公司等。

2017 年 7 月 14 日,田林县举行年产 20 万立方米生态板项目开工仪式

【节能降耗】 2017 年,田林县加强对广西劲达兴纸业有限公司、田林星达工业公司、广西田林和平糖业有限公司等重点用能企业的监测管理,实施锅炉改造,大力发展科技含量高、能源消耗低、无污染、经济效益好的工业项目。全县规模以上工业综合能源消费 68328.8 吨标准煤,单位工业增加值能耗同比降低 23.9%。其中重点企业广西田林和平糖业有限公司工业能源消费量为 22803.56 吨标准煤。

(撰稿　瞿升峰　兰珺玲)

工业集中区管理

【田林县工业集中区管理委员会领导】

主　任:黄承新(壮族)

副主任:黄鱼课(壮族)

　　　　陈长万

【概况】 田林县工业集中区管理委员会于 2012 年 11 月成立,为田林人民政府管理的财政全额拨款事业单位,内设机构有办公室、财务统计股、建设规划股、企业服务股 4 个。核定编制 8 名,2017 年实有在编人员 8 人。田林县工业集中区管理委员会坚持“工业强县、工业兴县”发展战略目标，打造工业发展新引擎，以建设发展桂黔（田林）经济产业园、潞城旺吉工业片区为重点，加大基础设施建设，加大招商引资力度，做好项目跟踪服务，年内工业经济发展呈现稳中有升、稳中向好的发展态势。

【园区规划】 田林县工业集中区规划下辖桂黔（田林）经济产业园、潞城旺吉、潞城平吉、旧州那度、旧州八渡、定安平些、乐里平雄7个工业片区，总面积约1538.87公顷（15.39平方千米）。田林县工业集中区定位为：以发展电解铝、铝深加工、林产品加工、农产品加工、绿色食品加工、矿产加工业、建材产业、电子信息、轻工纺织、制药加工业、制糖产业为主，集工业化、城镇化于一体的现代化工业新区。规划期限为2013—2030年，规划近期：2013—2018年，产值目标为达100亿元；规划远期；2019—2030年，产值目标为达170亿元；7个工业片区规划人口规模约3.05万人。

【经济指标】 截止2017年底，县工业集中区工业总产值完成36.76亿元，占市下达全年任务30亿元的122.53%，同比增长21%；工业增加值完成13.10亿元，占市下达全年任务9.79亿元的133.81%，同比增长35.4%；基础设施投资完成0.66亿元，占市下达全年任务0.6亿元的110%，同比增长83%；项目投资完成8.65亿元，占市下达全年任务2.24亿元的386%，同比增长324%。

【土地收储】 田林县工业集中区管理委员会大力推行县、乡（镇）联动机制，加快园区土地收储，组织整合国土局、乡镇政府精干力量，成立工业集中区征地工作组，入乡驻点开展征地工作。完成桂黔（田林）经济合作产业园二期1200亩用地的场地平整，完成土地收储5000亩。

【基础设施建设】

路城旺吉工业片区 完成投资343万元的一期主干道项目及边缘人行横道，已竣工验收通车；投资263万元园中桥项目正在开展竣工验收通车；开展园区500亩场地平整工作。

桂黔（田林）经济产业园 一是完成园区标准厂房建设22000平方米。二是已完成场地平整1200亩，土石方开挖380万立方，完成厂区道路建设1700米；三是开关站、整流站、办公楼进入室内装修阶段。一期电解车间已完成厂房建设，进入机组安装阶段。其他附属设施建设正按计划有序施工。年产40万吨预焙阳极项目已完成场地平整500亩，土石方开挖150万立方，正在开展厂区地质勘察，施工用水、用电、道路等设施已完成，计划12月底开始厂区基础施工建设。

【企业服务】 以开展“服务工业企业年”活动为抓手，深入实施“企业上规扶强工程”，完成2017年新增炳森、兴旺2家上规企业的用地指标申报工作；协调有关部门，解决企业用电难、融资难等问题，为企业发展提供保障。

【招商引资】 依托资源精准招商，引进实力雄厚的百矿集团年产30万吨电解铝产业项目、年产40万吨预焙阳极项目、天然氧气站项目、搅拌站项目入驻园区；年内有田林县门窗铝材生产建设、板坚铝型材加工、百矿铝深加工、田林铝电线加工、兴业建筑铝型材加工、锦林铝合金型材加工等项目有意向入驻园区。 （撰稿 韦艳玲）

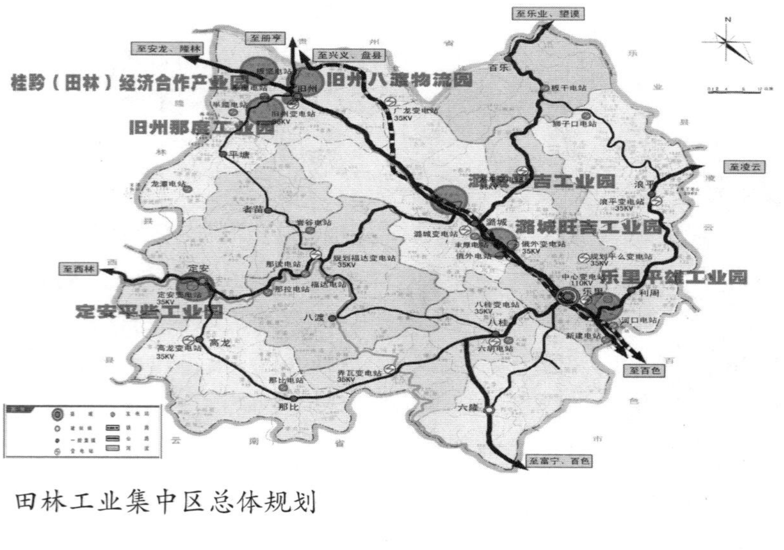

田林工业集中区总体规划

工业企业

制糖业

【广西田林和平糖业有限公司】
董事长：李 政

总经理:钟世益

广西田林和平糖业有限公司是由光明食品(集团)有限公司旗下上海糖烟酒(集团)有限公司下属企业上海东方先导糖酒有限公司在田林注册创立的全资国有企业,2013年12月11日通过司法竞拍方式收购原广西田林富民糖业有限公司糖业生产、经营的整体资产及蔗区投入的资产等,并于2013年12月18日与百色中级人民法院完成交接。田林和平糖业位于广西田林县利周乡和平村,距田林县城8千米,占地面积417亩。2017年有员工289名,公司设有8个管理部室、6个生产车间。日榨甘蔗6000吨,年榨甘蔗72万吨,年产白砂糖9万吨。公司大力发动蔗农种植甘蔗,2017年甘蔗种植面积14.04万亩,原料蔗总产量达达40万吨,2017年总产值达到4.2亿元。

农产品加工业

【山弘(田林)农产品有限公司】

公司总经理:陈瑞堂

山弘(田林)农产品有限公司成立于1998年10月,属台湾独资企业。公司注册资金为100万美元,主要经营项目为生产、加工、销售八渡笋及农副产品,生产能力为笋干3000吨/年、笋尾5000吨/年、破布果500吨/年,主要产品"发酵笋"全部销往日本、台湾等地。公司实施订单农业,按最低保护价收购竹笋,生产、加工、销售笋干。由于田林八渡笋纤维细嫩,脆甜可口,营养丰富,具有帮助消化、促进食欲、缓解便秘、防腹泻、抑制有害细菌、降低胆固醇、降血压等功效(八渡笋曾为清朝贡品),公司的产品一直供不应求。2017年,该公司八渡笋产值达2447万元,产品销售收入2113万元。

【广西伟健药业有限公司】

法人代表:陈曦龄(女)

总经理:兰少华

公司于1992年7月成立,是由伟健国际有限公司[维特健灵健康产品有限公司(香港)]投资兴办的外向资企业,属百色首批和田林县首家外资企业,地址位于广西百色市田林县城324国道线旁。1994年,公司按国际药品生产质量管理规范(GMP)设计的制药厂建成,1996年正式投产,2000年12月公司的胶囊剂生产线率先通过国家GMP认证,2013年全厂已通过国家GMP认证,成为广西率先通过国家GMP认证的制药厂家。公司从研发、生产到质检均配置国内外先进的设备和仪器,其中质检中心配置的"高效液相色谱仪""薄层色谱扫描仪"和"紫外分光光度计"均为国外先进的检测仪器。公司主要致力于研究和开发桂西丰富的中草药资源,充分利用滇、黔、桂三省(区)交界处的原始森林盛产的野生灵芝、云芝、首乌等中草药,运用现代医学及先进制剂技术、生产灵芝、云芝、首乌等系列健康产品。产品不仅在国内销售,还销往日本、香港、台湾及东南亚等二十几个国家和地区。先后荣获自治区级"诚信纳税人""守合同重信用企业""文明单位""模范职工之家""厂务公开先进企业""文明庭院""广西优秀乡镇企业"和百色市"非公有制经济先进单位""社会治安综合治理模范单位""劳动关系和谐企业""农业产业重点龙头企业"等荣誉称号,2008年荣获广西首批"绿色环保企业"称号,同年"伟健"商标荣获"广西著名商标"称号,是田林县首个广西著名商标,同时公司团支部荣获团中央授予"全国五·四红旗团支部"称号,2011年伟健牌养春酒荣获第二届中国林博会金奖。公司拥有固定资产2000多万元。2017年有职工80余人,总产值达到4129万元,年利税240万元。

【广西鑫福源山茶油开发有限公司】

董事长(法人代表):黄妙玲(女,壮族)

总经理:黄 锋

广西田林县鑫福源山茶油开发有限公司成立于2009年6月,注册资金500万。公司办公占地面积2000多平方米,厂房占地面积5000多平方米,总资产4910.97万元。长期在职员工58人,其中少数民族员工有42人,农产品生产加工季节有300多名农民就业,油茶基地施工、护理时间段有200多名农民就业。公司主导产品为"鑫福源"山茶油及八渡笋系列产品,2015年"鑫意"牌山茶油获得广西著名商标,2016年"鑫福源"品牌获广西著名商标,被国家质检总局获准使用地理标志产品保护专用标志企业,公司被评为"百色市农业产业化重点龙头企业","鑫福源"品牌产品被评为"广西名特优农产品交易会银奖产品",公司在2017年获广西先进小微企业荣誉称号。"鑫福源"公司采取"公司+基地+合作社+农户"的产业化经营模式,2013年在田林县八桂乡六丹村建立低产改造示范油茶基地70亩,2016—2017年在者苗乡建设联营种植2000亩油茶示范基地,2017年在八渡乡福达村斑马屯建设联营种植3000亩油茶示范基地。2015年公司实施田林县八渡笋开袋即食深加工项目,打造以山茶油和灵芝焖八渡笋零添加开袋即食田林县特色品牌。2017年公司总产值达到8071万元。

【田林县康益土特产有限公司】

总经理:王艺鹏

田林县康益土特产有限公司2011年11月成立,主要从事灵芝、八渡笋等田林县土特产加工、销售业务,主打产品“岑灵王”牌灵芝粉系列保健茶。厂址位于田林县利周乡和平村,占地面积13亩,总建筑面积5150平方米,总投资1122.58万元,其中固定资产投资922.25万元。项目投产后,年加工灵芝10吨、八渡笋50吨、蜂蜜200吨、黑米60吨左右等。2017年总产值达到1.9亿元。

建材业

【田林县广龙水泥有限公司】

总经理:舒必合

田林县广龙水泥有限公司始建于2005年11月,主要从事回转窑水泥熟料粉磨加工、销售,厂址位于田林县利周乡原县水泥厂内。为了贯彻《国务院关于进一步加强淘汰落后产能工作的通知》、工信部《水泥行业准入条件》等有关政策精神,该公司把原有一条渍2.4伊7.5米的水泥粉磨机,生产规模为10万吨每年普通硅酸盐水泥,产品单位耗电量为55千瓦时每吨的生产线更新改造为渍3.2伊13米的水泥磨机,使产能达年产65万吨水泥,单位耗电量降为34千瓦时每吨以下的生产线。项目总投资5000万元,其中固定资产投资3500万元,流动资金1500万元,资金来源全部由企业自筹。项目投产后,2017年总产值达到1.8亿元,收入达到1.4亿元,新增就业120人。

水电产业

【概况】 田林县境内集雨面积50平方千米以上的河流有16条,分布在驮娘江水系和南盘江水系,水能资源理论蕴藏量为60万千瓦,已探明并可开发利用量的56.46万千瓦。2017年末,全县已建成并网发电的水电站有21座,水电装机容量达47.74万千瓦,设计年均发电量7.55亿千瓦每小时,重点分布在驮娘江和西洋江一带。在建的水电项目有装机容量为30万千瓦的八渡口水电站。

【田林县水利电业有限公司】

总经理:马海斐

田林县水利电业有限公司是由广西水利电业集团有限公司(前身为广西水利电业有限公司)与田林县电业公司共同组建的有限责任公司,于2004年1月13日注册成立。公司总资产30180.05万元,注册资金2660.4万元,其中,广西水利电业集团有限公司占63.85%的股份,田林县电业公司占36.15%的股份。田林县水利电业有限公司主要负责田林县行政区域内供电销售、电网建设、变电站运行等业务管理。公司职工240人,下设经理工作部、人力资源管理部、财务部、营销部、生产技术部、建设部、安全监察部、党群工作部等8个职能部室及乐里、潞城、旧州等19个供电营业所(含供电营业点)和18个变电站。其中管辖110千伏变电站2座,35千伏变电站16座,110千伏线路96千米,35千伏线路362.35千米,10千伏线路3909.64千米,10千伏公用配电变压器1429台。2017年公司实现电力销售收入1.09亿元,同比增加9.86%;上交税金500.6万元。

【广西洞巴水电有限公司】

站　长:黄　靖

广西洞巴水电有限公司成立于2002年11月,是由广西百色电力有限责任公司、广西登高集团有限公司、广西水利电力建设集团有限公司、广西水电工程局共同出资组建的股份公司,公司主要经营水力发电、电力开发生产与销售,机电设备安装、维修,机电配件销售等。公司在百色市设有办公地点,生活区设在百色电力小区内。公司投资兴建的洞巴水电站位于田林县那比乡那腊村的洞巴屯下游2千米处,地理位置位于北纬24° 05'58",东经105° 39'00",坝址距田林县那比乡政府所在地24千米,距田林县城126千米。该电站已于2006年10月22日并网发电,2017年发电销售收入达1.82亿元,上缴税金3211.2万元。

【田林县银川水电有限公司】

总经理:莫荣壮

田林县那拉电站位于驮娘江中游,在田林县八渡乡那拉村附近,距离田林县城81千米。电站始建于1975年,1982年5月投产发电,为引水式发电站,设计水头24米,装机容量为5200千瓦(2伊1600垣2000)。该电站有职工31人,2011年度发电量为1286万千瓦每小时。2005年,田林县银川水电有限责任公司以2998万元购买该电站产权,并投入25200万元在原有基础上新建引水隧洞(1.2千米)引水至位于驮娘江左岸八旦小河口建发电厂房发电,落差35米、引用流量140立方米每秒,装机3.6万千瓦(3伊1万千瓦垣1伊0.6万千瓦),年发电量约17600万千瓦时。项目建设期为2年,项目投产后,年产值可达4410万元,年平均利润1625万元,各种税金1206万元。2017年年产值达到2463万元。

【田林县荣达水电有限公司】

总经理:莫荣壮

田林县那读水电站位于田林县境内的福达乡百六村那读屯附近,距离县城77千米,电站为引水式电站,设计流量33立方米/秒,设计水头29米,装机容量为3伊2500千瓦,多年平均发电量为4270万千瓦每小时,电站工程主要由拦河坝、进水口、无压引水隧洞、引水渠道、压力前池、压力管、发电厂房、升压变电站及跨河交通桥组成,电站总资产值5820万元。该电站于2000年10月27日进行“三通一平”开工仪式,2001年11月正式开工建设。2004年7月19日一号机组发电上网,2号机组、3号机组相续于2005年5月28日并网发电运行。电站员工35人,其中管理人员5人,运行员24人,检修员3人,渠道巡逻员1人,大坝巡逻员1人,司机1人。2017年总产值达到2374万元。

【田林县水力发电有限公司那比水电站】

厂 长:杨春安

那比水电站位于田林县境内驮娘江与西洋江汇合口上游16.3千米处的西洋江上,距县城88千米,离百色市区160千米,是以发电为主的水电工程。水库总库容0.58亿立方米,调节库容490万立方米,水库具有日调节性能,电站装机容量48兆瓦,保证出力11.51兆瓦,多年平均发电量17854万千瓦每小时,装机利用小时3720小时。水电站由厂房及升压站组成。厂房布置在挡水坝下游的左岸坡脚处,为引水式厂房,装机3台,每台装机容量16兆瓦。那比水电站主体工程于2009年11月1日开工建设,工程总投资4.8亿元,总装机4.8万千瓦时,3台机组,1#机组于2011年3月投产发电,3#机组6月投产发电。2017年度,那比发电公司发电量为1.8亿千瓦时,产值5522.9万元,销售收入4995.6万元,上缴税金460.5万元。

冶炼产业

【广西田林百矿铝业有限公司】

总经理:何志鸿

广西田林百矿铝业公司于2017年1月在广西田林县旧州镇旧州大街6号注册成立,注册资本5000万元人民币,由百色百矿集团有限公司出资成立。公司主营业务包括铝水、铝锭、铝棒、铝型材、铝板带箔、铝渣的制造和销售。百色百矿集团有限公司持有广西田林百矿铝业有限公司100%股权。项目计划总投资约22亿元。项目位于广西壮族自治区百色市田林县桂黔(田林)经济合作产业园,该工业园地处田林县旧州镇板坚村。于2017年5月14日开工建设,建设规模为年产30万吨铝水,总投资约22亿元,占地面积约800亩。主要建设内容有铝水车间、氧化铝供料及输送系统、配套220千伏开关站、供电整流系统、电解烟气净化系统、综合维修车间等主要生产车间和辅助生产系统。项目电解槽型采用NEUI600千安高能效节能电解槽,设计年耗电量40亿度,达产后平均负荷452兆瓦,主要原料年消耗量氧化铝60万吨,预焙阳极块15万吨,氟化铝5000吨,新水50万吨。

【田林县星达工业有限公司】

总经理:张 义

田林星达工业有限公司成立于2004年6月,原工商注册名称为田林嘉华工业有限公司,2007年12月经股东申请变更为现企业名称,厂址位于广西田林县潞城瑶族乡旺吉村俄外屯附近,占地面积40多亩,注册资金500万元,属民营企业,主要产品是工业硅,有职工157人,其中管理人员15人,工程师6人,经济师3人,会计师1人,安排当地农民工就业130多人。公司原有2×8000千伏安矿热电炉生产线,2009年和2014年通过总投资4050万元改扩建技术改造后,拥有矮烟罩半封闭固定式

2×12600千伏安矿热电炉生产线，同时配套建设2×400立方米冷却塔，高低压节能补偿器，1500立方米高位水池，1000立方米冷却循环用水水池，30立方米液氧罐集中供气系统，300立方米三级过滤沉淀池以及2×12600千伏安矿热电炉长布袋低压脉冲烟气除尘器等环保设施，并自建110千伏变35千伏容量31500千伏安变电站一座，形成年产1.2万吨工业硅生产能力。2017年完成产值2.1亿元，主营业务收入也达1.9亿元，分别同比增长26.7%、394.6%。

木材加工产业

【田林县万盛木业有限责任公司】
总经理：徐　祥
田林县万盛木业有限责任公司始建于2009年12月，2012年开始筹建木材加工业。公司位于田林县潞城乡潞城屯那燕，占地面积为60000平方米，注册资金为500万元，职员120人。公司建成花园式厂区和标准化厂房，其中办公室、宿舍楼、食堂和职工娱乐场所等房屋建设面积3300平方米，厂房9000平方米，预留二期建设用地17000平方米，道路及地面硬化15000平方米，绿化场地5000平方米，河坝生态堤500平方米。公司于2015年已获得《安全标准达标企业（三）级》证书和通过GB/T19001-2000国际质量体系认证《质量、环境和生产管理体系认证》，公司建设项目分二期建设，第一期建设项目是胶合板（建筑模板）8条生产线，投资3600万元，该生产线于2015年3月全部竣工投产，产品主要销往广西、贵州、云南、四川、重庆和广东方向。2017年第二期建设项目建设完毕，主要扩建四条强化木地板生产线，两条装饰胶合板生产线，八条生态板生产线。全部项目建成后将形成年生产能力10万立方米成品板，年产值1.5亿的规模，实现产量、产值翻番。同年9月27通过职业卫生控制效果评价。2017年工业总产值达到2.3亿元。

【田林县兴旺木业有限公司】
总经理：何先怀
田林县兴旺木业有限公司是2007年10月成立的集生产加工销售为一体的木材生产加工企业，注册资本100万元，属一般纳税人企业，厂址位于田林县潞城乡南山（田林县木材公司出租场地），主要经营胶合板、旋（刨）切单板、木片、锯材、细木工板加工、销售。公司是“百企扶百村”企业，精准扶贫结对帮扶八渡瑶族乡那骂村。公司设有扶贫车间，吸纳9个建档立卡贫困家庭劳动就业。公司下设三家加工分厂，拥有先进的木材生产加工设备80台（套），资产近5000万元，2017年有员工120人，公司占地50亩，年生产加工木材20万立方米，年产锯材18万立方米，年产值超1亿元。

【田林县炳森木业有限公司】
总经理：林宝峰
田林县炳森木业有限公司是一家集生产加工销售为一体的木材综合加工生产企业，公司于2014年5月成立，注册资本350万元，厂址位于田林县潞城乡旺吉工业园区。主要经营胶合板、锯材、家具、木制工艺品、松桉木片加工、松桉旋切单板、生物颗粒、多层板、细木工板。公司占地面积60亩，厂房面积2万平方米，员工宿舍、食堂一应俱全。有6条生产线，员工61人，资产近2000万元。年生产加工木材6万立方米，年产胶合板4万立方米。属田林县规模以上工业企业，是“百企扶百村”企业，精准扶贫结对帮扶潞城瑶族乡三瑶村。公司设有扶贫车间，吸纳10个建档立卡贫困家庭劳动就业。2017年工业总产值达到2亿元。

【广西田林聚峰木业有限责任公司】
总经理：姚　华
田林县聚峰木业有限公司前身为田林县雄达木业有限公司，是一家民营企业，由浙江诸暨傅明达、傅仁达兄弟到田林投资兴办。公司成立于2003年，2015年1月正式变更为田林县聚峰木业有限公司。公司注册资本100万元，经营地址位于田林县工业集中区潞城旺吉片区。公司占地60亩，总建筑面积25000平方米。经营范围为原木、锯材、胶合板、木片、旋切单板、人造板、细木工板加工，年产胶合板4万立方米，锯材3万立方米。属一般纳税人企业、规模以上企业。拥有6条木材生产加工流水线及各种木材加工设备50台，资产近1500万元。2017年有员工108人，是“百企扶百村”企业，精准扶贫结对帮扶旧州镇广龙村。2017年工业总产值达2亿元。

交通·通信

交通运输

【田林县交通运输局领导】

局　长：彭祖明（2017年3月任职）

副局长：罗文富（瑶族）

　　　　黄明忠（壮族）

　　　　龙　兴（壮族）

纪检组长：罗文军（壮族，2017年10月离任）

总工程师：黄利伟（壮族）

【概况】 2017年全县公路通车里程1588.334千米，其中：高速公路87千米，国道92.716千米，省道79.883千米，县道393.55千米，乡道66.486千米，村道868.699千米。全县14个乡（镇）基本都通四级油路，165个行政村都通等级公路。截至2017年年末，全县有165个行政村通沥青（水泥）路，通畅率为100%。

田林县交通运输局下设公路管理所、港航管理所、地方公路路政执法大队3个二层机构，总编制数47名，其中在职在编干部43人。交通运输局领导班子编制设定一正三副，增设纪检组长1名，总工程师1名。

【交通基础设施建设】 2017年，田林县交通项目建设总投资4.912亿元，其中：高速公路项目172万元，路网项目23907万元，农村公路建设19053万元，社会交通投资6000万元。1—12月累计完成投资51314万元，占投资总额的104.27%，超额完成2017年度固定资产投资任务。

【农村公路项目】 2017年，以交通基础设施建设为重点，推进项目建设。

乐里八桂三级公路　乐里至八桂三级公路全长21.231千米，合同总造价2622.77万元，截至2017年12月底已完成工程造价2550万元，占合同总造价的97.2%。

南环路　乐里至八桂三级公路No1标段（南环路）全长8.804千米，总造价2360.79万元，截至2017年12月底完成合同造价1540万元，占合同总造价的65.2%。

八桂至弄瓦三级公路（架屯至弄瓦段）　八桂至弄瓦三级公路全长34.9千米，总投资14031万元，分两期进行实施，其中第一期架屯至弄瓦段10.32千米于2016年12月开工建设，合同总造价2435.43万元，截至2017年12月底完成合同造价1800万元，完成投资的73.9%，路基主体基本成型，将进行路面施工阶段。

脱贫攻坚通屯道路硬化项目　2017年年初新开工5条通屯新建砂石路15.3千米，投资额296万元，截至2017年12月底，完成

2017年5月31日，田林县举行2017年脱贫攻坚通屯道路开工仪式

总投资90%。2017年5月第一批26条231.38千米通屯道路硬化项目开工建设，项目涵盖全县14个乡镇，计划投资1.15亿元。截至2017年年底完成33%。第二批通屯道路硬化项目45个275.74千米，计划投资1.37亿元，截至2017年底完成投资的8%。

农村桥梁项目 一是香维桥工程。全长80延米，于2017年2月开工建设，合同造价255.34万元，已实施桥梁桩基础建设，完成投资175万元，占总投资的68.5%。二是香维小桥。桥梁全长16.8米，项目于2016年9月开工建设，合同造价30.45万元，该项目已完工。

农村公路项目 一是窄路基路面加宽工程。为八桂至福达公路、洞洋至那比公路、百昂至百乐公路3个项目共37.8千米，总投资568万元，该批项目于2017年2月开工建设，已完成投资建设。二是江垌至西华公路。全长3千米，项目于2016年12月开工建设，合同造价191.71万元，该项目已完工。

项目前期工作 一是旧州八渡口大桥及连接线工程。大桥位于旧州镇八渡口上游1.33千米处，拟建大桥长502米，桥面宽度16.5米，桥梁主体采用预应力混凝土连续刚构；连接线长7.122千米，按二级公路标准建设，项目占地面积约34公顷。截至12月底项目可研已获自治区发改委批复，各专题报告已完成批复，已开展初步设计。二是潞城至百乐三级公路。为县道公路网规划县道050蔗香—福达的重要组成，拟采用三级公路标准，全长约84千米。项目可研获批，项目分两标段进行施工图设计。三是乐里至香维至百乐(巴掌)三级公路。规划路线长75千米，按三级公路实施，项目总估算投资22500万元，项目工可报告已获批复，其他专题报告正编制和报批中。四是田林经八桂至定安公路。路线约长82千米，拟采用二级公路标准，设计速度40千米/小时，路基宽度8.5米，估算投资67500万元，由广西新发展集团担任业主，已开展项目前期工作。五是凡昌至浪平公路。该公路全长38.2千米，计划投资6619万元。因涉及岑王老山国家自然保护区，工作推进难度大，已完成凡昌至伟好路口段已经完成施工招标工作，11月底施工单位进场施工，进行清表施工。六是马逻经六隆至洞弄公路提级改造。路线长约43千米，途经供央、洞弄等村屯，按三级公路提级改造，投资概算12900万元，已开展设计前期工作。

2017年8月25日，田林县高铁无轨站开通试运营仪式在该县驰骋田林汽车客运服务站候车大厅举行。图为田林高铁无轨站开通运营仪式现场

【公路养护】 2017年，全县农村公路列入管养护总里程为1328.735千米，分别为：县道393.55千米，乡道66.486千米，村道868.699千米。

2017年全县农村公路经常性养护覆盖率达到100%，绿化率达90%以上；2017年全县农村公路路技术状况(MQI)评定里程1270.310千米(在建设项目或等外路不参与评定)，农村公路技术状况(MQI)县道优良路率为44.05%、中等路率及以上为84.12%、差路率为6.20%；乡道优良路率为32.85%、中等路率及以上为77.35%、差等路率为14.20%；村道优良路率为25.78%，中等路率及以上为72.08%、差路率为22.30%；

2017年农村公路路面技术状况(PQI)中等路以上比例平均为75.38%，其中县道为84.12%，乡道为77.35%，村道为72.08%。

全县在养公路桥梁51座，共2054.68延米。全县桥梁都已建立一桥一档，并按相关文件要求，每个月对全县所有在养桥梁进行检查并存档。

【道路运输】 2017年，田林县拥有

营业性运输车辆3836辆,其中:营运货车3472辆、营运客车辆364辆(其中大型客车25辆,中型客车209辆,小型客车(面包车)有130辆)、公共汽车67辆、出租车10辆。运营客车座位总数5395个(其中大型客车1041个,中型客车3367个,小型客车987个),另外还有公共汽车67辆,出租车10台。客运班线共有93条,跨省班线3条(田林至广州1条,田林至中山1条,田林至龙岗1条),跨地(市)2条,跨县14条,县内74条。2017年完成道路客运量343万人次,旅客周转量26409人千米;完成道路货运量633万吨,货物周转量38041万吨/千米,货物运输行业发展较快。

【水路运输】 2017年,全县共设有1个车渡渡口、3个客渡渡口和7个便民码头,拥有船舶约170艘,其中:车渡船1艘、客渡船11艘、渔船150艘、农业自用船10余艘。共有客位420座,全年完成旅客运输7.0万人次,完成货物运输12.5万吨。年度内加大法律法规的宣传力度,营造合法经营氛围。加强现场监管,坚决打击水路非法营运。于1月18日、2月8日联合贵州省册亨县地方海事处、百色海事局乐业办事处在旧州八渡口、百乐渡口开展联合执法行动。3月8日,联合旧州镇人民政府、贵州册亨县地方海事处在旧州镇八渡渡口开展水上交通应急搜救联合演练活动。7月10日至12日县港航管理所执法人员陪同百色船检局工作人员对田林县辖区内的11艘标准化客渡船及1艘车渡船的人员配备、安全设备、适航情况及各类证件等进行检验。7月至8月协助各营运船舶进行水路运输许可证换证和营业运输证申请工作,于8月10日本辖区内12艘营运船舶全部办理完毕,开展燃油补贴发放工作。1月至12月,港航执法人员不定期下到各渡口、码头开展水上交通安全日常监管工作,确保汛期水上渡运安全,维护水上渡运经营秩序。

【路政管理】 2017年,共清理非公路标志50块,清理公路堆积物390立方米,清理临时搭棚15处80平方米,疏通公路水沟1416米。

局路政大队与县运管所主要通过以流动稽查为主,流动治超等方式在辖区公路开展超限运输治理工作,提前与车主、企业沟通,提醒车主不要超限、超载运输,把超限运输的苗头压在萌芽阶段。5月10日、9月18日至22日在县人民政府主导下,局路政执法大队联合县公安局交警、高速公路路政、县运管所等部门,在全县范围内开展治超治理工作,此次行动共出动人员40人次,执法车辆10台次,检查过往车辆60台次,未发现超限超载违法车辆。

【交通安全】 一是严格按照"谁主管、谁负责"的原则,强化安全生产监管主体地位,明确安全生产责任,落实安全生产保障措施。二是制定一系列符合交通运输行业实际的安全措施和预案,与各施工单位签订安全责任状的同时,要求监理单位、施工单位以及各标段和施工队层层签订安全合同和农民工工资保障合同,2017年,县交通运输局工程建设领域未发生一起安全事故。三是做好2017年春运组织管理工作。围绕春运工作重点和目标要求,成立春运工作领导小组,制定切实可行的春运工作计划及运力调整预案,实行24小时值班制度和领导带班制度,强化管理,确保春运安全有序。经过40天的艰苦奋战,圆满完成此次春运任务,兑现了让广大旅客"走得了、走得好、走得安全、走得满意"的承诺。全县春运期间共投入运力日均278辆次;共发班26204个班次;共运送旅客22.22万人,客运站营业收入614万元,没有发生一起道路旅客运输事故。四是加强宣传、增强群众的出行安全意识,以田林县组织开展的"安全生产月"宣传活动为契机,共发放传单800余份,组织人员开展应急救援演练,不断增强群众的出行安全意识。五是加大检查,强化监督,抓好重点领域隐患排查。2017年,多次开展公路、水运、道路运输、客货运输站场

表7 **田林县交通运输主要指标表**

指标名称	2017年	同比2016年
公路管养里程(千米)	1588.334	15.85%
营运载货汽车(辆)	3472	−1.58%
营运载客汽车(辆)	364	2.53%
民用运输船(艘)	12	0
公路货运量(万吨)	633	11.83%
公路客运量(万人)	343	−4.45%
水路货运量(万吨)	12.5	−5.3%
水路客运量(万人)	7	−11.39%

安全生产大检查,通过查找存在的隐患,强化整改落实,确保全县交通运输行业安全、稳定态势。

(撰稿　罗文富　卢丽霞)

公路管理

【田林公路管理局领导】

局　长:瞿道坚

【概况】 2017年,有编制135名,实有人员110人。局机构设置有:局长办公室、总支书记办公室、副局长办公室、工会主席办公室、行政办公室、养护与工程管理科、安全与国有资产科、政工科、财务科。下辖板桃、旧州、定安、平塘、高龙5个养护站,乐里、潞城、福达、八桂4个工作点,1个路面修补及应急抢险组,1个连续式交通观测站和1个间歇式交通观测站。2017年年底全局公路总里程308.708千米(其中二级公路131.65千米、三级公路9.145千米、四级公路149.196千米、等外公路18.717千米),全是非收费路段。

【公路养护】

公路日常养护 2017年全面完成路况任务,路况质量明显提升。重视和加强公路日常养护工作,不断提高养护质量,确保公路安全畅通。田林公路管理局管养总里程为308.178千米(其中新接养规划国省干线170.888千米),评定里程为220.929千米,年计划优良等路为126.915千米,好路率57.45%,其中国省干线管养里程308.178千米,评定里程220.929千米,计划优良等路126.915千米,好路率57.45%。实际完成全部路线优良等路126.915千米,好路率57.45%。全面完成市局下达年度路况指标任务。

养护机制改革 专门召开公路养护工作会议,探讨推行公路路基养护责任落实到养护站及路面修补和水毁抢险由专门路面施工队伍和抢险组负责实施的养护模式,进一步增强养护工作安排的针对性和灵活性,调动了一线职工的积极性。

养护工程和文明建设 项目实际总投资57.01万元,其中完成国道324线福州—昆明K1983+850、K1991+180、K2019+800新建挡土墙19.7万元;原省道321线K78+500修复挡土墙5万元;养护房屋维修国道324线K1998乐里工作点更换进水管、排水管3万元;K2019+800潞城工作点修复围墙、维修大门、场地硬化6.41万元;原省道321线K0+150~k7+900修复钢波防护栏5.1万元;原省道321线K65~k66路面水毁修复3万元;国道324线K1983+850路基填方、边坡防护7.8万元;(局后背山塌方整治)卸载边坡、浆砌三面光水沟7万元;完成路面修补185562.2平方米。

公路物资采购 计划外购路料2992立方米,实际完成外购路料3008立方米;计划采购沥青60吨,实际完成沥青60吨。

桥梁、涵洞、隧道养护 管养桥梁共49座,1930.75延米,2017年桥梁小修共28项,维护经费共17.05万元。及时检查维修损坏的桥梁栏杆及其构造物,及时清理桥梁泄水孔及锥坡、桥台的杂草,对桥台跳车全面修复,加强对危桥的整治力度,确保桥梁涵洞安全使用。工程总预算约349.9955万元的河口中桥危桥改建工程顺利完工通车,比计划工期提早1个月。

公路路容路貌专项整治 结合“美丽广西·宜居乡村”公路行动活动,配合市局开展公路路容路貌专项整治工作,重点对路肩、排水设施、支挡构造物进行整治。仅

路政执法人员在国道324线福州—昆明K1990+500乐里镇平雄村路段开展治超执法

2017年8月1日至9月30日期间，累计出动人员2160人次，挖掘机40台次，铲车25台次，自卸车40台次，清除公路用地范围内种植农作物33处21平方米，清理堆积物70平方米，疏通堵塞水沟13500米，拆除非公路标志12块。进一步清理公路排水系统，路容路貌保持良好。

公路应急抢险 成立专门的应急抢险组，加强水毁预防抢修工作。2017年是县公路管理局所管养路段出现历年来水毁最严重的一年，特别是国省干线公路因强降雨导致断通8段(处)，造成公路水毁塌方50179立方米，路面损毁159平方米，结构物(包含桥涵、挡墙路肩墙)损毁1409.4立方米，直接经济损失近227.2万元。灾情发生后，累计共投入水毁抢修资金50.3万元，及时恢复路况，确保道路畅通。

公路绿化美化 2017年完成路树(枯树、危树)修剪185.808千米。

路政执法人员在国道324线福州—昆明K2018000-K2023000路城街路段向群众发放宣传资料

【路政管理】 重点加强国省干线公路及过境公路的治理工作，有效遏制过境公路"四乱"现象，无"三乱"现象发生，无行政执法复议和诉讼案件发生。全年共发放宣传单1300多份，张贴宣传公告100多份。累计共清理非公路标志89块(幅)；清除堆积物10处、58平方米；疏通人为堵塞水沟530米长；查获车辆损毁路产案件14起，收取路产补偿费47890元；依法办结路政许可案10起，年审路政许可项目21起，共收取路产补偿费63369元；检查运输车辆2300余辆，现场查处超限运输车辆51辆，卸载及转运货物160余吨，收取罚没款74500元，后续处理6辆，收取罚没款5900元；共检查发现占用公路及公路用地堆放东西、修建违法建筑等相关案件35起，其中已经拆除的违法建房1起。涉路案件和违法违章建筑的状况得到有效控制。

【安全生产】 坚持以人为本，明确单位部门主体责任，局与各科室、养护站签订安全责任状，确保一岗双责，党政同责制度落实到位，切实抓好安全生产管理工作。以"现役公路安全隐患排查""汛期公路地质灾害隐患排查""安全生产月""平安交通专项整治""汛期桥梁安全隐患排查""安全生产大检查"活动为契机，大力宣传党和国家的安全生产方针政策，切实加强对安全生产工作的指导，不断推进安全生产工作的力度，引导职工时刻重视安全生产，真正实现领导高度重视、职工积极参与的全局性行为目标，全年无任何安全责任事故发生。

(撰稿 刘 慧)

通 信

【中国电信田林分公司领导】
总经理：唐 景
副总经理：陆惠莉

【概述】 中国电信股份有限公司田林分公司(简称中国电信田林分公司)，2017年年末在册员工80人，其中合同制员工38人，第三方业务代理员工42人。退休人员39人，内退3人。在职党员13人。分公司设置办公室(工会)、销售服务部(内设经分预算、欠费管理、服务质量管理等)、渠道运营中心、政企支局、城市支局、农村支局(包括旧州支局、利周支局、福达支局、八桂支局、潞城支局)、网络部(内设综合维护班、本地光缆维护班)。

中国电信集团工会田林县委员会获2017年度中国电信集团工会百色市委员会"优秀模范职工之

家”荣誉称号。陆惠莉分别荣获2017年度中国电信广西区工会、中国电信集团工会百色市委员会“优秀工会工作者”称号；车举鹏、覃耀进分别荣获2017年度中国电信百色分公司“下基层先进个人”称号；黄玉展荣获2017年度中国电信百色分公司“支局管理先进个人”称号；李进荣获2017年度中国电信百色分公司“末梢服务先进个人”称号；李莹荣获2017年度中国电信百色分公司“先进驻店长”称号；方玫、覃春莲分别荣获2017年度中国电信集团工会百色市委员会“优秀工会小组长”和“优秀工会积极分子”称号。

【业务经营】 2017年，田林分公司完成年认领指标的104.81%，三年来持续排名前列。

市场运营情况 2017年，田林分公司坚持党旗引领，认真贯彻落实市公司工作部署，围绕“聚焦份额抓规模，强化能力促转型”工作方针，持续夯实基础，各项工作有序开展，经营业绩稳步提升，收入完成率和业务收入增长率均列全市前列。一是深入开展体制机制创新和完善，推进划小承包经营引进深入，强化划小承包发展的主人翁意识，提高支局发展的积极主动性。2017年划小经营承包工作取得优异成绩，排全市前列。二是加强营销工作动态管控，开展日通报、月评比考核等工作，强化过程管控，发展有效持续提升。常态化开展劳动竞赛，使业务发展持续保持快速发展的动力，以劳动竞赛方式形成内部竞争，形成你追我赶的发展氛围，也是一个营销管控的长效措施。三是落实以店包片业务发展取得了新的进展。存量低值套餐用户往高价值融合发展，挽留保存用户及欠费追缴工作等有效的推进。同时加大宣传，通过无限流量套餐的推广，提高融合占比加快宽带发展。四是加快“智慧酒店、完美联盟”的发展，智慧酒店签约率排在全市前三名。五是做好后端及管控部门的倒三角支撑工作，快速反应解决前端需要解决的实际问题。

2017年10月10日，中国电信集团公司党组书记、董事长杨杰（中）一行10人到田林县开展定点帮扶调研。图为调研组到中国电信田林分公司慰问员工

渠道建设情况 2017年，厅店运营销量网点数达38家，城市核心商圈补点和乡镇万人以上商圈补点优化目标8家。

【通信建设】 2017年，完成城区800M LTE、城区攻坚战、农村密集区域1.8G、农村800M LTE、2017年小CEO、ETS退网补点和自建基站等方式，共享移动、联通基站计划建设50个，完成率100%。农村ODN四期、五期建设已全部完成，全市只有右江区和田林完成。城市区域完成光网100%覆盖，一些薄覆盖区域已经完成扩容工作，使有需求的地方资源已基本满足发展的需要，截至2017年12月，田林城市及乡镇行政村以上100%光覆盖。网络优化不断得到完善，ADSL端口兼容完成100%，实现全光网；完成八条环路的建设；完成11个接入点密波的开通，并对存在问题不断完善优化；对信号比较弱的区域，通过小基站自建方式进行补点及优化，满足了市场需求。推进现场综合化维护划小工作，落实资源下沉，支撑业务发展。

【客户服务】 推行“当日装、当日修”提升客户感知，实现装机、修机及时率得到提升，宽带客户满意率全市最高。宽带满意率平均87.03%，超过控制标志85%以上，基本达标，在全市排第一名。

（撰稿　黄　彭）

住房和城乡建设·环境保护

住房和城乡规划建设

【田林县住房和城乡规划建设局领导】

局　长:文　宝(壮族)

副局长:李仲辉(壮族)

　　　　林军东

纪检组长:陆彦文(壮族,2017年10月离任)

【概况】 田林县住房和城乡规划建设局是主管城市建设、规划、村镇建设、工程建设、建筑业和勘察设计咨询业的部门,属田林县人民政府组成部门,授权行使有关行政管理职能。内设办公室、计财股、规划股、建管股、村镇股、法规股等6个股(室)。辖县房地产管理所、建设工程质量安全监督站、建筑工程设计室、城乡建设规划监察大队等4个二层机构。2017年,全局总人数52人,其中实有在岗正式干部职工28人,聘用人员24人(含二层机构);其中机关人员9人,局长1人,副局长2人,纪检组长1人,直属事业单位(含参公人员)有在岗人员19人。

【城市道路与桥梁建设】 全年全县城市基础设施建设总投入3750万元,新建和改造城市道路总里程0千米。主要建设项目有以下几项:

三宝桥系统工程　于2016年3月初开工建设。壮剧戏台、戏台前广场1905平方米,风雨桥桥跨度70米,宽6米,总投资507万元。2017年5月竣工通行。

百花寨河堤路项目　于2015年5月初开工建设。由水厂至百花寨长度1040米,宽度12米;2017年完成全线路基工程、挡墙工程、主要排水工程,约完成总工程量的50%,完成约投资465万元;受拆迁影响,年末处于停工状态。

体育中心项目　于2017年5月初开工建设。截至年底,完成主体育馆桩基工程、标准运动场及看台完成桩基80%,排水系统完成总工程量的75%。

【廉租住房建设】 2017年上级下达田林县城镇低收入家庭住房保障租赁补贴100户,年内完成所有租赁补贴申请、审核、公示及发放。

【农村危房改造】 2017年自治区下达田林县农村危改户数2413户,年内危改指标落实率100%,已开工2185户,开工率90.55%,完工2159户,完工率89.47%。其中:建档立卡贫困户864户年内全部建成并通过上级验收;非建档立卡贫困户(含3类重点对象)预计2018年4月底全面完工。

【建设规划管理】 2017年办理建设项目选址意见书37份,选址用地规模765.8325万平方米;办理个人建设用地规划许可证52份,规划用地规模0.6247万平方米,个人建设工程规划许可证56份,规划用地规模1.3625平方米,建筑规模3.1637万平方米;办理单位建设用地规划许可证16份,规划用地规模3.9531万平方米;单位建设工程规划许可证21份,规划用地规模3.9873万平方米,建筑面积21.6593万平方米。

【建设工程管理】 2017年共受理工程项目报建53项,建筑面积38.1万平方米,总计划投资10.25亿元;核发施工许可证42项,建筑面积20.2万平方米,总投资5.37亿元;受理各类工程勘察备案45项;实施工程施工招标项目58项,总投资8.52亿元;下发停工通知书2份,开展建筑工程质量安全检查和设计勘察专项检查工作5次。

【建筑工程安全生产】 2017年受理报监工程项目27项,新报监工程项目建筑面积11.26万平方米,造价45294.67万元。监督建设工程竣工验收27项,建筑面积5.52万平方米,造价8376.81万元,一次性验收合格率100%。组织开展质量安全专项大检查9次,对全县报监建设项目进行质量安全检查、巡查、验收达199项次;受监在建工程项目质量安全管理保持稳步发展的态势。建设工程管理严格执行建设工程质量安全相关法律、法规、规范、条例,落实工程质量安全监督管理,加强建设工程质量通病和安全隐患的治理工作,坚持防治结合、注重实效的原则,加大行政执法力度,有序开展建设工程质量安全监督管理各项工作,确保受监项目的质量安全工作稳步推进。

【房地产业务管理】 2017年全年共审核办理房地产开发合同备案449宗,建筑面积5.70万平方米,交易金额2.02亿元。核发商品房预售许可证3宗,建筑面积5.11万平方米。预售商品房抵押备案登记430户(宗),建筑面积53092.48平方米,抵押权利价值12431万元。白蚁防治11宗,预防建筑面积0.23万平方米。完成全县2017年度城镇低收入家庭住房保障的租赁补贴的调查、审核等工作,共审核住房保障租赁补贴100户,完成租赁补贴的发放。

【建筑墙体改革工作】 开展县城"限粘"乡镇农村"禁实"工作实,组织落实新型墙体材料产品标识管理的。发放宣传手册、资料100余份;督促具有一定实力的企业宣传进行新型墙体材料认定证申请的必要性和优惠政策,引导其进行认定证的申请;因地制宜,就地取材,大力发展资源能源消耗低且经济适用、安全可靠、节能环保的绿色建材;办理建筑节能专项验收工程项目13项,验收面积约2.44万平方米。

【"三违"整治】 落实《田林县开展城市建成态违法建设专项治理五年行动之案》,开展"两违"违建处置工作,完成调查摸底300户,其中涉嫌违建20户,涉嫌违建面积3000多平方米,立案查处5宗,已全部结案。及时完成原"三违"处置中未按规定取得建房合法手续擅自抢建的违建户立案30宗,已处罚10宗,其他案件正审理中。

(撰稿　农勋明)

市政管理

【田林县市政管理局领导】

局　长:黄金贵(壮族,2017年9月离任)

罗绍壮(壮族,2017年10月任职)

副局长:倪元海

陈　杰(瑶族,2017年10月离任)

苏治平(壮族)

【概况】 田林县市政管理局为参公事业单位,内设有办公室、计划财务股、工程管理股、公用事业股和法制监察股5个股室,下设园林绿化管理所、公共路灯管理所、城建管理监察队、环境卫生管理站和燃气管理站5个二层机构,归口管理县自来水厂。截至2017年12月31日,田林县市政系统共有干部职工217人,其中局机关10人(核定编制10名,在编10名),园林所22人(核定编制12名,在编10名,合同制聘用人员12名),路灯所9人(核定编制6名,在编6名,合同制聘用人员3名),城建监察队28人(核定编制17名,在编17名,合同制聘用人员11名),环卫站145人(核定编制34名,在编29名,合同制聘用人员116名),燃气站3人(核定编制3名,在编3名)。

2017年3月9日,田林风雨桥彩绘装饰完成,展示了田林县壮乡特色的风土人情

2017 年 11 月 17 日，深圳市光明新区城市管理局帮扶工作组到田林县开展对口帮扶暨市政设备捐赠活动。图为市政设备捐赠仪式

【市政基础设施建设】 县市政局 2017 年 1 月—12 月便民市政工程完成情况如下：

田林县乐里桥、风雨桥亮化工程 乐里桥安装 LED 洗墙灯 166 套，LED 投光灯 48 套，LED 线条灯 208 套，LED 像素点 1433 套。风雨桥安装 LED 洗墙灯 96 套，LED 投光灯 49 套、9 套、32 套、115 套，LED 点光源 560 套，LED 线条灯 160 套。项目总投资金额 121.33 万元。2017 年 6 月中旬开工建设，2017 年 6 月底竣工。

田林县三宝桥、河堤路亮化工程 三宝桥安装 LED 方形轮廓灯 156 套，LED 瓦楞灯 410 套，LED 投光灯 58 套、12 套，LED 洗墙灯 164 套、42 套，LED 点光源 610 套，LED 定制特造灯 18 平方米。河堤路安装庭院灯 94 套，LED 路灯灯头 34 套，敷设电力电缆 2550 米。项目总投资金额 129.94 万元。2017 年 11 月 16 日开工，2017 年 12 月中旬完工。

田林县初级中学围墙与绿化带亮化工程 初级中学围墙安装 LED 洗墙灯 310 套。绿化带安装 LED 射树灯 60 套。项目投资金额 18.8 万元，2017 年 5 月初开工，2017 年 5 月底竣工。

乐里镇新昌村幸福花园小区雨污分流工程 新昌村幸福小区建设污水管道 323.8 米，采用双壁波纹管 DN400。硬化路面 1194.58 平方米。项目投资金额 49 万元。2017 年 3 月中旬开工，2017 年 5 月底月竣工。

田林县富丽华小区街道生活污水管道改造工程 在富丽华小区内建设污水管道 177.2 米，采用钢筋混凝土承插管 D500。硬化路面 177.2 平方米。项目投资金额 17 万元。2017 年 4 月初开工，2017 年 6 月中旬竣工。

田林县东丈小区路面硬化工程 硬化东丈小区道路 7616.81 平方米。项目投资金额 104.93 万元。2017 年 11 月中旬开工，12 月底竣工。

富源路公厕、移动式公厕（2 座）工程 富源路公厕位于县自来水厂后方富源路旁，占地面积 68 平方米，项目投资金额 25.78 万元，2017 年 5 月底开工，7 月底竣工。

两座移动式公厕分别安装于田林县城东商贸城进城大道路旁及三十米高速路连接线路旁，为成品拖挂式移动公厕，每座移动式公厕占地面积为 15 平方米，项目投资金额 29.78 万元。2017 年 12 月 12 日采购，12 月 21 日安装完毕。

【卫生清扫保洁】 田林县环境卫生管理站设有中转站 2 座，负责全县生活垃圾转运。主要负责城区主

2017 年新建成的三宝桥

次干道、大街小巷的垃圾清扫保洁和上门收集，清除各路段、大街小巷、城乡结合部的卫生死角，冲洗城区街道；负责城区生活垃圾的收集、清运和无害化处理；负责城市垃圾处理费的收取等工作，清扫面积共64.4万平方米。2017年全年共清理卫生死角300处，建筑垃圾等500余吨，清运生活垃圾17082吨，垃圾无害化处理率达100%。

建设中富丽华小区污水管道建设项目

【城建管理监察】 2017年城建管理监察队共清除“牛皮癣”770余处共8000余张；出动执法人员32余人次，规范各类违章经营摊点142余次、店外经营460余次，下达整改通知书442份；取缔乐里一小大门旁的固定摊点9个；劝离车辆乱停乱摆行为3300余次、拖离乱停乱摆车辆（含摩托车）170余辆；清理各类广告条幅840余处，清理破损广告牌、匾、栏26处。依法依规处理违章拖运渣土的车辆，集中清理违章占道堆放建材、木料、施工材料等违章行为。定期对城区各工地进行检查并发放宣传图片。全年共查处乱倒渣土行为10起，渣土污染路面16起，不按规定加盖帆布运输行为48起。

【城市园林绿化】 截至2017年12月底，田林县建城区绿化覆盖面积76.21公顷，绿化覆盖率16.57%。其中田林县城区附属绿地的绿化覆盖面积为27.79公顷，居住用地绿化覆盖面积8.35公顷；单位庭院绿化覆盖面积19.44公顷。人均公园绿地面积达7.39平方米。

2017年田林县城区道路两旁种植有行道树的道路长度为16988.86米，道路绿化普及率达到85.36%。道路绿植以乡土植物为主，乔灌木合理搭配，形成一路一树一景。

县园林所按照《田林县古树名木保护管理办法》，为古树建档备案，明确保护单位和管护单位，签订古树名木保护协议，加强古树名木的保护力度和古树养护管理力度，截至2017年12月31日，城区的古树登记在册的共有23株，全部成活，保护率达100%。

建设中的定安镇污水处理项目

【路灯设施管理】 2017年，县路灯所对县城区的路灯进行维护与管理，维修新市街、三十米大道、迎宾路、财富商城、老年活动中心门口、三宝庙等街道路灯；维修风貌街、南堤路绿化带、步行街LED灯；维修彩虹桥射灯；维修环昌路节能灯；维修更换进城大道、马店大桥、风貌街、八桂坡被烧电缆。维修步行街被盗电缆、绕城路受损电缆、富阳路被烧断的电缆；改造万吉山报晓楼主电源线、绕城路线路、新龙巷LED灯头、风貌街灯头、万吉山第一层阶梯至观日坊路灯；更换万吉山老干村电表；累计更换、维修县城主干道及背街小巷受损路灯 501 盏，受损电缆 2100 米。

【燃气经营管理】 2017 年 1 月—12 月，县燃气站共开展燃气安全生产专项检查 9 次，计出动督查人员 36 人次，深入基层燃气经营网点进行安全生产督查活动，检查燃气企业、经营站点 76 家次，排查、整改安全隐患 7 条，发出整改通知书 3 份，组织消防应急演练 4 场，组织燃气安全大检查 5 次。全年没有发生一起燃气安全生产事故。安排专人负责燃气经营许可证的换证管理工作，根据《燃气经营许可证管理办法》规定收集有关材料照则归档，按照程序发放燃气经营许可证 36 套。

【污水处理】 田林县污水处理厂厂址位于田林县乐里镇新昌村平雄屯大弯弓处，厂区占地面积 2.5349 公顷。日处理生活污水 1 万吨。污水处理采用 CASS 工艺，尾水采用紫外线消毒，污水处理达标排放达《城镇污水处理厂污染物排放标准》(GB 18918—2002) 一级 B 标准。2017 年污水处理总量 338.26 万立方米，污水处理率 96.52%，COD 减排总量 351.66 吨，氨氮减排量 69.65 吨。

（撰稿　黄　莉）

供　水

【田林县自来水厂领导】

厂　长：黄耀文（壮族）

副厂长：李　华（瑶族）

2017 年 10 月 27 日，县水厂在为乐里镇百花寨易地扶贫搬迁项目安装用水

【概况】 2017 年，全厂在职职工人数 68 人（含污水处理厂），领导 2 人；田林县自来水厂自 1967 年 1 月建厂以来，经过 50 年的发展，截至 2017 年度，拥有小（一）型水库 1 座（总库容 153 万立方米，有效库容 90 万立方米），净水厂 2 个，管网总长 60 千米(DN75 毫米以上)，固定资产原值 3769 万元。供水人口为 4.5 万人，供水能力为 2 万立方米 / 日，工业总产值为 916 万元，供水量为 370 万立方米，销售水量为 342 万立方米，销售收入为 795 万元。

2009 年县委、县政府决定建设田林县污水处理厂，确定田林县自来水厂为污水处理厂业主并一直代管。污水处理厂厂址位于田林县乐里镇新昌村平雄屯大拐弯处，距县城 4.5 千米，厂区占地面积 2.5349 公顷。日处理生活污水 1 万吨。使用工艺：污水处理采用 CASS 工艺，尾水采用紫外线消毒，污水处理达标排放达《城镇污水处理厂污染物排放标准》(GB 18918—2002) 一级 B 标准。2017 年污水处理总量 338.26 万立方米，污水处理率 96.52%，COD 减排总量 351.66 吨，氨氮减排量 69.65 吨。

【生产经营】 2017 年售水量完成 342 万立方米，比 2016 年的 320 万立方米，增加 22 万立方米，提高 6.88%；2017 年实现销售收入 795 万元，比 2016 年度增加 149 万元，增长 23.07%；实现税金 28.8 万元。2017 年完成处理污水量为 338.26 万立方米。COD 减排总量 351.66 吨，氨氮减排总量 69.65 吨。

【供水设施建设】 田林至乐业公路田林河口至糖厂路段改弯工程自来水管迁移，迁移管道 DN150 毫米热镀锌管，长 264 米，工程造价 168353 元；易地扶贫搬迁项目（乐里镇百花寨）用水安装工程，供水管道 DN200 毫米螺旋管，长 250 米，工程造价 379700 元。

（撰稿　李祖俭）

“美丽田林”乡村建设

【田林县乡村办公室领导】
主　任：黄万映（壮族）
副主任：岑秀忠（壮族）
　　　　李志强（2017年4月任职）

【概况】 田林县“美丽田林”乡村建设领导小组办公室为县人民政府管理的财政全额拨款事业单位，承担乡村建设领导小组的日常工作，核定事业编制6名，其中设主任1名，副主任2名，工作人员3名；配备主任1名、副主任2名和2名正式工作人员。2017年，田林县贯彻落实自治区党委、自治区人民政府开展“美丽广西”乡村建设活动的重大决策部署，协调组织有关单位和干部群众扎实推进“美丽田林·宜居乡村”产业富民、服务惠民、基础便民专项活动，巩固提升“清洁乡村”及“生态乡村”活动成果。

【“产业富民”活动】 全县165个行政村全部完成村级经济发展计划制定工作，141个行政村完成5000元以上村级集体经济收入，完成率85%，149个行政村完成现代农业生产示范基地建设，完成率90.3%，165个行政村完成培育1个带动农户增收的新型农业经营主体建设，完成率142.2%，完成115个农村电子商务服务点建设，完成率82.1%。

浪平镇塘合村九凤屯公共照明项目

【“服务惠民”活动】 建成165个村级综合服务中心，落实165名村级劳动保障协理员，开展村级就业、社保、教育、卫生、文体、法律等6项惠民服务，拉通宽带，安排电脑和液晶电视机，可登录广西公共就业服务信息平台开展相关服务活动。

2018年度环卫设备设施发放现场

【一事一条】

“三改”工程活动 改厨开工3075户，开工率96.1%，竣工2888户，竣工率90.3%；改厕开工3080户，开工率96.25%，竣工2688户，竣工率84%；改圈开工276户，开工率100%，竣工276户，竣工率100%。

“六提”工程 农村垃圾治理水平提升工程8个乡镇片区处理中心和10个村级垃圾处理设施全部竣工；贫困村通屯道路建设开工36个，竣工11个；农村饮水安全巩固提升工程24座农村饮水安全保障工程已竣工13个，完成率54%，3个新建镇级污水处理厂已竣工2个，完成率66%；村屯特色建设水平提升工程2个示范点第一期工程已全部竣工；农村住房安全水平提升工程已完成异地扶贫搬迁入住390户，农村危房改造开工1856户，竣工1289户。

“三增”工程 增强农村供电能力工程新建与改造变电站、新增及更换配电变压器、新建及改造输电线路和一户一表改造全部竣工。增强农村通信能力工程165个行政村通宽带或升级开工率100%，竣工率81.82%；农村公共照明工程建设太阳能光伏发电公共照明2个示范村，18个公共照明设施建设试点已完工。

【“清洁乡村”建设】 2017年通过政府采购2辆垃圾清运车、700个垃圾桶，共43.1万元；落实财政补贴农村保洁员1459名，合计350.16万元；投入48万元持续推进“村收镇运县处理”、“村收镇运镇处理”、“村收村运村处理”的日常垃圾处理模式，农村垃圾处理率达95.7%。

【“生态乡村”建设】 投入62万元，对旧州镇平满村平满屯、利周瑶族乡和平村平令屯、高龙乡高郭村龙爱屯、八渡瑶族乡百六村赵屯和浪平乡塘合村九凤屯等5个绿色村屯进行提级改造，建设挡土墙、公共照明、凉亭和桥梁扩宽等基础设施，改善人居环境。

（撰稿　李志强）

住房制度改革

【田林县住房制度改革委员会办公室领导】

主　任：赖国康（壮族）

副主任：蒙　洲

【概况】 田林县住房制度改革办公室是田林县国家机关、企事业单位住房改革和管理的职能部门，内设经济适用住房发展中心、住房资金管理中心、房改评估事务所3个科室，核定编制7名，在编7人，属于参照公务员法管理的事业单位。

县房改办负责的2016年棚户区乐里镇城区改造（二期）道路、排水工程项目竣工

【发展经济适用住房】 组织全县公共租赁住房和经济适用住房、限价商品住房、城市棚户区改造等保障性住房建设项目的总协调，认真做好建设项目的计划、督查、房源筹集、资格审核、配租和使用的监督管理及政策宣传、业务培训等相关工作。

【新建保障性安居工程项目】 2017年，市人民政府下达全县保障性住房建设任务主要有：新增开工保障性安居工程棚户区改造（含货币化安置）209户（套）共涉2个项目其中妇幼保健院12套、县政府大院棚户区改造一期197套，改造面积12520平方米，建成面积17500平方米，计划总投资4375万元，改造内容是危旧住房拆除重建改造；公共租赁住房分配入住任务110套共涉6项目，其中：县非遗展演中心28套，利周乡政府4套，百乐乡龙车中心校24套，浪平乡平山中心校20套，潞城乡十二桥小学24套，浪平乡中心校10套。截至2017年，全县完成市政府年初下达目标任务209套的100%，其中货币化安置占开工量的94.26%；完成公共租赁住房分配入住110套，完成市政府年初下达目标任务110套的100%。全县2017年度保障性安居工程开工和分配入住两项年度任务，均按照省政府年初提出的要求，及时并超额完成了各个阶段性目标任务，且两项考核指标完成情况均位居全市各县（区）比较靠前位次，其中全县棚改货币化安置也超额完成了市政府提出的“货币化安置不低于50%比例”要求。

【续建保障性安居工程项目】 2015全县棚户区（旧住宅区综合整治）改造任务650套，其中乐里镇城区350套，定安镇城区300套，改造总面积39000平方米，计划总投资

1335万元。2016年城市棚户区改造(旧住宅区综合整治)改造任务1100户(套),其中旧州镇城市棚户区改造项目500套,潞城瑶族乡城区改造建设项目300套,乐里镇城区改造(二期)建设项目300套,改造总面积66000平方米,项目计划总投资4050万元;改造内容:对房屋主体结构加固、加高、加宽,对部分旧住房翻建,对房屋建筑主体水、电、通信、防水等老化设施设备进行改建;对不达标的老房屋进行抗震加固;对住宅区公建部分进行水、电、路进行改造;进行绿化、景观、道路、照明设施改造;雨水、污水收集系统完善等配套基础设施建设。截至2017年年底,2015年棚户区改造项目已竣工验收;2016年棚户区改造项目进度已基本建成。

【2017年中央财政公共租赁住房及其配套基础设施项目】 2017年政府投资公共租赁住房住房配套基础设施项目共6个项目:利周乡政府、县非遗展演中心、百乐乡龙车中心校、浪平乡平山中心校、潞城乡十二桥小学、浪平乡中心校公共租赁住房配套基础设施。主要项目内容:红线范围内道路、排水、绿化、路灯、围墙等基础配套设施,红线外道路等基础配套设施。总投资208.3万元,资金来源:中央财政专项补助资金。至2017年12月底,项目完工交付使用。

【田林县公有住房档案及公共租赁住房相关管理制度】 年初制定全县2017年保障性住房实施方案,年终完成全县全年保障性住房工作总结。出台田林县公共租赁住房租金价格、公租房与廉租房并轨运行等相关管理制度。完成全县3811份干部职工政策性住房档案的信息采集录入工作,全面实现与自治区统一的干部职工政策性住房档案信息系统,实现动态管理。

【个人住房信息系统及保障性住房管理信息系统建设管理】 按照区、市要求,安排专人负责住房保障信息系统,按月更新建设项目的基本信息,上传工程进度照片,按时完成各类报表的收集、汇总、审核和报送工作,做好保障性住房档案整理和信息公开工作,建立保障对象基本信息档案,台账齐全,把保障性安居工程项目库建设作为一项长期管理机制,不断提升全县住房保障信息化管理水平。

【公有住房售后维修】 2017年完成5个县直单位公有住房维修工作,内容包括化粪池清理、天面补漏、卫生间翻修,外墙维修。维修费用1万元。

【二级市场交易验审】 贯彻执行自治区、百色市和田林县有关公有住房上市交易细则等文件精神,做好已售公有住房上市交易工作。全年共审核审批上市交易2套,出售面积108.24平方米,成交值20.02万元。

(撰稿　赖国康　黄艳秋)

环境保护

【田林县环境保护局领导】

局　长:姚茂贤
　　　　黄桂芳(女,壮族,2017年8月离任)
副局长:李　杨(壮族)
　　　　岑莉蓉(女,壮族,2017年11月任职)
总工程师:韦晓訸(女,壮族)

【概况】 田林县环境保护局内设办公室、监督管理与自然生态保护股、污染防治与科技标准规划股3个职能股室,下辖田林县环境监察大队、田林县环境监测站2个直属单位。到2017年年底,县环境保护局行政编制5名,实有7名,其中党组书记、局长1名,副局长2名,总工程师1名,改任非领导职务人员3名。县环境监察大队人员编制2名,实有3名,环境监测站人员编制3名,实有4名。

2017年,田林县环境保护局全面贯彻落实科学发展观,以污染减排、建设"生态乡村、美丽田林"为主线,依法推动各项工作,辖区空气环境、地表水环境质量保持稳定,总体良好。

【环境质量】 2017年,开展县城水环境质量和空气环境质量监测工作,分别于1—4月委托百色市环境监测站,5月起委托南宁市龙翔环境监测有限公司。水质量监测点以县城饮用水取水点(启文水库)和县区交接断面(旺甸交接断面)两个点进行监测水环境质量监测,其中县城饮用水取水点(启文水库)监测频次为每季度一次,县区交接断面(旺甸交接断面)监测频次为每月一次,监测项目均有化学需氧量、总磷、氨氮等25项;空气质量以县人社局办公室楼顶为监测点,每月连续5天进行监测。

根据监测结果,2017年县城饮

用水取水点及县区域交接断面水环境各项指标均达标，其中县城饮用水取水点水质保持《地表水环境质量标准》(GB 3838-2002)的Ⅱ类标准，河流交接断面(即乐里河)水质保持《地表水环境质量标准》(GB 3838-2002) Ⅲ类标准，县城空气质量达《环境空气质量标准》(GB 3095—2012)二级标准。

【中央环境督察整改】 为做好中央环保督察各项整改工作，田林县制定印发《中共田林县委办公室田林县人民政府办公室关于印发〈田林县贯彻落实中央环境保护督察反馈意见整改方案〉的通知》，明确整治目标、整治措施、整治时限及各相关单位的职责、任务，全面部署和推进各项整改工作。建立健全环境保护公众参与机制，提高公民环保知识水平，形成保护环境、人人有责的共识，形成崇尚自然、节约资源、减少污染、保护环境的良好社会氛围。田林县涉及中央第六环境保护督察组反馈意见的问题共有5个问题，已全部完成整改，已完成材料收集整理及归档，并于6月23日前向市级申请销号验收。

对环境保护工作认识不够的问题，针对环境保护工作认识不够的问题，田林县制定印发《田林县环境保护“党政同责”“一岗双责”责任制实施办法(试行)》，在“党政同责”“一岗双责”中明确了各级党委7个方面的职责、各级政府9个方面的职责和34个县直部门的环境保护职责。完善生态环境长效机制，以问题整改为契机，推动落实环境保护“党政同责”“一岗双责”，形成“党委政府总责、环保部门统管、相关部门齐抓、排污单位守法、社会公众共督”的大环保工作格局。田林县已将《田林县环境保护“党政同责”“一岗双责”责任制实施办法(试行)》在县人民政府门户网站向社会公开。

局部地区生态破坏问题突出，生态破坏事件时有发生问题，经调查，田林县岑王老山国家级自然保护区内新建2条道路：一是保护区内14户原住民自筹集资为方便生产而建设的道路。岑王老山自然保护管理局已报告百色市森林公安局岑王老山派出所进一步调查处理。在该条便道道路树立警示牌，采取原地封育措施进行整改恢复植被工作。于2017年12月完成整改，植被得到逐步恢复；二是保护区内4户原住民自筹集资为方便生产而建设的道路，核实后岑王老山自然保护区管理局已报告百色市森林公安局岑王老山派出所进一步调查处理。同时树立警示牌，采取原地封育措施进行整改恢复植被工作。于2017年12月完成整改，植被逐步恢复。

“自治区对自然保护区监管工作部署推进不力，保护区边界不清、机构不全、管理不严的问题普遍存在，截至2015年，全区各级国土资源部门在自然保护区累计设立采矿权34宗，且绝大部分在保护区划定后仍违法审批续证”的问题。田林县辖区内岑王老山自然保护区已完成保护区确界，2017年确界整改工作问题并不包含田林县。广西岑王老山国家级自然保护区管理局已印发《广西岑王老山国家级自然保护区管理局“五化”建设实施方案》，并组织落实。

“督察进驻期间，群众对百色市的铝土矿开采、百色的建材企业等的环境污染问题投诉集中”的问题。2017年在全县范围内开展整治行动，共出动42人次，14车次，完成企业排查工作。田林县无铝土矿山，主要建材环境污染问题为采石场。涉及的群众举报信访件百乐乡龙车村拿木湾石灰岩石场和百乐乡龙车村公杠石灰岩石场已完成整改。

县环保执法队到田林高龙黄金矿业有限公司进行环境执法检查

【水污染防治】 为切实做好水污染防治工作，制定印发《田林县人民政府办公室关于印发〈田林县2017年水污染防治行动计划工作方案〉的通知》，抓好水环境治理，确保水环境安全。

县城内河污染治理 由县水利局牵头，采取控源截污、清淤疏浚等措施，加快县城内河污染治理，确保县城内河保持水清、无味。2017年开展乐里河清表12000平方米，河道清淤3300立方米，完成城区内金辰郡、双虹桥、住建局三座橡胶坝建设任务。

乐里河水环境质量监测 对县城内河（乐里河）进行水环境质量监测，监测频次为每月一次，监测项目为均有化学需氧量、总磷、氨氮等25项。根据监测结果，2017年乐里河水环境各项指标均达标，水质保持《地表水环境质量标准》(GB 3838-2002) Ⅲ类标准。

启文水库集中式饮用水水源地水质环境监测 一是开展专项执法检查工作。经排查，水源地保护区内已进行设置标志、隔离烂、警示牌，无与供水和保护水源无关的建设项目或设施，无排污口，无网箱养殖。二是开展水质环境监测工作。根据监测结果，2017年启文水库集中式饮用水水源地水质类别达到Ⅱ类标准。

【大气污染防治】 为进一步加强生态环境保护，切实保障田林县空气环境质量，预防雾霾天气的产生，开展各项大气污染综合治理工作。

燃煤小锅炉整治 加强对城区内燃煤小锅炉的监管力度，由县质监局牵头，开展燃煤小锅炉的摸底调查、整治工作，确保达到《锅炉大气污染物排放标准》要求。完成对城市建成区内燃煤锅炉的摸底排查工作。经排查，田林县县城建成区内无燃煤小锅炉。

城市扬尘整治 县环保、住建、市政等部门开展联合执法，推进城市建成区内扬尘整治工作，确保田林县空气质量保持优良。一是开展施工扬尘、道路扬尘、企业堆场扬尘等防治工作；二是开展城区内无证露天砂石场整治活动；三是加强扬尘整治信息共享。

露天烧烤、餐饮油烟污染控制 县环保局、市政局开展联合执法，加强管理和执法，坚决制止违反规定的露天烧烤行为，对市民投诉违规露天烧烤集中的片区，制定专项整治方案，组织突击整治。加强餐饮油烟监管，督促餐饮企业和单位食堂安装使用高效油烟净化设施，并确保正常运行，达标排放。

垃圾及秸秆禁燃工作 田林县制定印发了《田林县人民政府办公室关于印发田林县2016—2017年秋冬季垃圾及秸秆禁燃工作方案的通知》，在全县范围内开展秋冬季垃圾及秸秆禁燃工作，通过日常巡查和现场检查的形式，及时发现并制止焚烧秸秆现象，确保大气环境质量保持优良。

【土壤污染防治】 为切实做好土壤环境保护工作，制定印发了《田林县人民政府办公室关于印发〈田林县2017年土壤污染防治行动计划工作方案〉的通知》（田政办发〔2017〕21号），深入开展土壤环境质量调查工作，经排查，田林县土壤污染重点企业共有12个。配合市环保局开展土壤污染治理与修复规划编制工作。

【建设项目管理】 在项目环评审批工作中严格执行国务院《建设项目环境保护管理条例》和《建设项目环境保护分类管理名录》的规定，严把环评审批、验收关，确保环评和“三同时”制度的落实。2017年共审批、备案建设项目环境影响评价文件41件，其中报告表20个，登记表21个。项目办结率100%，满意率100%，未发生任何投诉和上访事件。

【企业自行监测工作与环境信息公示】 按自治区环保厅的工作布置，县环保局监督县内4个重点污染源企业（广西劲达兴纸业有限公司、田林县污水处理厂、广西田林红枫淀粉厂、广西田林和平糖业有限公司）落实自行监测措施，开展企业自行监测，并向社会主动公开企业执行的环境保护标准与产排污监测情况，4个企业分别在厂区内建公示牌，向社会公示环境信息。同时，委托开展自行监测，每月向区市环保部门报送每月自行监测情况，接受社会与环保部门的监督。

【环境监察执法】 2017年共出动环境监察执法155次，出动498人次，下达期限整改书15份，下达责令改正违法行为决定书18份，立案7件，已收缴罚款金额27.8万元。有效地打击环境违法行为，促进了企业规范管理。

日常环境监管 加强造纸、淀粉、制糖等重点排污企业的监管，每月进行不少于1次的执法检查，包括检查企业环保处理设施运转情况等；每季度对矿山企业、砖厂、养殖场等非重点企业进行至少1

次以上的执法检查。

污染事件处置 妥善处理广西荣安农业发展有限公司污染事件。针对2017年3月荣安公司在试产中发生的群众关注度高、敏感度高的的污水泄漏事故,采取有效措施,有效消除环境安全隐患和社会影响。一是对执法检查中发现的问题下达整改通知书,要求企业停产进行整改。二是妥善处置受污染水体,经处置后水质已达标;三是加大环境监管力度,每日安排工作人员在该公司进行值班,监督整改工作,对污水处理后是否达标排放进行时刻跟踪;四是对该公司立案调查,并处罚款7.5万元,该企业于2017年4月5日缴纳完成。

矿山与建材行业环境安全隐患排查及整治 制定印发《田林县环境保护局2017年铝土矿山及建材企业调查整治工作方案》。此次排查整治行动从2月21日开始,到4月15日结束。整治行动共出动人员31人次,经调查田林县辖区内没有尾矿库和铝土矿山,建材企业在册28家(水泥厂1家,砖厂4家,采石场23家),其中,有15家企业已不存在,2家企业已停止生产,此次共检查了11家企业,即水泥企业1家、砖厂3家、采石场5家、矿山2家。此次检查存在未办理环评问题2家,已停产整改。

清废打假和纳污坑塘排查整治专项行动 根据《百色市纳污坑塘排查整治专项行动工作方案》的通知精神,县环保局相应成立《田林县环保局纳污坑塘排查整治方案》和领导机构,开展纳污坑塘排查整治专项行动,通过对田林县8个企业的检查,正在正常生产有2个,季节性停产有3个,申请停产的有2个。根据自治区清废打假工作组到田林县检查发现的田林红枫淀粉厂有个98年老厂遗留旧坑塘数据超标问题,已上报县人民政府和百色市环境保护局。县政府成立领导小组,制定整治方案。由县环保局牵头,经济局等配合整治,经采用撒石灰等方式,坑塘治理后颜色已呈绿色,经过监测仍有总磷和悬浮物两项数据超标,又采用投放聚合氯化铝来降磷和悬浮物。经治理旧塘水已变清绿色,已委托南宁龙翔监测公司进行监测,争取达标消号。

核与辐射安全检查 田林县在“两会”期间开展核与辐射安全检查工作,辖区内有核技术利用企业2个(广西劲达兴纸业有限公司、广西田林和平糖业有限公司),使用射线装置单位2个(田林县人民医院、乐里镇卫生院)。核与辐射环境风险的4个单位均基本完善了相关制度与档案,现场有警示标志。存在的问题:一是广西劲达兴纸业有限公司核辐射许可证于2016年10月已到期,检查时该厂处在停产状态,安排有车间值班人员定期巡查,落实了安保措施。二是广西田林和平糖业有限公司已取得辐射安全许可证,但尚未经自治区环保厅验收。检查时该厂季节性停产,但厂内有专人管理,配有个人剂量监测器材等防护用品,没有放射性废物产生。

工业污染源全面达标排放计划 制定印发了《田林县工业污染源全面达标排放计划实施方案》(田环字〔2017〕8号),全面排查、评估工业污染源排放情况,加大超标排放整治力度,不断强化环境监管执法,规范和加强在线监控的运行和监管,全面推进信息公开,实施超标排污联合惩戒,强化环境服务业技术支持。已完成全县钢铁、火电、水泥、煤炭、造纸、印染、污水处理厂、垃圾焚烧厂等8个行业工业污染源排放排查和评估工作。

砖瓦行业专项执法检查 田林县对辖区内共4家砖瓦企业进行排查、整治,分别为田林县德春红砖厂、田林县建业红砖厂、田林县乐里忠来页岩砖厂、田林县潞城惠光建材厂。经对上述的4家砖瓦企业进行检查,除田林县德春红砖厂安装脱硫除尘设施外,其他三家未安装脱硫除尘设施。针对上述4家砖瓦企业存在的问题,县环保局下达责令限期整改通知书,要求企业做好整改。

环境安全隐患大排查 2017年县环保局对辖区内40企业进行针对性安全生产检查。一是非煤矿行业检查3家企业;二是对国控污染企业行业进行检查6家企业;三是对铁合金行业进行检查1家企业;四是对建材行业进行检查10家企业;五是木材加工行业和制炭行业进行检查20家企业。

自然保护区综合执法 田林县成立由环保局、林业局、岑王老山自然保护区管理局和浪平镇相关工作人员组成的核查工作组,开展辖区内自然保护区生态保护自查。根据自查结果为岑王老山自然保护区画定有边界,边界没有被侵占、保护区内未发现破坏和被违法开发项目侵占等使保护区面积减少的行为。经实地调查核实,《遥感监测报告》发现保护区内新增2条普通道路,分别为2015年8月和2015年9月保护区内群众集资修建的2条简易生产便道。一是

第一条新增普通道路核查情况。经现场核实该道路长度754.03米，路宽3.0米，该新增道路位于保护区缓冲区。道路所在区域属于群众常年耕作区，主要树种为油茶和耕作地，现场未发现破坏天然林木痕迹。该便道是保护区内田林县浪平乡台子上屯、笨么屯杨学稳等14户农户集资于2015年8月在原有的林区小道上扩建，扩建道路经过地段为油茶人工林及耕作地，建设道路目的用于运输肥料和农作物，经核实该道路修建未经过任何单位审批。通过核实道路实际情况并结合周边林相等因子进行初步分析，该道路处于有人类活动的人工林及常年耕作地内，未对原生生态环境造成重大影响。二是第二条新增普通道路核查情况。经现场核实该道路长度346.96米，路宽3.0米。道路位于保护区实验区，属于群众常年经营八角、板栗林地，开设道路经过地段植被为人工八角、板栗、油茶、杉木，原为林区步道。经调查该新增普通道路是保护区内田林县浪平乡杀羊屯秦世韦等4户农户集资于2015年9月在原有林道上改扩建，主要用途肥料和经济林木果实收成运输，经核实该道路修建未经过任何单位审批。通过核实道路实际情况并结合周边林相等因子进行初步分析，该道路处于有人类活动的人工林内且离原始林区较远，未对原生生态环境造成重大影响。三是查处情况。因岑王老山自然保护区为市林业局岑王老山自然保护区管理局进行管理，在核查组对违建行为进行调查后，将核查材料交由管理局森林公安进行后续处理。处理结果为要求行为人限期恢复原状。

【环境信访】 田林县环保局在加大执法力度的同时，及时派员查处信访件，缩短信访处理时限，要求一般案件必须在7天以内处结，重大案件必须在20天以内处结，效率分别提高了3倍和5倍。2017年共受理环境投诉件26件，其中22件为普通信访件，已办结；4件信访件进行立案，均已办结，处结率100%，辖区内没有发生重、特大环境污染事故，维护了社会稳定。

【环境保护宣传】

秸秆禁烧宣传活动 利用春耕季节为契机，开展秸秆禁烧宣传活动，此次活动主要采取田间走访、入户宣传等形式向广大农民朋友宣传秸秆粉碎还田、秸秆堆肥、草制品编织等多种措施进行秸秆综合利用。

“6·5”世界环境日宣传活动 利用“6·5”世界环境日为契机。会同县农业局、水利局、林业局等12个部门及辖区6个重点企业在人群集中区的县工商局办公楼前共同开展了“6·5”世界环境日现场宣传活动。通过悬挂宣传标语，制作宣传板报，设立宣传咨询台，发放生态环境、绿色低碳生活及新《中华人民共和国环境保护法》知识问答等宣传资料，并现场开展环保法律法规和政策咨询活动，同时在辖区主干道、乡镇主要路段悬挂宣传横幅等多种形式开展宣传，活动共出展板报18张，现场解答相关法律咨询100余人次，发放宣传资料2000余份、环保袋1000个、环保围裙1000条，悬挂宣传横幅36条。

【征收排污费】 严格按照《排污费征收使用管理条例》，大力开展排污费征收工作，通过强化排污申报核算、规范排污费征收管理、公开排污费征收程序和收费标准等，开展排污费征收工作，2017年以来，共完成征收排污费320475元。

【环境能力建设】

县环境监测站项目 田林县在进城大道中石油加油站旁新建环境监测站业务用房，截至年末，已完成主体框架建设。

旧州平满屯污水处理站项目 该项目为县为民办实事项目，项目地址为旧州镇平满屯，年末已完成项目土建工作。

空气质量监测站项目 在县人社综合楼楼顶新建空气质量监测站，为全自动监测站，可对必测的空气监测项目进行监测。

【生态管理与保护】

创建生态村 2017年田林县共完成5个行政村的生态村材料整理上报工作。根据《广西壮族自治区环境保护厅关于命名2017年自治区级生态县(市、区)、生态乡镇和生态村的通知》，授予田林县高龙乡高郭村、旧州镇徕周村、浪平乡塘合村、平塘乡六池村、平塘乡平吉村等5个村“自治区级生态村”称号。

生态环境质量评估上报 县环保局联合县直各相关部门开展田林县2017年水源涵养生态功能区中央财政转移支付资金的评估上报工作，县人民政府印发了《田林县2018年国家重点生态功能区县域生态环境质量监测、评价与考核工作实施方案》，并按要求完成生态环境质量评估资料汇编上报工作。田林县制定印发《田林县2017年环境保护巩固提升年活动实施方案》,由县环保局牵头负责该项工作的组织、协调工作。坚持和强化各项环境保护工作措施,着力解决田林县存在的环境问题,巩固提升辖区环境质量,召开专题会议,列明工作清单,明确完成时限和责任单位,汇报工作完成情况。并根据《百色市环境保护巩固提升年绩效考评实施方案》要求,将任务分解至各有关部门及各乡(镇)人民政府,2017年完成全县环境保护巩固提升年的绩效任务。

垃圾及秸秆禁燃工作 为进一步加强生态环境保护,切实保障空气环境质量,预防雾霾天气的产生,田林县制定印发《田林县2017—2018年垃圾及秸秆禁燃工作方案》,将责任分解至各乡镇,实现分片管理;开通并在县人民政府网站向社会公示秸秆、垃圾焚烧投诉电话;制作宣传标语,发放宣传单;并通过日常巡查和现场检查的形式,及时发现并制止焚烧秸秆现象,确保大气环境质量保持优良。

县城内河污染治理 每个月均对县城内河(乐里河)进行水环境监测工作,根据1—10月的监测结果,乐里河水质保持GB3838-2002《地表水环境质量标准》Ⅲ类标准,水质均达标。

自然保护区的综合执法工作 加强对辖区内岑王老山自然保护区的管理工作。田林县成立由县环保局、县林业局、岑王老山自然保护区管理局和田林县浪平乡相关工作人员组成的核查工作组,到辖区内的岑王老山自然保护区开展核查工作,严厉打击非法占用自然保护区林地的行为。

【环境突发事件】 2017年全县无较大及以上级别的突发环境事件发生。 (撰稿 黄 芬)

商　务

综　述

【田林县商务局领导】
局　长：王炳忠（壮族）
副局长：谭永升

【概况】 田林县商务局于2012年7月成立，属县人民政府直属管理的财政全额拨款事业单位，2013年11月定为参照公务员法管理单位。人员编制原核定5名，2017年增到8名，在职人员7人。设领导职数2名，其中局长1名，副局长1名。机构设办公室和行政财务股、市场建设和运行股、商贸服务管理股。在百色市商务局开展的2017年全市商务工作先进集体表彰中，田林县商务局荣获“2017年度内贸流通工作优秀奖”“2017年度实际利用外资工作优秀奖”、山弘（田林）农产品有限责任公司荣获“2017年度对外贸易十佳企业奖”。田林县汇客隆百货有限公司被自治区商务厅评为2017年度广西商务诚信示范单位。

【第三产业增加值】 2017年全年完成18.93亿元，同比增长10.1%，增速排全市第3位。占全县GDP总量比重33.49%，拉动全县GDP增长4.7个百分点。其中：批发和零售业实现销售额分别为3.90亿元、16.38亿元，同比增长33.91%、21.66%；住宿业营业额0.38亿元，增长17.53%；餐饮业营业额1.78亿元，增长22.06%。

田林县电商企业——广西田林巨西科技有限公司营业展厅一角

【社会消费品零售总额】 全年完成12.14亿元，增长13%，增速排全市第2位。

【进出口贸易】 主要进出口企业有山弘（田林）农产品有限责任公司、广西伟健药业有限公司、广西劲达兴纸业有限公司等3家，出口商品主要有灵芝系列产品、八渡笋笋干丝等。2017年全县进出口贸易总额市下任务为4850万元，完成4872万元，完成100.5%。其中进口0万元，出口4872万元。

【限上企业培育】 2017年新培育入统21家，其中批发业2家，零售业13家，餐饮业2家，住宿业1家，营利性服务业3家。至2017年12月止，全县共有商贸流通领域限上企业64家，其中批发业5家，零售业39家，住宿业3家，餐饮业6家，服务业11家。2017年度第三产业限上企业名单：

批发业　田林县满昌贸易有

限公司、田林县荣蓬农资有限公司、田林县岑灵王科技有限责任公司、田林县鹏达商贸有限公司、田林县医药公司。

零售业　田林环球百货有限公司、田林县汇客隆百货有限责任公司、田林县利达徕民族商贸有限公司、田林县顺达摩托车营业有限公司、田林县康阳电子营业有限责任公司、田林县新华书店有限公司、定安山风建材市场、田林县鼎红贸易有限公司、田林县巨发商贸有限公司、田林县优配汽车配件销售部、田林县开口笑商贸有限责任公司、田林县兰丰汽配销售部、田林县万事达办公设备销售有限公司、田县旺博办公设备销售有限责任公司、田林县丰鑫天顺商贸有限公司、田林县威宏商贸有限公司、田林县龙福日杂批零部、田林县建力建材经营部、田林县运达商贸有限公司、田林县顺运农产品贸易有限公司、田林县远东商贸有限公司、田林县众建摩托车销售有限责任公司、田林县桂军食品营销部、田林县亚都贸易有限公司、广西海韵贸易有限责任公司、田林县锦梦商贸有限公司、田林和永汽车营业服务有限公司、田林县月桦商贸有限责任公司、田林县顺昌摩托营业有限责任公司、田林县定安永达批发部、福达婵婵日杂批零店、田林县四芳土特产经营部、田林县旧州镇昌德超市、田林县众兴贸易经营部、田林县绵华顺酒类经营部、天天乐购超市田林店、百色市恒健医药连锁有限公司、田林县大众摩托车营业有限公司、田林县信达摩托车营业有限公司。

住宿业　田林环球大酒店、田林锦龙大酒店、田林县悦华山商务大酒店。

田林县企通宝电商产业园

餐饮业　广西田林翠良食府餐饮服务有限公司、田林县盘王部落旅游开发有限公司、田林县新天地大酒店、田林县都羊仔餐饮有限公司、田林县古雅咖啡店、田林县黄氏羊肉馆。

服务业　田林永生驾校、田林广源驾校、田林县桂达建筑机械租赁有限责任公司、田林县永兴公交汽车有限公司、田林县开心城休闲会所、恒通物流公司、田林县和成汽车服务有限公司、九牧广告传媒有限公司、田林县亿能汽车修理厂、田林县民鑫物流运输有限公司、田林县市场开发服务中心。

【生猪活体储备】　与5家生猪养殖大户签订生猪活体储备合同，全年完成三批生猪活体储备，每批储备900头，共2700头。

【成品油市场监管】　会同县消防、安监部门对全县20家加油站进行年检及开展安全生产大检查工作，监管面达100%。

【企业扶持政策】　2017年给予田林县鹏达商贸有限公司等25家企业“首次列入限额以上企业扶持”；给予田林县环球百货有限公司等18家企业“年度强优企业扶持”；给予田林县汇客隆百货有限责任公司等43家限上（规上）企业每家企业统计人员3000元/年的补贴。扶持金额共266.9万元。

【重要商贸企业】

大中型超市　全县大中型超市有田林环球百货有限公司、田林县汇客隆百货有限责任公司、田林县利达徕民族商贸有限公司、田林县康阳电子销售有限责任公司、天天乐购超市田林店。

大中型酒店、宾馆　田林环球大酒店、田林锦龙大酒店、田林翠良食府餐饮服务有限公司、田林新天地大酒店

物流公司　田林县恒通物流有限公司、田林县民鑫物流运输有限公司。

汽车、摩托车销售企业　田林县和成汽车服务有限公司、田林和永汽车营业服务有限公司、田林县

顺达摩托车营业有限公司、田林县大众摩托车营业有限公司、田林县信达摩托车营业有限公司。

电商企业 田林企通宝科技有限公司、田林巨西科技有限公司。

（撰稿 甘建良）

供销合作社

【田林县供销合作社联合社领导】

理事会主任：明光建

理事会副主任：冼克奇

监事会主任：林振清（壮族）

监事会副主任：黄泽安

【概况】 田林县供销合作社联合社是财政全额拨款的事业单位，定编10名，实有人员12人；内设办公室、财会审计股、合作指导股、综合业务股四个股室。2014年12月，县机构编制委员会同意恢复设立县供销联社理事会和监事会机构（田编〔2014〕21号），设理事会主任（正科长级）1名，副主任（副科长级）1名；监事会主任（正科长级）1名，副主任（副科长级）1名。县供销社工作职责是对基层社和直属公司负责“管理、协调、指导、监督”，推进全系统综合改革，同时承担县党委政府下达的各项中心工作。县联社下辖潞城、利周、旧州、浪平、八桂、八渡、定安、那比、百乐、板桃、者苗、平塘等12个基层社和土产公司、农资公司、果品公司、贸易公司、储运公司等5个直属公司。2017年年末全系统在职职工为174人。

【经济指标】 2017年，全系统商品购进总额23860万元，完成计划102%，同比增长13.8%；其中，农副产品购进3120万元，完成计划100%，同比增长16%；销售总额29687万元，完成计划102%，同比增长14.1%；日用消费品销售20881万元，完成计划100%，同比增长15.7%；农资商品销售5353万元，完成计划101%，同比增长11.5%；烟花爆竹销售126万元，同比增长1.6%；实现利润46万元，完成计划115%，同比增长15%。

【资产经营管理】

供销合作社综合改革 贯彻落实《中共广西壮族自治区委员会广西壮族自治区人民政府关于深化供销合作社综合改革的实施意见》的文件精神，及时拟订田林县的具体实施方案，并及时将方案上报县人民政府审定。12月13日县委、县政府出台了《关于印发田林县供销合作社综合改革实施方案的通知》。通过成立综合改革工作领导小组，将工作任务分工落实到分管领导和职工个人，使综合改革的各项任务顺利完成。在潞城、浪平社设立了农民专业合作社、基层供销社、农民专业合作社联合社组成的“三位一体”组织架构。在潞城乡那马村开展土地托管业务，与当地农民签订1300亩的土地托管合同。农合联电子商务网上销售达2万元，增幅100%。供销社牵头成立5个农民专业合作社，重新挂牌成立了13个村级服务站，参与各项为农服务。综合改革工作顺利通过市绩效办的考核验收。

社有企业资产管理 完善“县基合一”的资产管理模式，创新基层供销社的管理体制，抓好社有企业资产管理。资产管理有限责任公司从基层社聘请4名管理人员担任资产管理公司业务经理和会计及管理人员，完善各项管理制度，对全系统12个基层供销社的资产进行一次全面的摸排，对闲置的资产进行实地丈量，提出开发的合理意见。同时，对县社直属公司及基层供销社改制后的剩余资产，行使所有权和管理权，将各个基层社的土地证、房产证资料、印章等统一收归县联社进行管理，确保社有资产的安全。

基层社网点项目建设 抓好基层社网点项目建设工作，盘活社有资产，不断增强发展后劲。2017年，利用社闲置资产，与当地老板合作建成了潞城供销社农贸交易市场、定安佳华超市、平塘冠华超市这3个项目建成营业，一年共增加收入30万元。

安全管理工作 主要领导亲自抓，分管领导具体负责，综合业务股负责在全系统进行安全大检查，在年末和雨季来临之前，都进行安全大检查，及时下达整改通知书。年初，与下属单位签订安全责任状，确保安全工作任务落实到个人，确保全年无安全事故发生。

（撰稿 赵文双）

粮食商业

【田林县粮食局领导】

局　长：罗孙莹（壮族）

副局长：陆罗贤（壮族）

　　　　邓有金（瑶族）

　　　　黄志鸿（壮族）

纪检组长：邓燕飞（女，瑶族，2017年6月离任）

【概况】田林县粮食局是在县发展和改革局挂牌、统一管理全县粮食工作的行政职能部门。县粮食局下辖两个独立核算国有粮食企事业单位即县储备粮管理公司和县粮食购销中心（含14个乡镇粮所）。

县粮食局内设办公室、调控股（流通与科技发展股）、监督检查股等3个股室，行政编制为8名，其中：局长1名，副局长3名。2017年6月划转编制2名到县纪委，调整后县粮食局行政编制为6名。

县粮食局有干部职工8人，其中局长1名，副局长3名，副主任科员1名，科员3名，退休人员13名；县储备粮管理公司在职7名，退休人员3名；县粮食购销中心在职38名（含14个乡镇粮所工作人员），离岗退养人员2名，退休人员55名；改制撤销企业遗留离岗退养人员5名，退休人员37名。全县系统总共在职人员53人，退休人员108人，离岗退养人员7人。

【粮食销售】田林县2017年全社会粮食销售量35657吨（贸易粮）。按粮食品种分：折合小麦1287吨、大米6964吨、玉米26952吨、大豆122吨、其他杂粮332吨；按销售去向分：销往自治区外7905吨、销往自治区内县外14613吨、本县内销售13139吨；县内销售主要对象：居民口粮6471吨、饲料用粮5324吨、食品副食酿造用粮1344吨。

【粮食应急】2017年，田林县落实粮食应急加工企业2家，按照“合理布点、全面覆盖、平时自营、急时

表8　**田林县2017年全社会粮食销售情况表**

单位：吨

按品种划分		按去向划分			县内销售分对象		
		销往自治区外	自治区内县外	县内销售	居民口粮	饲料用粮	食品副食酿造用粮
合　计	35657	7905	14613	13139	6471	5324	1344
折合小麦	1287			1287	1287		
折合大米	6964		1819	5145	3801		1344
玉　米	26952	7905	12794	6253	929	5324	
大　豆	122			122	122		
其他杂粮	332			332	332		

注：本表数据来源于2017年粮食供需平衡调查

表9　**田林县2017年社会食用油购销情况表**

单位：吨

品种	购进			销售		
		本县收购	县外购进		居民口油	销往县外
食用油合计	871		871	1694	1051	643
菜籽油	6		6	106	106	
花生油	539		539	387	387	
豆　油	215		215	211	211	
茶籽油				905	262	643
调和油	111		111	85	85	
油料合计	2057	1881	176	1415	144	1271
花　生	115		115	83	83	
油茶籽	1881	1881		1271		1271
其他油料	61		61	61	61	

注：本表数据来源于2017年食用油脂、油料供需平衡调查

应急”的原则落实应急供应网点14个,全县每个乡镇政府所在地布点1个应急供应网点。

【粮食加工】 田林县乡村粮食自给自足,城镇人口少,粮食销量不大,粮食加工以小型机械、个体户加工为主,取得法人资格,拥有大型机械的只有田林县丰益粮油贸易有限公司一家,2017年粮食加工量不足1000吨。

【食油加工】 全县有3家油脂、油料加工法人企业:广西田林县农富康农副产品综合食品加工厂、广西田林县鑫福源山茶油开发有限公司、田林县康益土特产有限公司。受到本地油茶籽产量不稳定及价格偏高,加工原料多数流往外地市场的影响,2017年3家油脂加工企业几乎处在停产状态。

【食油购销】 田林县2017年油料产量9708吨,其中油菜籽749吨、花生果23吨、油茶籽8936吨。从县外购进油料176吨,购进各类食用成品油871吨。年内油料销售1415吨,成品油销售1694吨。

【储备粮管理】

县级储备粮轮换销售 田林县2017年县级储备粮规模为4700吨原粮,按照储备粮管理有关规定,每年轮换30%出库,推陈储新。2017年报经县人民政府批准,县级储备粮轮换销售稻谷1627吨,通过广西新柳邕农产品批发市场有限公司电子平台公开交易竞价销售,以平均价格每吨2264元,全部中标,总收入3682743元,于当年10月15日县级储备粮全部销售出库。

县级储备轮换补库收购 经田林人民政府常务会议研究同意批复,2017年县级储备粮轮换补库粮食收购数量1627吨,通过广西新柳邕农产品批发市场有限公司公开交易竞价收购,以价格3.240元/吨成交,总支出金额5271480元,于2017年年底前补库完成。

【县粮食储备库仓储管理】

国家粮食质量安全监测计划 每年按结合田林县工作实际,由广西百色国家粮食质量监测站监督进行库存粮食样品采样检验。

粮食轮换出入库检验制度 实行粮食销售出入库检验制度,按规定出具检验报告。对粮食收购补库工作,根据粮食质量调查和品质检验,严把粮食收购质量安全关。对库存粮食的安全储存,严格按照国家粮食安全储藏的有关规定认真执行。

安全生产 粮食出入库均采用粮食机械设备(出仓扒谷机,输送带等等),工作人员持证上岗,严格按要求操作,确保粮食出入库的工作效率和生产安全。

【县粮食储备库建设项目】 截至2017年年底储备库建设项目完成投资2260万元,含征地费360万元(其中:2017年经地方财政投资金额400万元)。储备库项目建设总仓容1.27万吨。已竣工投入使用仓容7500吨,还有5200吨仓容在建中。

【乡镇粮食仓库建设】 全年固定资产18万元,比2016年增长20%,定安粮所收纳库已完成主体工程,正在进行装修和附属工程建设。

【政策性用粮供应】 田林县政策性粮食包括军供粮和民政救灾救济粮。田林属于粮食自给自足县,缺粮人口不多,需要政策性粮食供应的人口受上年度粮食收成影响略有变化。政策性粮食供应不仅是经济任务也是一项政治任务,是促进社会大局稳定的基础工作。国有粮食企业积极组织货源,按质、按量做好供应工作;为确保粮食有效供应,全县14个乡

田林县粮食储备仓库区全貌

镇建立有粮食购销网点，同时也还保留5个撤并乡镇的粮食供应点，方便缺粮群众买粮。自2016年12月县民政局通知停发救助口粮，实行现金社会化发放后，粮食部门发放救灾救济粮食数量相应减少，2017年共完成救灾救济粮筹措（收购）119800公斤，销售（发放）132975公斤（贸易粮），供应户数3744户，人口3747人。军粮供应由自治区军粮配送中心统一配送。

【粮食行政执法宣传】 一是开展粮食宣传周活动。2017年10月16日是世界粮食日，县粮食局当天在乐里粮所放心粮油店，开展“爱粮节粮保安全，优粮优价促增收”主题科普互动交流活动。组织公众走进放心粮油店，宣传讲解膳食营养健康知识，普及“中国好粮油”系列标准和质量控制，向群众发放《全国爱粮节粮宣传周2017世界粮食日宣传册》等宣传资料80余份。二是开展粮食安全进农户活动。活动周期间，县粮食局组织粮食储藏科技人员走村入户，深入田间地头，讲解粮食收获、干燥、储藏等专业知识，说明科学储粮柜的使用方法等，提高农户粮食收储技术水平。出动粮食储藏科技人员累计5人次，向30户农户作了储粮柜的使用方法宣传和说明。发放《农户科学储粮知识手册》等宣传材料100余份，解答群众提问18人次。三是开展粮食“质量月”活动。2017年9月，县粮食局围绕“大力提升质量、建设质量强县”主题，以多种形式开展2017年粮食“质量月”活动。9月26日，开展“粮油质量与健康消费”为主要内容的“质量月”宣传活动。县粮食局领导带队到田林鑫威农副产品购销有限公司，开展粮食“质量月”进企业活动。通过现场解答、挂活动横幅、发放宣传资料等形式，向企业员工和售粮群众宣传“粮食质量、爱粮节粮，健康消费”等知识，共发放《国家粮食质量标准》《农户科学储粮知识手册》等宣传材料120份，解答群众提问20人次。四是撰写粮食监督检查工作信息稿件。2017年县粮食局粮食监督检查工作信息稿共获发表6篇，其中在《广西粮食》发表1篇，县政府网发表5篇。完成县委约稿调查研究类1篇。

【粮食法规建设】 2017年7月28日广西壮族自治区人民政府印发《广西壮族自治区粮食收购资格暂行规定》。2017年10月13日广西壮族自治区粮食局印发《广西壮族自治区粮食收购资格审核管理办法》将办理粮食收购许可的对象从“从事粮食收购活动的法人、其他经济组织和个体工商户”更改为“从事粮食收购活动的企业”。

【粮食流通市场监督管理】 2017年，县粮食局开展监督检查行政执法各项工作，累计开展各类检查23次，累计有79人次参加，累计对59个次被检查对象进行了检查。全年行政处罚案件为0件，行政上诉案件为0件。

全县粮食库存检查 县粮食局2017年5月上旬开展了2017年全县粮食库存检查工作。在检查中，县粮食局检查执法人员深入到各储粮单位仓库，运用科学的检测仪器，检测粮食的水分和杂质，对发现超过国家质量标准的粮食，责成存粮者及时处理。查库工作组共检查存粮库点两个，检查存粮仓库9间（其中潞城营盘点4间、利周点5间），通过“测量计算法”，检查库存粮食实际数为4700吨，与保管账库存实物数相符。

粮食收购资格核查 2017年，县粮食局继续开展全县粮食收购资格核查工作。一是年度核查时，田林县对取得粮食收购许可证的粮食经营者共19户（其中2家是国有粮食企业，2户是私营企业，另外15户是个体工商户），进行了全面检查。经核查，田林县辖区内由县粮食局签发的16本粮食收购许可证均符合相关规定都通过了2017年度年审，另有3本超过有效期，不参加年检。

2017年夏、秋粮食收购检查 根据市粮食局工作部署，2017年9月中旬至10月底，县粮食局开展了此项检查工作。一是坚持原则，维护农户利益。在检查中，严格对照“五要五不准”的粮食收购守则（即要敞开收购、随到随收，不准折腾农民；要依质论价、优质优价，不准坑害农民；要公平定等、准确计量，不准克扣农民；要现款结算、不打白条，不准算计农民；要优质服务、排忧解难，不准怠慢农民）要求，对全县粮食收购点进行拉网式检查。检查的对象有：粮食经营类15家；粮食加工类1家；粮食市场个体经营者随机抽查。二是加强巡查工作。县粮食行政执法大队是这项工作的具体承担者。重点检查经营者在粮食收购中发生的向售粮农户“打白条”现象。三是建立部门执法联动机制。县粮食局主动与县工商局等部门联系，出台《部门执法联动工作方案》，多次与县工商局联合执法，打击无证收粮行为，维护粮食流通秩序。

“大快严”集中行动 2017年8月至10月在全县范围内开展了政策性粮食（含中央和地方储备粮、最低收购价粮、国家临时存储粮、一次性储备粮，下同）安全隐患大排查、快整治、严执法集中行动（以下简称“大快严”集中行动）。一是组织粮食企业开展自查。经排查发现安全储粮和安全生产存在的问题隐患。①八桂粮所5、6号仓漏雨严重；者苗粮所5、6号仓属20世纪60年代危旧仓库不安全；浪平粮所1、2号仓属20世纪60年代危旧仓库不安全；八渡粮所2开间职工宿舍属严重危房。②田林县储备粮管理中心存在单位保管员仍使用老式防毒面具作业等问题。二是针对排查发现的风险隐患和问题，县粮食局督促相关单位立查立改，坚决防止将“小”问题拖成“大”问题。田林县积极整改，采取措施尽量把问题解决在初始阶段。

放心粮油工程专项检查 2017年9月15日至18日，开展了放心粮油工程专项检查工作。经检查，田林县有放心粮油经营网点共3家，其中2家是在超市中设专柜经营，即汇客隆超市放心粮油专柜和利达徕超市放心粮油专柜。这两家专柜经营运转状况较好，经济效益较好。另1家是由乐里粮所管理的放心粮油店。其是2012年按照《广西放心粮油工程建设检查验收实施细则（试行）》的要求，装修店容店貌经营的放心粮油门店，各类证照、设施设备齐全。但因进货价格等方面原因，已有好几年不经营放心粮油，主要是作为粮所发放农村救灾救济粮场所，供应粮食品种是大米。通过检查，确保全县放心粮油工程的规范运行。

粮食行业粉尘防爆专项整治 从此次检查情况看，县储备粮管理公司和丰益粮油贸易有限公司（即粮食应急加工厂）的各种安全措施比较到位，制度上墙，有关涉尘人员工也受过一定的培训，除尘系统能按防爆规范设计，电气设备安装规范，落实防雷防静电等措施，各种防护措施相对到位。但两家代农加工店店内卫生较差，在检查过程中，粮食执法人员要求立即整改，做好粉尘清理工作，当场要求打扫整改。通过整治工作，使田林县粮食涉尘爆企业强化责任落实，有效防止粉尘爆炸事故发生。

联防粮食走私工作 一是县粮食局主动与县公安局、县打私办等有关部门的协调沟通，参加当地政府组织的联合行动，做到不缺位、不越位。二是组织检查企业所签订承诺书的执行情况。2017年5月组织所属粮食仓储和经营企业签订联防粮食走私承诺书。田林县粮食企业签订承诺书已经有4家。其中，国有粮食企业2家，私营企业2家。粮食监督检查执法工作人员及时到各粮食仓储企业、粮食经营企业的经营场所开展执法检查工作。通过检查，田林县国有粮食企业和非国有粮食企业没有发现有收购、加工、销售走私粮食的现象。

【粮食行政审批制度改革】 一是落实粮食行政审批制度改革工作。按照“简政放权、放管结合、优化服务”要求，落实政府简政放权政策，明确执法“权力清单”和“责任清单”，完善粮食行政公示制度，简化行政审批环节，缩短承诺办结时间，提高粮食行政审批美誉度。县粮食局落实“承办人、股室负责人、局领导”三级审核制度，承诺办结时间从法定15天缩短为7天。二是编制和优化行政权力流程。县粮食局行政权力涉及行政许可1项，行政处罚10项，行政检查4项，其他权力1项。

【粮食安全行政首长负责制】 在粮食收购、区域粮食市场调控、培育发展新型粮食主体等方面建立制度加强监管。一县粮食局和县工商局联合出台文件《田林县粮食监督检查区域部门联动执法实施方案》《田林县粮食行政执法联动及信息共享机制》，为适应新形势下粮食流通监督检查工作，强化粮食收购市场管理，加强区域部门联动执法，提供了制度保障。二为促进田林县粮食企业自觉守法诚信经营，营造公平公正有序的市场竞争环境，2017年11月县粮食局制定《田林县粮食企业经营活动守法诚信评价办法（试行）》。

【法律顾问制度】 2017年，根据政府要求，县粮食局结合实际情况，聘请广西思贝律师事务所律师阮子文等为县粮食局法律顾问，并于2017年11月3日签订聘用合同，聘用合同有效期为三年，至2020年11月3日。通过聘请法律顾问做到有法可依、有法可循，有效推进了单位法制建设。

（撰稿　王霄曲　许志臣　李新德　周祖繁　陆广林）

烟草专卖营销

【田林县烟草专卖局(营销部)领导】
局长(经理):凤路发
副局长:农光耀(壮)
烟叶副经理:韦延根(壮)
销售副经理:林万胜

【概况】 田林县烟草专卖局(营销部)隶属于百色市烟草专卖局(公司),辖管14个乡(镇)烟草专卖制品的生产和经营,依据国家法律行使烟草专卖行政执法、经营烟叶生产收购和卷烟销售业务,实行"统一领导、垂直管理、专卖专营"的管理体制,在岗职工58人,下设综合办、专卖管理股、内管派驻组、客服办、生产收购办、专卖执法中队、专卖所、八桂烟叶站、平塘烟叶站、八渡烟叶站、那比烟叶站等股室和站、所。

【卷烟销售】 全年完成卷烟销售总量7565.58箱,完成年任务7340箱的103.07%,比2016年7341.80箱增销223.78箱,增长3.05%,超计划进度3.07个点。卷烟销售额1.65亿元,比2016年1.48亿元增加1692万元,创造税利1000多万元。

【专卖管理】 田林县烟草专卖行政管理部门按照《中华人民共和国行政许可法》《中华人民共和国烟草专卖法》及其实施条例、《烟草专卖许可证管理办法》和《烟草专卖许可证申请与办理程序规定》等法律法规的严格执法,以"严格规范、强化监管"为主线,继续突出专卖内管、卷烟市场清理整顿、打假破网三项工作。2017年共受理新办证申请262户,其中符合办证163户,不符合办证99户,延续784户,歇业注销19户,停业5户,变更1户,恢复营业4户,补办2户,审批注销56户,登记注销19户。2017年共查处各类涉烟违法案件34起,其中案值5万元以上案件0起,1万~5万元假非私类案件7起(其中1起为走私烟类案件,3起为假烟案件);查获违法卷烟共计2110.3条(42.21万支),其中查获走私烟39.8条,假烟124.2条,非烟1946.3条;因涉烟违法犯罪被判刑3人(2016年移送给公安处理的案件)。

【烟叶生产】 2017年田林县共有7个乡镇22个行政村57个自然屯500户烟农种植烤烟,共签订烤烟种植合同4510亩,预约收购量11700担,户均合同种植面积约9.02亩。烟叶收购情况:收购烟叶12337.38担,完成计划任务的105.45%,比2016年10310担增加2027.38担,增长19.66%,收购总金额1255.52万元比2016年1105.77万元增加149.75万元,增长13.54%,其中上等烟比例为42.89%、均价20.36元/公斤、中上等烟比例为80.41%,比2016年略有下降。 (撰稿　杨　周)

旅　游

【田林县旅游局领导】
局　长:戴成贤(壮族,2017年10月离任)
陆炳西(壮族,2017年10月任职)
副局长:罗绍辉(壮族)

【概况】 田林县旅游局属于财政全额拨款的参公单位,人员编制3名,在编2名,设局长1名,副局长1名,1名工作人员从2008年开始长期借调到县接待办,编外人员1名。主要职责:县旅游局是田林县主管旅游行业的行政管理机构,对辖区内经营旅游业务的单位(旅行社、旅游公司、旅游涉外饭店、旅游运输车船公司、旅游景区景点、旅游度假村、旅游学校等)及其从业人员进行监督和管理,并负责指导全县旅游资源景区(点)的规划、开发和利用。据统计,截至2017年12月31日,田林县旅游人数达到86.8703万人次,比2016年增长13.08%;旅游综合收入为8.564亿元,比2016年增长20.11%,旅游业总体处于持续向好水平。

【旅游资源】 田林县人杰地灵,有丰富的自然景观和人文景观,旅游资源丰富。生态自然景观有桂西第一高峰、广西第四高峰、被称为"桂西屋脊"的岑王老山生态康体养生旅游,平宜水库生态旅游,丰厚水库生态旅游,三川洞漂流探险游、"南国竹海"生态旅游观光等;乡村民族风情有利周瑶族乡凡昌村伟好屯、潞城瑶族乡三瑶村民族风情游;人文景观、文化名胜有"西林教案"遗址红色旅游基地;民族节庆有壮剧文化艺术节,潞城乡弄光村壮族祭瑶娘活动、那帮村瑶族盘王节等。2017年完成了田林县环球大酒店四星级酒店评定工作、利周瑶族乡盘王部落和老山泉山庄旅游厕所的建设工作，利周瑶族乡盘王部落旅游厕所经市级考核评定为AA级旅游厕所，进一步加强田林县的旅游硬件设施和服务水准。

【旅游项目】 整合房改、住建、文广、水利等部门资金和项目，有针对性地投入旅游开发项目和基础设施建设。一是加快定安镇“爱国主义教育基地”和特色旅游小镇旅游项目，整合资金2300多万元，全力打造定安镇“爱国主义教育基地”和特色文化旅游名镇，完成《定安镇旅游发展概念性规划》，“定安的怒吼——西林教案展览”于2016年5月18日顺利开馆，英雄广场建成使用，街道外立面风貌改造顺利完工，定安镇旅游基础设施不断完善。二是推进岑王老山旅游基础设施项目，完成登山步道建设，弄阳路口至岑王老山顶水泥硬化道路建成通车，开展山顶瞭望塔维修方案设计等。三是推进利周河谷乡村旅游项目。利周河谷位于岑王老山脚下，依托岑王老山国家级自然保护区，拟打造休闲和民族文化品牌相互融合的乡村旅游区。完成《利周瑶族乡乡村旅游概念性规划》，在老山泉、盘王部落农家乐的带动下，利周河谷乡村旅游日益成型，农家乐、农业采摘园、乡村体验等旅游项目加快兴起，2015年利周乡被评为广西三星级乡村旅游区。

【旅游扶贫】 制定《田林县旅游扶贫三年行动计划》，并通过县政府常务会议审议印发，明确了旅游扶贫目标任务、工作内容、工作措施、工作要求等，完成田林县旅游扶贫村申报工作，优先把利周乡和平村、老山村，浪平乡香维村，定安镇常井村等4个村作为田林县旅游扶贫村进行上报，利周乡和平村、老山村已经列入全国乡村旅游扶贫重点村范围，开展以“旅游扶贫奉献爱心”为主题的2017年旅游扶贫就业现场招聘会活动，组织田林县8家涉旅企业参与针对贫困户的就业岗位招聘，根据贫困户的特长和就业愿望，量身打造就业岗位，助力贫困户脱贫致富。

【旅游星级体系建设】 2017年，田林县推进旅游星级体系建设，协调旅游、水利、市政、林业等部门，抓好星级旅游厕所建设，年内完成1座AA级、2座A级旅游厕所建设任务；完成万吉山森林公园旅游总体规划初稿，为下一步创建AAA级旅游景区打基础。截至年末，全县共培育了四星级饭店1家——田林县环球大酒店，旅游星级体系建设取得初步成效。

【旅游宣传】 一是投入15万元对定安历史文化进行旅游宣传，由专门的设计公司制作宣传旅游册子，为定安镇旅游开发营造氛围；二是在2017年“吼敢”壮剧节期间，举办田林县特色美食展示展销活动，推进田林旅游产品的宣传推广。三是开展旅游宣传项目推广活动。于2016年7月11日组织旅游局、招商局、商务局等部门到广州参加百色市重点旅游项目专场推介洽谈会，组织涉旅企业参加2017昆明际旅游商品展示活动，田林县旅游产品宣传和推广收到很好的效果。四是完成旅游宣传营销资金缴纳工作，于2017年11月11日把田林县承担的50万元宣传资金及时上缴市旅发委。

【旅游安全】 旅游局与消防、安监、公安、工商、食药监等职能部门组织了“元旦”“春节”“壮剧文化艺术周”“五一”“端午”“中秋”和“十一”黄金周等节前的旅游安全生产大检查并针对存在的问题进行了整改。全年没有发生一起旅游安全生产事故和旅游投诉事件。（撰稿　梁汉招）

个体工商业

【概况】 2017年，田林县落实首问负责制、承诺服务制、一次性告知、限时办结制，施行“一照一码”、“两证整合”的商事登记制度改革，公民只需填写“一张表”，向“一个窗口”提交“一套材料”即可办理个体工商户工商及税务登记，由工商行政管理部门核发加载法人和其他组织统一社会信用代码的营业执照，该营业执照具有原营业执照和税务登记证的功能，实现一照一码，信息共享，业务协同，简化个体工商户登记注册程序，便利公民从事个体经营，促进个体私营经济健康发展，进一步推动大众创业、万众创新。

截至2017年12月31日，田林县个体工商户总户数9356户，注册资本47811万元，从业人数15394人；其中2017年新设立个体工商户1811户，注册资本16464万元，从业人数3234人。

【个体服务业】 截至2017年12月

1日，田林县从事个体服务业的个体工商户总户数为802户，注册资金4940.2万元，从业人员1718人。

其中，信息传输、软件和信息技术服务业个体工商户54户，注册资本426.6万元，从业人数86人；租赁和商务服务业个体工商户24户，注册资金227.6万元，从业人数46人；科学研究和技术服务业个体工商户11户，注册资金63.5万元，从业人数24人；居民服务和其他服务业的个体工商户713户，注册资金4222.5万元，从业人数1562人。（撰稿 曾 珍）

市场开发服务

【田林县市场开发服务中心领导】

主 任：朱良滚

【概况】 田林县市场开发服务中心为县人民政府直属相当于正科级自收自支、企业化管理的事业单位。有干部职工58人，内设中心办公室、财务股、物业管理股，下设乐里、潞城、旧州、定安、浪平、八桂等6个乡镇市场服务管理所，管辖全县14个乡镇的18个农贸市场，管辖面积达36747.34平方米。

【市场开发】 市场开发服务中心以开发建设市场为中心，加强市场升级改造，完善市场设施，提高市场功能。2017年，大力筹措经费对三个市场进行维修、升级改造。

乐里农贸市场排水沟整改及地板硬化 申请2017年自治区本级商业流通事务专项资金20万元及田林县人民政府财政资金7万元对乐里农贸市场进行水沟改造和地板硬化维修。

乐里农贸市场加盖采光瓦 乐里农贸市场在原有露天挡雨棚的基础上加盖了与河提商铺空隙露晒地段的采光瓦。

潞城出租房吊顶维修 对潞城农贸市场铁皮棚内9间出租房天花板进行整改维修。

旧州市场办公室维修 对旧州市场服务管理所办公室进行天面补漏和墙体维修。

旧州市场灾后清理 2017年9月3日，旧州镇农贸市场遭受洪水灾害，受淹最深处淤泥达1米左右，冲垮屠宰场存猪栏6间，冲坏出租房闸门2扇。市场开发服务中心申请了田林县人民政府财政资金4万元及单位自筹7.46万元，共11.46万元，对旧州农贸市场进行清理及重建被洪水冲垮的屠宰场存猪栏。

【市场服务】 一是完善规章管理制度，修改《市场消防安全管理规定》，中心与下属市场服务管理所签订了2017年市场安全生产管理责任书；二是协助工商行政管理等部门对市场的监督管理，2017年3月至6月，配合工商行政、食品药品监督管理等部门做好重大动物疫病及H7N9等疫病的防控工作；三是严格要求食品安全检测。乐里、潞城、旧州3个农贸市场农残快检室定期对入市的蔬菜、水果、鲜肉进行检测，检测后及时在LED显示屏公布检验结果，让市民吃上放心菜。

【集市贸易】

集市分布 田林县城区农贸市场位于乐里镇河滨路，为田林县城商业圈中心，占地面积4320平方米，共有800个摊位。

集市设施 乡镇部分市场始建于20世纪90年代，由于使用年代久远，部分市场出现墙体剥落、铁皮生锈、渗水漏水现象。

集市商品交易 进入集市交易的商品大都是本地的农副产品、手工业品、日用杂品、百货等，年交易额1.2亿元。（撰稿 杨 梅）

医药公司

【概况】 田林县医药公司成立于1973年，属国有企业。在职员工有31人，退休职工13人。设经理、副经理各一名，公司设四个管理部门：办公室、质量管理部、财务部和综合业务部。2017年，公司领导班子同时管理两家企业，一是田林县医药公司：属于国有的药品批发企业；另一家是百色市恒健医药连锁有限责任公司，是职工控股的民营企业。

【主要业务】

医药公司业务 田林县医药公司总经营面积约1542平方米（其中仓库面积1112平方米）。2004年实施《药品经营质量管理规范》（GSP认证）以来，公司全面实施GSP规范化管理，诚实守信，依法经营，坚持“质量第一、顾客至上，科学管理、持续改进”为方针，不断完善人员培训、机构设置、管理制度、岗位职责、过程管理以及设施设备等方面的质量管理体系。主要经营范围有：中成药；中药饮片；化学原料药及其制剂；抗生素；

生化药品;生物制品(除疫苗);第二类精神药品;蛋白同化制剂;肽类激素。Ⅰ、Ⅱ、Ⅲ类医疗器械;保健食品;日用保健品等计3200多个品类。2017年前三季度销售2200万元,能充分满足医疗机构及药品经营单位对药品、药械的采购需求。

恒建医药连锁零售业务 百色市恒健医药连锁有限责任公司于2008年成立,是职工入股的连锁零售企业。法定代表人与田林县医药公司为同一法定代表人,在职员工63人。各连锁门店的药品、商品都是委托田林县医药公司统一配送,没有仓库、不独立采购,但是连锁公司财务独立核算。经营范围:中药饮片、中成药、化学药制剂、生化药品、抗生素、生物制品(除疫苗)以上药品不含冷藏冷冻品种;Ⅰ、Ⅱ类医疗器械;保健食品;日用保健品等。2017年年末有21个零售门店,分布在县城及各乡镇,按照连锁的管理要求,全面实行"八个统一",即:统一采购、统一配送、统一装修、统一服装、统一质量管理、统一经营管理、统一培训、统一实行计算机网络化管理,2017年1至10月销售额863万元。

金 融

中国人民银行

【中国人民银行田林县支行领导】

行　长：梁和平

副行长：

陆景攀（壮族，2017年9月离任）

闭祖豪（壮族，2017年10月任职）

班正康（2017年11月任职）

【概况】 中国人民银行田林县支行是中国人民银行的派驻机构，依照《中华人民共和国中国人民银行法》在田林辖区履行中国人民银行职责：贯彻执行国家货币政策、金融管理、征信管理、金融支付结算、人民币流通管理、反洗钱、经理国家金库，及其他金融服务。2017年，支行内设办公室、综合业务股和会计国库股。

全行干部职工27人，其中在职干部职工24人（其中聘用制员工1人；借调人民银行百色市中心支行3人），离退休3人。设行长1人，副行长2人，在职人员中，本科学历17人，大专学历5人，中专（高中）2人，中级职称11人，初级职称11人，尚未取得职称1人，不评职称1人。支行设有党组、党支部、纪检组，有中共党员20人，非党员7人；设立工会组织、女工委员会等组织。

【经理国库业务】 2017年1月—12月，中国人民银行办理各项税款收入业务20467笔，金额46125万元，增长43.02%；财政拨款业务8811笔，金额272452万元，增长27.67%；退库业务188笔，金额1005万元。

【支付结算业务】 一是推动农村金融支付体系建设。2017年年末，全县各银行业金融机构在县内设有助农取款服务点168个，金融综合服务站10个；全辖区农村地区设有ATM机器30台，一体机50台，桂盛通及POS机具布放722台、转账电话15台，全县拥有银行网点、自助柜员机、存取款一体机的行政村19个，覆盖全县165个行政村。二是提供人民币银行账户开户许可服务。2017年，共核准人民币银行结算账户633户。

【货币金银工作】 人民银行田林县支行在辖区组织金融机构开展人民币流通管理工作，履行货币金银管理职责。2017年年末，在中国人民银行的推动下，全县建立了7个“反假货币工作站”，设置了19个“反假工作宣传点”，一年来全辖共发现并接收假币933张，金额77685元。

【征信管理业务】 2017年，提供个人信用信息查询4096笔。

【反洗钱工作】 人民银行开展反洗钱分类评级和反洗钱非现场监管走访，督促辖区金融机构及时准确报送大额交易数据，汇总整理上报辖区可疑交易报告1个，为司法部门侦办洗钱案件提供线索。

【金融机构】 金融机构设置方面，田林辖区有监管类金融机构、银行业金融机构、保险业金融机构。

监管类金融机构

金融业监管机构　田林辖区内设有金融业务监管机构1家，即中国人民银行田林县支行，其作为中国人民银行的派出机构，负责在田林辖区履行中国人民银行金融业监管职责。

银行业监管机构　田林辖区内设有银行业监管机构1家，即中国银行业监督管理委员会百色监管分局田林监管办事处，2017年，该办事处常驻百色监管分局办公。

银行业金融机构

田林辖区内有银行业金融机

构4家,分别是:

工商银行 中国工商银行股份有限公司田林县支行是田林辖区内国有独资商业银行分支机构。设有1个营业网点,即中国工商银行股份有限公司田林县支行。

农业银行 中国农业银行股份有限公司田林县支行也是田林辖区国有独资商业银行分支机构。设有3个营业网点,分别是:中国农业银行股份有限公司田林县支行、中国农业银行股份有限公司田林县新市支行和中国农业银行股份有限公司田林县支行河滨分理处。

2017年12月19日,人民银行田林县支行行长梁和平(右二)、田林农商行董事长吴德广(左二)为高龙乡颁发信用乡(镇)牌

农村商业银行 广西田林农村商业银行股份有限公司是在田林辖区以支持"三农"为主的农村合作金融机构。其法人组织是广西田林农村商业银行股份有限公司,下辖23个营业网点,其中有1个营业部、15个信用社、7个分社。

邮政储蓄银行 中国邮政储蓄银行田林县财富商城支行在田林辖区内设有5个营业网点,即县城两个网点、利周网点、潞城网点和定安网点,其业务由田林县邮政局代理。

保险业金融机构

至2017年年末,田林辖区有注册保险业金融机构3家,分别是:中国人民财产保险股份有限公司田林县支公司、中国人寿保险股份有限公司田林县支公司和中国人民人寿保险股份有限公司田林县支公司。

2017年5月24日,田林县农村商业银行营业部荣获"广西工人先锋号"荣誉称号。图为百色市委领导黄瑞琼(右六)、田林县委书记彭斌(右五)、县人大副主任黎朝兴(右四)给该行授牌后合影

【金融业务】 2017年,全县银行业金融机构业务如下:

存款业务 2017年年末,田林县金融机构人民币各项存款余额65.67亿元,同比增长9.30%,余额比2016年末增加6.11亿元,其中:

居民储蓄存款 2017年年末,田林县金融机构住户存款余额38.68亿元,同比增长9.11%,余额比2016年年末增加3.23亿元。其中,住户活期存款余额26.77亿元,同比增长13.72%;住户定期及其他存款余额11.91亿元,同比增长11.83%。

单位存款 2017年年末,田林县非金融企业存款余额4.98亿元,同比增长30.71%,比2016年年末增加1.17亿元。其中非金融企业活期存款余额4.85亿元,同比增长27.97%;非金融企业定期及其他存款余额0.13亿元,同比增长 1200%。

广义政府存款　2017 年年末，田林县广义政府存款余额 22.00 亿元，同比增长 2.09%，余额比 2016 年末增加 0.45 亿元。其中机关团体存款余额 21.61 亿元，同比增长 6.61%；财政性存款存款余额 0.39 亿元，同比下降 69.53%。

贷款业务　2017 年年末，田林县金融机构人民币各项贷款余额 44.82 亿元，同比增长 21.73%，余额比 2017 年初增加 8.00 亿元。

住户贷款　2017 年年末，田林县住户贷款余额 19.15 亿元，同比增长 22.9%，余额比 2017 年年初增加 2.29 亿元。其中短期贷款余额 2.84 亿元，同比增长 186.87%；中长期贷款余额 16.31 亿元，同比增长 2.77%。

非金融企业及机关团体贷款　2017 年年末，田林县非金融企业及机关团体贷款余额 25.67 亿元，同比增长 28.61%，余额比 2017 年初增加 5.71 亿元。其中短期贷款余额 8.62 亿元，同比增长 15.55%；中长期贷款余额 17.05 亿元，同比增长 36.4%。

农户贷款　2017 年年末，田林县金融机构涉农贷款余额 39.93 亿元，增长 71.52%，涉农贷款占比 89.09%；农户贷款余额 13.58 亿元，增长 13.93%。　（撰稿　周　伟）

中国农业银行

【中国农业银行股份有限公司田林县支行领导】

行　长：黄兵荣（壮族）

副行长：罗　珺（壮族）

潘　雷

向子阳（壮族，2017 年 10 月任职）

张红卫

【概况】　中国农业银行股份有限公司田林县支行（以下简称农行田林县支行）是中国农业银行股份制有限公司的分支机构，属于国有控股的股份制商业银行，总行设在北京。农行田林县支行设立党委，下设有支行机关等 4 个党支部；内设综合管理部、公司业务部、个人金融部、风险管理部 4 个职能部门。下辖支行营业室、河滨分理和新市支行 3 个营业网点；离行式自助银行有财富商城自助银行、河南片三十米大道自助银行、迎宾路自助银行、旧河滨自助银行、环球警银亭自助银行、旧州金融便利店 6 个离行式自助银行。现有职工 83 人，其中：在职职工 58 人，退休职工 25 人，中共党员 42 人。农行田林县支行本着“立足县域，服务三农”的发展理念，紧紧围绕“服务三农”主题，做大做强农业产业、龙头企业、农村基础设施建设、特色旅游资源开发、市政建设等领域的金融服务力度，积极介入县招商引资项目的金融支持工作，在支持县域“三农”经济发展中起到主流银行的作用。

【经营利润】　拨备前利润 3989 万元，同比增加 1050 万元；拨备后利润 3154 万元，同比增加 313 万元。

【存款业务】　各项存款余额 200096 万元，比年初增 29512 万元，同比增加 18728 万元，完成年度增量计划 8800 万元的 335.36%，其中：储蓄存款余额 69090 万元，比年初增 3296 万元，同比下降 2416 万元，完成年度增量计划 4800 万元的 68.67%；对公存款余额 131006 万元，比年初增 26216 万元，同比增加 21144 万元，完成年度增量计划 4000 万元的 655.40%。

各项存款日均余额 185575 万元，比年初增加 28340 万元，完成年度增量计划 14200 的 199.58%，其中：储蓄存款日均余额 65932 万元，比年初增加 5101 万元，完成年度增量计划 3700 万元的 137.88%，对公存款日均余额 119643 万元，比年初增加 23239 万元，完成年度增量计划 10500 万元的 221.32%。

【贷款业务】　各项贷款余额 85109 万元，比年初增 41189 万元，完成年度增量计划 7850 的 524.70%，全年累计发放贷款 4.95 亿元，其中：法人类贷款余额 59775 万元，比年初增 38749 万元，完成年度增量计划 5000 的 774.98%；个人贷款余额 26065 万元，比年初增加 3170 万元，完成年度增量计划 2850 万元的 111.237%。个人农户贷款余额 6324 万元，比年初增加 550 万元，完成年度增量计划 400 万元的 137.50%。

【中间业务】　实现中间业务收入 872 万元，同比减少 46 万元，完成年度计划 655 万元的 133.13%。

【资产质量】　不良资产余额 280 万元，比年初下降 110 万元，其中：不良贷款余额 204 万元，比年初下降 88 万元，不良贷款率为 0.24%；信用卡不良余额 76 万元，比 2016 下降 22 万元，不良率为 2.61%。

法人贷款保持不良贷款为零。个人类不良贷款余额204万元,个人类不良贷款率为0.78%。其中:非三农不良贷款余额49万元,比年初增加25万元,不良贷款率为0.25%;三农不良贷款余额154万元,比年初减113万元,不良贷款率为2.44%。

【电子银行业务】 2017年存量借记卡120197张,其中:借记卡96268张,惠农卡23929张;贷记卡5964张;个人网上银行20583户,企业网银422户;手机银行18234户;POS机118台;电商终端客户1590户。

【电子化建设】 营业网点全部按标准化、规范化设计,营业场所宽敞明亮,并实行了电子化操作办理各项业务,现有业务终端机16套,超级柜员机4台,办公用电脑54套,ATM自动取款机4台,自动存取款机18台,自助转帐终端机4台,设立"惠农通"金穗"惠农卡"服务点25个。业务操作全部实行单人临柜全程监控。

【互联网金融】 金融领域互联网革命来临,随着时代潮流全力打造互联网金融时代。现主要开展的业务有:网捷贷、电商平台"E农管家"、第三方支付、互联网理财、互联网基金、互联网保险等等。

【其他金融业务】

存款与负债 年末,各项存款余额200096万元,比年初增29512万元,同比增加18728万元,完成年度增量计划8800万元的335.36%。一是加大对存量客户的维护,在年度财政资金吃紧,易地项目大量使用资金的情况下,保持存款的稳定增长。二是树立有账户才能有存款的理念,积极营销新进入田林县的客户和工程项目业主开立账户,新开立广西田林百矿铝业有限公司、田林县八桂至那比三级公路建设办公室、广西建工集团第一建筑工程有限责任公司、田林县兴业城市开发投资有限责任公司等账户85户,累计进入资金5.58亿元。三是加强与政府多方沟通协调,拓展政府购买服务项目的国资企业开立账户及瓦村电站移民专项资金开立专用账户,保证机构类存款稳定增长。

贷款营销和资产业务 年末,各项贷款余额85109万元,比年初增41189万元,完成年度增量计划8000的514.86%,累计投放贷款4.95亿元,其中:法人客户贷款3.94亿元,个人类贷款1.01亿元。成功投放广西亚王电力开发有限公司瓦村水电站银团项目贷款0.89亿元,田林县体育中心政府购买服务项目贷款1.05亿元,田林县新高中政府购买服务项目贷款2亿元,大大提高农行田林县支行存贷款比例,有力的支持当地的实体经济发展,提升田林县支行综合实力和发展后劲。

政府购买服务 全年共营销政府购买服务项目6个,融资金额5.015亿元。一是田林县绕城路提升工程0.9亿元;二是田林县体育中心1.05亿元;三是田林高中新建项目2亿元;四是田林县壮剧中心0.29亿元;五是田林县政务中心0.225亿元;六是田林县城东路改造提升工程0.55亿元。已签订贷款合同项目3个,合同累计金额3.95亿元,提款3.05亿元。

信用风险管控 全行不良资产余额280万元,比年初下降110万元;不良贷款余额204万元,比年初下降88万元,不良贷款率为0.24%,比年初下降0.43个百分点;法人贷款保持三年不良贷款为零。

电商业务 电商户数2240户,比年初增加1668户,完成年度计划100户的1668%,交易额4620万元,全辖排名第一,为中间业务创收216万元。

对私客户理财 全年对私理财金额9997万元,比年初增长4592万元,日均余额10118万元,日均增量3868万元。时点余额比年初增量和日均余额比年初增量全辖排名第一,日均余额在全辖县域支行排名第一。

(撰稿 吴秀忠)

农村信用合作社

【田林农村商业银行股份有限公司领导】

董事长:吴德广
行　长:刘　涵
监事长:刘　成(壮族)
副行长:刘文正
　　　　黄　艳(女,壮族)

【概况】 全辖拥有23个营业网点,有16个经营信贷业务,覆盖全县14个乡镇,在职从业人员207人。2017年实现存贷增量增速连续8年稳居全县同业第一位,2017年8月23日,广西田林农村商业银行股份有限公司正式挂牌成立,实现由农村信用联社过渡为农村商业银行。田林县农商行严格遵照区联社党委在新常态背景下的决策部署，把握农合机构产权制度改革的方向不改变，夯实农村商业银行组建的底座不动摇，在坚守“立足县域，发挥金融支农和精准扶贫主力军作用”的战略定位中积极担当社会责任，发挥“农村金融主力军”的作用。于2017年5月获自治区工会授予“广西工人先锋号”荣誉称号。

【存款业务】 2017年年末，各项存款余额38.55亿元，比年初增长4.09亿元，增幅11.80%。其中：储蓄存款余额26.09亿元，对公存款余额12.47亿元。完成区联社下达全年存款任务2.3亿元的175.61%。完成总行下达任务4亿元的100.98%。

【信贷业务】 2017年年末，各项贷款余额30.05亿元，比年初增长2.49万元，增幅9.06%。其中：涉农贷款余额26.67亿元，占比88.74%，比年初增长2.05亿元，增幅8.33%；小微企业贷款余额13.46亿元，占比44.79%，比年初增加1.16亿元，增幅9.44%。2017年累计发放贷款11.65亿元，其中：累计发放涉农贷款9.78亿元，占比83.94%；累计发放农户贷款3.38亿元，占比29.01%，增幅12.78%；累计发放小微企业贷款180笔6.07亿元，占比52.11%，增幅9.44%。累计发放林权抵押贷款23笔0.37亿元，占比3.19%，余额达到1.76亿元。

【风险管控加强】 2017年年末，不良贷款余额11566万元，比年初反弹2935万元，控制在区联社计划3000万元范围内。不良贷款占比为3.85%，比年初上升0.72个百分点。

【财务收支平稳】 2017年，财务总收入20255万元，财务总支出14755万元，经营利润实现9811万元（计提拨备4311万元）。

【监管指标】 (1) 资本充足率11.56%，比年初增加0.31个百分点；(2) 不良贷款率3.85%；(3) 拨备覆盖率162.17%；(4) 拨贷比6.24%；(5) 资产利润率1.03%；(6) 成本收入比40.84%；(7) 流动性比例32.72%；(8) 人民币超额备付金率13.91%；(9) 存贷比77.94%；(10) 核心负债依存率83.09%；(11) 流动性缺口率69.34%。

【贫困户评级授信】 完成全县在册13512户贫困户金额58413万元的评级授信工作，实现贫困户建立信用档案和评级授信“两个全覆盖”。“十三五”规划期间，区联社定点扶贫浪平镇江洞村、弄陀村、甲朗村、达妹村、香维村等5个贫困村并选派干部担任驻村“第一书记”。田林县农商行作为全县金融精准扶贫工作的骨干力量，从讲政治、讲大局出发，做好扶贫小额信贷工作，助力全县“十三五”脱贫攻坚进程和在册贫困人口脱贫目标。截至2017年12月31日，全县扶贫贷款存量为7073户33553万元，贫困户获得贷款占已评级授信比例53.85%。

【信用体系建设】 根据《广西壮族自治区人民政府办公厅关于农村信用体系建设的实施意见》《2014—2020年社会信用体系建设规划纲要》，田林农村商业银行开展“信用户”“信用村”“信用（乡）镇”创建工作。到2017年12月末累计创建“信用户”3.6万户、“信用村”59个，占全县各村的35.75%；创建利周、那比、者苗、高龙、旧州、平塘6个“信用乡（镇）”，占全县乡镇的42.85%。累计向“信用户”发放免担保抵押，优惠利率贷款余额8.38亿元，有效满足农户生产经营生活资金需求。在广大农户中倡导诚实守信的观念，促使农户懂得信用就是资本，守信就有回报，失信就会失去支持；在农户中形成人人讲信用、户户守承诺的守信风气，进一步改善农村信用环境，从而实现农民群众“贷款难”问题的破解。

【其他业务】 2017年，代发各类财政奖补资金，其中，代发粮食直补2656万元、农村危房改造补助3859万元、退耕还林工程补助2656万元、城乡居民基本养老保险3257万元。全年上缴个人所得税、企业所得税、增值税、土地使用税等各项税费共计2023万元，有效支持地方财政建设，是名副其实的纳税大户。在覆盖全县100%行政村的145个惠农支付便民服务点中，其中5个已升级为农村金融综合服务站。创建全县首批3个“信用乡”“信用村”总量达48个。与县人行在利周乡凡昌村共建全县第一个金融精准扶贫示范点，推出全县首张“城市一卡通”，桂盛公务卡自行发卡申请获得监管部门报批。此外，开展打击非法集资、预防电信诈骗、维护征信记录等金融知识主题宣传活动，提高金融知识普及率和覆盖面。 （撰稿 黄恩一）

保 险

【中国人民人寿保险股份有限公司领导】

经 理:滕佩珍

【概括】 中国人民人寿保险股份有限公司田林县支公司(简称中国人保寿险田林县支公司),设有经理室、客户服务部,团体部、理财部、银保部、互动部、个人保险部、续展部等几大部门,有县公司经理1人,内勤人员10人,营销人员108人,全面覆盖了田林县城(镇)乡的业务开展,每年都能较好地完成各项业务指标。

【经营情况】 2017年,保费收入2206.8万元,同比增长-2.83%,全年处理赔案706件起,赔额91.2万元。

【业务范围】 中国人保寿险的产品设计以"有利于客户、有利于销售人员、有利于基层"为产品开发原则,公司秉承"人民保险造福于民"的服务理念,得到了市场、客户、员工的好评。中国人民人寿保险公司主要经营险种有:人身意外保险、学生平安保险、团体综合保险、补充团体医疗保险、百万身价惠民意外保险、美好生活年金保险、健康一生防癌保险、惠民补充养老保险、惠民幸福一号两全分红型保险、无忧一生重大疾病保险、美丽一生女性特定疾病保险、金色朝阳少儿教育年金保险、金色前程教育年金保险(分红型)、花开富贵年金保险、人保福等100多种险种。

公司建立了科学的集中管控体系与强大的销售支持平台,通过个人保险、银邮代理、团体保险、互动业务、电子商务等多种营销渠道,向广大客户提供咨询、出单、承保、核保、查勘、定损、理赔等全面、便捷、高效的服务,严格控制保质量,自觉遵守行业秩序,逐步还原规范市场的保险市场。

【理赔服务】 公司通过4008895518客户专线、短信平台、门户网站、电子商务、客户服务门店、保单服务人员等多渠道服务网络体系,24小时全天候服务于客户。

(撰稿 王艳璎)

经济监督与管理

发展与改革

【田林县发展和改革局领导】

局　长:杨圣富

副局长:岑海雄(壮族)

　　　　吴　炳(壮族)

　　　　冯以光(2017年10月任职)

　　　　周　青(女,壮族)

医改办主任:王宇宁(壮族,2017年10月任职)

【概况】 田林县发展和改革局是综合研究拟订全县国民经济和社会发展规划、政策,进行总量平衡和投资,指导全县经济体制改革的宏观经济调节部门,为县人民政府工作部门,挂县物价局、粮食局牌子。内设办公室、发展规划股、国民经济综合股、固定资产投资股(基础设施科)、地区经济股(县西部开发办公室)、重大项目建设股(县重大项目稽察特派员办公室)、农村经济股、产业发展股、社会发展股、资源节约和环境保护股(能源股)、价格综合管理股(县物价局行政审批办公室)等 11 个股室,县国防动员委员会国民经济动员办公室,县重大项目统筹协调领导小组办公室、县深化医药卫生体制改革工作领导小组办公室、县域经济办公室(临时机构)设在县发展和改革局。总编制 11 名,2017 年在职在编行政编制 9 名,空编 2 名;行政后勤编制 1 名;事业编制 7 名,在职在编事业编制 6 名,空编 1 名。其中:局班子设局长 1 名,副局长 3 名。党组领导职位按有关规定设置,2017 年党组成员 5 名。

【计划制度改革】 制定《每月固定定资产投资分解任务表》和《2017 年固定资产投资考核实施方案》,推动县政府先后出台《田林县固定资产投资督查“红黑榜”通报办法》《田林县投资和重大项目推进工作问责办法(试行)》《田林县重大项目推进管理暂行规定》《田林县 2017 年投资和项目建设一线服务工作方案》和《2017 年田林县领导联系推进重大项目(事项)责任制工作方案》。

【制定规划】 2017 年,田林县发展和改革局立足宏观经济和项目工作综合管理职能,围绕“十三五”规划经济社会发展目标任务,统筹编制完成《田林县产业发展规划(2017—2020 年)》《田林县县域经济发展三年行动计划(2018—2020 年)》《县域经济基础设施和公共服务三年行动计划项目》。编制《田林县 2017 年国民经济和社会发展计划执行情况》与《田林县 2017 年国民经济和社会发展计划报告》。扎实做好规划编制和项目谋划申报,完成编报《2018 年以工代赈项目

2017 年实施基础便民以工代赈项目道路基础便民,项目股室负责人正在现场监督硬化施工质量

中央预算内投资计划》《田林县2017年度石漠化综合治理项目计划》《田林县2017年易地扶贫搬迁项目计划》。

【固定资产投资管理】 组织推进重大项目建设，增大固定资产投资总量。2017年田林县完成区、市、县层面重大项目投资36.17亿元，同比增长15.35%。实现新增入库项目有70个（其中投资5000万元以上的项目11个），同比增长52.2%，计划总投资55.3亿元。实现新开工42个，竣工38个，投产35个，推进前期34个。初步完成2018年重大项目储备共132个项目，总投资482亿元。梳理提出县域经济发展三年行动计划实施项目106个，总投资213.89亿元，其中2018年计划实施53个，总投资159.56亿元。

【项目资金下达】 2017年田林县发改渠道共争取到中央资金1.06亿元，涉及卫生、文化、教育等领域中央投资项目共16项；地方配套及业主自筹等方式完成项目融资3.5亿元，支持园区、交通、文广、教育等部门的项目建设。利用世行贷款落实实施脱贫攻坚示范项目13项，申报资金3.1亿元。

【民生项目建设】 实施好以工代赈、易地扶贫搬迁、熔岩地区石漠化综合治理工程等民生项目。

易地扶贫搬迁工程项目 2017年11月，自治区发改委将田林县"十三五"规划期间易地扶贫搬迁任务数调整为8988人后，田林县实际落实搬迁8180人，其中，建档立卡贫困户8070人，同步搬迁110人，计划总建房1902套，其中2016年计划建房1067套（包括分散安置117套），2017年计划建房835套（包括分散安置75套）；计划总投资4.65亿元。2016年项目累计完成住房主体建设1031套，完成搬迁安置742户3275人。2017年项目累计完成住房主体建设687套，完成搬迁安置331户1611人。整个"十三五"规划时期累计完成住房建设1718套，完成搬迁安置1073户4886人。

以工代赈项目 2017年度涵盖新（改扩）建砂石路、硬化路8个项目共30.794千米，总投资1116万元。

石漠化综合治理项目 实施2016年度封山育林1074.54公顷；人工种草2.5公顷，棚圈建设600平方米；排灌渠11.392千米，水柜41座，总投资1088.89万元，完成人工种草、棚圈、水柜全部建设内容。

【改革工作】 统筹推进并及时总结经济体制改革小组在农村金融、统计管理体系、财税体制、安全生产领域、供销社综合改革等五方面改革。公立医院综合改革协调解决了医改医疗机构、人员竞聘、分级诊疗、医共体等机制问题。公务用车制度改革出台了《田林县本级公务租车管理办法（试行）》，规范平台管理，协调解决部门、乡镇车辆处置后续工作。

【节能减排】 2017年田林县加快转变发展方式，加强节能管理、强化对重点企业、重点领域的节能监察，严把固定资产投资项目节能审查，全年节能减排目标顺利实现。能源消费总量23.95万吨标准煤/万元；单位地区生产总值能耗为0.4804吨标准煤/万元，同比下降10.1%，超额完成年度目标任务。单位工业增加值能耗0.7668吨标准煤/万元，同比下降27.03%；单位GDP二氧化碳排放量、化学需氧量和主要污染排放量继续减少。

【招商引资】 2017年主动向上级

2017年10月27日，田林县兴业城市投资开发有限公司与北部湾融资租赁有限公司签订融资合同。图为县兴业城市投资开发有限公司法人代表、县发改局局长杨圣富（左一）与北部湾融资租赁有限公司签约现场

发改部门汇报对接，驻点统筹推进百矿集团桂黔（田林）经济合作产业园区煤电铝一体化项目30万吨/每年铝水工程前期审批工作，实现煤电铝一体化项目年内开工建设、年内完成审批手续、年内竣工投产，为田林在“十三五”规划时期冲击100亿元GDP、10亿元财政收入奠定坚实基础。围绕本届党委政府提出的“十大产业”目标，先后引进生物质发电、风电等清洁能源项目，并全力指导配合项目业主开展前期工作，为田林县打造清洁能源大县奠定基础。

（撰稿　谢晓晴）

物价管理

【田林县物价局领导】
局　长：王宝明（壮族）

【概况】　田林县物价局具体担负着“监督、管理、监测、服务”的职能，所属二层机构有价格监督检查分局、价格成本调查监审分局2个，在职人员8人。2017年，田林县物价局围绕全县的经济社会发展、改革开放、民生问题等全县性的重大工作，对价格形势进行认真的分析和预测，做好稳定市场价格总体水平工作，把居民消费价格指数涨幅控制在上级下达的指标范围内，全面加强价格监管工作，有效地维护全县价格稳定。

【商品定价】　一是田林县物价局严格执行《广西壮族自治区定价目录》，切实做到目录之外无定价权。二是经过成本监审等相关程序，调整县幼儿园及第二幼儿园保教费收费标准，田林县人民政府决定从2017年秋季学期起调整县幼儿园、县第二幼儿园幼儿保教收费标准为：保育费、教育费由160元/月/人调整到180/月/人，其中保育费99元/月/人，教育费81/月/人。三是依照上级物价部门相关政策，2017年田林县物价局按相关程序上报市物价局，调整田林县相关水电站上网电价：长乐水电站上网电价由现行的0.185元/千瓦时调整到0.31元/千瓦时；那拉水电站上网电价由现行的0.29元/千瓦时调整到0.315元/千瓦时；那渡水电站上网电价由现行的0.12元/千瓦时调整到0.29元/千瓦时；同时，田林县物价局也依照相关文件，将兴乐水电站上网电价由现行的0.185元/千瓦时调整到0.305元/千瓦时。四是2017年2月22日和2017年10月25日田林县物价局联合县卫生和计划生育局、县人力资源和社会保障局共同下文《关于调整县直公立医疗机构病房床位价格的通知》及《关于调整乡镇卫生院病房床位价格的通知》，分别对县直公立医疗机构和乡镇卫生院病房床位价格进行调整。五是2017年田林县物价局督促县水利电业公司贯彻落实《关于降低实体经济企业成本若干实施措施的意见》和《百色市贯彻落实自治区降低实体经济企业成本工作实施方案》文件要求，田林县全年减收一般工商业和大工业用户电费616.64万元；免收新增电力用户临时接电费0.88万元；为11家企业减、停产优惠电价31.4万元。

【价格收费管理】　一是严格执行宏观价格干预措施，认真执行上级有关价格和收费管理政策，在规定时限内办结和通知相关单位贯彻执行，确保各项价格政策政令畅通。二是田林县物价局按法定程序，向县政府上报调整县食品公司牲畜定点屠宰服务收费标准。2017年6月1日起，田林县食品公司牲畜屠宰服务费执行新收费标准，即生猪屠宰服务费由现行的35元/头调整为45元/头，牛马

2017年1月23日，县物价局局长王宝明（右一）到车站办公室了解春运票价执行情况

（刘映文　摄）

自宰服务费由现行的30元/头(匹)调整为45元/头(匹)。三是加强行政事业性收费管理,2017年上半年田林县物价局完成对2016年度行政事业性收费及服务性收费单位收费年审工作,涉及行政事业性收费单位52个,其中:行政机关17个,事业单位35个,年审率为100%,收费总额为2174.10万元,比2015年增加317.67万元。四是围绕政府关注、社会关心的价格热点问题,开展涉农收费专项检查和学生校外托管机构收费明码标价检查,依法规范行业收费行为。五是田林县物价局组织县市政局等19个单专业人员座谈讨论、通过合法性和公平竞争性审查、在县政府网站公开征求公众意见等相关法定程序,2017年10月26日,县人民政府出台《田林县城区车辆停放服务收费管理暂行办法》。

【价格监测】 一是在春耕和夏播来临之前,定期、定点对市场的化肥、农药、农膜、种子等农业生产资料价格进行重点监测,稳定农资市场价格。二是对粮、油、肉、禽、蛋、水产品、主要蔬菜等居民生活必需品和部分重要商品进行常态化价格监测,了解和掌握市场物价动态,每月向市物价局汇报价格变动情况。三是关注石油、液化气、钢材、化肥等重要商品价格变化,及时向市物价局报告价格运行情况。四是完成8篇商品价格监测分析书面材料,对获得“中国八渡笋地理标志”的八渡笋进行重点价格调研分析,形成有一定深度的八渡笋价格调研分析文章,为各级领导制定价格政策提供真实可靠的价格监测数据。

【价格认证】 坚持“以价格鉴定为基础,以价格事务为依托,以价格认证为拓展”,履行“服务司法、服务社会、服务政府、服务系统”价格认证职能,依法为司法、行政执法机关提供高质量的价格鉴定服务,维护司法公正,树立价格认证中心的权威性。2017年受理各类价格鉴证业务1136宗,总认定价值达735.33万元。其中:刑事案件认证108宗,认证金额126.52万元;应税物价格认证28宗,认定金额608.81万元。

【价格执法】 一是联合县房改办开展商品房销售价格行为执法检查工作和物业管理服务收费价格执法检查工作,规范田林县商品房销售价格行为,强化了物业收费管理。二是保证24小时电话畅通,随时做好“12358”价格举报电话的受理工作,并热情接待每一位来访的群众,妥善调解价格争议,向举报者解释清楚,及时反馈处理结果,做到有报必接、有查必果,让他们满意而归,做到事事有回音,件件有结果。2017年受理举报电话0件,其中来电0件、来访0件。

【价格监督】 一是深入潞城、利周等基层乡(镇)和市场、超市开展市场价格监督检查工作,维护市场价格秩序;二是在元旦、春节、中秋、国庆等重要节假日期间,进行商品价格专项监督检查,稳定敏感时节全县物价;三是根据区、市物价部门全面开展电力价格专项检查工作,田林县物价局配合区、市物价部门工作人员在全县开展电力价格专项检查工作,督促县水利电业公司按上级文件要求收取电费。

（撰稿　刘映文）

审　计

【田林县审计局领导】

局　长:唐子纯

副局长:韦　进(壮族)

总审计师:许云燕(女,壮族)

【概况】 2017年,田林县审计局人员编制20名(行政编制8名,事业编制11名,机关后勤编1名),实有18人(行政编制6名,事业编制11名,机关后勤编1名)。局内设有办公室、行政事业和财政金融审计股、经济责任和企业审计股、固定资产投资审计股、政府投资审计中心、经济责任审计中心。

【审计成果】 2017年田林县审计机关完成年度计划项目8个,具体为:2016年预算执行和其他财政收支情况审计、新型农村合作医疗基金审计、田林县烟草生产办公室主任黄德龙任中经济责任审计、田林县水利局局长姚茂贤任中经济责任审计、田林县交通运输局原局长罗旭平离任经济责任审计、田林县扶贫开发办公室原主任黄承红离任经济责任审计、田林县初级中学迁建项目3#、4#学生宿舍楼工程竣工结算审计、2014年田林县农村安全饮水工程竣工结算审计。累计查出主要问题金额20724.26万元,应缴未缴财政资金896.22万元(已缴869.29万元),管理不规范资金19825.09万元(应归还原渠道资金18732.08万元,已归还17999.66万元),发现非金额问题15个。全年完成政府投资审计项

2017年5月15日,田林县审计局局长唐子纯在全县脱贫攻坚第一批通屯道路硬化建设廉政、安全及审计培训会上作审计知识培训

（韦晓飞　摄）

目432个,核减投资额2948.61万元,核减率5.01%。

【财政审计】 2017年,以摸清财政底数,提高财政资金使用绩效、保障公共资金安全为目标,完成县本级财政预算执行情况审计,财政同级审重点关注政府预算体系完善情况、国有资本预算编制、调整和执行情况、转移支付资金预算管理和使用情况、财政体制运行情况、政府债务管理情况等。围绕部门预算编制及执行、政府采购、国库集中支付等改革措施落实情况,结合县直单位财务管理状况、乡镇政府财政状况,注重从体制、机制上提出审计建议,为规范财政收支行为、推动财政体制改革发挥了积极作用。报告期内,共对20个单位6个项目进行了审计及延伸审计调查。特别是对县财政本级预算执行方面,从管理角度提出科学的、细化的、有针对性的审计建议。共查出管理不规范问题2个:一是对非税收入的监督及管理不够到位;二是部分财政资金支出未实行国库集中支付制度。主要问题金额1818.62万元,其中:查出违规金额896.22万元,管理不规范金额922.4万元,已整改2133.83万元。

【固定资产投资审计】 2017年1月至12月审核工程投资项目432个(含中介协审项目94个,计划内项目4个)。审核工程投资额55963.94万元(中介协审项目14456.59万元,计划内项目2394.43万元),核减工程投资额2948.61万元(中介协审项目1298.13万元,计划内项目95.76万元),核减率5.01%。

【经济责任审计】 2016年恰逢换届年,经济责任审计项目开展相对延后,县委组织部10月下达委托书,对县水利局局长姚茂贤、县烟草生产办公室主任黄龙德开展任中经济责任审计,对县扶贫开发办公室原主任黄承红、县交通运输局原局长罗旭平开展离任经济责任审计,于2017年12月全部完成。查出问题27个(其中:非金额计量问题12个),涉及问题18681.5万元。已完成整改的问题13个,整改率48.15%,整改涉及金额17418.02万元。

【专项资金审计调查】 2017年共审计专项资金2项:田林县2017年重大政策措施落实情况跟踪审计、田林县2017年新型农村合作医疗基金审计审计。共查出管理不规范资金224.14万元,已整改完毕。　（撰稿　韦晓飞）

统　　计

【田林县统计局领导】

局　长:班丽芳(女,壮族)

党组书记:黄　丹(女,壮族)

副局长:马立坚(壮族)

总统计师:罗　林(女,壮族)

【概况】 田林县统计局是负责全县统计和国民经济核算工作的职能部门,内设5个股室,分别为农业统计股,工交、投资、能源统计股,贸易、人口、社会与科技统计股,综合核算股和文秘室。二层机构为田林县普查中心,核定编制5名,实有5人。

【统计报表】 2017年,按照国家及自治区统计局统计报表制度开展工作,主要完成农业、工业、能源、固定资产投资、基本单位、服务业、贸易、社科等专业调查工作,按时上报各种月、季、年度定期统计报表。综合财政、金融等相关部门指标,进行GDP季度核算。各专业明确审核重点,加大审核力度,统计数据的完整性、时效性和准确性进一步提高,全面反映了全县发展实际。

【第三次全国农业普查】 开展2017年人口变动抽样情况调查工作。一是加强组织培训。对调查小区的调查指导员和调查员就调查方案和调查指标进行详细讲解,组织调查员现场培训PDA设配的操作。二是加强督导检查。入户摸底阶段,由分管领导带领业务人员先后深入各调查点对摸底情况进行抽查,为完成人口变动情况抽样调查完成2017年度田林县第三次全国农业普查工作的工作任务。在组织领导、落实经费、业务培训、强化宣传按质量的完成上级农普办的要求。在清查摸底、入户登记。数据审核、录入上报、复查及质量抽查等环节,认真组织,抓紧实施,及时上报,加强质量督查工作,圆满完成2017年度田林县第三次全国农业普查工作的各项工作任务。

【贸易抽样调查】 2017年对乐里、定安、平塘、浪平、八渡、那比6个乡(镇)的9个限下批发零售企业,以及27个限下批发零售、住宿餐饮个体户进行抽样调查,完成限上、限下贸易抽样销售额、零售额和营业额调查统计资料的搜集、整理、上报等工作。

【全国人口变动情况抽样调查】 本次人口变动情况抽样调查田林县的乐里镇、六隆镇、旧州镇、潞城乡、八桂乡这5个乡镇中的5个调查小区。自10月田林县即开始对2017年抽中的调查小区和去年1%人口抽样调查抽中的调查小区进行全面信息核对并召开抽样调查小区所属乡镇会议,研究部署人口变动情况抽样调查工作,层层落实责任制。做到人口变动情况抽样调查工作一环扣一环,每个环节都有落实。此次人口变动情况抽样调查工作取得圆满成功。

2017年1月5日,县统计局在八桂瑶族乡入户开展第三次全国农业普查数据

【统计执法和服务】 贯彻执行《中国人民共和国统计法》相关条例,以依法治统计、依法兴统计、依法管统计为目标,确保统计数据来源规范化、数据准确合法化。2017年度立案查处案例2个。围绕经济工作中心和经济运行的热点和难点问题开展调查分析,编写2017年季度、年度全县经济运行分析,编辑出版月度《统计月报》12册、《统计分析》16册等统计信息资料。

【统计信息化建设】 2017年,在全县14个乡(镇)统计站已经配备统计专用计算机并完善县乡(镇)两级网络建设的基础上,定期对乡(镇)统计员、企业(行政事业)单位统计员进行继续教育培训,继续推进"企业一套表"联网直报工作,并为每位统计员配备一台电脑、打印机,提高统计办公自动信息化。

(撰稿　罗善泽)

统计调查

【国家统计局田林调查队领导】
队　长:李进旺(瑶族)
副队长:班明礼(壮族)

【概况】 2017年,田林调查队坚持以提高数据质量为中心,按广西调查总队各项工作部署要求,严格执行统计抽样调查制度，对照国家统计调查方法制度，规范数据采集、审核、上报等各个环节的操作。牢固树立国家调查队意识，坚持“独立调查、直接调查、独立报告”原则，履行国家调查队职责，执行国家统计调查制度，很好地完成了各项国家常规调查和专项调查任务，为各级党政领导科学决策提供真实、准确的调查数据。

【综合数据管理】 根据各专业的要求，撰写统计分析材料，上报上级主管部门或当地党委政府，同时做好统计资料（数据）的管理和保存工作。

【统计执法检查】 注重调查队员专业知识学习的同时，加强统计法制专业的学习，努力建设既懂法律法规又熟悉统计调查业务的复合型统计调查队伍，把“公正、勤政、廉洁、务实、高效”作为统计法制工作的目标。同时，贯彻落实总队统计调查规划要求，有重点、有侧重、有针对性地开展统计法制宣传，结合统计调查工作的特点，推进统计普法进乡村、进社区、进单位，重点对记账户和辅助调查员开展普法宣传教育，采取有效形式加强对基层统计人员的统计普法宣传，全面提高他们的统计法制观念和法律素质。努力营造崇尚统计法制、维护统计法制尊严的良好氛围。全年共开展统计执法检查2次，提高企业对数据真实性的重视程度。

【城乡一体化住户调查】 顺利完成2017年住户调查样本轮换抽样框更新工作。按照国家统计局下发的《2017年住户调查样本轮换抽样框更新和摸底调查方案》要求，按照步骤科学严谨地完成了本队2017年的住户调查样本轮换抽样框更新工作。通过强化培训，提高辅助调查员的调查能力和调查户的记账能力。一是根据业务工作需要，每季度对辅助调查员进行业务培训；二是对记账户及新换户记账户进行记账培训，每季度还通过下乡访户和召开座谈会等形式，定期或不定期对调查户进行了记账培训。通过培训，有效地提高了辅助调查员的调查能力和调查户的记账能力。

健全自我监督机制。按国家局和总队着重基础工作的规范化要求，对全年的原始账本进行自查自纠，负责城镇调查点与农村调查点的业务员进行自我交叉检查，及时发现问题并进行改正。确保原始无撰改数据现象，调查户有修改现象的能有调查户签字确认。

【农业调查】 2017年顺利开展农产调查点换点工作，按要求选聘辅助调查员和培训工作，顺利完成7个农产调查点的秋冬播、春播和夏播的种植面积调查以及春收、夏收、秋收的粮食产量调查任务。切实做好调查数据的收集、整理和上报，并及时向总队农业处反馈工作情况。在农作物面积调查中，在2016年三农普遥感面积调查基础上，不断改进调查方法和方式，提高调查质量；在农作物实测调查过程中，以认真负责的态度，调查员都下到调查中了解作物生长情况，收集有关数据，在实割实测工作中，实地对辅助调查员加强指导工作，做到按质按量完成调查工作任务。在农产品生产者价格调查和农作物中间消耗调查过程中，每期调查调查员都下到调查点收集台账，查看出售价格情况，撑握农产品价格，掌握农作物农药化肥使用情况，客观反映农产品生产者价格水平和变动情况，准确反映农作物种植消耗情况，为各级政府制定农业生产与农产品流通政策提供决策依据。每期报表都按调查户台账和提供的数据如实上报，严格把关不搞弄虚作假，遵守调查规章制度。

【畜禽调查】 2017年田林县组织实施畜禽监测调查任务，主要调查范围是大型规模户3个村点，中小型规模户4个点，散养户3个村点。为更好地把握畜禽调查工作做好、做细，队领导每季度到调查前都召开辅助调查员培训会议，以下乡工作指导和邀请到单位培训相结合，要求辅助调查员下到农户家登记要注意礼貌，交谈记账要有技巧和耐心询问，存栏、自繁、出售等情况要认真记录，了解畜禽价格变动。2017年按照总队开展广西主要畜禽监测调查样本调整工作要求，及时组织人员认真做好样本维护工作并做好三季度样本轮换摸底核实工作。畜禽监测调查严格按照调查方案执行，每季度定期下点记账收表，切实做到不迟报、不重报、不漏报。

【专项调查】 2017年主要开展规模以下工业抽样调查、新设立小微企业和个体经营户跟踪调查、限额以下批发零售住宿餐饮行业抽样与问卷调查、农村党员培训调查、党风廉政建设调查和上级交办的其他调查任务。田林调查队落实统计报表制度，圆满完成工业企业样本调查、新增企业核查、各期季报、年报的分析上报工作。做好调查样本的维护工作,针对企业发展中产生的停产、关闭现象,做好后续跟踪和收集企业关停产资料归档工作,及时核查国家局下发的新增非目录企业,做到不漏一个新增企业、统计调查应统尽统。严格实施统计事务告知书制度和走访制度以及总队下发的台账记账本等。全年走访规下6家样本企业、限下批零住餐5个样本单位、新设小微3个样本和农村党员培训调查与党风廉政建设调查8个样本村共200户调查户实现样本走访全覆盖。开展对企业统计人员和辅助调查员的培训力度,加强与企业的沟通联系,对企业报送的报表认真审核,发现问题及时征询企业,努力提高统计报表数据质量。

【劳动力调查】 按照国家统计局的工作安排和要求,参照2015年编制全国劳动力调查住户底册和抽样框的做法,精心组织,统筹安排,按时完成清查摸底工作,新样本顺利启动使用。一年来,劳动力调查队伍人员稳定,业务能力逐渐增强,基本实现"两个100%"目标。

工商行政管理

【田林县工商行政管理局领导】

局　长:杨保学(壮族)

副局长:尹有程(壮族)

　　　　岑道祖(壮族)

　　　　梁志伟(壮族)

【概况】 田林县工商行政管理局设8个内设机构:办公室、法制股(行政审批办公室)、消费者权益保护股(12315消费者投诉举报中心)、市场规范管理股、企业注册与个体私营经济监督管理股(非公有制经济组织党建工作股)、商标广告监督管理股、人事与行政监察室、财务股;设立1个直属机构:田林县工商行政管理局经济检查大队;设立乐里、潞城、旧州、定安、八桂、六隆、福达、浪平、利周工商所共9个派出机构。

2017年,田林县工商行政管理局局机关核定行政编制13名,机关后勤服务聘用人员控制数4名,基层工商所行政编制35名。截至2017年12月31日,全局共有在职在编人员45名,其中公务员43名,工勤人员2名。

【服务非公有制经济】

登记制度改革 按照能合尽合、能简则简的原则,将多个部门颁发的证(表)与营业执照整合,施行"先照后证""多证合一、一照一码""两证整合"注册登记制度改革,与全区同步提前一个月实施"多证合一",实现"一照走天下,一码管终身",降低企业办事制度性成本。推进"互联网+工商注册登记服务",让群众少跑腿、少费心。田林县工商局于2017年4月19日核发了田林县第一份电子营业执照。落实首问负责制、承诺服务制、一次性告知、限时办结制、责任追究制。做好服务全民创业的各项工作。在一些重要企业,特别是涉及政府招商引资的项目,登记服务窗口根据企业诉求,开设办照绿色通道,优先办理。

创新服务 在登记服务窗口主动提出并实行"54321"提速限时制、"非要件欠缺补交制"和特事特办服务等新举措。"54321"提速限时制即在前置审批等各种手续齐备的情况下,企业登记注册由原来法定15个工作日缩减到5个工作日完成;农民专业合作社登记注册由原来20天缩减到4个工作日完成;变更登记缩减到3个工作日完成;注销登记缩减到2个工作日完成;名称预先核准为1个工作日完成。对于个别特殊情况的特事特办、急事快办。

2017年,田林县工商局共办理新发展个体执照1851户、新发展企业218户、新发展农民专业合作社70户、新发展家庭农场34户;办理执照变更1663户次;核准字号名称2141个;换发新版执照1478份;名称查询、业务咨询和档案查询超过11225户次。

【市场监管】 坚持专项整治与常态化管理相结合,结合田林县实际情况,对辖区内进行市场强化监管。

市场专项整治 春节前夕开展烟花爆竹市场专项整治2次,出动执法人员9人次,抽查经营户81户;开展成品油市场专项整治2次,组织执法人员抽查成品油经营户21户/次,出动执法人员46人次,发放宣传资料200份,抽检3个批次,检验结果全部合格;开展汽车市场专项整治2次,出动执法人员12人次,抽查经营户9户/次;开展农资市场专项检查,组织执法人员56人次,检查农贸市场14个,抽查农资经营店561户/次。

合同格式条款专项整治 重点检查经营者是否违反法律法规有关规定,在合同格式条款中免除

2017年9月30日，召开田林县消费者权益保护委员会第一届第一次全体会议

自己责任、加重消费者责任、排除消费者合法权利的违法行为。整治工作共出动执法车辆5辆次，执法人次18人次，抽查企业5家，发放“依法公示合同格式文本通告”500份。

【消费者权益保护】

12315消费者申诉举报平台 12315指挥中心采取“一周一提醒，一月一考评，一季一通报”的创新业务指导模式，设专人实行每周数据分析，发现问题及时进行点对点指导。“一次接通率”92.31%，较2016年提高5.7%；“诉求办结率”98.91%，较2016年提高2.07%；“调解成功率”97.67%，较2016年提高24.12%。

消费教育和消费引导 一是围绕“网络诚信　消费无忧”年主题开展2017年“3·15”国际消费者权益日宣传活动，组织普法活动5场次，组织各类会议7场次，开展咨询活动12场次，播放公益广告78条，印发各类宣传资料1200册(份)，消费者参与活动数量2400人次，经营者参与数量622户次。活动期间接到消费者投诉2件，其中“12315”热线受理来电1件，“3·15”活动现场受理1件，举报10件，为消费者挽回经济损失人民币0.70万元。二是开展老年消费讲座宣传活动。5月5日，在田林县老年活动中心开展针对老年人消费陷阱方面的讲座；三是在基层维权一线开展农村消费知识讲座。

创建“诚信一条街”“诚信经营　放心消费”示范户 在田林县乐里镇财富商城24米大道，开展“诚信一条街”创建工作，在街道上选定43户有较好信誉的商户作为诚信经营示范户，鼓励经营者文明经营、诚信经营。

流通领域商品质量监管 制定《田林县工商局关于印发2017年流通领域商品质量抽查检验工作方案》，明确2017年开展电线、电缆、插座等9种商品抽检工作，抽检数量13批次，其中检验合格的有7个批次，不合格的有6个批次，涉及4户商家，已全部进行立案查处。

成立消委会 9月30日，田林县消费者权益保护委员会第一届一次全体会议召开，并选举产生第一届委员会领导机构，这标志着全县消费者权益保护事业开启了新的篇章。

【打击传销】 一是开展联合执法，加强与其他部门信息共享。结合日常工作对出租屋集中区、流动人口聚集区、城乡接合部等传销多发区和易发区开展不定期不间断的排查，密切关注所辖区域内流动人口的变化。针对传销组织的运行日趋出现职业化和专业化的犯罪特征，重点监管从事保险、金融投资业务以及美容美发业群体，最大限度压缩非法传销生存空间。二是加强宣传教育，利用“3·15”国际消费者权益日、“12·4”宪法日举办宣传活动的契机，开展以《禁止传销条例》《直销管理条例》为主要内容的宣传教育活动，提高广大群众识别、防范非法传销的能力，营造全民抵制传销违法犯罪活动的社会氛围。

【农资市场监管】 开展2017年红盾护农保春耕专项整治行动，重点检查有无证照(即生产许可证、经营许可证、产品合格证、营业执照)；查是否超范围经营；查是否有掺杂掺假，以次充好，以假充真或生产销售过期、失效、变质、不合格以及国家禁用的农资产品等违法行为；查是否建立完善索证索票制度、进销货台账制度。在农资市场专项整治抽查中，出动执法

2017 年 12 月 29 日，田林县工商局通过司法衔接成功调解一起消费纠纷，获消费者赠锦旗

车辆 25 台次，执法人员 125 人次，检查农贸市场 14 个，抽查农资经营店 192 户 / 次。查处违法案件 14 件，已收缴罚没款 1.3 万元，有效规范农资市场经营行为，完善农资商品质量可逆制度。在流通领域农资商品质量肥料定向监测行动中，抽样送检肥料 10 个品种，检验结果全部合格。10 月 31 日，在利周乡举办一期农村经纪人培训班，培训经纪人 80 人，投入培训经费 0.5 万元，为促进农村经纪人快速健康发展打下良好基础。开展“放心农资示范店”创建活动，年内完成创建“放心农资示范店”1 个。

【注册商标保护】

指导商标注册 加强对经营业主申请商标注册指导，引导市场主体在优质特色产品上注册商标，全力培育发展优势主导产业。截至 2017 年 12 月 31 日，田林县共有 86 个有效注册商标，其中，广西著名商标 4 个。2017 年，田林县工商局共接受商标注册咨询 25 起，指导申请注册的商标有“庹大妈”“醇力爽”“桂健园”“鑫永丰”“益康”共 5 个。

开展打击侵犯注册商标专用权专项行动 重点查处侵犯驰名商标、著名商标、地理标志、涉外注册商标专用权的违法行为和“傍名牌”等不正当竞争行为。出动执法人员 29 车次，出动执法人员 62 人次，检查经营主体 185 户、集贸市场 6 个次、超市、商场 8 户次，药店 25 户次，农资店 10 户次，日用品专卖店 9 户次，重点区域 10 个。检查中未发现严重的侵犯注册商标专用权和制售假冒伪劣商品的行为。

【广告管理】

广告发布登记 宣传自 2016 年 12 月 1 日起施行的《广告发布登记管理规定》，对辖区内从事广告发布业务的单位进行调查摸底，向调查中发现的未办理广告发布登记擅自从事广告发布业务的广告主下达责令整改通知书，责令其限期改正。

查处虚假广告专项行动 查处工作以医疗、药品、食品、保健食品等重点领域发布的广告为重点，加强对医院、药店、超市（商场）、集贸市场、客运站商品集散点等重点场所的清理检查，强化对电视、广播、互联网、户外广告发布媒体的广告监测。专项行动共出动执法车 11 台次，执法人员 22 人次，检查市场主体 74 户，检查超市、集贸市场、批发零售市场等各类销售场所 86 个次；责令广西某美容院暂停发布生活美容广告涉嫌易使推销的商品（服务）与医疗器械相混淆户外广告 1 幅；责令田林县某医疗门诊部暂停发布未标注广告审查证明文号医疗广告 5 幅。

【经济合同管理】

法规宣传 利用市场巡查、年报宣传、专项整治等途径，向广大经营者大力宣传《中华人民共和国合同法》《中华人民共和国消费者权益保护法》《中华人民共和国反不正当竞争法》等相关法律法规，提高经营者的法律意识和格式合同备案意识，使经营者在制定格式合同时能明确合同双方当事人的权利和义务。

重点行业监管 以辖区的房地产买卖、汽车销售、出租服务业、通信器材销售等消费者投诉较多的行业领域的合同格式条款为检查整治重点，按网格化监管要求，落实定期检查制，对主体不明、权利义务不明的行为进行点评，并责令企业限期整改，自觉维护格式条款合同的规范性和严肃性。在开展2017年度合同格式条款专项整治工作中，共出动执法车辆5辆次，执法人次18人次，抽查企业5家，发放“依法公示合同格式文本通告”500份。

【监管数据联网】 依托“广西工商综合业务管理系统”“国家企业信用信息公示系统”平台实现数据共享，实现准入与监管联动以及跨部门的信息共享，让社会公众及时了解市场主体的基本信息和经营状况，强化社会监督，推进信用信息。宣传企业年报制度及经营异常名录信用联合惩戒机制，市场主体通过“国家企业信用信息公示系统”报送经营者情况、经营额、纳税额、行政许可等数据信息，向社会进行公示。对未按规定期限公示年度报告的企业，工商机关将其载入经营异常名录。企业在3年内履行年度报告公示义务的，可以申请恢复正常记载状态；超过3年未履行的，工商机关将其永久列入严重违法企业“黑名单”。通过企业年报，数据共享，让企业接受社会监督，增强企业自律，规范企业经营行为，完善企业信用监管机制。

（撰稿　曾　珍）

质量技术监督

【田林县质量技术监督局领导】

局　长：莫蝉榕

副局长：黄美芬（女，壮族）

　　　　韦树平（壮族）

　　　　韦世新（壮族）

纪检组长：罗婷婷（壮族，2017年5月离任）

2017年12月7日自治区级田林县高产甘蔗种植综合标准化示范区项目在县政府二楼会议室召开材料验收现场会　（岑元继　摄）

【概况】 田林县质量技术监督局内设办公室、法规管理股（稽查局）、综合管理股、特种设备监察股，行政编制9名，事业编制1名；直属事业技术机构两个所：计量检定测试所和产品质量检验所，事业编制13名。

完成2017年年初制定的年度计划目标完成率98.9%，行政服务工作及时率99.4%，行政服务工作差错率0.3%，行政执法结案率100%，行政行为在行政复议或诉讼中的撤销、变更为0，顾客满意率99%。

【实施质量强县战略】 根据区质量强桂战略总体目标和百色市实施质量强市战略工作要求将田林县实施质量兴县战略工作领导小组更改为田林县实施质量强县战略工作领导小组，并按要求制定年度工作目标，部署和落实质量兴强有关工作。召开联席会议定期分析“质量兴县”工作的形势，查找问题和不足，及时制定整改措施，把各项工作落到实处。11月27日，顺利通过百色市实施质量强市战略工作考核组的考核。

【产品质量监管】 一是对田林县获证生产企业开展获证企业证后监督管理工作，县质监局组成工作小组到田林县广龙水泥厂开展证后监督管理工作，并进行不定时督查；二是组织相关股室工作人员对田林县广福机动车检测有限公司开展专项检查，督促检验机构对存在问题进行限期整改，加大整治力度；三是开展地理标志产品专项监督检查工作。不断加强监督检查、抽查力度，向企业宣传和贯彻地理标志产品相关法律、规范，使田林县企业使用国家地理标志保护产品专用标志的意识进一步增强。

【标准化】 一是按照高产甘蔗种植综合标准化示范区项目的年度工作计划，建立了高产甘蔗种植标准化体系，2017年12月7日，田林县承担的第二批自治区级农业标

田林县自治区级高产甘蔗综合标准化示范基地之一

准化示范区项目《高产甘蔗综合种植标准化示范区项目》通过自治区质监局考核验收组的考核验收，评分达到87.7分，为优秀等次；二是伟健公司创建的自治区级标准化良好行为试点企业顺利通过验收，经评审组现场实地查验，该试点企业得分为：基本分368分，加分62分，总分430分，获得3A的好成绩；三是推进企业标准公开声明制度的试点工作，田林县的企业标准公开声明任务是40项，截至2017年12月，田林县已公开57项标准。

【发展品牌战略】 利周清水鸭国家地理标志产品保护申报工作于2017年8月22日通过了区质量技术监督局的初审，根据专家提出的意见，进行修改和完善相关材料。9月底自治区质监局已将田林县申报材料报送到国家质检总局。

【行政执法】 截至2017年12月31日止，共出动执法检查人员72人次，检查企业、个体户等38家次，立案查处违法案件6起，结案6起，罚没款15.7768万元，行政案件引起行政诉讼或复议为0起，投诉案件为0起，移送和强制执行案件为0起。全年生产领域工业产品定期监督检查，共抽查了6个批次产品，其中抽取水泥产品1个批次、液化石油气1个批次、烧结多孔砖4个批次，检验结果均为合格，合格率100%。流通领域抽检了12个批次，其中抽取化肥8个批次，车用成品油4个批次，10个批次合格，2个批次不合格，合格率83.33%，不合格的2个化肥批次立案查处。

【特种设备监管】 县质监局全年共出动安全监察人员220人次，现场监察特种设备生产使用单位98家，检查各类特种设备435台、发现隐患23处，发出特种设备安全监察指令书23份，下达责令整改意见35条，消除存在隐患的设备45台，2017年度未发生特种设备安全事故；开展燃煤小锅炉整治工作，完成全年未注册登记燃煤锅炉排查和在用燃煤工业锅炉能效普查统计工作。

【计量管理及计量检定】 一是组织执法人员开展计量器具法制量值传递情况专项监督检查工作，共出动26人次，检查相关单位12个。二是大力开展各类宣传活动。参与“5·20”世界计量日、“全国科技活动周”等宣传活动，共制作宣传展板3幅，印制各类宣传材料500多份，接受群众咨询200余人次。三是对全县生产加工企业，化工企业，食品生产企业等45家企业进行了计量器具的强检和周检，共检测各类计量器具542台件。其中，加油机120台(件)；天平、砝码52台(件)；压力表236台(件)；医疗卫生系统各类计量器具共22台(件)。四是加强对超市商品量、定量包装生产企业、贸易市场的专项检查，主要集中抓住与老百姓生活密切相关的大米、米粉、食用植物油、煤气罐等的定量包装商品计量监管。(撰稿 岑元继)

安全生产

【田林县安全生产监督管理局领导】
局　长：张鸿高
副局长：罗永震(壮族)
　　　　黄鹤翔(壮族)
　　　　彭　耕(壮族)

【概况】 2017年县安全生产监督管理局核定编制8名，实有14人(含编外2人)，其中：局长1人，副局长3人，各股室10人，县安全生产监督管理局下设办公室、非煤矿山监管股、危险化学品和烟花爆竹监管股、职业健康监管股。作为县安全生产监督管理局二层机构的县安全生产执法大队核定编制5名，实有5人。2017年12月设立县安全生产应急救援指挥中心，作为县安全生产监督管理局管理的财政全额拨款事业单位，核定编制2名，当年没有人员到位。田林县党委政府被百色市人民政府评为2017年全市安全生产工作优秀等次。

【责任体系建设】 明确党委和政府领导安全生产责任，制定《田林县安全生产"党政同责、一岗双责"考核办法》，进一步完善安全生产责任体系。根据领导工作变动及时调整县安委会成员，县安全生产委员会主任由政府主要负责人担任，成员由县党委和政府及相关部门负责人组成。明确部门监管责任。按照管行业必须管安全、管业务必须管安全、管生产经营必须管安全和谁主管谁负责的原则，厘清安全生产综合监管与行业监管的关系，明确各有关部门安全生产和职业健康工作职责，并落实到部门工作职责规定中，制定了"田林县企业监管分类与国民经济行业分类对应表"。严格落实企业主体责任。督促企业对本单位安全生产和职业健康工作负全面责任，严格履行安全生产法定责任，建立健全自我约束、持续改进的内生机制。企业实行全员安全生产责任制度，法定代表人和实际控制人同为安全生产第一责任人，主要技术负责人负有安全生产技术决策和指挥权，强化部门安全生产职责，落实一岗双责。健全责任考核机制。年初县委、县政府主要领导与乡(镇)党委、政府和部门签订安全生产责任书，制定《田林县乡(镇)党委政府安全生产工作考核办法(暂行)》。

【安全监管监察体制改革】 明确坚持管安全生产必须管职业健康，建立安全生产和职业健康一体化监管执法体制，制定印发《田林县职业卫生与安全生产一体化监管执法制度》。

2017年春节期间，县长黄慧(左二)带队检查工贸企业安全生产工作

【诚信体系建设和应急救援管理】 推进安全生产诚信体系建设，完善企业安全生产不良记录"黑名单"制度，建立失信惩戒和守信激励机制，制定《田林县安全生产"黑名单"管理制度》。2017年12月设立田林县安全生产应急救援指挥中心。开通安全生产违法行为举报电话"12350"专线。

【专项整治】

非煤矿山、危险化学品、烟花爆竹、冶金、粉尘作业整治 县安监局邀请相关专家到现场进行"体检"，共发现问题隐患3项，对存在的问题隐患，逐一列出清单，督促企业制定整改方案，采取有效措施，确保整改到位。

道路交通整治 县公安交警大队重点对路面查处公路客车、旅游客车、危化品运输车和中型以上货车等交通违法行为，在城区开展酒驾查处等专项整治行动，对各类交通违法行为罚款41.8万元、拘留2人、扣证112本。

建筑施工整治 县住建局对在建建筑工程开展安全隐患大排查，共发现18个在建工程存在各类安全隐患，下发5份工程质量安全停工整改通知书和13份工程质量安全隐患限期整改通知书。

人员密集场所检查 县公安消防大队结合夏季消防安全专项检查，发动人员检查589人次，检查单位1178家。

城镇燃气及市政建设检查 县市政局开展对全县燃气经营网点、液化气储备库和城市桥梁、下水道进行专项整治，共出动检查小组3个，检查人员12人次，排查安全隐患4项，整改完毕4项。对3家燃

液化气库开展消防演练

气经营网点存在安全生产隐患不符合设点条件的,进行取缔。

【安全隐患排查治理】 按照《广西壮族自治区重大安全生产事故隐患整治监督管理办法(试行)》《百色市人民政府办公室关于做好2017年度市人民政府重点监督整改10项重大安全事故隐患整改工作的通知》文件要求,开展对建筑工程、工矿商贸行业、公共安全领域等各个生产环节存在的隐患进行认真排查,特别是交通行业的危桥整治、边坡治理、塌方修复、码头修整、疏浚排险,学校及公共场所危房,地质灾害治理等领域、场所进行排查统计,上报并列入市级重点安全隐患项目1项,确定县级重点隐患项目10项,确定乡(镇)、村级安全隐患项目43项。对列为重点重大安全隐患做到"治理的目标和任务,采取的方法和措施,经费和物资,负责治理的机构和人员,治理的时限和要求,安全措施和应急预案"的"六落实"进行整改。2017年年底列为市、县级重点隐患整改项目全部完成整改验收消号。

【安全生产月】 按照《百色市安全生产委员会关于印发百色市2017年"安全生产月"和"安全生产百色行"活动方案的通知》要求,县安委会各成员单位紧紧围绕"全面落实企业安全生产主体责任"的活动主题开展了"领导讲安全发展""企业家谈安全生产主体责任""主题宣讲进企业""致企业安全生产一封信""企业安全风险公告和隐患排查治理""事故警示教育""行业特色"和"安全生产咨询日"等活动,在全县营造浓厚的安全生产宣传氛围,取得良好的教育效果。

【生产安全事故】 2017年全县共发生生产安全事故4起,死亡5人[其中:2月19日浪平乡西华村通村道路硬化项目施工现场发生一起机械伤害事故,造成1人当场死亡;3月5日桂黔(田林)经济合作产业园区施工现场发生一起2名工程车司机遭边坡塌方掩埋死亡;3月16日一辆装载铝粉的货车驶至国道324线2067千米100米路段时,车辆下坡转弯过程中失控,致使车辆侧翻,造成1人死亡;11月23日旧州镇示甫村在实施村级"一事一议"路灯亮化工程项目中发生一起触电事故,造成1人死亡],同比事故起数减少1起,下降20%,死亡人数减少1人,下降16.67%。没有发生较大(一次死亡3人)以上事故。非煤矿山、危险化学品、烟花爆竹、农机、教育、消防、水上交通、特种设备等行业领域没有发生生产安全人员死亡事故。 (撰稿 韦朝明)

食品药品监督管理

【田林县食品药品监督管理局领导】
局　长:韦　黎(壮族)
副局长:黄家东(壮族)
　　　　方二原(壮族)
　　　　林翔鸿
纪检组长:韦小荣(女,壮族,2017年10离任)

【概述】 田林县食品药品监督管理局内设办公室(财务规划股)、综合协调股(应急管理股)、食品生产流通监管股、药品流通和医疗器械监管股、餐饮服务食品安全监管股、保健食品化妆品监管股和稽查股(政策法规和行政审批股)7个机构。主要职能是对全县食品药品、医疗器械、保健食品、化妆品和餐饮服务食品安全进行监督管理。2017年,人员编制数为112名(其中局编制数12名,稽查大队17名,检验所15名,14个派出机构68名),实际在编98人,其中抽调至其他单位工作6人,派驻乡镇第一书记1人,乡镇助理3人。

2017年,田林县食品药品监督管理局分别荣获全市食药监系统2017年度食品流通监管工作突出单位(第二名);2017年度药品不良反应监测完成排全市食药监系统第一名;2017年度医疗器械不良事件监测完成、2017年度医疗器械不良事件监测严重报告占比、2017年度开展药品生产企业日常监督检查工作情况均排全市食药监系统第二名;2017年度开展三级监管医疗器械经营企业监督检查工作全市食药监系统排名第三;全市食药监系统2017年度药品零售企业日常监管检查工作突出单位(第三名);2017年度含特殊药品复方制剂监管工作突出单位在全市食药监系统排第三名;2017年3月17日在全区餐饮服务食品安全监管工作会议经营交流中做典型发言;2017年度全市餐饮服务食品安全监管工作先进单位(第三名);荣获2017年全市化妆品不良反应监测工作排名全市第二名;2017年度全市保健食品化妆品监管工作先进单位;2017年度药品监督抽验工作突出单位(第三名);2017年度网上行政审批工作突出单位(第三名);荣获2017年全区食品药品监管系统新闻宣传报道工作突出单位的通报表扬。

【食品生产流通监管】

行政许可审批和网络销售食品经营管理 至2017年12月,全县共有生产企业25家;食品销售经营单位共2714户;辖区内有网络食品销售经营户8家,都已全部办证经营。5家网络销售食品经营户在淘宝网交易平台交易;还有2家在阿里巴巴交易平台交易。主要经营的食品品种有:预包装食品(含冷藏冷冻食品)销售(酒类销售),散装食品(含冷藏冷冻食品)销售,保健食品,其他婴幼儿配方食品。

食品安全示范创建 创建田林县康益土特产有限公司、广西伟建药业有限公司两家企业为田林县创标杆企业,乐里农贸市场为食品安全示范农贸市场(2017年12月28日被命名首批广西食品安全示范农贸市场)、汇客隆百货有限公司为放心肉菜示范超市,每个乡镇创建3家食品安全示范店,共创建42家为示范店。一是对农贸市场部分硬件(肉行、青菜行、熟食行"三防")改造完成,配套有快检室,信息公示栏,LED屏;二是对软件部分各项制度、信息登记簿、入场经营者台账等建立已完成;三是指导经营者规范食品销售区域布局,设立特殊食品销售专区专柜;四是实行规范统一的散装食品标识标签、食品销售安全监督管理公示栏、食品安全投诉便民服务站。完成25家食品生产企业开展了风险等级评定专项检查,评定结果24家为A级,1家为B级。

食用植物油生产经营单位专项整治 2017年6月—8月,对辖区内食用油生产经营单位开展专项检查、排查、抽样检验工作。检查食用植物油经营单位80家,检查食用植物油生产企业3家,现榨现售小作坊3家。

畜禽水产品整治 全县14个派出机构对辖区内食品经营户进行检查,检查集中交易市场48个,畜禽水产品销售者131户,牛羊肉销售者40户。餐饮服务者148户。开展畜禽水产品销售环节监督抽检47批次。

食品生产销售电子监管 制定《田林县食品药品监督管理局2017年食品销售电子监管工作实施方案》。落实网格化管理,加强属地监管责任,提升食品销售日常监管信息化能力,督促食品销

2017年6月29日,田林县利用食品安全宣传周活动开展"三小"条例宣传 (冯瑞萍 摄)

2017年6月田林县食品药品监督管理局局长韦黎（右二）带队开展学校食堂食品安全检查（冯瑞萍 摄）

售经营企业落实质量安全主体责任和主动防范风险，下发各派出机构每个季度检查任务数分配，全县食品生产企业电子监管覆盖率为100%，食品销售电子监管覆盖率为53.5%。

校园及其周边食品安全监管 田林县辖区内学校及学校周边的食品经营店共172家。其中学校内的食品经营店39家，学校周边食品经营店133家。春季检查学校及学校周边的食品经营店172家。重点整治未履行进货查验、索证索票手续，销售无生产厂家、无生产日期、无保质期、无食品生产许可、无食品标签的"五无"食品，全面净化校园及其周边食品安全消费环境。

【药品和医疗器械监管】

专项检查和日常监督检查活动 及时根据上级文件通知查处各种涉嫌假劣药品、医疗器械等，促进药械经营单位规范化管理。对全县26家医疗机构，50家农村医疗卫生室，1家药品生产企业，69家药品经营企业，3家医疗器械经营企业进行监督检查。

药品生产、经营企业质量管理监督 明确药品生产、经营企业是药品质量安全的第一责任人，在年初与药品生产、批发企业、经营企业、医疗机构签订药品质量安全责任书。

药品不良反应和医疗器械不良事件监测上报工作 完成药品不良反应250例，占市局下达任务134例的186.56%，完成医疗器械不良事件48例，占市局下达任务25例的192%。

【食品餐饮监管】

学校食堂整顿 春、秋开学初，联合县教育局深入开展对学校（含托管机构）食堂的集中整顿。全面检查学校及其周边的食品安全，对辖区学校食堂监督覆盖率达100%。共检查253所学校（含托管机构）食堂、校园小卖部78家次、学校周边的食品经营店378家。现场检查1683家次，发现违法违规19家，违法违规问题数量213个，共打印食品生产经营日常监督检查结果记录表、责令改正通知书等执法文书2025份，使用餐饮服务移动执法终端检查全县餐饮服务单位全覆盖。

做好重大活动食品安全监管 做好传统节日、重大节假日、"两会"、"高考"期间食品安全保障工作和农村集体聚餐备案工作，确保无食品安全事故发生。全年农村50人（含）以上聚餐就报告并备案721起；完成65次重大活动食品安全保障，确保重大活动期间17208人次的就餐饮食安全。

"明厨亮灶"评定 完成辖区内持证量化分级管理动态评定及"明厨亮灶"工作任务。全县有餐饮服务单位793家，应参加动态评定单位总数756家，已动态评定722家，评定率为91.1%；实施"明厨亮灶"541家，占餐饮单位总数的71%。

【保健食品和化妆品监管】

保健食品化妆品经营监督检查 将日常监督检查与专项监督检查结合起来，相继开展元旦春节期间安全检查、功能饮料类保健食品专项整治、化妆品"颜色行动"等，全年共辖区内892家（次）保健食品经营、化妆品经营使用单位开展监督检查和专项行动检查。发现问题要求整改13家，有效地净化保健食品化妆品市场秩序。

化妆品不良反应监测 加强对乡镇以上的23个化妆品不良反应哨点管理，完成上报化妆品不良反应监测40例，完成百色市局下达年任务28例的142.85%。

【食品药品抽检】

食品生产流通环节监督抽检和快检 对辖区内食品生产企业共抽检送样36个批次，检验不合格2个批次，合格率94.5%，不合格品后处理已程序完成；定期对辖区内农贸市场和学校、大型餐馆的食用农产品开展质量安全检查，对食用农产品进行监督抽检240个批次，不合格8个批次；对食用植物油生产经营单位抽样18批次，合格17批次，不合格1批次，不合格品后处理已程序完成；快速检测603批次，合格率100%。

餐饮食品环节监督抽检和快检 快速检测食品有食用油、淡水鱼、蔬菜、肉类等样本量为712个，检测项目有农药残留、地沟油、瘦肉精、吊白块、黄曲霉素、甲醇等10个。

药品监督抽检 做好药品监督抽样工作，抽样检验17个批次，其中基本药物抽验5个批次，日常抽验10个批次，生产企业在产品种抽验2个批次。

保化品监督抽检工作 抽检保健食品6个批次，抽检化妆品10个批次，完成全年抽样任务的100%。

【稽查办案】 全年检查各类食品生产企业37家次、食品经营户2805家次、餐饮服务624家次、药品生产企业3家次、药品经营单位173家次、医疗机构35家次、保化品经营单位104家次，共立案查处66起案件，涉案金额10.248675万元，没收违法所得0.2386万元，收缴罚没款共计106.238998万元。2017年度全市食品药品稽查工作综合评定第一名。

【行政审批】

网上行政审批工作 进一步完善网上审批及政务服务V3.0系统同一天受理，同一天办结。2017年7月自治区将食品小作坊登记、小餐饮登记、食品摊贩备案下放至县食品药品监督管理局实施审批，进一步完善办证流程，优化简化行政审批办理流程，促进公开透明。

四级一体化工作 完善14个乡镇四级一体化工作人员的网上申报平台用户名、密码的相关设置，强化开展四级一体化培训工作，14个派出机构工作人员已经能够熟练完成局委托的食品小作坊登记、小餐饮登记、食品摊贩备案工作，四级一体化工作顺利开展。全年网上行政审批受理办结1456件，其中食品（含保健食品）经营许可证核发受理1398件，办结1398件；食品生产受理办结6件；小作坊登记受理办结12件；小餐饮登记受理办结34件；食品摊贩受理办结6件；行政审批事项按时办结率达100%，行政审批全年零差错、零超时、零投诉、满意率100%。

【宣传与社会共治】

各类宣传媒介和平台宣传 利用“3·15”消费者权益日、食品药品安全宣传周、“12331”投诉举报宣传日、全国“安全用药月”“诚信兴商”等形式，结合部门日常监管业务及扶贫攻坚进村入户开展形式多样的宣传活动。对广大群众开展新《中华人民共和国食品安全法》《广西壮族自治区食品小作坊小餐饮和食品摊贩管理条例》、安全饮食、健康用药基本常识的宣传和教育。全年共发放宣传资料、宣传袋2万多份，制作宣传板报8版次，拉挂横幅28条。

“一服务两公开” 强化信息公开，公布职能调整公告、餐饮消费警示、政策文件、行政许可、监督检查等信息，引导社会关心、关注食品药品安全工作。2017年，在广西壮族自治区政府信息公开网公开信息、田林县政府门户网站发布信息共766条；在百色市食品药品监督管理局门户网发布78篇工作信息；在广西食药监管杂志、微信公众号发布11篇工作信息。

【投诉举报与应急处置】

投诉举报办理 每件投诉举报按时办结反馈，做到人员到位、联络畅通，确保发生紧急情况，迅速反应，及时处置。全年共受理并办结34件“12331”投诉举报，其中食品28件，药品5件，医疗器械1件。

建立健全应急管理体系 明确应急处置的责任分工，成立应急管理工作领导小组，遇有突发事件时快速反应、有效处置。包括建立应急值班制度、检查制度在内的应急管理制度体系，严格执行突发事件信息报告制度。

应急救援队伍建设 各预案明确救援小组，人员分工，主要人员发生变动时及时进行调整，保证应急救援队伍的稳定性和执行力。全年无重大食品药品安全事故发生。 （撰稿 冯瑞萍）

财政·税务

财　　政

【田林县财政局领导】

局　长：罗凤英（女，壮族）

党组书记：谭保忠（壮族）

副局长：杨　林（壮族）

总会计师：郁再春（壮族）

国库支付中心主任：

黄炳锐（壮族，2017年4月任职）

【概况】 田林县财政局是田林县人民政府主管财政工作的综合部门，主要工作职责是贯彻实施国家的财政法律、法规履行财政预算内外资金的筹集、分配、管理；承担县本级各项财政收支管理的责任，负责编制年度县本级预算草案并组织执行；执行监督职能、管理全县的会计等工作。田林县财政局内设办公室、综合股、预算股、国库及债务管理股，行政政法、教科文及经济建设股，社会保障股、农业股、企业及统计评价股、会计管理股和监督检查股和农村财政与财务管理股等13个行政股室；局属二层机构有民族经济发展资金管理所、政府采购办、预算外资金管理所、预算编审服务中心、国库支付中心、国有资产管理所、财政稽查办公室、票据管理中心、财政信息化管理办公室、财政投资评审中心和中华函授站等11个事业单位；下辖14个乡（镇）财政所。在职人员114名。

2017年，田林县财政局荣获“全区扶残助残先进集体”、人口和计划生育工作先进集体、平安建设和综治维稳先进单位、机关绩效管理先进单位。

财政预算

【一般公共预算收支及平衡情况】 2017年，田林县本级一般公共预算收入22512万元；各种税收返还收入3357万元；体制补助收入、均衡性转移支付补助、县级基本财力保障机制奖补资金收入、重点生态功能区转移支付收入、民族地区转移支付补助、固定补助以及教育、社保等其他各项一般性转移支付补助收入127999万元；专项转移支付补助收入73622万元；债券转贷收入16100万元（其中：新增债券13500万元、置换债券2600万元）；2016年结余4696万元；调入资金296万元（政府性基金调入296万元）；收入总计248582万元。

全年一般公共预算支出239904万元；上解支出577万元；债务还本支出2600万元；支出总计243081万元。收支相抵，年终滚存结余5501万元，全部结转使用，当年无净结余，无赤字。

【政府性基金预算收支及平衡情况】 2017年，政府性基金收入5521万元；上级基金补助收入1652万元；专项债券收入2000万元；2016年基金结余1018万元；基金收入总计10191万元；

当年基金支出7246万元，调出资金296万元，专项债务还本支出2000万元；基金支出总计9542万元。收支相抵，政府性基金年终滚存结余649万元，结转下年使用。

执行情况

一、政府性基金收入执行情况。田林县全年政府性基金收入累计完成5521万元，占年初预算3600万元的153.4%，同比增收4214万元，增长322.4%，主要增收原因是2017年度大宗地块拍卖出让，土地出让金收入完成5001万元，完成年初预算3000万元的166.7%，同比增收4251万元。其他收入主要有：

城市公用事业附加收入完成27万元，同比减收56万元；城市基础设施配套费收入完成133万元，同比增收8万元；墙改基金收入完成39万元，同比减收54万元；

污水处理费收入完成321万元,同比增收65万元。

二、政府性基金执行情况。基金支出累计完成7246万元,完成年度调整指标7890万元的92%,同比增支2025万元,增长38.8%。基金支出分科目情况如下:

1. 社会保障和就业支出完成776万元,同比减支1104万元,下降59.6%,主要是上级下达水库移民扶持项目资金较少。

2. 城乡社区事务支出完成5557万元,同比增支4321万元,增长349.6%,增支主要原因是本年度收入增加,增加安排相应支出。其中:国有土地使用权出让收入安排各项土地开发支出仅为4994万元,同比增支4135万元;城市基础设施配套费安排的支出完成180万元,同比增支105万元;污水处理费安排支出完成238万元,同比增支106万元。

3. 农林水事务支出完成68万元,同比增支53万元,增长353.3%。

4. 资源勘探信息等事务支出完成51万元,基本持平。

5. 其他支出完成813万元,同比减支1246万元,下降60.5%。其中:2017年没有安排其他政府性基金支出,同比减支84万元;彩票公益金支出完成813万元,同比减支1162万元,原因是2016年度安排2015年彩票公益金专款1200万元。

三、政府性基金预算执行过程的主要特点及存在的问题

田林县政府性基金收入来源较为单一,收支主要依靠土地出让金拉动。由于2017年度土地出让收入较2016年大幅度增收,使得全县2017年较2016年基金支出增加。

【社会保险基金收支情况及平衡情况】 2017年,全县社会保险基金预算收入合计35867万元,全县社会保险基金预算支出合计28851万元,收支相抵,全县社会保险基金预算当年收支结余7016万元,年终滚存结余19460万元。

财政收入

2017年,田林县全年财政总收入全年累计完成37060万元,完成年初预算数33460万元的110.8%,完成市政府下达调整任务数35800万元的103.5%,与2016年同比增收4490万元,增长13.8%,收入进度排全市第二,收入增幅排全市第二。

【收入按级次分】 上划中央收入累计完成10936万元,同比增收1738万元,增长18.9%;上划自治区“四税”收入累计完成3612万元,同比增收79万,增加2.24%;县级一般公共预算收入累计完成22512万元,同比增收2992万元,增长15.33%。

【收入按部门分】 国税部门累计完成18388万元,占年初预算17050万元的107.8%,同比增收5352万元,增长41.06%;地税部门累计完成12266万元,占年初预算11310万元的108.5%,同比减收1876万元,下降13.27%;财政部门累计完成6406万元,占年初预算5100万元的125.6%,同比增收1333万,增长26.28%。

【收入按税种分】 税收收入累计完成30171万元,同比增收3081万元,增长11.4%;非税收入累计完成6889万元,同比增收1409万元,增长25.7%,非税收入占地方一般公共预算收入30.6%,同比上升2.53个百分点。具体税种收入情况:

增值税 (不含“营改增”7902万元)累计完成7902万元,同比增收1033万元,增长15.03%,完成年初预算7345万元的107.58%,对全县财政收入增收拉动作用巨大。增值税增收较大主要原因为

县委常委、常务副县长何建华到财政局部署财政收支工作

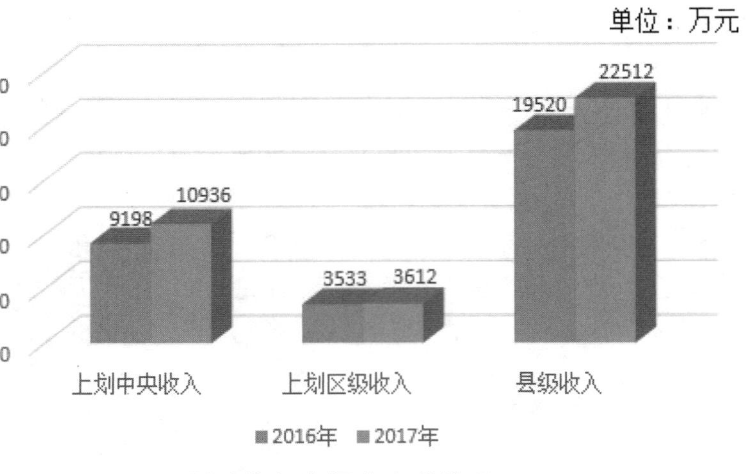

财政收入分级次完成情况

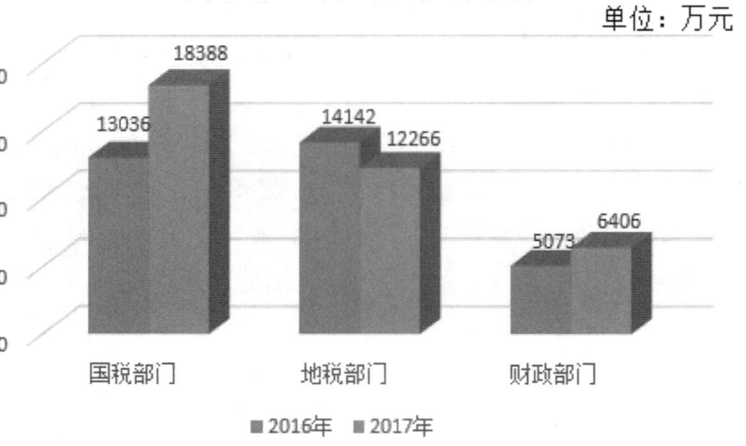

财政收入分部门完成情况

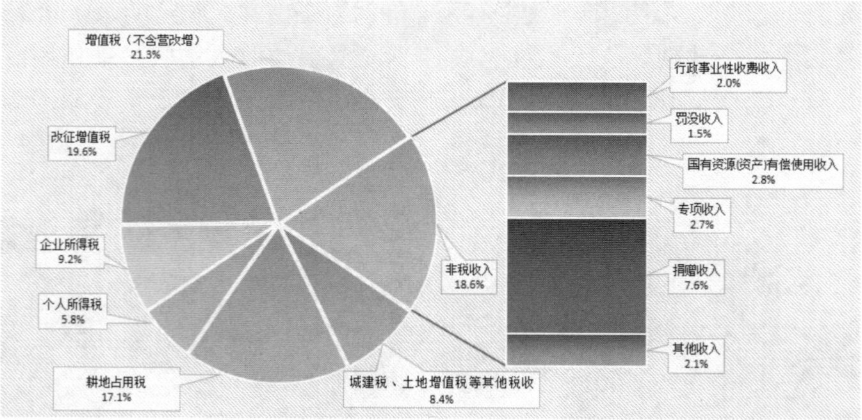

田林县2017年度财政收入构成图

各重点税源企业的稳定发展带动了税收的持续增长。自从原县内纳税大户劲达兴公司技改停产后，田林县增值税收入以电力行业为主导，2017年电力行业累计入库3231万元，同比减收184万元，减少0.05%，其中：龙滩电站累计入库1907万元，同比增收627万元；洞巴电站累计入库578万元；水利电业累计入库453万元；那比水电站累计入库167万元。

商业行业增值税收入累计入库2032万元，同比增收469万元，增幅30.0%。其中：烟草公司累计入库880万元，增收158万元；中石化累计入库218万元。

改征增值税 累计完成7280万元，同比增收4028万元，增长133.55%，完成年初预算6515万元的111.74%。增收较大的原因是上年1—5月未全面实行营改增，改征增值税主要涉及交通运输业和电信业，税款额度较少，全面实行营改增后，建筑业和房地产业纳入改革范围，收入同比增收较大。

企业所得税 累计完成收入3393万元，同比减收647万元，下降16.01%，完成年初预算4140万元的81.96%，主要是建筑行业企业所得税减收。收入较大的企业有：信用社累计入库1271万元，同比增收63万元；龙滩电站累计入库935万元，同比减收327万元；金辰置业累计入库505万元，同比增收394万元。

个人所得税 累计完成2155万元，同比增收283万元，完成年初预算2070万元的104.11%。主要增收原因为各单位年终绩效奖个人所得税入库以及个人工资提高后缴纳个人所得税较2016年增加。

耕地占用税 累计完成6339万元，同比增收1354万元，增长27.2%，完成年初预算4800万元的132.06%。其中：田林县土地储备交易中心入库5386万元，同比增收861万元；二是广西亚王电力开发有限公司入库941万元，同比增收556万元。

城建税、土地增值税、契税等 其他税收合计完成3087万元，同比增收84万元，增长2.82%。其中：城建税收入累计完成602万元，同比增收48万元；房产税收入累计完成281万元，同比增收104万元；土地增值税收入完成683万元，同比增收收83万元，主要原因是2017年房地产公司清算入库的土地增值税增加；契税收入累计完成698万元，同比减收196万元，主要原因是上年有增量房契税清理入库。

全年非税收入 累计完成6889万元，完成年初预算5510万元的125.03%，同比增收1409万，增长25.7%。非税收入占地方一般公共预算收入30.6%，同比上升2.53个百分点。主要非税收入项目如下：

一、专项收入累计完成990万元，同比减收491万元，下降33.2%。其中：教育费附加和地方教育附加收入共完成757万元，同比增收120万元；残疾人就业保障金收入完成161万元，同比减收37万元；育林基金收入完成0万元，同比减收293万元，减收原因是2016年2月起育林基金征收标准降低为零，不再有收入入库；水资源费收入完成0万元，同比减收200万元，减收原因是2017年水资源费收入不在本科目核算；水利建设基金收入完成59万元，同比增收31万元，增收原因是2017年土地出让收入较多，计提水利建设基金。

二、行政事业性收费累计完成724万元，同比减收276万元，减少27.6%，其中：公安收入累计98万元，同比减收72万元，主要是公安交警上缴驾驶许可考试费收入及机动车驾驶证工本费收入较少；法院诉讼费收入累计完成70万元，同比减收105万元；计生部门上缴社会抚养费收入累计43万元，同比增收15万元；建设行政事业性收费收入累计完成262万元，同比增收56万元，主要是垃圾处理费、房屋登记费和占道费收入；国土资源收费完成12万元，同比减收122万元；人防办收入完成188万元，同比增收114万元。

三、罚没收入累计完成550万元，同比减收906万元，减少62.2%，其中：公安罚没收入累计完成371万元，同比减收315万元，主要是交警罚没减少；检察院罚没收入累计完成3万元，同比减收95万元；违纪罚没收入累计完成0万元，同比净减收96万元；国土罚没收入完成1万元，同比减收229万元；住建“三违”罚没收入28万元，同比减收161万元。

四、国有资本经营收入5万元，同比净增收5万元。

五、国有资源（资产）有偿使用收入累计完成1020万元，同比增收431万元，增长73.2%，其中：利息收入累计565万元，同比增收260万元；房租等非经营性国有资产收入144万元，同比减收34万元；矿产资源专项收入累计完成52万元，同比减收54万元；其他水资源费累计完成245万元，由于该收入本年度由专项收入转入国有资源（资产）有偿使用收入科目，导致本年度该科目同比增收。

六、捐赠收入累计完成2822万元，同比增收2413万元。

七、政府住房基金收入45万元，同比减少6万元。

八、其他收入累计完成733万元，同比增收239万元，增长48.4%，其中：教育部门教保费等其他收入453万元，同比增收358万元；国土、建设、市政等部门其他收入本年无，同比净减收328万元；房改其他收入210万元，同比净增收。

财政支出

2017年田林县继续严格财政支出管理，进一步合理调整和优化财政支出结构，着力加强经济社会事业发展的薄弱环节，加大全县脱贫攻坚力度，全力落实县委、县政府的重大民生决策。全年一般公共预算支出累计支出239904万元，完成全年支出预算指标的97.7%，同比增支24729万元，增长11.5%。

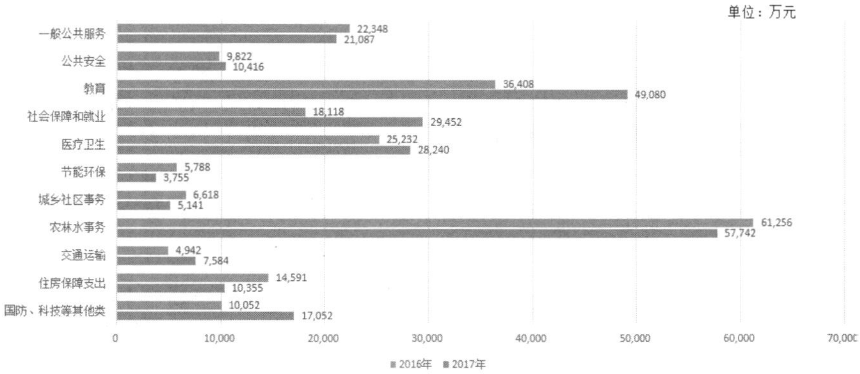

2016—2017年度支出分科目情况对比图

【主要支出科目完成情况】

一般公共服务支出 累计完成21087万元,完成预算指标100%,同比减支1261万元,减少5.6%。

公共安全支出 累计完成10416万元,完成预算指标100%,同比增支594万元,增长6.0%。增支主要原因:一是工资性支出增支;二是法院支出2869万元,同比增支589万元。

教育支出 累计49080万元,完成预算指标100%,同比增支12672万元,上升34.8%。

社会保障和就业类支出 累计完成29452万元,完成预算指标100%,同比增支11334万元,增长62.6%。其中:安排行政事业单位离退休支出8212万元,同比增支8208万元;安排城乡低保支出12389万元,同比增支3023万元。

医疗卫生类支出 累计支出28240万元,完成预算指标100%,同比增支3008万元,增长11.9%。其中:基层医疗机构支出5677万元,同比增支2064万元;公共卫生支出2976万元,同比增支652万元;计划生育支出1367万元,同比减支1157万元;行政事业单位医疗支出。

节能环保支出 累计完成3755万元,完成预算指标100%,同比减支2033万元,下降35.1%。其中:天然林保护支出2326万元,同比减支2326万元。

城乡社区支出 累计完成5141万元,完成预算指标100%,同比减支1477万元,下降22.3%。

农林水事务支出 累计完成57742万元,完成预算指标92.6%,同比减支3514万元,减少5.7%。其中:农业支出7329万元,同比增支660万元;林业支出7555万元,同比减支2212万元;水利支出7059万元,同比减支6796万元;扶贫支出29919万元,同比增支4876万元;农业综合开发支出49万元,同比减支1791万元;农村综合改革支出5369万元,同比增支1844万元。

交通运输支出 累计完成7584万元,完成全年预算指标的98.5%,同比增支2642万元,增长53.5%。

住房保障支出 累计10355万元,完成预算指标96.9%,同比减支4237万元,减少29%。其中:棚户区改造支出870万元,同比减支3048万元;农村危房改造支出4547万元,同比减支213万元。

国防、科技、文化体育与传媒、资源勘探信息、商业服务业、金融监管、国土海洋气象和粮油事务等其他支出 累计完成17052万元,占总支出7.1%,同比增支7000万元,69.6%。其中:科技支出699万元,同比减支256万元;文化体育与传媒支出3326万元,同比减支210万元;资源勘探信息等事务支出585万元,同比增支173万元;商业服务业支出893万元,同比增支168万元;国土海洋气象等支出8462万元,同比增支6194万元;粮油物资储备事务支出1406万元,同比增支698万元;债务付息支出1356万元,同比增支284万元。

工资性支出 累计完成52608万元,占总支出的21.9%,同比减支965万元,减少1.8%。

民生支出 累计完成206135万元,占总支出的85.9%,同比增支24990万元,增长13.8%。其中:教育类增长34.8%、社保就业类增长62.6%、医疗卫生类增长11.9%、农林水类下降5.7%、交通类增长53.5%、住房保障类下降29%。政府按照有保有压、民生优先、保障重点的原则,切实调整优化支出结构,持续增加民生投入,民生支出总量保持较大增幅。

田林县财政局跟踪项目,加快支出。图为县财政局局长罗凤英(右一)在项目工地指导项目建设

“八项支出” 累计完成147870万元，占总支出的61.64%，同比增支22581万元，增长18.02%，为全县GDP稳定增长提供保障，对全县经济社会发展起到积极推动作用。“八项支出”变动原因：一是上级下达专款同比增加；二是2017年专款已全部列支。

【财政监管】 2017年，田林县财政局认真履行财政监督职责，积极创新监督方式，不断完善监督管理制度。围绕“着力打造‘五个财政’力促‘富民兴桂新跨越’”为主题，以强化重点民生资金为重点，以保障重大政策落实和财政资金规范有效使用为目标，以构建财政“大监督”的格局，全面履行财政监督管理各项职责，充分发挥财政监督的职能作用。

财务基础工作监督 县财政局组成3个检查小组深入到各部门，主要通过调阅有关账目资料、现场查看的方式检查各部门会计基础工作，检查各部门是否按规定设置会计账簿，是否存在伪造、变造会计账簿行为；会计凭证是否完整，是否真实、合法、手续是否完备；是否按规定编制财务报表，报表内容是否真实、合法、完整等内容；同时，对各部门单位会计机构配置、会计人员是否具有从业资格等内容进行重点检查。通过检查，发现部分单位存在一些问题，一是会计基础工作薄弱；二是违反《现金管理条例》，存在大额支付现金现象；三是制度执行不严，有的出差申请表没有领导审批或没有出差申请表，惠民资金拨付审批手续不完整；有的在支付工程款时没有取得税务发票；四是会计科目未执行新的行政单位会计制度，还延用旧会计制度科目进行会计核算；五是有的单位存在违规发放加班费现象，有的单位公用电话和单位公车用油冲值卡以个人名开户；六是有的单位应缴的非税收入未能及时上缴；七是会计机构人员配置不合规，存在会计人员无证上岗现象。

会计信息质量检查 此次检查从局业务股室抽调8个业务骨干，组织2个检查小组，对县民政局、林业局、广西伟健药业有限公司、浪平镇人民政府开展会计信息质量检查。

“小金库”、违规发放津补贴和变相滥发各种津补贴等问题专项检查 7月初，由县财政局、人社局组成人员针对各部门2013年1月至2017年3月单位私设“小金库”，用公款支付应由个人承担的物业费、水电费、房屋租赁费、违规报销差旅费和超标公务接待，违规发放津贴补贴等情况进行检查；对184个党政机关和事业单位开展了“小金库”等专项整治。

开展财政监督检查

【财源建设】 2017年田林县坚持以科学发展观统揽全局，大力发展税源经济，积极培植地方财源，为财政增收奠定了可靠的基础。

财税管理 2017年，加强财政收入征管，财税部门狠抓税收源泉控管和检查、稽查，及时清理到期的税收优惠政策，严厉打击偷、逃、漏税行为。同时，进一步完善社会综合治税体系，完成涉税信息平台建设工作，推动国地税全面合作治税，实现信息管税。加强对重点税源和新增税源的掌控分析，有效提高税收征管能力。

财源培育 一是加快推进项目建设力度，特别是中央和自治区下达的项目资金建设，一些中小项目要做到当年开工建设，当年完工的目标，确保全面完成项目建设任务，促进财政增收；二是通过贷款贴息、补助奖励等形式，全力支持大项目建设；三是做好企业服务工作，尽力为企业排优解难，不断提高服务质量，努力营造工业发展的良好环境，认真落实企业税收优惠政策，增强企业发展动力;四是加快推进正在施工的企业,如瓦村电站、桂黔经济合作产业园区等项目的建设,使企业尽快完成投产;五是加快推进县内上级专项资金投资和县城城建项目的开工建设,如水利、交通、教育和城建项目建设,使项目尽快完工产生效益,财政增收。

企业扶持 切实做好抓大扶微工作,积极争取更多民贸企业贷款贴息资金,支持民贸企业的发展,重点扶持主业突出、带动作用明显的企业做大做强,形成龙头企业,增强财税发展后劲。2017年,共安排企业扶持奖励资金1215万元,其中落实规上企业扶持资金267万元,工业经济发展扶持和奖励资金758万元,安排广西旅游传媒集团公司田林高铁无轨运营产业扶持奖补资金90万元,康益土特产有限公司“有机产品认证”补助资金100万元。

园区建设 加强引进的桂黔经济合作产业园区的基础设施建设,把将园区基础设施建设作为财源建设的重点,广开渠道筹措建设资金,加快工业园区基础设施硬件和投资环境软件的建设,以及标准化厂房、水电、通讯、路网建设和生态环境建设,为项目引进创造良好的氛围。2017年,投入4950万元加快推进桂黔经济合作产业园建设。其中,安排桂黔合作产业园30万吨铝水项目前期工作经费及植被恢复费1287万元,安排产业园环评、项目跟踪、占用林地可研报告等工作经费50万元,征地补偿2825万元及耕地占用税788万元,确保完成土地收储工作。助力招商引资工作,助推百色矿业集团30万吨的铝水项目及百矿田田碳素公司40万吨预焙阳极碳素项目投建落户。

项目资金申报 一是抓住当前国家继续实施积极财政政策的有力时机,配合各预算单位做好项目的储备和申报,力争得到上级更多项目资金的支持,全年共争取到专项转移支付补助资金计74084万元,比2016年减少4183万元,下降6%;二是多次到自治区财政厅汇报,争取上级对田林县转移支付政策倾斜,以寻求更多的资金帮助。全年共争取得到财力性转移支付补助127539万元,同比2016年增加14809万元,增长13.1%。其中:均衡性转移支付资金57147万元,同比增加6334万元;重点生态功能区转移支付5345万元,同比增加847万元;民族地区转移支付4069万元,同比减少7241万元,增加部分主要是指定用于扶贫项目的资金;固定补助收入8929万元,同比减少314万元;县级财力保障机制奖补转移支付资金4778万元,同比增加202万元;一般结算补助收入3608万元,同比减少175万元;其他一般性转移支付收入631万元,同比减少527万元;基层公检法司、教育、社保、医疗、“一事一议”等指定用途的转移支付资金43168万元,同比增加16519万元,已全部完成支出,兑现率100%。支出规模进一步增大,增加的财力性转移支付进一步缓解了田林县财政困难局面,为全县社会各项事业发展提供了资金保障。

【政府采购】 2017年,县财政局根据《中华人民共和国政府采购法》《广西壮族自治区政府集中采购目录及标准限额》《田林县政府采购操作规程》,不断扩大田林县政府采购范围和规模,完善政府采购的程序,严格执行政府采购的公开、公平、公正和效益的原则。田林县政府采购范围已涵盖货物类、工程类、服务类。

规模和范围 2017年共办理政府采购业务437笔,单位申报的政府采购预算总金额为76975.66万元,实际采购金额为75077.30万元,节约资金1898.36万元,节约率为2.47%。

组织形式和方式 2017年田林县政府采购按采购方式划分主要有公开招标、竞争性谈判、询价三种;按组织形式划分主要分为货物类、工程类和服务类3种:其中货物类计划采购金额11025.41万元,实际采购金额10765.16万元,节约资金260.24万元,节约率2.36%。主要项目有(文广局)广播电视播出机构制播能力建设项目设备采购项目、(法院)审判法庭项目中央空调设备采购、(中医院)田林县中医医院文化长廊建设工程采购、(水利局)田林县2015年中央财政第一批特大抗旱设备添置项目采购、(公安局)IV007单兵研判系统采购等;工程类计划采购金额61363.39万元,实际采购金额59830.41万元,节约资金1532.98万元,节约率2.5%,主要项目有:田林县2017年异地扶贫搬迁工程项目、(扶贫办)2017年中国扶贫基金会援助脱贫攻坚溪桥项目、(发改局)2016年石漠化综合治理工程小型水利水保工程(百乐乡百乐小流域)、(财政局)2017年革命老区项目等;服务类计划采购金额4586.86万元,实际采购金额4481.73万元,节约资金105.13万元,节约率

2.29%。主要项目有:(交通局)田林县福达乡至八渡公路复建工程编制使用林地可行性报告项目、(水利局)田林县启文水库扩容工程专题报告编制服务项目、(扶贫办)2017年脱贫攻坚通屯道路建设项目设计单位和监理单位等。

【财政改革】 随着国库集中支付改革深入开展,田林县着力推进财政科学化精细化管理,使支付管理制度不断完善,支付行为更加规范合理,从加强预算管理和完善税收制度入手,全面深化财政事业改革,持续推进"营改增"试点工作,加快推进转变经济发展方式。实现了财税体制改革工作的平稳推进。

政府预算体系 一是进一步建立健全政府预算体系和预算定额标准体系。加大"四本"预算资金统筹力度,坚决把政府收入全部纳入预算统一安排,对大项目等支出优先使用政府性基金及相关非税收入,如有不足再通过公共财政预算解决,做好将全口径政府预算提交县人大审议准备工作。二是完善预算支出定额标准体系。2017年,参照上级财政部门研究制定了田林县差旅费、培训费等管理办法,充分发挥支出标准在预算编制和管理中的基础支撑作用。三是强化化预算约束。坚持"先有预算、后有支出"的原则,预算未安排的支出原则上当年不能增开支出口子,严格预算约束。

预决算信息公开 2017年,严格按照新《中华人民共和国预算法》的要求,汲取2016年经验教训,进一步推进预算公开科学化、透明化,预决算公开工作举得较好成绩。一是严格公开时间。在县人大批复下达县本级财政预算后,县财政及时批复下达部门预算,县本级预算和部门预算都能在批复下达20日内进行公开。二是扩大公开范围。除人武部、武警中队、消防大队三部门的预算信息涉密不公开外,全县113个一级预算单位的部门预算和"三公"经费预算全部纳入预算公开范围,公开面达100%。三是细化公开程度。制定公开模版,设定公开套表,将部门预算细化公开到功能分类"项"级科目、经济分类"款"级科目。四是实行集中公开。建立本县预决算公开统一专栏,改变部门自行选择公开平台的方式,2017年起统一在田林县政府网站设立的"财政预决算公开专栏"进行集中公开。

结转结余资金管理 一是严格控制一般性支出。坚持"厉行节约、反对浪费"原则,合理安排资金,压缩会议经费、公务接待、公务购车以及学习考察等一般性支出,严控专项支出,保持"三公"经费"零增长";全县一般公共服务支出20459万元,同比减支9210万元,下降31%,低于公共财政预算支出增幅33.4个百分点。二是做好历年存量资金清理盘活工作。按照《预算法》要求和中央、自治区的部署,进一步盘活财政存量资金,并将结余结转资金与预算安排紧密结合,努力消化和压减结余结转规模。通过分类清理,2017年,共收回存量资金8916万元,重点投向扶贫、民生改善、公共服务、基础设施建设等领域。

地方政府债务管理 一是完善债务管理制度。成立政府债务管理工作领导小组,制定债务管理办法、政府偿债准备金管理办法、政府债务风险应急处置预案等一系列制度,健全建立政府债务管理机制。二是偿债资金纳入预算管理。明确将政府性债务偿还本息资金,按还款计划逐年纳入年度预算给于保障,确保偿债资金准备充足,以及时偿还债务,避免发生债务风险。三是加快存量债务置换进度。加快田林县存量债务置换进度,对现有债务认真进行清理甄别、归类分析,对可以置换的债务,加强与债权人的沟通协调,加快项目进展,尽快竣工结算,督促债权人尽早签订置换协议,及时向区财政厅申报存量债务置换计划,争取得到自治区下达的置换债券,确保符合置换条件的存量债务全部置换完毕。2017年田林县共向上申请获得自治区财政厅批准下达置换债券资金4600万元,主要用于置换县自来水厂的田林县污水处理厂及配套管网工程广西投资集团公司贷款余额1275万元;县垃圾处理厂的田林县生活垃圾无害化处理场建设项目国开行贷款余额725万元,归还区财政厅2009年债券余额600万元,县交通运输局的农村道路硬化项目农发行贷款余额2000万元。已完成置换4600万元,置换率100%。四是提高新增债券资金的使用效率。2017年田林县向区财政厅争取地方政府债券13500万元(其中:2467万元要用于扶贫支出)。根据新增债券资金需安排用于公益性项目支出的要求,重点投向民生领域,特别是扶贫领域以及基础设施建设的支出。

落实涉企减税降费政策 一是采取措施推进小微企业税收优惠政策的落实。通过各种方式及时向纳税人宣传该项优惠政策；对纳税人符合条件而未享受优惠政策的情况，及时逐户通知并进行政策及操作辅导，根据纳税人申请及时进行审核，对经审核确认可享受免税优惠的，及时办理退税，确保企业享受到该享受的优惠。2017年，享受税收优惠的小型微利企业共321户，共减免增值税税额370万元。二是做好清理取消涉企行政事业性收费工作。根据财政部要求，按照财税〔2017〕20号文件规定，及时将取消或停征的41项行政事业性收费项目清单，明确从2017年4月12日起不再征收。同时编制《田林县涉企收费清单》，将停征项目和涉企收费清单及时在政府门户网上公布。同时全面开展涉企收费清查整改工作，对涉及有收费项目的单位进行监督检查，治理涉企乱收费现象，使清费减负工作取得成效。2017年，清理行政事业性收费项目6个，共降低费用44.9万元，同比下降76.1%，清理政府性基金收费项目2项，共降低费用171万元，同比下降47%。

【国有资产管理】 2017年，田林县财政局作为田林县国有资产管理部门，深入贯彻落实财政部《行政单位国有资产管理暂行办法》《事业单位国有资产管理暂行办法》以及《广西壮族自治区行政事业单位国有资产管理办法》精神，抓住全县国有资产管理的重点环节，紧紧围绕财政厅党组提出的加快“六强”型财政建设的发展思路，结合“绩效管理年”“效能建设年”活动的开展，主动适应经济改革发展新常态。

国有资产配置管理 针对优化资产配置管理要求，完善新增资产配置预算审核机制。按照市本级有关规定及资产配置标准，财政部门认真审核，对未按要求编报新增资产预算的单位，不予安排资产配置预算，相关单位不得进行新增资产购置，从而有效地避免了超标准配置和重复配置现象，推进资产管理与预算管理相结合。2017年，田林县财政局加大国有资产存量调控力度，逐步建立国有资产调配和处置的有效机制，推进国有资产的整合、共享、共用和合理流动，盘活存量资产，优化资源配置。将公车制度改革后涉改车辆调拨（划拨）至公车平台以及各部门之间调剂置换，涉及调剂车辆67台，价值1691.34万元，确保国有资产的合理配置，防止铺张浪费，降低行政成本。

国有资产处置管理 为解决单位随意处置、随意转让、变相低价处置等造成资产流失损失的问题，财政部门进一步规范行政事业单位国有资产处置行为，在资产处置中主要注重把住资产使用年限关、评估关、收益关，防止国有产权转让过程中国有资产的流失。2017年，共受理行政事业单位各项处置固定资产等86项，涉及资产金额共计1229.39万元，对单位申请不符合处置的资产予以否决退回，确保国有资产安全完整和有效使用。（撰稿　黄何峥）

国家税务

【田林县国家税务局领导】

局　长：罗少林（壮族，2017年11月离任）

副局长：杨志盛（2017年10月任职）

　　　　刘德铭（壮族）

　　　　潘承增（壮族）

　　　　黄　耀（壮族）

　　　　方　念

纪检组长：吴世乐（2017年7月任职）

【概况】 2017年核定编制66名，在编干部66人，职工0人，聘请编外人员6人。内设办公室、政策法规股、征收管理股、收入核算股、纳税服务股、人事教育股、监察室、机关党委办公室、财务管理股共9个股室；直属机构1个，即稽查局；事业单位1个，即信息中心；设有3个税务分局，即乐里税务分局、旧州税务分局、定安税务分局。自2005年6月起3个税务分局都集中在县局办公。2017年，在全区国税系统纳税人满意度调查工作中，田林县国税局取得全市国税系统第二名。

【税制改革】 做好全县综合治税管理平台立项。通过纳税评估入库增值税122.95万元，企业所得税125.67万元，加收滞纳金6.2万元。完成风险管理全流程48户，发现有问题73户，风险管理组织入库税款248.63万元，风险分析识别命中率100%。没有新增欠税发生，欠税变动率为0。通过提取电业部门第三方涉税信息，对木材加工行业实行“以电控税”征收税款，入库增值税600.64万元，同比增收85.08万元，增长8.58%，第三方涉税信息成效所占比重为0.37%。

【管户情况】 管辖纳税户数3232户，其中：企业1212户（一般纳税人235户，小规模纳税人1193户）。报验户377户，个体工商业户3117户，其中达起征点25户，未达起征点3092户，达起征点的比例为0.08%。

【重点税源分布】 管辖的235户一般纳税人，主要分布在乐里镇、潞城乡、那比乡和高龙乡。年纳税在一百万元以上的企业是龙滩水电开发有限公司、广西田林农村商业银行股份有限公司、广西洞巴水电有限公司、田林县水利电业有限公司、广西百色市烟草公司田林营销部、中石化田林石油分公司等企业。

【税收收入】 按照“依法征税，应收尽收，坚决不收过头税”的组织收入原则，抓好重点税源管理、清查漏征漏管、强化纳税评估和税收专业化管理、狠抓税务稽查等堵漏增收工作，组织收入工作做到应收尽收。2017年组织国家税务总局考核口径任务19418万元，同比增收5680万元，增长41.35%，组织田林县人民政府考核口径税收收入18380万元，同比增收5369万元，增长41.27%。

【税源管理】 推广增值税发票系统升级版，实现纳税人在线开票实时上传。推广委托邮政代征业务，让纳税人在家门口办税。把全县辖区内的木材行业由分散在3个分局管理，集中统一由旧州分局进行管理；把采石场和制砖行业统一由定安分局进行管理。初步形成以金税三期优化版为核心，以纳税服务规范和征管规范为基础，以提高纳税人满意度和税法遵从度为目标，纳税服务集约化、风险管理团队化的税收征管模式。

【税收执法】 落实税收执法责任制。深化税务行政审批改革，规范税收执法行为。年内，涉税大要案件、涉税投诉事件零发生，无重大执法违法事件和与税务机关责任有关的重大涉税案件发生，未发生税务行政复议和税务行政诉讼。处罚违章户193户次，处罚金额6.94万元，税务行政处罚率100%。落实税收优惠政策，为3816户纳税人（含个体户）减免退税5180万元。

【纳税服务】 推广网上申报、推行自助办税终端等服务措施，纳税人报送资料平均减少40%，缩减办税时限50%，增加前台即办事项50%以上。推行“E税通”办税软件，发票代开、发票验旧时间平均降低10分钟，降幅60%以上。实现“E税通”办税辅助软件与“金三”系统的接轨应用，实施“三证合一、一照一码”登记制度，简化登记手续，推广增值税发票系统升级版，实现纳税人在线开票实时上传。贯彻落实《全国县级税务机关纳税服务规范》，不断提升纳税人满意度。

【税务稽查】 对5户纳税人开展立案稽查、组织4户纳税人开展自查，稽查查补收入入库186.86万元。完成百色市国税局下达全年任务的100.54%；上机立案5户，结案5户，选案准确率、结案率、入库率等三率均达100%，案件平均处罚率22.44%。

【税收宣传】 制作横幅4张，将营改增、小微企业税收优惠政策宣传资料制成板报6块、在办税大厅通过电视屏幕滚动播放营改增内容168条，下各乡镇张贴宣传册153份，整理最新税收政策印刷成册360本。通过“税企电子邮箱”将238条税收最新政策、税收优惠政策、纳税服务措施等内容向一般纳税人发送。国地税部门借力田林县“吼敢”壮剧节，围绕“营改增”“诚信纳税”等内容开展宣传活动。此次活动共发放税收宣传资料180余份，解答纳税人咨询60余人次，收到良好的效果。

（撰稿　文　博）

田林县税务部门开展税收宣传月活动

地方税务

【田林县地方税务局领导】
局　长:黄宏浪(壮族)
副局长:潘祖守(壮族)
　　　陈旸宇(壮族)
　　　唐华将(壮族)

【概况】 田林县地方税务局内设机构有办公室、收入规划核算和财务管理股、人事股、监察室、征管和科技发展股、法规税政股、征收服务股7个。派出机构有乐里分局、旧州分局、定安分局、潞城分局、八桂分局、那比分局6个。有公务员39人,参照公务员法管理1人,机关工人2人,后勤聘用控制数4人,助征员11人,合计57人。2017年获得“继续保留自治区文明单位荣誉称号”“2016年度绩效管理优秀单位”“党风廉政建设责任制考核优秀单位”“百色市先进职工之家”“田林县先进基层党组织”、田林县“星级”党组织、田林县“三八红旗集体”等集体荣誉,1人荣获全区地税系统个人二等功;1人荣获2017年全区地税系统纳税服务类“岗位能手”,3人荣获百色市地税系统纳税服务类“岗位能手”。

【管户情况】 田林县地方税务局2017年的管户包括:单位纳税人1008户,行政事业单位207户,个体工商户2944户。

【税源管理】 一是单位纳税人月正常税收约220万元,房地产企业7户,2017年纳税458.3万元,2017年纳税总额单位纳税人烟草公司年缴纳烟叶税280万元;二是行政事业单位主要税收来源是年度绩效扣缴个人所得税年约580万元,正常工资薪金扣缴个人所得税月约30万元;三是个体工商户达起征点48户,月税收入库约6万元。

【重点税源分布】 2017年列为总局监控的重点税源企业共有7户,涉及五个行业,其中金融业1户:广西田林农村商业银行股份有限公司,2017年申报缴纳各种税费310.6万元,收入列为榜首。制糖业1户:田林县和平糖业有限公司。房地产业1户:广西金辰置业投资有限公司田林分公司。水电行业3户:田林县那比水力发电有限公司、广西洞巴水电有限公司、田林县水利电业有限公司。交通运输业1户:田林县恒通物流运输有限责任公司。2017年重点税源共组织收入933.3万元,占年度企业收入的20.41%。

【税收执法】 一是坚持依法行政。组织开展依法行政考核、领导干部集中学法、规范性文件清理等各项活动;推行了税收执法权力清单和责任清单,落实税务行政处罚裁量权统一标准,全年无一例行政复议和诉讼案件发生。二是强化执法督察。组织开展税收执法大督察自查和配合市局的重点抽查工作,对依法组织税收收入、落实国务院系列减税措施等9项工作以及“四个坚决”等6项重点内容进行了自查自纠和整改工作。三是推动减免税政策落实。四是组织开展股权转让核查工作,及时制定工作方案,对2012—2017年的74个股权转让案例进行了核查,查补税款0.46万元。

【税收收入】 2017年完成县政府任务口径收入12273.8万元,完成县政府下达的年度收入任务12000万元的102.3%,有效地促进了地方经济发展。

2017年5月26日,田林县地税局帮扶八渡乡那骂村道路硬化水泥45吨

表 10

2017 年度各税种收入及其他收入统计表

单位:元

税种＼年度	2017 年
总计	127177659.12
一、税收合计	117912059.55
1. 增值税	681125.68
2. 营业税	2039.43
交通运输邮电业	—
建筑安装业	−36756.46
金融保险业	—
文化体育娱乐业	—
服务业	
房地产业	38795.89
其他	40931.39
3. 企业所得税	1414959.34
国有企业	8216.81
集体企业	386252.23
其他企业	1020490.30
4. 个人所得税	21544330.78
5. 资源税	1607290.41
6. 城建税	6020672.58
7. 房产税	2812303.97
8. 印花税	1116413.41
9. 土地使用税	997730.87
10. 土地增值税	6835354.84
11. 车船税	1744892.19
12. 烟叶税	2762142.77
13. 耕地占用税	63388883.62
14. 契税	6983919.66
二、其他收入	9265599.57
1. 教育费附加	4826472.25
2. 文化事业建设费	—
3. 其他罚没收入	—
4. 地方教育附加	2742930.69
5. 防洪保安费	—
6. 残疾人保障基金	1696196.63
7. 价格调节基金	—

【税收征管】 一是抓好资源税征收，全力推进资源税改革工作；二是稳步推进商事制度改革，积极主动与国税、工商部门配合，做好“三证合一”系列推广工作；三是深化国地税合作，依托金三系统将“一人一窗一机一票一系统”合作征税模式成功覆盖到固定共管户，实现了国地税综合业务“一窗通办”的工作新模式，解决了纳税人“两头跑”问题，实现了征纳双方“双减负”；四是做好环境保护税开征前期准备工作，加强与环保部门沟通联系，获取相关数据，在金三系统进行数据清洗。

【纳税服务】 一是贯彻落实好《税收征管规范》《纳税服务规范》《国地税合作规范》，对办税服务厅进行“健康体检”，不断提升服务质效；二是积极响应“互联网+办税服务”系统建设，开通“田林地税”微信公众号，为纳税人推送办税日历、窗口介绍、最新公告等消息；三是与国税联合开展纳税信用等级联评工作，对全县纳入信用评价范围的195户企业进行了联评；四是深化国地税合作，联合推行“一人一窗一机一票一系统”合作征税模式，实现了国地税综合业务“一窗通办”，解决了纳税人“两头跑”。

（撰稿　洪清清）

文化·体育

文 化

【田林县文化和体育局领导】

局　长：黄　涵（壮族，2017年9月任职）

副局长：吕立亮（壮族）

　　　　李　杰（壮族）

　　　　陈镜舟（女，彝族）

　　　　李彩应（女，壮族）

【概况】 田林县文化和体育广电局核定行政编制6名，机关后勤事业编制1名。其中，局长1名，副局长4名。隶属管理的二层机构有9个，分别是：田林县文化市场综合执法大队，属于财政全额拨款的副科级单位，编制12名（含原广电局6个参公编），为参公编制，核定领导职数2名；田林县图书馆，属于财政全额拨款的事业单位，编制4名，核定领导职数2名；田林县文化馆，属于财政全额拨款的事业单位，编制9名，核定领导职数3名；田林县博物馆，属于财政全额拨款的事业单位，编制2名，核定领导职数1名；田林县非物质文化遗产传承保护展演中心，属于财政全额拨款的事业单位，编制22名，核定领导职数3名；田林县广播站，属于财政全额拨款的副科级事业单位，编制6名，核定领导职数2名；田林县有线电视站，属于财政全额拨款的事业单位，编制10名，核定领导职数2名；田林县电影公司，属于自收自支的事业单位企业化管理单位，编制20名，核定领导职数2名；县业余体校，属于财政全额拨款的事业单位，编制3个为事业管理岗位，核定领导职数1名。

2017年在编人数48人，编外聘用人员27人，全县有14个乡（镇）文化广播站，专兼职人员25人。

2017年5月12日，田林县政协机关率领县直干部职工业余歌队赴凌云县开展文化联谊活动

【文体基础设施】

村级公共服务中心建设项目 2017年，自治区下达全县村级公共服务中心建设项目为7个（八渡乡那利村、潞城瑶族乡各烟村、潞城瑶族乡那马村、旧州镇徕周村、利周乡囊老村、百乐乡百华村、者苗乡六恒村），项目总投资175万元（自治区资金）。

脱贫攻坚贫困村文体设施建设项目 2017年要在42个贫困村中实施71个文体设施项目（其中篮球场24个，宣传栏41个，戏台3个），总投资352元。为确保顺利完成任务，县文广局组织力量开展调查研究，协调乡（镇）、村划地、平整场地。截至12月初建设完成7个篮球场、41个宣传栏，其余项目都在有序开展中。

田林县壮剧中心项目 田林

县壮剧中心作为2017年政府重点项目工程,经县委、县人民政府同意壮剧中心、政务中心合并为一个项目,由县文化和体育广电局牵头,统一设计,统一施工。“两中心”位于田林新区乐里镇新宁村分水屯,总占地面积为42.6亩,总建筑面积24046.84平方米,项目主体工程总投资6715.53万元,后期装修完善预计再投资1200多万元,主体工程建设工期440天。经公开招投标,“两中心”的主体设计单位为广西华景城建筑设计有限公司,施工单位为广西三建。“两中心”主要建设内容有壮剧传习院、政务服务中心业务用房、文化广场、地下停车场。该项目工程于2017年9月18日开工建设。

【文化工作】

文化活动 一是春节期间,组织指导瑶族铜鼓舞、壮族祭瑶王、壮族祭瑶娘、盘古瑶民俗展示、瑶族抛绣包、壮族销正月等民族民俗活动,在县城举办灯谜展猜、迎春诗联、免费书写春联等传统文化活动,为全县人民奉献丰富多彩的文化生活。二是成功举办田林县2017年“壮族三月三·吼敢”活动。活动主要有6项内容:壮族专题歌会“我们的家园”,于4月17日和21日晚举行;自治区文艺精品项目壮剧《瑶娘》公演,于4月18日晚演出;原生态民歌歌会,于4月19日晚举行,山歌手200名;田林县2017年“壮族三月三·吼敢”活动闭幕式及颁奖晚会《情韵田林》;壮剧展演,5个片区壮剧会演于2月5日至11日举行。县城展演于4月10日至20日开展,共演出壮剧140场次;4月17日乐里镇新昌、新市、河南等三个社区举办“千人百家”宴会和4月18日至20日举办本地特色美食展示展销活动。三是举办健康舞展演。10月20日晚在三宝戏台举办“庆祝十九大·共舞中国梦”健康舞展演,来自县城和各乡镇的24支文艺队伍上演了民族舞、拉丁舞、鬼步舞、弹力球舞等多种类型的健身舞。从本次展演选拔出的《舞动中国风》节目参加“我要上全运”2017“舞动广西 我是舞王”广西民族健身舞(广场舞)大赛百色赛区,荣获第一名。

文化遗产保护 一是到平塘、定安等乡(镇)开展春节文物消防安全宣传活动,共在“西林教案”遗址、岑氏宗祠、金堂屯天主堂、常井屯天主堂等古建筑文物点悬挂消防安全宣传条幅8条。二是加强田林县古建筑文物保护,县文广局积极争取自治区文物局补助项目资金30万元,对定安岑氏宗祠围墙、部分房屋、环境等进行维修和整治,工程于2017年2月25日已全部竣工。三是配合自治区文物保护与考古研究所完成瓦村水电站建设涉及13处文物古迹发掘工作,截至12月底已完成八渡乡福达村百榄、百劳,八桂乡者达旧石器遗址的发掘工作,余10处文物古迹考古发掘工地正在进行中,力争2018年年底前全部完成发掘工作。四是开展戏曲进校园活动。分派非遗展演中心、艺术研究室、文化馆骨干到29所中小学演出和普及壮剧,主要是演出小戏《灵燕戏虎》,通过壮剧知识讲座、壮剧身段体验、辅导校园壮剧兴趣班、培训教师壮剧艺术、指导文化站与业余壮剧团带戏进校园,使壮剧文化覆盖全县中小学,圆满完成百色市戏曲进校园活动试点任务。五是以挖掘传承北路壮剧文化品牌为导向,努力打造文化艺术精品。9月22日,获得国家艺术基金资助的壮剧《瑶娘》在南宁市邕州剧场首演成功。

文化场(馆)开放工作 文化馆7月举办庆七一暨“一带一路”宏伟蓝图专题灯谜展猜活动1场,挂谜600多条。8月举办暑假少儿戏曲培训班一期,学员40人。9月8日举办戏曲进校园师资培训班一期,培训教师50人。10月14日举办喜迎十九大灯谜展猜,挂谜500条。11月25日举办公共文化服务设施免费开放业务培训班,来

2017年田林县健康舞展演

自各乡镇的分管文化领导及文化站管理人员参加了培训。11月25日至12月4日，举办两期农村党员壮剧乐器培训班，培训内容为马骨胡、锣鼓的演奏技巧，共有180名农村党员、业余壮剧团乐手参加培训。2017年，文化馆出版谜刊《百色春灯》2期，投稿作者遍及全国，扩大了田林灯谜的影响力。

图书馆免费开放阅览室6个。2017年读者流通总人数78269人次，读者借阅量39971人次，图书借阅72102册次，解答读者咨询893条；网站年更新信息84条，点击量15862次。举办公益讲座、展览、培训、阅读推广、益智活动等28场次，参加人次5000余人次；电子阅览室终端数25台，周提供服务56小时，年接待读者用户3052人次。开展文化科技"三下乡""流动图书车送书下乡"活动8次，为群众解答咨询200余条科技信息，免费发放种植、养殖科技图书1000余册，及科技信息资料10000份；赠送潞城乡弄光村、风洞行政村农家书屋书架3组、1000册图书。与武警中队建立红色教育基地；自治区社科联与县社科联共建的社科普及基地落户图书馆，使图书馆成为自治区第6个、百色市第1个在县(市、区)级图书馆揭牌共建的社会科学普及基地。

文化市场监管 坚持依法行政，抓好文体广电市场的行政审批。加大对全县文化市场监管力度，适时开展"扫黄打非""健康暑假"等专项整治活动。2017年文化市场行政审批共受理审批5家，其中歌舞娱乐场所1家、互联网上网服务经营场所设立2家、内部资料性出版物审批1家、营业性演出备案1家；同时加大对文化市场日常监管力度，实行24小时值班制度，接到举报1家，举报检查1家，举报核查1家，及时处理举报单，举报办结率为100%。在节假日及两会、十九大会议召开前后等重大节日和会议前夕开展文化市场专项整治行动，确保文化市场稳定有序发展。2017年共出动执法人员976人次，检查文化市场396家次。共办结案件3件(其中"扫黄打非"案件2件)，罚款共计1600元，已全部缴纳国库，案件办结率100%，没收非法出版物3000余本(册)，非法影像制品1000余张；完成全县14个乡镇168个行政村"扫黄打非""五个一工程"数据录入。

壮剧中心鸟瞰图

体　育

【体育工作】 2017年田林县群众体育活动蓬勃开展，竞技体育再创新佳绩。一是春节期间成功举办了乒乓球、三人制篮球、足球赛、气排球、羽毛球、登山等群众性体育活动，共有63队1100多人参加。二是"三八"妇女节期间，与县妇联联合举办庆"三八"拔河比赛、健美操比赛，共组织50支代表队700多人参加比赛活动。三是"五一"期间，与县总工会联合举办"五一职工杯"篮球赛，共有16个代表队160多人参加比赛活动。四是举行田林县庆祝中国共产党成立96周年"双争杯"气排球赛，共有50支队伍参赛，400多名运动员人参加。五是举办田林县中小学生篮球赛，共有40所学校、800余人参赛。六是举办田林县2017年"健康田林，中医惠民"气排球邀请赛，共有39个代表队390人参加比赛活动。七是举行第九届广西体育节(田林县分会场)开幕式暨田林县八段锦、太极拳展示活动，全县14个乡镇分别设分会场，共有全县干部、职工、群众2000多人参加。八是举办田林县"喜迎十九大"暨第九届体育节，活动前后历时两个多月，活动内容有健身舞、乒乓球、足球、羽毛球、篮球、气排球等6项，活动覆盖全县14个乡(镇)及各县直单位。共有77支队伍，8000多人参加各项比赛。九是举办田林县首届"农商银行杯"气排球赛，共有

36个代表队360人参加比赛活动。十是开展田林县国民体质监测服务活动周，共有200多人参体质测试。十一是举办了田林县“六进社区”气排球邀请赛，共有10个代表队80人参加比赛活动。十二是举办田林县2017年非公有制经济企业气排球比赛，共有12个代表队120人参加比赛活动。十三是组队参加百色市中小学篮球锦标赛，获男子组第四名。十四是组队参加第十九届西北五县协作赛（隆林赛区）老年气排球、门球协作赛，获男气排球、门球2项第一名，女气排球第二名。十五是组队参加百色市西北五县第四届羽毛球赛（隆林赛区），获团体赛第一名。十六是组队参加“舞动广西　我是舞王”广西民族健身舞（广场舞）大赛（百色赛区），获第一名。十七是组队参加“好家庭杯”广西八段锦王民族争霸赛（百色赛区），获女子组个人单项第二名和男子组个人单赛第六名。

广播·电视·电影

【广播电视节目乡镇无线覆盖工程项目】 2017年自治区下达全县广播电视节目乡（镇）无线覆盖工程建设发射台站任务3个，分别为：六隆镇、八桂乡、那比乡3个乡（镇），县文广局负责部分为机房土建、防雷接地、卫星天线、围墙建设、外电建设；铁搭和设备由区技术中心负责。每个乡（镇）台站总投资90万元，3个乡（镇）项目总投资270万元。其中区级财政资金54.2万元；市、县配套资金48万元（市县级各配套24万元）。3个乡镇台站工程于8月初同时开工建设，于11月初全部完工。

【广播影视宣传工作】 加强新闻策划、在上级广播电视媒体全面展示田林县各行各业的新亮点、新变化和新气象。全年共制播《田林新闻》311期，播发稿件1817条，其中，本台记者采写的新闻1306条，通讯员来稿511条；制播《壮语新闻》101期，播发稿件384条。全年送百色市《县区新闻展播》311期；被百色台采用新闻稿件159条，其中《百色新闻》108条、《直播百色》45条、《百色党建》6条；被广西电视台采用新闻稿件15条以上；被中央新闻频道采用1条。

制作《保护消费者权益》《神剑行动显成效》《田林县创建出口八渡笋质量安全示范区建设工作纪实》《田林县助推抓党建促脱贫攻坚工作显实效》等专题片。2017年，田林电视台广告、专题片实现经营性收入共计75200元。围绕创建卫生文明城市、安全生产、十九大、森林防火、精准扶贫、防洪减灾、疾病防控等内容，在每天《田林新闻》前后及电视剧间隙滚动播出公益广告、标语共计150条。

专门推出《平安田林》栏目；为学习贯彻中共十九大精神，8月专门推出《社科联——学习贯彻十九大精神》专栏；为配合全区上下开展脱贫攻坚工作，11月专门开设《扶贫路上》专栏。截至12月，已播出《社科联——学习贯彻十九大》8期、《扶贫路上》4期，收到了良好的社会反响。

做好村村通直播卫星项目覆盖农户的跟踪维护服务工作，2017年，共提供维修或咨询750余人次，维护设备300余台。

【田林县城数字影院建设项目】 截至2017年年底，田林县数字电影院项目已经进行经营承包招投标，数字电影院工程已经完成框架建设，待主体工程验收合格后进入装修，预计2018年年底建设完成并投入使用。

【农村公益电影放映】 截至2017年年底，全县共放映农村公益电影1980场，完成全年任务1980场的100%，观众达105760人次。

档　案

【田林县档案局领导】
局　长：肖永安（壮族）
副局长：黄宗立（壮族）

【概况】 田林县档案局（馆）属党委系统参照公务员法管理事业单位。内设办公室、业务指导股、保管利用股3个股室，核定编制6名。2017年实有人员9人。至2017年年底田林县档案馆馆藏档案75个全宗20889卷83192件。其中图书资料8万余册，照片档案1797张，名人字画80幅，报纸20余万份。

【档案基础设施】 因原档案馆属D级危房，田林县档案局（馆）搬迁至田林县检察院旧办公楼一、二楼办公。2016年12月30日开工建设田林县综合档案馆，项目总投资1028万元，其中中央预算内资金407万元、地方配套资金621万元，总建筑面积3218平方米，2017年

12月档案馆主体竣工并通过验收。

【档案保管利用】 2017年,田林县档案馆共接待社会档案利用者358人次,查阅档案275卷(册)339件;开放到期符合开放档案305卷,文件级档案1970件。按照“三铁八防”要求,加强档案管理安全责任制,制订档案保管、利用、保护、保密等规章制度,安排专人负责档案库房温湿度详细记录。定期对档案保管现状和档案馆库、档案装具、电路电灯等进行全面检查,及时消除危及档案安全隐患,防止档案安全事故发生。

【农业和农村档案】 按照《农村土地承包经营权登记颁证档案管理办法》和《精准扶贫档案管理办法(试行)》,加强对农业档案业务指导工作,重点对县农业局、扶贫办、移民局等单位就土地确权、精准扶贫、洞巴水电站移民等档案归档进行现场检查和业务指导。加强精准扶贫档案收集整理归档指导工作,完成全县各乡镇、村四大类文件清单(综合类、精准识别类、精准施策类、精准脱贫类)的档案收集、整理、归档;完成2014年、2015年退出户,2016年脱贫户,2017年预脱贫户的档案收集、整理、归档;完成全县以奖代补(JB)、道路建设(DL)、饮水工程(YS)、场平工程(CP)、易地搬迁工程(YB)等项目档案的收集整理工作。按照村级档案建设分类方法,通过现场指导,提高村级档案管理水平。2017年,全县165个行政村全部完成年度建档工作,建档率100%,合格率100%。

【机关单位档案】 按照《机关文件材料归档范围和文书档案保管期限规定》及《归档文件整理细则》要求,加强机关事业单位档案整理质量的监督指导,集中时间指导全县各单位2016年度文书立卷归档工作,全县有政协办、地税局、人社局、乐里林场、农业局等61个机关单位完成2016年度文件立卷归档工作。加强对各单位应移交的到期档案加强监督与指导,保证档案的集中统一保管。推进GD2016档案综合管理软件推广工作,2017年年底全县有88个单位申请授权使用。2017年全县各单位文件归档率90%,合格率达80%,归档机关档案2100卷63001件。

田林县新档案馆楼正面照

【档案征集接收】 面向社会征集一批具有田林特色或具有保存价值的档案资料,2017年接收文书档案73卷4138件,征集利周公社老山、福祥等大队1982年山界林权证10件档案资料。

【档案信息化】 2017年投入21万元经费,完成馆藏21个全宗纸质档案307660页的数字化工作。规范录入目录条数35329条。

【政府信息公开】 根据《中华人民共和国政府信息公开条例》要求,继续加强对档案信息资源和政府信息公开材料的收集、管理和查阅服务工作,整理规范化编目,并上架摆放,方便社会各界群众查阅。2017年向社会公开69个单位政务信息材料。

【档案法制宣传】 2017年6月开展“6·9”国际档案日系列宣传活动周,通过采取一系列内容丰富、形式多样的宣传活动,多渠道加强档案法制宣传,在全县形成关注档案、走进档案、支持档案的良好氛围。从6月9日至11日连续三天通过手机发送12200条宣传档案知识短信,向社会和公众宣传档案工作。在县城主街道悬挂6条过街横幅6月10日在县文化馆门前设立宣传咨询台,发放宣传资料、宣传挂图、宣传海报等2000余份,扩大档案社会影响力。鼓励干部职工积极撰稿投稿,宣传档案工作,弘扬档案精神,2017年共向田林县政府门户网、百色档案信息网、广西档案信息网等媒体及网站投送信息稿33篇,采用7篇。

(撰稿　覃校征)

科技·教育

科学技术

【田林县科学技术局领导】

局　长:杨　药(女)

副局长:黄贵东(壮族)

　　　　余强友(壮族)

【概况】 田林县科学技术局(知识产权局)行政编制3名,事业编制5人,共计8名。其中:局长1名,副局长2名。田林县科学技术局内设办公室、计划项目科普管理科、科技综合管理股3个职能股室。2017年,全县科技工作围绕"十三五"科技创新驱动发展和技术升级、脱贫攻坚科技扶贫目标任务,出台《田林县农业科技创新体系建设实施方案(2017—2020年)》《田林县科技成果转化工作实施方案(2017—2020年)》《田林县加快科技服务业发展实施方案(2017—2020年)》《2017年田林县贫困村科技特派员实施方案》及《田林县发明专利双培增计划(2017—2020年)》4个促进全县创新驱动发展的政策文件;选派42名贫困村科技特派员,其中区、市驻田林县特派员15人,县科技特派员27人;组织推荐科技人员申报百色市科技进步奖及创新奖,全县获得2017年度百色市科技进步三等奖1项,在科技系统中获2017年广西科技活动周一等奖、2017年全国科技活动周百色活动一等奖、2017年第六届广西发明创造成果展览一等奖。制定《田林县科技成果转化实施方案(2017—2020年)》和《田林县发明专利双倍增计划(2017—2020年)》,为促进田林县科技成果转化提供政策依据,明确全县年度知识产权工作的目标和任务。

2017年全国科技活动周田林活动启动仪式暨科普广场宣传咨询活动现场

【科技队伍】 根据2017年事业单位年度报表统计,全县所有专业技术人员中,高级职称60人,其中其中林业高级工程4人,农业高级工程师农艺师3人,高级畜牧兽医师1人,农业科技高级职称人数占全县高级职称的13.33%;中级职称1083人,其中林业工程师42人,农艺师22人,畜牧兽医师23人,农业科技中级职称人数占全县中级职称的8.03%;初级职称1764人,其中林业助理工程师106人,农业助理农艺师28人,助理畜牧兽医师12人,农业科技初级职称人数占全县初级职称的8.27%。

【科技经费】 2017年,全县科学技术支出经费699万元,其中:科学技术管理事务支出111万元,技术研究与开发420万元，科技条件与服务支出11万元，社会科学研究机构支出62万元，科学技术普及78万元，其他支出17万元。

【科学研究项目与经费】

实施项目 全年实施《田林八渡笋产业升级与示范应用》项目经费320.00万元（项目年限：2014.06—2017.12）；《科技特派员服务田林县油茶八渡笋等优势特色产业和贫困村建设示范》项目经费33.00万元（项目年限：2015.01—2017.12）；《田林县贫困村科技特派员服务创业基地及科技能力建设示范》项目经费185.00万元（项目年限：2017.01—2019.12）；《甜脆金桔新品种引进与标准化生产技术示范》项目经费10.00万元（项目年限：2017.01—2019.12）3个科技项目。

申报项目 2017年申报《甜脆金桔新品种引进与标准化生产技术示范》获得立项及经费支持，项目经费10万元（项目年限：2017.01—2019.12）。田林县生产力促进中心与广西药用植物园一起制定的《短瓣石竹组培苗生产技术规程》获得自治区地方标准发布。

【科技普及与宣传】 开展广西科技活动周、全国科技活动周、全国知识产权宣传周田林县活动。开展科技下乡活动5次，举办各类实用技术培训班22期培训共培训1398余人次。包含油茶、八渡笋种植、低产林改造、林下套种食用菌、芒果、砂糖桔等技术培训，培训乡土人才、农村经纪人、农民1398人次，以短信群发方式发布科技信息500条。举办知识产权知识、专利申请等培训，培训农、林、牧、科技、医院、工商、食品药品、企业等科技人员等28人。组织参加第七届广西发明专利交易展览会。根据《田林县专利资助及奖励暂行办法和田林县专利产业化项目资助资金管理暂行办法》组织相关专利申请人申报专利申请资助及授权奖励工作，尚未兑现2017年专利申请资助及授权奖励经费。

【科技成果】 一是制定《田林县科技成果转化实施方案（2017—2020年）》，为促进田林县科技成果转化提供政策依据；二是田林县生产力促进中心与广西药用植物园一起制定并获得发布一项自治区地方标准《短瓣石竹组培苗生产技术规程》。

【知识产权管理】 一是制定《田林县发明专利双倍增计划（2017—2020年）》，明确全县年度知识产权工作的目标和任务；二是开展知识产权宣传工作。利用“4·26”知识产权宣传周、“全国科技活动周”“科技培训”“科技下乡”等活动，采取多种宣传形式，扩大对知识产权工作宣传的力度、广度和深度；三是开展专利知识培训工作。邀请百色市知识产权科、新创天地新知识产权代理有限公司有关专家到田林县举办知识产权知识、专利申请等培训，培训农、林、牧、科技、医院、工商、食品药品、企业等科技人员等45人；四是组织参加第七届广西发明专利交易展览会。即一种山楂醋及其制备方法、一种茶枯皂及其制备方法、一种蜂胶皂及其制备方法、一种养肤皂及其制备方法等，发放宣传资料3000余份。五是全年共完成专利申请62件，其中发明专利53件，实用新型专利8件，外观设计专利1件；专利授权量5件，其中发明专利授权1件，实用新型专利授权3件，外观设计专利授权1件。六是开展专利申请资助及授权奖励工作。根据《田林县专利资助及奖励暂行办法和田林县专利产业化项目资助资金管理暂行办法》组织相关专利申请人申报专利申请资助及授权奖励工作，尚未兑现2017年专利申请资助及授权奖励经费。

（撰稿　罗银赵　唐小平）

田林县科技局技术人员在贫困村开展实用技术培训

地震工作

【田林县地震局领导】
局　长:刘　心(壮族)

【概况】 田林县地震局是县人民政府领导下赋予防震减灾工作行政管理职能的直属事业单位,机构级别为副科级事业单位,经费由县财政全额拨款,定编3名,其中设领导职位1名。2017年,田林县地震局积极建立健全地震测报、震灾预防、紧急救援三大工作体系,整体推进全县防震减灾事业发展。

【抗震技术服务】 2017年,田林县地震局加强行政审批工作,严格按照法律、法规要求,做好抗震设防管理服务工作,按要求完成建设工程抗震设防要求行政许可项目的办理。

【防震宣传】 利用"5·12"全国防灾减灾日、"7·28"唐山地震纪念日和科普宣传活动周等时机,广泛开展防震减灾科普知识宣传活动,提高广大群众的防震减灾意识和应急避险能力,取得良好的社会效果。开展防震减灾知识进校园活动,组织全县各中小学校每个学期开展一次地震应急疏散演练,提高全体师生的防震减灾意识和自救互救能力。全年宣传活动累计发放各种防震减灾宣传品共1万多份,向社会各界发送防震减灾内容宣传短信3万多条,接受群众咨询300多人次。

【地震监测】 田林县地震局继续推进7个地震烈度速报与预警系统项目建设,抓好项目建设地整改和档案收集工作,通过自治区地震局验收。加强对正在运行的八渡地震烈度速报与预警台站地日常维护管理,确保台站正常运行,使台站能够准确测定地震对台站附近场地的峰值加速度,为全区地震烈度速报与预警服务。

2017年5月15日,定安中心校开展地震演练

气象工作

【田林县气象局领导情况】
局　长:赵建吉
副局长:马树青(女,壮族)
　　　柳林秀(女,壮族)

【概况】 田林县气象局建于1958年,属中直事业单位,受百色市气象局和地方党委、政府双重领导的职能工作部门,财政体制属双轨制。设2个内设机构,分别为综合办公室和防灾减灾科;设2个直属业务机构,分别为田林县气象台(田林国家一般气象站)、田林县气象服务与防雷中心,其中田林县气象台(田林国家一般气象站)机构规格为副科级,人工影响天气办公室,2017年在职职工8人,外聘职工5人,单位职工大专及以上学历11人,工程师6人。

【气象服务】

天气预报预警服务　一是做好重大过程气象服务,2017年发布预警信息104次,重大气象专报3次,启动暴雨灾害应急响应1次;发布重要天气过程气象专报6期,重要天气服务信息13次;发布气象旬、月报、农业气象月报、夏收下种、秋收秋种等气象服务信息64期(次);调查和报告灾情累计7次;建立新型农业主体信息库3000多户,确立"直通式"服务558户,发送气象短信26万多条(次);通过手机、互联网等手段发送各类信息、材料累计约4万多人次。二是做好春运春节、"吼敢"壮剧节、"千人百家宴"、2017年高考等重大活动气象保障服务。

气象防灾减灾　一是人工影响天气。及时开展人工影响天气作业,全年共出动52车次208人次,成功开展作业18次;完成高龙乡人工影响天气作业站建设项目并投入使用;健全安全责任制,成立人工影响天气专业队伍并与相关人员签订人影安全责任书。做好全县67个区域自动观测站和151套气象预警大喇叭的维护维修工作;配合县委宣传部做好全县“小广播工程”,完成了田林县讲习所41期的宣传广播任务。

安全生产工作 年初完成了与住建、公路、水路、铁路、水利、电力、通信等部门建设工程防雷安全监管各项工作的移交;对人工影响天气作业进行岗前安全培训;与各部门各相关人员签订了安全生产责任书;对加油加气站、易燃易爆场所、人员密集的公共场所等开展防雷安全专项检查;对各乡镇气象灾害易发点进行安全隐患排查。

气象宣传 在“气象日”“防灾减灾日”“安全生产月”等采取“气象科普进社区”、制作展示宣传板报、挂横幅、发放传单、接受现场咨询等多种形式,做好气象宣传;主动向相关网站投稿,其中中国气象网站录用1篇、广西天气网采用4次、高清图片2篇、广西政务信息4次、县人民政府网录用2篇。

【气象设施设备建设】

2017年田林县气象设施设备有县级综合气象业务平台、广西天气预报服务集约化业务系统、农业气象服务业务系统、广西突发事件预警信息发布系统、视频会商系统(大屏幕);气象观测仪器设备有温湿度传感器、气压传感器、地温传感器、风向风速传感器、降水现象传感器、雨量传感器、能见度传感器、数据采集器、综合集成硬件控制器、土壤水分探测器。全县建设有69个自动气象站,其中:1个国家级自动站,43个单雨量自动站,13个温雨自动站,12个六要素自动站;气象预警大喇叭151套;人工影响天气标准化作业站6个。其中2017年新建以下气象设施设备:按照桂气发〔2017〕43号《自治区气象局关于印发广西地面气象观测无人值守业务运行改革方案的通知》要求,顺利完成地面气象观测无人值守业务运行改革工作,各项业务稳定运行;完成广西突发事件预警信息发布平台的建设使用;完成高龙乡人工影响天气作业站建设项目并投入使用;建设完善农业气象服务示范区,完成农田小气候观测站、农田小气候显示屏建设;完成6个区域自动气象站由二要素或四要素自动站升级改造为六要素自动气象站建设任务;完成20平方米气象服务多媒体显示屏的建设。 (撰稿 马数青)

2017年5月16日,田林县气象局局长赵建吉(中)开展汛期人影作业检查

水文工作

【田林县中心水文站领导】

站　长:邓克万(壮族)

副站长:杨玉元(女)

李　彬(壮族,2017年10月任职)

【概况】 田林县中心水文站于2016年10月成立,从原田林县水文水资源局正式更名为田林县中心水文站。田林县中心水文站隶属自治区水利厅(自治区水文水资源局)百色水文水资源局和田林县政府双重管理,内设有综合股、巡测股、水情资料股3个职能股室,下辖瓦村、定安2个国家重要水文站,田林1个国家基本水文站,启文、粉屯、者苗3个中小河流水文站,百乐、洞弄、潞城、丰厚水库、旧州、利周6个水位站,6个水质监测站,109个遥测雨量站(2012年4月新建92个遥测雨量站)。其中,2个国家重要水文站中设1个泥沙站、1个蒸发站。主要承担田林县辖区内的江河湖库的水文测验、水文情报预报、水文分析计算、水

质监测、水资源调查评价等工作。2017年在编人员5人,其中站长1人,副站长2人,临时工人4人(不含托办雨量站观测员)。

【基层水文改革】 按照自治区水文局的统一部署,推进基层水文改革工作,适应"预测－预警－预报"工作新模式,打造县级水文机构信息枢纽、会商平台、服务桥头堡功能,解决水文服务能力不足以及不接"地气"问题,转变基层水文站水文测验、情报预报传统业务,拓展并延伸水文部门情报服务职能,推动水文服务向基层延伸。

【水文测验和资料在站整编】

汛前准备及汛后测量 根据自治区水文局、百色市水文局2017年汛前水文测报准备工作的通知精神,出汛前准备工作组到各站开展汛前准备工作,对田林县境内中小河流及基本站开展汛后测量工作。对三个基本站的大断面、水尺零点高程进行复测;对中小河流站(三个水文站、六个水位站)大断面、水尺零点高程进行复测,成果符合规定要求。

水文测验 按照百色市水文局和田林县中心水文站《2017年巡测方案》,开展巡测工作,时刻做好测报大洪水的准备,并成立应急小组,按测站"四随"工作要求,顺利完成测站任务书规定的测报工作任务。年内共完成瓦村、定安、田林水文站降水、水位数据采集,共施测流量146份,中小河流施测流量共27份。

资料在站整编 及时采集降水量、水位数据,输入点绘流量测点,较对测量成果,及时处理泥沙样品等,年内水文资料成果出站合格。

【参与当地防汛抗旱工作】 按照"水文测报一体化"的要求,田林县中心水文站加密观测分析,及时统计雨水情信息,并以"一键式"短信和"一张纸"专报方式,第一时间报送当地政府、防汛部门及成员单位,使水文情报及时有效,为当地政府领导科学决策提供宝贵的依据,发挥水文在防汛抗旱减灾中的尖兵和耳目作用。全年共启动应急响应2次、发布《洪水蓝色预警》3期、《水情快报》3期、《水情专报》4期、《水情月报》10期、水情短信2148条,全年共拍发水文情报1193份。年内,田林县中心水文站还参加百色市水文局2017年应急监测演练和田林县山洪灾害应急演练,配合各级各部门全年采、送水样共56(站)次,配合田林县政府开展的河长制建设工作。

【水文资料】 2017年年降雨量为1650.5毫米,比多年平均降雨量1177.7毫米偏多,降雨主要集中在6—9月,洪水共出现6场次,各站多年平均水位偏高、流量偏多,原因是降雨量偏多和上下游水库、电站截流较多造成。乐里河流域控制站田林水文站2017年年最高水位277.26米(85基准),年最大流量为155立方米每秒;年径流量为2.23亿立方米;驮娘江流域定安段2017年年最高水位387.75米(85基准),年最大流量1570立方米每秒,年径流量23.6亿立方米;驮娘江流域瓦村段2017年年最高水位227.88米(85基准),年最大流量2820立方米每秒,年径流量22.5亿立方米。

洪峰信息 受降雨及上游水库调蓄影响,田林县驮娘江定安水文站2017年7月3日4时26分出现洪峰水位386.60米,相应流量1100立方米每秒,水位涨幅3.39米,低于警戒水位(388.00米)1.4米;中午12时左右洪峰到达瓦村水文站,相应流量约1500立方米每秒,为常遇洪水。同日11时40分出现洪水复涨,洪峰水位达到387.72米,相应流量1550立方米每秒,低于警戒水位(388.0米)0.28米,为常遇洪水。

受降雨及上游水库调蓄影响,田林县驮娘江瓦村水文站于2017年7月3日16时出现洪峰水位225.97米,相应流量2250立方米每秒,水位涨幅2.99米,低于警戒水位(229.2米)3.23米,为常遇洪水。

蓝色预警 2017年6月16日2时,田林县中心水文站发布洪水蓝色预警。受6月16日0时至2时强降雨影响,田林县利周河水位快速上涨,预计未来3小时内,利周河利周河段将出现接近或略超警戒水位(390.2米)的洪水。

2017年7月3日9时30分,田林县中心水文站发布洪水蓝色预警,受降雨及上游水库调蓄影响,田林县驮娘江定安水文站未来5小时内出现接近警戒水位(388.0米)的洪水。

2017年7月11日16时,田林县中心水文站发布洪水蓝色预警。受7月10日至11日降雨影响,田林县潞城乡乐里河潞城河段水位快速上涨,预计未来3至5小时内,乐里河潞城河段将出现警戒水位(367.00米)的洪水。

(撰稿 李 彬)

教　育

2017年5月16日，田林县教育局局长赖国康（中）到县初级中学检查指导工作

【田林县教育局领导】

局　长：赖国康（壮族）

副局长：刘正强

黄丽芳（女，壮族）

盘　彬（瑶族）

【概况】 田林县教育局内设办公室、工委办、计财股、人事股、基教股、核算中心、审计室、纪检室、督导室、项目办、电教站、安稳办、校外活动中心、资助办、招生办、教研室、后勤服务中心、教育工会、学前办等19个办事机构。有各级各类中小学、幼儿园181所，在校生4.9653万人。其中：幼儿园72所，在园幼儿8922人，小学92所，在校学生2.4128万人；初中14所，在校学生1.2718万人；普通高中1所，在校学生3207人，中等职业学校1所，在校学生668人，特殊教育学校1所，在校学生10人。全县有专任教师2473人，其中幼儿教师346人，小学1308人，初中591人，普通高中190人，中等职业学校33人，特殊教育学校5人。师生比为：幼儿园1∶13.89、小学1∶17.19、普通初中1∶19.75、普通高中1∶14.92、中等职业学校1∶17.58、特殊教育学校1∶2。

每万人口在校生：幼儿园356人，小学965人，普通初中508人，普通高中187人，中等职业学校113人。

2017年4月，县教育局会同公安、消防部门开展校园欺凌、禁毒和防火知识讲座

【基础教育普及】 学前教育三年毛入园率83.95%，九年义务教育巩固率89.11%，高中阶段教育毛入学率82.10%。

学校占地面积及生均情况：小学41.9223万平方米，生均17.37平方米；普通初中39.0097万平方米，生均30.67平方米；普通高中5.9995万平方米，生均18.71平方米；中等职业学校1.6675万平方米，生均24.96平方米。校舍面积及生均情况：小学20.97万平方米，生均8.69平方米；普通初中12.97万平方米，生均10.19平方米；普通高中4.3837万平方米，生均13.67平方米；中等职业学校0.7751万平方米，生均11.60平方米。

【教育经费收入与支出】 2017年，田林县教育经费总收入50829万元，比2016年多11208万元，增长28.29%，其中财政拨款收入50223万元，比2016年多1139万元，增长28.50%，预算外资金收入606万元，比2016年多69万元，增长

2017 年 11 月 17 日，深圳市光明新区规划土地监察局帮扶工作组到田林县开展对口帮扶暨捐资助学活动。图为捐助仪式现场

12.85%，教育经费总支出 50829 万元，比 2016 年多 11208 万元，增长 28.29%，其中财政拨款支出 50223 万元，比 2016 年多 11139 万元，增长 28.50%，预算外资金支出 606 万元，比 2016 年多 69 万元，增长 12.85%，总支出中，人员经费支出 29822 万元，公用经费支出 4705 万元，基建支出 16302 万元，总收入支出中包含 2017 年义务教育均衡发展教育经费投入审计，整改补拨 2016 年投入不足经费 3432 万元。

2017 年，全县续建及新开工的项目 49 个单体工程，其中续建项目 28 个，机关报开工项目 21 个，落实装备配置资金 421.2 万元，其中配置班级多媒体教育设备 30 套、计算机教室 5 间，为 13 所学校配备床架 2080 套，已完成采购工作并已全部配置到各学校。

【义务教育发展】 编制“田林县义务教育均衡发展 50 所必检学校迎检必须完成项目任务一览表”。“改薄”项目在建 13 个（上级专项资金项目），完工项目 5 个；非“改薄”项目（县财政自筹资金项目）已基本完成设计预算；部分学校校舍装修装饰工作已开始进场施工，投入 7489.29 万元，采购 50 所学校仪器图书等装备设备，资金已全部落实到位。投入 3050.7 万元开展校园文化建设，部分受检学校已开始启动。完成年度教师招聘计划，共招聘教师 228 人，各学校正在按照办学基本标准达标收集整理档案资料。

【控辍保学】 县人民政府与各乡镇人民政府签订“控辍保学”责任状，将责任落到实处。狠抓动员辍学学生、流失生返校工作，取得显著成效，2017 年内小学辍学人数 6 人，辍学率 0.02%；年内初中辍学人数 105 人，辍学率 0.93%；九年义务教育巩固率 89.11%。

【学校安全管理】 2017 年，田林县多次召开中小学、幼儿园安全工作专项会议，与各学校签订安全工作责任状，并通过对学校进行安全隐患排查与整治、建立健全安全保卫制度、广泛开展各类自然灾害应急逃生演练、加大学校安防投入、开展法制进校园等措施，确保全县各级各类学校安全稳定。全年无特大校园安全事故发生。

【教育队伍建设】 举办新招教师岗前培训班、课堂教学比赛、小学教师教学技能大赛等，先后组织教师外出听课、观摩学习共 1016 人；规划实施好教师培训计划，组织校长、教师参加各种培训达 2631 人次；全县开展“一师一优课，一课一名师”活动，广大教师业务能力的不断提高，利用广播、电视等媒体宣传教师中先进的人和事、严厉查处违法违纪案件，弘扬师德正能量，提高教师待遇，实施乡村教师补助计划，有 130 所学校共 1805 名教师享受乡村教师生活补助。

【教育教学改革】 把教学常规检查作为考核学校教学研究工作和年度绩效考评依据，组织中小学校申报市级教育科学“十三五”规划 2017 年度课题 25 个；从县城学校选派 10 名骨干教师到乡下中小学支教，从乡镇学校学派 25 名紧缺专业教师到其他乡镇学校或村小“走教”，2017 年全县普通高考本科上线人数 314，其中：一本上级人数为 5 人，上线率为 0.6%；二本上线人数为 309 人。全县参加九年级中考总分 A+ 人数为 108 人，破“百人”大关。田林高中成功与百色高中联合开办田林高中“百高班”。

全县小考人数 4917 人，语文科均分 67.6 分，数学科均分 67.0 分，全县语数总分最高分 198 分。总分 187.5 以上有 214 人。

表 11 **全县中考情况统计表**

单位:人

科目	参考人数	A+	A	B+	B	C+	C	D	E
总分	2567	108	284	523	538	504	427	160	23
语文	2567	111	311	511	515	472	467	158	22
数学	2567	115	268	496	549	488	440	191	20
英语	2567	115	249	454	578	537	402	204	28
物理	2567	139	326	489	579	478	386	144	26
化学	2567	178	239	531	557	513	360	168	21
政治	2567	166	412	532	537	398	348	152	22
历史	2567	195	354	482	465	499	436	125	11
地理	2567	183	315	515	552	436	392	160	14
生物	2567	152	397	573	520	482	287	146	10
合计	2567	1354	2871	4583	4852	4303	3518	1448	174

表 12 **2017 年“三考”奖励预算表**

类别	奖项			奖励金额（万元）	小计（万元）	合计（万元）	备注
高考奖	集体奖	综合评比奖		0	71.6	80.6	无市评结果
		上重点大学	清华、北大 0 人	0			5 万元 / 人
		一本上线奖	“985”院校 1 人	3			3 万元 / 人
			“211”院校 2 人	4			2 万元 / 人
			普通一本院校 2 人	2			1 万元 / 人
		上二本线	304 人	60.8			0.2 万元 / 人
		优秀生源招生工作奖	18 名 A+ 生留读	1.8			0.1 万元 / 人
	教师奖	总分排市前 50 名		0	0		0.5 万元 / 人
		总分排市前 51~100 名		0			0.3 万元 / 人
		单科排市前 50 名		0			0.5 万元 / 人
		单科排市前 51~100 名		0			0.3 万元 / 人
	学生奖	一本上线奖	清华、北大 0 人	0	9		5 万元 / 人
			“985”院校 1 人	3			3 万元 / 人
			“211”院校 2 人	4			2 万元 / 人
			普通一本院校 2 人	2			1 万元 / 人
中考奖	学校奖	综合成果奖	一等奖 2 名	4	53.1	104.2	2 万元 / 人
			二等奖 3 名	4.5			1.5 万元 / 人
			三等奖 3 名	3			1 万元 / 人
		学科成果奖	一等奖 9 科共 18 名	9			0.5 万元 / 人
			二等奖 9 科共 18 名	5.4			0.3 万元 / 人
			三等奖 9 科共 27 名	5.4			0.2 万元 / 人
		招生工作奖	中考:18 名 A+ 生留读	1.8			0.1 万元 / 人
			小考:有 200 名留读	20			0.1 万元 / 人

续表

类别	奖项			奖励金额（万元）	小计（万元）	合计（万元）	备注
中考奖	教师奖	学科优秀奖	一等奖 9 科共 18 名	5.4	24.1	104.2	0.3 万元 / 人
			二等奖 9 科共 18 名	3.6			0.2 万元 / 人
			三等奖 9 科共 27 名	2.7			0.1 万元 / 人
		培养尖子奖	一等奖 9 科共 9 名	2.7			0.3 万元 / 人
			二等奖 9 科共 18 名	3.6			0.2 万元 / 人
			三等奖 9 科共 36 名	3.6			0.1 万元 / 人
		校长贡献奖	一等奖 2 名	1			0.5 万元 / 人
			二等奖 3 名	0.9			0.3 万元 / 人
			三等奖 3 名	0.6			0.2 万元 / 人
	学生奖	2017 年 18 名 A+ 生留读本县		27	27		1.5 万元 / 人
中考奖	学校奖	中心校组奖（含县直）	一等奖 3 科共 6 名	3	29.5	157.98	0.5 万元 / 人
			二等奖 3 科共 9 名	2.7			0.3 万元 / 人
			三等奖 3 科共 9 名	1.8			0.2 万元 / 人
		村校组奖	一等奖 2 科共 2 名	0.6			0.3 万元 / 人
			二等奖 2 科共 6 名	0.8			0.2 万元 / 人
			三等奖 2 科共 6 名	0.6			0.1 万元 / 人
		招生工作奖	今年前 200 名共 213 人，共留 200 名在本县就读	20			0.1 万元 / 人
	教师奖	中心校学科奖	一等奖 3 科共 6 名	1.8	8.48		0.3 万元 / 人
			二等奖 3 科共 9 名	1.8			0.2 万元 / 人
			三等奖 3 科共 9 名	0.9			0.1 万元 / 人
		村完小学科奖	一等奖 2 科共 2 名	0.4			0.2 万元 / 人
			二等奖 2 科共 4 名	0.4			0.1 万元 / 人
			三等奖 2 科共 6 名	0.48			0.08 万元 / 人
		校长贡献奖	一等奖 2 名	1			0.5 万元 / 人
			二等奖 3 名	0.9			0.3 万元 / 人
			三等奖 4 名	0.8			0.2 万元 / 人
	学生奖	2017 年留前 200 名学生共 200 名		120	120		0.6 万元 / 人
全县总计						342.78	

注：按田办发〔2015〕60 号、田办发〔2016〕82 号文件计算

【教育惠民政策】 一是全面实施好营养改善计划。为保证食品安全、资金安全和供餐质量，制定全县农村义务教育学生营养改善计划学校食堂食材配送方案。2017 年春季学期，除县城学校外，全县共有 101 所农村义务教育学校实施营养改善计划，受益学生 27745 人，秋季学期 93 所学校，享受人数 26410 人。二是做好各项资助工作。2017 年以来，严格执行国家、省、市、县有关学生资助政策，教育扶贫工作取得实效。其中，在农村中小学生入学保障上，已按时足额发放 2017 年全年学前教育，中小学、高中、职业学校各类补助 3295.4045 万元，已完成全年任务。在大学生入学保障上，大学新生入学补助，共有 525 名享受，补助资金共计 26.9 万元；发放贷款金额 1823.553 万元。社

会资助方面，2017 年累计收到社会团体资助资金、学习用品共计 5.076 万元。

【学校常规管理】 一是强化教育督导工作，完善中小学责任督学挂版督导制度，实现从幼儿园到高中学校责任督学挂牌督导全覆盖。二是强化财务监督管理，严格落实学校收费管理、收费公示制度，加强资金使用情况督查，确保经费管理使用公开、透明、规范、合理。三是抓好档案管理工作，推动教学管理迈上新台阶。

（撰稿 刘宏福 黄锦光）

田林县部分中小学简介

【田林县高级中学】 田林高级中学创建于 1953 年 8 月，建校时校名为广西省田林县初级中学。1971 年，更名为田林中学。2007 年 6 月，成为广西壮族自治区示范性普通高中。2011 年 4 月，更名为田林县高级中学。校园占地面积 59999.94 平方米，约 90 亩，生均校园面积 17.83 平方米；校舍建筑面积 44010.73 平方米，生均校舍建筑面积 15.76 平方米，其中教学建筑面积 25956.44 平方米，生均教学建筑面积 9.29 平方米，学生宿舍使用面积 8861.48 平方米，生均宿舍使用面积 3.17 平方米。教学设备现代化，有电脑室 4 间，学生用计算机 240 台，教师用计算机 216 台，多媒体教室 60 间，专职计算机教师 4 人，建有校园网，有进出宽带 420 兆。中层管理机构设 9 个部门，包括党务办、学校办公室、政教处、教务处、科研处、总务处、资助办、工会、校团委。2017 年在校高中生为 3365 人，有 59 个高中教学班级；在校初中生 100 人，有 2 个教学班。教职工 203 人，其中专任教师 190 人，研究生学历 6 人，本科学历 188 人，高级教师 32 人，一级教师 62 人，二级教师 66 人。2017 年秋季学期，高一年级新生入学注册共 1154 人。2017 年高考，一本上线 5 人，二本上线 309 人，大学上线率为 99.27%。学校获百色市 A2 类高中学校教育教学质量二等奖。

2017 年，田林县高级中学被教育部评为全国“国防教育特色学校”。李仕平被评为百色市“优秀教师”，黄秀霞被评为百色市“优秀班主任”，黄书勤被评为百色市“优秀教育工作者”；王如辉、潘基善被评为田林县“优秀班主任”，文志渊、黄波被评为田林县“优秀教师”，吴西卓被评为田林县“优秀教育工作者”。

2017 年免学费学生人数和补助资金分别为 6217 人次、335.718 万元。免杂费学生人数和补助资金分别为 1899 人次、68.724 万元。2017 年有 524 名贫困大学新生获得大学新生入学路费及短期生活费补助，补助金额共计 26.85 万元；有 79 名贫困户子女获得泛海助学行动资助，资助金额共计 39.5 万元；有 200 名家庭经济困难学生获得百色市教育基金资助，资助金额共计 55 万元。2017 年全年国家助学金受助总人数 2454 人次，受助总额为 355.7 万元。深圳市光明新区资助田林高中 14 名贫困学生，每生 2000 元 / 年，一次性发放，共计 2.8 万元。

【田林县乐里第一小学】 田林县乐里第一小学地处县城中心，学校占地面积 33391 平方米，校舍建筑面积 5138 平方米，有教学楼、综合楼、电教楼各一栋，设有多媒体阶梯教室、网络电脑室、阅览室、仪器室、校医室等专用室，各学科仪器配备品种、件数、配齐率均达 I 类学校标准，现代教育技术设备初具规模。学校现有 54 个教学班，学生 3096 人（学校还附设田林县特殊学校，其中有 5 名特教生），教职工 110 人，专任教师 102 人，自治区特级教师 1 人，自治区优秀班主任 1 人，田林县拔尖人才 2 人；小学中的中学高级教师 3 人，小学高级教师 81 人；有本科学历 50 人，大专学历 58 人，教师队伍政治素质好、业务能力强、敬业进取、乐于奉献。在百年创校中逐步形成“放飞理想，张扬个性，为成功人生做好准备”的校训；“教以育人为本，学以做人为真，校以发展为先”的办学理念；“团结、勤奋、求实、创新”的校风；“严谨、爱生、博学、善导”的教风和“刻苦、律己、乐读、深思”的学风。先后承担国家、省级“八五”、“九五”、“十五”、“十一五”、“十二五”、“十三五”科研课题 10 多项。2017 年荣获广西小学数学目标管理实验先进单位、自治区贯彻《学校两个条例》先进单位、“爱科学”先进集体；百色地区电化教育先进单位、“推标”先进单位、科技教育示范学校、中小学德育工作先进集体、“爱科学月活动”先进集体等多项荣誉称号。

【田林县乐里第二小学】 田林县乐里第二小学位于县城东南郊，校园占地面积 8478 平方米，生均占地面积3.26平方米；校舍总建筑面积7225平方米，生均建筑面积2.8平方米，其中教学及教学辅助用房4596平方米，生均教学及教学辅助用房1.77平方米。有体育运动场地2692多平方米。学校现有47个教学班，在校学生2600多人。教职工121人（含特岗、借调），其中专任教师106人。专任教师中，具有教师资格99人，其中研究生学历1人，本科学历64人，大专学历41人，学历达标率100%。现有教职工与学生比为1∶21.5，实际在编81人，实际在编的师生比为1∶32。该校专业技术岗位设置中级职称为65人，现实际聘任中级职称61人。现有科学数学仪器室、计算机教室、文印档案室、传达保安室、总务仓库室等5个功能室，其他功能室在计划建设中。在功能室的装备中，现有数学仪器42种1253件，科学仪器68种2930件，体育运动器材28种178件，卫生器材8种68件，音乐器材9种81件，美术器材10种197件，图书78000册；现有计算机98台，其中计算机教室有51台，生机比为26.5∶1，整个校园实现网络化。装备"班班通"多媒体白板47台，配比率100%。

2017年，学校认真贯彻党和国家的教育方针，坚持正确的办学方向，依法治校，以德治教，强化常规管理，以"诚信做人、认真做事"为校训，造就一支"博爱、赏识、深研、善导"的教师队伍，培养出一批批"勤学、守纪、活泼、进取"的优秀学子，形成了"勤奋、务实、合作、创新"的校风。适龄儿童入学率、巩固率、毕业率均达100%，学生德、智、体、美、劳全面发展，素质教育全面推进，教育教学质量一直保持全县同类学校的前列。2017届毕业生参加全县小学毕业统测，学校获整体二等奖，数学科获一等奖，语文、英语科均获二等奖。黄岑智校长获校长贡献二等奖，卢将状副校长获教研员贡献二等奖。在2017年田林县小学教师课堂教学技能大赛中，该校的吴丽珍、罗浩彰老师获得语文科一等奖，黄艳霞、黄燕老师获得二等奖，王玉玲、韦俏骏、梁玉婵3位老师获得数学科一等奖；谭凤芝、江助体、冯寒英三位老师评为田林县教学能手；卢将状副校长评为田林县首届教学名师。

【田林县第二幼儿园】 田林县第二幼儿园创建于2014年1月，幼儿园座落于县城金辰郡小区西北侧。占地面积3130平方米，园舍建筑面积3446平方米，园内场地安全、舒适，具备足够的大型玩具。每班配备教学电脑、电子琴、55寸智能触控一体机、教玩具、幼儿图书等设施。能满足教育教学活动的需要。现有幼儿493人，按照各年龄段开设3个小班、3个中班、4个大班，共10个教学班。教职工43人，其中专任教师23人，保育员10人，保教人员学历达标率100%，全园持有中级职称4人。拥有一支有爱心、素质好、业务精，求实创新的保教队伍。

办园以来，该园按照示范性幼儿园标准，管理规范，保教水平逐步提升。2017年，先后被评百色市示范幼儿园、自治区卫生先进单位、田林县巾帼文明示范岗、教育系统安全稳定工作先进集体、先进基层党组织等荣誉称号。

卫　生

【田林县卫生和计划生育局领导】

局长兼党组书记、工委书记：

周国标

副局长：张明泽（壮族）

黄　梅（女，壮族）

工委副书记：陆忠诚（瑶族）

县爱卫办专职副主任：

黄思颖（女，壮族）

综　述

【概况】 田林县卫计局属行政部门，核定编制22名，配备有局长1名（兼党工委书记）、2名副局长、工委副书记1名、爱卫办副主任1名的领导班子，在职在编22人。内设办公室（中共田林县卫生工作委员会）、财务室、医政医管股、家庭发展、基层指导股、防艾办、项目办、规统股、疾控妇幼股、人事股、流动股、绩效考核股、宣教股、计生协会、法监股、县爱国卫生运动委员会办公室等10个职能股室。辖25个医疗卫生机构、165个村卫生室。其中县直医疗卫生单位5个，分别为县人民医院、县妇幼保健院、县中医医院、县疾病预防控制中心和县卫生计生监督所；中心卫生院4个，普通乡镇卫生院16个。县乡两级实际开放病床977张，每千人拥有病床3.28张。在岗工作人员总数1352人，其中卫生专业技术人员984人；在职在编工作人员624个，编外聘用人员728个。全县165个行政村设有卫生室158个，全县共有乡村医生136人，有医学专业学历87人（本科学历0人，大专学历6人，中专学历81人），无学历49人。具有执业医师资格的村医1名，具有执业助理医师资格的5名，具有乡村医生资格130名；每千人口拥有3.7名卫生技术人员。县直医疗卫生单位均按等级类别标准设置科室。县直医疗卫生季候配备医疗设备120台（件/批）。其中较大的设备有24排螺旋CT、造影注射器（双筒高压注射器）、氩气高频电刀、血液透析机、宫腔镜、电子阴道镜、母婴中央监护系统、全自动仿生助产仪、血氧分析仪、输液工作站、视频喉镜、多功能人工心肺复苏机、麻醉视频喉镜、全胸腔外震荡排痰系统、连续性血液净化装置、全自动生化分析仪、超声刀、腹腔镜及手术器械、全高清摄像系统及腔内碎石设备等，满足多种疑难、危重疾病的检查治疗需要，其技术力量成为各乡（镇）卫生院的坚强后盾。乡镇卫生院基本上配备了X光机、B超诊断仪、心电图机、半自动生化仪、胎心监护仪、多普勒胎心仪等医疗设备，设置内科、外科、儿科、妇产科、检验科等临床、医技科室，基本满足了农村群众常见病、多发病的诊疗需求。

【卫生经费】 卫生经费来源主要有中央和自治区专项财政补助资金，以及县财政经费。其中2017年度卫生基建经费共计1440万元，分别用于潞城、利周、八渡、板桃、定安、高龙、者苗、六隆、百乐、龙车、平山卫生院业务楼及县医院医技楼等建设；2017年度基本公共卫生服务补助经费1149.43万元，用于基本公共卫生服务、重大公共卫生服务项目、中医药壮瑶医能力建设及疾病应急救助补助；2017年度医改补助经费375.74万元，用于实施公立医院改革及国家基本药物补助项目；2017年度乡镇卫生院能力建设经费1164万元，用于部分乡镇卫生院标准化建设设备采购；2017年度县财政投入的其他卫生计生经费278.251万元，用于艾滋病防治县级配套资金、乡村医生养老生活补助及卫生计生奖励扶助等工作。

【医疗服务】

西医　2017年全年总诊疗人数50.4299万人次，门急诊人次数49.0299万人次，急诊病死率0.03599%，入院人数47252人次，出院人数47129人次，出院病人病死率0.05728%，病床使用率54.54%，医师人均每日担负诊疗4.95人次，门诊医疗总收入4056.967万元，住院医疗总收入9101.964万元。完成住院病人手术2236例，比2016年同期增加115例，增长率为5.4%；推进临床路径工作，规范诊疗行为，提高医疗服务效率，控制不合理医疗费用，2017年1月至12月，试点病种24种，入组路径病例数1313例，完成路径病例数1251例，退出路径病例数62例。

中医 年内扩大65岁以上老人和0~3岁儿童中医药健康管理目标人群覆盖率，开展基本公共卫生中医药服务培训，实施监测数据月报制度，65岁以上老人和0~3岁儿童中医药健康管理目标人群覆盖率分别达45%、45%。推进中医药民族医药发展十大重点工程中医药服务能力提升计划（2016—2020），20个乡镇卫生院建设有中医民族医科，覆盖率100%；有136个村卫生室能开展中医药民族医药服务，占已建成的158个村卫生室的86%；2017年县中医医院建设2个自治区级重点（扶持）专科。实施“中医药文化建设项目”，项目资金投入50万元，投入32.5万元开设中医药文化长廊；利用项目举办乡、村医生中医适宜技术培训班3期，参加培训人员326人次；开展“中医药服务下基层”活动，组织人员深入乡村开展了32场次中医药适宜技术推广义诊活动。2017年自治区下达田林县中医馆建设项目1个，项目资金20万元，项目实施单位为乐里镇卫生院，项目已竣工投入使用。

选派1名继承人员参加2017年县级中医临床技术传承骨干培训，已遴选1名基层名老中医药专家为指导老师，作为本县县级临床技术骨干培养对象，培训时间从2017年1月至12月，分为强化理论培训、临床跟师学习和考核总结三个阶段。

民族医 县中医医院开设壮瑶医科和脾胃科等重点科室，开设针灸（针刺、艾灸、穴位注射、埋线、电针、火针）、推拿、点穴、理疗、牵引、火罐（推罐、定罐、闪罐、刺络拔罐）、中药熏蒸、中药烫疗、火疗、药罐疗法、手法正骨、刮痧等民族医技术。

护理 县人民医院在病区开展优质护理服务的基础上，门急诊、手术室等均开展优质护理服务，优护病房覆盖率达100%，制作具有专科特色的“优质护理服务”宣传专栏，扩大“优质护理服务”影响力。组织护理业务学习8次，共参加培训739人次，护理人力资源库人员专科知识（突发公共事件急救程序）及技能（呼吸机、除颤仪的操作）培训和考核4次，共参加培训203人次，完成N1级护士护理操作（肌肉注射法、无菌技术操作）培训和考核，共参加培训119人次，完成N2、N3级护士（心肺复苏术）的培训和考核，参加培训人员226人次，考核合格率达100%。完成N0、N1、N2、N3护理人员“三基”理论知识考试7次，共参加考试508人次，考核合格率达100%。组织举办“5·12”国际护士节护理技能知识竞赛活动，弘扬南丁格尔精神，参与率达到85%。通过岗前教育、职业道德培训、技能强化培训和专业理论知识培训，试用期考核等，通过风险教育管理，使新入职护理人员形成自觉主动的思想意识，提高新入职护士对护理安全事件的认识及风险评估和管理能力。继续开展出院病人的延伸服务，1—12月病区完成出院病人电话回访率达90.5%；进行全院性护理满意度测评12次，参与满意度调查的病人及医务人员数达7682人次，平均满意度一季度为95.3%，二季度为93.2%，三季度为96.1%，四季度为94.2%。

【医政管理】

分级诊疗制度建设 优化医疗资源配置，促进社会办医有序发展。全县社会办医疗机构27个，占全县医疗卫生机构13.4%，其中医院2家，共开设床位50张，占全县总床位数的3.9%。推进医联体健康发展。明确以县人民医院牵头，会同县中医医院、县妇幼保健院、乡镇卫生院、村卫生室组建县域医疗共同体（以下简称县域医共体），2017年年底，由县人民医院与乐里镇卫生院、者苗乡卫生院、浪平镇中心卫生院试点建设县域医共体。

切实改善医疗服务 持续推进改善医疗服务行动计划，切实改善群众就医体验。重点抓好预约诊疗、一站式便民服务、便捷结算支付等工作。进一步提高临床路径管理覆盖面，临床路径管达到出院人数的20.3%。持续推进规范诊疗、合理用药，重点加强抗菌药物、辅助药物管理，加强处方点评，严格控制不合理用药。严格依法规范毒、麻、精、放等特殊药品临床使用与管理。

医疗服务行业监管 依法依

规设置审批医疗机构4个，完成医疗机构年度校验217个，开展医疗机构不良执业行为记分管理，依法做好医师资格准入工作，完成医师执业注册46人次，做好2017年医师资格考试报名、考务工作，规范医师多点执业管理。继续做好医师定期考核管理。加强临床药品和医疗器械临床安全使用管理，做好医疗安全事件的监测与报告工作。全面加强医院感染控制工作，切实加强手术室、重症监护室、供应室、血透室、产房、新生儿病房和口腔科、感染性疾病科、医疗废物暂存室等重点科室、重点部门和重点环节管理。规范医院垃圾分类管理，与医疗废物集中处置机构签订医疗废物处置协议47个，重点医疗机构医疗废物集中处置100%。贯彻落实《中华人民共和国献血法》，加强无偿献血宣传教育，提升人民群众无偿献血知晓率和参与度，加强临床用血管理，开展临床用血安全的评价。

重大传染病和突发公共卫生事件的医疗救治 重点加强感染性疾病门诊、发热门诊和定点医院建设，加强对呼吸道、肠道传染病等医疗救治能力培训，提高季节性传染病和重大传染病医疗救治水平。加强对交通事故、安全事件等突发公共卫生事件的医疗救治工作，做好信息报送工作。

医患关系 深入推进“平安医院”创建。继续深入开展严厉打击涉医违法犯罪专项行动，保持对涉医违法犯罪行为严厉打击的高压态势，着力维护医疗正常秩序，保障医患双方人身安全。进一步完善医疗机构安全防范系统，推进县级综合医院警务室建设，提高涉医突发事件应急处置能力。深入推进医患纠纷人民调解体制机制创新，不断提升调解水平和工作效率；继续推进以医疗责任保险为主体、医疗意外险为补充的医疗风险分担机制建设，二级及以上医疗机构医疗责任保险达到100%，基层医疗机构达到95%。

【卫生基础设施建设】

县妇幼保健院公共卫生服务业务用房建设项目 项目于2015年下达，计划投资700万元，建筑面积2050平方米及污水处理配电设备。项目主楼设计框架结构共7层，占地面积300平方米，实际建筑总面积2144.8平方米，项目于2015年12月完成招投标工作，2016年1月开工建设，于2017年12月通过竣工验收并投入使用。

县疾病预防控制中心实验综合业务用房建设项目 项目于2015年下达，计划投资503万元，建筑面积1677平方米及实验室装饰等设备。项目主楼设计框架结构共5层，占地面积400平方米，实际建筑总面积1726.5平方米。项目于2015年12月完成招投标工作，2016年1月开工建设，项目业务用房于2017年11月通过竣工验收，实验室装饰设备于2018年3月通过工验收并投入使用。

乡镇卫生院建设项目 2016年下达共3个，分别为：八桂瑶族乡弄瓦卫生院和旧州中心卫生院门诊综合业务用房和公共卫生服务用房，总建设面积4100平方米，总投资875万元。3个项目均于2017年12月底通过竣工验收并投入使用。

医疗设备 年内医疗机构采购万元以上设备有：黄疸测试仪、医用电动锯钻、奥林巴斯电子胃肠镜系统、脐血流诊断系统设备、全能进口麻醉机、血液透析机、配套水处理设备、心电监护仪、阿洛卡全数字化彩色多普勒超声诊断系统等。

【疾病预防控制】

传染病和地方病防治 根据全县14个乡(镇)上报疫情年报表统计，2017年1月1日零时至2017年12月31日24时全县共收到法定染病报告卡2701张、报告病种13种，报告死亡3例，无甲类传染病；乙类传染病824张、死亡3例；丙类传染病1877张、无死亡病例。年报告法定传染病发病率、死亡率和病死率分别为1080.16/10万、1.26/10万和0.12%。与2016年同期相比法定传染病报告发病率下降14.31%；死亡率、病死率分别上升48.24%、71.47%。乙类传染病：乙类传染病报告7种，报告发病700例。报告死亡3例，年报告发病率、死亡率和病死率分别为294.67/10万、1.26/10万和0.43%。与2016年同期相比发病率上升23.12%，死亡率、病死率分别上升23.12%、49.06%、22.86%。丙类传染病共报告5种、1866例、无死亡病例例，年报告发病率、死亡率和病死率分别为786.49/10万，与2016年同期相比报告发病率下降23.08%。

2017年4月12日—16日采集乐里镇、潞城乡、六隆镇、利周乡、平塘乡共5个乡镇20个行政村居民300份食用盐进行检测，合格294份，合格率为98%，不合格6份，不合格率为2%。5月15日以“每天一点碘、健康多一点”为主题在县城风雨桥头摆摊设点，现场设咨询点1个，同时派出1个小组下到县城人口集聚场所发放宣传单进行宣传，共发放宣传单500份、海报150张、环保袋2040个，扇子150把、餐纸600包、展示板报1版、悬挂横幅1幅，出动宣传车1辆，接受咨询约120人。

计划免疫 2017年完成每月一次的冷链运转，出生儿童建卡3432人，出生上卡率为13.08‰。乙肝首针及时接种2669人，接种率为92.32%。

2017年麻风疫苗应种2973人，实种2955人，接种率99.39%；麻腮风疫苗应种3313人，实种3295人，接种率99.46%；含麻疫苗接种率均在95%以上；适龄儿童单苗接种率在95%以上，根据免疫规划接种规范要求开展常规接种，五苗全程合格率达到85%。

15岁以下儿童乙肝发病2例，发病率0.76/10万，甲肝0例，腮腺炎20例，发病率7.62/10万。其他免疫规划针对疾病监测无病例报告。

全县共报告疑似麻疹病例5例，经市疾控中心实验室检测全部排除。

结核病防治 2017年县定点医院结核科可疑病人就诊1095例，非结防机构网络报告本辖区疑似肺结核患者910例，总体到位889例，总体到位率97.6%：确诊活动性肺结核病人382例，纳入系统治疗管理380例，规范治疗和随访检查率为99.4%。对纳入系统管理的病人均已免费提供抗结核药品，并实行全程督导。2016年纳入系统治疗管理的310例病人中，成功治疗281人，成功治疗率为90.69%，新涂阳病人46人，治愈42人，治愈率91.30%。利用“3·24”世界防治结核病日开展大型宣传活动，走向街头、集市向群众发放宣传资料200份，发动宣传车1辆，悬挂横幅1幅。全县20个乡镇卫生院和部分村卫生所按照活动要求，进入村屯、学校、等人口集聚地开展宣传活动，累计发放结核病宣传资料10000多份，制作横幅20条，现场解答结核病疑问1000多人次。

鼠疫监测 选与隆林县交界的旧州镇为固定监测点，与西林县和云南省文山州相交界的高龙乡、流动人口频繁的乐里镇为流动监测点进行布笼监测。全年共在室内布笼1410个笼次，捕获鼠128只，鼠密度检测结果为9.08%；取鼠血清112份进行鼠疫间接血凝实验，结果全为阴性。

寄生虫病防治 1—12月全县进行“三热病人”血检609人次，未检出疟原虫阳性病人；其中外来流动人员及移民健康人群血检307人，外出回归人员健康血检281人，外来流动人员发热病人血检23人，血检结果全为阴性。

手足口病防控 全年全县共报告手足口病1077例，比2016年同期下降29.88%，重症8例，比2016年同期下降27.27%，无死亡病例。

【突发公共卫生事件】 落实突发公共卫生事件的监测与报告工作，配备20余台直报专用电脑和网络设备，建成以县疾控中心为龙头、县乡医疗单位为依托、覆盖全县的传染病监测报告网络；设立应急值班电话，实行24小时值班；建立应急上报与响应制度，所有应急处理领导小组、专业小组成员，必须保持24小时通讯畅通。县乡医疗单位均设立发热门诊、肠道门诊，各医疗卫生单位门诊医务人员对就诊病人进行门诊登记和可疑病人筛查，确保发现各种突发公共卫生事件都能及时上报。及时调整突发公共卫生事件应急处置机动队，设立医疗救援组、疾病控制组、卫生监督组，分工负责相应的应急工作。在县疾控中心建立了应急物资库，储备了消毒液、漂白精粉、漂白精片、喷雾器、应急包、红外线测温仪、B级防护服、N95口罩等应急物资。

2017年12月22日在利周乡福祥村那平屯发生一起因办喜酒聚餐引起的细菌性食物中毒事件。该事件首次报告病例为27例，主要临床表现为腹痛、腹泻水样便、恶心、呕吐等症状，部分患者伴发热。在多部门协同处置下，该事件得到有效控制，所有住院病人治愈出院，无重症及死亡病例。

【妇幼卫生保健】

妇女保健工作 2017年全县助产医疗保健机构开展孕产妇保健系统管理，对孕早期的孕妇进行建卡，定期产检及产后访视。据统计2017年：活产3207人，产妇总数为3193人，建卡数为3175人，建卡率为99.44%，获得产前检查的孕妇为3181人，产前检查率为99.62%，获得产后访视的产妇数为2917人，产后访视率为91.36%；获得孕产期保健系统管理的孕产妇为1634人，系统管理率51.17%；住院分娩产妇2815人，住院分娩率为88.16%；非住院分娩的产妇中新法接生0人；发现高危孕产妇840人，高危孕产妇住院分娩为840人，高危住院分娩率为100%；孕产妇死亡0

人，孕产妇死亡率为0；低出生体重儿206人，低出生体重发生率为6.42%，早期新生儿死亡3人，早期新生儿死亡率为0.94‰；新生儿破伤风发生0例；出生缺陷：住院分娩围产儿数3232人，≥28周出生的缺陷儿20人，≥28周出生的缺陷率62.36/万，其中先天性脑积水0人，胎儿水肿综合症0人，先天性心脏病1人，其他19人，≤28周的有31人。

儿童系统管理　全县有0~7岁儿童23255人，获得保健管理21442人，保健管理率为92.20%；3岁以下儿童10159人，系统管理9367人，管理率92.20%；5岁以下儿童死亡17人，死亡率1.00‰；婴儿死亡10例，婴儿死亡率3.11‰，新生儿死亡5例，新生儿死亡率1.56‰，新生儿访视2864例，访视率89.30%，新生儿疾病筛查人数3074，新生儿疾病筛查率95.85%；新生儿听力筛查2998人，初筛阳性232人，初筛阳性率7.74%。

托幼机构管理　全县共有77所托儿所、幼儿园，在校幼儿10193人。年内继续加强对托幼机构的卫生保健管理，提高托幼机构的卫生保健质量。主动与教育部门协调，加强了托幼机构的卫生保健管理，深入对托幼机构开展卫生保健指导，对保教人员和幼儿进行健康检查，为托幼机构开展创建合格单位评审打下良好的基础。

降消项目工作　按方案要求召开妇幼卫生项目协调领导小组及技术指导小组工作会议，传达贯彻全区及全市妇幼保健工作会议精神、安排部署2017年妇幼保健工作。通过健全建立组织管理、健康宣教、项目培训、专家蹲点、县乡村三级督导。2017年降消项目指标完成情况：全县活产数3207人，住院分娩活产数3206人，住院分娩率为99.97%；孕产妇死亡0人，孕产妇死亡率为0；新生儿破伤风发生率为0；农村孕产妇住院分娩补助共388人，农村孕产妇住院分娩补助率达到70.17%。支持性目标：产前检查3181人，产前检查率99.62%，产后访视2917人，产后访视率91.36%，系统管理1634人，系统管理率51.17%。婴儿死亡10人，婴儿死亡率为3.11‰；5岁以下儿童死亡17人，5岁以下儿童死亡率为1.56‰。

婚前医学检查　2017年，全县结婚登记人数1025对，进行婚前医学检查1012对，婚检率98.73%，其中检出地贫筛查阳性455人（男191人，女264人），双阳58对，双阳性率5.73%；HIV检查阳性0人；梅毒检查阳性11人（男7人，女4人，），阳性率0.54%；乙肝表面抗原检查阳性152人（男89人，女63人，），阳性率7.50%；淋病0人，女性滴虫9人，霉菌77人。

叶酸补服项目　全县接产机构和婚检单位按要求开展叶酸项目宣传，发放宣传资料，制作宣传标语；指定专门科室和人员发放叶酸片，指定人员进行随访，有发放和随访登记簿，按时填报报表；叶酸发放点注有醒目标识。2017年，叶酸发放人数3606人（任务数3540人），完成率100%。

预防艾滋病、梅毒和乙肝母婴传播项目　县内各级医疗保健机构切实开展预防艾滋病、梅毒和乙肝母婴传播项目工作。为婚检对象提供艾滋病咨询2024人次，艾滋病病毒抗体检测2024人次，婚前保健人群艾滋病病毒抗体检测率为100%，婚前检查发现0例HIV抗体阳性，婚前检查发现11例梅毒阳性。孕产妇艾滋病病毒抗体检测2801人次，检测率100%。孕产妇梅毒检测2801人次，检测率100%；孕产妇乙肝表面抗原检测2801人次，检测率100%。HIV抗体阳性产妇1例，HIV阳性产妇应用抗艾滋病病毒药物为1例，HIV抗体阳性孕产妇所娩活产1例，HIV抗体阳性孕产妇分娩的婴儿按婴儿用药方案进行抗病毒药物治疗1例，婴儿抗病毒药物应用比例为100%。乙肝表面抗原阳性产妇186例，乙肝表面抗原阳性产妇所娩活产187例，其中注射免疫球蛋白187例，乙肝表面抗原阳性产妇所生儿童免疫球蛋白注射率为100%。

地中海贫血防治项目　2017年田林被列入实施国家卫生计生委地中海贫血防控试点项目县，在原来实施广西地中海贫血防治计划项目的基础上精心组织，扎实开展地贫防控试点项目工作。2017年，1—12月孕妇建卡人数为3282人，进行地贫筛查人数为6298（男3031人，女3267人），孕妇地贫筛查率为99.54%；阳性人数1279（男483人，女796人），阳性率20.30%；其中筛查阳性孕妇的丈夫筛查数710人，双方阳性135对；对婚前检查及孕检筛查出的215对双阳夫妇均转诊到上级保健机构进行地贫基因诊断，实际基因诊断201对，基因诊断率为100%；符合基因诊断补助对数为201对，基因诊断补助率为100%；阳性夫妇双方基因同型数63对（其中需要进行产前诊断夫妇对数52对），产前诊断46例，产前诊断率88.46%；

符合产前诊断补助46例，实际产前诊断补助46例，产前诊断补助率达100%；产前诊断出中、重型地贫胎儿数6例，已终止妊娠6例，干预率达100%。

产前筛查和新生儿疾病筛查项目 2017年1月—12月活产数3193人，产妇数3193人，产前筛查2605人，筛查率81.58%，筛查出高危人数183人，其中三体综合征人数158人，18三体16人，神经管缺陷人数8人；新生儿疾病筛查人数3074人，筛查率95.85%，其中苯丙酮尿症人数25，先天甲低人数0人，G-6PD缺乏1人；新生儿听力筛查2998人，初筛阳性人数232人，阳性率7.23%。

出生医学证明管理 为进一步加强和规范田林县出生医学证明的发放和管理工作，发挥出生医学证明的法律效用，完善和充实出生医学证明的管理机构，落实相关人员，明确职责。2017年1月—12月使用发放生医学证明软件发放证明的机构2家，分别为县医院、县妇幼保建院。1—12月全县出生人数2863人，共发放出生医学证明3459（包括机构外发放21本）本，当年出生发放2500本，历年出生发放905本，换发8本，补发10本，废证15本，废证率1.42%。

【卫生监督执法】

卫生许可 2017年全县受理各项卫生行政审批事项83件次，按时办结83件次，准于许可83件，按时办结率100%，服务对象评议率100%，服务窗口群众满意度100%。

打击非法行医专项行动 贯彻落实国家卫计委整顿医疗秩序严厉打击非法行医专项行动工作部署，组织执法力量开展辖区打击非法行医整治活动，在专项整治中田林县成立领导小组，加强领导，明确责任，突出重点，开展摸底排查，集中进行培训，广泛宣传，实行卫生、计生、公安、工商、食药等部门联合执法，建立巡回督查机制，严厉查处非法行医行为，逐步规范医疗服务市场秩序。全县共出动行政执法人员63人次，执法车辆47辆次开展专项检查行动。检查医疗机构212家、药店40家、检查非法行医场所10处。共受理医政类投诉举报案件3件，及时调查处理3件。共查处“黑诊所”、无证行医4家，取缔4家，没收非法开展诊疗活动的药品2万元，罚款0.5万元；查处医疗机构、计划生育技术服务机构“两非”行为1件，对当事人给予警告并罚款1万元；没收非法所得0.2万元，发现孕情消失16例，案16例；取缔游医、假医6个；对5家药店给予警告，责令改正，对15家医疗机构下达整改意见书。无大案要案及典型案件发生。

生活饮用水监督 重点加强城乡集中式供水和学校供水的日常卫生监督管理，派出卫生监督员深入县水厂、乡镇供水站、学校进行卫生安全隐患排查和督促整改，指导被监督单位完善卫生管理制度，健全饮水卫生设施。开展2017年生活饮用水专项监督整治和检查，共检查城乡集中式供水单位21个、30次，学校36所、75次，对被监督单位下达卫生监督整改意见书84份，对各类供水单位开展水质检测18份，合格15份，合格率83.3%，存在的问题及时限期整改。

消毒产品与消毒服务机构监管 对经营和使用消毒产品的主要超市、商店、眼镜店进行专项检查，重点强化卫生巾、卫生护垫、尿裤、尿布、浴巾、纸巾、隐形眼镜护理用品等日常卫生用品的监督管理，发现不合格产品一律下架，没收统一处理。对餐饮具集中消毒单位加强日常监督检查，做好卫生监督抽检，严禁不符合卫生的餐具上桌使用，同时将监督检查结果通报工商和食药部门。全年开展消毒产品与消毒服务机构监督专项检查2次，检查经营使用消毒产品单位38家次，没收不合格消毒产品9公斤。检查餐饮具集中消毒机构8店次，抽检餐饮具样品80份，合格80份，合格率100%，下达监督意见书4份，对餐饮具集中消毒机构存在的问题及时限期整改。

公共场所卫生监督 以住宿业、理发美发店为监管重点，继续推行量化管理制度，以控烟和传染病防控为重点，推进公共场所卫生监管。加强公共场所现场监督检查和督促卫生设施整改，严格从业人员执证上岗，加强公共卫生用品监测。全县公共场所经营单位238家，持卫生许可证238家，持证率100%；从业人员625人，持健康证610人，持证率97.6%。全年日常监督检查公共场所经营单位500店次，下达卫生监督意见书65份。抽检公共用品用具样品452份，合格447份，合格率98.8%。全县公共场所卫生监督量化分级管理率100%。

学校卫生监督 为抓好学校卫生监督工作，与县教育局配合沟通，加强学校卫生监督管理。田林县围绕春季入学卫生监督和高、中考期间卫生监督安全保障工作，重点开展县乡学校饮用水卫生、传染病防控、生活设施卫生监督检查，督促学校建立健全饮用水卫生管理制度及传染病疫情报告制度，落实饮用水卫生管理措施和传染病防控措施，督促学校加强校舍、教学设施、生活设施、卫生保健室等基础设施建设。按时开展学校卫生专项监督检查，重点对农村寄宿制学校自建设施供水、教学环境卫生进行检查，开展学校卫生综合监督评价。2017 年累计派出卫生监督员 112 人次开展学校卫生监督检查，检查中小学校 74 所，下达卫生监督意见书 64 份，开展学校卫生综合监督综合评价 11 所，评定结果合格 11 所。

放射卫生监督　根据广西放射防护重点监督检查计划的要求，组织开展辖区放射卫生专项检查，重点检查医疗机构放射诊疗防护，放射工作人员健康管理等工作，对存在安全隐患的单位责令限期整改。全年共检查开展放射诊疗医疗机构 2 家、6 次，持有放射诊疗许可证 1 个，开展设备性能检测 2 个，配备个人防护用品齐全 2 个；放射工作人员 12 人，持证上岗 12 人，进行健康监护 8 人，下达卫生监督整改意见书 3 份。

传染病防治监督　执行《传染病防治日常卫生监督工作规范》，加强对县、乡、村医疗机构开展手足口病、麻疹、登革热等传染病各项防控措施进行监督，重点检查感染控制管理、发热门诊预检分诊、疫情报告制度、消毒隔离防护、医疗废弃物处理等。做好艾滋病防治卫生监督执法工作，组织开展艾滋病防治卫生监督专项检查，监督和指导医疗机构、公共场所、学校进一步落实艾滋病防治职责，加大宣传力度。共检查医疗机构 66 家次，下达监督整改意见 20 份。组织开展 2017 年世界艾滋病日卫生监督执法专项行动，对医疗保健机构、公共场所、学校、疾控机构开展艾滋病防治进行专项监督执法，促进全县艾滋病防治工作取得成效。

卫生监督协管　田林重视卫生监督协管工作，制定年度全县卫生监督协管工作实施方案，明确工作目标、落实工作职责。抓好业务培训和工作指导，建立健全工作制度，规范档案管理。开展日常巡查，做好信息报告。广泛宣传，加强信息沟通，加强督查和考核工作。全县应设置卫生协管服务机构 20 个，已设置卫生监督协管站 20 个，20 个协管站均挂牌成立，全部开展卫生监督协管工作。每个乡镇卫生院聘任 3 名以上协管员，每个村卫生室指定 1 名村医生为卫生监督协管信息员。全县共有卫生监督协管员 64 名，卫生监督协管信息员 154 名。举办 1 期卫生监督协管员业务培训，培训协管员 65 名，各协管站均完成信息员培训工作。2017 年，全县食源性疾病信息报告事件数为 0；计划生育相关信息报告事件为 1 件，查处 1 件；饮用水卫生安全巡查事件 0 起，报告 0 起；学校卫生服务巡查事件 0 起，报告 0 起；非法行医巡查事件 2 起，报告 2 起。未出现迟报、漏报现象。

重大活动卫生安全监督保障工作　组织开展大型会议接待、“壮族三月三·吼敢”传统民间风俗活动卫生安全监督检查工作，对县城、乡镇展演区 KTV、宾馆、旅社等公共场所开展卫生大检查，重点检查公共场所 55 家，出动卫生监督员 18 人次，对存在卫生安全隐患的下达整改意见书 10 份。

【公共卫生】　年内加大公共卫生服务项目投入力度，2017 年基本公卫经费由 45 元 / 人提高到人均 50 元，进一步完善 12 大项基本公卫卫生服务项目管理，提高项目服务质量，使群众享受到更好更全面的公共卫生服务。截至 12 月底全县电子建档率 81%（任务 80%）、老年人健康管理率 67.9%（任务 67%）；高血压患者规范管理率 88%（任务 60%）；II 型糖尿病患者 69.3%（任务 60%）；重性精神病患者检出率 4.67‰（任务 4.0‰）。

【卫生行风】　卫生计生主管部门领导班子制订党风廉政建设和反腐败工作责任制分工责任书，明确卫生计生部门党风廉政建设的党委主体责任和纪检监督责任，形成“一岗双责”的责任体系和工作机制，明确各医疗卫生计生单位党风和行风建设职责；实施合理分工互相监督机制，卫生计生机构领导班子主要负责人不直接分管人事、财务、基建和物资采购工作，由班子副职领导分工负责，形成既分工合作，又互相监督的分工监督体系；加强党风廉政建设教育，分层次组织开展廉政谈话教育活动，开展卫生计生系统党风廉政警示教育活动，邀请县人民检察院检察长和县纪委监察局领导到会讲课，加强系统内部廉政警示教育；抓好卫生计生系统党员干部管理制度，做好干部去向管理，推进正风肃纪惩治腐败工作;通过监督检查"四风"问题、加强项目建设监督、实行重点工作监督问责制、开展卫生计生系统涉农资金专项整治等工作,切实履行纪检监察监督职能,抓好源头防腐建设,全年发现和查处违反中央"八项规定"精神和"四风"案件0件。

【医改工作】

健康扶贫工作 田林县针对建档立卡农村贫困人口因病致贫、因病返贫问题,全面提高建档立卡农村贫困人口健康水平提供保障。2017年全县贫困人口健康档案建档率达100%,贫困户家庭医生签约服务率100%,贫困人口新农合参合率100%,贫困人口重点人群健康教育处方覆盖率100%。重点人群家庭医生签约率63.47%,常住人口家庭医生签约率48.47%。全县建档立卡农村贫困人口患病住院费用享受各类保障政策措施后实际报销比例为96.96%。全县患有国家集中救治9种大病建档立卡农村贫困人口74人,获得治疗(治疗方式包括获得门诊、住院、或者家庭医生签约随访诊疗等服务)74人,年度脱贫摘帽建档立卡因病致贫、因病返贫农村贫困患者为559人,已分别获得门诊、住院或者家庭医生签约随访诊疗等服务559人,年度脱贫摘帽建档立卡因病致贫、因病返贫农村贫困患者治疗比例达到100%。在县级医院住院的贫困住院患者获得先诊疗后付费政策314人。

县级公立医院综合改革 县级公立医院重新核定的人员编制逐步实行编制备案制管理,实行岗位聘用制度,人员逐步由身份管理变为定编定岗不定人的岗位管理。2017年计划向社会公开招聘156人,涉及88个岗位,已完成公开招聘计划及工作方案。7月23日开展笔试,有337人入围资格审查(含不需要通过笔试人员),8月底进行面试,实际招聘140人。县级公立医院药品执行全品种网上集中采购并落实"两票制",2017年,3家县级公立医院基本药物使用品种配备达80.8%,基本药物收入占药品收入的63.21%。通过取消药品加成后给患者让利药品费用达1852.61万元,通过调整服务价格及财政补偿县级公立医院取消药品加成补偿率为71.2%。2017年数据统计,县级公立医院门诊均次费用同比下降4.28%,住院均次费用同比下降8.16%。全县20个乡镇卫生院全部实行基本药物制度,实施国家基本药物制度的村卫生室146个,实施比例为92.4%。按政策补助60岁以上乡村医生210人,补助45~59岁离岗村医130人,发放补助金。

人口和计划生育

【概况】 田林县人口和计划生育局下辖14个乡(镇)人口和计划生育办公室、14个计划生育服务所,一个社团组织(田林县计划生育协会)。

【人口和计划生育目标管理】 全县人口26.16万人,其中已婚育龄妇女5.27万人。区间内全县出生人口3344人,比2016年增加69人,全县人口自然增长率为7.51‰,比市下达指标(9‰以内)低1.49个千分点。

出生政策符合率93.90%,比市下达任务(90%以上)高3.90个百分点;出生人口性别比为109.79(计生数据),比市下达指标(112以下)低2.21个点。

【人口和计划生育宣传教育】 强化宣传教育活动营造新氛围,深入开展婚育新风进万家活动,强化宣传阵地建设创造新途径,强化计生业务培训塑造新素质,强化计生关怀行动打造新形象。全县年内共发放宣传资料9万余份,发放避孕药具4230份,生殖保健咨询服务17000余人次,咨询服务3.6万多人次,免费康检3.1万人次。

计生"三下乡"活动 抽调业务骨干和技术骨干组成"三下乡"活动宣传服务队,到14个乡(镇),发放生殖健康手册、计生挂历、避孕药具和"关爱女孩"健康书籍,宣传计生法律法规,宣传优生优育优教知识、生殖健康保健知识,指导育龄群众知情选择避孕方法,正确使用避孕药具,宣传教育广大群众关爱女孩,关心女性。宣传服务队把计划生育"三下乡"活动与上门慰问独生子女困难家庭和手术并发症困难家庭相结合,开展送法律法规知识上门、送科普知识上门、送生殖健康保障服务上门、送生产、生活服务上门、送避孕节育技术服务上门的"五上门"服务活动,义诊、义检,免费为育龄群众提供妇科疾病查治服务,提高广大群众对计划生育优质服务满意度。

计划生育婚育新风进万家活动 深入开展计划生育婚育新风

进万家活动，大力倡导科学、文明、进步的婚育观念，有力地推动了田林县人口与计划生育工作的深入开展，为田林县经济发展创造了良好的舆论氛围和人口环境。全县共开展人口计生宣传服务活动56次，发送宣传品5万件、避孕药膜3200盒，免费体检2.702万人；接受群众政策咨询11850人次，宣传品入户率达95%以上

开展“5·29”“7·11”宣传活动　“5·29”前后，全县悬挂宣传横幅60多条，发放宣传资料5000多份，牙膏、香皂、毛巾、围裙等计生宣传品3500多份，免费避孕药具900多份，接待和提供计生政策咨询、康检服务8700多人次。“7·11”世界人口日前后，全县悬挂宣传横幅50多条，发放宣传资料6000多份，牙膏、香皂、毛巾、围裙等计生宣传品2800多份，免费避孕药具800多份，接待和提供计生政策咨询、康检服务4500多人次。

建好“幸福家园”　按自治区人口计生委要求，落实好业务用房，配套累计投入2.5万元做好室内装修。利用村级人口计生“幸福家园”服务平台，安装一批计算机网络和通讯设备，建立留守儿童免费“亲情视频通话室”，为他们与外出务工的父母建立一个亲情沟通交流的平台；在村级“幸福家园”添置各类图书、运动器械、儿童游乐园等设备，创办“留守儿童快乐之家”。投入2万元在乐里镇新建村、利周乡福祥村建成“幸福家园”点2个示范点。

打造“计生文化大院”　联合人社、农业、林业等部门，举办人口计生、卫生、种养技术等知识讲座10多期，参训的育龄群众达1万人次，满足群众生活生产需求。制作图文并茂的人口计生文化长廊165条，大力宣传关爱老人、关爱女孩、男性健康、奖励扶助、生殖健康、新农村建设等有关计生知识，不仅美化了城乡环境、丰富了群众生活，更使新型婚育观念扎根在人们心中。

开展“关爱女孩”行动　落实国家、自治区、市实行“农村部分计划生育家庭扶助奖励制度”的要求，全县兑现全国农村部分计划生育家庭奖励558人，兑现金额80.352万元，兑现国家特别扶助26人，兑现金额26.832万元。兑现广西农村部分计划生育家庭奖励扶助312人，兑现金额22.464万元；兑现广西农村计划生育家庭奖励扶助82人，兑现金额10.18万元。

【政策法规工作】

规范生育服务证制度办理　确保依法实施“全面两孩”生育政策，做好生育服务证办理工作。全县符合全面两孩生育二孩对象12056对，办理生育证件389人，已生育186人。全面贯彻落实上级关于进一步规范生育服务证办理工作的通知精神，出台《关于生育服务证办理工作规范的实施方案》。从2016年1月15日起，14个乡（镇）全面停止取消《二孩生育证》的办理及发放，实施一孩和二孩生育登记，发放《计划生育服务手册》，实施再生育申请审批，发放再生育证，登记和再生育申请审批全面实行网上办证。把生育服务证的办理权限简化到乡镇；精简和规范生育服务证的办理程序，减少证明材料，着力解决群众“办证难”问题。截至12月，全县已办理《计划生育服务手册》1753本，办理再生育证55本。

打击“两非”综合治理　落实出生实名登记信息化管理，实施有奖举报制度，建立举报热线24小时服务和举报快速反应机制。凡举报“两非”行为或提供案件线索并经查证属实的，一次性给予1000~5000元奖励。进一步拓宽工作视野，把打击“两非”工作放到区域协作大格局中来谋划，主动与百色市的12个周边县（市、区）搭建协作平台，建立联防、联治工作机制，杜绝“两非”行为发生。党政领导牵头组织对县、乡两级医疗保健机构，私人药店、私人诊所进行“两非”工作督查，严保打击“两非”的高压态势。年内共开展专项督查4次，查办孕情消失案件25起，超额完成市下达查处任务(14起)，完成“两非”典型案件1起，罚款金额2万元，没收非法所得0.2万元。

奖励扶助政策　加大财政投入力度兑现国家、区、市和田林县相关奖励扶助政策。兑现国家农村部分计划生育家庭奖励扶助808人，兑现资金116.352万元，兑现计划生育特别扶助47人，兑现资金48.504万元；兑现广西农村部分计生家庭奖励扶助389人，兑现资金28.008万元；兑现广西农村计生家庭奖励扶助25人，兑现资金3.02万元；继续实施《田林县特殊计划生育家庭养老扶助实施办法（试行）》，全面实施爱心救助工程，2017年共兑现田林县特殊计生家庭28人，兑现资金19.3万元（其中一次性补助12万元，全年生活补助7.3万元）；兑现农村及下岗职工独生子女保健费870人，兑现资金10.44万元；落实109名农村独生子女和双女

结扎户家庭子女的考生在中考中享受加分政策。

诚信计生村民自治工作 推进诚信计生村民自治工作，推动工作重心下移。全面修订完善村规民约和诚信计生双向协议合同的签订，积极推动诚信计生与扶贫开发、奖励扶助等工作有机结合，强化政府承诺兑现和群众自觉守信，增强诚信计生的生命力与吸引力。全县168个行政村（居）全面开展并基本实现诚信计生；群众自发组建了2355个诚信计生小组，有33333对已婚育龄妇女参加了诚信计生，依法生育育龄妇女参与率达80%。

【流动人口计划生育管理】 加强部门和区域协作机制，巩固流动人口计划生育“一盘棋”工作机制，开展流动人口健康服务市民化和关怀关爱活动，提高流动人口公共服务均等化水平。全县共有流动人口24649人（其中流出22240人，流入2408人）；年内召开部门联席会议4次，落实流动人口信息通报4次；开展专项治理活动2次，办理流动人口婚育证明545本，查验婚育证明645本，为流入育龄妇女康检838人次，发放宣传资料15400余份、避孕药具1000余份。全年投入流动人口专项经费20.23万元。

【生殖健康服务】 实施国家免费孕前优生健康检查项目，开展婚育综合“一站式服务”，抓好县乡技术人员的业务技能培训，科学、规范、高效、快捷开展各项工作，为育龄妇女提供所需服务。同时，对符合参检对象进行深入调查，提前介入；对近期计划怀孕的育龄妇女按时参检，提高出生人口素质。完成免费孕前优生健康检查961对，占市级下达任务（960对）的100.1%；加强“幸福家园”项目建设，举办幸福工程·救助贫困母亲第六轮项目资金发放仪式，发放项目资金10万元，扶持12名贫困母亲发展养殖业。

【计划生育协会】 加强组织建设，建立健全县、乡、村协会工作队伍，确保协会经常性工作正常开展，各项惠民项目落实常态化。在全面实施农村计划生育小额贴息贷款和爱心保险的同时，2017年田林县组织开展计划生育家庭关爱保险项目。2017年自治区下达农村计划生育家庭爱心保险任务为3821户，实际办理爱心保险3821户，保费19.105万元，投保率100%；2017年自治区下达农村计划生育家庭关爱保险任务为7310份，实际办理关爱保险7525份，保费26.9万元，投保率102.94%；2017年自治区下达农村计生家庭小额贷款贴息项目任务为48户，已完成49户办理小额贴息贷款的102%，已发放59户贴息资金9.6676万元。

重点医疗机构

【田林县人民医院】 田林县人民医院建于1945年，是一所集医疗、教学、科研、预防、保健、技术指导中心为一体的二级乙等综合性医院。医院占地面积20062平方米，近几年，兴建了门诊综合大楼、传染病房楼、二门诊及新住院大楼，医院就医环境大大改善。医院有干部职工410人（在编160人，医改控制数79人，单位自聘171人），其中卫生技术人员319人，高级职称8人，中级职称98人，初级职称191人，未取得执业资格证22人。核定床位300张，实际开放床位380张，开设有儿科、产科、妇科、神经（含心血管）内科、呼吸（含消化、肾）内科、普通外科、骨科、感染性疾病科、口腔科、五官科、急诊科、血透室、二门诊等13个临床病区和手麻科、检验科、放射科、功能科、供应室等辅助科室。2017年11月创建工作通过百色市机关事务管理局、百色市发展和改革委员会、百色市财政局组成的验收组现场考评验收，2017年12月授予县医院“市级节约型公共机构示范单位”称号。

其中较大的设备有24排32层螺旋CT、双筒高压注射器、氩气高频电刀、血液透析机、呼吸机、麻醉机、宫腔镜、电子阴道镜、母婴中央监护系统、全自动仿生助产仪、血氧分析仪、输液工作站、视频喉镜、多功能人工心肺复苏机、麻醉视频喉镜、连续性血液净化装置、全自动生化分析仪、超声刀、腹腔镜及手术器械、全高清摄像系统及腔内碎石设备等；开展新技术26项：腹腔镜下胆囊切除术、经皮肾镜手术、双腔气管插管、支气管内麻醉、七氟烷麻醉、输尿管镜下输尿管结石气压弹道碎石术、髋关节全髋置换术、Leep刀在临床的应用、YHA300氩气高频电刀内镜下治疗胃肠道息肉、出血、疣状胃炎等。

实施健康扶贫。对贫困户实施先诊疗后付费，对建档立卡贫困户设立专用窗口和专用病房，2017

年度共有306人次享受该付费方式，受益人次为209人次，补偿总金额14.41万元。

急诊、门诊诊疗人次为215166人次，比2016年增加14814人次，增长率7.4%。住院人数18978人次，比2016年增加1144人次，增长率6.4%。完成住院病人手术2236例，比2016年增加115例，增长率5.4%；接生新生儿2609人，比2016年增加23人，增长率0.89%。CT片数32069张，比2016年增加10597张，增长率49.4%；DR片数28655张，比2016年增加5802张，增长率25.4%。三大常规83968人次，比2016年增长7688人次，增长率10.1%；生化579924项次，比2016年增加85361项次，增长率17.3%；心电图19102人次，比2016年增加2022人次，增长率11.8%。B超33852人次，比2016年增加2000人次，增长率6.3%。胃镜2373人次，比2016年减少79人次。抢救危重病人1638例，抢救成功1558例，抢救成功率95.1%。县人民医院接受下级医院转诊1026人次，向上级医院转诊623人次。医疗执业许可证核定床位数300张，实际开放总床日数109500张，实际占用总床日数90051张，出院者占用总床日数89968张，治愈好转率97.8%，死亡率0.2%，病床周转次数63.2次，病床使用率82.2%，出院者平均住院4.7日，人均住院费用4335.20元，日均住院费用913.08元。2017年医疗总收入为11988.83万元，比2016年增加1403.58万元，增长率13.26%。

【田林县疾病预防控制中心】 田林县疾病预防控制中心成立于2006年10月，前身为田林县卫生防疫站，核定编制36名，是田林县集疾病预防与控制、卫生监测检验与评价、健康教育与促进、应用研究与指导、公共卫生技术管理与服务于一体的全民公益性卫生事业单位，是全县疾病预防控制和卫生监测检验业务技术的指导中心。核定编制37名，实有人员42人，其中在编职工35人，中级专业技术人员13人，初级专业技术人员13人，大学本科学历4人；设中心办公室、疾控科（含疾控、寄防、鼠防）、免疫规划（含接种门诊、冰库疫苗管理）、结防科（含结防门诊、痰检室、X光室）、卫生科（含公共卫生、水质监测、地方病、麻风病、学校卫生）、艾防科、检验科等科室。拥有业务办公楼一栋，承担全县疾病预防控制、突发公共卫生事件应急预警处置、疫情信息收集报告、检测检验评价、健康教育促进等公共卫生职能，负责全县疾病预防控制体系的技术指导和业务培训。具备省级计量认证、艾滋病筛查检验、食品检验等项资质，为田林县人民提供优质的卫生服务和健康保障。

【田林县妇幼保健院】 田林县妇幼保健院创建于1957年7月，业务用房面积达到1917平方米，核定编制17名，实有职工44人（其中有17人在编、聘用17人），设有院办、妇保、儿保、住院、护理、门诊、药房、化验、B超、X光等科室。为全县各族妇女、儿童提供医疗保健服务，负责对全县乡（镇）、村卫生机构妇幼保健工作的检查、督导、监督、培训；负责“两纲”中的妇女和儿童健康指标的完成；负责本县妇幼卫生监测工作，收集，汇总分析妇幼卫生信息数据，组织制控和漏报调查，及时反映存在的问题，提出解决办法，为卫生行政部门制定相关政策提供依据。

【田林县中医医院】 田林县中医医院成立于1990年，原位于田林县乐里镇新市街61号，占地面积100平方米，建筑面积500平方米。2011年县人民政府在离原地址3千米地方即田林县和谐大道平么小区内划拨10亩土地为县中医医院新址建设用地，总占地面积1879.24平方米，建筑总面积12284.38平方米，编制床位制床位138张，开房床位167张。核定编制200名，其中：1990年成立时暂定20个事业编，2016年增加180个编制控制数（医改编）。干部职工120人。其中在编58人（20人事业编、38人医改编）、聘用62人。本科学历23人，中级10人，初级51人。设急诊科、内科、儿科、妇科、口腔科、针灸科、理疗科、壮医科、瑶医科、放射科、检验科、功能检查科（B超室、心电图室）、病案统计室、药剂科、办公室、医务科、护理部、感控科、信息科、财务科等。医疗设备：全进口飞利浦彩色B超机一台，全进口DR机一台，全进口全自动生化仪一台，全进口全自动血球分析仪一台等。是对口支援乡镇卫生院定点单位，承担中医适宜培训、指导工作，为广大人民群众提供“简、便、验、廉”特色的中医药、民族医药服务。

【田林县卫生监督所】 县卫生监督所成立于2005年11月，单位机构编制9名，在岗6人，其中卫生监督员5人，借调1人，卫生监督员占在岗人数83%，纳入参照公务员法管理。乡镇设立卫生监督协管站20个，有协管员65名。监督所办公楼位于和谐大道（县中医院旁），单位总面积1000平方米，设有所办公室、监督一科、监督二科、监督三科、财务室、信息科等科室。担负全县公共场所卫生、学校卫生、放射卫生、生活饮用水卫生、消毒产品及消毒服务机构监督、传染病防治监督、医疗服务市场监督、卫生监督协管等监督管理职责。

【田林县医药公司】 成立于1973年的药品批发经营公司，属于国有企业，在职员工31人，退休职工13人。公司设4个管理部门：办公室、质量管理部、财务部和综合业务部。总经营面积约1542平方米（其中仓库面积1112平方米），自2004年开始实施《药品经营质量管理规范》（GSP认证）以来，公司全面实施GSP规范化管理，诚实守信，依法经营，坚持“质量第一、顾客至上，科学管理、持续改进”为方针，不断完善人员培训、机构设置、管理制度、岗位职责、过程管理以及设施设备等方面的质量管理体系。主要经营：中成药；中药饮片；化学原料药及其制剂；抗生素；生化药品；生物制品（除疫苗）；第二类精神药品；蛋白同化制剂；肽类激素。Ⅰ、Ⅱ、Ⅲ类医疗器械；保健食品；日用保健品等计3200多个品类。

公司成立至2017年43年，拥有一支高素质的专业团队，完善的仓储设备、高效快捷的配送条件，不断提高药品配送供应服务质量，2017年前三季度销售2200万元。可充分满足医疗机构及药品经营单位对药品、药械的采购需求，为确保全县人民群众日常安全用药及重大灾情、疫情的药品和医疗器械储备供应提供了强有力的保障，为促进田林县社会稳定和各项事业发展发挥了应有的作用。

【百色市恒健医药连锁有限责任公司】 成立于2008年，是职工入股的连锁零售企业；法定代表人与田林县医药公司为同一法定代表人，各连锁门店的药品、商品都是委托田林县医药公司统一配送，没有设立仓库、不独立采购，但是连锁公司财务独立核算。经营范围：中药饮片、中成药、化学药制剂、生化药品、抗生素、生物制品（除疫苗）以上药品不含冷藏冷冻品种；Ⅰ、Ⅱ类医疗器械；保健食品；日用保健品等。有21个零售门店，分布在县城及各乡镇，按照连锁的管理要求，全面实行“八个统一”，即：统一采购、统一配送、统一装修、统一服装、统一质量管理、统一经营管理、统一培训、统一实行计算机网络化管理。一直以药品经营质量管理规范（GSP）为准则，遵循“质量第一、顾客至上、科学管理、持续改进”的质量方针，全面实施规范化管理。在职员工63人，2017年1月—10月销售额863万元；全体员工都以热情、敬业的态度，贴心、专业的服务每一位顾客，以满足广大人民群众的用药需求，确保用药安全有效。

乡 镇

乐里镇

【中共乐里镇委员会领导】
书　记：付小文
副书记：农正海（壮族）
　　　　李忠志（壮族）
纪委书记：姚淑膑（女）
组织委员：李伟欣（女，壮族，2017年9月离任）
　　　　严思静（女，壮族，2017年9月任职）
宣传统战委员：岑秀莲（女，壮族）
武装部长：黄永固（壮族）

【乐里镇人大主席团领导】
主　席：李忠志（壮族）
副主席：程春友（壮族）

【乐里镇人民政府领导】
镇　长：农正海（壮族）
副镇长：黄宁波（壮族，2017年10月离任）
　　　　罗　靖（壮族，2017年9月任职）
　　　　王仕明（壮族，2017年10月离任）
　　　　王如雾（壮族，2017年9月任职）
　　　　崔　健（2017年10月离任）
　　　　蔡村旺（2017年9月任职）
　　　　黄　宇（女）

【概况】 乐里镇位于田林县城东南部。东邻利周瑶族乡，东南与右江区汪甸瑶族乡接壤，西接八桂瑶族乡，西南为潞城瑶族乡，北邻浪平乡，土地总面积306.14平方千米，农用地面积为34313亩，其中水田为4159亩。有林面积18550.3公顷，森林覆盖率89.75%，生态环境优美。镇政府驻地为县人民政府所在地，南昆铁路、国道324线和隆百高速公路自东南向西北从境域中部穿过，为大西南出海交通要道。下辖新建、新昌、乐里、新宁、风洞、弄平、田平、那色、文化、启文、那光、百花寨等12个行政村和新昌社区、新市社区、河南社区等3个社区，共82个自然屯，91个村民小组，民族以壮族、汉族、瑶族为主。主要产物有稻谷、玉米、蔬菜、水果，兼有八角、油桐、油茶、木耳、香菇等著名土特产品。2017年年末的总户数为10090户，33161人，其中农业人口17057人。人口自然增长率为11.12‰。

【经济发展】 2017年，乐里镇农业和农村经济得到持续健康稳定发展。全镇国内生产总值完成7317.9万元，同比增长13%.

粮食产业　完成粮食播种面

2017年11月7日，县委书记彭斌一行深入乐里镇检查指导贫困户脱贫摘帽“双认定”工作，县领导汤自忠、韦星、韦日娇陪同检查

积 2.36 万亩,总产量 0.71 万吨,发放耕地地力保护补贴 99.73 万元。

特色产业 年内新种植芒果 4500 亩,巩固扩大新宁万亩芒果种植示范基地,荣获广西“县级现代特色农业示范区”称号,稳步发展蔬菜、油茶、板栗、甘蔗、食用菌等产业。

水产畜牧业 坚持发展林下养鸡产业,年出栏肉鸡 100.35 万羽。年内肉猪出栏 2.2841 万头,年出栏肉牛 1900 头、肉羊 1942 只,发展新增年出栏肉羊 500 只以上规模养羊场(小区)新建养羊小区 1 个。

林产业 全面推进“绿满乐里”工程,完成造林绿化面积 4200 亩,中央财政造林补贴项目 1297 亩,完成渭额、马乐等村屯绿化。统筹抓好森林防火、林业整治、公益林管护、退耕还林等工作。

【**社会发展**】 着力解决人民群众生产生活最迫切的困难和问题,各项社会事业全面发展。

脱贫攻坚工作 根据贫困村“十一有一低于”、贫困户“八有一超”脱贫摘帽标准,统筹资金 834 万实施启文村、那光村 8 条通屯道路硬化,实施 6 个人饮工程,两个村部和一个篮球场建设。培育壮大贫困村集体经济。充分利用资源优势,因地制宜因村施策,采取“公司 + 村集体合作社 + 贫困户”发展模式,通过实施那光村“马蜂、土猪养殖 + 芒果种植基地”、启文村“百香果种植 + 土猪养殖”、文化村“带资入股分红 + 芒果种植基地”等长短结合,确保 2017 年贫困村村集体经济收入达 2 万元以上并持续稳定增收。加强档案管理工作。严格按照贫困村“十一有一低于”脱贫摘帽、贫困户“八有一超”脱贫出列标准,对村、户脱贫核验档案进行整理归档,此项工作得到县委、县政府高度认可,2017 年全县精准扶贫档案工作现场会在乐里镇召开,2017 年通过自治区核验,脱贫摘帽 3 个贫困村,实现全镇脱贫摘帽。

文化、教育、卫生、社会保障 文教事业繁荣发展。成功举办“壮族三月三·吼敢”壮剧活动乐里片区壮剧汇演及原生态山歌汇演,承办 3 个社区千人百家宴活动,启文村坡花屯篮球场等村级公共服务中心开工建设;落实好“两免一补”、农村义务教育学生营养改善计划和家庭经济困难寄宿生生活补助等教育惠民政策,全镇适龄学生入学率为 99.82%,学校办学水平明显提升。

计生工作 开展打击“两非”工作。全年出生人口符合政策生育率为 93.64%。

社会救助工作 为城乡 1773 低保户 4758 人发放最低生活保障金 476.5 万元,为 315 名高龄老人发放生活补贴 12.2 万元。做好困难群众、弱势群众救济救助工作。

就业和城乡养老保险 劳动力转移就业 480 人,城乡居民社会养老保险参保率 105.91%,发放养老金 2099 人、19.94 万元。

【**城镇化建设**】 参与开展城建提升大会战,助推城市品位提档升级。

新区征地工作 抽调力量多措并举着力破解征地难题,扎实推进百花寨扶贫易地搬迁和新高中等项目征地工作,完成征地 480.5 亩,为项目建设提供保障。加快推进“一山二水三中心、四校五路六节点”21 个重点城建项目建设征地工作,确保项目顺利建设。

路桥改造工程 配合及协助乐里大桥、双虹桥和三宝桥建设,有效解决县城 5 万多市民出行难的问题。

社区基础设施 建立完善社区“一站式”服务,进一步争取项目完善社区基础设施建设,为群众提供便捷的服务。

2017 年 6 月 21 日,县委书记彭斌带队到乐里镇开展年中工作督查活动

【生态乡村建设】 推进“美丽乐里·生态乡村”活动，建立“干部引导、群众主导”工作机制，按照“强领导、明职责、重宣传、严整治、抓示范、保长效”的总体要求，加强村镇环境整治工作，年内开展清洁乡村统一行动80余次，干群参加人数6000多人次，打造了那色大平、新建平旺、新宁分水、启文华屯4个综合示范屯，共组建15支党员义务保洁队，聘请保洁员83名。定期派出干部为群众清运生产生活垃圾累计达650余吨。“绿满田林”工程完成山上绿化2800亩，完成文化村马乐屯、风洞村渭额屯2个屯的村屯周围、房前屋后、村道两旁地花化、绿化、彩化、果化的村屯绿化。

【维稳与安全】 以群众满意为目标，创新纠纷调解机制，提升社会管理水平，为经济社会健康快速发展营造和谐社会环境。出台应对洪涝灾害、干旱、暴雨、霜冻、高温等气候灾害救助应急预案，成立应急救灾队伍，开展各类应急演练和实战救灾。层层落实责任，强力推进“打非治违”“安全生产月”“道路三盯”等专项整治活动，半年出动80余人次开展各类专项检查15次，确保非煤矿山、道路交通、危险化学品、烟花爆竹、消防、建筑施工、食品药品等重点领域重大安全零事故。健全社会管理机制，实行重大活动及节假日值班制度和不稳定隐患排查制度。继续深化“农情乡解”工作，搭建诉求平台，主动做好理顺情绪、化解矛盾的工作，妥善协调处理各类案件21件，调处率100%，成功率90%；抓好各种重大节庆、会议活动的信访维稳工作，社会总体保持平稳态势。

【党建工作】 坚持以严的精神和实的干劲扎实推进基层党建工作。

明职责，强化组织保障 建立领导干部包村抓党建工作制度，形成党委书记亲自抓、支部书记具体抓、党员领导共同抓的工作格局。

常学习，提升党员理论素养 以开展“两学一做”学习教育为契机，组织四个专题学习，规范和落实“三会一课”制度、组织生活会制度、民主评议党员等党内政治生活制度，打造4个学习平台，创建“四个一”学习模式，将理论学习同贯彻落实各级党委的决策部署有机结合。

2017年6月27日，新宁村芒果喜获丰收，果农正在将采收的芒果分级包装外销 （韦文堂 摄）

树典型，打造党建工作新品牌 充分发挥资源优势，因地制宜，创新管理，新宁村党支部主动担当，主动作为，强力打造“党建产业”万亩芒果种植示范基地，发挥村党支部核心引领和党员先锋模范作用，带动文化、启文等偏远支部发展壮大党建产业。启文村采取“支部+公司+基地+贫困户”四位一体发展模式，成功引进公司新建百香果产业示范基地。积极实施“头雁引领”工程和“先锋示范”工程，全镇涌现出黄立刚等一批在脱贫攻坚中起到示范带头作用的先锋模范，共举办各类党员培训15期，培训人数1400余人次，为脱贫攻坚加强了一批骨干力量。

强措施，着实解决困难和问题 结合社区网格化建设，投入30万元建立“一站式”社区服务大厅，推行社区网格化管理，给群众提供受理、办理、答复“一条龙”“一站式”服务，让来访群众“进一栋楼、走一道门、窜多个岗位、办结所有事项”，真正打造了村级党组织规范化建设“升级版”。按照“五好”创建标准，开展党组织星级创建工作，其中风洞村被评为“五星级党组织”、新宁村和新建村为“四星级党组织”、文化村和那光村为“三星级党组织”。

严管理，加强干部队伍作风建设 结合“四风”专项工作，在全镇开展懒政怠政专项整治，通过自查自纠，列出问题清单，制定整改时限,定期不定期监督检查,进一步强化全镇干部职工的纪律意识,促进干部作风进一步好转。深入开展"工作在单位、服务在社区"双在管理服务活动,为社区办好事实事25件,解决实际问题10个。"第一书记"在工作中热心接待来访群众,认真分析群众困难,真情化解群众纠纷,4名第一书记为群众做好事实事32件,同时县、镇的选派乡村建设(扶贫)工作队28名队员,协助扎实推进各项工作,在脱贫攻坚中发挥了重要作用。

【各村简介】

新建村 位于乐里镇东南部。村委会驻地平旺屯,建有通村水泥路,距镇政府5千米,下辖平旺(一组、二组、三组)、河口(一组、二组)、赶依、六桑(一组、二组)、六妹、东关、六豪等7个自然屯(11个村民小组),共384户1726人。耕地面积2689亩,其中水田372亩,旱地2317亩。该村7个自然屯都通屯级道路、通电话,安装有电视接收设备,有钢筋砖木结构户数345户。2017年,全村种有芭蕉280亩,木薯44亩,甘蔗1422亩,油茶1522亩,板栗508亩,松木1500亩;养猪120头;农资商品服务部1家。村党支部书记兼村民委主任黄仕其。

新昌村 典型的城中村。村委会驻地弄涯屯,建有通村水泥路,距镇政府0.5千米,下辖弄涯(一组、二组、三组)、那涯、马店、平雄(一组、二组)4个自然屯(7个村民小组),共304户1376人(2017年统计年报参考数据)。耕地面积136亩,其中水田60亩,旱地76亩。该村4个自然屯都通屯级道路、通电话,安装有电视接收设备,有钢筋砖木结构户数262户;蔬菜200亩;养猪755头,家禽1234只;全村有采石、打沙厂1个,农村业余剧团1个。村党支部书记兼村民委主任陆宝郎。

乐里村 县城所在地村。村委会驻地乐里大街,下辖乐里一、二、三、四4个村民小组,共272户1598人。该村有钢筋砖木结构户数270户。2017年,全村种植芒果、板栗465亩;蔬菜14亩;养猪334头,家禽3303羽;全村有农资商品服务部3家,购销药材部1家,土特产经营部7家,有农村戏台1个,农村业余剧团1个,有一所民办幼儿园。村党支部书记鄂建肃,村民委主任甘桂兴。

百花寨村 位于乐里镇西北部。村委会驻地百花寨,建有通村水泥路,距镇政府2千米,该村仅有1个自然屯,分为3个村民小组,共165户840人。通水、通路、通电话,安装有电视接收设备,有钢筋砖木结构户数156户。耕地面积40亩。2017年,全村种有水果48亩;养猪373头,家禽4326只;全村有小型茶油加工厂2个,八渡笋加工厂1个,农资商品服务部1家。村党支部书记卢海基,村民委主任王永林。

新宁村 位于乐里镇西北部。村委会驻地分水屯,建有通村水泥路,距镇政府4千米,下辖平么、平忠、分水、伟咀、龙安平等5个自然屯6个村民小组,共270户1097人。耕地面积1157亩,其中水田261亩,旱地896亩。该村5个自然屯都通屯级道路、通电话,安装有电视接收设备,有钢筋砖木结构户数281户。2017年,全村种有芒果13000亩;蔬菜1150亩;养猪445头,家禽3766只;有农资商品服务部6家,有农村戏台1个,篮球场1个,农村业余剧团1个。村党支部书记鄂应春,村民委主任韦家星。

风洞村 位于乐里镇西北部。村委会驻地风洞屯,建有通村水泥路,距镇政府8千米,下辖风老、风洞、百市、岩站、百中、渭额、岩嫩、渭华、常介等9个自然屯9个村

2017年11月29日,自治区副主席张秀隆(中)率区直有关部门主要领导到田林县开展扶贫调研工作

民小组,共585户2592人。耕地面积3896亩,其中水田690亩,旱地3206亩。该村9个自然屯都通屯级道路、通电话,安装有电视接收设备,有钢筋砖木结构户数583户。2017年,全村种有水果3046亩;蔬菜1324亩;有小型茶油加工厂1个,家具加工厂1个,有农村戏台1个,篮球场1个,农村业余剧团1个,有一所民办幼儿园。村党支部书记罗国宏,村民委主任韦富康。

启文村 位于乐里镇北部。村委会驻地启文林场,建有通村水泥路,距镇政府14千米,下辖华屯、立屯、坡花、伟为、洋喜平、伟伍、伟江、下寨、伟麦、伟香、腰带田等14个自然屯14个村民小组,共481户2332人。耕地面积4783亩,其中水田975亩,旱地3808亩。该村14个自然屯都通屯级道路、通电话,安装有电视接收设备,有钢筋砖木结构户数451户。2017年,全村种有百香果150亩,芒果40亩,香蕉95亩;有农资商品服务部1家,有农村戏台1个,篮球场1个,农村业余剧团1个。村党支部书记为邓秀英,村民委主任为潘祖呼。

文化村 位于乐里镇西部。村委会驻地仲章屯,建有通村水泥路,距镇政府9千米,下辖渭显、平康、仲章、岩塘、岩荣、马乐、渭谷、八朝、伟志等9个自然屯9个村民小组,共285户1443人。耕地面积8020亩,其中水田520亩,旱地7500亩。该村9个自然屯都通屯级道路、通电话,安装有电视接收设备,有钢筋砖木结构户数280户。2017年,全村种有芒果4800亩;蔬菜630亩;养猪567头,家禽2482只;全村有农资商品服务部9家。村党支部书记兼村民委主任杨顺德。

弄平村 位于乐里镇东部。村委会驻地弄平屯,建有通村水泥路建设,距镇政府6千米,下辖平纳、六寨、六良、弄平(一二组)等4个自然屯5个村民小组,共关107户505人。耕地面积1001亩,其中水田271亩,旱地730亩。该村4个自然屯都通屯级道路、通电话,安装有电视接收设备,有钢筋砖木结构户数105户;养猪332头,家禽2507只;有农资商品服务部5家。村党支部书记兼村民委主任周山林。

乐里镇风洞村岩站屯成功打造"一村一品"草莓产业,每户年均种植草莓约100亩,每年此项户均收入达1万以上

田平村 位于乐里镇西南部,属瑶族村。村委会驻地岩吉屯,建有通村水泥路,距镇政府10千米,下辖田平、岩吉、伟育、新寨、伟郎、渭华等6个自然屯6个村民小组,共136户591人。耕地面积5903亩,其中水田146亩,旱地5757亩。该村在开展"美丽乐里清洁乡村"活动中,措施有力,管理有方,成效明显,该村新寨屯是全县生态乡村示范点。全村6个自然屯均通屯级道路、通电话,安装有电视接收设备,有钢筋砖木结构户数135户。2017年,全村种有水果952亩;蔬菜360亩;养猪451头,家禽70544只;有农资商品服务部6家。村党支部书记兼村民委主任冯文保。

那光村 位于乐里镇北部。村委会驻地那桑屯,建有通村水泥路,距镇政府12千米,下辖福平、良田、高坡、好运桑、新寨、小伟平、伟赖、大坝、那光、新龙湾、大平等15个自然屯11个村民小组,共有322户1493人。耕地面积4076亩,其中水田371亩,旱地3705亩。该村11个自然屯都通屯级道路、通电话,安装有电视接收设备,有钢筋砖木结构户数320户。2017年,全村种芒果1000亩;养猪600头,林下养鸡5户,共3620羽,木材加工厂1个,酿酒厂1个,有农资商品服务部11家,有篮球场1个。村党支部书记江秀敏,村民委主任李正光。

那色村 位于乐里镇西南部。村委会驻地那色屯,建有通村水泥路,距镇政府18千米,下辖那色、六中、平母、巴塘、大平、六依、六苗等7个自然屯7个村民小组,共302户1464人(2017年统计年报参考数据)。耕地面积2468亩,其中水田430亩,旱地2034亩。该村7个自然屯都通屯级道路、通电话,安装有电视接收设备,有钢筋砖木结构户数301户。2017年,全村种有水果320亩;蔬菜149亩;养猪669头,家禽1991只;有农资商品服务部8家。村党支部书记黄忠华,村民委主任黄正满。

乐里镇那光村通过引导农户发展特色养殖致富。图为那光村胡蜂养殖基地
(韦文堂 摄)

新市社区 位于县城北面,南以乐里河为界,东以乐里大桥头至粮所为界,西以红泥坡至农机校为界,北以富源小区、富裕小平台以下为界。位于乐里镇财富商城,投资168万元的乐里镇社区综合服务楼,于2015年10月竣工投入使用,占地面积217平方米,共5层,建筑面积1105.9方米;另投入7万元购置办公设备,办公条件优越、设施齐全。新市社区办公地点位于社区服务综合楼的2楼。该社区属县城老城区,是县城政治、经济、文化中心。新市社区成立于2002年12月。社区划分为10个居民小组,1902户,5298人。驻社区单位有县委、县人民政府、县人民武装部等35个单位。新市社区具有得天独厚的地位优势,农贸市场、汽车站均在社区内,新市街、新安街铺面林立,居民以经商为主。新市社区党支部于2003年9月成立,设书记1名,委员2名,聘有社区组织员1名,共有党员82名。社区党支部书记兼居民委主任李泽波。

河南社区 位于田林县城乐里镇正南面。社区办公地点设在社区服务综合楼的3楼。管辖范围以乐里河为界,上至万机山公园的老干村,东丈村,下至马店大桥头的田林火车站贮货场。地处县城经济开发区,以宽阔洁净的人民广场为中心,以三十米大道为主要标志,是集居住、商业、文化于一体的新兴城区。河南社区成立于2002年12月。社区党支部设书记1名、委员2名,聘有社区组织员1名,共有党员48名。社区居民共划分为7个小片区,驻社区单位有地税、国税等18个机关单位。居民1723户,总人口4814人。河南社区具有得天独厚的区域地理优势,道路宽广,交通便利,服务设施齐全,有医疗卫生,幼儿园、学校、商贸市场等服务设施,居民多数从事经商,形成以商为主,农业、手工业为补的经济格局。社区党支部书记兼居民委主任刘治顺。

新昌社区 位于县城东北面,辖区范围从乐里桥头法院往下至纸厂。社区办公地点在社区服务综合楼的4楼。城区面积2.5平方千米,有9个居民小组34个驻社区单位,共有居民2151户,总人口6001人。2002年12月10日社区第一届居民委员会依法选举产生,新昌社区正式成立。社区党支部设书记1名、委员2名,共有党员76名。社区"两委"有专职干部3人,大专文化2人,高中1人,班子平均年龄55岁。社区党支部书记兼居民委主任黄柳云。

旧州镇

【中共旧州镇委员会领导】

书　记:李昌善
副书记:黄大照(壮族)
　　　　王承赞
　　　　文纯标(挂职)
纪委书记:王如雾(壮族,2017年9月离任)
　　　　罗德君(壮族,2017年9月任职)

组织委员：马祥异（壮族，2017年3月离任）
吴美燕（女，2017年9月任职）
宣传统战委员：覃映楠（壮族，女）
武装部长：黄作斌（壮族）

【旧州镇人大主席团领导】
主 席：王承赞
副主席：农勋吉（壮族）

【旧州镇人民政府领导】
镇 长：黄大照（壮族）
副镇长：吴光敏
蒋全军（2017年9月离任）
黄保锋（壮族，2017年10月任职）
施 郑（壮族，2017年9月离任）
姚晶晶（女）
蒋宗龙（2017年10月任职）

【概况】 旧州镇位于田林县西北部，东邻潞城瑶族乡，南接平塘乡，西界隆林县沙梨乡，北与贵州省册亨县隔南盘江相望。南昆铁路、国道线324、隆百高速公路贯穿境内，镇政府所在地距县城59千米。行政区域面积497平方千米，森林覆盖率79.46%。辖旧州、板坚、平满、那度、南合、板仰、平保、央白、者务、示甫、徕周、者念、平林、广龙14个行政村和1个临时管委会红河移民点，72个（含红河移民点4个）自然屯，150个（含红河移民点4个）村民小组，居住壮、汉、瑶、苗等4个民族，总人口21721人。当地群众有植树造林、种植经济作物、养殖牲畜的传统习惯。民族文化风情浓厚，是国家非物质文化遗产北路壮剧的发祥地。矿产源丰富，现已探明的矿产有铝、锑、银、石油、天然气、铜、砂金、硫铁、汞等，其中锑矿资源较多。主产水稻、玉米、西瓜、果蔗、糖蔗、生姜。辖区内有石头林、八架两座水库，旅游资源有北路壮剧的发祥地那度村，徕周村的梅花山景点、板仰村的老鹰岩溶洞和"神州第一桥"南盘江铁路大桥等。2017年，14个行政村全部通公路、通自来水、通宽带互联网、通有线电视。村村实现生活垃圾集中处理。镇驻地有幼儿园、托儿所5所，小学6所，其中共有小学专任教师89名，小学在校学生数1373人，文化站1个，敬老院1个，医疗卫生机构1所，有48张床位，10名执业（助理）医师。

【经济发展】 2017年，全镇国内生产总值完成37793万元，同比增长11%；社会固定资产投资完成5762.42万元，同比增长49%；农村经济总收入12249万元，同比增长8%；城乡居民人均可支配收入26233元，同比增长10%；农民人均纯收入完成7080元，同比增长11%。全年完成新种植油茶1000多亩，低产林改造500多亩，并引进广西田林长江天成农业投资有限公司作油茶基地认证。利用好年产5万吨芭蕉芋淀粉项目落地那度村的机遇，发动周边村屯群众种植芭蕉芋2500亩，产值达875万元。引进天峨珍珠李品种，在徕周、示甫、板仰等贫困村发动种植珍珠李600亩。同时，利用好高山雾水的气候，在徕周、者务两村种植西湖龙井、白茶等150多亩。全镇加大对新兴产业的管理和投入力度，着力打造产业基地，形成以点带面的格局。完成工业园区征地5500亩，拆迁1户，搬迁坟墓96座，调解矛盾纠纷21起。同时，完成了百矿在城镇规划内的生活区用地100亩的征收工作。年产5万吨芭蕉芋淀粉项目正式投产。旧州镇立足工业和生态农业特色文化旅游小镇的定位，按照"改造旧城，建设新区"，打造旅游特色工业小镇的思路，投入近1700万元对旧城区大街、大兴街、广东街、月盛街等进行房屋仿古式立面改造、道路沥青和铺青石砖改造，并进行亮化、绿化和美化。投资1600多万元的进镇大道已经进入路面硬化的冲刺阶段，投资53万元的角柳开发区至大街道路建成通车。全镇14个行政村实现了村村通水泥路和一批屯级路硬化。旧州至那腊二级路296亩征地工作顺利完成，板仰至伟红、江洞至委架，平保至平东，广龙至红河，324国道至坝平等一批通屯水泥路建成通车，年内实施的项目还有板仰至半腊，平保至平维，广龙至那香等5条屯级道路硬化。2017年完成营造林任务7700亩，其中油茶面积1000亩，占总任务数8200亩的93.9%，实现了经济与生态共赢。利用奖补资金20多万元投入平满村绿化及者务村亮化项目建设。继续聘请村屯保洁员134名，推进保洁工作形成长效化。

【社会发展】 坚持"专款专用"原则，按时、足额发放各类救助、补助款项。2017年，共发放冬令春荒灾民救助款10.6万元，优抚对象补助金39.042万元，城乡低保救助款503.2751万元，五保救助款9.955万元，五保口粮救助发放

4.29 吨。成功举办田林县 2017 年吼敢歌圩壮剧展演旧州片区汇演活动，其中平保村业余壮剧团、旧州镇龙圩业余壮剧团被选拔参加 2017 年田林县“吼敢”歌圩壮剧展演总决赛获第二名，者务村业余剧团获第三名。全年共接待群众来信来访 200~300 人（次），调解率达 100%，调解成功率达 90% 以上，无非正常进京、赴邕、到市上访事件发生。严格落实安全生产“一岗双责，党政同责”工作责任制，组织开展重点行业和领域安全生产专项整治和“六打六治”专项行动，重点对烟花爆竹、煤气经营点、食品安全、道路交通、水上船舶等各行业领域进行隐患排查和专项治理。共张贴典型事故案例挂图 10 幅，发送手机短信飞信 1500 多条，悬挂宣传横幅 20 条，开展大规模安全生产联合执法检查 18 次。完成种植环节农药残留检测工作 232 例，合格率为 99%。2017 年，全镇严格按照区、市、县关于扶贫工作的总体部署和要求，坚持扶贫优先思路，整合各方资源，全镇脱贫攻坚目标是实现 65 户预脱贫户脱贫出列，巩固提升 2016 年脱贫村者务村和 108 户脱贫户的脱贫成果，完成 2014 年和 2015 年退出户 691 户的跟踪服务工作，并做好其余 5 个贫困村和余下的 893 户贫困户脱贫工作。2017 年年底，65 户贫困户均达到“八有一超”标准，者务村巩固提升达到“十一有一低于”标准，且发展了西湖龙井茶叶基地，108 户 2016 年脱贫户均符合“八有一超”，退出户达到要求。

【党建工作】 2017 年，组织召开专题学习和研究党风廉政建设工作的领导班子会、镇直各单位负责人联席会议共 5 次，召开全镇党风廉政建设工作部署会议 4 次。镇党委主要领导分别与各村、镇直各站所 25 个单位负责人签订了旧州镇 2017 年度党风廉政建设目标管理责任状，使各级领导班子及成员明确责任和工作任务，全面增强党政领导干部履行党风廉政建设工作职责的自觉性。2017 年，全镇共举办专题报告会 4 场，党委领导和党支部负责人上党课 56 次，组织观看廉政教育片 18 次，受教育人员约 4700 人次，2017 年共被市、县级报刊、网络采用信息 13（篇）条。2017 年全镇查处违纪案件 6 件，受处分 6 人。在村干部中重点推行承诺示廉、述职述廉、民主评廉三项制度。强化对村级干部的监督制约，特别是在审批危房改造、农村低保户的申请等工作中严禁优亲厚友，规范村级事务决策权，实行村级两委会、党员大会、村民代表会议重大问题“三会”决策。加强纪检自身建设，提高综合工作能力和水平。对镇、村纪检委员开展业务知识培训，加强对民生工程、土地处置、安全生产、退耕还林、民政救灾救济款物发放以及在建工程资金管理、农村集体“三资”管理、“一事一议”项目资金安排使用等情况进行监督、检查，确保权力运用、资金管理使用公开、公正、透明。完善巡访工作制度长效化，不定期深入各村开展巡访活动，把巡访打造成为纪检信访前沿信箱，拓展问题线索来源，结合扶贫领域监督执纪问责工作，为全镇脱贫工作提供强有力的纪律保障。落实完善纪检信访举报室建设，2017 年，镇纪检信访举报室已经投入使用，为来信来访群众提供窗口化服务。加大对危改、低保、粮食直补、农机购置补贴等资金发放的监管力度，确保扶贫资金足额及时拨付到户；加强督查学校春、秋季开学收费情况及教师按时到岗情况，杜绝乱收费和教师缺岗现象发生，同时，对全镇秋季学期经济困难寄宿生生活补助资金发放进行监督检查，严格审核、公示、发放等关口，使教育惠民项目资金全部通过“充卡”方式发放到 1300 多名中小学生手中；加强对新农合报销、大病救助等医疗补助资金的监管力度，确保医疗保障政策得到落实。重点抓好对镇干部违反上班纪律的督查检查。2017 年，共开展干部作风纪律督查 6 次，开展干部上班纪律明察暗访 3 次，谈话 3 人。开展节假日值班纪律督查。元旦、春节、中秋节、国庆节等重大节假日期间，镇党委组成督查组分别对镇直相关单位的值班、公车管理等情况进行全面督查，年内，未发现违纪违规现象。开展制度执行情况督查。采取明查暗访和接受群众举报等方式对公车私用、违规办理宴席等问题进行督查，年内未发现领导干部公车私用、违规办理宴席等问题。扎实开展办公用房清理工作，办公室超面积的领导班子成员，自觉腾出转到小面积的办公室。一年来，党委班子成员在日常公务接待、外出考察学习、公务车辆管理上带头遵守相关规定，自觉接受监督，为维持全镇党员领导干部坚决执行“八项规定”的高压态势作表率、起好头，全镇未发生一起因干部不廉行为受查处的案件。

【各村简介】

旧州村　位于旧州镇中部，是镇政府所在地。全村已经通水、通电、通路、通广播电视。进村道路为水泥路面，村内道路均为硬化道路，农户住房以砖混结构住房为主。全村辖4个自然屯（旧州、弄江、八渡口、尾打）共17个村民小组，居住着壮、汉、瑶、苗族共4个民族，总面积46.95平方千米，耕地面积252.33公顷。2017年，全村共有961户2603人，2017年脱贫8户39人。村党支部书记何山水，村民委主任杨森。

平满村　位于旧州镇东南部，村部所在地平满屯，距镇政府所在地3千米。已全部通水、通电、通路、通广播电视。全村辖6个自然屯（平满、谭合、石头林、者树、伟求、平角）9个村民小组，居住着壮、汉、苗、瑶族共4个民族，总面积8.8平方千米，耕地面积184.53公顷。2017年，全村共有370户1507人，2017年脱贫1户4人。村党支部书记兼村民委主任黄海清。

板坚村　位于旧州镇村民委主任西北部，村部所在地大屯，距镇政府所在地5千米。已全部通水、通电、通路、通广播电视。全村辖7个自然屯（大屯、小屯、者雅、委寒、中屯、伟歪、坝平）13个村民小组，居住着壮、汉、瑶、苗族共4个民族，总面积36.21平方千米，耕地面积232公顷。2017年，全村共有508户2125人，2017年脱贫0户0人。村党支部书记黄选，村民委主任黄显辉。

者念村　位于旧州镇西北部，村部所在地者念屯，距乡镇政府所在地12千米。已全部通水、通电、通路、通广播电视。全村辖5个自然屯（者念、八旦、伟力、碰里、南又）9个村民小组，居住着壮、汉族共2个民族，总面积61.07平方千米，耕地面积220.67公顷。2017年，全村共有349户1456人，2017年脱贫0户0人。村党支部书记罗炳忠，村民委主任黄家东。

那度村　位于旧州镇中部，村部所在地那度屯，距镇政府所在地5千米。已全部通水、通电、通路、通广播电视。全村辖6个自然屯（那度、扶子、平那、江洞、百怀、委架）11个村民小组，居住着壮、汉族共2个民族，总面积25平方千米，耕地面积205.13公顷。2017年，全村共有359户，1439人，2017年脱贫0户0人。村党支部书记杨立忠，村民委主任李星华。

南合村　位于旧州镇中南部，村部所在地南角屯，距镇政府所在地13千米。已全部通水、通电、通路、通广播电视。全村辖5个自然屯（弄合、上屯、南角、谭乐、南合）11个村民小组，居住着壮、汉、瑶族共3个民族，总面积21.59平方千米，耕地面积221.2公顷。2017年，全村共有405户1589人，2017年脱贫0户0人。村党支部书记何炳高，村民委主任何元达。

板仰村　位于旧州镇中部，村部所在地下屯，距镇政府所在地10.8千米。已全部通水、通电、通路、通广播电视。全村辖5个自然屯（下屯、上屯、祥林、伟红、半腊）5个村民小组，居住着壮、汉2个民族，总面积25.2平方千米，耕地面积210.27公顷。2017年，全村共有369户1492人，2017年脱贫19户81人。村党支部书记黄尚敏（村民委主任）。

示甫村　位于旧州镇西部，村部所在地大屯，距镇政府所在地23千米。已全部通水、通电、通路、通广播电视。全村辖共2个自然屯（大屯、小屯）12个村民小组，居住着壮、汉、瑶族共3个民族，总面积10.34平方千米，耕地面积162.2公顷。2017年，全村共有278户1284人，2017年脱贫0户0人。村党支部书记黄世敏，村民委主任韦永雄。

徕周村　位于旧州镇西南部，村部所在地徕周屯，距镇政府所在地24千米。已全部通水、通电、通路、通广播电视。全村辖1个自然屯（徕周屯）12个村民小组，居住着壮、汉、瑶、苗族共4个民族，总面积14平方千米，耕地面积196.33公顷，2017年，全村共有343户1621人，2017年脱贫37户189人。村党支部书记何青，村民委主任韦孝林。

者务村　位于旧州镇东南部，村部所在地者务屯，距镇政府所在地11.5千米。已全部通水、通电、通路、通广播电视。全村辖5个自然屯（者务、平桑、孔兰、百改、平乃）6个村民小组，居住着壮、汉族共2个民族，总面积24.44平方千米，耕地面积252.33公顷。2017年，全村共有218户861人，2017年脱贫0户0人。村党支部书记兼村民委主任何丽婷。

央白村　位于旧州镇中南部，村部所在地上屯，距镇政府所在地13千米。已全部通水、通电、通路、通广播电视。全村辖4个自然屯（上屯、中屯、下屯、平维）7个村民小组,居住着壮族共1个民族,总面积22.7平方千米,耕地面积172.33公顷。2017年,全村共有226户892人,2017年脱贫0户0人。村党支部书记韦杰明,村民委主任黄建华。

平保村 位于旧州镇中南部,村部所在地平保屯,距镇政府所在地10.8千米。已全部通水、通电、通路、通广播电视。全村辖4个自然屯(平保、平东、百六、尾利)5个村民小组,居住着壮、汉、瑶族共3个民族,总面积14.33平方千米,耕地面积161.27公顷。2017年,全村共有210户858人,2017年脱贫0户0人。村党支部书记骆进祥,村民委主任刘振辉。

平林村 位于旧州镇东北部,村部所在地平林屯,距镇政府所在地23千米。已全部通水、通电、通路、通广播电视。全村辖8个自然屯(平林、委腊、委棒、伟厚、小平塘、达华、渭蛮、渭雅)13个村民小组,居住着壮、汉族共2个民族,总面积15平方千米,耕地面积215.47公顷。2017年,全村共有428户1598人,2017年脱贫0户0人。村党支部书记黄志平,村民委主任廖志荣。

广龙村 位于旧州镇东北部,村部所在地广龙屯,距镇政府所在地27千米。已全部通水、通电、通路、通广播电视。全村辖4个自然屯(板学、广龙、板存、那香)4个村民小组,居住着壮、汉、瑶族共3个民族,总面积37.8平方千米,耕地面积152公顷。2017年,全村共有345户1183人,2017年脱贫0户0人。村党支部书记岑建合,村民委主任岑文杰。

(撰稿 王锦平)

定安镇

【中共定安镇委员会领导】

书　记:黄　丹(女,壮族,2017年9月离任)
　　　　黄欣明(壮族,2017年9月任职)
副书记:黄欣明(壮族,2017年9月离任)
　　　　戴成贤(壮族,2017年9月任职)
　　　　朱　俊(壮族)
纪委书记:王宇宁(壮族,2017年9月离任)
　　　　吴林芳(女,2017年10月任职)
组织委员:莫智福(壮族)
宣传统战委员:黄　洁(女,壮族)
武装部长:黄绍荣(壮族)

【定安镇人大主席团领导】

主　席:朱　俊(壮族)
副主席:罗永荣(壮族)

【定安镇人民政府领导】

镇　长:黄欣明(壮族,2017年9月离任)
　　　　戴成贤(壮族,2017年9月任职)
副镇长:李定肃(壮族)
　　　　闭祖瑛(壮族)
　　　　罗　靖(壮族,2017年9月离任)
　　　　邹忠应(2017年9月任职)
　　　　黄家勤(壮族,2017年10月离任)
　　　　闭遗昆(壮族,2017年10月任职)

【概况】 定安镇位于田林县西部,地处风光旖旎的驮娘江与清水河的交汇处,距离县城93千米,东邻八渡瑶族乡,西与西林县那劳乡、隆林县的介庭乡接壤。南接高龙乡,北与者苗乡毗邻。全镇总面积299平方千米,森林覆盖率78.8%,耕地面积20297亩,其中水田8110亩,旱地12187亩(比2016年增加121亩)。全镇下辖定安、渭密、八新、那雄、那门、央荣、八来、常井8个行政村59个自然屯104个村民小组共3442户13523人,聚居着壮、汉、瑶、苗、彝等5个民族。多年来,定安镇街圩为每五日一圩日。境内有321省道线自东向西穿过,拟建的田林至西林高速公路和正在建设的贵州经旧州往云南富宁的二级公路与321省道形成十字型穿越定安而过,交通十分便利。2017年全镇农民人均纯收入为10286元。央荣村、常井村、八来村和八新村为“十三五”贫困村,其中贫困户508户1934人,2017年已脱贫摘帽出列257户1038人。定安镇政府行政编制27名,在编人数23人;事业编制有18名,在编人数13人。

定安镇自然条件得天独厚。全镇属亚热带季风气候,年平均气温21℃,平均降雨量约1280毫米。物产丰富。麻蛋、油团、油灯饼、牛耳朵饼、糯米饭、水豆腐等特色美食远近闻名;主要农副产品及土特产有豆腐乳、辣骨、香菇、云(木)耳、蜂蜜、灵芝、铁皮石斛、油桐、油茶、八角等;主要水果有柑桔、月柿、李果等;主要中草药材有黄精、首乌、金银花、鸡血藤、五蓓花、三叶青等;木材储量丰富。主打农业

2017年1月19日，市人大常委会副主任黄运志（中）、田林县委书记彭斌（右二）到定安镇调研

产业特色有春黄瓜、芒果、甘蔗、茯苓、三叶青、田七。畜牧养殖有肉牛、山羊、肉猪、林下养鸡、鸭等。

定安镇历史文化悠久，是中国近代史上有名的重镇。清康熙四年(1665)至民国时期共286年为西林县县治，第二次鸦片战争的导火索、震惊中外的“马神甫事件”（史称“西林教案”）和太平军屠城的“庚申事件”就在这里发生。有西林教案遗址、常井天主教堂、岑氏宗祠3个区、县级文物保护单位，是爱国主义教育的典型范例。以西林教案遗址为抓手，定安镇将培育打造成具有深远爱国主义教育意义的旅游基地，培育成以休闲旅游相契合的历史重镇、文化名镇、特色小镇。发展文化旅游产业，使之成为定安镇新兴支柱产业。定安镇现有定安剧团、平些剧团、渭密剧团等3支农村业余壮剧团，广场舞小分队17支。定安镇于农历正月的最后一天成功举办“销正月”活动，吸引外来游客1000多人参与。

【经济发展】 年内完成粮食种植2.32万亩，其中水稻0.18万亩，玉米0.3万亩，豆类0.07万亩，薯芋类0.1万亩。大力发展春黄瓜、指天椒等特色优势产业，种植蔬菜面积为0.33万亩；翻种、扩种甘蔗种植面积4000亩；春黄瓜种植面积达1300亩，全年实现产值800多万元；药材种植面积为2186亩。全镇肉类总产量约0.2503万吨，其中肉鸡出栏39.2万羽，产量0.058万吨；生猪出栏1.40万头，产量0.21万吨；肉牛出栏0.65万头，产量0.098万吨；山羊出栏0.32万只，产量0.058万吨；养殖、河沟捕捞水产品产量367吨；全镇养羊户102户，常年存栏100只以上有35户；全镇累计山羊存栏11257只，同比增加10235只，总产值824万元，可实现增收122万元。

【基础设施建设】 一是“法治中国教育基地”、集镇抗旱饮水等一批重大项目落户定安并启动项目建设前期工作；二是定安镇风州至那腊二级公路定安段等项目进入实质性施工阶段；三是岑氏宗祠维修项目等项目竣工验收交付使用；四是6个人饮项目竣工投入使用，农户喝水有了更加安全的保障；五是完成25条331.8千米通屯道路的维修工作，全力配合县交通局等部门进行5条共计41.261千米的通屯道路硬化工作。

【脱贫攻坚工作】

脱贫摘帽任务完成情况 定安镇共有8个行政村，其中，八新村、八来村、常井村、央荣村等4个村为“十三五”贫困村。八新村被列为2017年预脱贫村，2017年，严格按照贫困户“八有一超”验收标准，对贫困户开展脱贫摘帽“双认定”工作。全镇共257户1038人符合脱贫摘帽标准，已通过自治区、百色市、及县级验收。圆满完成定安镇2017年年度脱贫摘帽任务。

扶贫基础设施建设 一是2017年完成25条331.8千米通屯道路的维修工作，受益贫困村4个，贫困户789户3116人。二是全力配合县交通局等部门进行5条共计41.261千米的通屯道路硬化工作，受益2个贫困村，131户508人贫困人口。三是落实饮水安全工程共6个，且已竣工投入使用。受益贫困村4个，贫困户61户236人。

产业发展方面 一是利用甘蔗生产的有利政策，组织引导贫困群众发展甘蔗种植，全镇共257户贫困户种植甘蔗，种植面积达1783亩。二是因地制宜发展生姜种植，在八来、常井、央荣等海拔较高、气候相对湿润的村屯发展生姜1000

多亩。三是依托春黄瓜产业，引导贫困群众参与种植，种植面积800多亩。

惠民政策方面 一是金融扶贫小额信贷补贴：2017年，全镇共40户贫困户申请小额信贷，共计164万元。都是用于自身产业发展。二是雨露计划扶贫补贴：2017年全镇共有25个贫困户报名“引擎行动”，2名“两后生”顺利进校就读，71名贫困户在校生享受2017年雨露计划学生补助。三是扶贫产业奖补：2017年符合申请产业奖补政策条件共272户，均已成功申请产业奖补，每户3500元，共计95.2万元。

易地扶贫搬迁政策 定安镇易地扶贫安置点于2017年12月份顺利竣工交付使用，96户460人均已搬迁入住新房，同时另有4户16人也已经搬迁入住县城安置点（乐里镇百花寨安置点）。

村集体经济方面 2017年8个行政村均已成立村民合作社，为壮大村集体经济奠定了基础。

【镇人大工作】

人大例会 抓好定安镇第十三届人大二次、三次会议召开，为圆满完成年初、年中人大例会的召开，早计划、早部署、早安排，严格程序，严把材料关，充分准备各项工作，按时、按质完成两次例会的召开。会议听取和审议各项报告，在三次会议补选镇长1名，副镇长2名，圆满完成大会的各项任务。

人大履职情况 在镇第十三届人民代表大会第二次会议上，代表提交的建议13件；在三次会议上，代表提交的建议2件。镇人大通过整理汇总后，分别在大会结束时转交镇人民政府分期办理。2017年已办理完5件，有9件上报立项，有1项不属于镇政府职责范围内的已提交上级有关部门。

人大监督情况 督促派出所、司法所等部门加大对社会治安的整治力度，开展“三无”（无黄、无赌、无毒）宣传教育活动，打击不法分子，做好民间“三大纠纷”调解工作。

【生态乡村建设】 一是“美丽乡村”建设稳步推进。自开展“美丽乡村”建设以来，定安镇积极开展各项工作，2017年新建设定安镇垃圾处理中心项目，投入资金约70万元，同时，及时调整充实了全镇各村屯保洁员92名，环境卫生整治工作步入常态化，全镇人居环境进一步优化提升。二是全面落实河长制，党政主要领导为总河长，全镇29条河流3个小水库均由1名镇政府领导担任河长，河流所流经的村由相应的村干担任村河长。

【安全维稳】 一是健全完善领导干部公开接访、带案下访、包案调处工作机制，“双高”甘蔗土地租金等一批社会不稳定因素得到了有效排查化解，一年来，司法所受理“三大纠纷”及各种民事纠纷案件53起，调解成功49起，调解成功率达92.45%，群众安全感、社会满意度不断得到提升。二是加强防火、防汛、防灾工作，制定《定安镇2017年防汛工作预案》，对水库、山塘、低洼地带、地质灾害点、弱势群体房屋、在建工程、水电站等防汛重点部位开展全面排查和整改工作，共排查和整改了那雄村河口屯、那门村洞城屯等2处隐患。三是强化落实安全生产责任制，坚持每季度准时召开安全生产联席会议和开展季度安全生产大检查活动；每个村落实1~2名交通劝导员，强化道路安全检查力度，有效防止安全事故发生；对全镇人员聚集场所进行安全大排查行动，采取宣传教育与排查整治相结合方式，及时消除火灾、食品等各类安全隐患，全年无重大安全事故发生；强化食品安全监管力度，出动检查176人次。

2017年2月25日，定安镇开展“销正月”百家宴活动

【社会事业】

教育事业　全镇现有学校共6所，其中中学1所，学校占地21000平方米，小学5所，定安镇中心校占地面积16675平方米。中小学在校生共1899人，其中中学在校生526人，小学在校生1373人；小学在职教师共103人，中学在职教师30名（其中大学本科24人，专科6人，具有中学高级教师1人，中学一级教师12人，中学二级教师11人，特岗教师5人），小学教师73名。2017年，定安镇中学荣获百色市乡镇初中教育教学一等奖，田林县中考教育成果奖二等奖等奖项；2017年定安中心校获百色市小学教育教学质量二等奖、田林县小学毕业水平测试中心校组语文科一等奖、田林县小学毕业水平测试中心校组数学课一等奖、田林县小学毕业水平测试整体一等奖奖项。

计生工作　一是已婚育龄妇女2545人，出生人口191人，计划内出生177人，人口出生符合政策生育率为92.67%（其中一孩出生53人，计划内46人；二孩出生112人，计划内110人；多孩出生26人，计划内21人）；人口自然增长率为6.02‰，人口出生性别比132∶100。二是把孕前优生健康检查工作列为新时期人口和计划生育工作的首要任务。一年来，利用街日开展规模宣传6次，共放宣传品2500多份，全面提高人口出生素质，减少出生缺陷。三是及时兑现奖励扶助。2017年，享受全国农村部分计划生育家庭奖励扶助55户，共发放奖励扶助金79200元，享受广西农村部分计划生育家庭奖励扶助22人，共发放奖励扶助金15840元，享受全国农村计划生育家庭特扶奖励扶助人，共发放奖励扶助金10320元，享受免缴新农合1995人，共兑现资金359100元。共为368户（独生子女户、双女结扎户、双女放环户）购买爱心保险。

公共卫生服务工作　大力加强公共卫生管理、医疗服务管理、城乡居民医疗保险管理等各项工作，积极响应国家精准扶贫工作，创造性的将基本公共卫生管理工作与健康扶贫工作有机结合，院内家庭医生签约团队在下村开展基本公共卫生服务的同时，同步开展健康扶贫管理工作，不仅提高了辖区内群众基本公共卫生管理的满意度，同时也提高了健康扶贫的精准度及覆盖率。2017年，辖区内健康扶贫工程“五个一行动”家庭签约贫困户共922户计3619人，签约率达100%，全镇人口家庭医生签约人数5187人，签约率45%，辖区贫困人口享受先诊疗后付费政策。住院实际费用经城乡居民基本医疗保险、大病保险、民政救助、健康保险、政府兜底等报销后个人自付部分控制在10%以内。

民政和社会保障工作　2017年全镇农村低保金发放698.57万元；五保户救济金23.1万元，残疾人、特困户、残疾人等弱势群体得到充分的保障。

文化建设　做好村级公共服务中心、村级篮球场、农家书室建设；加强镇文化活动建设，配齐配全各种设备，着力发展农村业余壮剧团，定安村壮剧团在田林县2017年“吼敢壮剧节”比赛中荣获三等奖；深入村屯开展“三下乡”等文体活动，丰富群众精神文化生活。

【基层党建】　定安镇党委下辖11个党支部，其中有9个农村党支部，1个镇直联合党支部，1个镇政府党支部。共有393名党员（正式党员380名，预备党员13名），其中农村党员336名，男党员共346名，女党员共47名。

“三会一课”制度落实情况　把党支部“三会一课”、组织生活会、民主评议党员落实并融入到“两学一做”学习教育中。全镇11个党支部393名党员全部参加“两学一做”学习教育常态化工作，每季度按时开展“三会一课”。.

农村党员管理　以村党支部为单位，按照村干部党员、普通党员、老弱病残党员、流动党员等不同岗位党员类型，分别制定不同评分标准，对每位党员履行党员义务、完成党组织分配的工作任务、参加党内活动、遵纪守法等情况进行量化积分，并根据不同积分情况采取相应的激励约束措施，充分激发了党员自我净化和提升。

发展党员工作　遵循“控制总量、优化结构、提高质量、发挥作用”的总要求，重点从返乡创业大学生、致富能手、村组干部、复员退伍军人中发展党员，全年共发展党员6名，培养入党积极分子11名。

基层党建管理平台建设　每个支部落实了3~5党员为平台管理员，负责党员信息录入工作，制定录入管理制度，进一步完善和维护了党员基本信息，发展党员、党员组织关系转接等工作实现网络化管理。

“脱贫攻坚先锋行”活动　把抓党建促脱贫与其他重要工作一同部署，使脱贫一线成为锻炼党员干部的主战场，涌现出了渭密村黄志明等10名农村党员致富带头人；完成全镇8个村村民合作社的设立工作，为培育和壮大村集体经济奠定了坚实的基础。

换届选举工作 全镇8个村圆满完成村“两委”换届选举、村团支部换届和妇代会改建妇联工作，并根据要求举办了2期新任村“两委”干部任前培训，举行了新一届村“两委”干部任职宣誓活动。

驻村干部管理 加强对4位驻村第一书记和20名“美丽广西”乡村建设（扶贫）工作队员的管理，严格执行工作日期间签到制度。

2017年4月26日，定安镇开展百镇项目规划工作。图为镇党委书记黄欣明（中）与规划部门工作人员讨论规划设计方案

【党风廉政】 一是落实责任。制定《定安镇2017年党风廉政建设和反腐败工作实施方案》《定安镇2017年约谈实施方案》等方案，将工作任务进行分解落实，并与镇里各站所负责人、各村支书签订了党风廉政建设责任状，形成了党委抓、书记抓、一级抓一级的工作格局。二是营造廉政文化氛围。结合党委学习中心组学习制度以开展“两学一做”为契机，组织开展专题学习活动，学习《中国共产党廉洁自律准则》《中国共产党纪律处分条例》《习近平关于党风廉政建设和反腐败斗争的论述摘编》《党员干部要带头守规矩、讲纪律》等党纪党规，将廉政概念逐渐渗透至干部职工的工作和生活中，提升党员干部廉洁自律意识。三是严查违纪案件。配合县级对信访举报工作场所的规范化建设，安排两间办公室用于信访接待室规范化建设，纪检干部入驻正常办公。对违法乱纪现象和行为发现一个坚决查处一个，决不姑息手软，坚持党纪、法律面前人人平等。全年立案4件，结案1件，移送审理3件。2件信访件在核。

【宣传工作】 一是抓紧抓实抓牢理论学习工作，开展党委中心组学习12次，每名中心组成员撰写心得体会或调研文章1篇以上；开展道德讲堂宣讲活动3次。二是深入传达学习贯彻中共十九大会议精神，及时召开党委扩大会议、全体干部职工会议进行传达学习，各村也召集党员进行传达学习，制作宣传板报大型宣传牌、横幅等在各村屯和重要路段进行广泛宣传，积极营造浓厚的宣传中共十九大精神氛围。三是稳妥处理网络舆情，传递正能量，新闻宣传工作成效显著，新闻稿件被市级采用量排在全县各乡镇前列。

【各村概况】

定安村 位于定安镇南部，村部所在地定安屯，也是镇政府所在地、集市聚集地。全村辖红新、东新、立新、廷立、岩怀等5个自然屯，主要居住着壮、汉2个民族，全村共有794户2873人。总面积3.26平方千米，耕地面积3119亩，其中水田2118亩，旱地1003亩。主要经济收入分别由农业、交通运输业、商业、餐饮业等行业构成，农业产业主要以水稻、甘蔗、芒果、养鸡、养猪、养牛为主。交通便利商贸繁华，群众普遍经商，成立有定安镇商会。主要土特产有豆腐乳、辣甲骨、腊肉、香菇、野生灵芝等，特色小吃有油团、土麻蛋、米豆腐、水豆腐等；文化底蕴丰厚。2017年该村农民人均纯收入10287元。全村共有党员51名，其中预备党员1名。村党支部书记李忠胜，村民委主任刘斌。

渭密村 位于定安镇东部，村部所在地渭密屯，距镇政府所在地4千米。全村辖南甲、平些、洞洋、渭密、那免、那收等6个自然屯，居住着壮、汉族2个民族，全村共532户2194人。总面积3.1平方千米，耕地面积3140亩，其中水田1151亩，旱地1989亩，主导产业以水稻、生姜、疏菜、柑果、甘蔗、养鸡、竹子为主，特色产业有春黄瓜（示范基地821亩）、反季节蔬菜、指天椒、果蔗等。2017年渭密村农民人均纯收入10935元。全村共有党员46名，其中预备党员2名。村党支部书记李可成，村民委主任黄乃革。

八新村　位于定安镇西部，村部驻八新屯，距离镇政府3千米。全村辖八新、孔孝、那单、那六、三台坡、运斗、新寨、那来、平木、八轮等10个自然屯共358户1415人。总面积3.44平方千米，耕地面积2512亩，其中水田990亩，旱地1522亩。八新村是一个山地多水田少的自然村，村民主要以种植杉木、油茶、生姜、甘蔗、芒果等为主要经济收入来源。八新村是2017年脱贫摘帽出列贫困村。村部有1栋二层村办公楼，1个卫生室，1个篮球场，1个戏台。全村20户以上村屯已建好砂石路，全村10个自然屯基本解决人畜饮水。2017年八新村农民人均纯收入10434元。全村共有党员39名，其中预备党员2名。村党支部书记王建坡，村民委主任王建坡。

那雄村　位于定安镇西部，村部所在地那雄屯，距镇政府所在地12千米。全村辖那古、那雄、那别、河口、八干、平外、弄合、大平、八兰、三湾、那朋等11个自然屯，居住着壮、汉、瑶、苗4个民族，全村共有370户1499人。总面积3.33平方千米，耕地面积2494亩，其中水田1064亩，旱地1430亩，主导产业以水稻、甘蔗、油茶、养羊。那雄村现有水库一座。有标准芒果基地1个，该基地于2015年创建，芒果种植面积达2000亩。2017年农民人均纯收入10786元。全村共有党员44名，其中预备党员1名。村党支部书记兼村民委主任黄志鸿。

那门村　位于定安镇西北部，村部所在地那门屯，距镇政府所在地8千米。全村辖那门、那弄、洞城、巴品、八零山、八角山等6个自然屯，居住着壮、汉2个民族，全村共有485户1982人。总面积3.6平方千米，耕地面积2780亩，其中水田1057亩，旱地1723亩，主导产业以水稻、玉米、花生、油菜、油茶为主。那新水田站坝首建于那门村洞城屯，水电资源丰富。2017年全村农民人均纯收入10397元。全村共有党员40名。村党支部书记黄堂光，村民委主任许振昌。

央荣村　位于定安镇北部，邻接西林县，村部所在地央荣屯，距镇政府所在地16.5千米。全村辖央荣、八贯、上央灯、下央灯、百家寨、平丰等6个自然屯，居住着壮、汉2个民族，全村共有318户1246人。总面积3.1平方千米，耕地面积1951亩，其中水田524亩，旱地1427亩，主导产业以水稻、玉米、旱稻、油茶、油桐为主，经济收入主要是玉米、生姜、桐果、茶果和劳务输出。央荣村属县贫困村，经济发展相对滞后，2017年脱贫36户150人，未脱贫120户465人。近年来通过县委县政府的大力支持，那门村至央荣村段道路硬化工程已完工，受益全村群众。2017年农民人均纯收入10117元。全村共有党员36名，其中预备党员1名。村党支部书记梁荣干，村民委主任吴政宏。

八来村　位于定安镇北部，村部所在地八来屯，距镇政府所在地10千米。全村辖八来、下甲、香六、田平、半坡、平马乐、那桑、央胡等8个自然屯，居住着壮、汉2个民族，全村共有335户1304人。总面积3.74平方千米，耕地面积2109亩，其中水田735亩，旱地1374亩，主导产业以水稻、玉米、生姜、杉木、松木、山羊为主。八来村是2018年预脱贫摘帽出列贫困村，2017年脱贫32户119人，未脱贫98户371人。2017年全村农民人均纯收入10254元。全村共有党员36名，其中预备党员1名。村党支部书记兼村民委主任班建文。

常井村　位于定安镇北部，与者苗、平塘乡交界，村部所在地常井屯，距镇政府所在地16.5千米。全村辖上甲、毛坪、常井、者良、渭妹、落艾、渭腊等7个自然屯，居住着壮、汉2个民族，全村共有250户1010人。总面积2.95平方千米，耕地面积2012亩，其中水田471亩，旱地1541亩，主导产业以水稻、玉米、油茶、油桐、杉木、生姜为主，经济收入主要玉米，桐果、茶果、生姜和劳务输出。有县级文物保护单位常井天主教堂，全村信教群众有600多人。常井村属县贫困村，2017年脱贫16户61人，未脱贫82户348人。2017年农民人均纯收入10007元。全村共有党员36名，其中预备党员1名。村党支部书记兼村民委主任杨政兴。

（撰稿　郭　宣）

六 隆 镇

【中共六隆镇委员会领导】

书　记：覃　农（壮族）

副书记:张义国
张永牟(2017 年 9 月离任)
罗正德(壮族,2017 年 9 月任职)
纪委书记:苏光志(壮族)
党委委员:罗正德(壮族,2017 年 9 月离任)
白富进(壮族,2017 年 9 月离任)
组织委员:周诚婕(女,壮族)
宣传委员:梁蕊蕊(女,壮族)
武装部长:黄永华(壮族)

【六隆镇人大主席团领导】
主　席:张永牟(2017 年 9 月离任)
罗正德(壮族,2017 年 10 月任职)
副主席:吴鸿恒

【六隆镇人民政府领导】
镇　长:张义国
副镇长:罗正德(壮族,2017 年 9 月离任)
白富进(壮族,2017 年 9 月离任)
邓剑波(壮族,2017 年 8 月离任)
农胜军(壮族,2017 年 9 月任职)
林　军(2017 年 9 月任职)
岑一彰(壮族,2017 年 9 月任职)

【概况】 六隆镇是 1999 年 3 月经自治区人民政府批准而成立的建制镇,位于田林县南部,东与百色市右江区阳圩镇、汪甸乡相连,南和云南省富宁县的剥隘镇交界,西北接八桂瑶族乡,北邻乐里镇,处于两省三县交界处,镇人民政府驻供央村,距田林县城 30 千米,柏油路直通镇政府。全镇总面积 415 平方千米,森林覆盖率达 72.7%,生态环境优良。辖 18 个行政村、126 个自然屯、156 个村民小组,居住着壮、汉、瑶、苗等四个民族。2017 年,总户数为 4792 户,总人口为 19557 人,是全区最大的扶贫异地安置基地,安置的移民分别来自田东县、田阳县、隆林县、那坡县、德保县、凌云县及本县浪平乡、平塘乡等贫困的大石山区。全镇耕地面积为 42460 亩,其中水田面积为 8725 亩,主要粮食作物有水稻、玉米、甘蔗、木薯等,盛产八渡笋、八角、木材、油茶、烤烟等经济作物。八渡笋是六隆镇的主导特色产业之一,被誉为“广西八渡笋之乡”。全镇共有 3 个集贸市场:供央圩场,在镇政府驻地,逢阳历 2、7 日为圩日;能良圩场,在合并前的能良乡政府驻地,逢阳历 4、9 日为圩日;洞弄圩场,在原洞弄乡政府驻地,逢阳历 3、8 日为圩日。

【经济发展】 2017 年,社会固定资产 285.88 万元,人均纯收入 7500.43 元;粮食生产面积 2.13 万亩,产量 0.76 万吨,玉米为 1.59 万亩,产量 1050 万吨;饲养生猪 1.3 万多头,饲养牛 0.57 万头,饲养羊 0.38 万只,饲养家禽 45.52 万羽;全镇甘蔗种植面积 3.8 万亩,其中扩种 4813 亩,翻种 7730 亩,2016/2017 年榨季甘蔗产量 10 万吨。

【社会发展】 2017 年,教育事业稳步发展,初中在校生为 573 人,初中适龄人口入学率为 97%;小学在校生为 1614 人,适龄儿童入学率 98%。全镇征缴参保人数为 7579 人,征收缴费金额 63.76 万元,完成参保率 97.6%;全年共发放低保金 587.6 万元,惠及 1083 户 4704 人。

【基础设施建设】
“一事一议”项目 2017 年争取一事一议财政奖补项目 7 个,总投资 135.13 万元,项目已投入使用。

水利、道路基础设施建设 完成平细村平细屯、平合屯、渭六沟屯、那茂屯,上仁村下仁屯、粉屯村渭轰上、渭轰中等人饮安全工程 7 个,完成小榄—粉屯、上仁—者袍、六隆—平合、周马水泥路—八忙、

2017 年,县农业局技术员在六隆镇指导果农护理砂糖橘

油路—渭华等5条道路提级硬化项目前期；完成新建平细村渭宁屯—下维村下维屯，平合路口—板图村板图等2个安置点道路建设，完成周马叉路—弄结、周马叉路—梅林、周马平合拗口—平马—渭查、门屯叉路—大沟、门屯叉路—果卜、县道岔道—渭英等6条道路维修，完成板图屯、那茂屯、伟阳屯、上仁屯、平寨屯等5条屯内道路硬化，完成下维、小榄、渭文、渭密沟口等4座溪桥项目建设。

【林业工作】 2017年，全镇共完成造林面积7000亩，其中工业原料林4000亩，新种油茶800亩，其他2200亩。完成森林扶育1500亩，历年退耕验收7834.9亩，合格7345.4亩，新一轮698.4亩，合格681.6亩。油茶低改1500亩。生态林面积72817.5亩，其中国家级25840.5亩，自治区级46977亩，涉及14个行政村35个自然屯。生态公益林管护合同签订完成35个自然屯72817.5亩。

【安全生产】 树立“安全第一、预防为主、综合治理”意识，认真履行职责，杜绝各类安全生产事故的发生。全年开展安全生产大排查12次，累计出动150人次，共检查车辆约500多辆次，检查烟花爆竹生产经营点21家，发放宣传单3000份，悬挂横幅54幅，通过层层签订安全生产责任目标，把安全生产工作责任落实到基层，做到安全责任横向到边，纵向到底。实现零伤亡、零事故、零损失报告，确保了全镇安全生产的平稳局面。

【维护社会稳定】 强化信访维稳工作，与各村委会、镇级各单位签订了综治和信访维稳责任书共23份，开展集中排查48次，调解各类矛盾纠纷48起，调结率96%以上；加强社会治安综合治理，开展宣传发动次数26次，排查发现治安重点地区12起，已整治12起；积极开展六隆异地安置基地矛盾纠纷化解工作，做好边界地区、双边和谐稳定工作。

【扶贫工作】 2017年，县级下达六隆镇脱贫任务72户302人。对照贫困户“八有一超”验收标准，严格按照入户双认定验收、村级评议公示、镇级审核公示、县级审定等程序，完成72户302人贫困户的脱贫摘帽工作；同时，完成贫困户“一户一档”材料收集归档工作。县级下达六隆镇脱贫摘帽村为板图村，全村总人口137户643人，2015年全村精准识别出贫困人口15户53人，贫困发生率8.24%。六隆镇对照贫困村“十一有一低”验收标准，严格按照入户双认定验收、村级评议公示、镇级审核公示、县级审定的程序，截至12月11日，“十一有一低”均已达标。

2017年6月20日，县林业局技术人员在指导笋农搞好八渡笋管护

【科教文卫工作】 多渠道争取项目改善中小学校办学条件。实施农村中小学生营养改善计划、寄宿生生活补助等惠民项目。坚持优先发展教育，深入推进教育体制改革，加强教师队伍建设，大力实施素质教育，努力办好农村寄宿学校，充分利用脱贫攻坚相关政策，实施好农村义务教育学生营养改善计划。2017年，全镇共2187名学生，其中初中生573名，小学生1614名，教师共118名。做好疾病预防、妇幼保健、医疗卫生、艾滋病防治、突发公共卫生事件应急处理、国家基本公共卫生服务、乡村卫生服务一体化等工作，医疗卫生服务水平不断提高，全镇无公共卫生突发事件。

【党建工作】 全镇共20个党支部，有党员650名，其中：预备党员19名；妇女党员114名，占17%；少数民族党员594名，占91.4%；35岁以下党员109名，占16.8%；大专以上学历44名，占6.8%。村党支书18人,其中"一肩挑"的10人。2017年,全镇深入贯彻落实中共十八大和十八届五中、六中全会精神,认真学习习近平系列重要讲话精神,围绕党的基层组织建设,结合脱贫攻坚工作,以"两学一做"学习活动为契机,为全镇经济社会发展提供坚强有力的组织保证,各项基层党建工作取得较好成效。一是加强领导、严格程序,党委换届选举工作圆满完成。二是高标准严要求开展"两学一做"学习教育。三是突出重点,抓好基层党建重点七项工作。四是全力推动党建促脱贫攻坚工作。

【各村简介】

供央村 位于六隆镇北部,村部所在地供央屯是镇政府所在地。供央村逢"2""7"为圩日,供央街位于供央村,沿主要街道而设,建圩时间2009年,街圩面积4000平方米,人流量3000人。"水、电、路"已全部实现三通。全村辖供央、岩格、渭轰、八母等4个自然屯6个村民小组,居住着壮、汉、瑶等3个民族,全村共有246户953人,25户贫困户83人贫困人口,2017年脱贫4户15人。供央村现无移民群众,移民征用土地2668.4亩。全村所辖总面积23平方千米,拥有耕地面积3342亩,其中水田616亩,旱地2726亩。主要粮食作物有玉米、水稻,主要经济作物有甘蔗、八角。全村甘蔗种植面积1071亩,八角约2350多亩。2017年农民人均纯收入6953.8元。全村共有党员40名,其中女党员10名。入党申请人2名。村"两委"班子成员7人,其中村党支部成员3名,村民委成员6名。村党支部书记凌安元,村民委主任岑世军。

能良村 位于六隆镇西北部,村部所在地能良屯,距镇政府所在地3.6千米。能良村逢"4""9"为圩日,能良街位于能良屯,该街历史较久,设立于1960年,街圩面积300平方米,人流量4000人。"水、电、路"已全部实现三通。全村辖能良、晚江、供立、六挂、岩桃、平孟等6个自然屯12个村民小组,居住着壮、汉、瑶、苗等4个民族,全村共有329户1328人,15户贫困户52人贫困人口,2017年底脱贫5户18人。能良村移民户口现有210人,实际居住移民225人,移民征用土地4519.1亩。全村所辖土地总面积18.2平方千米,耕地面积2970亩,其中水田835亩,旱地1355亩。主要粮食作物有水稻、玉米,主要经济作物有甘蔗、八渡笋、八角。全村甘蔗种植面积约计1028亩(其中双高基地800亩),八渡笋面积约2480亩,八角面积约750亩。2017年农民人均纯收入5000元。全村共有党员25名,其中女党员7名,预备党员2名。村"两委"班子成员7人,其中村党支部成员3名,村民委成员6名。村党支部书记罗志阳,村民委主任李金贵。

太阳村 位于六隆镇东部,村部所在地太阳屯,距镇政府所在地10千米。"水、电、路"已全部实现三通。全村辖太阳、内洋、平干、田七、坡怀、六楼等6个自然屯11个村民小组,居住着壮、汉、瑶等3个民族,全村共有289户1042人,24户贫困户76人贫困人口。太阳村移民户口有170人,实际居住移民175人,移民征用土地7142.1亩。总面积21平方千米,耕地面积2475亩,其中水田620亩,旱地1855亩。主要粮食作物有水稻、玉米,主要经济作物有甘蔗、八渡笋、木薯。全村甘蔗种植面积1186亩,八渡笋种植面积1025亩。2017年农民人均纯收入6921.5元。全村共有党员20名,其中女党员9名。入党积极分子2名。村"两委"班

2017年7月8日,中国扶贫基金会和中央电视台一行到田林县六隆移民开发区现场摄录开发区产业发展影像,重点报道中国扶贫基金会副会长、广东省老区建设促进会会长、广州市政协原主席陈开枝在百色的扶贫事迹。图为六隆移民群众热情迎接陈开枝的到来

子成员7人,其中村党支部成员3名,村民委成员7名。村党支部书记兼村民委主任潘祖茂。

央光村 位于六隆镇东南部,村部所在地央光屯,距镇政府所在地15千米。央光村1966—1979年为央光大队;1980—1994年为央光村公所;1995年至今央光村独立。“水、电、路”已全部实现三通。全村辖央光、那灯、六龙、洞江、那高、马牙、六龙新屯、马牙新屯、央光点等9个自然屯14个村民小组,居住着壮、汉、苗等3个民族,全村共有300户1119人,10户贫困户42人贫困人口。移民户口现有100人,实际居住移民146人,移民征用土地8369.8亩。全村所辖总面积23平方千米,耕地面积2293亩,其中水田642亩,旱地1651亩。主要粮食作物有水稻、玉米,主要经济作物有甘蔗、八渡笋、木薯。全村甘蔗种植面积2106亩,八渡笋种植面积3260亩,木薯种植面积750亩。2017年农民人均纯收入6853.4元。全村共有党员32名,其中女党员7名,入党申请人3名。村“两委”班子成员7人,其中村党支部成员3名,村民委成员7名。村党支部书记兼村民委主任罗正辉。

百怀村 位于六隆镇东南部,村部所在地百怀屯,距镇政府所在地20千米。“水、电、路”已全部实现三通。全村辖百怀、六仆、六甘、百雄、六中等5个自然屯7个村民小组,居住着壮、汉、瑶等3个民族,全村共有252户880人,47户贫困户188人贫困人口。百怀村移民户口现有61人,实际居住移民55人,移民征用土地7100亩。百怀村总面积20.1平方千米,耕地面积4118亩,其中水田549亩,旱地3569亩。主要粮食作物有水稻、玉米,主要经济作物有八渡笋、甘蔗、芒果。全村甘蔗种植面积1849亩、八渡笋种植面积2073亩,芒果种植面积200亩。2017年农民人均纯收入6836.4元。全村共有党员22名,其中女党员3名,预备党员2名,入党积极分子1名,入党申请人1名。村“两委”班子成员7人,其中村党支部成员3名,村民委成员6名。村党支部书记班永雄,村民委主任黄克军。

粉屯村 位于六隆镇西南部,1999年建村,八渡笋开发后人口增加,原属于百怀老村。村部所在地粉屯屯,距镇政府所在地20千米。“水、电、路”已全部实现三通。全村辖粉屯、洞三、渭轰上、渭轰中、渭轰下等5个自然屯5个村民小组,居住着壮族、汉族等两个民族,全村共有141户586人,15户贫困户38户贫困人口。全村所辖总面积19.3平方千米,耕地面积1729亩,其中水田229亩,旱地1500亩。主要粮食作物有水稻、玉米,主要经济作物有甘蔗、八渡笋。全村甘蔗种植面积1000亩,八渡笋种植面积1800亩。2017年农民人均纯收入6857.6元。全村共有党员29名,其中女党员5名,预备党员3名,入党积极分子2名。村“两委”班子成员6人,其中村党支部成员3名,村民委成员6名。村党支部书记兼村民委主任李炳仁。

中屯村 位于六隆镇中部,村部所在地中屯,距镇政府所在地8千米。中屯村1998年从小榄村分离出来。“水、电、路”已全部实现三通。全村辖中屯、八寒、八三、平寨、平寨移民点、那门、那门移民点等7个自然屯7个村民小组,居住着壮、汉、瑶等3个民族,全村共有196户630人,40户贫困户140人贫困人口,总面积11.2平方千米,耕地面积2170亩,其中水田409亩,旱地1761亩。主要粮食作物有水稻、玉米,主要经济作物有甘蔗、八渡笋。全村甘蔗种植面积923亩,八渡笋种植面积2560亩。2017年农民人均纯收入6840元。全村共有党员33名,其中女党员6名,入党积极分子3名。村“两委”班子成员7人,其中村党支部成员7名,村民委成员5名。村党支部书记黄生道,村民委主任周世业。

门屯村 位于六隆镇西南部,村部所在地门屯,距镇政府所在地12千米。“水、电、路”已全部实现三通。全村辖门屯、果甫、平塘、平竹、大沟等5个自然屯8个村民小组,居住着壮、汉、瑶、等3个民族,全村共有203户763人,56户贫困户225人贫困人口,2017年底脱贫16户62人,总面积12平方千米,耕地面积1070亩,其中水田252亩,旱地818亩。主要粮食作物有水稻、玉米,主要经济作物有八渡笋、甘蔗。全村甘蔗种植面积1450亩,八渡笋种植面积7600亩。2017年农民人均纯收入6825.2元。全村共有党员32名,其中女党员4名。村“两委”班子成员7人,其中村党支部成员3名,村民委成员6名。村党支部书记林志念,村民委主任罗绍杰。

小榄村 位于六隆镇中部,村部所在地小榄屯,距镇政府所在地16千米。小榄村1999年从20世纪70年代成立的小榄大队分离出来。“水、电、路”已全部实现三通。

全村辖小榄、大榄、怀屯、八务、平往、平山点、八务点等7个自然屯9个村民小组,居住着壮、汉、瑶等3个民族,全村共有302户1288人,95户贫困户383人贫困人口,2017年脱贫2户9人,总面积24.5平方千米,耕地面积1054亩,其中水田626亩,旱地428亩。主要粮食作物有水稻、玉米,主要经济作物有八渡笋、甘蔗、茶油。全村甘蔗种植面积2767亩,八渡笋种植面积6380亩,油茶种植面积2750亩。2017年农民人均纯收入6814.8元。全村共有党员30名,其中女党员2名,入党申请人1名。村"两委"班子成员7人,其中村党支部成员3名,村民委成员7名。村党支部书记兼村民委主任罗日贵。

下维村 位于六隆镇西北部,村部所在地下维屯,距镇政府所在地28千米。"水、电、路"已全部实现三通。全村辖下维、那农、平良、伟西、上维、那同、平浪等7个自然屯7个村民小组,居住着壮、汉、瑶等3个民族,全村共有203户766人,27户贫困户90人贫困人口,总面积14.2平方千米,耕地面积2157亩,其中水田283亩,旱地1874亩。主要粮食作物有水稻、玉米,主要经济作物有八渡笋、甘蔗。全村甘蔗种植面积811亩,八渡笋种植面积15000亩。2017年农民人均纯收入6830.2元。全村共有党员25名,其中女党员3名,预备党员1名,入党积极分子3名。"两委"班子成员7人,其中村党支部成员3名,村民委成员7名。村党支部书记兼村民委主任黄成强。

平细村 位于六隆镇西北部,村部所在地那茂屯,距镇政府所在地20千米。平细村是1999年由八桂瑶族乡平合屯、洞弄乡平细屯、那来屯、渭宁屯和浪平异地安置那茂屯、渭六沟屯组成。"水、电、路"已全部实现三通。全村辖平细、那来、伟宁、平合、那茂、渭六等6个自然屯6个村民小组,居住着壮、汉、瑶等3个民族,全村共有223户907人,39户贫困户139人贫困人口,总面积9.5平方千米,耕地面积3406亩,其中水田276亩,旱地3130亩。主要粮食作物有水稻、玉米,主要经济作物有甘蔗、八渡笋、烤烟。全村甘蔗种植面积1063亩,八渡笋种植面积10800亩,烤烟种植面积300亩,柑橘种植面积400亩。2017年农民人均纯收入7210.6元。全村共有党员28名,其中女党员5名,入党积极分子2名。村"两委"班子成员7人,其中村党支部成员3名,村民委成员7名。村党支部书记兼村民委主任邓云龙。

2017年8月15日,中央电视台七套《农广天地》栏目摄制组到田林拍摄《农田餐桌——走进田林》专题片。图为央视主持人在八渡笋采收现场采访笋农

周马村 位于六隆镇西南部,村部所在地周马屯,距镇政府所在地55千米。周马村与云南省富宁县剥隘镇的那马屯、洪帮屯、谷敏屯、龙洋屯、龙瑞屯、百洋屯、西京屯、百洪屯、板达屯交界,隔江相望,需靠船只来往两岸。周马村内有着风景优美的周马峡谷。"水、电、路"已全部实现三通。全村辖周马、平林、岭屯、八忙、梅林、陇接、八栋、三弄、平马、渭查等10个自然屯14个村民小组,居住着壮、汉、瑶等3个民族,全村共有259户1144人,40户贫困户155人贫困人口,2017年脱贫20户80人,总面积20.4平方千米,耕地面积2657亩,其中水田242亩,旱地2415亩。主要粮食作物有水稻、玉米,主要经济作物有甘蔗、八渡笋、砂糖橘。全村甘蔗种植面积3919亩,八渡笋种植面积3000亩,沙糖桔种植面积200亩。2017年农民人均纯收入6826.6元。全村共有党员36名,其中女党员3名,入党积极分子2名。村"两委"班子成员7人,其中村党支部成员3名,村民委成员6名。村党支部书记冯顺风,村民委主任韦伟豪。

六隆村 位于六隆镇西部,村部所在地大列屯,距镇政府所在地 40 千米。六隆村为弄瓦乡谭合村和弄瓦乡周马村整合而成，1999 年撤乡并镇后改名六隆村至今。六隆村与云南省富宁县剥隘镇龙瑞村交界，仅通行泥土路。“水、电、路”已全部实现三通。全村辖六隆、能地、伟密、赖屯、岩亨、定荷、坡英、大烈等 8 个自然屯 14 个村民小组，居住着壮、汉、瑶等 3 个民族，全村共有 337 户 1420 人，80 户贫困户 299 人贫困人口，总面积 23.3 平方千米，耕地面积 3105 亩，其中水田 511 亩，旱地 2594 亩。主要粮食作物有水稻、玉米，经济作物有八渡笋、甘蔗。全村甘蔗种植面积 4456 亩，八渡笋种植面积 7800 亩。2017 年农民人均纯收入 6824.8 元。全村共有党员 37 名，其中女党员 3 名，预备党员 1 名，入党积极分子 2 名。村“两委”班子成员 7 人，其中村党支部成员 3 名，村民委成员 6 名。村党支部书记张树旗，村民委主任潘胜光。

板图村 位于六隆镇西北部，村部所在地板图屯，距镇政府所在地 40 千米。“水、电、路”已全部实现三通。全村辖板图、平六、渭英等 3 个自然屯 4 个村民小组，居住着壮、汉、瑶等 3 个民族，全村共有 137 户 476 人，14 户贫困户 47 贫困人口，总面积 13.5 平方千米，耕地面积 1265 亩，其中水田 223 亩，旱地 1042 亩。主要粮食作物有水稻、玉米，经济作物有八渡笋、甘蔗、茶油、八角。全村甘蔗种植面积 388 亩，八渡笋种植面积 2000 亩，油茶种植面积 800 亩，八角种植面积 1200 亩。2017 年农民人均纯收入 6835.3 元。全村共有党员 16 名，其中女党员 1 名，入党积极分子 2 名。村“两委”班子成员 5 人，其中村党支部成员 3 名，村民委成员 7 名。村党支部书记兼村民委主任李宗林。

六功村 位于六隆镇北部，村部所在地六功屯，距镇政府所在地 25 千米。“水、电、路”已全部实现三通。全村辖六功、渭华、六功点、那桃等 4 个自然屯 5 个村民小组，居住着壮、汉、瑶等 3 个民族，全村共有 136 户 573 人，9 户贫困户 29 人贫困人口，总面积 12.3 平方千米，耕地面积 2147 亩，其中水田 268 亩，旱地 1879 亩。主要粮食作物有水稻、玉米，主要经济作物有烤烟、甘蔗。全村甘蔗种植面积 70 亩，烤烟种植面积 200 亩。2017 年农民人均纯收入 6819.2 元。全村共有党员 22 名，其中女党员 2 名，预备党员 1 名，入党积极分子 2 名。村“两委”班子成员 7 人，其中村党支部成员 3 名，村民委成员 7 名。村党支部书记兼村民委主任黄祖善。

洞弄村 位于六隆镇西南部，村部所在地洞弄屯，距镇政府所在地 28 千米。洞弄村与云南省百英村、板达村交界，道路仅能通行摩托车。“水、电、路”已全部实现三通。洞弄村逢“3”“8”为圩日，洞弄街位于洞弄屯，该街历史较久，设立于 1984 年，街圩面积 3500 平方米，人流量 4000 人。全村辖洞坚、伟阳、洞弄上屯、洞弄下屯、者桑、伟斋、新寨、能比、平估等 9 个自然屯 18 个村民小组，居住着壮、汉、瑶、布依族等 4 个民族，全村共有 556 户 2588 人，89 户贫困户 369 人贫困人口，总面积 63.6 平方千米，耕地面积 2048 亩，其中水田 979 亩，旱地 1069 亩。主要粮食作物有水稻、玉米，主要经济作物有八渡笋、甘蔗、芒果。全村甘蔗种植面积 3476 亩，八渡笋种植面积 60000 亩，芒果种植 1000 亩。2017 年农民人均纯收入 6848.7 元。全村共有党员 53 名，其中女党员 13 名，入党积极分子 2 名。村“两委”班子成员 8 人，其中村党支部成员 3 名，村民委成员 8 名。村党支部书记卢良军，村民委主任黄家益。

列屯村 位于六隆镇东南部，村部所在地六路屯，距镇政府所在地 38 千米。列屯村与百色市汪甸乡百背村交界，两地以蔗基路相通。“水、电、路”已全部实现三通。全村辖列屯、六路、弄后、者云、者俄、百界、那亭、洞丰等 8 个自然屯 8 个村民小组，居住着壮族、汉族两个民族，全村共有 338 户 1477 人，贫困户 77 户 310 人贫困人口。总面积 35.6 平方千米，耕地面积 1851 亩，其中水田 628 亩，旱地 1223 亩。主要粮食作物有水稻、玉米，主要经济作物有八渡笋、甘蔗。全村甘蔗种植面积 2103 亩，八渡笋种植面积 4800 亩。2017 年农民人均纯收入 6825.6 元。全村共有党员 39 名，其中女党员 9 名。村“两委”班子成员 7 人，其中村党支部成员 3 名，村民委成员 6 名。村党支部书记龙云康，村民委主任王甫生。

上仁村 位于六隆镇西南部，村部所在地上仁屯，距镇政府所在地 42 千米。上仁村与云南省富宁县剥隘镇者利屯、者品屯、百英屯交界，上仁—百英、上仁—者利、下仁—百英、平坡—者利、六言—者利已通泥土路。“水、电、路”已全部实现三通。全村辖上仁、下仁、洞帮、平坡、六言、洞岩、六色等 7 个自然屯 7 个村民小组，居住着壮、汉、瑶等3个民族，全村共有345户1617人，55户贫困户224人贫困人口，2017年脱贫25户118人，总面积51平方千米，耕地面积2603亩，其中水田537亩，旱地2066亩。主要粮食作物有水稻、玉米，主要经济作物有八渡笋、甘蔗。全村甘蔗种植面积5214亩，八渡笋种植面积2000亩。2017年农民人均纯收入6820.6元。全村共有党员46名，其中女党员4名，入党积极分子3名。村“两委”班子成员7人，其中村党支部成员3名，村民委成员6名。村党支部书记覃海军，村民委主任黄志才。

（撰稿　黄柳婷）

潞城瑶族乡

【中共潞城瑶族乡委员会领导】

书　记：李桂芳（女，壮族，2016年3月任职）

副书记：冯以光（2017年10月离任）

林宗富（壮族，2017年10月任职）

邓云华（瑶族）

纪委书记：王启和（壮族）

组织委员：冷　崧（壮族，2017年9月离任）

李孟豪（2017年10月任职）

宣传委员：唐秋根（女，瑶族）

武装部长：李孟豪（2017年10月离任）

李慕荣（壮族，2017年10月任职）

【潞城瑶族乡人大主席团领导】

主　席：冯以光（2017年10月离任）

林宗富（壮族，2017年10月任职）

副主席：严东庆（女，壮族，2016年5月任职）

【潞城瑶族乡人民政府领导】

乡　长：邓云华（瑶族）

副乡长：冯　雄（壮族）

戴游高（壮族）

王秋蝶（女，壮族）

蔡村旺（2017年10月离任）

施　郑（壮族，2017年10月任职）

【概况】　潞城瑶族乡位于田林县中部，东南承接乐里镇，南和八桂瑶族乡为邻，西靠者苗乡，西南与八渡瑶族乡接壤，西接旧州镇，北连百乐乡，西北与贵州省隔江相望。乡政府驻地潞城村，距田林县城22千米。2005年6月撤销板桃乡并入潞城瑶族乡，现行政区域面积777平方千米，辖潞城、红旗、旺吉、营盘、马逻、八洞、丰厚、渭祥、平合、三瑶、各烟、弄读、丰防、那马、那帮、平板、弄光、东力、央郎等19个行政村，116个自然屯，161个村民小组，居住着壮、汉、瑶、布依、满等5个民族，2017年年底农村居民总户数为7101户，总人口为28036人。

全乡以发展农、林、牧业为主，盛产水稻、生姜、玉米、木薯、香蕉、李果、芒果等。有丰厚、八洞、平宜、板桃、马逻5座中小型水库。森林面积约520.26平方千米，森林覆盖率75.6%，生态环境优良。林业资源主要有油茶、油桐、八角、桉树、杉木、松木等；矿产资源主要有铜、锰、锑、铅、黄金、石油等。

【经济发展】

工业产业　辖区内共有木材加工企业23家，活性炭加工1家，桐油厂2家，砖厂1家，冶炼厂1家，淀粉加工1家。境内田林星达工业有限公司、万盛木业、晨曦木业等各类企业稳步发展。2017年7月，广西田林家全木业有限责任公司年产20万立方米生态板项目落户该乡，该项目涉及征地93亩，总投资约3亿元，主要进行木材深加工业。通过全力抓好招商引资、项目推进和园区建设工作推进工业发展。

农牧林业生产　一是种植业蓬勃发展。油茶种植方面，协调配合县林业局在旺吉村打造3000亩软枝油茶基地，采取“公司＋合作社＋农户＋贫困户”的经营模式，由周边群众和贫困户带资或土地入股，合作社参与管理，以公司的方式进行标准化规模化经营。同时，东西部协作深圳市帮扶该基地1000万元，全乡挂靠受益帮扶入股分红贫困户408户。芒果种植方面，2017年全乡芒果种植任务为3500亩，2017年已发放芒果苗100万株（约2500亩）。同时，在马逻村打造500亩潞城芒果种植示范基地，由党支部引领辐射带动30户农户连片种植，成为潞城瑶族乡集种植、培训为一体的示范产业基地。百香果种植方面，在八洞村采取“党员示范＋公司＋农户”的模式发展百香果产业，种植面积达200亩，项目总投资约104万元，辐射带动周边20多个贫困户发展种植；苗圃产业方面，全乡共有苗圃约1500亩，年出苗达9600万株，产值约4800万元。二是林下养殖初具规模。林下生态养殖方面，在丰防村打造丰腾林下生态养鸡脱贫产业集中区，鸡舍23栋，年出栏达23万羽；在八洞村打造林下养鸡集中区，年出栏达150万羽；在八洞村打造蛋鸡养殖基地，总面积达5040平方米，可养殖蛋鸡6万羽，预计年产值420万元，利润60万元。在弄光村打造集体经济，带动农户发展养鸡5个鸡棚，年存栏2.5万羽。生态养猪方面，在平板村发展村级集体经济第二代野猪标准化养殖，第一批养殖存栏200头，年利润14万元，每年集体经济收入达5万元。在东力村、弄读村发展肉猪养殖，年存栏达5000头，成为全乡肉猪养殖示范。

【社会发展】

教育工作 教育“两基”和“控辍保学”工作稳步推进，教学设施进一步改善，全乡适龄儿童、巩固率达100%，适龄少年的入学率和巩固率到98%以上，教学设施进一步改善，教育教学工作取得长足发展。

卫计工作 在优化指标、完善业务、性别比综合治理、社会抚养费征收、免费孕前优生健康检查等方面加大工作力度，明确责任到人，全面夯实基础工作，着力提升优质服务，创建的全区诚信计生示范单位和计划生育优质服务先进单位于2017年9月底通过市级初评，同时顺利完成700人的农村妇女“两癌”免费检查工作，群众满意度得到大幅度提升。抓好重大疾病防控工作，重点做好艾滋病、手足口病等防控工作，加大对禽流感等疾病的检测及监控力度。

文化工作 为了丰富群众的业余文化生活和弘扬民族优秀文化，增强凝聚力和促进民族团结，组织开展各村春节游园活动、篮球比赛等，继续推进正月二十九日“壮族祭瑶娘”、正月十九日“祭瑶王”、“妇女之家”广场健身舞等活动（比赛）以及庆“七一”气排球比赛，组织文艺队下个村开展“乡音工程”19场次，丰富干部群众文娱活动。2017年3月26日，台湾花莲县丰滨乡少数民族代表团一行61人到三瑶村瑶怒屯开展以“桂花香两岸，中华一家亲，共圆中国梦”为主题的欢度“三月三”民俗文化交流联谊活动，展现了民族和谐相处、团结奋进、共同发展的景象。

2017年3月14日，潞城林业站技术人员向农户传授油茶低改技术

新农保和农合工作 一是进一步完善最低生活保障制度，巩固应保尽保。年内共发放各类民政资金965.92万元，惠及5961人；发放救济粮138人24840公斤。二是新农保参保工作圆满完成。2017年应参保人数为12260人，截至12月31日，参保人数为12805人，完成应参保人数任务104.45%；应缴费人数为9227人，截至12月31日，缴费人数为9772人，缴费率达109.51%，完成银行代扣9568人，参保率达103.7%。三是改善人居条件。2017年全年分配潞城瑶族乡的农村危房指标为251户，开工率达100%，完工率达70%，其中建档立卡贫困户139户，开工率为100%，完工率为88%，年内贫困户能全部竣工入住；“三改”（改厨、改厕、改圈）指标任务数分别为350户、350户、17户。三是整合资源，加快实施“一事一议”财政奖补项目。2017年全乡共涉及13个项目，已全部通过县、乡两级验收，项目惠及4000人。四是2017年度新农合参合率达到97.4%，其中贫困户参合率达100%。五是土地确权工作。土地确权工作已基本完成第二轮公示，全乡达到可发证的有90%，尚有部分错漏，待技术公司核实。

宜居乡村建设 成功打造马逻村弄涯屯宜居乡村示范点，完成八洞村八洞屯宜居乡村提级改造，并通过验收。完成投资250万元潞城集镇片区垃圾处理中心项目和80万元村级垃圾处理中心项目，项目的建成极大地提升了全乡垃圾处理水平。政府自筹资金14.5万元购买16个移动式垃圾箱，布置在国道沿线村屯垃圾点，解决了固定垃圾池垃圾清理难的问题；同时先后投入3万元在贫困村那帮村打造垃圾清理新模式，政府统一采购材料，由农户在自家房前屋后菜地自建小型垃圾焚烧池（按每户100元预算），对日常生活垃圾进行焚烧（产生灰土作为菜地肥料循环利用），解决了农户乱丢乱堆垃圾的问题。

【项目设施建设】 进一步改善群众生产生活条件，改善投资环境，重点推进交通、水利等项目建设。2017年，潞城瑶族乡坚持把项目建设作为推动全乡经济发展的主要抓手，重点推进贫困村项目建设，实行班子领导分包重点项目责任制，项目建设成效突出。一是推进投资1200万元的集镇排污建设、民族文化广场及集镇供水等3个少数民族乡项目建设，集镇排污建设已完成80%。二是开展脱贫攻坚道路建设项目。实施板桃分水岭至那马那昔至者苗八中、平板渭拉至八洞杉树坪、旺吉百昂至三瑶至百乐两叉河等3条水泥路提级硬化工程，已分别完成工程量的40%、45%、40%，预计2018年5月底竣工通车。三是完成投资250万元潞城集镇片区垃圾处理中心项目和80万元村级垃圾处理中心项目，11月开展试行工作，12月正式运行使用。四是推进投资600万元集镇棚户区改造工程，2017年12月底已完成项目工程的75%。

【安全生产】 深入排查辖区内各类安全隐患，加强综治信访维稳工作，创造和谐稳定社会大局。狠抓安全生产。全面落实“党政同责、一岗双责”等责任，加强乡村两级安全生产队伍建设，严格执行工作例会、安全生产巡查、隐患整改、责任追究制等制度，牢牢掌握住了安全生产工作主动权。全年共开展安全生产大排查活动21次，排查出安全隐患点16个，并进行排除和监测，全年全乡没有发生一起安全生产责任事故，安全生产平安稳定。

【维稳和稳定工作】

信访工作机制 打造“群众之家”信访受理室，落实三级接访工作制度，安排2名工作人员负责对来访来信进行登记分类，交由包村领导和工作组限期处置，并负责跟踪督促。全年共接待群众来信来访案件84件，答复84件。

社会综合治理 2017年通过乡村夜话形式扎实抓好民调工作，全乡共调解各类纠纷84起，调解成功58起共发生治安案件52起，查处52起；发生刑事案件15起，侦破13起，逮捕15人；年内没有发生重特大恶性案件，社会治安持续向好。

群众安全感满意度工作 潞城瑶族乡及时安排部署关于提升社会公众安全感和满意度工作，加大宣传，提高群众满意度测评工作的知晓度、参与度和满意度，同时，以村为单位，明确责任，强化督查，严格问责，切实提高社会公众安全感和群众满意度。

【扶贫工作】

村集体经济建设 一是重点抓好预脱贫村集体实体经济发展。预脱贫村弄光村入资5万元与谷牧养殖场合作养殖肉猪（村民合作社出资，养殖场负责管理和销售），每批次养殖200头，每年养殖2批次共400头，每批次按每头300元利润、村集体占30%计算可获利1.8万元；村民合作社贷款10万元入股县平台公司，每年获红利1万元；村民合作社贷款20万元入股国企瓦村电站，每年分得红利2万元；同时将县政府扶持的20万元与致富能人和贫困户合作发展养鸡产业，计划年存栏约5万羽的5栋鸡舍正在建设中。二是抓好已脱贫村的村集体实体经济发展。丰防村村民合作社与致富能人合作发展砂仁种植，完成种植100亩。平板村采取“公司＋村民合作社＋致富能人＋贫困户”的模式，发展第二代野猪养殖，该项目于2017年9月竣工，10月正式实现养殖200头，预计2018年1月底可出售。

此外，三瑶、那帮、各烟、弄读4个贫困村集体经济规划已全部完成，2018年全面实施。

贫困村贫困户脱贫工作 2017年，县下达到潞城瑶族乡的脱贫确保任务数为93户379人，工作目标94户384人，预脱贫村为弄光村。为确保圆满完成脱贫任务，全乡强化各项目标任务，认真对照贫困村出列“十一有一低于”和贫困户脱贫销号“八有一超”认定指标，至年底，全乡94户394人预脱贫对象已通过县级的脱贫“双认定”审定，预脱贫村弄光村也顺利通过区市县核验。

易地搬迁工作 一是精准确定搬迁对象。组织工作组下村屯召开会动员，通过征求意见、农户自愿上报、乡村工作组现场核对等方式，确定了乡镇安置点搬迁对象

73户335人，县城百花寨安置点55户231人。二是大力配合业主做好项目实施工作，抢抓进度，实现一期2号楼24套房顺利交房验收；1号楼主体完工，预计2018年1月底可以交房。三是全力做好搬迁入住工作。11月20日举行营盘点一期2号楼24套房抽签分房交付仪式，并已全部动员入住。

动态调整工作 按照全区精准扶贫动态调整及回头看的部署要求，全乡于2017年5月—8月，对全乡1400户5458人建档立卡贫困户信息进行清理，剔除18户83人，新增32户110人，返贫18户62人，全乡扶贫对象更加精准，信息数据更加精确，为精准脱贫攻坚奠定更加扎实的基础。

村级服务中心项目建设 2017年规划建设的有各烟村村级服务中心建设（含村部维修、戏台、篮球场、宣传栏等建设）和那马村篮球场和戏台建设。各烟村村级服务中心建设项目已完成90%，预计2018年1月15日前可完工投入使用；那马村戏台、篮球场已完成60%，预计2018年1月30日前竣工。

落实各项惠民政策 举办贫困户种养培训会4场次共128户226人参加，为贫困户发展产业增强了后劲；为210户279名困难学子申办“雨露计划”教育扶贫，确保教育路上不落一人；对522户683人残疾贫困家庭、因病致贫家庭开展临时救助兜底扶贫，确保特困对象享受到惠民的扶贫政策。同时，为了扩大扶贫成果的覆盖率，对全乡2014年、2015年退出户773户给予每户2000元脱贫奖励共154.6万元；对2016年脱贫的120户给予每户1000元脱贫奖励共12万元。

【党建工作】

全面落实从严治党工作责任与要求，出台年度党建考核办法，健全工作例会、民主议事、党建述职、廉政谈话、党代表评议、党员监督等制度，在措施和制度上压实党组织书记党建“第一责任人”责任，形成“一把手”负总责，一级抓一级、层层抓落实的党建工作局面，确保党建工作落地见效。圆满完成了19个村“两委”换届选举工作。培养入党积极分子41名，发展党员15名，转正党员12名，增强了基层党组织和党员队伍活力。启动村阵地平台新建和改扩建工作，年内完成了各烟村部建设，2018年1月可投入使用，另外尚有9个村部新建和改扩建项目正在申报中。开展学习中共十九大精神、“两学一做”及“三年一争当”学习教育讨论、创建学习型机关、党课教育等工作，严格“三会一课”制度，加强党员干部党性和素质教育。组织开展领导班子民主生活会和党员组织生活会，开展批评与自我批评，查摆问题，立行立改。坚持推行“两个责任”谈心谈话制度，加强党风廉政建设。2017年共立案查处违规违纪党员干部6人，给予党政纪处分6人，有力整肃了党员干部工作作风。

【各村简介】

潞城村 离县城20千米，国道324线和南昆铁路穿境而过，是潞城乡政治、文化中心，有优越的区位优势和资源优势。下辖10个村民小组，329户1409人，全村共有党员36名（其中流动党员2名），村“两委”班子7人；建档立卡贫困户45户159人，2017年脱贫10户36人；低保146人，五保1人。耕地面积1756亩，2017年农民人均纯收入6273元。主导产业有林果种植、苗木培育和个体私营经济。村“两委”班子围绕发展主题，积极引导群众依托交通等优势调整产业结构，着力发展苗木培育等产业，基础设施逐步完善，全村已实现水、电、路、电视“四通”，屯内道路硬化率达100%；逐步丰富村级文体活动，潞城村壮剧团连续多年获得全县壮剧展演一等奖。

八洞村 位于田林县潞城瑶族乡西南部，距乡府所在地15千米，距离县城37千米。下辖八洞、板帮、赖家坪、平桥、香草坪、渭盘、马塘、杉树坪、刘家坪、央王、八洞移民点等11个自然屯12个村民小组，居住有壮、汉、瑶三个民族，共418户1582人，低保户78户259人，五保户6人。全村总面积47.17平方千米，耕地面积2453亩，人均耕地面积1.55亩；林地面积4400亩，人均林地2.78亩。群众以种植桉树、杉木、松木、油茶、油桐等为主要收入来源。2017年人均纯收入7018元。

2015年，在新一轮精准识别工作中，八洞村完成识别309户1325人，建档立卡贫困户81户302人，2017年脱贫7户34人。

东力村 位于潞城瑶族乡西部，村部所在地距乡政府37千米。下辖岩后、央务、根力、平东、八康、央使、根陇、岩达等8个自然屯8个村民小组，居住着壮、汉等2个民族，共有269户1060人。全村共有党员44名（其中流动党员4

名),村"两委"班子7人;贫困人口72户260人,低保254人,五保2人。全村总面积39.13平方千米,耕地面积2449亩,其中水田298亩,旱地2151亩。主导产业是农业(种植业),主要种植有油桐、油茶、杉树等作物,部分群众依托当地气候、土地资源种植中草药(三叶青)等。全村已实现水、电、路、电视"四通",但板桃至东力路段路况较差,制约当地农产品的销售和经济发展。2017年人均纯收入为5936元。

丰防村 位于潞城瑶族乡东南部,村部所在地渭谷屯,距乡政府所在地20千米,下辖丰防、渭谷、渭腊、渭风等4个自然屯7个村民小组,共有118户515人,其中瑶族人口475人,占全村总人口的92.2%。全村总面积16.8平方千米,耕地面积2363亩,人均耕地面积4.6亩,林地面积2.16万亩,人均林地41.9亩,群众以种植玉米、生姜、油茶、杉木、养殖肉鸡和外出务工为主要收入来源,2017年人均收入7010元。

丰防村是"十二五"转入"十三五"的贫困村,属一类贫困村。在2015年精准识别工作中,全村完成识别118户515人,精准识别建档立卡贫困人口19户70人,贫困发生率为12.6%。

经过2016年一年的扶贫攻坚工作,对照贫困户"八有一超"脱贫标准,该村贫困户19户70人全部实现脱贫,贫困发生率为0%。对照贫困村脱贫摘帽"十一有一低于"标准,2016年,丰防村脱贫摘帽出列。2017年继续跟踪帮扶。

丰厚村 位于潞城瑶族乡西部,村部所在地距乡府驻地5千米,下辖丰厚、六乜、弄楼、渭力、移民点、那来等6个自然屯9个村民小组,居住着壮、汉、瑶3个民族,338户1254人。全村面积28.07平方千米,耕地面积899亩,其中水田面积358亩,全村党员共28名,贫困人口39户138人,2017年脱贫7户22人;村"两委"班子7人,低保127人,五保7人。主导产业是农业(种植业),主要种植有油茶、杉树、生姜等作物。近年来,在上级党委、政府的领导下,村"两委"班子解放思想,理清经济发展思路,引导群众调整产业结构,坚持种养结合,着力发展养鸡、特色养殖、芒果种植等产业,走可持续农业发展之路。全村已实现水、电、路、电视"四通",但大部分屯级道路路况较差,制约当地农产品的销售和经济发展。2017年人均纯收入5932元。

各烟村 位于潞城瑶族乡中南部。村部所在地距乡政府驻地12千米。东与丰防村、南与弄读村和八桂乡、西与平板村和丰厚村、北与潞城村和旺吉村接壤。下辖各烟、岩才、那额、渭社、南那5个自然屯10个村民小组,共268户1158人,其中瑶族1154人,占总人口的99.6%。村"两委班子"成员共8名,村正式党员30名。全村总面积34590亩,有耕地3648亩,人均耕地面积3.15亩。林地面积13694亩,退耕还林面积1739亩。群众以种植玉米、生姜、油茶、甘蔗、杉木为主要收入来源。2017年人均纯收入7548元。

2015年,在新一轮精准识别工作中,各烟村完成识别268户1158人,建档立卡贫困户126户526人,贫困发生率45.34%。2017年,全村建档立卡贫困人口127户544人,未脱贫123户523人,贫困发生率为44.1%。

红旗村 位于潞城瑶族乡东南部,距乡府所在地8千米。下辖红旗、百榄、移民点、各柳、平晚等5个自然屯9个村民小组,338户1580人,居住着壮、汉、瑶、苗等4个民族。村"两委"干部7人,党员42人。全村有贫困人口92户374人,2017年脱贫24户107人;低保户352人,五保户10人。南昆铁路、隆百高速公路、国道324线贯穿境内,交通条件便利。全村总面积28平方千米,耕地面积1139亩,其中水田671亩,旱地468亩。林业资源以杉木、松木、油茶等为主。2017年人均纯收入6253元。

红旗村"两委"班子引导群众调整产业结构,改造淘汰低产三月李等种植品种,积极发展晚熟芒果、软枝油茶、育苗等高产值产业;同时,依托便利交通及县城"后花园"区位优势,大力发展小番茄、黄瓜、草莓等果蔬种植,逐渐发展成为县城菜篮子无公害果蔬基地,使外出务工人员逐步减少,群众经济收入人均逐年增加。红旗村还着力打造"蓝天、青瓦、绿树、碧水"的新农村风格,2009年县政府投入42万元修建了百揽至岩站水利,灌溉面积达510亩(占全村的双季稻面积的70%),进一步完善农田水利基础设施建设,2010年又完成红旗屯街道硬化建设,极大改善了群众的生产生活条件。

马逻村 地处潞城瑶族乡西北部,盘百公路、南昆铁路、隆百高速公路穿境而过。下辖板桃、马逻、弄涯、那社、移民点(有大平、平里、务红、岩东、大平移民等5个点)等6个自然7个村民小组,居住壮、汉两个民族,388户1616人,全村共有党员49名(其中流动党员11名),村“两委”班子7人;贫困人口65户267人,2017年脱贫19户86人,低保254人,五保7人。全村总面积53平方千米,耕地面积2250亩,水田面积243亩,旱地面积1143亩。马逻村辖区内有板桃水库、马逻水库,有成文油脂厂及多个木材加工厂。全村经济作物主要有八角、油桐、板栗、李果、油茶等。2017年人均纯收入6094元。近年来,马逻村依托当地资源和交通优势,逐步扩大苗木培育、林木种植等产业。

那帮村 地处潞城乡西北部,距乡政府所在地20千米,全村有8个村民小组,下辖那帮、那合、那下、弄维、渭仙、渭满、岩楼、平红等8个自然屯8个村民小组,居住壮、汉、瑶3个民族,共300户1310人,贫困户68户272人,贫困发生率19.85%。2016年脱贫1户4人。2017年全村人均纯收入7353元。

全村共有党员31名(其中流动党员4名),村“两委”班子7人。全村共有耕地面积3263亩,其中水田503亩,旱地2760亩,人均耕地面积0.4亩;林地面积3563亩,人均林地面积0.4亩。主导产业为种植业,主要种植有油茶、油桐、八角、松树、杉木等经济林木。

全村已基本实现水、电、路、电视“四通”,水泥路已通至村部(那合屯),有5个屯(弄维、渭仙、渭满、岩楼、平红)未通水泥路,已实现屯内全硬化4个(那帮、那下、弄维、岩楼),硬化一半2个屯(那合、平红),未硬化2个屯(渭仙、渭满)。

那马村 位于潞城瑶族乡西北部,村部所在地距乡政府驻地41千米。下辖那昔、马界、达买、顶仁等4个自然屯9个村民小组,居住着壮、汉等2个民族,全村共有446户1987人,全村共有党员43名(其中流动党员12名),村“两委”班子7人;贫困人口113户461人,2017年脱贫2户6人;低保429人,五保5人。全村总面积50.57平方千米,耕地面积3730亩,其中水田846亩,旱地2884亩。主导产业是农业(种植业),种植有油桐、油茶、生姜、杉树等经济作物,2017年人均纯收入5957元。全村实现水、电、路、电视“四通”,那马—央郎村级道路、马界屯内道路已实现硬化,但板桃至那马(那昔屯)路段路况较差,一定程度上制约了当地经济的发展。

弄读村 位于潞城瑶族乡西南部,村部所在地距乡府驻地24千米。下辖弄读、八合、六里、平赖、平来5个自然屯7个村民小组,居住壮、瑶等民族,共有227户850人。全村共有党员27名(其中流动党员6名),村“两委”班子7人;贫困人口28户107人,低保118人,五保7人。耕地面积2271亩,其中水田471亩,旱地1782亩。主导产业是农业(种植业),主要种植有油桐、松木、杉树等作物。2017年人均纯收入6069元。全村已实现水、电、路、电视“四通”,但水利、道路等基础设施等级低,尤其是南山桥至弄读公路路况差,制约当地农产品的销售和经济发展。

弄光村 位于潞城瑶族乡西北部,距乡府所在地约45千米,全村总面积35.38平方千米,下辖弄光、渭等、岩下等3个自然屯、5个村民小组,居住着壮、汉、苗、瑶等4个民族。全村耕地总面积1801亩,其中水田210亩,旱地1591亩,主导产业是农业(种植业),主要种植有小麦、油茶、杉树等作物,部分群众利用丰富的林地资源发展养羊业等。全村实现水、电、路、电视“四通”。2017年人均纯收入7249元。正月二十五弄光村祭瑶娘民俗活动,于2010年被列入自治区级非物质文化遗产保护名录。全村共有221户947人,2015年精准识别后,共有建档立卡贫困户23户70人,2016年23户70人全部脱贫,2017年贫困人口动态调整后,“应纳尽纳”1户3人,退出户返贫1户3人,2017年贫困发生率为0.68%。对照贫困村脱贫摘帽标准,弄光整村达到“十一有一低于”的脱贫标准,认定为2017脱贫村。

平合村 位于潞城瑶族乡的西北部,距离县城46千米,村部距乡府所在地13千米。下辖那浪、那固、弄忙、渭卡、平合、西来、定务7个自然屯7个村民小组,226户867人。全村党员共33名,村“两委”班子7人,贫困人口40户150人,低保194人,五保7人。耕地面积1998亩,其中水田面积300亩,旱地1698亩。主导产业是农业,主要种植松木、水果、杉木等经济林木。近年来,在上级党委和政府的正确引导和帮扶下,平合村“两委”大力调整产业结构,探索出一条以种植业带动禽畜养殖业的发展路子,生猪养殖、黄牛等养殖业初具规模。2017年人均纯收入5998元。

三瑶村 地处潞城瑶族乡东北部,距离乡府20千米,因瑶怒、瑶昂、瑶告3个自然屯而得名。下辖瑶怒、瑶昂、陈家山、刘家堡、瑶告、达架、渭克提、渭拉、那桑、平好、渭已11个自然屯11个村民小组453户1964人。三瑶村为多民族聚集村,其中瑶族人口837人,占全村总人口的42.6%。汉族708人,占全村人口的36%,壮族414人,占全村人口的21%。全村总面积5.6万亩(其中用材林林地3.9万亩,经济林林地1.4万亩,耕地2556亩),户均土地面积超过120亩,人均土地面积超过28亩,群众以种植杉木、油茶、八角为主要经济来源。2017年人均纯收入6873元。富有奇传色彩的"灯草塘"宝地镶嵌于该村东部。三瑶村民族文化底蕴深厚,瑶怒屯的瑶族铜鼓舞民俗活动,蕴含着丰富的内容和传承历史,已被列入非物质文化遗产保护名录,深受各界关注。

三瑶村是"十二五"转入"十三五"的贫困村,属于二类贫困村。2015年,在新一轮精准识别工作中,三瑶村完成识别453户1964人,建档立卡贫困户163户624人,贫困发生率为31.78%。2016年脱贫5户20人;2017年不安排脱贫对象。

旺吉村 位于潞城乡东南部,距县城18千米,距乡政府所在地2千米。下辖百昂、俄外、百站、百站移民点,俄外电站移民点5个自然屯14个村民小组,562户2082人,居住有壮、汉、苗3个民族,村"两委"干部8人,党支部共有党员53人;全村贫困人口88户351人,其中2016年脱贫12户56人,2017年脱贫14户56人;低保户356人,五保户15人。全村土地总面积3.6万多亩,耕地面积4234亩,其中水田893亩,旱地3434亩;林业资源以杉木、松木、油茶等为主。2017年人均纯收入6248元。

旺吉村群众依托交通等优势,大力调整产业结构,发展苗木培育、油茶种植、养猪、养鸡等产业,建成3000亩绿色环保高产油茶基地,苗圃面积超过60亩,养猪存栏1000头以上。

渭祥村 位于田林县潞城瑶族乡东南部,距乡府所在地15千米,下辖渭俄、渭祥、瑶帮、平浪、那达、渭善、南晚等7个自然屯9个村民小组,居住着壮、汉、瑶等3个民族。全村共有225户906人,有党员26人,贫困人口101户376人,低保387人,五保6人。全村总面积28平方千米,耕地面积2080亩,其中水田257亩,旱地1823亩。渭祥村积极响应中央建设社会主义新农村的号召,积极改善渭俄屯基础设施建设,逐步完善公共服务设施;同时,在上级党委、政府的领导下,村"两委"班子解放思想,理清经济发展思路,引导渭俄群众大胆调整产业结构,坚持种养结合,走可持续农业发展之路。渭祥群众根据本村的实际情况,除了大量种植八角、桐果、油茶、杉木等经济林木外,还把发展目光放在投资少、见效快的养殖业上。村党支部书记盘武帝带头养殖"快大三黄鸡"获得成功,并带动群众发展养鸡产业,成为全乡致富带头人。2017年人均纯收入6113元。

央郎村 位于潞城瑶族乡西部,村部所在地马郎屯距乡政府所在地35千米。下辖马郎、央边、六岗移民点等3个自然屯9个村民小组,居住着壮、汉等2个民族,全村共有522户2116人,全村党员共63名,村"两委"班子8人,贫困人口125户523人,低保285人,五保9人。总面积58.44平方千米,耕地面积2449亩,其中水田298亩,旱地2151亩。主导产业是农业(种植业),种植有油桐、油茶、生姜、杉树等经济作物。2017年人均纯收入5956元。全村屯屯实现水、电、路、电视"四通",自然屯屯内道路硬化率100%,央郎—那马村级道路实现硬化;板桃—央郎村级道路路况差,制约当地农产品的

2017年3月23日,潞城瑶族乡开展森林防火进校园宣传活动

销售和经济发展。近年来，村“两委”结合实际，引导群众依托当地林业资源发展中草药（三叶青）种植等产业，进一步拓宽增收渠道。

营盘村　位于田林县潞城瑶族乡西北部，距乡府所在地3千米，地处“三林”叉路口，南昆铁路和国道324线、隆百高速公路穿境而过，交通便利，区位优势突出。全村总面积55.61平方千米，下辖营盘、平吉、平宜、平桂、八维、岩龙等6个自然屯7个村民小组，627户2551人，居住着壮、汉、瑶3个民族。村“两委”班子8人，党员61人，全村有贫困人口164户661人，低保632人，五保7人。全村耕地面积3452亩，其中水田958亩，旱地2494亩。辖区有红枫淀粉厂、十二桐业油脂厂、营盘砖厂等企业。该村林地面积较广，种植有松木、油桐、油茶、板栗、李果等经济林木。2017年人均纯收入6045元。全村屯屯实现“四通”（即水、电、路、电视）。近几年来，村两委班子结合全村实际，理清工作思路，引导群众依托当地资源，大力发展苗木培育、芒果等产业，不断增加农民收入。在抓好经济建设的同时，不断改善基础设施建设，营盘、平吉等屯已完成道路硬化。有宋代古营盘战场遗址。

平板村　位于潞城瑶族乡西南部，村部所在地六香屯，距乡政府所在地25千米，下辖平板、六香、渭拉等3个自然屯6个村民小组，居住着盘古瑶、蓝靛瑶、壮族等少数民族共145户714人，其中瑶族700人，占全村总人口的98.03%，全村国土面积12.7平方千米，耕地面积1919亩，其中水田228亩，旱地1691亩，人均耕地面积2.7亩，林地面积2.43万亩，人均林地面积34亩。群众以种植甘蔗、生姜、玉米、杉木、油茶、八角，养殖猪、鸡以及外出务工为主要收入来源，全村已实现水、电、路、电视“四通”。2017年人均纯收入6554元。平板村是“十二五”转入“十三五”的贫困村，属于二类贫困村，2015年，在新一轮精准识别工作中，全村完成识别145户714人，其中建档立卡贫困户8户28人，2016年，8户28人全部实现脱贫。同时，对照贫困村脱贫摘帽“十一有一低于”认定标准，12项指标均已达标，平板村于2016年实现脱贫摘帽。

（撰稿　王秋蝶　严东庆）

利周瑶族乡

【中共利周瑶族乡委员会领导】

书　记：黄斯胜（壮族）

副书记：陆富双（瑶族）

　　　　姚玉万

纪委书记：廖　雯（女，壮族）

组织委员：覃文俊（壮族）

宣传统战委员：蒙代祥（壮族）

装部部长：岑绍礼（壮族）

【利周瑶族乡人大主席团领导】

人大主席：姚玉万

副主席：兰美灵（女，壮族）

【利周瑶族乡人民政府领导】

乡　长：陆富双（瑶族）

副乡长：何保平（壮族）

　　　　闭遗斐（壮族，2017年10月离任）

　　　　蒋凤玲（女，壮族）

　　　　岑远景（壮族，2017年3月任职）

　　　　陆秀兰（女，壮族，2017年9月任职）

【概况】　利周瑶族乡位于田林县境东部。壮语叫“拜丽”，意为畲地多的地方。东与凌云县朝里瑶族乡交界、南与百色市右江区汪甸瑶族乡相邻，西与乐里镇接壤、北与浪平乡毗邻，田林至乐业二级公路穿境而过，田林至凌云二级公路正在建设中，乡政府驻地距县城19.8千米。全乡辖和平、平布、亮福、百达、爱善、福祥、囊老、老山、凡昌9个行政村，75个自然屯115个村民小组。2017年全乡总户数3745户，总人口16943人，其中农业人口16196人，非农业人口747人，2017年预脱贫78户340人，2017年贫困户动态调整应纳尽纳50户198人，退出户52户202人，剔除建档立卡户10户50人。主要居住有壮、汉、瑶3个民族，其中瑶族为5346人，占总人口30.6%。2017年全乡人均纯收入6450元。全乡党员444名，其中女性党员96名。利周瑶族乡府行政编制28名，其中，班子领导乡三家班子共12人，其他行政干部共17人，少数民族11人，妇女4人；事业编制18名，其中少数民族14人，女干部4人。

全乡行政区域面积262.38平方千米，耕地总面积19603亩，其中水田8097亩，旱地11506亩，耕地主要种植水稻，素有“利周好白米”之称。地势自北向南倾斜，属土山区，林地面积为22.15万亩，森林覆盖率为89.4%。经济林有油桐2695亩、油茶9452亩、八角12740亩、杉木5571亩、松木

13191亩，其中盛产的茶油、八角远近闻名；经济作物有甘蔗、生姜、木薯、芋头；水果有板栗、柿子、梨、李；野生药材有灵芝、首乌、天冬、金银花、砂仁。“清水鸭”、“岑王老山土鸡”养殖是该乡的特色项目，养殖数量为全县之最。

利周瑶族乡境内有田林县和平糖厂、田林县广龙水泥厂、田林康益土特产有限公司、利周加油站等企业。广西岑王老山国家级自然保护区管理局也在利周瑶族乡境内，保护区方圆50平方千米，原始森林茂密，古树参天。乡政府驻地位于百达村百达屯，全乡有1个集贸市场，每5天一个圩日。全乡中小学及幼儿园共计11所，学生人数1333人，教师人数为85人，辍学学生13人，学生在校巩固率98%。全力抓好卫生防疫工作，逐步完善居民健康档案，大力开展预防艾滋病、结核病、手足口病防治工作。对老年人、慢性病、艾滋病等重点人员及疾病进行管理并跟踪服务。积极推进新农合工作，2017年新农合参合人数15085人，参合率为97.4%。

【经济发展】 2017年，利周瑶族乡生产总值1.08亿元，社会消费品零售总额1350万元，人均纯收入6666元。按照县委、县政府把利周瑶族乡打造成“特色农业小镇、乡村旅游小镇”的城镇化发展定位，乡党委、政府制定了“一轴两带四区”的特色农业、乡村旅游发展战略，大力发展特色休闲观光采摘农业和乡村旅游农家乐集群。年内，利周沿岑王老山—利周河谷生态休闲旅游观光轴已建成7家农家乐和6个特色水果采摘园，其中四季水果采摘带种植有芒果1400亩，沃柑700亩，桃李100亩，火龙果70亩、百香果50亩，葡萄50亩。全乡饲养清水鸭400余户，规模养殖户25户，年出栏近15万羽，产值1200万元，清水鸭养殖带促农脱贫增收成效显著。“四区”发展势头良好，年内利周好白米水稻种植1万亩，产量4000吨，产值达1000万元；特色蔬菜种植6000亩，产值达300万元；高产糖料蔗种植保有量达6000亩，产值1500万元；高产油茶种植量达1.5万亩。2017年，利周瑶族乡盘王部落休闲农庄示范区、沃柑产业示范区荣获自治区乡级农业（核心）示范区。

【社会发展】 2017年，利周瑶族乡认真落实各项惠民措施，社会事业得到全面进步。

基础设施 一是加大农村基础设施投入。投入资金87.92万元，建设田家湾、乡政府所在地、伟红山、伟环屯、猫皮良、平爱屯、包三屯等6个饮水工程项目，项目全部进场施工；投资2159.51万元，实施那罕—平爱、达拢坪—伟刷道路、伟红山—田家湾、凡屯—伟红山、凡屯—那罕屯、平布村部至冷屯、那伏至伟王、百达二级路口至爱善河堤路、那罕至猫皮良等9个道路硬化项目46千米，其中，凡屯—伟红山段等4个项目已竣工投入使用，其他正在建设中；投资55.9万元实施可立沟、猫皮良沟、可麻沟溪桥项目，项目已竣工投入使用。二是加大城镇建设力度。少数民族乡项目建设稳步推进，乡镇基础设施建设项目（路面白改黑、绿化、绿化、排水）工程全部竣工投入使用，新农贸市场已完成征地、地勘和初步设计预算等前期工作，农贸市场到河堤路路网已完成招投标并进场施工。三是加大重点项目协调推进。重点做好了长江天成高端油茶、凌云至田林二级路、长垅至伟好二级路改扩建等项目的征地和协调工作，确保项目顺利推进。

社会事业 落实各项支农惠农补贴200多万元。新农保参保率98%；城镇基本医疗保险参保率97.4%。完成9个村级“服务惠民”专项活动服务中心建设。发放民政各类救济款700余万元，城乡居民养老金200余万元。人口计生各项指标均控制在市级下达目标任务内。义务教育巩固率100%。先后举办利周首届文化旅游扶贫节、百达坛昔回娘家活动，挖掘特色民族乡资源，提高利周文化旅游名片誉。

【生态乡村】 深入实施清洁和生态乡村工程。一是继续狠抓清洁乡村。坚持每周一或周五开展清洁统一行动，开展环境卫生集中整治20余次，共清理垃圾死角70余处，清运垃圾40余吨。作为“村收镇运县处理”三个试点唯一正常运行乡镇，稳定保洁员队伍，保障经费，投入近40万元维持中转站的运行。二是打造宜居乡村示范点。整合住建、旅游、深圳对口帮扶项目资金，在老山村那罕屯打造融“民居特色村寨示范、乡村旅游示范、扶贫产业示范、民俗文化示范”元素为一体的宜居乡村示范点；整合财政、民族、市政资金，实施百六等6个自然屯的一事一议屯内道路硬化项目和百六、平令、平坤、包屯等亮化项目；实施农村改厨150

2017年4月30日，利周瑶族乡举行脱贫攻坚誓师大会暨2017年首届旅游扶贫民俗文化活动

户，改厕150户，改圈11户，农村污水得到有效治理；实施农村危房改造项目65个，其中贫困户15个。2017年，和平村平令屯荣获自治区绿色示范村屯称号。

【维稳工作】 继续深入推进平安利周建设，扎实开展社会矛盾化解工作，领导干部公开接访、带案下访、包案调处工作机制不断完善，社会不稳定因素得到有效排查化解。一是抓好综治信访维稳工作。以提升群众安全感为目标，深入开展"平安乡镇"创建活动。2017年，共排查矛盾纠纷36起，化解36起，化解率100%。年内未发生赴邕上京非法上访事件发生，2017年，和平村荣获全国创建无邪教示范村。二是抓好安全生产工作。坚持落实"党政同责、一岗双责"责任机制，层层签订安全生产责任状。一年来，共开展道路、企业、地质灾害点、加油站等重点领域安全检查20次，道路交通安全劝导30次。三是抓好防火防汛工作，加强重点林区和重点季节的防火工作。四是加强肉类、蔬菜等农产品流通过程中的监管工作，加强烟花爆竹、煤气等行业的监管，定期深入学校开展食品安全督查工作。全年无重大安全生产事故发生。

【脱贫攻坚】 2017年，利周瑶族乡围绕贫困户"八有一超"和贫困村"十一有一低于"要求，举全乡之力，全力推进脱贫攻坚工作，顺利完成老山村、和平村脱贫摘帽和全乡77户336名贫困人口脱贫出列，实现155户600人脱贫跟踪户稳固脱贫。深圳对口帮扶成效显著，共投入资金396万元，主要实施"以奖代补"、村集体经济建设、基本公共服务设施等项目；落实"雨露计划"扶贫资金64.25万元，扶持贫困学生182人；落实小额信贷373户，贷款金额1865万元；落实"以奖代补"资金97.05万元，产业扶持覆盖267户；老山、和平2个贫困村村级集体经济收入年收益均达2万元以上；易地扶贫搬迁项目和平村平坤安置点竣工并实现35户161人全部搬迁入住，百达村福些安置点42栋房建工程全部启动。到2017年年底全乡实现232户946人精准脱贫，贫困率降到11.6%。

【党建工作】 2017年，利周瑶族乡坚持加强党的建设，全面提升党建工作水平。

基层组织建设 稳步开展"两学一做"学习教育常态化制度化和中共十九大精神学习宣传贯彻。对377名党员开展积分管理，对村党支部星级化管理，加强信息平台维护，年度收缴党费2.5万元。圆满完成村"两委"换届工作。认真落实"三会一课"、党员固定活动日等制度。年内发展10名党员，培养20名积极分子。落实农村党员活动经费、村两委经费20余万，提高村干部待遇57人。推动第一书记排头兵作用，协调1000多万元建设道路等30多个项目。实施先锋助力脱贫攻坚工程，培育黄炳生等35个带富先锋。探索"一社多联"与脱贫攻坚融合，建立"村民合作社＋专业合作社＋产业示范基地"和"村民合作社＋公司＋产业示范基地"模式，培育村集体经济。预脱贫老山村、和平村各实现4万元收入。全面推进"三年一争当"活动。召开班子建设年"面对面"座谈会2次，落实整改20余件。与企业结对帮扶联系机制，帮助企业解决困难10余件。开展环境卫生整治20余次，清运垃圾30余吨。2017年和平村党支部被评为自治区五星党组织，百达村、福祥村被评为四星党组织，爱善村被评为三星级党组织。

党风廉政建设 主动履行党

风廉政建设主体责任，按时完成自治区党委第二巡视组反馈意见的整改。认真开展中央“八项规定”精神“回头看”工作，完成问题整改21项，清退违规款项9.5万元。加强机关行政效能，全年集体提醒谈话集体约谈4次，诫勉谈话3次，谈话提醒达500多人次。持续深入开展扶贫领域监督执纪问责工作，开展专项检查、“巡访百村千户”活动，完成问题线索初核7条，立案5件，结案3件，移送审理1件，给予党纪政纪处分3人。

意识形态工作 以讲习所为平台学习习近平重要讲话和中共十九大精神等16期；开展“学习夜话”宣讲活动4期；“讲习小广播”向群众传达精神53期；开展壮语壮戏“板凳圈”暨十九大文艺演出2场，建立3个“讲习所”教学实践基地。开展评选培树“核心价值观”系列活动，共推荐3名模范人物、10户“十星级文明户”和2个“文明村镇”。全年报送新闻稿件上稿108篇，各类宣传信息325篇，2017年利周中心校荣获自治区第一批文明校园。

【各村简介】

百达村 位于利周瑶族乡中部，系乡府和街圩所在地，是利周政治、经济和文化中心，距县城20千米。下辖坛达、坛昔、百谷和平阳4个自然屯，14个村民小组。2017年，全村总户数570户，总人口2340人。其中壮族1987人，汉族105人，瑶族248人。以农业、林业、商业、种养业、劳务输出为主要经济支柱，共有个体工商户90多户，国土面积16.09平方千米，耕地面积2179亩，其中水田1160亩，旱地面积1019亩，种有经济林3500多亩，其中八角1280亩，板栗960亩，李果620亩，松木850亩。利周街每五日一街，每街日都有上5000多人到此赶街，进行商品交易，每个街日外来客商达百人以上，2017年人均纯收入6800元。全村文化体育事业蓬勃发展，民间业余文化团体有百达屯同乐壮剧团、迎春剧团、舞狮队，坛昔屯坛昔剧团、坛昔舞狮队，百谷屯百谷壮剧团等，经常受邀到县内乐里、八渡、六隆、潞城等乡镇和凌云县朝里瑶族乡、右江区汪甸瑶族乡等演出。文化体育公共设施齐全，全村4个自然屯都有较为标准的水泥灯光篮球场，百达文化广场始建于2013年占地面积10亩，是全乡广大群众主要的文化娱乐场所，常承办全乡性的文化体育赛事。2016、2017年举办“吼敢”壮剧节利周片区（利周、浪平）壮剧汇演和民族山歌演唱活动。辖区拥有占地面积5亩革命烈士英雄纪念碑、占地面积3亩将军庙、占地1亩观音庙等。

和平村 位于利周瑶族乡南部，是利周的“南大门”。村部所在地平坤屯距乡政府3千米，距离县城15千米。下辖百六、百蓬、六里、六为、六支、平坤、平令、青龙、伟红、伟七，共10个自然屯16个村民小组，居住着壮、瑶两个民族，2017年共512户2085人，其中瑶族58户262人。是“十三五”贫困村，经2015年10月广西精准入户识别，建档立卡贫困户124户465人，2016年已经脱贫121户454人，有3户11人未脱贫，2017年动态调整新增4户15人，贫困发生率1.25%，2017年顺利实现脱贫。三年来，建设项目有：平令、百逢、伟红、伟七、平坤屯安全饮水项目；二级路至六支屯道路硬化项目；百六屯、百逢屯过水河堤路项目；百逢屯戏台建设项目；平令屯村屯绿化示范项目；和平村部综合服务中心办公楼和宣传栏建设；平坤屯屯内太阳能路灯一事一议项目；百六屯民族村寨道路硬化项目；六里屯屯内道路硬化一事一议项目；百六屯人饮安全提升工程等。2015年始建立盘王部落易地扶贫搬迁示范点，共移民搬迁48户贫困户，该易地扶贫搬迁示范点分为产业区和生态扶贫旅游区两个功能区，其中产业发展规划用地1500亩。全村区域面积35.16平方千米，其中耕地面积2343亩（其中水田1303亩，旱地1040亩），林地面积20708亩。以劳务输出和种养业作为主要经济来源，以种植水稻、蔬菜瓜果、糖蔗、养鸭为支柱产业，年养清水鸭量约3万羽，是全乡有名的菜篮子基地。经济林主要有板栗4300亩，李果250亩，八角850亩。2014年来，引来投资商和当地群众在河谷地段种80亩红心火龙果采摘园。2017年人均纯收入6680元。成立有较早的壮剧团，平坤壮剧团、百逢剧团一队和百逢剧团二队，是利周较早建立壮剧团自然屯，有《花园定婚》等壮戏古本6本。2017年，在和平村盘王部落承办民族风情、旅游节活动。

平布村 位于利周瑶族乡的东部，村部距乡政府所在地8.2千米，距县城30.2千米。下辖平布、伟央、牛场坡、伟赖、伟龙、岩乐、过厂、冷屯、伟落、伟苗、包屯、伟扛、包三、巴彬、过龙、平安，共16个自然屯，14个村民小组，是深度贫困村之一。2017年全村总户数410

户，总人口1882人，其中壮族416人，汉族905人，瑶族561人。是“十三五”规划期间贫困村，2015年精准入户识别，共有105户贫困户，416人。全村国土面积34.57平方千米，耕地面积3024亩，其中水田808亩，旱地2216亩。当地村民的主要经济支柱产业为种植业和劳务输出。全村种植经济果林2887亩，其中松林850亩、竹子115亩、桐油262亩、八角370亩、板栗525亩。2017年人均纯收入5800元。2015年起征地建设田凌（利周—朝里）二级公路建设。

亮福村 地处利周中部，村部距乡政府所在地1.5千米，距县城23.5千米。下辖坛亮、坛伏、伟镇3个自然屯，13个村民小组。全村总面积为12.45平方千米，耕地面积为2109亩，其中水田为1001亩，旱地为1108亩。2017年总户数480户，总人口1820人，其中壮族1641人，汉族25人，瑶族154人。主要经济支柱产业为种养业、劳务输出等，是“利周好白米”的主要产地之一，水稻种植面积为2582亩，年产量920吨以上；2013年来通过“一事一议”财政奖补项目将亮福屯内所有巷道硬化，并完成排水系统建设和猪圈牛栏改造。全村全部实现“三通”，广播电视覆盖率达100%。2015年坛亮、坛伏群众自筹资金创办约20亩苗圃场；2015年建立春满园四季水果种植，占地面积50亩，主要种有葡萄20亩、火龙果5、青枣7亩、桑葚3亩、柠檬和草莓5亩等；2016年在坛伏建立了丰永水果种植合作社，种植沃柑达200亩；2017年3月在坛亮建立了居仁沃柑种植合作社，种植沃柑达430亩；水果种植均通过土地流转增加了群众收入，2017年亮福村人均纯收入6380元。辖区有坛亮剧团一队、坛亮剧团二队、坛伏剧团4个业余壮剧团，每年3月坛亮、坛伏均举办白帝庙会。

爱善村 东南与百达村接壤，东北与老山村相邻，西北与乐里镇相邻。村部所在地海拔490米，距乡府所在地3千米。下辖那善、六爱、当后、可立、囊许、囊混、平凉、六恩、那才和伟仇等10个自然屯，14个村民小组。2017年全村总户数378户，总人口1780人。其中贫困户有138户，人口达587人。爱善村是“十二五”规划时期贫困村。2017年人均纯收入6880元。文化底蕴深厚，有着37年历史（截至2017年）的爱善业余壮剧团，2014年来爱善剧团表演具有民族特色的壮剧和集体舞《乖呀咧》《社会主义核心价值观24个字》取得了非常好的演出效果。2017年，以村支书为代表的致富带头人，开始发展种桑养蚕产业，通过以点带面，有效增加群众收入。

福祥村 位于利周瑶族乡中东部，村部所在地原那伏屯距乡府所在地3千米，2011年新村部所在地那平屯距乡政府4千米，田林至乐业二级公路穿村而过，交通便利。下辖那伏、祥杏、那平3个自然屯7个村民小组，2017年共380户1643人，是壮族聚居的一个村，90年代初全村“水、电、路”均实现三通。全村区域面积13.02平方千米，耕地面积1827亩，拥有经济果林2920亩，其中板栗1370亩、八角350亩、松木1050亩，葡萄基地50亩、蔬菜100余亩种植基地，年养殖清水鸭2万多羽。有利众清水鸭养殖合作社、瑞祥中草药合作社和占地15亩年出栏500头的鸿发生猪立体生态养殖场等。常年在外地打工人数达250多人，劳务收入达200多万元，2017年农民人均纯收入达6830元。文化底蕴深厚，业余壮剧团有那伏剧团、祥杏剧团、那平剧团，那伏舞龙队、那伏舞狮队等；辖区内有老山泉、猴洞规范化农家乐，近年来在上级部门和乡党委政府的领导下，福祥村打造成以游泳、餐饮、烧烤、果蔬采摘为一体的生态旅游示范村，成为县内外游客消暑纳凉、朋友聚会

那平剧团表演壮剧《春木与山竹》

的最佳选择。2017年五一期间成功举办了首届田林旅游扶贫民俗文化节。2014—2017年来,先后被评为广西壮族自治区卫生村、全区清洁乡村百佳村屯、绿色村屯、最美自然屯、自治区千村万户文艺村、自治区文明村等。

囊老村 位于利周瑶族乡东部,村部距乡政府所在地18千米,全村245户1100人,下辖囊老、田坝、伟言、新田、伟龙、伟王、瑶闭等7个自然屯10个村民小组,聚居汉、壮、瑶3个民族;是"十三五"期间贫困村,全村2015年建档立卡贫困户34户127人(含动态调整1户5人),列为2018年预脱贫村。2017年文化部门囊老村综合服务中心戏台建设;扶贫资金那伏路口—伟王屯道路硬化项目;瑶闭屯篮球场一事一议项目。全村土地面积20.02平方千米,耕地面积1485亩,经济林面积4620亩,用材林面积5570亩,主要农林产品为八角、杉木、油茶、甘蔗、生姜等,其中八角、杉木这两项人均3亩以上。主要养殖为猪、鸡、鸭等常规家畜禽养殖。是年全村人均纯收入6230元,收入主要来源是农林产品销售和生猪养殖、外出务工收入。

老山村 位于利周瑶族乡东北部,村部所在地距县城31千米,距乡府所在地7千米。下辖凡屯、那罕、平爱、陈家坡、可麻、猫皮良、田家湾、伟刷、伟红山和伟环等10个自然屯,13个村民小组。2017年,全村总户数399户,总人口1786人,居住有壮、汉、瑶3个民族。是"十三五"期间贫困村,全村2015年建档立卡贫困户81户362人,2017年贫困动态管理新增7户27人。列为2017年预脱贫村,通过"一村一品、金融扶持、移民搬迁、劳务增收"等发展模式,全力推进脱贫攻坚"十大行动",解决山上8个自然屯行路难问题,易地移民搬迁自然保护区群众29户,已顺利实现脱贫目标。2017年得到深圳市帮扶老山村整村脱贫帮扶项目,有产业以奖代补、通屯道路硬化、基本公共服务设施等项目,共396万元,其中实施86户贫困户产业"以奖代补"扶持项目33.35万元;1条通长3.1千米屯道路硬化159.4万元;1座桥梁及两端道路89万元;基本公共服务设施64.25万元,用于建设民族特色产品交易市场1座,村部道路硬化项目,村部宣传栏,那罕屯亮化工程,凡屯亮化工程。得到旅游局旅游发展项目用于建设旅游设施100万元。2017年新书记罗远引进了白背耳食用菌袋料栽培项目,由帮扶单位农业局无偿送菌袋给老山村的凡屯、那罕、平爱3个自然屯的22户贫困户示范栽培,每户2000袋,增加了当年均收入800~1200元。老山村除凡屯、那罕两个壮族村寨居住在沿河沿路外,其余8个自然屯均居住在岑王老山国家级自然保护区内。全村土地面积70.69平方千米,耕地面积1822亩,其中水田593亩,旱地面积1229亩。当地村民的主要经济来源为劳务输出和种植业,全村主要经济林有八角5800亩,桐果800亩,板栗1200亩,松杉木2100亩,凡屯、那罕群众常年养鸭1万羽,是利周清水鸭的主要产地之一,常年外出务工人数达500人。2017年老山村人均纯收入6890元。教育有老山小学,文化有凡屯剧团、平爱荣光剧团等。

凡昌村 位于利周瑶族乡东北部,村部所在地距乡政府9千米。下辖伟亮、伟干、那敢、长垄、伟朗、达角、平降、伟么、田棚、毛大牛、伟好和伟后12个自然屯,17个村民小组,2017年全村总户数485户,总人口2327人,其中瑶族人口2268人,占全村总人口97.5%,是个典型的瑶族村寨。属全县"十二五"43个贫困村之一,全村总面积34.01平方千米,耕地面积2026亩,其中水田901亩,旱地1125亩。主要经济收入来源是八角种植业和劳务输出,全村有经济林6230亩,其中八角林4880亩,茶果林767亩,桐果林274亩,其它林果309亩。2017年凡昌村农民人均纯收入6390元。

(撰稿 卢凤轻)

浪平镇

【中共浪平镇委员会领导】

书　记:蒋正波
副书记:郭重希
　　　　黄　飞
纪委书记:罗德君(壮族,2017年10月离任)
　　　　李凌玥(女,壮族,2017年10月任职)
组织委员:罗小江
宣统委员:王碧云(女,彝族,2017年10月离任)
　　　　黄秀芳(女,壮族,2017年10月任职)
武装部长:杨长雨

【浪平镇人大主席团领导】

主　席:黄　飞(壮族,2017年9月离任)

黄开红(2017年10月任职)
副主席:黄文辉

【浪平镇人民政府领导】
镇　长:郭重希
副镇长:黄开红(2017年10月离任)
邓　杰(瑶族,2017年10月)
张高东(壮族,2017年9月离任)
王碧云(女,彝族,2017年10月任职)
张光沁
赵振华(壮族,2017年8月离任)
皮功顺(2017年10月任职)

【概况】 浪平镇位于田林县城东北,地处凌云、乐业交界,距田林县城63千米,全镇总面积459.99平方千米,辖浪平村、塘合村、江垌村、弄陀村、委贵村、小坳村、央村村、弄阳村、西华村、甲朗村、达妹村、弄坝村、八号村、弄鞋村、坳停村、岩龙村、平山村、红星村、香维村、大保村20个行政村,278个村民小组309个自然屯,聚集着汉、壮、瑶等民族,2017年总人口3.2万人。保有耕地3099公顷,其中水田605公顷,林地面积25580公顷,其中可用林地11652公顷。浪平镇属石山区,中部、西部及西北部为典型的喀斯特地貌,南部及西南部为土山区,与世界级乐业大石围天坑群景区相距60千米,期待开发的自然地貌景点有三川洞、马龙天坑、西华石林、马德溶洞、浪平犀牛塘等。著名的国家级岑王老山自然保护区地处该镇境内,森林覆盖率达78%。可开发的矿产资源有锑、硫铁、水晶、冰洲石、滑石、砂页岩、石灰石等。独特的气候,造就了许多特色农产品,主要有蜜桃、核桃、寿桃、八角、茶辣、板栗、白毫茶等。野生中药材有野三七、黄莲、天麻、逐节人参等。野生动物有飞虎、金丝猴、果子狸、大鲵等。2017年广西壮族自治区人民政府批复同意田林县浪平乡由乡建制改为镇建制,2017年9月27日浪平乡举行撤乡设镇仪式,发放行政公章和为机关揭牌。

【经济发展】 2017年,浪平镇年内全镇生产总值19312万元,农民人均收入6035元,粮食播种面积2133公顷,粮食总产量0.79万屯,蔬菜种植440公顷,总产量1.3万吨,造林种植面积500公顷。探索贫困村集体经济发展模式。结合贫困村实际,依托村级专业合作社,采取入股平台公司、发展"三桃"产业、打造健康蔬菜、田螺特色养殖、油茶种植、建立便民服务公司、建设门面租赁、集体林场出租等方式探索贫困村集体经济模式,拓宽贫困村集体经济来源,最终实现村集体经济达5万元以上。是年,甲朗村健康蔬菜共为甲朗村增加集体经济1万元,委贵村入股分红实现村集体经济获利2万元,坳停村林场出租为村集体经济增加收入6000元。

核桃产业　动员有条件的村屯群众大力发展核桃种植,并通过整合部门资金和帮扶单位资金等方式,为群众提供核桃苗17.5万株,年内新种植核桃约7000多亩,全镇核桃面积达2.9万亩。

寿桃产业　在稳定原有面积3500亩的基础上,注重浪平寿桃品牌的打造,着力发挥区级农民合作社示范社的示范带动作用,不断吸收发展新社员,引导种植户依靠合作社来实现护理、销售等方面的突破,实现由合作社统一品种、统一技术指导、统一销售的目标。年内合作社社员由原来的5人增加到54人,接受合作社的统一指导和管理。

猕猴桃产业　通过创建百色市农民合作社示范社,挖掘合作社的带动作用,采取"党支部+公

2017年9月27日,浪平乡举行撤乡设镇仪式。图为县领导发放浪平镇行政公章和为机关揭牌

司 + 基地 + 农户”模式,壮大猕猴桃种植规模,同时加大对猕猴桃种植的扶持力度,制定相应扶持政策,对新种植户给予苗木、肥料等补助,在水利、基地道路、农业项目等方面给予支持。年内新发展猕猴桃面积约100亩,全镇现有猕猴桃面积327亩。

健康蔬菜产业 浪平采取“党支部 + 合作社 + 贫困户”模式探索高山健康蔬菜种植,率先在甲朗村示范种植四季豆(俗称豆豆米)200亩。合作社负责对外寻找销售渠道,并与贫困户签订保底价方式收购四季豆,去除人工、运输等相应成本后,每销售一公斤提取0.4元用做村集体经济收入。借助环球、华润等大型超市平台,成功解决了四季豆的销路。年内,采取“合作社 + 公司 + 农户”订单保价回收模式发展种植健康蔬菜640亩,涉及浪平村、香维村、央村村、小坳村和塘合村等5个村,贫困户180户825人。

【社会发展】

教育事业 全面落实各类教育惠民政策,大力推进学校基础设施建设,教学环境得到持续改善,有初中2所,共有初中学生1339人,有中心校2所,有村级小学11所,共有小学生1903人。

文体事业 加大村级文体设施投入力度,群众文化生活进一步提升。

社会保障工作 民政、医疗、养老等社会保障体系运行平稳,有乡镇医院2所,共有医护人员61人,有20座村级卫生室,发放低保金1954.5490万元,发放五保户救助金622500元;养老保险参保人数11102人,缴费率66.5%,60岁以上4070名老人领取养老金;全镇新农合参合率达88.46%;林业生产、武装工作有序推进。

社会稳定工作 深入推进“平安浪平”建设,开展领导大接访活动,深化矛盾调解化解,受理矛盾纠纷案件112起,调解105起,结案101起,处理信访案件15件。安全生产、食药品安全、社会治安保持平稳,年内接出警40件,追回被盗现金8000元,摩托车3辆,价值1.8万元,抓获涉案人员3人,行政处罚28人,查处交通违法违章车辆22人次,上交罚没6000元。消防和交通管理逐步加强,无重大群体性事件和安全事故发生,群众安全感和满意度逐步提升。

【基础设施建设】 着力抓项目建设,镇村品质逐步提升。一是道路畅通建设方面。完成香维村及6个面上村通屯道路硬化22条124.1千米建设,投入专项资金5310万。二是人饮基础设施建设方面,落实农村安全饮水工程69个,有效解决贫困户饮水困难。三是贫困村农网升级改造方面,重点解决好贫困户的生产用电问题,推进光缆入村、网络入户,实现宽带信息网络全覆盖,构建多元化信息服务平台。四是环境整治建设方面。深入开展“美丽广西·宜居乡村”活动,完成1个中型垃圾焚烧炉建设和浪平、平山两个片区垃圾处理中心,塘合村获得自治区美丽乡村示范点称号;加大农村“三改”力度,推进村容村貌整治,创建干净整洁的农村人居环境。五是乡村文化设施建设。积极推进集宣传文化、党员教育、体育健身等为一体的村级综合公共文化服务中心建设,顺利完成香维村戏台、篮球场、宣传栏、健身场所及农家书屋的建设。六是危房改造工作。年内落实危房改造建设693个。

【扶贫工作】 经过精准识别,浪平镇共有建档立卡贫困户13447人,10个贫困村,在2015年年底人口底数为32456人的情况下,贫困发生率为41.43%。经过2016—2017

2017年5月31日,田林县2017年易地扶贫搬迁工程项目开工仪式在浪平乡易地扶贫搬迁安置点举行。图为开工仪式现场

年的努力，顺利完成779户3355人贫困人口脱贫摘帽，香维村脱贫出列。截至2017年年底，浪平镇还有17个深度贫困村（其中贫困村9个，新增深度贫困村8个）未脱贫出列，2366户10102人未脱贫摘帽，贫困发生率为30.00%。

【党建工作】 2017年，浪平党委深入学习贯彻落实中共十八大、十九大会议精神，坚持"围绕经济抓党建，抓好党建促发展"工作理念，认真抓好基层党建和党风廉政建设工作及社会各项事业全面发展，提高便民利民服务效率。一是切实加强党建工作。认真落实党建工作责任制。加强基层组织建设，加强镇领导班子思想政治教育，坚持每季度至少开展2次以上集中学习，上党课1次以上；强化党内组织生活，通过健全党员党性定期分析、民主评议等，开展党员先进性、纯洁性教育活动，以群众路线教育实践活动中暴露出来的问题整改为主线，落实党员干部直接联系和服务群众制度，实现多措并举，扎实推进党建工作。二是狠抓制度落实，增强思想意识。党委落实党支部"三会一课"制度和"党员固定活动日"制度，探索流动党员管理的方式方法，调动广大党员参与组织生活的积极性。同时，通过"引进来"和"走出去"方式，加大对村级党员干部的教育培训力度，提高村党支部贯彻落实政策法规的能力，提高农村党员干部带富的本领。三是发挥党员引领，党建助力脱贫。通过选优配强脱贫带头人，以村"两委"换届为契机，选拔有水平、肯干事的人从而提高村"两委"干部的整体水平，通过加强对第一书记和美丽工作队员的日常管理，极大地发挥他们在脱贫攻坚工作中的作用。四是做好"三桃"文章，推进党建带产业发展，发挥各村党员的示范带头作用，采取"党支部+公司+基地+农户"、"党支部+合作社+农户"和土地流转入股模式发展"三桃"（核桃、寿桃、猕猴桃）产业。探索贫困村集体经济发展模式。五是切实落实"两个责任"担当，推动党风廉政建设。加强干部职工理论学习，增强领导干部党风廉政意识，层层传导压力推动巡视、巡察整改落实，聚焦中心任务，加大对信访举报特别是群众身边的"四风"以及扶贫领域腐败问题的案件查处力度。是年，全镇共举办专题报告会4场，党委领导和党支部负责人上党课80余次，组织观看廉政教育片20次，受教育人员约6000人次，共接待群众200余人次，发放宣传资料600余份，接到群众来访举报线索42条，排查有效线索6条，其中立案7件，结案5件。

【各村简介】

坳停村 位于浪平乡西部，村部所在地老寨屯，距乡政府所在地24千米。"水、电、路"已全部实现三通。全村辖12个自然屯（甲谭、小林、大田、排坡、白岩脚、底塘、牛垌、石家垌、巫家垌、弄么、岩洞子、老寨）14个村民小组（甲谭中寨、甲谭下寨、小林、大田、排坡、白岩脚、底塘、牛垌、石家垌一组、石家垌二组、巫家垌、弄么、岩洞子、老寨），居住着汉族、壮族，全村共有479户1864人，总面积23平方千米，耕地面积2225亩，其中水田820亩，旱地1405亩，主导产业以种养为主。村"两委"班子成员8人，其中村党支部成员3名，村民委成员5名。

八号村 位于浪平乡东北部，村部所在地高坎子屯，距乡政府所在地46千米。"水、电、路"已全部实现三通。全村辖21个自然屯（下一洞、上一洞、刘家坪、高坎子、马家洞、甲拉、二洞、水湾、陈家、当门槽、周家、姚家湾、必卖、罗家洞、弄妹、土仁寨、唐家坳、芹菜陀、甲米曹、坳上、岩上），21个村民小组，居住着汉族，全村共有513户2303人，总面积24平方千米，耕地面积2239亩，其中水田539亩，旱地1700亩，主导产业以种养为主。村"两委"班子成员7人，其中村党支部成员3名，村民委成员7名。

达妹村 位于浪平乡东北部，村部所在地达妹屯，距乡政府所在地38千米。"水、电、路"已全部实现三通。全村辖10个自然屯（平磨、达妹、达课、达桂、弄喏、深洞、上弄马、打甲、下弄马、南杀）10个村民小组（达妹一组、达妹二组、达课、达桂、弄喏、深洞、上弄马、打甲、下弄马、南杀），居住着汉族，全村共有378户1658人，总面积23.09平方千米，耕地面积1801亩，其中水田364亩，旱地1437亩，主导产业以种养为主。全村共有党员31名。村"两委"班子成员8人，其中村党支部成员3名，村民委成员5名。

大保村 位于浪平乡西部，村部所在地毛草坪屯，距乡政府所在地50千米。"水、电、路"已全部实现三通。全村辖11个自然屯（兴龙平、岜领、毛草坪、沙维、那合、三川洞、保上、小毛燕、茹支洞、弄敖、云盘）13个村民小组，居住着汉族、全村共有287户1152人，总面积26平方千米，耕地面积3571亩，其中水田418亩，旱地3153亩，主导产业以种养为主。全村共有党员37名，其中女党员10名。村“两委”班子成员7人，其中村党支部成员3名，村民委成员4名。

红星村 位于浪平乡北部，村部所在地为和平屯，距乡政府所在地43千米。“水、电、路”已全部实现三通。全村辖9个自然屯（弄歪、罗盘、丁家湾、下坝群、上坝群、瑶基、妖店子、龙灯、和平）15个村民小组，居住着汉族、壮族、瑶族，全村共有362户1573人，总面积22.2平方千米，耕地面积3727亩，其中水田556亩，旱地3171亩，主导产业以养殖为主。全村共有党员26名，其中女党员4名。村“两委”班子成员8人，其中村党支部成员3名，村民委成员5名。

甲朗村 位于浪平乡东部，村部所在地谭家坡屯，距乡政府所在地10千米。“水、电、路”已全部实现三通。全村辖20个自然屯（甲朗、谭坡、弄央、弄妹、小格当、达理、赵洞、弄吓、甲报、张湾、高古、圆家垌、革令、上寨、坡脚、上甲化、弄酸、水井湾、甲裸、弄阳平）11个村民小组（甲朗、谭坡、弄央、弄妹、小格当、达理、赵洞、弄吓、甲报、张湾、高古），居住着汉族，全村共有276户1189人，总面积21平方千米，耕地面积1930亩，其中水田60亩，旱地1870亩，主导产业以种养为主。全村共有党员38名，其中女党员8名。村“两委”班子成员7人，其中村党支部成员2名，村民委成员5名。

江洞村 位于浪平乡东部，村部所在地甘洞子屯，距乡政府所在地15千米。“水、电、路”已全部实现三通。全村辖15个自然屯（马龙、下火曹、上火曹、小洞子、过棍、龙旺、毛拜陀、关龙、何家洞、甘洞子、江洞、龙凤、龙水、哪盘、小弄阳）15个村民小组，居住着汉族，全村共有312户1306人，总面积21.6平方千米，耕地面积1707亩，其中水田147亩，旱地1560亩，主导产业以种养为主。全村共有党员28名，其中女党员4名。村“两委”班子成员8人，其中村党支部成员3名，村民委成员5名。

浪平村 位于浪平乡东南部，村部所在地场坝屯，距乡政府所在地0.25千米。“水、电、路”已全部实现三通。全村辖12个自然屯（宝莲、弄江、下洞、付家、唐家、姚家、弄怀、场坝、岩科、瞿家、那英、八告）18个村民小组（弄江、下洞、付家、唐家、姚家、弄怀、场坝一组、场坝二组、岩科一组、岩科二组、那英一组、那英二组、瞿家寨一队、瞿家寨二队、瞿家寨三队、瞿家寨四队、瞿家寨五队、八告），居住着汉族，全村共有549户2426人，总面积24.5平方千米，耕地面积2085亩，其中水田1042亩，旱地1043亩，主导产业以种植为主。全村共有党员46名，其中女党员9名。村“两委”班子成员8人，其中村党支部成员3名，村民委成员5名。

弄坝村 位于浪平乡中部，村部所在地弄坝江屯，距乡政府所在地16千米。“水、电、路”已全部实现三通。全村辖14个自然屯（下赖、南坳、甲堕、弄燕、炮木洞、打丫、毛拜洞、弄坝江、三湾、簸所、长洞、打倒、弄西安、半湾）20个村民小组，居住着汉族、瑶族，全村共有475户1998人，总面积25平方千米，耕地面积2170亩，其中水田432亩，旱地1738亩，主导产业以种养为主。全村共有党员39名，其中女党员5名。村“两委”班子成员8人，其中村党支部成员3名，村民委成员5名。

弄陀村 位于浪平乡中部，村部所在地上弄陀屯，距乡政府所在地10千米。“水、电、路”已全部实现三通。全村辖15个自然屯（下长洞、上长洞、弄西、弄丫、弄汉、苏麻洞、弄坪、上弄陀、下弄陀、玉家陀、甘洞子、弄欢、弄边、弄背、团洞子）17个村民小组，居住着汉族，全村共有348户1416人，总面积22.3平方千米，耕地面积976亩，其中水田291亩，旱地685亩，主导产业以种养为主。全村共有党员33名，其中女党员4名。村“两委”班子成员5人，其中村党支部成员3名，村民委成员5名。

弄鞋村 位于浪平乡东北部，村部所在地下寨屯，距乡政府所在地40千米。“水、电、路”已全部实现三通。全村辖19个自然屯（大格闹、弄绍、下洞、小龙江、水洞、大龙江、上塞、下塞、反背、道角、弄度、下弄哥、弄令、上弄哥、小格闹、弄沙、弄南、中寨、弄鞋）21个村民小组，居住着汉族，全村共有455户2145人，总面积26平方千米，耕地面积1491亩，其中水田351亩，旱地1140亩，主导产业以种养为主。全村共有党员32名，其中女党员2名。村“两委”班子成员8人，其中村党支部成员3名，村民委成员5名。

弄阳村 位于浪平乡东北部，村部所在地牛塘屯，距乡政府所在地8千米。“水、电、路”已全部实现三通。全村辖4个自然屯(排坡、苦洞、牛塘、烂沟)5个村民小组,居住着汉族、壮族、瑶族民族,全村共有172户668人,总面积17.3平方千米,耕地面积938亩,其中水田308亩,旱地630亩,主导产业以种养为主。全村共有党员23名,其中女党员2名。村"两委"班子成员8人,其中村党支部成员3名,村民委成员5名。

平山村　位于浪平乡北部,村部所在地平山屯,距乡政府所在地20千米。"水、电、路"已全部实现三通。全村辖9个自然屯(平山、弄銮、上坝、下坝、甲梭、南花、花棚、老寨、新寨)12个村民小组,居住着汉族、壮族、瑶族3个民族,全村共有434户1790人,总面积23.5平方千米,耕地面积2680亩,其中水田654亩,旱地2026亩,主导产业以养殖为主。全村共有党员31名,其中女党员5名。村"两委"班子成员8人,其中村党支部成员3名,村民委成员5名。

塘合村　位于浪平乡东部,村部所在地达告屯,距乡政府所在地12千米。"水、电、路"已全部实现三通。全村辖20个自然屯(达告、塘哈坪、汤家、八定、甲娃、九桂坪、瓦厂、岩望、孙家、上马兰、下马兰、甲洞口、外纳、平息、桥龙山、罗家、黄家、九凤上寨、九凤中寨、九凤下寨)15个村民小组,居住着汉族,全村共有401户1587人,总面积23.5平方千米,耕地面积2899亩,其中水田418亩,旱地2481亩,主导产业以种植猕猴桃和养殖业为主。全村共有党员23名,其中女党员6名。村"两委"班子成员8人,其中村党支部成员3名,村民委成员5名。

委贵村　位于浪平乡西南部,村部所在地委贵屯,距乡政府所在地16千米。"水、电、路"已全部实现三通。全村辖16个自然屯(弄老、洞湾、麻阳、崔家、花棚、茶垌、弄干、弄坪、牛棚、半坡、弄桑、委贵、木林、田坝、鸟山、老茶垌)25个村民小组,居住着汉族,全村共有569户2578人,总面积26.3平方千米,耕地面积4018亩,其中水田854亩,旱地3164亩,主导产业以种养为主。全村共有党员41名,其中女党员5名。村"两委"班子成员9人,其中村党支部成员3名,村民委成员6名。

西华村　位于浪平乡东北部,村部所在地上香里屯,距乡政府所在地12千米。"水、电、路"已全部实现三通。全村辖20个自然屯(上香里、水井湾、麻佑、上弄凤、大坪、弄然、彭家垌、龙告、弄沙、弄交、下弄凤、利刚、巫家洞、曾家垌、下香里、甲满、大垌子、吴家寨、湾头、尹家)20个村民小组,居住着汉族,全村共有332户1342人,总面积25.3平方千米,耕地面积1360亩,其中水田185亩,旱地1175亩,主导产业以种养为主。全村共有党员20名,其中女党员6名。村"两委"班子成员8人,其中村党支部成员3名,村民委成员5名。

香维村　位于浪平乡西部,村部所在地香维下寨屯,距乡政府所在地37千米。"水、电、路"已全部实现三通。全村辖5个自然屯(上寨、下寨、巴央、委信、巴朝)9个村民小组,居住着汉族、壮族、瑶族,全村共有189户890人,总面积19.7平方千米,耕地面积835亩,其中水田287亩,旱地548亩,主导产业以种养为主。全村共有党员30名,其中女党员6名。村"两委"班子成员8人,其中村党支部成员3名,村民委成员5名。

小坳村　位于浪平南部,村部所在地新寨屯,距乡政府所在地13千米。"水、电、路"已全部实现三通。全村辖11个自然屯(甘洞、弄咩、弄乱、刹阳、那顺、二台坪、笨么、台子上、新寨、委常、上排)13个村民小组(甘洞一组、甘洞二组、弄咩、弄乱、刹阳、那顺、二台坪、笨么、台子上一组、台子上二组、新寨、委常、上排),居住着汉族、瑶族,全村共有369户1808人,总面积23.5平方千米,耕地面积1153亩,其中水田541亩,旱地612亩,主导产业以种养为主。全村共有党员30名,其中女党员5名。村"两委"班子成员8人,其中村党支部成员3名,村民委成员5名。

岩龙村　位于浪平乡西北部,村部所在地老龙山屯,距乡政府所在地25千米。"水、电、路"已全部实现三通。全村辖8个自然屯(青岗林、岩龙、老龙山、打敏、委代、弄相、刘家坡、大土)9个村民小组,居住着汉族、壮族,全村共有298户1170人,总面积19.6平方千米,耕地面积3551亩,其中水田248亩,旱地3303亩,主导产业以种养为主。全村共有党员21名,其中女党员5名。村"两委"班子成员8人,其中村党支部成员3名,村民委成员5名。

央村　位于浪平乡东南部,村部所在地河坝屯,距乡政府所在地13千米。"水、电、路"已全部实现三通。全村辖14个自然屯(弄力、九洞坪、马蹄岩、平乐、平上、交达、骂堡、什良、河坝、岩坎上、中八步、达盖、指家湾、王家湾）11 个村民小组（什良一、什良二、弄力、央村、指家湾、河坝一、河坝二、河坝三、河坝四、龙湾、九洞坪），居住着汉族，全村共有 281 户 1279 人，总面积 22.6 平方千米，耕地面积 5786 亩，其中水田 3386 亩，旱地 2400 亩，主导产业以种养为主。全村共有党员 35 名，其中女党员 8 名。村“两委”班子成员 7 人，其中村党支部成员 3 名，村民委成员 4 名。

平塘乡

【中共平塘乡委员会领导】

书　记：贝维军（瑶族）

副书记：黎华贵（壮族）

　　　　陈　恒

纪委书记：岑凤花（女，壮族）

组织委员：李世鹏（苗族，2017 年 10 月任职）

　　　　许红麦（女，壮族，2017 年 9 月调离）

宣传统战委员：林　珊（女，壮族）

武装部长：许继文（壮族）

【平塘乡人大主席团领导】

主　席：陈　恒

副主席：李海慧（女，壮族）

【平塘乡人民政府领导】

乡　长：黎华贵（壮族）

副乡长：倪元斌

　　　　韦光成（壮族）

　　　　闭祖茂（壮族）

　　　　苏承蒂（壮族）

　　　　邓　杰（瑶族，2017 年 9 月调离）

【概况】 平塘乡位于田林县西北部，东面与者苗乡相连，南面与定安镇相邻，西面与隆林县隆或、介廷两乡交界，北面与旧州镇接壤，境内土山、石山各半，属典型的高寒石山乡。乡府所在地距县城 98 千米，乡内四级公路可通达隆林县、旧州镇、者苗乡，交通便利。

全乡辖 10 个村民委员会，88 个自然屯，107 个村民小组，行政区域面积 194 平方千米，主要聚居汉、壮、苗 3 个民族。2017 年全乡总户数 3527 户，总人口 14217 人，其中汉族 8438 人、壮族 5224 人，苗族 493 人，其他民族 62 人。2017 年年末耕地面积 14738 亩，其中水田 4659 亩，旱地 10079 亩。全乡最近的村同祥村距乡政府所在地 0.6 千米，最远的村茅坡田村距乡政府所在地 18 千米。境内“水、电、路”已全部实现三通。平塘乡全乡属半石山区，东南半部为土山，约占总面积的 60%，西北半部呈岩石溶峰丛地貌，约占总面积的 40%。森林面积 20.47 万亩，森林覆盖率 65%，生态环境优良。粮食作物以种植玉米和水稻为主，经济作物有八角、香菇、木耳、烤烟、木材、油茶、砂糖橘、生姜等。

【经济发展】 2017 年全乡生产总值达 13148.261 万元，人均生产总值 9248 元，同比增长 15.9%。农业方面：完成烤烟种植 1098 亩、总产值 170 多万元比 2016 年增长 117.9%。完成水稻种植 4100 亩、总产值 437.06 万元，玉米种植 11200 亩、总产值 722.176 万元，生姜种植 4600 亩、总产值 2208 万元。砂糖橘新种植 1200 亩，总面积达 2100 亩，参与种植砂糖橘的群众达 416 户，其中贫困户 86 户，已挂果砂糖橘面积 30 亩，实现收入 30.25 万元；新种植油茶 1000 亩，总面积达 27000 亩，其中已挂果面积 24000 亩，实现收入 4500 万元；新种植枇杷群众 21 户种植面积 400 亩，带动 9 户贫困户种植。畜牧方面：年底生猪存栏 14729 头、出栏 24932 头、实现收入 3739.8 万元，土鸡存栏 43762 羽、出栏 13.76 万羽、实现收入 637.5 万元，山羊存栏 2743 只、出栏 1217 只、实现收入 91.275 万元。完成同祥村山羊养殖示范区的建设。2017 年 7 月龙歪村陈勇家庭农场被自治区评为五星级生态养殖场。

【基础设施建设】 2017 年，实施完成平塘防洪堤项目扫尾工程，打造河堤景观带；完成投资 170 万元的平吉大桥项目竣工验收工作；完成万吉水库库区征地及项目动工建设各项协调工作；顺利完成旧州至那腊二级公路项目建设征地及相关协调工作；完成同祥、茅草坪、茅坡田、渭各、龙歪 5 个村的村部亮化工程；实施完成危房改造 76 户和“一事一议”6 个项目建设，申报落实平塘加油站至平塘桥头道路硬化项目。

【社会事业】 2017 年，在校初中生为 541 人；在校小学生为 1112 名，教育事业均衡推进，新建学生宿舍楼 1 栋，适龄儿童入学率 100%、升学率 100%。做好城乡居民基本医疗保险参保缴费和政策宣传工作，参保率达 96.44%，贫困人口参保率达 100%；城乡居民养老保险参保率达 103.3%。扎实开展艾滋病预防工作，制定了防治艾滋病工作

2017 年 11 月 7 日，田林县平塘乡党委书记贝维军慰问茅草坪村李八困难老党员　　（李世鹏　拍摄）

方案。深入开展优生优育政策宣传，全面两孩政策有序实施，出生符合政策率达 94.2%，孕前优生健康检查 111 对，任务完成排在全县第二名。贯彻落实民政低保政策，全年共发放临时救助金 1.7 万元，冬令救助物资 2000 多件(套)，发放春荒灾民救助款 1.4 万元，发放五保户生活补助 25.2 万元、大米 1.08 万公斤，发放农村低保金 282 万元，城镇低保金 5.7 万元。

【维稳与安全】 建立“三级”调处网络(村“两委”先行调解→包村工作组组织调解→乡调处工作组组织调处)，将纠纷调处责任分解落实到三家班子领导、包村工作组及村“两委”干部。全年共排查出重点矛盾纠纷 86 起，调处 86 起，调结 65 件。全乡纠纷调处力度较往年大为增强，有效地确保了全乡社会和谐稳定。组织派出所、国土规建环保安监站利用圩日、节假日开展路检路查，有效维护交通安全秩序。开展安全生产月活动和安全生产咨询日活动，组织开展应急演练，在平塘中心校、平塘中学等进行消防演练和防震逃生演练活动，在茅坡田村供港屯地质灾害点组织开展应急演练活动。

【生态乡村】 整合 2017 年“一事一议”财政奖补项目实施的屯内道路硬化 6 个。

【精准扶贫】 2017 年，完成同祥村脱贫出列，全乡 253 户 1053 人脱贫任务，完成同甲易安点整体规划及局部建设，至年底已完成 4 户 20 人搬迁入住。加大产业扶持力度，培植砂糖橘、枇杷、杉木、油茶等主导产业，按时将产业扶持资金每户 3500 元划拨给 389 户贫困户；联合县直各联系单位对 241 户贫困农民进行结对帮扶，对 300 多名贫困农民进行实用技术培训，并引导富余劳力向外输出，逐步实现脱贫致富目标。

【森林防火】 平塘乡拥有 1 支 15 人森林防火半专业队，同时建立 1 个乡级火灾应急分队和 107 个村民小组火灾应急分队，应急队伍 1105 人，2017 年发放宣传资料 2800 张，发放宣传挂历 3200 张，张贴小标语 560 条，书写固定标语 438 条，制作悬挂横额 83 条，制作防火巡逻袖标 130 张，制作摩托车巡逻旗 1105 张。开展小学生防火课，共给学生上森林防火课 1112 人次，有效保护了全乡森林财产的安全。

【各村简介】

平塘村　位于平塘乡中西部，因村边有一个水塘得名，村部所在地平塘屯，距乡政府所在地 1 千米。“水、电、路”已全部实现三通。全村辖 9 个自然屯(平塘、高徕、高坡、六好、那爱、坝务、小地坝、安公、云盘)16 个村民小组，居住着壮、汉族，全村共有 412 户 1681 人，耕地面积 2302 亩，其中水田 863 亩，旱地 1439 亩，主导产业以农业、林业为主。全村共有正式党员 49 名，其中女党员 6 名，少数民族党员 24 民，预备党员 1 名。村“两委”班子成员 7 人，扶贫专干 1 人。村党支部书记李盛品，村民委主任梁波。

兴六村　位于平塘乡北部，以村内自然村兴六得名，村部所在地尾音屯，距乡政府所在地 6 千米。“水、电、路”已全部实现三通。全村辖 10 个自然屯(尾音、兴六、老吴、良子上、徕的上、徕的、平上、坝关、岩右、者洛、拉拢)12 个村民小组，居住着壮、汉族，全村共有 367 户 1543 人，耕地面积 953 亩，其中水田 369 亩，旱地 584 亩，主导产业以农业、林业为主。全村共有正式党员60名,其中女党员6名,少数民族党员48人,预备党员1名。村“两委”班子成员7人,扶贫专干1人。村党支部书记卢世青,村民委主任农世建。

龙果怀村 位于平塘乡北部,因驻地在原龙果怀大队而得名,后改为龙果怀村,村部所在地大九屯,距乡政府所在地10千米。“水、电、路”已全部实现。全村辖8个自然屯(龙果朝、下坝、大九队、小九队、龙弄朝、五队、六队、八队)8个村民小组,居住着汉族,全村共有246户1014人,耕地面积924亩,其中水田174亩,旱地750亩,主导产业以农业、林业为主。全村共有正式党员43名,其中女党员11名,少数民族党员0名,预备党员1名。村“两委”班子成员7人,扶贫专干1名。村党支部书记兼村民委主任冉俊强。

平吉村 位于平塘乡东北部。该村建立在“洪吉”潭边的地坪上,因此得名,村部所在地同花屯,距乡政府所在地11千米。“水、电、路”已全部实现。全村辖6个自然屯(倮倮、平吉、百林、同花、百马、克场)6个村民小组,居住着壮族,全村共有321户1255人,耕地面积2205亩,其中水田518亩,旱地1687亩,主导产业以农业、林业为主。全村共有正式党员32名,其中女党员6名,少数民族党员32人,预备党员1名。村“两委”班子成员7人,扶贫专干1人。党支部书记兼村民委主任骆文忠。

同祥村 位于平塘乡中部,该村东面是一较长的田垌,因而得名。村部所在地同祥屯,距乡政府所在地0.6千米。“水、电、路”已全部实现三通。全村辖8个自然屯(同祥、小冲、党雄、达连地、石灰窑、拉翁、新寨、牛厂)11个村民小组,居住着壮族,全村共有397户1719人,耕地面积1640亩,其中水田630亩,旱地1010亩,主导产业以农业、林业为主。全村共有正式党员40名,其中女党员6名,少数民族党员18名,预备党员0名。村“两委”班子成员7人,扶贫专干1人。村党支部书记张再高,村民委主任刘国平。

渭各村 村部所在地金堂屯,距乡政府所在地12千米。“水、电、路”已全部实现三通。全村辖11个自然屯(保上、金堂、曾家托、渭海山、龙海山、岩乐、乐拢、竹林寨、青岗林、大元、渭各向)11个村民小组,居住着汉族,全村共有321户1299人,耕地面积1520亩,其中水田475亩,旱地1045亩,主导产业以农业、林业为主。全村共有正式党员42名,其中女党员6名,少数民族党员6名,预备党员0名。村“两委”班子成员7人,扶贫专干1人。村党支部书记丰玉良,村民委主任王贵荣。

茅草坪村 位于平塘乡西部,村部所在地茅草坪屯,距乡政府所在地6千米。“水、电、路”已全部实现三通。全村辖12个自然屯(茅草坪、道蒙、石板井、布楼、大等、大石告、后龙山、瑶寨、小屯、洞口、龙桥、渭洛)15个村民小组,居住着汉族,全村共有458户1883人,耕地面积1517亩,其中水田417亩,旱地1100亩,主导产业以农业、林业为主。全村共有正式党员53名,其中女党员8名,少数民族党员1名,预备党员0名。村“两委”班子成员7人,扶贫专干1人。村党支部书记谢太忠,村民委主任舒庭学。

六池村 位于平塘乡东部,村部所在地六池上屯,距乡政府所在地12千米。“水、电、路”已全部实现三通。全村辖4个自然屯(六池上、六池下、达东、弄生)8个村民小组,居住着壮族,全村共有362户1364人,耕地面积797亩,其中水田511亩,旱地286亩,主导产业以农业、林业为主。全村共有正式党员36名,其中女党员7名,少数名族党员36名。预备党员3名。村“两委”班子成员7人,扶贫专干1人。村党支部书记兼村民委主任韦保荣。

龙歪村 位于平塘乡西南部,村西有一山梁蜿蜒,如龙歪卧,故得名。村部所在地龙歪屯,距乡政府所在地10千米。2017“水、电、路”已全部实现三通。全村辖11个自然屯(坡脚、龙歪、弄山、韦家沟、保上、保下、苗湾、瓦厂、冲头、麻窝、弄坡)11个村民小组,居住着汉族,全村共有294户1255人,耕地面积1574亩,其中水田409亩,旱地1165亩,主导产业以农业、林业为主。全村共有正式党员33名,其中女党员5名,少数民族党员0名,预备党员0名。村“两委”班子成员7人,扶贫专干1人。村党支部书记兼村民委主任周学成。

茅坡田村 位于平塘乡西南部,村址原是一片茅草地,因此得名。村部所在地茅坡田屯,距乡政府所在地18千米。“水、电、路”已全部实现三通。全村辖9个自然屯(伟峰、伟利、尾燕、大坝田、茅坡田、伟昔、平座、葫芦田、供港)9个村民小组,居住着汉族,全村共有224户934人,耕地面积1306亩,其中水田293亩,旱地1013亩,主导产业以农业、林业为主。全村共有正式党员32名,其中女党员3名,少数名族党员1名,预备党员0名。村“两委”班子成员7人,扶贫专干1名。村党支部书记刘朝宣,村民委主任蒋正乾。 （撰稿 郭于菁）

百乐乡

【中共百乐乡委员会领导】

书　记:潘基毅(壮族)

副书记:黄龙光(壮族)

　　张天成(壮族,2017年10月离任)

　　汤运芝(2017年10月任职)

纪委书记:黄天杰(壮族)

组织委员:罗　铸(壮族)

宣传统战委员:王桂香(女,壮族)

武装部长:刘　威(壮族)

【百乐乡人大主席团领导】

主　席:张天成(壮族,2017年10月离任)

　　汤运芝(2017年10月任职)

副主席:罗晓琼(女,壮族,2017年10月任职)

【百乐乡人民政府领导】

乡　长:黄龙光(壮族)

副乡长:汤运芝(2017年10月离任)

　　韦　剑(壮族)

　　黄祖荣(壮族)

　　周明辉(汉族)

　　李春憬(女,壮族,2017年10月任职)

【概况】 百乐乡位于田林县西北部,地处黔桂两省交界,东与浪平乡、乐业县雅长林场相连,南与潞城乡相依,西与潞城、旧州接壤,北与贵州省册亨县隔南盘江相望,乡政府所在地距县城79千米。2005年原龙车乡并入组成新百乐乡,合并后全乡行政区域面积532平方千米,林地面积为51万亩,森林覆盖率68.8%,耕地面积2.96万亩(其中水田5793亩),辖7个行政村59个自然屯90个村民小组3134户12510人,聚居壮、汉、瑶3个民族。百乐乡主产水稻、玉米,特产蜜桃、核桃、茶油、生姜、中草药等,网箱养鱼、黄牛养殖、中草药产业为优势产业。主要发展水稻制种、黄牛养殖、水产养殖,主要农特产品有百乐干鱼、板干米酒、牛干巴、核桃、茶油。主要矿藏有锑矿、金矿、黄铁矿、水晶、硫磺、汞等。

【经济发展】 2017年,实现生产总值8379.86万元,同比增长10.7%;农业生产总值2818.86万元,同比增长10.3%,农村居民人均纯收入6701元,同比增长0.5%;全面完成了上级下达的各项控制性目标任务。全年完成水稻播秧0.64万亩,产量217.6万公斤,玉米种植1.23万亩,产量276.75万公斤,蔬菜等经济作物0.55万亩;巩固发展八洞村“十里瓜廊”,种植西瓜、黄瓜、辣椒等作物212亩;新推广种植芭蕉芋800亩、豆类种植200亩;完成甘蔗种植2660亩,芒果种植面积490亩,油茶种植面积2761亩。完成营造林面积9324亩(工业原料林5524亩、新一轮退耕800亩、油茶造林3000亩);完成8524亩(中央财政补贴项目7000亩、珠防林补助项目1524亩)的国家惠民林业项目申报及检查验收工作;重点打造300多亩的芒果种植示范基地、三帮村打造831亩核桃种植示范基地、根标村打造300多亩油茶种植示范基地。借力深圳市光明新区对口协作帮扶资金成功打造板干沃柑种植示范基地50亩。完成养牛存栏7300头,养羊9500只,突破发展养鱼面积9万平方米;引导贫困户积极发展百乐清水鸭养殖,百乐村批量养殖有4000多羽,根标村散养9000羽。

【社会发展】 民政救济工作有序开展。共有867户3419人享受低保待遇,城镇最低生活保障共有7户11人享受低保待遇。发放抚恤金59人20.6万元。抓好文教卫生工作。区间年度出生人口符合政策生育率为97.9%,人口自然增长率为5.11‰,人口出生性别113.4∶100。做好控辍保学工作,适龄儿童入学率达99%以上。百乐中心校适龄入学儿童550人,龙车中心校547人,龙车中学439人。安排资金支持各村开展春节文体活动;支持百乐村、板干村、根标村3个壮剧团参加县壮剧展演活动;扎实推进百华村戏台、篮球场和板干村百木屯篮球场等项目建设。开展居民健康档案、妇幼保健等公共卫生服务项目,重视预防手足口病、麻疹等疫病的防治宣传工作,发放宣传资料1800余份。抓好新农合和新农保工作。新农合参合率98.78%,新农保参保率101.84%。认真做好2017年农资综合直补农户信息更新、农机购置补贴等工作,全乡发放农用机械15台,受益农户15户65人,发放农机购置补贴0.8万元,完成率66.7%。

【基础设施建设】 完成危房改造

建设102户，完成率达100%；实施"一事一议"财政奖补项目13个，主要是屯内道路硬化、屯内亮化及各种公共基础设施建设，项目总投资152.9万元，其中群众自筹24.8万元，财政奖补资金128.1万元；完成280户改厨、280户改厕、12户改圈任务指标工作。利用深圳市光明新区对口协作帮扶资金60万元完成板干村水田引水渠建设项目、三帮村篮球场建设项目、板干村沃柑种植示范项目、根标村清水鸭养殖项目、根标村挂点贫困户一对一帮扶项目、百乐村垃圾清运车、板干村板干屯人饮改造项目等7个项目的建设。

【生态乡村建设】 深入开展"美丽田林·宜居乡村"建设，悬挂横幅标语60条，固定宣传栏15张；开展周一统一清洁行动；维护5座小型垃圾焚烧炉、1座中型垃圾焚烧炉、垃圾池48个的运转，落实76名保洁员运转经费91200元；完成12800亩营造林任务，其中油茶新造林3000亩，珠江防护林1524亩，中央财政迹地造林4000亩，新一轮退耕还林800亩，其他造林3476亩，森林抚育3000亩，老油茶低改2000亩。中央扶持项目10074亩，补助资金254.2万元；完成绿化造林8696.7亩，森林覆盖率达81.3%；兑现公益林面积135562.1亩，兑现公益林补偿189.78694万元；石漠化治理恢复植被2600亩，生态环境持续改善。

【土地确权】 新成立农村专业合作社4个。推进农村土地承包经营权确权登记颁证工作，深化农村土地使用制度改革，提高土地管理和利用水平。较好地完成了全乡3035户农户的地块勘测第一次公示。完成全乡应确权农户调查摸底工作以及7个村90个村民小组农户土地外业调查和第一轮、第二轮公示工作。

【社会稳定工作】 成立综治信访维稳中心和"农情联解，民意直通"服务中心，对重点矛盾和纠纷实行领导包抓制度，做到"一个问题、一名领导、一抓到底"，把调处工作责任落实到相关责任单位和具体责任人。2017年，全乡共接待群众来信来访133人次，提供法律咨询135人次，排查矛盾纠纷68起，受理68起，调解成功62起；调处率100%。（其中三大纠纷18起，调解成功18起；民间纠纷50起，调解成功45起）。通过民意调查问卷显示，群众满意率达98%。2017年全乡共立刑事案件19起，破案5起，破案率为10.5%，发案数比2016年同期下降13%；发生治安案件23起，查处4起，查处率为17.4%，治安案件发案率比2016年同期下降10%；抓获各类违法犯罪人员4人。认真落实安全生产"一岗双责，党政同责"责任制，开展了各类安全生产大排查活动，全年安全检查75次，出动车辆75次，执法人员150人次，检查各类经营单位86家次；查处违章搭客车辆49辆次，查处无证车辆130辆次，批评教育166人次；共下发整改通知134份，拉挂横额标语100条；发放宣传材料3000余份。2017年，全乡未发生一起安全事故。

【应急保障工作】 做好防火防灾应急宣传工作，组建3支45人森林防火半专业队，成立1个乡级火灾应急分队和59个屯火灾应急分队，发放高音喇叭及其配套设备7套、宣传资料1650张，张贴小标语70条，书写固定标语130条，悬挂横额46条，制作防火巡逻袖标65张、摩托车巡逻旗45张，开展中小学生消防避险课3次，为中小学生上森林防火课2节次。出台防汛抗洪、防震救灾、食品卫生、公共安全、抗旱防灾、群体性突发事件、地质灾害、中考应急等8个应急工作方案，并成立相应的领导小组，逐步加快推进基层应急规范化建设。成立突发事件应急管理委员会和专项应急指挥机构，落实责任，包片负责，制定全乡突发公共事件总体应急预案，完善应急工作各项制度，加强应急知识宣传、应急队伍建设和演练。

【脱贫攻坚】 全乡共有百乐村、板干村、根标村、三帮村4个贫困村，建档立卡贫困户850户3542人，2017年动态调整和"回头看"后全乡贫困户人口数据更新为871户3644人。2017年，全乡脱贫367户1588人，未脱贫375户1545人，93户400人得到搬迁安置，其中安置到县城百花寨安置点17户91人，安置到新吉街新吉安置点57户226人，安置到龙车安置点19户83人。完成4个贫困村村民合作社和3个非贫困村村民合作社的选举工作，全乡共发展村民专业合作社7个，7个行政村全覆盖。发放2014、2015年退出户共375户奖励金75万元。完成522户"以奖代补"项目验收和资金拨付工作，共拨付187.25万元。"雨露计划"补办总人数为81人，其中

2017年5月15日，百乐乡瓜农喜收西瓜

职业学历78人，补助资金11.7万元，巾帼励志班3人，补助资金0.6万元。发放小额扶贫信贷268户1271.5万元，其中有129户645万元融入平台公司，自主经营139户626.5万元。

2017年1月5日召开“美丽百色·宜居乡村”活动动员大会（百乐分会场）；2017年1月9日召开百色市《中国共产党问责条例》和《中国共产党内监督条例》宣传报告会（百乐会场）；2017年1月10日召开全区2017年度“一户一册一卡”工作培训视频会（百乐分会场）；2017年1月13日召开百乐乡领导班子2016年度“两学一做”专题民主生活会；2017年2月14日召开百乐乡2017年森林防火宣传培训会；2017年3月10日召开田林县2017年综治平安建设提升群众安全感工作动员部署会（百乐会场）；2017年3月16日召开百乐乡第十三届人民代表大会第二次会议；2017年3月23日百色市传达贯彻全国两会精神大会（百乐会场）；2017年3月28日周光林副县长到百乐乡开座淡会；2017年4月6日召开全区2017年脱贫攻坚业务培训会（百乐会场）；2017年4月8日召开百乐乡迎接自治区党委第二巡视组到田林县开展巡视工作部署会；2017年4月12日百乐乡传达自治区十二届人民政府第五次廉政工作会议精神工作会议；2017年5月3日召开全市投资和项目建设工作会议（百乐会场）；2017年5月15日召开田林县建成区违法建设专项治理工作会议（百乐会场）；2017年5月15日召开田林县政法工作会议（百乐会场）；2017年5月19日召开百乐乡党委开展广西出席中共十九大代表候选人初步人选公示（会议传达）；2017年6月14日召开田林县推进“两学一做”学习教育常态化制度专题讲座（百乐分会场）；2017年6月15日召开百乐乡2017年道德讲堂（百乐中心校专场）；2017年6月23日召开百乐乡开展领导班子建设年、投资环境整治年暨争当全区营造“三大生态”排头兵活动推进会；2017年7月5日召开自治区党委第二巡视组对百色市巡视情况反馈意见整改动员部署大会（百乐分会场）2017年7月14日召开百乐乡2017年党组织和党员基本信息采集工作培训会；2017年7月30日召开百乐乡2017年村“两委”换届选举培训会；2017年8月1日召开百乐乡开展自治区党委第二巡视组反馈意见照整改工作动员部署会；2017年8月3日召开百乐乡落实区巡视组对田林巡视反馈意见整改工作专题民主生活会；2017年8月15日召开百乐乡开展违规公款购买消费高档白酒问题专题整治工作会议；2017年8月30日召开百乐乡第八届村民委换届选举工作部署会；2017年9月4日召开百乐乡2017年妇代会改联工作动员培训会；2017年9月20日召开田林县迎接百色市2017年预脱贫村脱贫攻坚情况督查工作部署会（百乐分会场）；2017年9月25日召开百乐乡开展第三季度打击“两非”督查活动部署会议；2017年10月22日召开百乐乡2017年下半年意识形态工作分析研判会；2017年10月27日召开田林县传达学习中共十九大精神大会（百乐分会场）；2017年11月6日召开全区2017年贫困户“双认定”工作动员暨脱贫攻坚大督查情况通报会议（百乐分会场）；2017年11月10日召开田林县委常委麦国坚对三家班子成员开展集体约谈会；2017年11月25日召开百乐乡2017年第四季度提升群众安全感和满意度工作部署会；2017年12月2日召开百乐乡2017年党建工作推进会暨党建工作督查反馈会;2017年12月6日召开田林县宣讲团中共十九大精神报告会(百乐乡会场);2017年12月7日召开百乐乡残疾人联合会第三届第一次代表大会。

【党建工作】 落实党委抓党建工作主体责任、书记“第一责任人”责任和班子成员“一岗双责”,将党建工作纳入年终目标考核。以问题整改推动党建落到实处。组织班子成员主动深入村屯与群众调研党建工作20余次,组织党建工作专项督查12次。各党(总)支部共召开“三会一课”240次,党员固定活动日120次,组织生活会20次。2017年,全乡实有党员344名,下辖10个党支部,缴纳党费共14740.2元;严肃处理党代会代表和党员违纪违法问题。2017年全乡共有4名党员受到党纪处分。从严从实深化党风廉洁建设和反腐败工作。落实党风廉政建设的主体责任,年内部署、协调党风廉政建设和反腐败工作事项12件次。签订党风廉政建设责任书30分。组织班子成员上廉政党课14次,观看廉政教育片5次。全年约谈干部136人次。2017年,对7个行政村进行巡防登记56份,共排查涉农惠民资金领域案件线索6件,立案4件,移送审理2件,结案2件,给予党纪处分4人。开展“回头看”工作,上缴2013年以来违反中央八项规定发放的节假日值班补助费、电话费等违纪款共41356元。落实主体责任,把意识形态工作纳入重要议事日程,组织召开专题会议2次,在乡党委会上通报意识形态领域情况1次。深入开展理论学习,完善理论学习制度建设,全年开展中心组专题学习4次,讲习所集中学习12次、“乡村夜话”4次,播出“讲习小广播”41期。深入宣传中共十九大精神,开展专题学习11次、壮语宣讲活动2场、文艺演出2场。切实抓好舆论导向,加强意识形态阵地管理,全乡新建戏台2个,开展文化活动9场。全年在区级媒体发布的稿件量较去年增加20篇,配合处置舆情案件1件。推进精神文明创建,开展8项核心价值观系列评选活动,开展道德讲堂4期,“我们的价值观”善行义举榜在7个行政村实现全覆盖,打造百乐村百乐屯成为乡风文明示范村屯。

【获得荣誉】 获评田林县2016年度机关绩效管理先进单位;获评田林县田林县2016年度人口和计划生育工作先进集体;获评田林县2016年保护发展森林资源目标管理责任制工作先进单位;获评田林县2016年度先进基层党组织;获评田林县2016年平安建设活动平安先进乡(镇)。

【各村简介】

百乐村 位于百乐乡北部,村部所在地百乐屯(即移民新村那掌坡),距乡政府所在地8千米。交通便利,全村辖百乐、平合、路劳、百地等4个自然屯12个村民小组,共474户2060人。总面积23.94平方千米,耕地面积4237亩(其中水田608亩,旱地3629亩),林地面积89026.5亩,主导产业以养殖业为主。2017年年初,113户435人脱贫出列,整村脱贫摘帽。全村4个自然屯都通屯级道路、通电话,安装有电视接收设备。全村新种植杉木134.4亩,甘蔗新扩种472.03亩,进厂原料蔗0.16万吨,药材50亩;网箱养鱼17户365箱,占水面积33000平方米;批量养殖百乐清水鸭4000多羽;建有村桥头绿化小广场1个,篮球场1个,休闲凉亭1个;2017年,完成百乐街—渭维沟水泥硬化路0.91千米,完成百乐桥—路劳屯—平合屯水泥硬化路9千米,完成百乐村篮球场建设1个。完成路劳屯、平合屯“一事一议”屯内道路照明路灯项目,路劳屯至达买屯道路扩建12千米,百地屯码头道路硬化5.6千米;深圳市光明新区对口协作帮扶8万元资金用于购置一辆垃圾清运车;村集体含合作社8个。村党支部书记黄云龙,村民委主任王业良。

板干村 位于百乐乡北部,村部所在地板干屯,距乡政府所在地1千米。全村辖11个自然屯,即板干、板劳、长麦、巴掌、百木、九坤、青龙上、青龙下、新寨、伟也、伟灭,21个村民小组,居住着壮、汉、瑶3个民族,共796户3801人。耕地面积5784亩(其中水田1685亩,旱地4007亩),林地面积64819.5亩,主导产业以种植、养殖业为主。全村11个自然屯都通屯级道路、通电话,安装有电视接收设备。2017年,157户726人脱贫摘帽,未脱贫人口168户696人,返贫户2户10人。完成板干屯至九坤屯砂石道路工程项目维修8.4千米,青龙下屯—青龙上屯水泥硬化1.812千米,青龙上屯—青龙新寨屯水泥硬化1.945千米,青龙上屯—青龙新寨屯水漫桥工程20米,水里屯—伟灭屯砂石路6.5千米,青龙上饮水工程、伟也饮水

2017 年 7 月 18 日，百乐村百地屯千亩芒果基地果实累累

（王桂香 摄）

工程 2 座，完成板干村百木篮球场建设 1 个。全村新种植杉木 180.1 亩，甘蔗新扩种 267.69 亩，种植水稻制种 560 亩、芭蕉芋 800 亩。完成板劳屯、长麦屯、百木屯、巴掌屯“一事一议”屯内道路照明路灯项目。深圳市光明新区对口协作帮扶 2 万元资金用于人饮改造项目、23 万元用于水田引水渠建设、12 万元用于打造板干村沃 50 亩沃柑种植示范基地。于 2017 年 12 月荣获第八批百色市文明村镇称号。村党支部书记黄喜新，村民委主任王正荣。

八洞村 位于百乐乡东北部，村部所在地百乐乡新吉街，位于乡政府所在地。全村辖 4 个自然屯，即八洞、水里、益来、凤凰岛 4 个自然屯，6 个村民小组，居住民族为壮族，全村共有 206 户 853 人，总面积 91.16 平方千米，耕地面积 2445 亩（其中水田 615 亩，旱地 1830 亩），林地面积 18.9 亩，主导产业以养殖业、种植业为主。全村 4 个自然屯都通屯级水泥道路、通电话，安装有电视接收设备。2017 年，26 户 93 人脱贫摘帽，未脱贫人口 14 户 50 人，应纳尽纳 1 户 4 人，返贫户 1 户 4 人。种植西瓜、黄瓜、辣椒等作物 212 亩，养殖存栏猪 820 头、羊 1500 只、黄牛 1800 头、水牛 320 头，家禽 3520 余羽，新增网箱养鱼占水面面积 49300 平方米。村党支部书记兼主任黄玲珍。

根标村 位于百乐乡西部，村部所在地根标屯距乡政府所在地 38 千米，是百乐乡最偏远的自然村之一。全村辖 6 个自然屯，即根标、赖轰、达买、弄甲、那少、百址 6 个自然屯，8 个村民小组，共 402 户 1402 人，总面积 100.81 平方千米，耕地面积 4100 亩（其中水田 819 亩，旱地 2329 亩），林地面积 137848.5 亩，主导产业以养殖业、种植业为主。全村 6 个自然屯都通屯级道路、通电话，安装有电视接收设备。2017 年，23 户 84 人脱贫摘帽，未脱贫人口 60 户 264 人，应纳尽纳 1 户 2 人，返贫户 2 户 8 人。全村新种植杉木 919.3 亩，重点打造 300 多亩油茶种植示范基地，甘蔗新扩种 718.81 亩。养殖清水鸭 9000 羽，养猪存栏 1200 头，家禽 4500 余只，羊存栏 1300 只，牛存栏 125 头。2017 年，完成那少屯—弄甲屯砂石路建设 2.1 千米，百址水漫桥 2 座，弄甲水漫桥（弄甲—那少）14 米，弄甲水漫桥（弄甲—赖轰）33 米，改扩建路劳屯—达买屯—根标屯砂石路 12 千米，完成根标村网络宽带项目。完成那少屯“一事一议”屯内道路硬化项目，赖轰屯屯内道路照明路灯项目，百址屯人饮工程项目。深圳市光明新区对口协作帮扶 3.86 万元资金购买 7720 羽清水鸭发放给 30 户贫困户，对 9 户贫困户进行一对一帮扶。村党支部书记兼村民委主任陆振学。

百华村 位于百乐乡南部，村部所在地百华屯，距乡政府所在地 18 千米。全村辖 11 个自然屯，即百华、冷家坪、那烟、平安寨、红星、渭落、那未、板江、油菜托、看牛坪、岜油 11 个自然屯，14 个村民小组，聚居壮、汉、瑶等 3 个民族，全村共有 484 户 2073 人，总面积 69.86 平方千米，耕地面积 5809 亩（其中水田 565 亩，旱地 5252 亩），林地面积 63015 亩。主导产业以种植、养殖业为主。主要经济作物有生姜、玉米、八角等，养殖业主要有山羊、牛等。全村 11 个自然屯都通屯级道路、通电话，安装有电视接收设备。2017 年，86 户 367 人脱贫摘帽，未脱贫人口 45 户 137 人，应纳尽纳 5 户 19 人，返贫户 3 户 14 人。全村新种植杉木 514 亩、油桐 2148 亩、甘蔗新扩种 420.45 亩。完成渭洛屯人饮工程项目，百华屯—平安寨砂石路建设 4.1 千米，完成百华戏台、篮球场验收工作。村党支部书记吴胜云，村民委主任蔡世稳。

龙车村 位于百乐乡东南部，村部所在地龙车屯，距乡政府所在地30千米。全村辖龙浪平、龙车、水洞、岩脚、龙油、干榜、油炸房、渭雄、茶洞、陇安、渭泵、兴龙寨、场地、田坎上、麻力山、上伟西、各龙、上西来、打访、陇夜20个自然屯，22个村民小组，共507户2082人。耕地面积5469亩（其中，水田935亩，旱地4534亩）。主导产业以杉木、油茶、八角为主。全村20个自然屯通屯级道路、通电话，安装有电视接收设备。2017年，55户223人脱贫摘帽，未脱贫人口36户124人，应纳尽纳3户15人，返贫户9户35人。完成各龙坳至打访砂石路建设2.118千米，渭雄坳至龙油屯砂石路建设2.426千米。全村新种植杉木475.5亩，水果403亩，产量63吨；甘蔗新扩种120.32亩，进厂原料0.78吨；养猪1300头，家禽0.98万余只。村党支部书记姚达文，村民委主任姚达果。

三帮村 位于百乐乡东部，村部所在地三帮屯，距乡政府所在地46千米。全村辖4个自然屯，即三帮、里苗、伟角、少西4个自然屯，6个村民小组，居住着汉、瑶等两个民族，全村共有170户773人，总面积23.94平方千米，耕地面积2281亩（其中水田102亩，旱地2184亩），林地面积33654亩。主导产业以种植业为主。全村4自然屯都通屯级道路、通电话，安装有电视接收设备。2017年，20户95人脱贫摘帽，未脱贫人口52户238人，返贫户2户9人。全村新种植杉木105.6亩，重点打造831亩核桃种植示范基地，养猪存栏230头，山羊存栏300头，家禽1000余只。完成里苗、渭角、三帮等3个“一事一议”屯内硬化项目，修建三帮公路至里苗和渭角屯级公路硬化。深圳市光明新区对口协作帮扶9万元资金完成村篮球场建设项目。村党支部书记兼主任张必兴。

（撰稿 王桂香 卢小青）

八渡瑶族乡

【中共八渡瑶族乡委员会领导】

书　记：莫永南（壮族）
副书记：冯金冰（瑶族，2017年10月离任）
　　　　盘佳鑫（瑶族，2017年10月任职）
　　　　黄　雷（壮族）
纪委书记：王国交（壮族）
组织委员：陆秀兰（壮族，2017年10月离任）
　　　　　秦金明（回族，2017年10月任职）
宣传委员：吴桃会（女）
武装部长：张启志（2017年10月离任）

【八渡瑶族乡人大主席团领导】

主　席：黄　雷（壮族）
副主席：盘正忠（瑶族）

【八渡瑶族乡人民政府领导】

乡　长：冯金冰（瑶族，2017年10月离任）
　　　　盘佳鑫（瑶族，2017年10月任职）
副乡长：蒙景严（壮族）
　　　　张启志
　　　　卢玉画（女，壮族）
　　　　李永辉（壮族）

【概况】 八渡瑶族乡位于田林县中部偏西南，乡政府所在地福达街，距县城64千米，田林至西林二级公路过境。全乡总面积701平方千米，辖17个村民委员会、123个自然屯、138个村民小组。2017年全乡总户数为5985户，总人口为24279人，有壮、瑶、汉、苗4个民族，其中瑶族人口4861人，占20.02%，农业人口23466人，非农业人口813人。2015年精准识别后，全乡建档立卡户2450户10401人，其中贫困人口1655户6840人，贫困发生率32.3%，顶孟、那利、者塘、那骂、六章5个村为自治区划定的贫困村。2017年，全乡116户436人脱贫，年底未脱贫贫困人口数为5672人，贫困发生率降为25.24%。主要经济作物有油茶、笋竹、松木、桉树、八渡笋、烤烟、芒果、甘蔗，主要矿藏有金矿、锑矿等。畜牧业有水牛、黄牛、黑山羊等。

【经济发展】

农业生产 粮食作物播种面积1.15万亩，烤烟1061亩，甘蔗总面积4万亩，其中宿根蔗面积1.93万亩，新扩种面积1.7万亩，翻种面积0.37万亩。

林业生产 八渡笋新增种植面积200亩，总面积达5.22万亩，产笋面积3.6万亩，产值达2120万元。新增油茶面积1500亩，总面积达4.57万亩，挂果油茶面积3.85万亩，茶籽产量118.5万公斤。芒果种植面积为7171亩，其中挂果面积为525亩。

畜牧生产 出栏肉猪达1.31万头，产值达1966.8万元。出栏山羊1723只，产值达206.8万元。肉牛出栏1526头，产值约610.4万元。肉鸡出栏86.3万羽，产值达2157.5万元。

基础设施建设 “一事一议”奖补项目14个，惠及5个村，2017年主要以屯内道路硬化为主。群众筹资7.56万元，筹资人数5041人，筹劳5378人，财政奖补207.32万元，项目受益2000人。通屯道路维修34条，公路路面修补、窄路基加宽、埋设管涵等。

扶贫“以奖代补”项目 扶贫产业“以奖代补”项目419户参与申请，户均发放奖补资金3500元，主要倾向2016年脱贫户、2017年预脱贫户，发放补助412户，金额144.2万元。

扶贫小额信贷 2017年申请小额信贷借款701户，已落实发放贷款651户，累计发放扶贫贷款金额2107.5万元，其中贫困户自贷419户1820.8万元，合作社贷款2个20万元，通过融资平台签约贷款贫困户29户145万元。

易地扶贫搬迁 八渡瑶族乡易地扶贫移民搬迁总户数为225户974人，涉及到的扶贫移民搬迁点有：福达三队安置点和八头(那厚)安置点以及县城百花寨安置点，已签订“一申请已审批两协议”的总户数为225户974人，其中县城百花寨安置点116户518人，福达三队安置点61户262人，八头(那厚)安置点45户181人，分散安置3户13人。

【社会发展】

社会保障 城市低保32户47人；农村低保1719户6752人，其中建档立卡贫困户1638户6494人，五保户98人。低保补助金额11618229元，五保定救发放金额416400元。

危房改造 危房改造指标共68户，10月指标调整为205户，其中：建档立卡贫困户25户，非四类贫困户180户。11月根据农户上报实际重新调整指标，其中：建档立卡贫困户89户，四类贫困户8户，非四类贫困户108户。已落实指标数142户，已完成85户建设任务，建房户已入住，预拨建房补助款116.4万元。

教育事业 全乡有中学1所：福达中学，在校学生609名，教师29名；小学6所：福达中心校、八渡中心校、新寨小学、六林小学、那囊小学、合塘小学。入学率均为97.2%。

文化事业 举办“春节联欢晚会”“宣传贯彻十九大”等文艺演出，丰富群众的精神文化生活。

医疗事业 福达卫生院、八渡卫生院在职职工共有26人。接诊患者26358人次，在所接诊的患者中，住院病人3822人，占就诊人数的14.5%，门诊就诊人次为17186人。

人口和计划生育 全乡人口自然增长率为4.87‰，上报出生人口总数为241人；区间内计划内226人，计划外15人，出生政策符合率93.78%；性别比100.8。免费孕前优生健康检查25对夫妇；现孕20人，跟踪随访服务20人。“两非”孕情消失案件1件。违法生育15例，立案查处4例。

【社会稳定】 全乡共召开4次党领导班子专题研究会，4次党委维稳分析会，4次综治委全体会议及4次维稳联席会，研究部署综治和平安建设工作；共调处各类民间纠纷40件，调处40件，成功40件，调处率100%，成功率100%；共查处治安案件38起，其中治安处罚2起，逮捕5人。

【安全生产】 17个村委会成立了以村主任为组长的安全生产领导小组，配备安全管理人员。乡政府分别与17个村委会、1家非煤矿山企业和2所电站签订2017年度安全生产管理责任书。以“降事故，保安全、保畅通”为目标，多次召开会议研究部署全乡交通安全工作，全面落实责任和措施。

【清洁乡村】 制定保洁员制度，安排村屯保洁员127名，按时划拨保洁员报酬，规范保洁员的工作职责，各村保洁工作长期正常运转。乡政府平均每月两次组织干部职工深入村屯开展清洁乡村整治工作。

【库区移民搬迁】 2017年，八渡瑶族乡政府组织全体干部职工开展瓦村水电站八渡库区移民安置点宅基地分配工作，通过移民搬迁户现场抽签的方式，8月10日在弄当村标屯“岩宝”安置点开展宅基地分配工作，抽签分配宅基地76户。10月7日在八渡村开展宅基地分配工作，抽签分配宅基地177户。

【土地确权】 八渡瑶族乡于2016年4月20日启动农村土地承包经营权确权登记颁证工作，至2017年12月份，已完成17个行政村

144个村民小组的外界勘测、面积公式、查缺补漏等工作，现在进入发包方和承包方签订合同阶段。八渡瑶族乡共17个行政村144个村民小组4987户，二轮合同面积29513.1亩，实测耕地面积为23891亩。二次公示已完成141个村民小组4872户(除了福达村八江屯村民小组(63户)、者塘村渭坝屯村民小组(34户)、百六村渭兰屯村民小组(18户))，合同签订完成1个行政村7个村民小组314户。

【应急保障】 2017年，八渡瑶族乡应急管理工作以保障人民群众生命财产安全，促进经济社会稳定发展为出发点，不断丰富完善各项应急管理工作举措，提高应对突发事件的能力，有效保证了全乡经济社会健康稳定发展。乡应急办公室采取24小时值班制，落实专职人员值班。同时指导村、厂矿、学校等基层单位成立相应的应急领导小组和办公室。并将应急管理工作内容写入政府工作报告和工作总结。为确保应急工作及责任落到实处，八渡瑶族乡年内共召开应急管理工作会议5次，从召开会议分析形势布置全年应急管理工作任务到进一步分析研判各类隐患、风险形势，检查督促工作落实和布置工作。组织乡村两级干部集中学习《中华人民共和国突发事件应对法》《广西壮族自治区实施〈中华人民共和国突发事件应对法〉办法》及相关文件，在全乡范围内营造良好的氛围。为应急管理工作打下良好基础。

【脱贫攻坚】 八渡瑶族乡经2015年精准识别，全乡共有贫困户1654户6840人，贫困发生率为31%。全乡有贫困村6个，分别为博峨村、顶孟村、六章村、者塘村、那骂村、那利村。2017年，在开展动态调整和“回头看”工作中有147户574人成为新纳入贫困户和“返贫”对象，全乡有贫困户1801户7414人。开展脱贫工作以来，已脱贫294户1282人，脱贫出列1个村。根据田林县2017年脱贫攻坚工作计划，2017年全乡脱贫任务目标为117户478人，确保脱贫为116户436人。

2017年，八渡瑶族乡成立了以乡党委书记、乡长为组长，班子其他成员为副组长，乡属各单位为负责人、包村工作组长为成员的脱贫攻坚工作领导小组，强化督查，奖惩分明。结合“全员化”绩效考评实施方案和评先评优办法，把脱贫攻坚工作任务列入年度目标管理考核重点工作。切实开展贫困人口信息监测、采集和数据清洗工作。按照上级相关文件要求，今年来，全乡组织各村工作组完成了全乡1654户6840人的基本信息的采集更新，做到监测全覆盖，采集全方面。对全乡383条财产检索结果全部进行入户实地核实。扎实开展动态调整和“回头看”工作，真正做到“应纳尽纳”。2017年，全乡已完成应纳尽纳42户135人、整屯搬迁应纳尽纳24户109人、认定返贫退出户新申请65户274人、剔除错评贫困户2户9人的贫困人口动态调整工作，“回头看”有“应纳尽纳”8户23人，“返贫”8户33人纳入贫困人口对象。加强扶贫补助政策宣传力度，激发群众内生动力。2017年，通过展海报、挂横幅、贴标语、发册子和入户走访等方式，利用短信、社交软件平台，将各种扶贫政策及时宣传到位，切实提高贫困户对政策的知晓率。通过宣传动员会、业务培训会等方式将相关补助政策工作规划好落实好。2017年，八渡瑶族乡有102名在读大中专院校生享受到雨露计划教育补助，有18名贫困学子因错过办理时间未能及时获得补助，后来再动员其办理相关手续；有218人贫困劳动力报名参加农村实用技术培训课程，超额完成县脱贫攻坚战指挥部下达培训任务数；有136人报名“双引擎行动”培训，超过半数以上学员通过自身努力拿到相关资格证书。以产业发展为主线，不断提升贫困户自身“造血”功能。发展甘蔗产业带动一批，巩固烤烟产业又带动一批，积极引进山茶油产业再带动一批，扶持传统八渡笋产业也带动一批。动员一切力量开展结对帮扶，抓实易地扶贫搬迁工作。积极探索贫困村集体经济发展门路，科学制定贫困村脱贫方案。加强精准扶贫资料档案管理，实行分类归档，编号入库。用活扶贫小额信贷，助力脱贫步伐。聚力“双认定”，坚决打赢年度脱贫攻坚战役。

2017年1月6日，八渡瑶族乡召开第十届党员代表大会第二次会议。74名党员代表及21名列席人员到场参会。乡党委书记向大会作了题为《迎难而上　奋勇向前谱写八渡经济社会发展工作新篇章》党委工作报告。会议听取、审议、通过了八渡瑶族乡党委工作报告和八渡族乡纪委工作报告。2017年1月19日，八渡瑶族乡召开各村支书、主任、村务监督员述职评议会。乡三家班子领导、乡直单位负责人参加会议。会上，17个村民委员会的支书、主任、村务监督员分别就一年的工作情况进行述职。2017年3月15日，八渡瑶族乡召开第十三届人民代表大会第二次会议。54名人大代表和8名列席人员参加大会。会议审议并通过了《2016年八渡瑶族乡政府工作报告》《2016年八渡瑶族乡人大工作报告》《脱贫攻坚工作专项报告》。2017年4月17日，八渡瑶族乡召开瓦村水电站八渡库区移民工作推进会议，乡三家班子主要领导、分管领导、乡移民工作组全体人员参加会议。会议主要内容有两方面，一是加强移民安置点建设施工的安全生产检查，二是细化纠纷调解和协调，确保建设施工开展顺畅。2017年10月17日，八渡瑶族乡召开第十三届人大代表大会第三次会议。49名人大代表和8名列席人员参加大会。会议共收集到代表的意见、建议18件。2017年12月28日，由中共八渡瑶族乡党委、八渡瑶族乡人民政府主办，八渡瑶族乡文化站承办的宣传贯彻十九大文艺晚会在福达村举办。各艺术团体、个人以歌舞、快板、小品等形式宣传中共十九大精神。

【各村简介】

六林村 位于田林县八渡乡西南部，村部所在地六林屯距乡政府20千米，下辖六林、那俄、那言、乐六等4个自然屯6个村民小组，居住着壮、汉两个民族，现有人口732人，184户，耕地面积1351亩，村两委成员8人，党员20人。大部分村民经济来源以种养或者外出打工为主。村基本作物以糖料蔗、八渡笋、油茶、芒果为主，现阶段村级经济比较薄弱。六林村共有建档立卡贫困户66户共272人，2017年有10户40人脱贫。

合塘村 位于八渡瑶族乡西南部，村部距离乡政府45千米，下辖弄扣、合塘、弄朋、那油等4个自然屯6个村民小组，以壮族人口为主，总户数267户、人口1274人，其中党员37人。全村总面积2581.3公顷，耕地面积2773亩，主要经济作物和收入来源为种植玉米、甘蔗、油茶、杉木、油桐、八渡笋等。合塘为“十三五”整村推进深度贫困村，全村截至2017年底有贫困户70户、294人，其中3户、17人于2016年脱贫进入跟踪观察阶段，当年贫困率为21.74%。

博峨村 位于八渡瑶族乡东南部，村部所在地博峨屯距乡政府32千米，下辖博峨、平作、平塘、平歪、新寨、新龙寨、央茶等7个自然屯，全村共有372户1636人，其中贫困人口146户630人，贫困发生率为38.51%，列入田林县2016年脱贫村。博峨村已于2016年12月脱贫摘帽。该村土地面积3260.1公顷，耕地面积4279亩。博峨村村民的主要经济收入是种养和劳务输出，主要产业有八渡笋、油茶、甘蔗、杉木、松木等。

弄当村 位于田林县八渡瑶族乡中部，村部所在地弄当屯距乡政府13千米，下辖弄当、弄谭、标屯、八都、渭项5个自然屯7个村民小组，全村共有264户，1190人，党员23人，平均年龄51岁。该村贫困户113户，贫困人口464人。村民的主要经济收入是种植八渡笋、油茶、甘蔗、杉木、松木等。

八桃村 位于田林县八渡瑶族乡东北部，村部所在地新寨屯距乡政府11千米，下辖八利、新寨、八桃、平楼、渭腊、八轰、者合、八横、八马、渭观等10个自然屯12个村民小组，居民着壮族、瑶族两个民族。现有人口2189人，515户，建档立卡贫困户153户、586人，其中2016年脱贫2户11人，2017年脱贫36户150人，该村耕地面积2569亩，旱地1671亩，村两委成员8人，党员37人，其中女党员3人。群众基本作物以烤烟、甘蔗、生姜种植和养鸡、养猪为主。

者塘村 位于八渡乡西南部，村部所在地者塘屯距离乡政府35千米，下辖7个自然屯，分别是者塘屯、石板寨屯、平太贤屯、平郎屯、联队屯、渭江屯、渭坝屯，共有230户，1027人，全村共有党员32名，村民委员会成员7名。其中2017年建档立卡贫困户76户346人，贫困发生率为33.69%，2018年计划脱贫49户209人，脱贫后贫困发生率可降至13.34%。全村辖区总面积27.34平方千米，有耕地面积1779亩，其中水田面积529亩、旱地面积1250亩，村民主要收入来源为种植业和外出务工，主要种植油茶、杉木、甘蔗、玉米、生姜等经济作物。

那利村 位于田林县八渡瑶族乡东北方向，村部所在地那利屯距乡政府49千米。下辖各干、那利、那老、平赖、渭横5个自然屯，6个村民小组，现有农户166户645人，其中村党支部党员28名，占全村4.19%；贫困户92户380人，贫困发生率为55.42%%，全村以瑶族为主。全村国土面积3668.9公顷，耕地面积2711亩,其中水田274亩,旱地2437亩。农民收入主要以第一产业种植的甘蔗为主,增收产业还有生姜、油茶、八渡笋等。

百六村 位于田林县八渡瑶族乡西北部,距田林县城70千米,总面积49.24平方千米,下辖5个屯6个村民小组,共有256户1003人,民族均为壮族。全村贫困人口共122户,436人,其中2015年建档立卡贫困户86户295人,2017年年底已经脱贫30户100人,2018年计划脱贫5户19人,2019年计划整村脱贫摘帽。主要产业为糖料蔗、八渡笋、林下生态养鸡和芒果等。

那骂村 位于田林县八渡瑶族乡东北方向,村部所在地平翁屯距乡政府45千米。下辖那骂、平江、挨告、渭良、太平、岩岗等6个自然屯6个村民小组,共有170户768人,其中贫困人口104户502人,全村国土面积1494.3公顷,耕地面积1487亩,主要产业有甘蔗、油茶、杉木,竹笋,八角、牛、猪等。

六章村 位于八渡瑶族乡东南部,与那囊村、东朋村接壤,距县城50千米。属土山区,居住着瑶、壮2个民族。下辖6个自然屯7个村民小组,分别是六章屯、平翁屯、那桑屯、各车屯、岩乐屯和渭华屯,总户数238户1066人,党员31人。全村耕地面积2614亩,其中水田面积624亩、旱地面积1990亩。人均耕地2.45亩,人均水田0.58亩,经济林13000亩,生态林9889.4亩,农民收入主要依靠种甘蔗和茶油。六章村共有贫困户125户550人,2014年退出户20户88人,2015年退出户38户187人;2017年年底未脱贫贫困人口数为125户550人。

那拉村 位于田林县八渡瑶族乡东南部,距乡政府25千米,下辖那拉、新寨、坡血、六的、渭寒、坡岭、那港等7个自然屯10个村民小组。居民全部为瑶族,村委成员7人,党员43人。现有人口272户1237人,建档立卡贫困户146户623人,2018年预脱贫户125户544人,2017年力争将贫困发生率降至4.8%。村基本作物以甘蔗、油茶、杉木、芒果为主。

福达村 地处八渡瑶族乡的北面,乡府所在地设在福达街,村部所在地设在福达二队,321省道沿村而过。下辖福达、福达三队、渭的、八江、班马、六屯6个自然屯,9个村民小组,居住着壮、汉、瑶3个个民族,全村土地总面积3891.8公顷,耕地面积2408亩,村民主要经济收入来源为种植烤烟、芒果、油茶、甘蔗,养殖黑山羊、生猪以及外出务工等。

平封村 位于八渡瑶族乡西北部,村部所在地平封屯距乡政府5千米,下辖平封、那烧、者赖、央降等4个自然屯7个村民小组,居住着壮、汉等2个民族,全村共有293户1270人,总面积5243.9公顷,耕地面积2715亩,平封村村民的主要经济收入是种养和劳务输出,主要产业有八渡笋、油桐、芒果、中药材等。

顶孟村 村位于八渡瑶族乡西南部,村部所在地顶孟屯距乡政府33千米。“水、电、路”已全部实现三通。下辖顶孟、那安、平怀、渭豆、渭后、渭忙、那告等7个自然屯7个村民小组,居住着壮、汉、瑶等3个民族;全村共有218户1080人,总面积2034.8公顷,耕地面积2687亩,其中水田609亩,旱地2078亩。村民的经济来源有甘蔗,油茶、八渡笋等产业。

那囊村 位于八渡乡东南部,距乡政府35千米,下辖那拉、坡岭、坡血、新寨、那港、渭寒、六的、那羊等15个自然屯20个村民小组,共745户人口3045人,其中实际常驻人口2977人,全村耕地面积6632亩、水田1073亩、旱地5559亩。贫困户181户723人。农民主要收入为甘蔗、杉木、八渡笋、板栗等农作物。

东朋村 位于八渡瑶族乡南部,村部所在地平翁屯距乡政府19千米。下辖平乐、东朋、八双、弄桃、渭代5个自然屯,7个村民小组,全村均为壮族人口。全村国土面积1907.9公顷,耕地面积2426亩,村民的主要经济来源是甘蔗、油茶和八渡笋产业。

高龙乡

【中共高龙乡委员会领导】

书　记:黎敏基(壮族)

副书记:潘　慎(女,壮族)

　　　　黄宁波(壮族)

纪委书记:杜茂朝(壮族)

组织委员:唐志龙

宣传委员:黄红萍(女,壮族)

武装部长:戴永进(壮族)

【高龙乡人大主席团领导】

主　席:黄宁波(壮族)

副主席:倪元军

【高龙乡人民政府领导】

乡　长:潘　慎(女,壮族)

副乡长：唐文才（瑶族）
　　　　朱良志
　　　　韦　坦（壮族）
　　　　何振源（壮族）

【概况】 高龙乡始建于1984年，位于田林县城西南部，地处两省三县交界处，东与八渡乡接壤，西与西林县足别乡交界，南与那比乡、云南省富宁县隔西洋江相望，北与定安镇毗邻，距县城116千米，共辖7个行政村65个自然屯47个村民小组，有壮、汉、瑶、苗等4个民族。其中，汉族占71.2%，2015年精准识别贫困户213户789人。辖区内驻有自治区高龙黄金公司，境内有乾隆三十年古墓建筑遗迹1座。

全乡土地面积266.2平方千米，耕地面积24375亩，其中水田3865亩，旱地19750亩，矿藏资源有黄金、源烟煤、锑水晶、冰砂石等，有黄金矿业、木材加工、石灰加工、石场等15个中小企业；全乡村屯公路总长180千米，屯级公路通车率达98%。

【社会经济】 2017年，高龙乡通过紧抓产业培育，强化示范带动，全乡乡村产业稳步发展。

产业示范区建设　合理编制本乡2018—2020年特色产业示范区建设规划，达尧村陇应屯高隆果蔬合作社柑桔种植示范区，完成种植300多亩，广西宏泉林业发展公司在新寨村平爰屯与农户联营的1000亩油茶种植示范区，将分别作为乡、村级特色产业示范区建设顺利推进。

养殖示范户培育　新建成渭山村广西祖铭养猪场，扶持建设新寨村“桃园林”家庭家场，实现生猪养殖规模500头以上。通过示范带动，渭荣、新寨、渭山3个贫困村80%的农户都保持在户均4头左右的养猪存量。

林果业发展　抓好全乡土地确权工作，完善7个村“一户一档”材料1840户共13287.58亩，可颁证率达98.9%，进一步夯实全乡农业发展基础。2017年，新种植沃柑等柑橘类500多亩，全乡柑橘种植面积达1500多亩；新种油茶2000亩，全乡油茶面积达21000亩；杉木种植2500亩，全乡经济林1500亩，传统产业持续发展。2017年新种糖蔗3562.38亩，完成县级下达指标任务的395.93%，全乡糖蔗种植总面积达8403.98多亩，实现人均一亩甘蔗的产业培育，其中全乡有79户贫困户种植803.52亩，糖蔗产业发展成为脱贫支柱产业之一。截至2018年3月，全乡2017年至2018年蔗季糖蔗完成进厂量14998吨，完成县级下达指标任务的108.59%。

【基础设施建设】 结合脱贫攻坚工作实际，重点加强对贫困村的基础设施建设投入力度。一是投资160多万元的新寨村级公共服务中心基本完工，投资40多万元的渭荣村级公共服务中心投入使用；二是完成全乡道路硬化和人畜饮水工程项目库的编制和申报，2017年修建通屯道路硬化8条，30多千米，人畜饮水工程5个，完成财政“一事一议”奖补村屯亮化项目建设7个，完成投资65万元；三是争取落实了高龙集乡饮水建设项目，总投资570多万元，项目的实施将彻底解决困扰高龙乡长达10多年的集乡饮水难问题，解决高龙乡群众最期盼、反映最强烈的一个热点难点问题。

【民生工程】 一是2017年，全乡967名60岁以上及优抚对象老年人发放社会养老金共计102.05万元。发放农村低保、城乡低保8382人次，总计117.348万元。二是加强社会保障工作。全年完成县下达的新农合及新农保工作任务。三是落实惠农补贴发放。全年完成水稻良种补贴发放110.95万元、农机具购置补贴发放2.37万元，免费发放枇杷、核桃、杨梅等苗木1620棵，复合肥1000公斤。四是促进农村科教文卫各项事业全面发展。巩固“普九”和“两基”成果，春季学期开学，适龄儿童、青少年入学率100%全部达标；积极组织者车、高郭业余壮剧团参加田林县各项演出活动，深入村屯开展“乡音工程”文艺晚会活动；着力提升农村群众卫生健康水平，开展免费健康体检下村屯，艾滋病、流感等疾病防治知识宣传活动12场次。

【生态乡村】 自清洁乡村活动实施以来，高龙乡及时组织全乡干部群众深入开展生态乡村活动，环境卫生质量得到进一步改善。一是为全乡5个行政村配备好各自1辆垃圾清运三轮车，完成1座中型垃圾焚烧炉建成。为群众合理分配家用垃圾收集桶380个，实施乡政府驻地集市周围旧路翻新硬化105米主干道。二是按村屯绿化实施方案要求，以高郭村龙爱屯、者车村者车屯、渭荣村青岗林屯为示范点，重点实施村屯绿化工程，完成了20个一般绿化点建设，栽植苗补大苗600株；三是结合统一行动，定期开展沟渠清淤及排水排污，养殖污染治理等工作；四是实施“一事一议”项目，分期分批对全乡52个自然屯进行屯内道路硬化工程建设。五是落实卫生保洁员的工作经费。六是完善村规民约制定细则。七是加强组织领导。成立街道管理委员会、督查组，不定期对各村屯开展情况进行督查。2017年，获田林县“美丽田林·清洁乡村”活动先进集体荣誉称号。

【**精准扶贫**】 2017年，高龙乡始终把脱贫攻坚当作“一号工程”来抓，举全乡之力做好脱贫攻坚工作，完成了2个贫困村摘帽，56户贫困户脱贫，145户2016年脱出户的脱贫巩固工作，实现全乡脱贫摘帽。一是完善工作机制。建立了党政主要领导负总责的脱贫攻坚责任制，认真协调组织联系帮扶高龙乡的区、县、乡共120多名领导干部深入挂点村贫困户家中开展结对帮扶，完成对全乡65户贫困户和145户退出户和125户跟踪帮扶户的“一帮一联”工作，实现所有贫困村、贫困户对口帮扶全覆盖，为脱贫攻坚提供坚强的组织保障。二是狠抓政策落实。抓好“以奖代补”工作，落实以奖代补210户，奖补资金73.5万元，扶持引导贫困户发展种养产业，增强“造血”功能；完成易地扶贫搬迁12户，危房改造42户，贫困群众喜进新居；22名学生获得雨露计划学历教育精准补助共计6.05万元，为20户无电视看的贫困户发放了电视机，群众获得感更足更实。三是注重精准施策。借助扶贫信息平台，引导各类扶贫资源优化配置，因村制宜、因户施策，以“五个措施”扎实推进脱贫摘帽。实施“产业增收措施”，通过产业扶持，引导群众发展养猪、种植甘蔗、生姜等，带动129户贫困户脱贫摘帽。实施“就业措施”，通过扶持创业、转移就业，实现脱贫36户；安排贫困户担任生态公益林管户员，帮助增收84户。实施“救助措施”，对因病、因学等致贫的48户开展救助。实施“兜底措施”，对特困、精神残疾、无力发展、无业可扶的28户，通过社会保障应保尽保、全部兜底。实施“基础保障措施”，全面解决饮水难、行路难的问题，助推脱贫攻坚。

【**维稳与安全**】 一是安全生产常抓不懈。抓好森林防火工作，加强非煤矿山、道路交通安全和食品卫生安全的检查力度，严厉打击偷挖盗采矿产资源行为。2017年，全乡未发生大面积的森林火灾，安全意识进一步深入人心，群众安全感显著提升。二是强化社会综合治理。严格按照“属地管理”“谁主管，谁负责”的原则，把责任落实到位，建立健全各项制度，以“一办三中心”服务平台和“四大”排查为抓手，全面加强社会综合治理，做好春节、十九大期间维稳工作，促进社会和谐稳定。2017年，全乡共开展综治排查18次，参与人数82人次，对社会不稳定因素和矛盾纠纷及时排查、处理。同时，坚决打击、扫除黄、赌、毒等社会丑恶现象，严厉打击各种违法犯罪活动行为。全乡全年无重大信访事件发生，确保了全乡社会和谐稳定。

【**执纪监督工作**】 一是深入开展反腐倡廉教育，持续推动中央八项规定落地生根，全面推动作风建设常态化长效化。2017年共举办廉政党课6次，集中廉政谈话8次，开展警示教育活动10次，督办重要信访件10件，清退公款不合理开支10万余元。巡视整改工作有效落实。二是加强扶贫领域监督执纪问责工作，加大案件查办力度，严肃查处“四风”腐败问题。年内，开展大接访活动2次，接访群众300余人，受理问题52件。

2017年7月27日，县四家班子主要领导率队对2017年预脱贫13个贫困村工作推进情况进行考察。图为考察高龙新寨村新建村部

排查发生在群众身边的“四风”和腐败问题信访举报问题9件，立案2件，给予党纪处分2人。三是狠抓领导班子和干部队伍建设。坚持强化民主集中制，提升班子自身建设；制定完善了值班、驻村、学习、考勤等制度，深化作风建设；通过批评与自我批评、针对性谈话函询、常态化明查暗访等，加强干部作风监督，推动政治生态风清气正。

【意识形态工作】 一是深入学习贯彻中共十九大会议精神，通过各种形式迅速掀起学习宣传贯彻中共十九大精神的热潮，组织开展形式多样的宣讲活动，推动中共十九大精神进村屯、进机关、进校园。二是紧抓基层建设，夯实意识形态工作基础。每个行政村配备1名宣传文化骨干，完善球场、戏台、农家书屋等建设，不断充实农村文化宣传队伍和村级公共服务中心硬件基础设施。三是注重宣传引导，牢牢把握意识形态工作主动权。开展“乡村夜话”、戏剧进校园等活动，大力宣传全乡发展的成就，组织群众开展积极向上的各种文娱活动100多场次。广泛开展“道德大讲堂”和社会主义核心价值观评选活动，推进精神文明建设深入基层。

【各村简介】

达尧村 位于高龙乡东北部，村部所在地龙旺屯距乡政府所在地5.7千米。全村辖达尧、陇应、龙旺、那保、马家坝、水陇、那念7个自然屯6个村民小组，居住着汉、壮2个民族，据考证，汉族主要从四川、云南、贵州、广东等地迁徙过来，壮族从德保县搬迁而来。全村共有344户1130人，其中劳动力1006人。总面积24平方千米，耕地面积4860亩，其中水田591亩，旱地4269亩。林地2281.27公顷。各屯已全部通公路，2003年年底全部实现农网改造，2017年农民人均纯收入4902元。全村现有党员25名，其中女党员3名。村“两委”班子成员7人，其中村党支部成员3名，村民委成员4名。

高郭村 位于高龙乡高龙街，村部所在地在乡政府所在地。全村辖那坡、龙显、龙爱、高郭、平站、那盘、云盘等7个自然屯7个村民小组，居住着汉、壮、瑶、苗族等民族，全村共有712户，1801人，总面积54.88平方千米，耕地面积4674.2亩，其中水田721.2亩，旱地3953亩。2017年农民人均纯收入5240元。其中矿藏资源有黄金、源烟煤、锑水晶、冰砂石、散锑矿等；野生药材有首乌、天冬、麻皮、金银花、黄精、百部、鸡血藤；野生动物有野猪、猴、山鸡、果子狸等上百种。全村主要经济收入有茶叶、油桐、油茶、八角、杉木等经济林木，盛产水稻、玉米、生姜、反季节西瓜。全村现有党员55名，其中女党员13名。村“两委”班子成员7人，其中村党支部成员3名。

弄南村 位于高龙乡东南部，村部所在地弄南屯距乡政府所在地12千米。各屯已全部通公路，但有部分屯饮水非常困难，如者后、坡梦、大平屯。全村辖弄南、大良、大屋基、者后、坡梦、那班、老寨、大平、小山等9个自然屯9个村民小组，居住着壮、汉族等2个民族，全村共有278户，总人口1133人，总面积30.1平方千米，耕地面积2720亩，水田725亩，旱地1995亩。其中小山、大平、者后、坡梦、大良、大屋基屯全年雨量较为充沛，水资源较为丰富，这几个屯主要适合种植杉木、油茶、油桐、八角、生姜等经济农作物，而弄南、那班、老寨屯地带较热主要适合种植考烟、甘蔗、药材等为主。2017年农民人均纯收入4570元。全村共有党员35名，其中女党员3名。村“两委”班子成员6人，其中村党支部成员3名，村民委成员3名。

渭荣村 位于高龙乡东部，村部所在地青岗林屯，距乡政府所在地18千米。全村辖渭荣、青岗林、那台、大坝、大山、雷打田等6个自然屯6个村民小组，居住着汉族1个民族，全村共有182户890人，其中劳动力有420人，总面积7.68平方千米，耕地面积2170亩，其中水田270亩，旱地1900亩。各屯已全部通公路。2017年农民人均纯收入4195元。全村共有党员24名，其中女党员3名。村“两委”班子成员现有6人，其中村党支部成员3名，村民委成员3名。主要粮食作物是水稻和玉米。主要经济作物有芭蕉芋、黄豆、生姜等。主要经济林有油桐、油茶、杉木、八角。野生药材有首乌、天冬、麻皮、金银花、黄精、百部、鸡血藤。野生动物有野猪、猴子、山鸡等。

全村为土山与岩石溶山锋、山坡与谷地、中山等较为复杂的地形，海拔在千米以上的山峰有1座。

渭山村 位于高龙乡东南部，村部所在地渭山屯距乡政府所在地25千米，是全乡最边远的行政村。全村辖渭山、大牛坝、洪水田、八丰、龙安寨、平莫、八农等8个自然屯11个村民小组，居住着壮、汉等2个民族,全村共有312户1335人,劳动力855人。全村总面积58.69平方千米,耕地面积3799亩,其中水田740亩,旱地3059亩。各屯已全部通公路。全村主要经济收入有油桐、油茶、八角、杉木等经济林木。2017年农民人均纯收入4466元。全村共有党员41名,其中女党员5名。村"两委"班子成员7人,其中村党支部成员3名,村民委成员4名。

新寨村 位于高龙乡东部,村部所在地新寨屯距乡政府所在地17千米。全村辖新寨、弄庭湾、渭落、平塘、平爱5个自然屯5个村民小组,居住着汉族1个民族,全村共有223户914人,劳动力400人。总面积26.7平方千米,耕地面积2495亩,其中水田304亩,旱地2191亩。该村适宜种植杉木、油茶、油桐、八角、竹子、茶叶、生姜等经济农作物,其中盛产杉木、油茶和油桐。各屯已全部通公路,部分群众饮水困难。主要产业以杉木、玉米为主。全村经济收入来源主要以种植业和外出打工为依靠。2017年农民人均纯收入4034元。全村共有党员27名,其中女党员1名。村"两委"班子成员6人,其中村党支部成员3名,村民委成员3名。

者车村 位于高龙乡西部,属田林县贫困村。总面积49.71平方千米,耕地面积3409亩,其中水田513亩,旱地2896亩。林地面积4.53万亩。村部所在地弄瓦屯距乡政府所在地7千米。全村共有278户1130人,劳动力680人,全村辖平卡、弄瓦、者车、那七、法力等5个自然屯、5个村民小组,居住着壮、汉、瑶族3个民族。主要产业以种植烤烟、茶叶、油茶、杉木、玉米等。全村经济收入来源主要以种植业和外出打工。2017年农民人均纯收入4918元。全村共有党员49名,其中女党员6名。村"两委"班子成员6人,其中村党支部成员3名,村民委成员3名。各屯已全部通公路。

(撰稿　黄红萍)

者苗乡

【中共者苗乡委员会领导】

书　记:廖　瑜(壮族)
副书记:黄　榕(女,壮族)
　　　　张正锋(壮族)
纪委书记:姚建城
组织委员:农秋谨(女,壮族)
宣传统战委员:黄政军(壮族)
武装部长:向龙江

【者苗乡人大主席团领导】

主　席:张正锋(壮族)
副主席:王志锋(壮族)

【者苗乡人民政府领导】

乡　长:黄　榕(女,壮族)
副乡长:黄昭君(壮族)
　　　　甘天权
　　　　罗　媛(女,壮族)
　　　　曲　媛(女)

【概况】 者苗乡位于田林的中部偏西北方向,东南与八渡瑶族乡相邻,东北和潞城瑶族乡相接,西南连接定安镇,西北与平塘乡、旧州镇毗邻,属革命老区,乡府驻地距县城88千米,总面积263.01平方千米,辖者苗、者化、渭龙、八中、百隆、八亨、六恒7个行政村,38个自然屯,47个村民小组。居住壮、汉、布依3个民族,其中壮族占98%,汉族占1.6%,0.4%。2017年总户数2834户,总人口为10464人;2017年有林地面积32.5万亩,其中经济林为8.7万亩,森林覆盖率76.8%。盛产油茶、八角、油桐、杉木、生姜、八渡笋、造纸林、板栗、灵芝等,年产茶油964吨,是田林县油茶主产区之一。全乡耕地面积17745.7亩,粮食作物以种植水稻为主,者苗街圩商贸繁荣,每6天一圩。全乡各村已通四级公路,38个自然屯全部修通公道路和架通高压电,有线电视覆盖率达100%,通讯网络覆盖全境,全乡群众安全饮用水保障率达100%。全乡设有卫生院一所,卫生专业技术人员18名;中心小学一所,教职工38名,在校学生537人。全乡地势北高南低,属土山,平均海拔700米,年平均气温23.6℃,年降水量900毫米。河流有八中河、者化河以及郁江干流(驮娘江)过境,溪涧纵横,土质肥沃,雨量充沛,水草丰茂,森林资源丰富,呈物种多样化,伴生以灵芝为主的多种药材,并栖息着多种珍贵野生动物。

【经济发展】 2017年,全乡国民生产总值达5780万元,同比上年增长7.1%;农业生产总值达2172万元,同比增长5%;固定资产投资完成799万元,同比增长3.1%。农民人均纯收入5669元,同比增加86元。2017年粮食生产播种面积完成1.4697万亩,粮食单产实现每亩323公斤,粮食总产0.49万吨,超级稻种植面积完成种植0.35万亩,秋冬种生产共完成1.36万亩。

年底营林造林达4070亩和93000亩生态公益林管护合同，让管护责任到屯到户，保护森林资源；搞活养殖产业，以林下养鸡、水边养鸭、河段养鱼、山上养羊，集中区养猪等模式壮大者苗乡养殖产业。目前，全乡油茶面积达4.8万多亩，人均拥有油茶林4.8亩，2017年茶籽产量达2958吨，实现产值4000多万元，仅此项，全乡农民人均收入3957元。2017年全乡火鸡出栏12000羽，实现经济收入156万元，为农民人均收入贡献149元。2017年底全乡山羊养殖2500多只，养殖户年均获利7000元以上；林下养鸡累计出栏20.8万羽，年出栏5000羽以上的共有7户；年底有模养牛场3个，出栏肉牛养殖1993头。另外发展包括牛大力、三叶青、砂仁等488亩，全力打造者苗“药材之乡”品牌。

【社会发展】 2017年，全乡参合率为98.1%，累计新农合报销207.46万元，受益群众9230人次。2017年，全乡新型农村社会养老保险任务数为4722人，现金缴款率14.8%，协议签订率为100%；城镇居保任务数为14人，完成率100%，协议签订率为100%。全乡60周岁以上人员发放人数为1189人，发放率100%。已完成县下达的参保率、签订率90%和新农合参保率97%的任务。2017年，农村低保符合享受对象有2281人，城镇低保14人，都做到保人保户，现有五保户30人，孤儿1人，抚扶对象17人，参战民兵43人，共发放救灾粮2386.5公斤，发放五保户救济粮5869.5公斤，大病救助179人58.9万元，城乡低保子女上大学救助27人11100元，临时救助11人25880元，发放夏、冬令物资、140床棉被、420床毛巾被、衣物1660件等。2017年，乡财政共兑现2017年农资综合直补107.32万元；“家电下乡”、“汽车、摩托车下乡”补贴4.96万元；兑现中稻、玉米良种补贴12.566万元；发放退耕还林粮食、现金补助24.17万元；发放城乡低保277.5万元；发放农村五保资金6.51万元。2017年中全乡出生人口121人，其中政策内115人，政策外6人，政策外多孩0人，计生率95.04%，政策外多孩率0%，控制在责任指标1%以内，农村人口当年长效避孕率89%，出生性别比为103∶100，控制在责任指标103~107∶100范围内，共征收社会抚养费0.6万元，全乡7个村中4个村实现“两无一提高”，全乡连续四年荣获市“无政策外多孩生育乡镇”光荣称号。

【基础设施建设】 一是实施危房改造96户，解决364人的住房问题。二是完成渭龙、渭苗、平杆、渭化等一批村屯人饮工程，解决群众饮水难的问题，受益群众207户987人。三是交通设施明显改善，落实3个脱贫攻坚村屯道路硬化项目，让八灯、南沙、渭额3个屯实现通屯道路硬化，解决了群众行路难问题，切实改善了农村生产生活条件。四是落实了者化、八亨、八中篮球场及八中村戏台建设，惠及者化、八亨、八中3个村18个自然的4600多名群众。

【“美丽乡村”建设】 2017年共选派7名干部配合县选派的驻村指导员开展“美丽乡村”建设工作。积极争取上级项目扶持，落实了渭龙屯人饮工程、南沙屯道路硬化、者化村篮球场建设等一批项目，解决了群众行路难、饮水不安全和基础文化设施差等问题，切实改善了农村生产生活条件，“生产发展、生活富裕、村容整洁、管理民主、乡风文明”的社会主义新型农村正逐步形成。

【安全生产】 2017年共召开14次安全生产专题会议，与7个村委会签订安全责任状，每季度开展1次以上各行业安全生产整治工作。从乡直职能单位抽调人员，以定期和不定期的形式开展设卡检查，严禁无证、无牌车辆上路行驶，全年共组织人员224人次开展47次检查，查处违章超载或无证无牌二轮摩托车159车次，三马仔5车次，违章农用车11车次，责成全乡农用车、客车车主及司机写下安全生产保证书，有效杜绝了道路交通安全事故的发生，为党的十九大胜利召开创造畅通、平安、良好的交通氛围。抓好地质灾害点安全监测工作。雨季期间，乡政府派工作人员进驻存在地质灾害隐患的六恒村六恒屯和八中村弄麦屯，进行全天24小时不间断监控。对公共聚集场所的安全整治6次，组织派出所、工商等部门对易燃易爆物品的经营、贮存、运输进行检查4次，特别是对6个烟花炮竹摊点进行严格检查，纠正不规范销售行为，消除存在的事故隐患。此外加强安全生产宣传教育工作，在节假日和“安全生产月”活动期间利用街天广播37次、悬挂横幅55条、张贴宣传标语800多张、发放宣传单3600多份，出版12期“安全生产”

专题板报。

【维护稳定工作】 坚持定期排查与重点专项排查相结合。敏感时期和重大节庆活动前实行重点排查调处,平时以村为单位每月排查一次,全面掌握社会动态,充分掌握社会不稳定因素根源,并逐项落实分解到单位负责人,收到了较好的效果,年度社会治安形势良好。全乡未发生一起治安恶性案件,全乡无非正常越级上访及群体性事件发生。全年乡、村两级共调解各类纠纷38起,调结34起,调解率和调结率分别达到100%、94%。特别是较妥善处置了“者保—弄瓦”输变线路建设等重大项目建设纠纷,确保全国“两会”、壮剧文化艺术节、东盟博览会等重大节庆期间的社会稳定,较好地整治了投资环境。

【脱贫攻坚工作】 2017年,扶贫工作列为者苗乡工作重中之重。全乡辖7个行政村,37个自然屯,其中“十三五”期间贫困村3个,深度贫困村1个,非贫困村3个,年内无整村脱贫任务。按区、市、县脱贫攻坚统一部署,者苗乡脱贫攻坚工作稳步推进,全乡共投入人力1100余人次,投入经费10余万元,按时完成年度各项既定工作任务,全年脱贫117户442人,其中:渭龙村34户128人,者化村20户65人,者苗村18户65人,八亨村9户48人,六恒村11户29人,百隆村25户107人。贫困发生率从2016年度的14.57%下降到10.04%。

【科教文卫工作】 坚持将教育摆在优先发展的战略地位,大力实施科教兴国、科教兴乡战略,教育工作实现了持续、健康发展。农村“两免一补”等教育政策得到全面落实,者苗小学现有教职工38名,在校学生537人,在校学生年巩固为99.8%。七个行政村文化图书室运行良好,村级娱乐设施逐步完善,节假日各村文体活动丰富多彩。日常加强对卫生院的监管力度,进一步落实艾滋病、肺结核、手足口病等各种传染病的防控措施。2017年辖区内艾滋病、肺结核、手足口病的发病率为零。

【党建工作】一是抓好“三年一争当”活动开展,营造良好“三大生态”环境。自4月下旬“三年一争当”活动开展以来,全乡各级党员领导干部以习总书记到广西视察的讲话精神为指导,结合脱贫攻坚、美丽乡村建设、社会稳定大防控等重点工作,发挥表率作用,争当“三大生态”排头兵。自活动开展以来,全乡各级党员领导干部已为群众办理实事、好事410余件(次),共协调“者保—弄瓦”输变线路建设、“渭路沟油茶基地建设”等外来客商或在者苗乡实施的重点扶贫项目引发的纠纷21起,为业主挽回直接经济损失26余万元,间接经济损失300余万元,极大地优化了投资环境;全乡青山绿水的生态环境得到进一步保护,美丽宜居生态乡村工作稳步推进。二是抓好组织管理,圆满完成村“两委”换届选举。乡党委认真贯彻十八大及历次全会精神,以及十九大精神,认真组织各党支部结合实际,坚持与时俱进,结合“两学一做”常态化、“三年一争当”等活动要求,不断丰富和改进学习形式,进一步强化党员党性观念。全面抓好各项党建常规工作,落实各项重点任务,按照发展党员指导性计划,年度发展党员9名。8月份村“两委”换届时,乡党委、政府未雨绸缪,做好宣传营造氛围,对可能影响到换届选举进程的宗族势力、拉帮结派、村干部违法违纪等情况进行逐一排查、处理,制定相关预案。同步开展村“两委”换届选举工作的摸底调查和离任考察及经济审计。尽量把具有“双带”能力的党员、经济能人纳入到村“两委”班子中,带领全村发展。顺利完成村“两委”换届选举工作,为村两委选优配强脱产和半脱产干部。三是抓好党建引领示范作用,促进产业结构调整,稳定经济发展。者苗乡深挖资源优势,基层党支部主动作为,产业结构调整成效明显,改变了以前者苗产业示范“零品牌”的尴尬局面。现全乡产业呈现“油茶、甘蔗、烤烟、林下养殖”互补的发展格局。采取“公司+基地+合作社+农户(贫困户)”的方式由农户(贫困户)以土地或产业扶持资金入股,完成八中村2300亩“十百千”扶贫油茶基地,者苗村2000亩渭路沟油茶示范区两个特色产业示范区建设。2017年,全乡已完成油茶种植4000多亩,超额完成年度4000亩的种植任务。按照区、市、县关于大力扶持村级集体经济、促脱贫奔康的总体工作部署,对原有的4个较大规模的农民专业合作社进行整合,引导其与村委和贫困户联营,集中优势资源,大力发展集体经济。除重点打造的油茶产业外,者苗乡还充分挖掘人力、土地资源潜力,号召群众大种大养。一方面是采取优先安排甘蔗种植农户享受产业奖补资金的办法，动员贫困户及其他农户大力发展种植业。全乡甘蔗种植面积达到了3031亩，占任务数126%，超额完成了2400亩的种植任务，创历年新高，本产业总产值达到500万元；巩固百隆村弄江屯烤烟新区，发展烟叶种植250亩，产值62万余元；落实新种植芒果700余亩，实现芒果种植零的突破；中草药种植面积2000余亩，主要品种为鸭胆子、砂仁等。另一方面是鼓励养殖户大力发展养殖业。全乡2017年共有各类规模养殖场20余个，较大规模的禽畜养殖场5个，肉猪存栏4200余头，肉羊900余只。者化火鸡、八亨山羊、八中肉牛、百隆清水鸭及生猪养殖规模不断扩大，实现各村全覆盖。这些产业的提升，为实现贫困户"有稳定增收产业"这一目标打下良好基础。四是高度重视党风廉政建设工作。以党风廉政建设责任制为抓手，健全完善了党风廉政建设责任制体系。层层压实责任。根据本乡实际情况，把党风廉政建设工作内容逐项分解，签订了责任书，明确了责任，落实到了各分管领导，责任部门，并实行主要领导包片、分管领导包村的责任制。实行一级抓一级，层层抓落实，责任到人，使我乡党风廉政建设工作深入、扎实、有效地开展，不走过场，落到实处，见到实效。同时开展年终考核，并把考核结果与个人年度考核进行挂钩，增强了各部门和各级领导抓好党风廉政建设工作的责任性，从而形成了横向到边，纵向到底，上下联动的责任机制，进一步健全和完善党风廉政建设工作责任机制。一方面是强化理论学习，开展廉政提醒。加强党风廉政建设，改进干部作风，提高干部素质，必须不断地加强学习，努力实践。通过学习《关于新形势下党内政治生活的若干准则》、《中国共产党廉洁自律准则》《中国共产党纪律处分条例》、《中国共产党问责条例》和《中国共产党纪律处分条例》等法律法规，组织学习上级公开通报的典型案件、通报我乡发生的扶贫领域贪腐案件，在重要时间节点或节假日前发送廉政提醒短信、发布廉政提醒内容等形式，强化领导干部思想认识。全年共组织召开班子会议专题学习研究和部署党风廉政建设及工作8次，干部集体学习会议4次，集体约谈会议8次，发送廉政提醒短信185人次。另一方面是狠抓干部作风建设，扼杀贪腐于摇篮。2017年以来，共对上班纪律、公车私用、节假日值班纪律、违规办理宴席等作风纪律督查8次，通报违反上班纪律6人次，落实整改6人次；严肃换届纪律、打造风清气正政治环境等一系列主题廉政教育活动6次；对退耕还林、耕地力保护补贴、抗旱救灾以及义务教育、农村新型合作医疗、计划生育奖优免补等强农惠农政策执行情况开展专项执法检查4次。对全乡森林防火、清洁乡村等工作落实情况进行专项督查共4次，查出各类问题6条，提出整改意见6条。

【各村简介】

八亨村 位于者苗乡东部，村部所在地八亨屯，距乡政府所在地5千米。目前已实现"水、电、路"三通，村部所在地通宽带网络。全村辖八亨、平刀、央香、渭贯等4个自然屯，4个村民小组，居住着壮、汉两个民族，全村共有284户1148人，总面积38.2平方千米，耕地面积2162亩，其中水田690亩，旱地1064.2亩，主导产业以油茶2877.7亩、甘蔗550亩、肉牛养殖394头、山羊养殖880只为主。2017年农民人均纯收入5133元。全村共有党员36名，其中女党员6名，预备党员1名。村"两委"班子成员6名（交叉任职），其中村党支部成员3名，村民委成员5名。村党支部书记兼村民委主任岑桂枝。

八中村 位于者苗乡中部，村部所在地八中屯，距乡政府所在地8千米。目前已实现"水、电、路"三通，村部所在地通宽带网络。全村辖八中、八三、八达、渭额、洞额、弄麦等6个自然屯，6个村民小组，居住着壮民族，全村共有457户1675人，总面积59.42平方千米，耕地面积2443亩，其中水田1013亩，旱地1430亩，主导产业以中草药鸦胆子653亩、油茶4885亩、杉木2275亩、肉牛养殖415头、生猪养殖734头、山羊养殖721头为主。2017年农民人均纯收入6075.44元。全村共有党员46名，其中女党员7名，预备党员1名。村"两委"班子成员5名（交叉任职），其中村党支部成员3名，村民委成员5名，村党支部书记兼村民委主任罗绍云。

百隆村 位于者苗乡北部，村部所在地弄江屯，距乡政府所在地20千米。已全部实现"水、电、路"三通，村部所在地通宽带网络。全村辖平宁、百足、弄江、弄肯、平赖等5个自然屯、9个村民小组，居住着壮族，全村共有555户2091人，总面积42.29平方千米，耕地面积2993亩，其中水田904亩，旱地2089亩，主导产业以油茶13788.5亩、杉木4020亩、烤烟200亩为主。2017年农民人均纯收入7192.57元。全村共有党员44名，其中女党员5名，预备党员1名。村“两委”班子成员7名（交叉任职），其中村党支部成员3名，村民委成员7名。村党支部书记黄文治，村民委主任黄忠军。

六恒村 位于者苗乡西北部，村部所在地六谷屯，距乡政府所在地14千米。目前已实现“水、电、路”三通，村部所在地通宽带网络。全村辖六恒、六谷、平杆等3个自然屯、3个村民小组，居住着壮民族，全村共有230户839人，总面积21.2平方千米，耕地面积1405.7亩，其中水田481亩，旱地924.7亩，主导产业以油茶4118亩、杉木1638亩、八角1010亩、生猪养殖745头、山羊养殖606头为主。2017年农民人均纯收入6352.74元。全村共有党员41名，其中女党员12名，预备党员1名。村“两委”班子成员6名（交叉任职），其中村党支部成员3名，村民委成员5名，村党支部书记兼村民委主任黄华国。

渭龙村 位于者苗乡东南部，村部所在地平些屯，距乡政府所在地4千米。目前已实现“水、电、路”三通，村部所在地通宽带网络。全村辖渭龙、渭怀、平些、渭苗、八弄等5个自然屯，5个村民小组，居住着壮民族，全村共有371户1397人，总面积46.91平方千米，耕地面积2502亩，其中水田671亩，旱地1831亩，主导产业以油茶5319亩、杉木1200亩、甘蔗500亩、玉米971亩为主。2017年农民人均纯收入5746.09元。全村共有党员44名，其中女党员9名，预备党员1名。村“两委”班子成员5名（交叉任职），其中村党支部成员3名，村民委成员5名，村党支部书记兼村民委主任雷善清。

者化村 位于者苗乡西部，村部所在地者化屯，距乡政府所在地8千米。目前已实现“水、电、路”三通，村部所在地通宽带网络。全村辖者化、者余、弄盘、八土、八灯、八庆、南沙、岩怀等8个自然屯、14个村民小组，居住着壮、汉、布衣等3个民族，全村共有467户1763人，总面积37.00平方千米，耕地面积3010亩，其中水田1043亩，旱地1967亩，主导产业以油茶8248亩、杉木4105亩、甘蔗595亩、玉米1600亩、肉牛养殖394头、生猪养殖748头、山羊养殖693头为主。2017年农民人均纯收入5877.63元。全村共有党员45名，其中女党员6名，预备党员1名。村“两委”班子成员6名（交叉任职），其中村党支部成员3名，村民委成员5名，村党支部书记唐绍勇，村民委主任黄政教。

者苗村 位于者苗乡西南部，村部所在地各怀屯，距乡政府所在地0.5千米。目前已实现“水、电、路”三通，村部所在地通宽带网络。全村辖各怀、平楼、平外、渭鲁、渭化、八塘等6个自然屯6个村民小组，居住着壮、汉民族，全村共有355户1334人，总面积34.11平方千米，耕地面积3230亩，其中水田709亩，旱地2521亩，主导产业以油茶5425亩、杉木1980亩、八角283亩、甘蔗1405亩，2017年农民人均纯收入5883.55元。全村共有党员46名，其中女党员9名，预备党员1名。村“两委”班子成员5名（交叉任职），其中村党支部成员3名，村民委成员5名，村党支部书记兼村民委主任王文章。

（撰稿　曲　媛）

八桂瑶族乡

【中共八桂瑶族乡委员会领导】

书　记：陆海坚（壮族）
副书记：邓小蟠（瑶族）
　　　　罗炳德（壮族）
纪委书记：陆琪芳（女，壮族）
组织委员：黄小富（2017年3月任职）
宣传委员：黄　婷（女，壮族）
武装部长：熊熙灵

【八桂瑶族乡人大主席团领导】

主　席：罗炳德（壮族）
副主席：罗永华（壮族）

【八桂瑶族乡人民政府领导】

乡　长：邓小蟠（壮族）
副乡长：彭　誉（壮族）
　　　　邓才礼（瑶族）
　　　　农彩朗（女，壮族）
　　　　李义合（壮族）

【概况】 八桂瑶族乡位于田林县西南部。2005年6月25日撤弄瓦瑶族乡并入八桂瑶族乡。东接乐里镇，南与那比乡和云南省富宁县接壤，西靠八渡瑶族乡，北邻潞城瑶族乡。乡政府驻地八桂村，距田林县城24千米。行政区域面积382平方千米，森林面积约293.758平方千米，森林覆盖率76.9%，生态环境优良。辖八桂、八高、八江、平六、八修、渭标、六丹、弄瓦、果卜、者达、岩林、谭合12个行政村，84个自然屯，93个村民小组。2017年全乡总户数为4221户，15711人。主要居住着壮、汉、瑶3个民族，2017年瑶族人口3619人，占总人口的23.03%。八桂瑶族乡山地多，平地少，2017年有耕地1249.84公顷，其中水田486.04公顷，旱地763.8公顷。者达、渭标、岩林、八高4个行政村被列入国家级贫困村，共涉及37个自然屯1198户人口。84个自然屯全部通水通电。全乡发展以农、林、牧业为主，盛产水稻、生姜、玉米、芒果、板栗、油茶等。有初中1所，中心校2所，村级教学点3个，中小学教师总数为97人，在校中小学生1820人；乡卫生院2所，在编医务人员24人，有病床数35个，村卫生室12个。主要河流有驮娘江、六丹河、八修河、平六河、八高河等，水利资源较丰富，由于境内江河密布，野生河鱼种类多。境内的河鱼味鲜可口，特别以弄瓦河鱼闻名周边市县，弄瓦干鱼更是鱼中之品，是周边地区的上佳礼品。全乡有2个集贸市场，每5天一个圩日。

八桂瑶族乡2017年政务服务窗口

【经济发展】

农业生产 2017年全乡粮食播种面积1.85万亩，比2016年增加0.25万亩，粮食总产量0.548万吨；甘蔗种植面积(包括新种和翻种)4981.9亩，累计面积15000多亩，实现全乡人均一亩蔗；芒果新种面积2006亩，全乡芒果总面积达到17000余亩，同时重点打造弄瓦村渭雅屯1500亩的芒果示范基地，芒果产业成为八桂乡“十三五”支柱产业之一；烤烟种植1768亩，比2016年同比增加188亩，完成烟叶收购4655担，实现产值500万元；2017年全乡固定资产总投资1200万元。

牧林业生产 2017年全乡生猪存栏14549头，其中能繁殖母猪存栏327头，肉猪出栏20702头；肉鸡存栏128563羽，出栏肉鸡324517羽；羊出栏0.0794万只，牛出栏0.0713万头；完成造林杉木等经济林种植5000亩(其中新造林500亩，其他4500亩)；完成油茶种植2013亩(新种植510亩，低改造1503亩)，重点打造田林永赢生态油茶种植合作社示范基地(八高村)连片种植面积1200亩以及六告屯600亩油茶基地。

【社会发展】

义务教育 2017年全乡义务教育阶段在校学生1820人，义务教育阶段入学率达100%，九年义务教育实现“两免一补”全覆盖，营养午餐工程全面落实，中考“两率一分”成绩达标。

新型农村养老保险 2017年全乡新型农村养老应参保人数增到8380人，已参保8530人，参保率为101.8%，代扣率为92.3%，60周岁以上老人1958人，发放率100%。

新型农村合作医疗 2017年全乡应参合人数14832人，已参合14431人(其中免缴2837人)，参合率为97.5%，参合资金141.1万元。

民政工作 2017年全乡受低保4411人，其中贫困人口3971人，重合率和贡献率分别达90.02%、90.48%，全乡共发放低保金772.25万元惠及4377人，发放五保户救济金17万元惠及96人，发放医疗救助金32.7万元惠及103人，发放救济粮6.23吨惠及83人，发放救灾物资128件(衣被类)惠及78人。

计生工作 2017年全乡出生173人，出生人口性别比106∶100，人口自然增长率为6.24‰；全乡12个行政村已全覆盖诚信计生工作，开展率达95%。2017年办理《计划生育服务手册》114对，再生育9对。节育措施情况，区间内应落实长效避孕节育措施117例，已放环85例，长效避孕率达72.6%。社会抚养费征收情况，全乡应征收社会抚养费115.568万元(其中当年75.152万元，历年40.416万元)；

已征收社会抚养费0万元,已上缴社会抚养费0万元。

【基础设施建设】 2017年,完成“一事一议”财政奖补项目5个,总投资93万元;完成农村危房改造任务69户,村容村貌明显改善;2017年的基础设施建设落实八修村渭夜屯、者达村平西屯等安全饮水提升工程项目20个,落实渭标村那马屯—渭苗屯、八高村路口—渭囊、谭合村架屯—渭六屯等道路硬化项目12个,受益人口6000多人。2017年重大项目:截至2017年12月,总投资24.6224亿元的瓦村水电站已经完成坝首建设达260高程,完成库区实物指标外业确认9051.88亩,完成者达旧屯旧房及其附属建筑物的库底清理工作;八桂至那比三级路提级改造工程完成用地征地以及各标段路基;弄瓦变电站和贵州至百色220千伏输电线路建设工作完成普变电站征地38亩以及59个塔基征地。

【移民安置】 瓦村水电站在八桂瑶族乡辖区内涉及移民搬迁两个屯(者达村者达屯、弄瓦村八囊屯),共191户736人,其中:者达屯130户511人,集中安置118户466人,已于2016年底全部搬迁到新村入住;自行安置12户45人,都已完成搬迁。八囊屯61户225人,集中安置17户61人,已于2016年底全部搬迁到新村入住;自行安置27户97人,截至2017年12月,没有确定安置意向17户67人。

【扶贫工作】 2017年,全乡实现脱贫摘帽372户1577人,实现者达村脱贫出列,贫困人口由年初3450人降至1893人,贫困发生率由23.27%降至12.77%。在开展贫困户技能培训工作中,协同农业、科协部门,开展芒果种植培训150人次,协同烟站、农业推广站开展烤烟种植培训50人次,全乡申报建筑技能培训36人,农业机械化耕种现场培训160人次。在金融扶持中,组织乡、村干部力量,开展贫困户评级授信工作,着力落实好贫困村农民合作组织和贫困户贷款贴息政策,帮助贫困户解决资金难题。

【文化卫生】 组织开展春节、“三八”妇女节、“三月三·吼敢”壮剧节等文艺表演活动;给予资金支持八修、六丹等瑶族村寨开展民族民俗活动;培养八桂女子剧团、平六剧团、八修剧团、八良剧团、弄瓦剧团等5个北路壮剧团。农村医疗卫生状况极大改善,卫生院的基础设施建设得到完善,医疗条件明显提高,疫病防治体系得到健全,防控能力得到进一步加强;新型农村合作医疗全面实施,群众参合率达97.5%;乡村环境卫生问题得到重视,乡容村貌得到较大改观。

【安全生产】 深入开展“打非治违”专项行动,落实安全生产“一岗双责”责任制,强化对道路、学校、建筑工地、加油站点等重点领域的监管和整治,加强对地质灾害、食品安全、消防安全等重点领域、重点企业的隐患排查。不断加强安全生产专项整治力度,强化监督,有效遏制重、特大安全责任事故的发生。全年无安全生产问题引起的伤亡事故发生。

【维护稳定工作】 不断加大“三大纠纷”的调解力度。2017年,共调解24起,调解成功22起,调解成功率为91.67%,有效地预防和减少了越级上访事件发生。加强对矛盾纠纷、重点案件、重点群体和重点人员等进行排查化解,加大隐患整改力度,落实整改责任人和整改时限。深入开展平安创建活动,扩展平安创建的领域和范围,协助县直有关部门做好为民办实事工程的协调服务工作,切实解决群众关注的热点、难点问题。

【党建工作】

基层组织建设 始终把提高基层党组织的执政能力贯穿于党建工作的始终,以“两学一做”活动为契机,不断加强党的基层组织建设。按照“领导班子好、党员干部队伍好、工作机制好、工作业绩好、群众反映好”目标要求,建立领导干部包村制度,形成了党委书记亲自抓、支部书记具体抓、党员领导共同抓的工作格局。2017年共发展党员15名,党员结构和素质不断改善;依托农村党员现代远程教育培训和乡讲习所等平台,每年培训党员和村干部1000人次以上;扎实开展软弱涣散党组织整顿工作,全乡有1个党组织被评为星级党组织;完善村级党建工作制度,坚持村级党务、政务、财务公开,主要公布低保指标、民政物资发放、危房改造指标分配等群众关心的热点问题,广泛接受群众监督。

党员领导干部队伍建设 以“两学一做”、讲习所等学习平台为契机,开展讲党性、重品行、作表率活动，带动和鼓励领导干部讲党课，支部书记和普通党员带头上党课，使广大党员干部在自身形象、工作热情和大局意识等方面成为“个人形象一面旗、工作热情一团火、谋事布局一盘棋”的表率。

党风廉政建设 认真履行党委的“主体责任”，严格执行中央“八项规定”，全面落实党风廉政建设责任制，坚持“一岗双责”、“标本兼治”原则，以开展严肃查处群众身边的“四风”和腐败问题专项活动、扶贫领域监督执纪问责活动为契机加大源头防腐力度，深入推进全乡党风廉政建设与反腐败工作，努力营造风清气正的环境。2017年全乡案件指导数为6件，立案6起，移送审理6起，办结3起，正在审理3起，给予党纪处分3人。同时，通过群众来信来访、下村走访等方式，共排查案件线索12条，开展初核12件，核结12件；开展中央八项规定精神回头看活动，共清退违纪款47320.16元。

【各村简介】

八桂村 乡政府所在地，村部所在地八桂屯。“水、电、路”已全部实现三通。全村辖7个自然屯（八桂屯、高屯、六胡、八务、花园、隆桂、平树），11个村民小组，居住着瑶、壮、汉族，全村共有424户1767人，其中全村劳动力1186人，住房保障率为100%。全村贫困户共131户，528人，贫困发生率为29.9%，其中2014年退出户为24户，2015年退出户为21户，2016年脱贫户为8户，2017年脱贫户为19户，2018年预脱贫户为59户。2017年城乡养老保险应缴费人数为740人，实际缴费人数为708人，完成率95.6%，其中60岁以上参保老年人249人。全村没有因贫辍学适龄儿童，参加农村合作医疗1755人，参合率为99.3%，全村享受低保人数为87人。全村有24户，共98人享受易地扶贫搬迁政策。

总面积33.9平方千米，耕地面积1395亩，其中水田928亩，旱地467亩，主导产业以水稻和玉米、烤烟为主。全村共有党员37名，其中女党员7名。村“两委”班子成员7人，其中村党支部成员3名（村党支部书记岑龙敏），村民委成员4名。行政村组建了村民合作社，建有村部办公楼1栋，建有宣传栏处，村内建有村卫生室，篮球场1个，农家书屋1个，戏台1座，行政村村部已接通网络宽带。

八江村 位于八桂乡南部，村部所在地汪屯，距乡政府所在地6千米。“水、电、路”已全部实现三通。全村辖2个自然屯（八江、汪屯），4个村民小组，居住着壮族，全村共有172户791人，住房保障率为100%。全村贫困户共78户，329人，贫困发生率为41.6%，其中2014年退出户为12户，2015年退出户为17户，2016年脱贫户为2户，2017年脱贫户为17户，2018年预脱贫户为30户。2017年城乡养老保险应缴费人数为334人，实际缴费人数为316人，完成率95%，其中60岁以上参保老年人98人。全村没有因贫辍学适龄儿童，参加农村合作医疗759人，参合率为96%，全村享受低保46户183人。全村有19户，共83人享受易地扶贫搬迁政策。总面积9.5平方千米，耕地面积1764亩，其中水田564亩，旱地1200亩，主导产业以甘蔗和烤烟为主。全村共有党员27名，其中女党员5名，预备党员1名。村“两委”班子成员7人，村党支部成员3名（村党支部书记兼村民委主任凌程英），村民委成员4名。行政村组建了村民合作社，建有村部办公楼1栋，建有宣传栏处，村内建有村卫生室，篮球场1个，农家书屋1个，戏台1座，行政村村部已接通网络宽带。

八修村 位于八桂乡西北部，村部所在地八修屯，距乡政府所在地7千米。“水、电、路”已实现三通。全村辖8个自然屯（八修、那林、那高、渭府、渭业、渭夜、渭门、岩桃），8个村民小组，居住着瑶、壮族，全村共有305户1320人，住房保障率为100%。全村贫困户共151户，668人，贫困发生率为50.6%，其中2014年退出户为20户，2015年退出户为32户，2016年脱贫户为3户，2017年预脱贫户21户，2018年预脱贫户为75户，动态调整中，剔除错评贫困户1户7人。2017年城乡养老保险应缴费人数为617人，实际缴费人数为595人，完成率96.4%，60岁以上参保老年人163人。全村没有因贫辍学适龄儿童，参加农村合作医疗1301人，参合率为97.7%，全村享受低保132户540人。有16户共72人享受易地扶贫搬迁政策。

全村总面积28.6平方千米，耕地面积1436亩，其中水田647亩，旱地789亩，主导产业以水稻、玉米和烤烟为主。全村共有党员37名，其中女党员7名，预备党员2名。村“两委”班子成员7人，村党支部成员3名（村党支部书记黄文站），村民委成员4名。行政村组建了村民合作社，建有村部办公楼1栋，建有宣传栏处，村内建有村卫生室,篮球场1个,农家书屋1个,戏台1座,行政村村部已接通网络宽带。

果卜村 位于八桂乡西南部,村部所在地那少屯,距乡政府所在地35千米。“水、电、路”已实现三通。全村辖7个自然屯(那少、囊楼、那庭、果卜、平西、弄福、那弄),7个村民小组,居住着壮、瑶民族,全村共有251户1030人,住房保障率为100%。全村贫困户共156户,611人,贫困发生率为59.3%,其中2014年退出户为27户,2015年退出户为29户,2016年脱贫户为10户,2017年预脱贫户62户,2018年预脱贫户为28户。2017年城乡养老保险应缴费人数为489人,实际缴费人数为488人,完成率99.8%,其中60岁以上参保老年人144人。全村没有因贫辍学适龄儿童,参加农村合作医疗1031人,参合率为98.2%,全村享受低保132户540人。全村有8户,共26人享受易地扶贫搬迁政策。

全村总面积20.2平方千米,耕地面积1519亩,其中水田485亩,旱地1062亩,主导产业以甘蔗和木薯为主。全村共有党员27名,其中女党员3名。村“两委”班子成员7人,村党支部成员3名(村党支部书记兼村民委主任潘昂),村民委成员4名。行政村组建了村民合作社,建有村部办公楼1栋,建有宣传栏处,村内建有村卫生室,篮球场1个,农家书屋1个,行政村村部已接通网络宽带。

六丹村 位于八桂乡西部,村部所在地那足屯,距乡政府所在地8千米。“水、电、路”已全部实现三通。全村辖9个自然屯(那桃一、二队、八胡、八良、六央、渭翁、六丹、那烧、那足),10个村民小组,居住着瑶、壮、汉等民族,全村共有328户1392人,住房保障率为100%。全村贫困户共111户,437人,贫困发生率为31.4%,其中2014年退出户为27户,2015年退出户为21户,2016年脱贫户为10户,2017年预脱贫户22户,2018年预脱贫户为31户。2017年城乡养老保险应缴费人数为597人,实际缴费人数为572人,完成率95.8%,其中60岁以上参保老年人193人。全村没有因贫辍学适龄儿童,参加农村合作医疗1288人,参合率为92.5%,全村享受低保66户252人。全村有15户,共61人享受易地扶贫搬迁政策。

全村总面积44.4平方千米,耕地面积1888亩,其中水田892亩,旱地996亩,主导产业以甘蔗和养殖为主。全村共有党员35名,其中女党员8名,预备党员2名。村“两委”班子成员7人,村党支部成员3名(村党支部书记陆钰),村民委成员4名。行政村组建了村民合作社,建有村部办公楼1栋,有宣传栏处,村内建有村卫生室,篮球场1个,农家书屋1个,戏台1座,行政村村部都已接通网络宽带。

弄瓦村 位于八桂乡西南部,村部所在地弄瓦屯,距乡政府所在地33千米。“水、电、路”已全部实现三通。全村辖6个自然屯(弄瓦、八囊、渭雅、岩好、六寿、六告),9个村民小组,居住着壮、瑶、汉民族,全村共有377户1495人,住房保障率为100%。全村贫困户共172户,674人,贫困发生率为45.1%,其中2014年退出户为28户,2015年退出户为37户,2016年脱贫户为2户,2017年预脱贫户70户,2018年预脱贫户为35户。2017年城乡养老保险应缴费人数为554人,实际缴费人数为506人,完成率91.3%,其中60岁以上参保老年人198人。全村没有因贫辍学适龄儿童,参加农村合作医疗1400人,参合率为97%,全村享受低保129户448人。全村有13户,共52人享受易地扶贫搬迁政策。

全村总面积30.2平方千米,耕地面积1301亩,其中水田426亩,旱地875亩,主导产业以水稻、甘蔗和玉米等为主。全村共有党

田林县八桂瑶族乡者达村者达屯移民安置风貌

员41名，其中女党员8名，预备党员1名。村"两委"班子成员7人，村党支部成员3名（村党支部书记陆建忠），村民委成员4名。行政村组建了村民合作社，建有村部办公楼1栋、宣传栏处，村内建有村卫生室，篮球场1个，农家书屋1个，戏台1座，行政村村部已接通网络宽带。

平六村　位于八桂乡西南部，村部所在地平六屯，距乡政府所在地9千米。"水、电、路"已全部实现三通。全村辖2个自然屯（平六、者利），2个村民小组，居住着壮族，全村共有193户799人，住房保障率为100%。全村贫困户共36户，148人，贫困发生率为18.9%，其中2014年退出户为7户，2015年退出户为5户，2016年脱贫户为21户，2018年预脱贫户为3户。2017年城乡养老保险应缴费人数为318人，实际缴费人数为301人，完成率94.6%，其中60岁以上参保老年人120人。全村没有因贫辍学适龄儿童，参加农村合作医疗797人，参合率为99.7%，全村享受低保16户57人。全村有7户，共30人享受易地扶贫搬迁政策。总面积18.5平方千米，耕地面积1397亩，其中水田980亩，旱地417亩，主导产业以甘蔗和烤烟为主。全村共有党员31名，其中女党员7名。村"两委"班子成员7人，其中村党支部成员3名，村民委成员4名。行政村组建了村民合作社，建有村部办公楼1栋，建有宣传栏处，村内建有村卫生室，篮球场1个，农家书屋1个，戏台一座，行政村村部已接通网络宽带。

谭合村　位于八桂乡西部，村部所在地架屯，距乡政府所在地18千米。"水、电、路"已实现三通。全村辖8个自然屯（渭六、架屯、龙屯、八那布、坡红、旧屯、平毕、卜屯），9个村民小组，居住着壮、汉、瑶民族，全村共有221户957人，住房保障率为100%。全村贫困户共131户，557人，贫困发生率为58.2%，其中2014年退出户为19户，2015年退出户为22户，2016年脱贫户为2户，2017年脱贫户为52户，2018年预脱贫户为36户。2017年城乡养老保险应缴费人数为426人，实际缴费人数为434人，完成率101.6%，其中60岁以上参保老年人126人。全村没有因贫辍学适龄儿童，参加农村合作医疗923人，参合率为96.9%，全村享受低保85户330人。全村有16户，共60人享受易地扶贫搬迁政策。总面积20平方千米，耕地面积2960亩，其中水田464亩，旱地2496亩，主导产业以甘蔗为主。全村共有党员41名，其中女党员7名，预备党员2名。村"两委"班子成员7人，村党支部成员3名（村党支部书记兼村民委主任岑永福），村民委成员4名。行政村组建了村民合作社，建有村部办公楼1栋，建有宣传栏处，村内建有村卫生室，篮球场1个，农家书屋1个，行政村村部已接通网络宽带。

渭标村　位于八桂乡西南部，村部所在地那马屯，距乡政府所在地14千米。"电、路"已基本全部实现通，"水"仍有个别户未实现通。全村辖11个自然屯（渭港、平忠、能领、各里、那马、八角、平定、渭苗、渭欢、岩轮、那当），11个村民小组，居住着壮、瑶族，全村共有297户1340人，住房保障率为100%。全村贫困户共198户，907人，贫困发生率为67.7%，其中2014年退出户为17户，2015年退出户为36户，2016年脱贫户为18户，2017年脱贫户为58户，2018年预脱贫户为69户。2017年城乡养老保险应缴费人数为584人，实际缴费人数为603人，完成率103.2%，其中60岁以上参保老年人169人。全村没有因贫辍学适龄儿童，参加农村合作医疗1304人，参合率为97.3%，全村享受低保163户666人。全村有26户，共128人享受易地扶贫搬迁政策。总面积28平方千米，耕地面积2773亩，其中水田889亩，旱地1884亩，主导产业以水稻、玉米和甘蔗为主。全村共有党员52名，其中女党员10名，预备党员2名。村"两委"班子成员7人，村党支部成员3名（村党支部书记罗文光），村民委成员4名。行政村组建了村民合作社，建有村部办公楼1栋，建有宣传栏处，村内建有村卫生室，篮球场1个，戏台1座，农家书屋1个，行政村村部已接通网络宽带。

岩林村　位于八桂乡西南部，村部所在地岩林屯，距乡政府所在地58千米。"水、电、路"已实现三通。全村辖10个自然屯（平告、六兰、那丢、高坡、渭六、岩林、那康、弄什、平塘、六岗），10个村民小组，居住着汉、壮族，全村共有328户1536人，住房保障率为100%。全村贫困户共233户，1043人，贫困发生率为67.9%，其中2014年退出户为41户，2015年退出户为42户，2016年脱贫户为2户，2017年脱贫户为51户，2018年预脱贫户为97户。2017年城乡养老保险应缴费人数为636人，实际缴费人数为

650人，完成率102.2%，其中60岁以上参保老年人206人。全村没有因贫辍学适龄儿童，参加农村合作医疗1489人，参合率为96.6%，全村享受低保156户669人。全村有27户，共101人享受易地扶贫搬迁政策。总面积29.5平方千米，耕地面积1883亩，其中水田728亩，旱地1155亩，主导产业以八渡笋、甘蔗和玉米为主。全村共有党员54名，其中女党员12名，预备党员1名。村"两委"班子成员7人，村党支部成员3名（村党支部书记黄正光），村民委成员4名。行政村组建了村民合作社，建有村部办公楼1栋，建有宣传栏处，村内建有村卫生室，篮球场1个，戏台1座，农家书屋1个，行政村村部已接通网络宽带。

（撰稿　黄　婷）

那比乡

【中共那比乡委员会领导】

书　记：卢　磊

副书记：林宗富（壮族，2017年9月离任）

　　李艺海（女，壮族，2017年9月任职）

　　黄忠和（壮族）

纪委书记：李清明

组织委员：韦柳先（女，壮族，2017年9月任职）

宣传委员：蒋正宪

武装部长：农学军（壮族）

【那比乡人大主席团领导】

主　席：林宗富（壮族，2017年9月离任）

　　李艺海（壮族，2017年9月任职）

副主席：黄　康（壮族）

【那比乡人民政府领导】

乡　长：黄忠和（壮族）

副乡长：陈　杰（瑶族，2017年9月任职）

　　廖文杰（壮族）

　　黄善科（壮族）

　　李冠文（壮族，2017年9月任职）

【概况】 那比乡位于田林县西南部，东、南、西面分别与云南省富宁县剥隘镇、那能乡、阿用乡山水相连，北部与本县高龙乡、八渡瑶族乡、八桂瑶族乡毗邻。乡政府驻地那比村，距离县城91千米，辖那比、六音、六邦、普农、那腊5个行政村，46个自然屯，51个村民小组，主要居住壮、汉、瑶等民族；2017年年底总人口1906户8832人。2017年脱贫村"十一有一低于"、脱贫户"八有一超"指标全部达标，顺利通过区、市、县脱贫核验验收，全乡38户149贫困人口脱贫出列，六音村脱贫出列。全乡土地总面积216.97平方千米，耕地面积22000亩，其中水田4000亩，人均0.53亩，旱地17000亩；林业用地面积30.95万亩，其中生态公益林9.7万亩，经济林4.2万亩（杉木0.92万亩，松树0.13万亩，桉树0.76万亩，八角1.9万亩、油桐2.3万亩、油茶0.8万亩），森林覆盖率为81.22%。全县总装机容量最大的两座水电站都在那比乡境内的西洋江流域下游，其中装机容量为7.2万千瓦的洞巴电站及总装容量为4.8万千瓦的瓦村梯级那比水电站分别于2007年和2011年竣工投产。

【经济发展】 2017年，全乡积极调整产业结构，因地制宜发展特色产业，着力发展"短平快"产业，推进全乡农业形成"一村一品"格局。一是积极发展烤烟种植产业。依托2015年六邦村烤烟种植的成功示范，有效辐射带动周边村屯群众的积极性，2017年烤烟种植扩展到3个村16个屯，种植规模达到近600亩，覆盖所有贫困村，并新建成1个百亩烤烟种植示范基地。据统计，2017年，全乡种植植烤烟963亩，成为全乡新的经济增长点。二是培育芒果产业。按"基地+公司+合作社+贫困户"的模式统一管理，在六音村打造芒果连片种植示范基地已由原来的350亩扩展到1109亩，在六音村完成亩连片芒果示范基地建设，与贫困户签订帮扶协议，把贫困户争取到的国家产业扶贫项目资金以入股方式参与合作社投资经营分红，带动贫困户脱贫致富。三是进一步规范网箱养鱼产业。以党建促脱贫为契机，采取"公司+农户+贫困户+党支部"的发展模式，鼓励当地群众特别是贫困户加入养殖行列当中。充分运用西洋江水域资源优势，成立泓鸿养殖专业合作社，发展生态养殖，网箱养鱼面积扩大到7万多平方米，养殖户从当初的十几户发展到70余户，网箱养殖产业得到壮大发展。四是发展生猪养殖产业。根据当地群众喂养生猪的良好习惯，采取示范带动、以点带面的方式发展养殖规模。以区纪委帮扶为契机，在六音村、普农村各建设现代化猪场一个，以"公司+村集体+养殖能人+贫困户"的模式，按照收入养殖能人与村集体 4∶6 分成的受益分配形式发展特种野猪养殖。五是粮食生产稳中有增。加强科技培训，继续推广传统稻谷、玉米种植。2017 年，全乡粮食产量 15.88 万吨，比 2016 年增长 5.1%。

【社会发展】 2017 年，全乡社会各项事业全面发展。一是社会治理常抓不懈，全乡保持安全稳定和谐。矛盾纠纷排查化解制度化，按照“属地管理、分级负责，谁主管、谁负责”的原则，落实包案领导责任制、化解矛盾时限制，以定期召开信访维稳案件的专题研判会、工作组带案下访、进村入户谈访的形式，积极开展调处工作，有效地防止了矛盾激化和升级。2017 年共调处各类矛盾纠纷 28 起、成功 25 起，排查出安全隐患 12 起，全国“两会”、东盟博览会、国庆、十九大等重大节假日、会议等期间全乡社会大局保持稳定；防火、防汛、防灾宣传深化，在森林防火期内，着重在公路沿线、各村屯、重点林区等人员聚集地段悬挂防火横幅 10 条，张贴条形标语 250 张，并向群众发放森林防火宣传单 500 份，年内全乡未发生一起森林火警火灾；落实防汛工作责任制，与各村及两个电站签订防汛工作责任状，在汛期开展巡查、宣传及值守工作；食品药品安全监控力度加强，开展食品药品检查 12 人次，开展各个安全生产大检查 30 次，年内辖区无重大食品安全事故发生。社会公众安全感不断提升，加强治安防控工作，严厉整治各类违法犯罪行为，深入开展安全感满意度提升工作，突出做好正面宣传，社会公众安全感逐步提升。二是社会事业均衡有力，社会保障全面落实。全年累计发放优抚资金 24 人 4.2 万元、农村低保 844 人 133.2 万元、居民低保 24 人 3.1 万元、救助五保户 62 人 18.8 万元，残疾人、特困户、残疾人等弱势群体得到充分的保障；年内发放符合领取养老金人员 863 人、80 岁以上高龄补贴 22 人、发放率 100%，城镇新增就业完成率达 100%、农村劳动力转移就业新增率达 100%。新型农村社会养老保险参（续）保缴费 4686 人、目标完成率 102%；新型农村合作医疗普通参合人数 8536 人、总参合率达到 98%，其中建档立卡贫困户参合率 100%；教育事业蓬勃发展，教学质量稳步提高，全面完成义务教育均衡发展的各项验收指标，落实好“一校一策”。那比乡九年一贯制学校获 2017 年学校教育成果奖三等奖。2017 年，参加小学毕业会考的学生共 178 人，其中综合成绩获得 A 以上学生共有 10 人；卫计工作不断深化，全乡已婚育龄妇女 1927 人、全年出生人口 105 人、出生人口性别比为 94∶100；依法生育育龄妇女数有 1301 人，其中双女户 133 人，参与率达 95.2%。一孩出生 44 人、二孩出生 55 人、多孩出生 6 人，出生政策符合率 97%、政策外多孩率为 0。全乡自然增长率 5.26‰，比县下达 8.5‰以下低 3.24 个千分点。流动人口计划生育免费技术服务率达 97%、完成县下达 95% 以上任务，全员数据库信息准确率达 99%，比县下达 95% 以上高 4 个百分点，变更及时率达 98%、比县下达高 3 个百分点；文化事业持续繁荣，建成 5 个村的村级公共服务中心、村级篮球场、农家书室，举办春节联欢晚会、喜迎十九大国庆迎中秋文艺晚会等各项文艺晚会，丰富群众精神文化生活，组织那比壮剧团参加田林县 2017 年“叿敢壮剧节”会演并获二等奖；村“两委”换届圆满完成，严格执行法定程序，认真把握好换届选举的“七个环节”和“八公开”，正确处理好“八个关系”，完成全乡 2017 年村“两委”换届选举工作，选优配强了全乡 5 个行政村，支部委员、村民委员共 35 人，党员参选率达 89%。

2017 年 10 月 31 日，中共田林县委书记彭斌深入那比乡六音村走访结对帮扶贫困户，调研扶贫工作

2017年8月23日,那比乡与交界的云南省富宁县阿用乡签订街边综治维稳协议

【基础设施建设】 加快基础设施建设,为民办实事项目全面推进。一是强力推进乡村环境整治,宜居乡村建设成效显著。河流生态保护进一步完善。全面建立了区域与流域相结合,以乡、村两级“河长”为主要内容的“河长制”体系,确立乡级总河长、河段长、村专管员工作机制,落实日常巡河制度,加强对境内江河整治工作。推进“基础便民”建设,落实好“三改”建设,完成“改厨”25户、“改厕”25户、“改圈”18户;环境卫生整治常态化,新建六音村垃圾处理中心和六音村污水处理工程,坚持全员参与、全域覆盖,每月定期开展“清洁乡村”活动,全面改善乡村街道卫生;推进贫困村亮化工程建设,筹集各项帮扶资金109万元在普农、六音村安装太阳能路灯336盏,为群众夜间出行提供便利。二是大力改善基础设施,水路网络稳步推进。把握国家“精准扶贫”和自治区纪委挂点联系帮扶的历史机遇,从群众迫切急需解决的问题入手,完善乡村基础设施建设。水利设施全面升级,完成两个贫困村11个人饮项目的建设工作,根本改变了贫困村季节性缺水问题。新修农田水利渠道17千米,10处拦水坝,全乡的灌溉问题得到有效解决,农业灌溉水平进一步提升;基础文化设施全面完善,重新装修普农村部、新建了六音村部,新建普农、那比、六音、八麻等4个戏台及六音、普农、六下篮球场,年内竣工并投入使用,村组公路基本覆盖,新修建县道经渭华至云南边界硬化道路建成通车,普牙经那龙至渭西通屯水泥硬化道路建成使用,硬化六下等7个屯的屯内硬化道路。完成大平、新安、拉毛3个屯通屯道路硬化建设。全乡两个贫困村均实现所有通屯道路硬化,15个屯实现屯内道路硬化。面上村那比村八麻屯、那腊村平八、那坡通屯道路硬化建设正在进行中,群众出行难问题得到进一步改善。

【安全生产】 2017年全乡继续深入推进平安建设工作,深化矛盾纠纷排查化解,持续提升群众安全感和满意度:一是认真落实安全生产工作“一岗双责”制和行政责任追究制,进一步健全完善安全生产制度、保障能力和监管队伍“三项建设”,坚决杜绝各类重特大安全事故发生;二是加强社会治安综合治理,健全完善突发公共事件应急处置预案,提高灾害处置能力和农民避灾自救能力;三是加大社会热难问题的排查调处力度,规范信访秩序,畅通信访渠道,全力避免群体上访和越级上访现象发生。

2017年那比乡积极引导农户发展芒果种植促脱贫。图为向贫困户发放芒果苗木现场

【扶贫工作】 坚持将脱贫攻坚当作最大的政治任务、最重要的民生工程,举全乡之力做好脱贫攻坚工作。建立党政主要领导负总责的脱贫攻坚责任制,实现所有贫困村、贫困户对口帮扶全覆盖,为脱贫攻坚提供了坚强的组织保障。全乡参加新型农村合作医疗保险人数8536人,参合率达98%以上,贫困人口参合率100%。发放扶贫小额贷款203户共1014万元;实施易地扶贫搬迁8户30人;完成建档立卡贫困户危房改造48户,全部竣工并投入使用;建成农村安全饮水工程17处,建设通屯道路3条12千米;农村信息化建设步伐加快,建成村邮乐购2个,5个村的村部均配备电脑、打印机、档案柜等村级服务中心办公设备,实现村村通宽带网络;5个村全部成立村民合作社,大力发展贫困村村集体经济,六音、普农村年度村集体经济收入分别达6.15万元和6.1万元;落实教育帮扶计划,全乡无一学生因贫失学;推进医疗卫生、培训就业、社会救助等一系列民生工程,民生问题得到保障和改善;2017年脱贫村“十一有一低于”、脱贫户“八有一超”指标全部达标,顺利通过区、市、县脱贫核验验收,全乡38户149贫困人口脱贫出列,六音村脱贫出列。

【“清洁乡村”工作】 自全区“美丽广西·清洁乡村”活动启动以来,全乡认真贯彻落实上级党委、政府的工作布置,扎实有效地推进“清洁乡村”活动深入开展,并取得了阶段性成效。一是进村入户开展清洁活动,做到家喻户晓。“清洁乡村”活动开展以来,全乡采取“分片包干、责任到人”的工作方式,分5个包村工作组,深入5个行政村开展宣传工作,通过多渠道、多层次的宣传方式为活动的深入开展营造浓厚的宣传氛围。二是加大“清洁乡村”基础设施建设力度。健全完善垃圾焚烧处理场和5座小型垃圾焚烧炉;补助54名屯级保洁员每人每月100元。三是建立完善“清洁乡村”长效机制。通过制定村规民约、家庭门前三包责任书、落实保洁员等措施,确保“清洁乡村”工作深入开展。

【各村简介】

那比村 位于那比乡中部,是那比乡政府所在地,辖那比、平昆八捞、平那、八麻、那里、那用、大湾、岩乐等8个自然屯,8个村民小组,389户1918人,居住着壮、汉、瑶3个民族。全村总面积50.43平方千米,林地面积3万多亩,耕地面积3843亩,其中水田761亩,旱地3082亩。森林面积3843亩,经济林面积6149亩,人均住房13平方米,户均有牛栏、猪圈、菜地、果园等72平方米。经济来源少,经济收入主要靠桐果、油茶、杉木等,2017年农民人均收入7025元。全村在册的贫困人户数为3户,贫困人口6人。该村通平那、那用屯级道路已硬化,通岩乐屯、大湾屯的硬化路建设项目已规划,八麻屯的自然灾害点已整治完成,每个屯都有安全饮用水。经济收入有养羊和网箱养鱼,八角和油茶种植及外出务工。村党支部书记韦建华,村民委主任农志华。

六音村 列为“十三五”整村推进贫困村,为自治区纪委帮扶联系村屯。六音村位于那比乡东北部,村部驻地六音屯,距乡人民政府所在地有10千米,辖六音、平上、大平、新安、站保、六下、渭华等7个自然屯,7个村民小组,2017年末共有298户1351人。总面积16.31平方千米,人均面积0.012平方千米,耕地面积4397亩,人均耕地面积3.25亩,其中水田820亩,人均水田面积0.61亩,旱地3577亩,人均旱地面积2.65亩,林地面积18774亩,人均林地面积13.90亩,林种主要有杉木、油茶、八角等,经济收入以生猪养殖、八角和油茶种植及外出务工为主,2017年群众开始发展芒果种植。六音村村级文化娱乐基础设施已建设完成,包括1栋综合楼,1个戏台,1个篮球场,维修六下屯篮球场。村党支部书记鲁仕勇,村民委主任王光仁。

普农村 地处那比乡东南部,村部驻地普牙屯,距乡人民政府所在地15千米。辖普农、普牙、普洛、平上、拉毛、那龙、渭西、江莫等8个自然屯,11个村民小组,2017年年末全村共有339户1652人,居住有壮、瑶两个民族。全村土地总面积16.75平方千米,耕地总面积4521亩,人均耕地面积2.64亩,其中水田面积977亩,人均水田面积0.57亩,旱地面积3544亩,人均旱地面积2.066亩,林地面积17990亩,人均林地面积10.49亩,主要有杉木、八角、油茶等经济作物。八角、油茶等经济林已进入丰产期,成为该村的主导产业。全村共有建档立卡贫困户20户77人,2016年已全部脱贫出列。普农村列为“十三五”整村推进贫困村,为自治区纪委帮扶联系村屯,普农村7条通屯道路已全部硬化及8个屯屯内道路已全部硬化,有效解决群众行路难的问题。普农村缺乏产业发展,经考察,认为普农村的土壤、气候、水源条件适合种植烟叶,计划在普农村发展烤烟产业。已发动群众报名试种烟叶62亩并向县烟草公司争取到种植指标,把烤烟产业发展为普农村的第一产业。村党支部书记兼村民委主任李照发。

六邦村 地处那比乡东北部,村部距乡人民政府所在地8千米,辖六邦、平同、八班、八少、顶外、八外、毛利、渭令、弄楼、那卜等10个自然屯,10个村民小组,371户1730人,劳动力958人,为壮族居住地。全村总面积25.45平方千米,耕地面积4777亩,其中水田1116亩,旱地3661亩;林地面积1960.7公顷,经济林主要有八角、桐果、油茶。全村贫困户数47户,贫困人口179人,2016年已全部脱贫出列。六邦村属区定贫困村。地理环境差、基础设施滞后是发展慢的主要原因。群众收入来源主要依靠种植八角、桐果、油茶等传统农业,虽然八班、八少屯种植有180亩烤烟,但受地理环境的影响,难以大面积种植。

那腊村 位于那比乡西南部,距那比乡人民政府所在地32千米,辖那灯、渭乐、那忙、那腊、顶项、洞巴、洞他、那弄、那项、平八、那坡、林乐等12个自然屯,12个村民小组,416户1874人,劳力872人,居住着壮、汉2个民族。全村总面积10736公顷,耕地面积4836亩,其中水田708亩,旱地4128亩。那腊村经济来源渠道多,有桐果、杉木等种植业,还有部分群众依托资源优势发展网箱养鱼、养羊等养殖业。2017年农民人均收入7638元。全村共有党员47名,村“两委”班子7人,村民监督委员会3人。贫困人户数70户、249人,2016年已全部脱贫70户出列。该村充分利用西洋江贯穿全村境内,水资源丰富的洞巴水电站优势,组织发动党员带头发展网箱养鱼。2017年,整村共发展网箱养鱼73户,养殖水面达到7万多平方米。产值2000多万元。

全村设有1个教学点,设一至三年级,在校生15人,校舍简陋,教学设备欠缺。村部办公楼于2007年9月投入使用,村部办公条件得以改善,基本达到基层党组织建设标准要求,村级服务中心建设还处于进一步规划阶段。村党支部书记谭贵兵,村民委主任农志辉。

(撰稿　蒋正宪)

附　录

中华人民共和国国务院令

第 467 号

现公布《地方志工作条例》，自公布之日起施行。

总　理　温家宝

二〇〇六年五月十八日

地方志工作条例

第一条　为了继承和发扬中华民族优秀文化传统，全面、客观、系统地编纂地方志，科学、合理地开发利用地方志，发挥地方志在促进经济社会发展中的作用，制定本条例。

第二条　中华人民共和国境内地方志的组织编纂、管理、开发利用工作，适用本条例。

第三条　本条例所称地方志，包括地方志书、地方综合年鉴。

地方志书，是指全面系统地记述本行政区域自然、政治、经济、文化和社会的历史与现状的资料性文献。

地方综合年鉴，是指系统记述本行政区域自然、政治、经济、文化、社会等方面情况的年度资料性文献。

地方志分为：省（自治区、直辖市）编纂的地方志，设区的市（自治州）编纂的地方志，县（自治县、不设区的市、市辖区）编纂的地方志。

第四条　县级以上地方人民政府应当加强对本行政区域地方志工作的领导。地方志工作所需经费列入本级财政预算。

第五条　国家地方志工作指导机构统筹规划、组织协调、督促指导全国地方志工作。

县级以上地方人民政府负责地方志工作的机构主管本行政区域的地方志工作，履行下列职责：

（一）组织、指导、督促和检查地方志工作；

（二）拟定地方志工作规划和编纂方案；

（三）组织编纂地方志书、地方综合年鉴；

（四）搜集、保存地方志文献和资料，组织整理旧志，推动方志理论研究；

（五）组织开发利用地方志资源。

第六条　编纂地方志应当做到存真求实，确保质量，全面、客观地记述本行政区域自然、政治、经济、文化和社会的历史与现状。

第七条　省、自治区、直辖市人民政府制定本行政区域地方志编纂的总体工作规划（以下简称规划），并报国家地方志工作指导机构备案。

第八条　以县级以上行政区域名称冠名的地方志书、地方综合年鉴，分别由本级人民政府负责地方志工作的机构按照规划组织编纂，其他组织和个人不得编纂。

第九条 编纂地方志应当吸收有关方面的专家、学者参加。地方志编纂人员实行专兼职相结合,专职编纂人员应当具备相应的专业知识。

第十条 地方志书每20年左右编修一次。每一轮地方志书编修工作完成后,负责地方志工作的机构在编纂地方综合年鉴、搜集资料以及向社会提供咨询服务的同时,启动新一轮地方志书的续修工作。

第十一条 县级以上地方人民政府负责地方志工作的机构可以向机关、社会团体、企业事业单位、其他组织以及个人征集有关地方志资料,有关单位和个人应当提供支持。负责地方志工作的机构可以对有关资料进行查阅、摘抄、复制,但涉及国家秘密、商业秘密和个人隐私以及不符合档案开放条件的除外。

地方志资料所有人或者持有人提供有关资料,可以获得适当报酬。地方志资料所有人或者持有人不得故意提供虚假资料。

第十二条 以县级以上行政区域名称冠名、列入规划的地方志书经审查验收,方可以公开出版。

对地方志书进行审查验收,应当组织有关保密、档案、历史、法律、经济、军事等方面的专家参加,重点审查地方志书的内容是否符合宪法和保密、档案等法律、法规的规定,是否全面、客观地反映本行政区域自然、政治、经济、文化和社会的历史与现状。

对地方志书进行审查验收的主体、程序等由省、自治区、直辖市人民政府规定。

第十三条 以县级以上行政区域名称冠名的地方综合年鉴,经本级人民政府或者其确定的部门批准,方可以公开出版。

第十四条 地方志应当在出版后3个月内报送上级人民政府负责地方志工作的机构备案。

在地方志编纂过程中收集到的文字资料、图表、照片、音像资料、实物等以及形成的地方志文稿,由本级人民政府负责地方志工作的机构指定专职人员集中统一管理,妥善保存,不得损毁;修志工作完成后,应当依法移交本级国家档案馆或者方志馆保存、管理,个人不得据为己有或者出租、出让、转借。

第十五条 以县级以上行政区域名称冠名的地方志书、地方综合年鉴为职务作品,依照《中华人民共和国著作权法》第十六条第二款的规定,其著作权由组织编纂的负责地方志工作的机构享有,参与编纂的人员享有署名权。

第十六条 地方志工作应当为地方经济社会的全面发展服务。县级以上地方人民政府负责地方志工作的机构应当积极开拓社会用志途径,可以通过建设资料库、网站等方式,加强地方志工作的信息化建设。公民、法人和其他组织可以利用上述资料库、网站查阅、摘抄地方志。

第十七条 县级以上地方人民政府对在地方志工作中作出突出成绩和贡献的单位、个人,给予表彰和奖励。

第十八条 违反本条例规定,擅自编纂出版以县级以上行政区域名称冠名的地方志书、地方综合年鉴的,由县级以上地方人民政府负责地方志工作的机构提请本级人民政府出版行政部门依法查处。

第十九条 违反本条例规定,未经审查验收、批准将地方志文稿交付出版,或者地方志存在违反宪法、法律、法规规定内容的,由上级人民政府或者本级人民政府责令采取相应措施予以纠正,并视情节追究有关单位和个人的责任;构成犯罪的,依法追究刑事责任。

第二十条 负责地方志工作的机构的工作人员违反本条例第十四条第二款规定的,由其所在单位责令改正,依法给予处分。

第二十一条 编纂地方志涉及军事内容的,还应当遵守中央军委关于军事志编纂的有关规定。

国务院部门志书的编纂,参照本条例的相关规定执行。

第二十二条 本条例自公布之日起施行。

广西壮族自治区人民政府令

第36号

《广西壮族自治区实施〈地方志工作条例〉办法》已经2008年6月30日自治区第十一届人民政府第10次常务会议审议通过，现予发布，自2008年9月1日起施行。

自治区主席　马　飚

二〇〇八年七月十四日

广西壮族自治区实施《地方志工作条例》办法

第一条　为了全面、客观、系统地编撰地方志，科学、合理地开发利用地方志资源，根据国务院《地方志工作条例》（以下简称《条例》），结合本自治区实际，制定本办法。

第二条　本自治区行政区域内地方志的组织编纂、管理、开发利用工作，适用本办法。

第三条　本办法所称地方志，包括地方志书、地方综合年鉴。

地方志书，是指全面系统地记述本行政区域自然、政治、经济、文化和社会的历史与现状的资料性文献。

地方综合年鉴，是指系统记述本行政区域自然、政治、经济、文化和社会等方面情况的年度资料性文献。

第四条　县级以上人民政府应当加强对本行政区域地方志工作的领导，将地方志工作纳入当地国民经济和社会发展规划，把地方志工作所需经费列入本级财政预算，健全地方志工作机构、加强队伍建设，保障地方志工作条件。

第五条　县级以上人民政府地方志工作机构除履行《条例》第五条第二款规定的职责外，还应当履行下列职责：

（一）宣传、贯彻执行有关地方志工作的法律、法规、规章和相关政策；

（二）组织地方志的审查验收、备案；

（三）培训地方志编纂人员；

（四）指导下级地方志工作机构的业务工作以及行业志书、专业志书、行业年鉴的编纂；

（五）其他地方志工作。

第六条　自治区地方志工作机构负责拟定自治区地方志编纂总体工作规划，报自治区人民政府批准后组织实施。

设区的市、县（市、区）地方志工作机构应当根据自治区地方志编纂总体工作规划，拟定本级地方志工作规划，经本级人民政府批准后组织实施，并报自治区地方志工作机构备案。

第七条　自治区各级机关、社会团体、企事业单位和其他组织，以及中直驻桂、自治区驻各地单位，应当按照所在地人民政府的地方志工作规划，参与地方志编纂，并接受所在地人民政府地方志工作机构的业务指导和督促检查。

第八条　县级以上人民政府地方志工作机构应当建立本行政区域地方志资料年报制度。各有关单位应当按照地方志资料年报制度报送地方志资料。

第九条　编纂地方志应当符合下列要求：

（一）符合保密、档案等法律、法规的规定；

（二）全面、客观地反映本行政区域自然、政治、经济、文化和社会的历史与现状；

（三）符合志书的体例格式；

（四）文字表述准确、简练；

（五）标点符号、计量单位和数字的使用规范、标准；

（六）装帧印刷符合出版要求。

第十条　地方志的编纂内容和过程应当公开。

地方志工作机构应当听取公民、法人或者其他组织对地方志编纂工作的意见、建议。

地方志编纂工作涉及有争议的重要事项的,地方志工作机构应当征求有关专家、学者或者有关组织、人士的意见,并向本级人民政府和上级地方志工作机构报告。

第十一条 编纂地方志应当吸收有关方面的专家、学者参加。兼职编纂人员应当参加地方志编撰业务培训。地方志编纂工作涉及少数民族内容的,应当有相关的少数民族人士及从事少数民族工作的人员参加。

地方志编纂人员应当恪尽职守、客观公正,据事直书、忠于史实。任何单位和个人不得明示或者暗示编纂人员在地方志中作虚假记述。

第十二条 以县级以上行政区域名称冠名、列入地方志规划的地方志书,由自治区人民政府地方志工作机构审查验收后,方可以公开出版。

第十三条 地方志书经评稿和修改后,按照下列规定审查验收:

(一)冠以自治区行政区域名称的地方志书,由自治区人民政府地方志工作机构审查验收;

(二)冠以设区的市行政区域名称的地方志书,经本级人民政府地方志工作机构审核后,报自治区人民政府地方志工作机构审查验收;

(三)冠以县级行政区域名称的地方志书,由本级人民政府地方志工作机构审核并经设区的市人民政府地方志工作机构复审后,报自治区人民政府地方志工作机构审查验收。

第十四条 以县级以上行政区域名称冠名的地方综合年鉴,经本级人民政府批准,方可以公开出版。

第十五条 地方志应当在出版后3个月内报送上级人民政府地方志工作机构备案,并向本级和上级方志馆、国家档案馆、公共图书馆无偿提供馆藏书。

第十六条 县级以上人民政府地方志工作机构应当建立督查通报制度,对本行政区域地方志工作进行督查,并通报督查情况。

第十七条 县级以上人民政府地方志工作机构应当积极开拓社会用志途径,加强地方志工作的信息化建设,通过网站、资料库等方式,为当地经济社会的全面发展服务。

第十八条 地方志工作机构应当为公民、法人和其他组织查询、阅览、摘抄地方志文献和资料提供便利。

鼓励单位和个人向地方志工作机构捐赠地方志资料。对具有收藏价值的文献资料,收藏单位可以向送藏者颁发收藏纪念证书,给予其对存藏资料查阅利用的优先权。

第十九条 在地方志工作中作出突出成绩和贡献的单位和个人,由县级以上人民政府或者地方志工作机构给予表彰和奖励。

地方志成果依照有关规定参加国家和自治区地方志优秀社会科学成果评奖。

第二十条 机关、社会团体和其他组织有下列行为之一的,由县级以上人民政府地方志工作机构督促其限期改正;逾期不改的,由县级以上人民政府地方志工作机构提请本级人民政府或者其上级主管部门,对直接负责的主管人员和其他直接责任人员依法给予行政处分:

(一)拒绝承担地方志编纂任务或者无正当理由拖延地方志资料报送;

(二)拒不执行县级以上人民政府及其地方志工作机构的督促检查意见;

(三)拒不接受地方志书审查机构提出的关系志书质量重大问题的意见;

(四)提供虚假地方志资料。

第二十一条 地方志工作机构及其工作人员有下列行为之一的,对直接负责的主管人员和其他直接责任人员依法给予行政处分:

(一)故意在地方志编纂中加入虚假资料;

(二)地方志书经审查验收后或者地方综合年鉴经批准后,擅自增删和修改其内容;

(三)违反规定将搜集到的资料和编写的地方志文稿据为己有;

(四)将地方志文稿作为个人著作发表;

(五)故意损毁地方志资料或者地方志文稿。

第二十二条 本办法自2008年9月1日起施行。

表 13

2017 年县委重要文件目录

序号	文号	文件名称
1	田发〔2017〕2 号	中共田林县委员会印发《中共田林县委员会关于进一步贯彻落实中央八项规定精神的实施办法》的通知
2	田发〔2017〕3 号	中共田林县委员会关于印发《中共田林县委员会常委 2017 年工作要点》的通知
3	田发〔2017〕6 号	中共田林县委会田林县人民政府关于印发《田林县关于贯彻落实百色市争当全区营造“三大生态”排头兵工作的实施意见及三个配套方案》的通知
4	田发〔2017〕7 号	中共田林县委员会关于印发《田林县 2017 年领导班子建设年活动实施方案》的通知
5	田发〔2017〕9 号	中共田林县委会田林县人民政府关于印发《田林县投资环境综合整治年实施方案》的通知
6	田发〔2017〕10 号	中共田林县委员会关于印发《中共田林县委员会常委会议事决策规则》的通知
7	田发〔2017〕11 号	中共田林县委员会关于印发《中共田林县委员会工作规则》的通知
8	田发〔2017〕12 号	中共田林县委员会关于繁荣发展社会主义文艺的实施意见
9	田发〔2017〕13 号	中共田林县委会田林县人民政府关于印发《田林县服务企业年(2017—2020 年)活动实施方案》的通知
10	田发〔2017〕15 号	中共田林县委会田林县人民政府关于印发《田林县投资和重大项目推进工作问责办法(试行)》的通知
11	田发〔2017〕19 号	中共田林县委员会关于加强和改进新形势下党校工作的实施意见
12	田办发〔2017〕2 号	中共田林县委员会关于印发《田林县扶贫领域监督执纪问责暂行办法》的通知
13	田办发〔2017〕8 号	中共田林县委员会关于印发《关于加强县纪委派驻机构建设的意见》的通知
14	田办发〔2017〕13 号	中共田林县委会田林县人民政府关于印发《田林县脱贫攻坚工作考核办法》的通知
15	田办发〔2017〕18 号	中共田林县委员会关于印发《党委(党组)意识形态工作责任制实施细则》的通知
16	田办发〔2017〕29 号	中共田林县委会田林县人民政府关于印发《“美丽田林 · 宜居乡村”活动工作方案》及三个配套文件的通知
17	田办发〔2017〕30 号	中共田林县委员会关于印发《田林县村(社区)干部管理办法(试行)》的通知
18	田办发〔2017〕38 号	中共田林县委会田林县人民政府关于印发《2017 年村“两委”换届选举工作实施方案》和《2017 年田林县社区“两委”换届选举工作实施方案》的通知
19	田办发〔2017〕65 号	中共田林县委会田林县人民政府关于印发《田林县第三期学前教育行动计划(2017—2020 年)》的通知

索 引

索引说明

一、本索引采用主题分析索引方法。正文（包括条码、文献、资料、图片和表格）中凡具有独立检索意义的完整资料，均可通过本索引进行检索。少数条目名因语言环境需要，在名称前或者名称后酌加修饰词；有的条目名称动词置后；有的条目名称重复的动词作省略；有的条目名称作简化。为突出图片主题，有的图片文字说明作简略处理。

二、索引按汉语拼音字母（同声字按声调）升序排列。类目、分目、次分目作索引款目用黑体字排印，其余均用宋体字排印。表格、图片在其款目后分别注明“表”“图”。

三、索引款目后的阿拉伯数字和拉丁字母(a，b，c)分别表示内容所在的页码和栏别（即左、中、右栏）。

四、索引空两字位起排的款目为上一主题的“附见”。同一主题的“参见”只标页码。为便于读者检索，内容有交叉的款目，在本索引中重复出现。

五、“编辑说明”“大事记”等栏目不作索引，阿拉伯数字开头的款目排在索引的前面。

C

D

H

K

L

P

Q

R

S

T

X

Y

后　记

《田林年鉴(2018)》原书名为《田林年鉴(2017)》,为与自治区公开出版年鉴书名一致,按上级地方志部门规范年鉴书名的要求,将书名原标注显示内容的年度,变更为当年编纂出版的年度。《田林年鉴(2018)》编纂工作于2018年4月启动,因编辑部同时忙于编纂第二轮《田林县志》及其他史志书籍,该书资料总纂延至2018年10月才完成。在编纂过程中,严格按年鉴的体例要求反复编辑校对,把好质量关,并将编辑好的稿件发给全县各乡(镇)、各单位征求修改意见,最后报送县政府、县地方志编纂委员会审核同意后印刷出版。

自治区、市地方志部门及中共田林县委、田林县人民政府十分重视《田林年鉴》的编纂工作,对《田林年鉴》的编纂给予多方面的支持和指导,各乡(镇)、县直各单位(含自治区、市驻田林县的区直、市直单位)对年鉴编纂给予了积极的配合,大部分单位都能按时报送年鉴资料和图片资料。县委宣传部、各乡(镇)、县直各单位及全县广大摄影爱好者选送了大量精美的图片,使《田林年鉴》图文并茂,生动地展现了年度内田林县社会各项事业建设和丰富的人文景观。值此《田林年鉴(2018)》出版之际,编辑部对为本年鉴编纂出版付出辛勤劳动的各级领导和全体编写人员,及所有关心支持《田林年鉴》编纂出版的社会各界人士表示衷心感谢!

由于《田林年鉴》编纂人员的工作水平有限,整部年鉴的框架设计、内容归类和文字表达难免有不周全之处,祈望读者提出宝贵意见,以利于编辑部在设计下一部年鉴的框架时作更合理调整,编辑上更精益求精。

《田林年鉴》编辑部

2018年10月